Indien · Der Norden

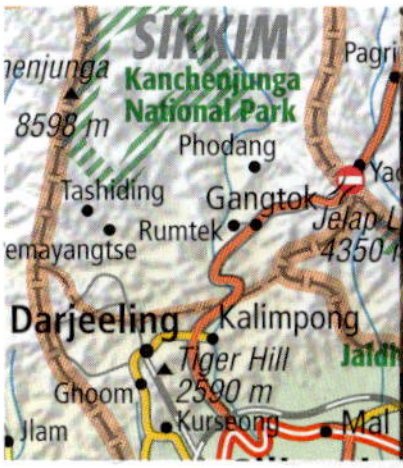

Hans-Joachim Aubert

DUMONT
Reise-Handbuch

Inhalt

Wissenswertes über Nordindien

Wissenswertes für die Reise

Unterwegs in Nordindien

Kapitel 1 Delhi und der Norden

Kapitel 2 Der westliche Himalaya

Inhalt

Kapitel 4 Dekhan-Plateau und Gangesebene

Inhalt

Themen

Inhalt

Alle Karten auf einen Blick

► Dieses Symbol im Buch verweist auf die Extra-Reisekarte Indien · Der Norden

Das Klima im Blick

Reisen bereichert und verbindet Menschen und Kulturen. Wer reist, erzeugt auch CO_2. Der Flugverkehr trägt mit einem Anteil von bis zu 10 % zur globalen Erwärmung bei. Wer das Klima schützen will, sollte sich für eine schonendere Reiseform (z. B. die Bahn) entscheiden – oder die Projekte von *atmosfair* unterstützen. *Atmosfair* ist eine gemeinnützige Klimaschutzorganisation. Die Idee: Flugpassagiere spenden einen kilometerabhängigen Beitrag für die von ihnen verursachten Emissionen und finanzieren damit Projekte in Entwicklungsländern, die dort den Ausstoß von Klimagasen verringern helfen. Dazu berechnet man mit dem Emissionsrechner auf *www.atmosfair.de*, wie viel CO_2 der Flug produziert und was es kostet, eine vergleichbare Menge Klimagase einzusparen (z. B. Berlin – London – Berlin 13 €). *Atmosfair* garantiert die sorgfältige Verwendung Ihres Beitrags. Klar – auch der DuMont Reiseverlag fliegt mit *atmosfair*!

nachdenken • klimabewusst reisen
atmosfair

Wie ein Adlerhorst auf den Berggrat gesetzt:
das buddhistische Kloster Lamayuru im Himalaya

Wissenswertes über Nordindien

Nordindien – Wechselbad der Gefühle

Eine Milliarde Menschen auf über drei Millionen Quadratkilometern – ein wahrhaft gewaltiger Rahmen für ein schillerndes Bild, das gleich einem Hologramm aus verschiedenen Blickwinkeln ganz unterschiedliche, oftmals widersprüchliche und unserem westlichen Verständnis nur schwer zugängliche Aspekte offenbart.

Die größte Demokratie der Welt, als die sich Indien gerne bezeichnet, hat sich 1997 anlässlich des 50-jährigen Bestehens der Indischen Union den griffigen, wenn auch etwas abgegriffenen Slogan »Einheit in Vielfalt« verliehen. Freilich ist diese viel beschworene Zusammengehörigkeit eine künstliche, hat es doch bis zur Schaffung durch die ehemalige Kolonialmacht England im Jahre 1947 ein Indien in den heutigen Grenzen nie gegeben. Erst die Übernahme der Sprache und Verwaltungsstrukturen der Kolonialherren, gepaart mit der hinduistischen Religion, schufen die notwendige Klammer. Das Verwunderliche ist, dass dieses Band bis heute fest geknüpft ist, auch wenn an seinen Enden Separatisten immer wieder Feuer legen, sei es in Kaschmir, Assam oder Meghalaya. Und auch die Kluft zwischen Islam und Hinduismus ist nach Jahrhunderten des Neben- und Miteinanders noch lange nicht geschlossen.

So sind es denn auch eher die Gegensätze, die das Land zwischen den eisigen Höhen des Himalaya und den tropischen Stränden des Südens auszeichnen, und das nicht nur geografisch, sondern auch religiös und kulturell. Winzige Bauerndörfer aus Lehmhäusern stehen Megastädten gegenüber, Energie bezieht man aus Atomkraftwerken und Kuhdung, durch die getönten Scheiben des klimatisierten Shatabdi Express sieht man Ochsenkarren mit Holzrädern durch den Staub Rajasthans rumpeln, weltweit anerkannte Computerspezialisten beugen sich in Bangalore über Monitore, während in Bihar nicht einmal die Hälfte der Bevölkerung lesen oder schreiben kann; millionenschwere Filmstars feiern ausgelassene Partys unter Palmen am Indischen Ozean, halbnackte Sadhus baden selbstvergessen in eisigen Gletscherströmen an den heiligen Quellen des Ganges.

Indien ist vielleicht das einzige Land, in dem man gleichzeitig in der Vergangenheit und Gegenwart unterwegs sein kann. Seit Jahrtausenden ungebrochen, durchdringt der Hinduismus das Leben. Wie eh und je drängen sich die Menschen in die Tempel, versammeln sich zu Tausenden anlässlich der großen religiösen Feste, tauchen ein in die trüben Wasser des Ganges, pilgern auf schmalen Pfaden zu heiligen Bergen, um dann an ihre Arbeitsplätze in Büros und Fabriken zurückzukehren.

Es ist verständlich, dass der Norden Indiens deutlichere Züge des unerhörten Wandels trägt, dem die Region seit Jahrtausenden unterworfen ist, als der abgelegene, von Ozeanen und Urwäldern geschützte Süden.

Die frühesten Stadtkulturen am Indus strahlten bis ins heutige Gujarat aus, die arischen Zuwanderer drangen aus Zentralasien ein und gaben dem Land ein neues Gesicht. Mit Alexander dem Großen fanden Merkmale der europäische Kultur ihren Weg hierher, und ab dem 10. Jh. überrollten islamische Eroberer den Norden. Alle hinterließen unauslöschlich ihre Spuren – aber nicht eine Überfremdung war das Ergebnis, sondern eine multikulturelle Gesellschaft im besten Sinnen des Wortes.

Bereits in Delhi, der Hauptstadt des Landes, werden wir mit diesem aus unzähligen Fäden gesponnenen Gewebe konfrontiert: aus hinduistischen Säulen errichtete Moscheen, Mausoleen im Zuckerbäckerstil, pompöse Regierungspaläste britischer Provenienz, neue Tempel in historischem und modernem Gewand, klimatisierte U-Bahn und ausgezehrte Rikschafahrer. Auf den Spuren dieser Vielfalt zu wandeln, die unzähligen Facetten des indischen Alltags zu erfahren, macht den Reiz einer Indienreise aus.

Und dies umso mehr, als sie eingebunden sind in großartige, ja zuweilen atemberaubenden Naturlandschaften. Oasenhaft die Städte in der Wüste Thar in Rajasthans Norden, lieblich die Täler von Kaschmir am Fuße der Himalayakette, dem Himmel nah die Hochtäler von Ladakh, Lahaul und Spiti mit ihren festungsartigen Klöstern, in denen noch immer die Mönche in rituellen Tänzen die Geister des Bön-Glaubens vertreiben.

Indien hat Europa schon lange fasziniert. Die Zigeuner haben hier ihren Ursprung und vielleicht auch die Heiligen drei Könige aus dem Morgenland, Karavellen der Portugiesen machten sich auf den gefährlichen Weg um das Kap der Guten Hoffnung, Abenteurer weilten am Hof der Moguln, Dichter wie Rudyard Kipling und Hermann Hesse waren dem Zauber erlegen und noch so manch anderer, namenloser Reisende, alle auf der Suche nach den Geheimnissen dieses unvergleichlichen Landes. Indien zu bereisen, bedeutet, sich einem Wechselbad der Gefühle auszusetzen, täglich, ja fast stündlich. Gleichgültig lässt Indien niemanden, und irgendwann wird jeder mit der Frage konfrontiert: »Nie wieder « oder »immer wieder«.

Indien empfängt die Fremden heute mit offenen Armen

Steckbrief Nordindien

Daten und Fakten

Name: Republic oft India, Bharut oder Bharatavarsha (Hindi)
Fläche: Gesamtindien 3,29 Mio. km², davon entfallen auf das hier behandelte Gebiet Nordindien (19 Bundesstaaten und zwei Bundesterritorien) etwa 2 Mio km²
Hauptstadt: New Delhi
Amtsprachen: Hindi, Englisch sowie etliche Regionalsprachen

Einwohner: Gesamtindien ca. 1,1 Mrd., Nordindien ca. 546 Mio.
Bevölkerungswachstum: ca. 1,9 %
Lebenserwartung: Männer: 62 Jahre, Frauen: 63 Jahre
Analphabetenrate: Je nach Region zwischen 11 % und 53 %, bei Frauen deutlich höher als bei Männern

Währung: Indische Rupie (Rs), bestehend aus 100 Paisa (p)
Zeitzone: MEZ + 4,5 Std. bzw. + 3,5 Std. (während der europäischen Sommerzeit)

Landesvorwahl: 00 91
Internet-Kennung: .in

Landesflagge: Die beiden farbigen Streifen repräsentieren die beiden großen Religionen Hinduismus (orange) und Islam (grün), der weiße Mittelstreifen die übrigen Glaubensrichtungen des Staates. Ursprünglich trug die Flagge ein Spinnrad im Zentrum, das an Gandhis friedlichen Widerstand erinnern sollte. Im Zentrum des weißen Feldes liegt heute das *dharmachakra,* buddhistisches Symbol für das ›Rad der Lehre‹.

Geografie

Indien lässt sich in drei Großlandschaften gliedern. Der Norden wird von der **Himalayakette** durchzogen, die sich vom K2 (8610 m, Pakistan) über eine Entfernung von 3500 km in einem von Nordwest nach Ost verlaufenden Bogen bis zum Kanchenjunga (8586 m, Indien/Nepal) erstreckt. Südlich davon schließt sich zwischen Delhi und Kolkata die 300 bis 500 km breite **Gangesebene** an, in der heute der größte Teil der indischen Bevölkerung lebt. Nördlich von Delhi liegt die Ebene von Punjab, die bereits zum Indus-Tiefland zählt.

Der Nordwesten des Landes wird von der Wüstensteppe **Thar** eingenommen. Der überwiegende Teil des restlichen Indien zählt zum **Dekhan-Plateau**, einer gewellten Hochfläche, die an den Küsten von steil zum Indischen Ozean und zum Golf von Bengalen abfallenden Gebirgszügen gesäumt wird.

Höchster ausschließlich auf indischem Territorium liegender **Berg** ist der Nanda Devi (7824 m). Zu den wichtigsten **Flüssen** zählen der Ganges, dessen Einzugsbereich 25 % des Landes ausmacht, sowie Brahmaputra und Narmada. Die größten Städte Nordindiens sind Kolkata (ca. 13 Mio.) und Delhi (ca. 12 Mio.).

Geschichte

Die Besiedlung Nordindiens war in der Frühphase durch die Induszivilisation (Blütezeit zwischen 2500 und 1700 v. Chr.) geprägt und erhielt ihren entscheidenden Impuls durch die **Einwanderung der Arier** gegen Mitte des 2. Jt. v. Chr. Greifbar wird die historische Entwicklung jedoch erst mit Auftreten des **Buddha** (um 550 v. Chr.), dessen Lehre insbesondere Kaiser Ashoka als einigendes Band zur Schaffung des sich über fast ganz Indien erstreckenden Maurya-Reichs (322–185 v. Chr.) diente.

Ende des ersten nachchristlichen Jahrtausends erfolgen die ersten **Vorstöße islamischer Heere** aus Afghanistan. Mit der Gründung des **Sultanats Delhi** hatte sich der Islam zu Beginn des 13. Jh. endgültig im Norden des Subkontinents etabliert. Gut 200 Jahre später erreichte Vasco da Gama als erster Europäer auf dem Seeweg Indien und ebnete den Weg für die spätere Kolonisierung. Die Mitte des 16. Jh. einsetzende islamische Renaissance stand ganz im Zeichen der **Mogulherrscher,** die bis Mitte des 19. Jh. die Macht innehatten und erst von den Briten entthront wurden.

Der große Aufstand meuternder Soldaten im Jahre 1857 und die 27 Jahre später erfolgte Gründung des National Congress markierten den Beginn des **indischen Freiheitskampfes,** der unter Mahatma Gandhi vor dem Zweiten Weltkrieg seinen Höhepunkt erreichte. 1947 wurde das Kolonialreich nach der Religionszugehörigkeit in den überwiegend islamischen Staat Pakistan und das von Hindus dominierte Indien aufgeteilt. Grenzstreitigkeiten in Kaschmir führten bereits kurz darauf zum ersten Krieg zwischen den Nachbarn, die bis heute ein gespanntes Verhältnis zueinander haben.

Staat und Politik

Indien ist eine parlamentarische, bundesstaatlich geordnete Republik, bestehend aus 28 Bundesstaaten und sechs Unionsterritorien. An der Spitze steht der Präsident, der den Führer der stärksten Partei zum Premierminister ernennt. Das Parlament gliedert sich nach englischem Vorbild in das Ober- und Unterhaus. Die Mitglieder des Oberhauses werden von den Landtagen entsandt, einige von ihnen auch vom Staatspräsidenten ernannt; die Angehörigen des politisch bedeutsameren Unterhauses werden alle fünf Jahre direkt in den Wahlkreisen gewählt.

Die Politik der letzten Jahre ist gekennzeichnet durch eine zunehmende wirtschaftliche Liberalisierung, die zu einem beachtlichen ökonomischen Aufschwung führte, aber auch durch den fortwährenden Kampf der Zentralregierung gegen Autonomiebestrebungen einzelner Bundesstaaten.

Wirtschaft und Tourismus

Indien weist ein jährliches Wirtschaftswachstum von 7 % auf. Der Anteil der Agrarwirtschaft beträgt nur noch knapp 23 %. Mit jährlich etwa 4 Mio. ausländischen Besuchern ist die Tourismusindustrie ein profitabler Wirtschaftssektor, im Norden konzentriert sie sich vornehmlich auf Rajasthan und Ladakh sowie die Städte Delhi und Agra.

Bevölkerung und Religion

Mit über 1 Mrd. Einwohner hat Indien China als bevölkerungsreichstes Land der Welt abgelöst. Fast Dreiviertel der Bewohner leben auf dem Land; 200 Sprachen und 15 Schriften sind bekannt. Über 80 % der Bevölkerung bekennen sich zum Hinduismus, 11 % sind Muslime, 2,4 % Christen, 1,1 % Sikhs und 0,8 % Buddhisten.

Natur und Umwelt

Schon aufgrund seiner Ausdehnung vermag Nordindien den Reisenden mit einer Vielzahl unterschiedlicher Landschaften in seinen Bann zu ziehen. Am Nordrand türmt sich die Kette des Himalaya auf. Die vorgelagerten mittleren Höhen sind mit Luftkurorten britischer Provenienz besetzt. Das südlich angrenzende Tiefland prägt der Ganges, und im Nordwesten erwarten den Besucher die Sanddünen der Wüste Thar.

Berge, Ströme und Ebenen

Indien erstreckt sich über eine Fläche von mehr als 3,2 Mio. km² und ist damit etwa so groß wie Nord- und Westeuropa zusammen. Das Land nimmt den größten Teil des indischen Subkontinents ein, der sich vom Himalaya als Dreieck weit nach Süden in den Indischen Ozean schiebt und in mehrere Großräume gliedern lässt.

Die Himalayakette

Die Nordgrenze Indiens wird vom Gebirgssystem des Himalaya gebildet, einem aus mehreren parallel verlaufenden Ketten bestehenden Hochgebirge. Es gehört zum tertiären euro-asiatischen Faltengebirge, das sich in einem großen Bogen von den Pyrenäen über die Alpen, den Kaukasus und das Karakorum bis nach Indonesien hinunterzieht.

Eingeleitet wurde die Auffaltung des Himalaya vor etwa 100 Mio. Jahren durch das Auseinanderbrechen des Urkontinents Gondwana, der Teile Australiens, Afrikas, Südamerikas und Vorderasiens umfasste, umschlossen vom Tethysmeer. Die indische Scholle wurde gegen den asiatischen Festlandsockel gedrückt, wodurch sich an der Nahtstelle das Tethysmeer schloss und die Kruste zum Himalaya auffaltete. Noch heute findet man in großen Höhen versteinerte Ammoniten aus dem Urmeer. Dass der Prozess der Gebirgsbildung noch nicht abgeschlossen ist, zeigt die Erdbebentätigkeit an der Nahtstelle zwischen Dekhan-Scholle und Himalaya.

Der indische Teil des Himalaya erstreckt sich zwischen den Tälern des Indus im Westen und des Brahmaputra im Osten über eine Länge von 2500 km. Seine Breite variiert zwischen 280 km im Nordwesten und 150 km im Osten. Kennzeichnend sind fünf parallel verlaufende Gebirge unterschiedlicher Höhe. Dominierender, von den Achttausendern gekrönter Gebirgszug ist der **Haupthimalaya** mit Durchschnittshöhen von 6000 m. Ihm schließt sich im Nordosten die etwas niedrigere Kette des **Transhimalaya** an, der zu den **Hochebenen Tibets** überleitet.

Die größte Fläche Indiens liegt südlich der Hauptkette, nur die 3600 m hoch gelegene Provinz Ladakh schmiegt sich zwischen die Hauptkette und den Transhimalaya und ist daher auf dem Landweg nur in den Sommermonaten erreichbar. Der sich nach Süden anschließende **Vorhimalaya,** landschaftsbestimmendes Element Kaschmirs, erreicht Höhen bis 4000 m. Gegen das Tiefland wird der Himalaya von der selten über 1300 m ansteigenden **Sivalik-Kette** abgegrenzt.

Das Stromtiefland

Von den Bergen ergießen Indus und Ganges-Brahmaputra ihre Wassermassen in die Tiefländer. Vor allem der Ganges, der bei Haridwar in etwa 400 m Höhe aus dem Gebirge austritt und sich bis zum Golf von Bengalen über fast 1000 km nach Osten zieht, ist das Rückgrat des nordindischen Siedlungsgebietes und Grundlage intensiver Landwirtschaft. Fast ein Viertel Indiens entfällt auf diese große nördliche Ebene, die aufgrund ihrer Fruchtbarkeit schon in der Frühzeit Kernraum menschlicher Besiedlung war. Das geringe Gefälle und die ebene, von den Flüssen aufgeschüttete Schwemmlandschaft verursachen vor allem im Mündungsgebiet der Sundarbans, wo Ganges und Brahmaputra in einem 200 km breiten Delta in den Golf von Bengalen fließen, immer wieder verheerende Überflutungen, wofür die zunehmende Abholzung der Himalayawälder mit verantwortlich gemacht werden muss.

Die beiden großen Flusssysteme des Subkontinents, Ganges und Indus, sind durch eine kaum wahrnehmbare, nordwestlich von Delhi verlaufende Wasserscheide voneinander getrennt. Anders als beim Ganges hat Indien am Indus nur am Oberlauf in der Provinz Ladakh einen bescheidenen Anteil. Der wasserreichere Unterlauf durchquert Pakistan bis nach Karachi, wo er in das Arabische Meer mündet. Somit bestimmen denn auch im nordwestlichen Indien wüstenhafte Landstriche das Gesicht der Landschaften von Rajasthan und dem nördlichen Gujarat.

Das Dekhan-Plateau

Eine deutliche Geländestufe markiert den Übergang zur dritten, südlich anschließenden Großlandschaft, der Dekhan-Scholle, die von den ältesten, noch dem Gondwanaland entstammenden Gesteinsformationen gebildet wird, weitgehend jedoch überlagert von Basaltdecken späterer Vulkanausbrüche.

Denn die ungeheuren Kräfte des Zusammenpralls der Kontinentalplatten veränderten auch das Dekhan-Plateau selbst. Die Ränder entlang der Küste wölbten sich zu den steil zum Meer abfallenden **Ost- und Westghats,** aus dem Erdinnern ergossen sich Lavaströme und Aschenregen über das aufgebrochene, bis zu 3 Mrd. Jahre alte Urgestein und schufen in Verbindung mit den Kräften der

Zwischen die insgesamt fünf Gebirgszüge des Himalaya schmiegen sich die landschaftlich spektakulären Hochtäler von Ladakh, Zanskar und Spiti

Die Monsune – Erlösung und Segen

Thema

Wenn sich im Juni über der flirrenden Ebene der ausgedörrten Felder Rajasthans und Gujarats erste Wolkentürme aufbauen, die Tropfen zu fallen beginnen, die Temperatur sinkt und der Boden gierig das Nass aufsaugt, geht ein Aufatmen durch das Land. Wasser bedeutet Leben und ist ein Geschenk, um das man jedes Jahr aufs Neue bangen muss.

Den Lebensrhythmus Indiens bestimmen die Monsune, die jahreszeitlich wechselnden Winde, deren Regelmäßigkeit und Ergiebigkeit gleich einem Gottesurteil über reiche Ernten, Dürrekatastrophen oder Überschwemmungen entscheiden. Der Begriff, abgeleitet aus dem arabischen *mausim* (›Jahreszeit‹), beschreibt im weiteren Sinne alle jahreszeitlich wechselnden Winde, im engeren das System des südasiatischen Raums.

Die Entstehung lässt sich aus dem Zusammenwirken des planetaren Windsystems und der thermischen Gegensätze zwischen Land und Meer erklären. Zum einen wird durch Schrägstellung der Erdachse die Oberfläche von der Sonne unterschiedlich stark bestrahlt, wodurch Zonen hohen und niedrigen Drucks entstehen, zwischen denen ein Luftmassenaustausch in Gestalt von Winden stattfindet, die durch die Erddrehung abgelenkt werden. Eingebettet in den Ostwindgürtel des Urpassats zieht sich um den Äquator die Westwindzone der Passate. Das gesamte System wandert im Jahresablauf zwischen den Wendekreisen und lässt somit die dazwischen liegenden Zonen abwechselnd in östliche und westliche Luftströmungen geraten.

Durch die unterschiedlich starke Aufwärmung von Land und Wasser werden ebenfalls Luftbewegungen in Gang gesetzt. Im Sommer erwärmt sich der asiatische Festlandblock schneller als der Indische Ozean, sodass über dem Land ein Hitzetief entsteht, das die südlich davon verlaufende, hohen Druck aufweisende äquatoriale Westwinddrift gewissermaßen ansaugt, um sich aufzufüllen. Auf ihrem Weg über den Indischen Ozean reichert sich diese zum Südwestmonsun abgelenkte Westwinddrift mit Feuchtigkeit an und entlädt sich beim Auftreffen auf den Kontinent als ergiebiger Monsunregen.

Im Winter kehren sich die Verhältnisse um. Die Luft strömt nun aus dem Kältehoch Innerasiens in die Tiefdruckgebiete des Südens und wird dabei durch die in dieser Jahreszeit vorherrschende Oströmung des Urpassats in den Nordostmonsun umgelenkt. Da dieser Wind sich im Gebiet des indischen Subkontinents nur über dem Golf von Bengalen mit Feuchtigkeit anreichern kann, bringt er vornehmlich der Südostküste Regenfälle.

Die Problematik für Indien liegt in den starken jährlichen Schwankungen, die vor allem in den Randgebieten der Trockenzone im Nordwesten immer wieder zu Perioden der Dürre führen. So ist der Beginn der sommerlichen Regenzeit, die normalerweise von Mitte Juni bis Ende September reicht, für den Inder mehr als nur ein Datum im Kalender. Die ersten ergiebigen Regen sind nicht nur Erlösung von der Last der fast unerträglichen Hitze, sie begründen auch die Hoffnung auf gute, ertragreiche Ernten. Für sie werden das Chaos im Verkehrswesen, die Erdrutsche und Überschwemmungsopfer als Preis des Überflusses klaglos in Kauf genommen.

Erosion die charakteristische Tafelberglandschaft des südlichen Rajasthan. Auch die Aravalli-Kette, in der noch Urgestein aus dem Archaikum zu Tage tritt, ist Ergebnis dieses Prozesses.

Flora und Fauna

Der dichten Besiedlung Indiens und der ständig wachsenden Bevölkerung fallen immer mehr Naturlandschaften zum Opfer, sodass man heute nur noch selten auf vom Menschen unberührte Vegetationszonen trifft. Wer die indische Flora und Fauna noch unverfälscht erleben will, ist auf den Besuch der zahlreichen Nationalparks angewiesen oder muss recht mühsame Fußmärsche in abgelegene Bergregionen in Kauf nehmen, um den einzigartigen Zauber der fremdartigen Natur zu erfahren.

Der wüstenhafte Nordwesten

Im trockenen Nordwesten der Staaten Rajasthan und Gujarat herrscht Wüsten- und Halbwüstenvegetation vor, die von niederen Büschen und dornigem Dickicht aus Kameldorn und kleinen Akazienbäumen geprägt ist, vor allem aber durch Steppen. An etwas feuchteren Standorten, etwa im Sasan-Gir-Nationalpark auf der Halbinsel Kathiawar, findet man auch Monsuntrockenwald mit Laub abwerfenden Bäumen. Weit verbreitet sind dort Teak, Indisches Ebenholz und Malabarische Lackbäume.

Zu den größten Säugetieren der Region zählt die Nilgauantilope, die ihrer äußeren Gestalt nach einem Hirsch ähnelt, aber eine Antilope ist. Recht häufig sind auch Wildschweine und die beiden Affenarten Rhesus und Hulman. Nahe der Stadt Bhuj haben die seltenen Indischen Halbesel ihr Refugium, im Sasan-Gir-Nationalpark die letzten asiatischen Löwen, die früher bis Griechenland verbreitet waren. Zahlreich sind überdies an das trockene Klima hervorragend angepasste Kleinsäuger wie der Igel, die erst 1956 entdeckte Indische Wüstenspitzmaus und verschiedene Fledermausarten.

Die regenreichen Gebirgsränder

Dort, wo die Monsune auf die Berge treffen und sich die feuchtigkeitsgesättigten Wolken abregnen, ist die Landschaft mit dem Pflanzenkleid des feuchten Monsunwaldes überzogen, in dem mächtige Sal-Bäume, durchsetzt mit Savannen, vorherrschen. Der größte Teil dieser Tieflandregion, bekannt als Terai, gehört zu Nepal. Es ist die Heimat der wilden Elefanten, Tiger und Leoparden, die freilich nur noch im Schutz der Nationalparks wie Corbett, Manas und Kaziranga vor Nachstellungen sicher sind.

In den etwas höheren Regionen bis etwa 1300 m haben auch uns vertraute Pflanzenarten wie Erlen, Ahorn und Eichen ihren Standort, darüber schließen sich dichte Koniferen-, Rhododendron- und Birkenbestände an. Weiter östlich, in den regenreichen Bergwäldern von Sikkim und Assam, haben unzählige Orchideen ihren Lebensraum. Jenseits der Baumgrenze, zwischen 3000 und 3500 m, breiten sich alpine Matten aus, die sich mit Beginn des Monsuns in bunte Blumenteppiche verwandeln. Teefelder überziehen die Hänge des östlichen Himalaya in den Provinzen Assam und Darjeeling bis zu Höhen von 2000 m.

Auf dem Dach der Welt

In den Hochgebirgszonen jenseits der Haupthimalayakette – die Regionen von Ladakh, Zanskar und Spiti –, die nur selten vom Monsunregen berührt werden, herrscht jenseits der Baumgrenze nackter Fels vor. Nur in den schmalen Flusstälern hat der Mensch sich kleine grüne Oasen geschaffen. Wildtiere, wie den berühmten Schneeleoparden, das Wildschaf oder die Tibetantilope bekommt man nur noch mit sehr viel Glück in abgelegenen Regionen zu Gesicht.

Palmen, Mangroven und Tiger am Golf von Bengalen

In Grenzgebiet von Assam und Arunachal Pradesh haben die einzigen tropischen Regenwälder Indiens ihren Standort, sind aber leider wie viele Wälder des Subkontinents durch Raubbau stark gefährdet. Die Fauna ist nicht minder abwechslungsreich als die Flora, allerdings ebenfalls durch die fortschreitende Vernichtung der Naturlandschaft äußerst gefährdet.

Ungekrönter König der noch immer schwer zugänglichen Sundarbans ist der bengalische Tiger, dem hier ein großes Reservat zugewiesen wurde, der aber auch außerhalb des Parks das Buschland durchstreift und jedes Jahr nach wie vor zahlreiche Opfer unter der verstreut lebenden Bevölkerung, den Fischern und Honigsammlern, findet. Alle in den Sundarbans lebenden Königstiger, so heißt es, seien ›Menschenfresser‹, da die Region arm an großen Säugetieren ist und Menschen eine leichte Beute. In den Sundarbans liegt auch die Heimat der gefährlichen Leistenkrokodile und der bis zu 6,5 m langen Tigerpython, die ihre Opfer erwürgt. Ein Stück weiter nördlich hat das vom Aussterben bedrohte Indische Nashorn im Kaziranga-Nationalpark ein geschütztes Refugium.

Winterquartier der Zugvögel

Ungewöhnlich vielfältig ist die Vogelwelt Nordindiens, vor allem im Winter, wenn sich unzählige Zugvögel aus Innerasien zu den einheimischen Arten gesellen und in Naturschutzgebieten wie Bharatpur ihre Jungen aufziehen. Zu den auffallenden Großvögeln zählen der Saruskranich, der aufgrund seiner monogamen Lebensweise als Sinnbild ehelicher Treue gilt, der Nimmersattstorch, der bis zu 1,6 m große Purpurreiher und der in Reisfeldern nach Futter suchende Seidenreiher.

Leben unter Menschen

Während Nashorn und Tiger von skrupellosen, meist in chinesischem Auftrag operierenden Wilderern selbst in den Nationalparks gnadenlos gejagt werden, genießen die Affen ihre religiös begründeten Privilegien als ungekrönte Könige vieler Tempelanlagen, und auch Vögel können sich auch außerhalb der Schutzgebiete sicher fühlen. Überall, selbst inmitten der Großstädte, nisten in den großen Bäumen Hunderte von Halsbandsittichen und übertönen mit ihrem Gezeter sogar den Straßenverkehr.

In den ländlichen Gebieten weit verbreitet und als Kulturfolger gefürchtet sind die Giftschlangen, allen voran die bis zu 5 m lange Königskobra; sie hält sich in der Nähe menschlicher Behausungen auf, wo sie Jagd auf das Geflügel macht und in den Dächern und Winkeln der Hütten ein geschütztes Refugium findet. Seltener, aber weitaus gefährlicher ist die Krait, deren Biss meist fatal ist.

Naturschutzgebiete

Es ist wohl vor allem der Religion zu verdanken, dass in einem Land mit derartigem Bevölkerungsdruck 4,5 % der Landesoberfläche als Naturschutzgebiete ausgewiesen sind – 75 Nationalparks und sogar 425 Naturschutzgebiete. Indien rühmt sich, die ersten Schutzgebiete der Welt eingerichtet zu haben. Kein geringerer als Kaiser Ashoka nämlich hatte bereits im 3. Jh. v. Chr. Gesetze zum Schutz der Natur erlassen.

Die indische Regierung hat erkannt, dass der Schutz ihrer Flora und Fauna längst auch eine profitable Einnahmequelle bildet, denn für die zunehmend städtische Bevölkerung sind die Naturschutzgebiete ein begehrtes Reiseziel – dies umso mehr, als sich der Binnentourismus im Gefolge des Wirtschaftsaufschwungs explosionsartig entwickelt. Die Naturschutzgebiete reichen von winzigen Seen, wie dem Sultanpur Jeel in Haryana mit knapp 2 km^2 Fläche bis zum 1330 km^2 großen Schutzgebiet der Sanderbans im Mündungsdelta von Ganges und Brahmaputra.

Zu den bekanntesten Naturparks Nordindiens zählen der Gir-Forest in Gujarat, Heimat der letzten asiatischen Löwen, das Vogelschutzgebiet von Bharatpur und der Ranthambore-Nationalpark mit seinen Tigern, beide in Rajasthan. In den Randzonen des Himalaya locken der Corbett-Nationalpark, Rückzugsgebiet des Tigers, und der Kaziranga-Nationalpark in Assam, wo die vom Aussterben bedrohten Panzernashörner vor Wilddieben einigermaßen sicher sind.

Naturschutz – zwischen Hoffnung, Zorn und Trauer

Thema

Es gehört zu den Ungereimtheiten Indiens, dass trotz der zahlreichen Nationalparks das Umweltbewusstsein in der Bevölkerung nur schwach ausgeprägt ist. Man fegt zwar jeden Morgen vor der eigenen Hütte, schenkt aber dem Umfeld wenig Beachtung.

Eine Fahrt durch die Vorhimalayaberge etwa offenbart das ganze Ausmaß rücksichtsloser Waldvernichtung. Bis zu den Kämmen sind die Bergzüge in dunklen Rauch gehüllt, und nachts züngeln die Brände wie glühende Schlangen die Hänge empor. Die verheerenden Konsequenzen des Raubbaus sind noch nicht ins Bewusstsein der Verantwortlichen gedrungen, obwohl Erdrutsche und Erosionsschäden als Narben unübersehbar sind.

Hinzu kommt eine ungezügelte Fortschrittsgläubigkeit, die in gigantischen Großprojekten ihren Ausdruck findet und Umweltschutzaspekte völlig außer Acht lässt. Im Nordwesten hat das Staudammprojekt Narmada durch den Einsatz der Staudammgegnerin Medha Paktar über die Grenzen hinaus Aufsehen erregt. Ergebnis war der Rückzug der Weltbank aus der Finanzierung, nicht allerdings die Einstellung des bereits 1961 von Nehru ins Leben gerufenen Vorhabens. Hinter dem über 120 m hohen Sarovar-Damm, der ersten Stufe des Projekts, staut sich bereits das Wasser und hat die ersten Dörfer überflutet. 150 000 Menschen wurden umgesiedelt, 7000 ha Weideland sind verschwunden. Über 500 weitere Dörfer werden folgen, etwa 1 Mio. Menschen ihre Heimat verlieren.

Ein weiteres Staudammprojekt ist bei Theri am Oberlauf des Ganges geplant. Der 260 m hohe Damm, der einmal 270 000 ha bewässern soll, könnte sich als gewaltige Zeitbombe erweisen, liegt er doch inmitten einer aktiven Erdbebenzone. Ein Bersten der Staumauer würde Tausenden von Bewohnern in den nicht weit entfernten Großstädten Rishikesh und Haridwar das Leben kosten.

Zudem könnte das Aufstauen des Wassers die dringend notwendige Selbstreinigung des Ganges durch die jährlichen Monsunfluten verhindern und damit die Trinkwasserversorgung im Gangestiefland gefährden. In seinen heiligen Wassern zu baden ist heute schon mit einem erheblichen gesundheitlichen Risiko verbunden. Zwar wurden mit großem Aufwand Kläranlagen gebaut, für ihren Betrieb jedoch fehlt das Geld und wohl auch der Wille. Und wer von der Terrasse des Taj Mahal in Agra auf den Yamuna schaut, hat Indiens schmutzigsten Fluss im Blickfeld.

Immerhin sind erste zaghafte Schritte erkennbar, die zunehmende Luftverschmutzung in den Großstädten einzudämmen. Seit 1995 werden in Delhi, Mumbai und Chennai nur noch Fahrzeuge mit Katalysator zugelassen – ein Tropfen auf den heißen Stein zwar, aber doch ein hoffnungsvoller Ansatz, der die Umweltbelastung in diesen Städten seither erheblich gesenkt hat.

Die Naturschutzbehörde steht in fortwährender Konfrontation mit Bewohnern der ländlichen Gegenden, die über Verwüstungen durch Wildtiere, insbesondere Elefanten, klagen und kein Verständnis dafür aufbringen, dass ihnen Boden für die Neuanlage von Äckern vorenthalten wird. Solange es aber die Naturparks gibt, bleibt die Hoffnung, dass auch in Indien der Gedanke des Umweltschutzes einmal tiefer ins Bewusstsein der Allgemeinheit dringt.

Wirtschaft, Soziales und aktuelle Politik

Die Einordnung als sogenanntes Entwicklungsland täuscht leicht über die Tatsache hinweg, dass Indien mittlerweile ein höchst komplexes Wirtschaftsgefüge besitzt – so zeigt es sich einerseits noch tief in den Traditionen verwurzelt, gleichzeitig vollbringt es nicht allein im technisch-industriellen Bereich überaus bemerkenswerte Leistungen.

Landwirtschaft

Obwohl noch immer mehr als die Hälfte der erwerbstätigen Bevölkerung in der Landwirtschaft arbeitet (59 %), ist sie am Bruttoinlandprodukt nur noch mit 23 % beteiligt. Wer außerhalb der Städte unterwegs ist, trifft noch überall auf archaische Formen der Bodenbestellung und Viehzucht, obwohl der Staat in Anbetracht der weiterhin stetig wachsenden Bevölkerung seit den 1960er-Jahren erhebliche Anstrengungen unternimmt, die Produktivität des Agrarsektors zu steigern. Damals stand Indien am Rande einer Hungerkatastrophe, die durch die sogenannte Grüne Revolution abgewendet werden konnte. Durch die Kombination von hochwertigem Saatgut, Krediterleichterungen und Produktivitätsverbesserungen vermochte man die Erträge sprunghaft zu steigern und das Land von Lebensmittelimporten weitgehend unabhängig zu machen. Die Gesamtproduktion hat sich innerhalb der letzten 20 Jahre verdoppelt, bei einigen Produkten, etwa Weizen, sogar vervierfacht; trotzdem liegen die Erträge in vielen Bereichen noch weit unter denen der europäischen Agrarnationen.

Archaische Besitzstrukturen

Hauptursache ist die nach wie vor traditionelle, um nicht zu sagen rückständige Lebensform der ländlichen Bevölkerung. Die vorherrschende Realteilung des Grundbesitzes, bei der jeder männliche Nachkomme einen Teil erbt, hat zu einer Aufsplitterung in kleinste, oftmals weit auseianderliegende Parzellen geführt, die eine rationelle Bewirtschaftung nicht zulassen. Die Hälfte aller selbstständigen Bauern bewirtschaftet Flächen von weniger als einem Hektar, die nicht einmal für die Selbstversorgung ausreichen.

Jedermann sieht die Notwendigkeit einer durchgreifenden Landreform. Aber wie in den meisten Ländern der Dritten Welt lassen sich derart einschneidende Maßnahmen nur schwer durchsetzen, zumal sie gerade von denjenigen Opfer fordern, die an den Hebeln der Macht sitzen. Es ist bezeichnend, dass die zahlreichen Entwicklungspläne, wie das Oil Seeds Production Programme (OPP) oder das Accelerated Maize Development Programme (AMDP) fast ausschließlich auf die Produktionsseite abzielen, nicht aber auf eine notwendige Veränderung der Besitzverhältnisse. Im Jahre 1978 wurde sogar das gesetzlich verbriefte Recht auf Grundbesitz aus der Verfassung gestrichen.

Es gibt allerdings Ausnahmen auf regionaler Ebene. So hat etwa die kommunistische Regierung von Westbengalen, wo 90 % der Bevölkerung auf dem Land leben, schon Ende der 1970er-Jahre das Programm ›Land den Landlosen‹ auf den Weg gebracht und gegen den Widerstand der Großgrundbesitzer seither fast 8 Mio. Bauern zu einem eigenen Stück Scholle verholfen sowie die Abgaben der Pächter von ursprünglich 75 % auf 25 % gesenkt.

Landflucht

Nicht vergessen werden darf aber auch die Kehrseite der Produktivitätssteigerung. Da die Großgrundbesitzer mit Lohnarbeitern und Maschineneinsatz höhere Erträge erzielen als durch Verpachtung winziger Parzellen, erneuern sie die Verträge nicht mehr und verstärken so die Abwanderung der Landbevölkerung in die Städte, wo wiederum nicht genug Arbeitsplätze zur Verfügung stehen. Eine Verlagerung der Armut vom Land in die Stadt ist die Folge. So sieht die derzeitige Regierung eine ihrer vornehmlichen Aufgaben darin, die ländliche Armut durch Verbesserung der Infrastruktur, des Bildungswesens und der medizinischen Versorgung zu verringern und einem weiteren Exodus entgegenzuwirken.

Denn es sind oft die kleinen Dinge, die einer Ertragssteigerung im Wege stehen: Düngemittel und Pestizide werden falsch eingesetzt, und durch unsachgemäße Lagerung verderben etwa ein Fünftel der Ernten, hervorgerufen durch Schädlingsbefall oder Ratten und Mäuse. Die Aufklärung der Bauern wird umso notwendiger, als in den letzten Jahren, vor allem durch lang anhaltende Dürreperioden, ein stetiger Rückgang der Agrarproduktion zu verzeichnen ist. Als Hemmschuh erweisen sich auch die vielen staatlichen Restriktionen und Verordnungen. So müssen beispielsweise 40 % der Zuckerrohr- und 50 % der Reisernte an den Staat verkauft werden, und ein 40 Jahre altes, damals aufgrund einer Pflanzenkrankheit erlassenes Gesetz, das die Ausfuhr von Kartoffeln aus Westbengalen verbietet, besteht noch immer.

Bewässerung

Bewässerungsprojekte sind ein wichtiger Motor zur Steigerung der Agrarproduktion. Fast die Hälfte der Nutzfläche ist heute zumindest zeitweise auf künstliche Bewässe-

In ländlichen Regionen scheint die Zeit vielerorts stehen geblieben zu sein

Arme heilige Kuh

Thema

Man begegnet ihnen überall in Indien – in den Gassen der Altstädte, wo sie den Marktfrauen manches Stück Gemüse stehlen, in den Dörfern und selbst auf Bahnsteigen und Busbahnhöfen. Zwar machen viele Tiere einen erbärmlich abgemagerten Eindruck, der trotz ihrer Heiligkeit auf ein schweres Los schließen lässt, aber sie sind keineswegs herrenlos; auch im Gewühl der Großstadt hat jede Kuh ihren festen Besitzer.

Das Phänomen ›Heilige Kuh‹, nach wie vor ein unangetastetes Tabu der hinduistischen Religion, reicht keineswegs in die Ursprünge der Veden zurück, in denen der Hinduismus seine Quellen hat. Zu damaliger Zeit stand das Opfer, vor allem in Form von Tieren, im Mittelpunkt religiöser Praktiken. Dabei kam naturgemäß den wertvollen Haustieren Pferd, Rind und Stier der höchste Stellenwert zu. Und als Viehzüchter lebten die arischen Zuwanderer in der Frühzeit verständlicherweise vorwiegend von Rindfleisch, zumal Ackerbau auf dem Subkontinent damals eine nur untergeordnete Rolle spielte.

Erst im Zeitalter der Upanishaden (ca. 700–550 v. Chr.) erfolgte unter dem buddhistischen Einfluss der Nichtverletzung des Lebens *(ahimsa)* eine stärkere Hinwendung zur vegetarischen Ernährung. Dass vor allem die Kuh als geheiligtes Wesen verehrt wird, hängt einmal mit dem kosmischen Bild des Hinduismus zusammen, in dem die Tiere einen bevorzugten Platz in der Schöpfung einnehmen. Zum anderen gilt die Kuh als Relikt aus Zeiten archaischer Kulte noch immer als Fruchtbarkeitssymbol; wichtiger aber noch dürfte ihre zentrale Bedeutung als lebenserhaltendes Haustier sein. Sie liefert Milch, pflügt das Feld und produziert mit ihrem Dung das Brennmaterial. So ist es nicht verwunderlich, dass gerade Mahatma Gandhi, dem die Autarkie des Bauernstandes als Ideal der neuen Gesellschaftsordnung vorschwebte, den Mythos wieder neu belebte. Die viel gehörte Begründung, dass sich der Status durch den Glauben an den Kreislauf der Wiedergeburten erkläre, da jede Kuh die Seele eines Menschen beherberge, ist nur zweitrangig, trifft sie doch auf alle Tiere zu.

Mit etwa 300 Mio. Kühen hat Indien die meisten Rinder der Welt, ein Umstand, der angesichts der allgemeinen Unterernährung von ausländischen Kritikern gern als Verschwendung angesehen wird. Ob allerdings die ›Aufwertung‹ des Rindes zum Fleischproduzenten die wirtschaftliche Lage der kleinen Bauern verbessern würde, erscheint mehr als fraglich. Da die Aufzucht erhebliches Kapital erfordert, würde der Preis für Rinder derart steigen, dass der einfache Bauer sich keine Tiere mehr leisten könnte. Zudem würde ein Teil der Nutzflächen für Futtermittel verwendet und damit dem Anbau von Nahrungsmitteln entzogen. Da aber die Produktion von Fleisch die natürlichen Ressourcen weit unökonomischer nutzt als der Anbau von Gemüse und Getreide und überdies durch Schaffung von Weideland die tropischen Regenwälder vernichtet werden, sollte man den ›heiligen Kühen‹ als Symbolen praktizierten Umweltschutzes mit mehr Respekt begegnen. Ländern wie Brasilien, Argentinien oder den USA ist Indien in dieser Beziehung ein gutes Stück voraus.

rung angewiesen. Zwar wurden auch hier seit der Unabhängigkeit erhebliche Fortschritte erzielt und das Bewässerungsland von 22 Mio. auf 72 Mio. ha ausgedehnt, aber noch immer bleiben aufgrund mangelhafter Koordination zwischen Behörden und Bauern jährlich Millionen von Hektar ungenutzt.

Stattdessen ist die Regierung dabei, in der nordwestlichen Landeshälfte (Gujarat, Madhya Pradesh und Maharashtra) das größte Bewässerungsvorhaben der Welt zu realisieren. Das ehrgeizige Narmada-Projekt soll mit 30 großen, 135 mittleren und über 3000 kleineren Dämmen die Wassermassen des 1300 km langen Narmada bändigen, 2 Mio. ha Land bewässern und die Erzeugung von 1450 Megawatt Strom ermöglichen. Die Opfer jedoch sind hoch. Über 100 000 ha Land und mehr als 500 Dörfer werden unter den Seenflächen verschwinden (s. a. Thema S. 21).

Die Produktion in Zahlen

Dabei können sich die Produktionszahlen in der Landwirtschaft durchaus sehen lassen. In der Baumwollerzeugung nimmt Indien hinter den USA den zweiten Platz ein. Hauptanbauregionen sind die nordwestlichen Staaten Punjab, Haryana, Gujarat, Rajasthan und Madhya Pradesh. Etwa 7 Mio. ha der gesamten landwirtschaftlichen Nutzfläche dienen dem Baumwollanbau, der allerdings nur eine mindere Qualität liefert. Auch in der Zuckerrohrproduktion nimmt Indien hinter Brasilien den zweiten Rang ein. 3 Mio ha werden mit Zuckerohr bepflanzt, das vor allem in den Staaten Punjab und Uttar Pradesh gut gedeiht und die Grundlage für die dortige Zuckerindustrie bildet.

Der traditionelle Juteanbau spielt mit etwa 800 000 ha vor allem im Nordosten nach wie vor eine wichtige Rolle. Auch bei der Tabakkultivierung hat Indien mit 10 % der Weltanbaufläche einen vorderen Rang inne, während es mit einer Teeproduktion von über 600 000 t jährlich schon seit langem seine Spitzenposition erfolgreich gegen China und Sri Lanka verteidigt. Die Anbaugebiete konzentrieren sich auf die regenreichen Hanglagen des östlichen Himalaya, insbesondere auf Darjeeling und Assam.

Bei den Grundnahrungsmitteln steht Reis mit einer Anbaufläche von 45 Mio. ha weit an der Spitze, gefolgt von Mais und Hirse (32 Mio. ha), die als Viehfutter verwendet werden, aber auch Grundnahrungsmittel der Armen bilden. Mit 23 Mio. ha nehmen Hülsenfrüchte, Hauptbestandteile der indischen Küche, weiten Raum ein, dicht gefolgt von Weizen, der zunehmende Bedeutung erhält.

Viehwirtschaft

Obwohl die meisten Inder Vegetarier sind, spielt die Viehzucht eine wichtige Rolle. Mit einem Bestand von nahezu 300 Mio. Rindern und Büffeln nimmt Indien weltweit eine Spitzenposition ein und das, obwohl der Verzehr von Rindfleich tabu ist. Sie werden lediglich als Zugtiere und Milchlieferanten eingesetzt. Verglichen etwa zu europäischen Zuchtbetrieben ist die Rinderhaltung völlig ineffizient, zumal die Tiere durch mangelnde Fütterung kaum die geforderte Leistung bringen. Bezeichnend ist auch, dass trotz der hohen Zahl nur 4 % der Gesamtfläche als Weideland ausgewiesen sind. Die meisten Tiere leben von Abfallprodukten der Landwirtschaft oder vom Müll in den Städten (s. a. Thema links).

Indien ist zwar größter Milchproduzent der Welt, die Vermarktung stellt aufgrund mangelnder Infrastruktur im ländlichen Bereich jedoch ein großes Problem dar. In kleineren Städten werden die Tiere oft noch im Ort von bestimmten Kasten im Stall gehalten, um einen möglichst kurzen Weg der Frischmilch zum Abnehmer zu gewährleisten. Zunehmend jedoch sind die Bauern in Genossenschaften organisiert. Zwei Mal täglich wird die Milch mit Kühllastwagen abgeholt und in den Handel gebracht. Der Überschuss findet seinen Weg in Molkereien, wo er zu Milchprodukten, insbesondere Trockenmilch, verarbeitet wird.

In der Schuldenfalle

Die Zunahme der Bevölkerung in Verbindung mit dem immer knapper werdenden Boden führte durch Erbteilung nicht nur zur Verringerung der Betriebsgrößen bis hin zur völligen Aufgabe der Landwirtschaft und Abwanderung in die Städte, sie ist auch eine der Ursachen der nach wie vor existierenden Schuldknechtschaft. Dabei muss der Arbeiter, der zur Sicherung seiner Existenz bei einem privaten Geldverleiher einen Kredit zu Wucherzinsen aufnehmen muss, diesen durch Arbeit ableisten, wobei der Geldverleiher darauf achtet, dass der Schuldner und nach Möglichkeit auch seine Kinder zeit Lebens die Schulden nicht abtragen können. Diese Hoffnungslosigkeit treibt viele verarmte Pächter in den Selbstmord.

Das perfide System ist auch in Kleinindustrien gang und gäbe, etwa in Ziegeleien und Teppichknüpfereien. In Kanpur etwa schuften 75 % aller Teppichknüpfer in Schuldknechtschaft. Insgesamt soll es noch etwa 10 Mio. dieser *bonded labourers* geben, obwohl die Schuldknechtschaft per Gesetz bereits 1976 abgeschafft wurde. Ob die 2005 von der Regierung beschlossene Arbeitslosenversicherung für die verarmte Landbevölkerung Abhilfe schaffen wird, bleibt abzuwarten.

Auf dem Weg zur Industrienation

Da sich das Land lange zur sozialistischen Wirtschaftsordnung bekannte, befanden sich die wichtigen Schlüsselindustrien in staatlicher Hand. Um der Landflucht entgegenzuwirken, wurde die Privatindustrie, die ebenfalls staatlicher Genehmigung bedurfte, 1977 in einen großindustriellen Zweig und eine Kleinindustrie *(village and small industries)* unterteilt. Letztere darf nur außerhalb der großen Ballungszentren tätig werden und hat in den vergangenen Jahren einen erheblichen Aufschwung erlebt. Zum Teil verdankt sie ihn der Umstrukturierung der traditionellen Textilindustrie. Viele der großen, veralteten Fabriken mussten schließen, sodass kleine, kostengünstiger arbeitende Unternehmen die Lücke füllten und heute etwa dreimal mehr als die überwiegend staatlich geführten Großbetriebe produzieren. In der Juteindustrie, die ihren Hauptstandort in Bengalen hat, sind etwa 200 000 Arbeiter beschäftigt. Infolge des weltweiten Nachfragerückgangs stagniert die Produktion allerdings seit Jahren.

Besonderes Augenmerk richtet die Regierung auf die modernen Industrien, wobei mit Stahl, Zucker, Düngemitteln und Zement Produkte im Mittelpunkt stehen, die zum Teil noch heute importiert werden müssen. Nachdem die Russen und Deutschen mit den Walzstraßen in Durgapur und Rourkela in den 1960er-Jahren den Startschuss gegeben hatten, bewiesen die Inder mit der 1978 eingeweihten Bokarao Steel Plant in Bihar, dass sie inzwischen auch den Anlagenbau beherrschen. In Jamnagar in Gujarat baut die Reliance Industries, das bedeutendste Privatunternehmen des Landes, derzeit die modernste und größte Raffinerie der Welt. Unzählige kleine aber auch größere Betriebe in staatlicher Hand wie die Bharat Heavy Electricals Ltd produzieren heute die notwendigen Komponenten, viele davon in Kooperation mit ausländischen Unternehmen.

Denn die Liberalisierung des Marktes durch Rajiv Gandhi in den 1980er-Jahren lockte Investoren aus aller Welt und führte zu Joint-Venture-Unternehmen, die der Industrie zu erheblichem Wachstum verhalfen. Für den Besucher am auffälligsten zeigt sich der Wandel im Straßenbild, wo zunehmend in Zusammenarbeit mit ausländischen Herstellern produzierte Fahrzeuge wie der Maruti der japanischen Firma Suzuki den altehrwürdigen Ambassador ablösen.

IT-Branche

Indiens rasanter Aufstieg in der IT-Branche hat sich weltweit längst herumgesprochen und wird gern als Beweis für den baldigen Sprung zur führenden Wirtschaftsmacht ins Feld geführt. Derzeit ist die Informationstechnologie der am schnellsten wachsende Wirtschaftssektor des Landes. Die Aktivitäten konzentrieren sich auf Dienstleistungen für ausländische Unternehmen, das sogenannte Outsourcing. Über 60 Unternehmen sind allein für deutsche Firmen, wie Banken und Versandhäuser tätig.

Aber auch die Entwicklung von Software-Produkten, für die Inder aufgrund ihrer mathematischen Begabung eine besondere Veranlagung besitzen, gewinnt immer mehr an Bedeutung. So stammt nach amerikanischen Einschätzungen ein Drittel aller weltweit tätigen Sofwareentwickler aus Indien. Federführend in der Ausbildung ist das Indian Institute of Technology, das mit bisher sieben Universitäten im Lande vertreten ist. Die erste wurde 1951 in Khargapur bei Kolkata eröffnet. Um der ständig weiter ansteigenden Nachfrage nach hochqualifizierten Fachkräften gerecht zu werden, sind weitere Universitäten in Rajasthan und Bihar geplant. Wer hier einen der begehrten Studienplätze ergattert, braucht sich um seine Zukunft keine Sorgen zu machen.

Nach wie vor hat die IT-Branche in Bangalore in Südindien, dem ›Silicon Plateau‹, ihr Zentrum, da man dort vor allem in die Infrastruktur investiert hat. Mit staatlicher Unterstützung entstehen jedoch derzeit weitere Industrieparks auch im Norden des Landes, so etwa in Gandhinagar (nördlich von Ahmedabad), Noida (nahe Delhi) sowie in Bhubaneswar, wo bereits Hochgeschwindigkeitsnetze für den Datenaustausch eingerichtet worden sind.

Der Erfolg im High-Tec-Bereich hat allerdings in Bezug auf die Sozialstruktur des Landes durchaus auch negative Folgen, trägt er doch dazu bei, die Gegensätze zwischen arm und reich noch zu vertiefen – ein ›digitaler‹Graben tut sich zunehmend auf.

Tourismus

Obwohl Indien (noch) nicht als ein ausgesprochenes Ferienziel angesehen werden kann, verzeichnet das Land bis 2007 eine stetige Zunahme ausländischer Besucher von über 10 % pro Jahr. Für 2008 weist die Statistik 5,2 Mio. Touristen aus. Infolge der Weltwirtschaftkrise ist die Besucherzahl seither rückläufig. Der Anteil Indiens am weltweiten Tourismus liegt bei etwa 3 %. Zum Bruttosozialprodukt trägt der Tourismus etwa 3 % bei, etwa 6 % der erwerbstätigen Bevölkerung sind mittlerweile in der Tourismusindustrie tätig.

Wichtigste Region ist der Norden Indiens, der von 60 % der Touristen bereist wird. Größte Anziehungskraft üben nach wie vor das ›Goldene Dreieck‹ Delhi–Agra–Jaipur sowie die Region Rajasthan aus, gefolgt vom Bundesstaat Himachal Pradesh, das 2008 sogar von 15 % mehr Ausländern besucht wurde als im Jahr zuvor. Beliebtestes Ziel ist dort vor allem die Himalayaregion Ladakh.

Die größte Demokratie der Welt

Es mag erstaunlich wirken, dass sich in diesem Vielvölkerstaat mit seinen zahlreichen Sprachen, Religionen und Ethnien trotz erheblicher politischer Spannungen die Demokratie als Staatsform hat durchsetzen können. Nach britischem Vorbild besteht das Parlament aus zwei Häusern: dem Unterhaus *(Lok Sabha)* mit 545 Mitgliedern und dem Oberhaus *(Rayia Sabha)* mit 245 Mitgliedern. Die Mitglieder des Lok Sabha werden alle fünf Jahre neu gewählt, die des Raja Sabha alle sechs Jahre. Das Staatsoberhaupt – seit Juli 2007 die frühere Gouveneurin Rajasthans, Pratibha Devi Singh Patil – wird alle fünf Jahre von einem Wahlmännergremium bestimmt. Die Politik wird jedoch vom Führer der stärksten Partei bestimmt.

Derzeit dominieren zwei Parteien das politische Geschehen: die hinduistisch-nationalistische Bharatiya Janata Party (BJP), die von 1999 bis 2004 die Macht innehatte, und die Kongresspartei, der u. a. Jawaharlal Nehru und Indira Gandhi angehörten. Seit den Wahlen von 2004 besitzt Letztere zusammen mit kleineren Parteien die Mehrheit. Ihre Vorsitzende Sonia Gandhi, Witwe des 1991 ermordeten Rajiv Gandhi, Sohn von Indira Gandhi, hat 2004 den Sikh Manmohan Singh zum Premierminister bestimmt, da sie selbst aufgrund ihrer italienischen Herkunft für dieses Amt keinen Rückhalt in der hinduistischen Gesellschaft fand.

Geschichte

Bis weit in vorchristliche Jahrtausende reicht die Geschichte des Subkontinents. Die frühesten Stadtkulturen der Menschheit haben hier ebenso ihre Wurzeln wie die Weltreligion des Buddhismus. Indien selbst allerdings ist erst in einem schmerzhaften Prozess im Jahre 1947 entstanden, als das ehemalige britische Kolonialreich in Pakistan und die Republik Indien aufgeteilt wurde.

Die Frühzeit

Die Geschichte des indischen Subkontinents lässt sich bis zur **Indus-Kultur** zurückverfolgen. Sie gilt als eine der ältesten Hochkulturen der Erde, die etwa zwischen 3000 und 2000 v. Chr. im heute zu Pakistan gehörenden Fünfstromland blühte und ihren Einfluss in der Endphase (zwischen 2400 und 1700 v. Chr.) bis nach Rajasthan und zur Küste Gujarats ausdehnte. Vieles deutet darauf hin, dass das spätere Indien vor allem in seiner Religion einiges von dieser nach wie vor rätselhaften Zivilisation übernommen hat.

Um 1500 v. Chr. wanderten kriegerische **Arier** (*arya*, ›die Edlen‹) aus den zentralasiatischen Steppenländern nach Süden. Wie kein anderes historisches Ereignis sollte dieser Zustrom das Gesicht des Subkontinents verändern. Die Arier brachten nicht nur eine überlegene Waffentechnik wie etwa Kriegswagen ins Land, sondern auch eine mit strengen Ritualen verbundene Religion, die dem Priester (Brahmane) den höchsten sozialen Rang einräumte und nur die eigene Elite, bestehend aus Priesterschaft, Kriegern und Handwerkern, duldete. Durch diese strikte Abgrenzung – der Urform des Kastenwesens (s. S. 48) – vermieden es die Zuwanderer, von der zahlenmäßig überlegenen Urbevölkerung völlig assimiliert zu werden. Die Forschung geht davon aus, dass es sich bei den Urbewohnern um dunkelhäutige **Drawiden** handelte, als deren Nachfahren die heute in Südindien lebenden Tamilen angesehen werden.

Vom Punjab aus breiteten sich die sogenannten Indoarier zunächst als kleine, viehzuchttreibende Bauerngemeinden entlang der fruchtbaren Gangesebene aus und durchdrangen später auch den Nordosten des Subkontinents.

Hinduistische Großreiche

Die Dynastie der Mauryas

Aus den frühesten Schriften, den sogenannten Veden, lässt sich ablesen, dass das Herrschaftsgebiet der Indoarier ab dem 6. Jh. v. Chr. in viele kleine, miteinander verfeindete Gemeinschaften zerfiel. Um 500 v. Chr. zeichnete sich eine deutliche Veränderung ab. Eisen ersetzte die Bronze und ermöglichte eine intensive Kultivierung der Gangesebene, verbunden mit einer über die Subsistenzwirtschaft hinausgehenden Möglichkeit zur Vorratshaltung, die wiederum den Handel nach sich zog. Ihn zu sichern, bedurfte es einer strengeren Ordnung, aus der sich allmählich das Königtum herauskristallisierte.

So gelang es 321 v. Chr. dem Herrscher **Chandragupta Maurya,** ein erstes Großreich in Nordindien zusammenzuschmieden, das im Westen bis zum Indus reichte. Sein Enkel, **Kaiser Ashoka** (reg. ca. 272–233 v. Chr.), erweiterte es noch bis weit in den Süden hinunter bis etwa auf die Höhe des heutigen Chennai, wobei die missionierende Lehre des Buddhismus eine wichtige Rolle als einigende Klammer spielte. Seinen Herrschaftsanspruch, aber auch seine Prinzipien einer gerechten Regierung auf der Grundlage des Buddhismus dokumentierte der Kaiser mit der Errichtung von in Stein gemeißelten Säulen-Edikten an den Landesgrenzen und in den Provinzmetropolen. Die Hinwendung zum Buddhismus vollzog der Kaiser nach dem Sieg über den Staat Kalinga (heute Orissa) im Jahre 261 v. Chr., der Tausenden von Menschen das Leben gekostet hatte.

Nach Ashokas Tod zerfiel das Reich sehr bald in sich befehdende Kleinstaaten. Die innere kulturelle Geschlossenheit wirkte aber auch nach dem Tod des großen Herrschers und dem Niedergang des Maurya-Reiches (185 v. Chr.) fort. Weder der Einfall der Griechen, der durch den Indienfeldzug Alexander des Großen 327 bis 323 ausgelöst worden war, noch die Eroberungszüge der zentralasiatischen Saken und Kushanas, die zwischen dem 2. Jh. v. und dem 3. Jh. n. Chr. einfielen, vermochten die entstandene kulturelle Einheit ernsthaft zu gefährden. Ein weiterer stabiler Faktor in diesen unruhigen Zeiten war der Handel, der sich auf die von den Mauryas geschaffene Administration stützen konnte und über die befreundeten Seleukiden Afghanistans bis ins Mittelmeergebiet reichte.

Gupta, Hunnen und Rajputen

Im 3. Jh. n. Chr. etablierte sich in der Gangesebene, im heutigen Bihar, die Dynastie der **Gupta,** die große Teile Nordindiens unter ihre Herrschaft brachte. Diese auch als indisches Mittelalter bezeichnete, nahezu 200 Jahre andauernde Epoche gilt als das Goldene Zeitalter, in dem sich Kunst und Wissenschaft ungestört von größeren kriegerischen Ereignissen im Rahmen von Religion und höfischer Kultur zu entfalten vermochten. Unter dem Patronat der Herrscher gewann der von den Indoariern eingeführte Hinduismus langsam seine alte Bedeutung zurück, während der Buddhismus seinen Zenit bereits überschritten hatte.

Den ab 465 aus Zentralasien anbrandenden Wellen der **Hunnen** vermochte das bereits durch Erbfolgestreitigkeiten geschwächte Gupta-Reich nicht zu widerstehen und versank wie seine Vorgänger. Unter Toramana und seinem Sohn Mihiracula geriet Nordindien nun vorübergehend unter hunnische Herrschaft, die jedoch mit der Vertreibung Mihiraculas nach Kaschmir um 540 endete. Erneut zerfiel Nordindien in sich befehdende Regionalstaaten wie etwa die der **Rajputen**-Clans Palava und Chalukya im Gebiet des späteren Rajasthan.

Islamische Invasion

Im 10. Jh. begann die islamische Invasion, der sich die Rajputen im Nordwesten des indischen Subkontinents zunächst mit aller Kraft zu widersetzen suchten; aufgrund ihrer traditionellen Feindschaften untereinander vermochten sie es jedoch nicht, ein Bündnis gegen die Eindringlinge zu schmieden. Einer der Gründe war die strenge Kastenordnung, die ein gemeinsames Vorgehen unmöglich machte. Ganz anders die islamischen Heere, die, beseelt durch den gemeinsamen Glauben und die Aussicht auf reiche Beute, selbst als wild zusammengewürfelter Söldnerhaufen einträchtig Seite an Seite kämpften. Im 8. Jh. waren sie aufgrund des Widerstandes der Chalukyas, die ständig ein Heer von 800 000 Mann unter Waffen hatten, noch gescheitert.

Im Jahre 1001 überrannte **Mahmud von Ghazni** (971–1035) von Afghanistan kommend dann mit 15 000 türkischen Reitern erstmals das Fünfstromland und schlug das Heer der Inder bei Peshawar vernichtend. Insgesamt 17-mal wiederholte der fanatische Moslem seine Raubzüge mit einer Gefolgschaft beutegieriger Söldner, überwiegend aus der Türkei stammender Mamelucken, und schändete 1024 den unermesslich reichen Sonnentempel von Somnath, ehe er mit Gold, Juwelen und Tausenden von Gefangenen für die Sklavenmärkte wieder in den afghanischen Bergen verschwand.

Sultanat von Delhi

Die Sklavendynastie

Begnügte sich Mahmud von Ghazni noch mit Raubzügen, so strebte **Mohammed von Ghur,** der 1150 bis 1206 ebenfalls vom afghanischen Ghazni aus herrschte, nach der Einverleibung Indiens in sein islamisches Imperium. Im Jahre 1186 hatte er das Fünfstromland unter seine Kontrolle gebracht, 1190 stand er vor Delhi, wurde aber von dem Chauhana-König Prithvi Raj geschlagen und zunächst zum Rückzug gezwungen. Erst 1206 gelang es dem Usurpator, sich in Nordindien festzusetzen, wo er **Qutb-ud-din-Aibak** (gest. 1210) als Statthalter zurückließ. Der Türke, der als Sklave in den Besitz des Herrschers gelangt war und sich bis zum Heerführer emporgearbeitet hatte, eroberte von seiner Residenz Delhi aus weitere hinduistische Fürstentümer und legte damit den Grundstein für die Islamisierung Nordindiens, die erst mit der Machtübernahme durch die Engländer im 19. Jh. ihr Ende fand.

Nach dem Tod Mohammeds von Ghur gründete Qutb-ud-din die erste islamische Dynastie auf indischem Boden, die aufgrund der sozialen Herkunft des Machthabers als ›Sklavendynastie‹ in die Geschichte einging. Sein Schwiegersohn Iltutmisch (1211–1236) weitete den Einfluss des Sultanats aus, gefolgt von der kurzlebigen Khilji-Dynastie, die mit **Ala-ud-din** (1296–1316) einen der fähigsten, wenn auch brutalsten Heerführer jener Tage hervorbrachte. Er vermochte es, sich sowohl gegen renitente Hindufürstentümer zur Wehr zu setzen als auch gegen die Mongolen, die sich bereits im Fünfstromland festgesetzt hatten und nun ein begehrliches Auge auf Indien warfen. Einen Angriff im Jahre 1299 konnte Delhi ebenso abwehren wie eine Offensive der Gelben Horden vier Jahre später, die sogar bis in die Stadt vordrangen, das Lager Ala-ud-dins aber nicht zu stürmen vermochten.

Timur und Lodi-Dynastie

Im Jahre 1320, fünf Jahre nach dem Tode Ala-ud-dins, wurde **Ghyas-ud-din** zum Sultan gekürt, jedoch bereits einige Jahre später auf grausame Weise von seinem Sohn **Muhammad-bin-Tughluq** ermordet. 1398 plündert der Mongole **Timur** Delhi und setzt der bereits geschwächten Dynastie der Tughluqs in der Schlacht von Panipat ein blutiges Ende. In einer Orgie aus Gewalt und Beutegier wurden die hinduistischen Bewohner Delhis niedergemetzelt, und die Stadt versank für Jahre in Bedeutungslosigkeit.

Aus der Agonie erwachte Delhi erst wieder im Jahre 1451, als der aus dem afghanischen Clan der Lodis stammende Sultan **Bhulul Khan** die Lodi-Dynastie gründete und allmählich die verlorenen Provinzen zurückgewann. **Sikander Lodi** (1489–1517) verlegte die Metropole nach Agra, aber die Tage auch dieser Dynastie und damit des sogenannten Delhi-Sultanats waren gezählt. Trotz beachtlicher militärischer Erfolge und rigoroser Unterdrückung der hinduistischen Bevölkerung war es den islamischen Eroberern nicht gelungen, ein stabiles Großreich zu schaffen. Sobald der militärische Druck nachließ, gewannen die hinduistischen Regionalreiche wieder die Oberhand.

Die Herrschaft der Moguln

Babur

Erst mit Ankunft der Moguln sollte sich dies ändern. **Babur** (1484–1530), der Gründer dieser für Indien so bedeutsamen Herrscherdynastie, war durch die vordringenden Usbeken aus seiner Heimat Samarkand nach Persien vertrieben worden, von wo er sich auf der Suche nach einem neuen Reich Richtung Osten wandte, Afghanistan unterwarf und schließlich sein Augenmerk auf Indien richtete, das er 1526 dank seiner überlegenen Waffentechnik in der Schlacht von Panipat eroberte.

Mit Baburs Sieg begann eine der kulturell wie künstlerisch fruchtbarsten Epochen nordindischer Geschichte, die bis 1858 andauerte, als die Engländer Indien als Kaiserreich ihrem Imperium einverleibten. In die Wiege gelegt war den Moguln dieser Erfolg aller-

Höfisches Leben in Udaipur zeigt diese Miniaturmalerei aus dem 18. Jahrhundert

dings nicht, zumal blutige Erbstreitigkeiten die Dynastie immer wieder an der Rand des Zusammenbruchs brachten und die ausschweifende Lebensführung der Herrscher ihre Aktivitäten oftmals lähmte.

Humayun

Nach Baburs Tod 1530 in Agra musste sich **Humayun** (1508–1556) gegen seine Halbbrüder Kamran, Askari und Hindal durchsetzen, die keine Möglichkeit versäumten, selbst

Höfischer Prunk

Thema

Im Mittelpunkt des höfischen Lebens stand eine unermessliche Prunkentfaltung nach fest vorgegebenen Ritualen. Vor allem durch den Briten Sir Thomas Roe, der zwischen 1615 und 1619 Englands erster Botschafter am Hof der Moguln war, sind wir detailliert über das höfische Leben informiert.

Der Tagesablauf am Hofe folgte einem starren Programm, das sich seit den Tagen Akbars über Jahrhunderte nicht änderte: Der Weckruf erfolgte durch Musikanten noch in der Dunkelheit. Bei Sonnenaufgang präsentierte sich der Herrscher auf dem ›Balkon des Erscheinens‹ (*jarhoka-i-darshan*) dem vor den Palastmauern versammelten Volk. Damit sollte der Beweis erbracht werden, dass der Herrscher noch am Leben und bei bester Gesundheit war, in damaliger Zeit durchaus keine Selbstverständlichkeit. Für Bittsteller war es gleichzeitig Gelegenheit, an einer herabgelassene Schnur Zettel mit ihrem Anliegen zu heften, die so den Kaiser direkt erreichten. Gehör fand das gemeine Volk aber allenfalls bei Massendemonstrationen, durch die der Herrscher seine Existenz bedroht sah, so etwa 1641 anlässlich einer Hungersnot.

Wichtigster täglicher Auftritt des Mogulherrschers war der Durbar am späten Nachmittag, wozu sich der Hofstaat im Diwan-i-Am versammelte, um den öffentlichen Teil der täglichen Staatsgeschäfte abzuwickeln. Die höhere Politik erörterte der Herrscher im privaten Kreis, dem *Ghusi-khana*. Oftmals wurde die Arbeit jedoch, so schrieb Roe »verhindert durch eine Schläfrigkeit, die durch die Dünste des Bacchus von seiner Majestät Besitz ergriffen hat«.

Falls der Mogul nicht vorzeitig vom Schlaf übermannt wurde, gehörte der Abend dem Harem, zu dem nur der Herrscher Zutritt hatte. Der auch als *zenana* bekannte Bereich war keineswegs eine Art goldenes Gefängnis voller schöner, aber untätiger Frauen, die nur auf einen Fingerzeig ihres Gebieters warteten. Weit mehr war der Harem ein Ort der Intrige, der Machtpolitik und der Geschäfte. Die Damen waren reich und erhielten neben Juwelen auch monatliche Zuwendungen, die sie zuweilen mit viel Erfolg in Wirtschaftsunternehmen steckten. Nur Jahan, Gattin des Herrschers Jahangir, zog aus dem Harem heraus die politischen Fäden, konnte sie doch wie Roe berichtete, ihren Gemahl wie ein »Uhrwerk nach Belieben aufziehen«.

Auch auf Reisen wurde ein unglaublicher Luxus getrieben, der ein nur langsames Vorwärtskommen ermöglichte. Allein für die Zelte des Herrschers, die in einem von hölzernen Palisaden umgebenen Areal aufgestellt wurden, benötigte man 100 Elefanten, 500 Kamele, 400 Karren und 100 Träger. Aus den Steppen Innerasiens kommend hatten die Moguln das Nomadendasein zu einer sich bewegenden Stadt kultiviert, in der es an nichts fehlte. Zwölf Stunden soll es gedauert haben, bis der gesamte Tross an einem Punkt vorbeimarschiert war und Tausende von Lastochsen waren nötig, den sich wie ein Lindwurm durch die Landschaft bewegenden Hofstaat mit Lebensmitteln zu versorgen. Kein Wunder, dass eine Reise von Agra nach Mandu über eine Strecke von knapp 700 km vier Monate dauerte.

nach der Macht zu greifen. Humayun, der sich mehr von den Künsten und seinem Harem angezogen fühlte als von kriegerischen Auseinandersetzungen und sowohl dem Wein wie dem Opium verfallen war, offenbarte zuweilen ein recht kindliches Gemüt, gepaart mit peinlicher Sentimentalität und exzessivem Aberglauben.

Nach zwei verlorenen Schlachten gegen den aus Afghanistan stammenden Eroberer **Sher Khan** (1486–1545) flohen Humayun und seine Brüder nach Lahore. Das Ende der Moguln schien bereits nach einer Generation gekommen, als Sher Khan in Delhi die Sur-Dynastie gründete und sich an die Verfolgung der drei Mogulbrüder Humayun, Hindal und Askari machte.

Doch dann wendete sich das Blatt. Mit Hilfe des Schahs von Persien, der Humayun Asyl gewährt hatte, eroberte Humayun Kandahar und Kabul und schaltete seine rivalisierenden Brüder Askari und Kamran aus. 1555 konnte er wieder in Delhi Einzug halten und sich nunmehr vermehrt seiner Lieblingsbeschäftigung, der Dichtkunst, zuwenden. Am 24. Januar 1556 ereilte ihn der Tod – nicht etwa auf dem Schlachtfeld und nicht durch die Hand eines Meuchelmörders – er stürzte vom Dach der Bibliothek unglücklich die Treppe hinab!

Akbar

Das Reich der Moguln zu einem der bedeutendsten seiner Zeit zusammenzuschmieden, ist Verdienst von Humayuns Sohn **Akbar** (1542–1605), der es in einzigartiger Weise verstand, die rivalisierenden Fürstentümer Nordindiens seiner Oberhoheit zu unterwerfen. Zunächst spielte er gegenüber den lokalen Fürstentümern seine militärische Stärke aus, gepaart mit abschreckender Brutalität. Im Jahre 1567 eroberte er die Festung Chittaurgarh (Rajasthan) und ließ Tausende seiner Bewohner ermorden, 1573 zog er siegreich in Gujarat ein und gebärdete sich auch hier als blutrünstiger Kriegsherr.

Allerdings setzte er auch andere, weniger grausame, dafür um so wirksamere Mittel ein. Statt wie seine Vorgänger die islamische Elite gegenüber den einheimischen Regionalreichen abzuschotten, knüpfte er durch Heirat mit rajputischen Prinzessinnen eine Blutsbande zwischen Moguln und Rajputen und räumte ihnen erhebliche Privilegien ein. Nur wenige Rajputenherrscher, wie der Maharaja von Udaipur, vermochten diesen Verlockungen zu widerstehen, zumal Akbar eine bis dahin nicht gezeigte religiöse Toleranz erkennen ließ. Seine drei Söhne Selim, Murad und Danijal zogen im Auftrag Akbars als Feldherren durchs Land, um die Besitzungen zu mehren, wobei Murad und Danijal immer tiefer in den Alkoholismus abglitten, dem schon Humayun verfallen war. Murad starb 1599 in einem Feldlager im fortgeschrittenen Stadium des Delirium tremens, sein Bruder Danijal 1604 unter ähnlichen Umständen.

Jahangir und Shah Jahan

Als Thronfolger konnte sich Selim gegen die von Akbar favorisierten Enkel durchsetzen und wurde unter dem Namen **Jahangir** (1569–1627) zu einem herausragenden Mogulherrscher. Großen Einfluss gewann auch seine Frau Nur Jahan (›Licht der Welt‹). Natürlich blieben auch Jahangir Kämpfe um den Machterhalt in den Grenzregionen nicht erspart.

Um die Nachfolge entbrannten schon zu Lebzeiten Jahangirs erbitterte Kämpfe, aus denen schließlich **Shah Jahan** (1592–1666) als Sieger hervorging, nachdem er seine Brüder und Neffen aus dem Weg geräumt und seine Mutter ins Exil geschickt hatte. Am 24. Januar 1628, ein Jahr nach dem Tod Jahangirs, bestieg er in Agra den Thron.

Dem neuen Mogulherrscher war nur eine kurze Ruhepause im Kreis seiner Familie zusammen mit seiner Frau Mumtaz Mahal (›die Auserwählte des Palastes‹) und ihren beiden Söhnen Dara Shukoh und Aurangzeb vergönnt. Ende 1629 rief wieder das Kriegsgeschäft. Begleitet wurde er auf dem Feldzug zum Dekhan wie immer von seiner Gemahlin. Am 7. Juni 1631 verstarb sie bei der Geburt ihres 14. Kindes in der Nähe der Ortschaft Burhanpur. Der Tod stürzte den Herrscher in eine tiefe Krise und veränderte sein Leben. Er überließ nunmehr seinen Söhnen das Kriegsgeschäft und vergrub sich in seinen Palästen in Agra, Delhi und Lahore, um sich seiner Lieblingsbeschäftigung, der Architektur, zu widmen. Als erstes Werk schuf er in Agra jenes weltberühmte Grabmahl für seine Frau, das als Taj Mahal bis heute Wahrzeichen Indiens ist und schönstes Beispiel der an Kunstwerken so reichen Mogulzeit.

Die Bauwut Shah Jahans steigerte sich derart, dass der Staat trotz der hohen Tributzahlungen in finanzielle Bedrängnis geriet, zumal er 1639 die Hauptstadt von Agra nach Delhi verlegte, wo mit großem Aufwand das Rote Fort und die Freitagsmoschee entstanden.

Aurangzeb

Sein Sohn **Aurangzeb** (1618–1707), ein hervorragender Feldherr, wandte sich dem orthodoxen Islam zu und wurde zum fundamentalistischen Verfechter der sunnitischen

Orientalisch muten die von den Moguln errichteten Bauwerke an – so auch die Paläste und die Perlmoschee (hinten) auf dem Gelände des Roten Forts in Delhi

Lehre und damit auch zum intoleranten Widersacher des Hinduismus. In den Kämpfen um die Nachfolge hielt sich Aurangzeb zunächst zurück und nutzte dann die Gunst der Stunde, Agra zu erobern und seinen Vater bis zu dessen Tod (1666) in der Festung Agra gefangen zu setzen. Anschließend entledigte er sich seiner Rivalen. Der Weg zur Macht war frei, die Zentralgewalt, bisher durch religiöse Toleranz gegenüber den Hindus gekennzeichnet, geriet nunmehr jedoch ins Wanken. Die Einführung des islamischen Rechts und die hohen Steuern für Hindus führte zum Abfall zahlreicher Rajputenfürsten und nach dem Tod Aurangzebs 1707 schließlich zum Zerfall des Großreichs. Nutzen daraus zogen zunächst die **Marathen,** ein lokales Herrscherhaus aus dem Gebiet südwestlich von Mumbai, das dem Mogulreich mit Guerillataktik zusetzte.

Auf dem Papier bestand die Dynastie der Moguln noch bis 1857, als die Engländer nach dem Sepoy-Aufstand (s. S. 36) den letzten Herrscher, den 81-jährigen **Bahadur Shah II.**, in die Verbannung nach Burma schickten.

Europäischer Handelsposten

Portugiesen

Als die seit der Antike zwischen Asien und Europa bestehenden Handelswege, die zusammengefasst als Seidenstraße bekannt sind, durch die Entstehung der islamischen Reiche unterbrochen oder durch die geforderten Zölle wirtschaftlich nicht mehr attraktiv waren, unternahmen die europäischen Großmächte, allen voran Spanien und Portugal, große Anstrengungen, die begehrten Ziele auf dem Seeweg zu erreichen. Während Spanien versuchte, Asien auf der Westroute anzusteuern und dabei Amerika entdeckte, arbeiteten sich die Portugiesen, angeregt durch Heinrich den Seefahrer (1394–1460), in mehreren Etappen die westafrikanische Küste hinunter. 1488 umrundete Bartolomeo Diaz das Kap der Guten Hoffnung, elf Jahre später gelang Vasco da Gama mit Hilfe eines arabischen Lotsen der Sprung von der afrikanischen Ostküste über den Indischen Ozean zur Westküste Indiens, wo er am 20. Mai 1498 in Calicut vor Anker ging. Das Tor der europäischen Kolonisation des Subkontinents war aufgestoßen.

Gewaltsam schufen sich die Portugiesen entlang der indischen Westküste Stützpunkte; 1510 wurde Goa eingenommen, 1534 Bombay, ein Jahr später Diu, 1558 Daman und 1612 Surat. Natürlich waren die Neuankömmlinge den Arabern ein Dorn im Auge, zumal sie auch arabische Häfen im Persischen Golf und im Oman (Muscat) besetzten.

Nicht nur den Handel betrieben die Portugiesen von ihren Enklaven aus, die Niederlassungen waren auch Basis der Missionierung und militärische Stützpunkte im Kampf gegen die bis dahin den Indischen Ozean dominierenden Araber. Aufgrund des Staatsmonopols erzielte die portugiesische Krone aus dem Gewürzhandel enorme Profite, von dem sie teilweise die Befestigungsanlagen an der indischen Küste und entlang der Seerouten finanzierte.

Niederländer und Engländer

Ende des 16. Jh. begannen auch die Niederländer, sich dem Seehandel mit Asien zuzuwenden und gründeten 1602 die **niederländische Ostindiengesellschaft,** eine auf Privatinitiative beruhende Handelsgesellschaft, die sich vornehmlich in Indonesien gewinnträchtige Pfründe erschloss, aber auch als Spediteur für asiatische Kaufleute im innerasiatischen Handel tätig wurde. Denn die Inder, die selbst einen regen Seehandel mit Arabien, dem Persischen Golf und Südostasien betrieben, vertrauten ihre Ladungen gern den schwer bewaffneten Niederländern an, die von Piraten kaum behelligt wurden.

In Surat, dem damals wichtigsten Hafen an der Westküste, richteten die Holländer 1616 eine Faktorei ein, nachdem die Engländer ein Jahr zuvor einen portugiesischen Angriff abwehren und damit die Vormachtstellung der Portugiesen an der Westküste brechen konnten. Bereits 1612 war der englischen **East**

India Company von Kaiser Jahangir die Erlaubnis zur Errichtung eines Handelspostens in Surat gegeben worden.

Die Kontakte der Europäer zum Mogulhof blieben dennoch unbedeutend und beschränkten sich auf Besuche portugiesischer Patres bei Akbar und später englischer Gesandter bei Jahangir und Shah Jahan (s. Thema S. 32). Die Moguln selbst zeigten am Seehandel wenig Interesse, da ihnen die traditionellen Landrouten nach wie vor zur Verfügung standen.

Auf dem Weg zur britischen Kolonie

Ostindienkompanie

Im Jahre 1661 fiel der Englischen Krone durch die Heirat Karl II. mit Catarina von Braganca gewissermaßen als Hochzeitsgeschenk der Portugiesen der Hafen von Bombay zu. Als dieser 1668 an die East India Company übereignet wurde, verlor Surat rasch an Bedeutung.

Die englische Ostindienkompanie entfaltete ihre Aktivitäten aber vor allem in Bengalen an der Ostküste Indiens, wo sie von den Moguln um 1700 in Calcutta Handelsprivilegien eingeräumt bekam und sogar eine kleine Festung bauen durfte. Vorübergehend wurde die Gesellschaft 1756 von dem eigenmächtigen Lokalfürsten (*nawab*) Siraj-ud-daula vertrieben, konnte aber Calcutta zurückerobern. Zunehmend sahen sich die Briten jetzt in die internen Auseinandersetzungen in Bengalen verstrickt und griffen schließlich 1764 militärisch ein.

Nach dem Sieg in der Schlacht von Buxar wurde der Ostindienkompanie von den Moguln die *diwani* verliehen, das Amt des Premierministers, womit die Handelsgesellschaft über Nacht zu einer politischen Institution, vergleichbar einem Fürstentum aufstieg. Nicht nur aus dem Handel zog die Gesellschaft nun Profit, sondern auch aus den Steuereinnahmen der Provinzen. Da sich die Engländer auf die Steuereintreibung, die militärischen Belange und den Handel beschränkten, konnten die lokalen Fürsten, die Rajas und Maharajas, ungestört in Saus und Braus leben, mussten sie doch unter der Pax Britannica Angriffe ihrer Nachbarn nicht mehr fürchten.

Sepoy-Aufstand

Dennoch stieß die britische Herrschaft *(raj)*, die wenig Rücksicht auf die indischen Besonderheiten nahm, überall im Lande auf beachtlichen Widerstand, der 1857 im sogenannten Sepoy-Aufstand kulminierte. Große Teile der indischen Soldaten (*sepoy* genannt) meuterten und brachten die Ostindienkompanie in ernsthafte Bedrängnis. Nach der Niederschlagung der Rebellion übernahm die Englische Krone die Macht in Indien und schickte den letzten Mogulherrscher Bahadur Shah II. (1837–1858) ins Exil. Dass sie so spät eingriff, hing sicherlich mit der nicht unbegründeten Furcht zusammen, die Kosten für notwendige Militäraktionen könnten sehr schnell die zu erwartenden Gewinne übersteigen. Wesentlich bequemer war es gewesen, der East India Company gewissermaßen gegen Tribut auch die politische Gewaltausübung in Indien einzuräumen. Erst der Aufstand hatte die Grenzen der privaten Handelsgesellschaft aufgezeigt und rasches Handeln erforderlich gemacht, um Indien nicht zu verlieren. Gestützt auf eigene Truppenverbände gebot nunmehr ein britischer Vizekönig über den als Kaiserreich dem britischen Empire einverleibten Subkontinent.

Der Kampf gegen die Kolonialherrschaft

Durch Einbindung der Inder in das Verwaltungssystem bildete sich in den Städten bald eine politisch denkende Elite heraus, die sich mit ihrem Status nicht abfinden mochte. Während sich die Gemäßigten mit Forderungen nach verbesserter Mitbestimmung zufrieden gaben, kämpften die Extremisten zum Teil mit Gewalt um die Unabhängigkeit. Im Jahre 1909 hatten die Briten durch eine Verfassungsreform und die Verlegung der

Hauptstadt von Calcutta nach Delhi die Gemüter einigermaßen beruhigt, zumal die wichtigsten Vertreter der Extremisten hinter Schloss und Riegel saßen.

Nach dem Ersten Weltkrieg musste das Verhältnis zwischen England und Indien neu definiert werden, hatte sich Indien doch loyal gezeigt und für England auf den europäischen Schlachtfeldern einen hohen Blutzoll entrichtet. Mochte man sich in London auch noch nicht zur Selbstständigkeit durchringen, eine deutliche Erweiterung der Mitbestimmung ließ sich nicht mehr umgehen. Die Folge war eine ›Dyarchie‹ genannte Spaltung der Exekutive in britisch und indisch kontrollierte Ministerien, wobei die Schlüsselpositionen wie Inneres und Finanzen in Händen der Kolonialherren verblieben. Ein erster Schritt zum Parlamentarismus war getan, aber es wurde versäumt, die nach Volksgruppen ausgerichteten separaten Wählerschaften aufzulösen, die bei der Verfassungsreform von 1909 zugestanden worden waren und an denen vor allem die Muslime festhielten. Damit aber legten die Engländer den Grundstein für die Teilung des Subkontinents in die zwei bis heute verfeindeten Mächte Pakistan und Indien.

Mahatma Gandhi

Als eine unnötige Provokation mit unabsehbaren Folgen erwiesen sich die 1919 erlassenen sogenannten Rowlatt-Gesetze, Ermächtigungsgesetze, mit denen man das Kriegsrecht in die Friedenszeit hinüberretten wollte. An ihnen entzündete sich die Wut der Massen, die schließlich in **Mahatma Gandhi** ihr Sprachrohr fanden (s. Thema S. 38). Seine bereits in Südafrika erfolgreich erprobte Methode des passiven Widerstands sollte nunmehr zur entscheidenden Waffe im Kampf um die völlige Unabhängigkeit werden. Der kollektiven Verweigerung zur Zusammenarbeit vermochten die Briten keine geeigneten Maßnahmen entgegenzusetzen. Massaker wie in Amritsar am 13. April 1919 verfehlten ihre Wirkung ebenso wie die wiederholte Inhaftierung Gandhis und anderer Führer der Freiheitsbewegung.

Im Jahre 1920 rief Gandhi zum Wahlboykott auf, der vor allem seine eigene Stellung als Führer der Opposition stärkte. Als die Kampagne allerdings in Gewalt ausuferte, stellte er seine Agitation ein, wurde jedoch als geistiger Urheber der Unruhen verhaftet und bis 1924 ins Gefängnis geworfen.

Aber auch aus den eigenen Reihen hatte der asketische Mann im Baumwollgewand zunehmend mit Widerstand zu rechnen. Zu seinen wichtigsten Opponenten gehörte der Muslimführer Mohammed Ali Jinnah, der in Gandhis Verfassungsentwürfen die muslimische Bevölkerung nicht genügend repräsentiert sah. Aber auch moderne pragmatische Intellektuelle wie **Jawaharlal Nehru** (1889–1964) – der spätere Ministerpräsident des Landes – wandten sich bald von Mahatma Gandhis visionären Vorstellungen über das zukünftige Indien ab. Dessen Ermordung am 30. Januar 1948 durch einen Hindu war Ausdruck des Hasses gegenüber der von Gandhi befürworteten Aufteilung des Staatsvermögens zwischen Indien und Pakistan.

Nach Beendigung des Zweiten Weltkriegs, bei dem die Inder an der Seite der Briten wiederum loyal gekämpft hatten, gab es für London praktisch keine andere Wahl mehr, als den letzten Schritt zu tun und das Land am 15. August 1947 in die Unabhängigkeit zu entlassen.

Das unabhängige Indien

Auseinandersetzungen mit Pakistan

Die Geburt Indiens ging jedoch mit der Teilung des Landes in einen muslimischen und einen vorwiegend von Hindus besiedelten Staat über. Bereits vor der Teilung kam es zu blutigen Massakern, etwa am 16. August 1946, als die Muslim-Liga in Calcutta Jagd auf Hindus machte, um Westbengalen den Status einer islamischen Provinz zu verleihen. Und unmittelbar nach der Ausrufung der Staaten Pakistan und Indien brach der erste Krieg der Nachbarn um die Region Kaschmir aus.

Mahatma Gandhi – die ›Große Seele‹

Als der gewichtige Churchill den schmächtigen Mann mit der Nickelbrille im Februar 1931 verächtlich als »halbnackten Fakir« bezeichnete, hatte er die Bedeutung dieses kleinen Inders weit unterschätzt. Für die Inder nämlich war Gandhi schon damals ein Held, ein Hoffnungsträger, dem sie sich in fast göttlicher Verehrung zu Füßen warfen.

Nicht die äußere Erscheinung war es, von der die unwiderstehliche Kraft ausging, sondern das nicht Sichtbare, Übersinnliche, dem der Osten schon immer näher stand als der Westen. Kein Geringerer als Rabindranath Tagore (1861–1941), der bedeutende Dichter aus Bengalen, hat dies deutlich gemacht, als er dem kleinen Mann den Ehrentitel Mahatma (›Große Seele‹) verlieh. Und gerade dieser waffenlose, auf der Ebene von Gefühl statt Gewalt ausgetragene Kampf um die Unabhängigkeit trieb die Engländer in die Kapitulation, nahm ihnen die Möglichkeit, Gleiches mit Gleichem zu vergelten.

Geboren wurde Mohandas Karmachand Gandhi am 2. Oktober 1869 im Hafenstädtchen Porabandar in Gujarat, wo sein Vater als Premierminister des kleinen Fürstentums einen führenden Posten innehatte. Mangelhafte schulische Leistungen bewogen die Familie, ihren jüngsten Sohn 1888 zum Jurastudium nach England auf die wegen ihrer geringen Ansprüche bekannte Inner Temple University zu schicken. Hier jedoch fand der junge Gandhi durch seine Kontakte zu Indern und das erwachende Interesse der Briten an der Geisteswelt des Ostens erstmals aber auch tieferen Zugang zu seiner eigenen Kultur.

Als er drei Jahre später in seine Heimat zurückkehrte, war er mehr Inder als je zuvor, obwohl er seine Bewunderung für die freiheitlich demokratische Ordnung der Briten niemals verhehlte. Demütigungen durch die Briten und eigenes berufliches Versagen ließen Gandhi 1895 das Angebot eines Handelshauses aus Porabandar annehmen, in Südafrika tätig zu werden.

Die folgenden 19 Jahre unter den Indern Südafrikas waren die entscheidende Zeitspanne, in der Gandhi den Grundstein für seinen indischen Befreiungskampf legte. Verbunden mit seinen gesellschaftspolitischen Zielen war die Fixierung auf die Religion durch Abkehr von der Familie und Hinwendung zum asketenhaften Leben – eine Kombination, die ihn berühmt machte, seinen Aktionen eine solche Kraft gab und ihm die Aura eines Heiligen verlieh. Erfolgreich kämpfte er mit dem von ihm gegründeten Natal Congress gegen den Versuch der britischen Regierung, den Indern in Südafrika das Wahlrecht zu entziehen, stellte aber zunächst die Souveränität der Briten nicht in Frage.

Bei seiner Rückkehr in die Heimat (1914) betrat Gandhi den Boden Indiens bereits als Held, der den Briten trotz mehrerer Gefängnisstrafen unbeugsam die Stirn bot. Mit großem Erfolg setzte er nun die in Südafrika gewonnenen Erkenntnisse und Taktiken auf indischem Boden ein. Zunehmend entfernte er sich dabei von westlichen Idealen und stellte das indische Dorf in den Mittelpunkt seines Zivilisationsmodells. Spinnrad und *khadi,* das handgewebte Tuch, wurden zum Symbol für die Rückkehr zu den Traditionen in Verbindung mit der Selbstverwirklichung der indi-

Thema

schen Nation. 1915 gründete er den noch heute bestehenden Satjagraha-Ashram in Ahmedabad, eine klösterliche, seine Ideale vom einfachen Leben verwirklichende Gemeinschaft.

Den ersten erfolgreichen gewaltlosen Widerstand konnte er 1916 in Bihar und Ahmedabad verzeichnen, wo er erstmals auch den Hungerstreik als wirkungsvolle Waffe einsetzte. Einen Höhepunkt erreichte der Freiheitskampf 1930 mit dem schon legendär gewordenen Salzmarsch, dem fast biblisch anmutenden Triumphzug eines Propheten zum Meer, um mit dem dort gewonnen Salz den symbolischen Sieg über das britische Salzmonopol zu ›zelebrieren‹.

In dem Maße aber, in dem die Freiheit näher rückte, gewannen die Interessen der Minderheiten an Gewicht, und Gandhis Traum vom friedlichen Vielvölkerstaat verlor immer mehr den Bezug zur Realität. Männer wie Nehru, Patel, Baldev Sigh und Ali Jinnah bauten längst an den Fundamenten eines geteilten Indien, als Gandhi trotz blutiger Glaubenskriege noch die Einheit aller Menschen des Subkontinents beschwor.

Gandhi, der die Gewaltfreiheit predigte und die absolute Gerechtigkeit als höchstes Gut ansah, wurde selbst Opfer dieser Gewalt. Für den radikalen Hindu Nathuran Godse bedeutete das Fasten Mahatma Gandhis für die Einhaltung der Verträge mit Pakistan Hochverrat. Am 30. Januar 1948 erschoss er den Vater des indischen Freiheitskampfes, als dieser, gestützt auf seine Nichten Abha und Manu, aus dem Birla-Haus in Delhi trat. »Mein Gott« waren die letzten Worte des Mannes, den man die ›Große Seele‹ nannte.

Der Vater des Freiheitskampfes ziert heute eine der acht indischen Banknoten

Mehrere militärische Auseinandersetzungen sollten folgen, die in einer Patt-Situation mit einer Waffenstillstandslinie im Himalaya endeten und damit in einer bis heute für beide Seiten unbefriedigenden Lösung. Dass beide Nachbarn 1998 als militärische Drohgebärde Atomversuche unternahmen, war sicherlich kein Beitrag zum Frieden in dieser Region und zeigt deutlich, dass die Spannungen noch lange nicht abgebaut sind.

Momentan zeichnet sich glücklicherweise eine Entspannung ab, die mit der Eröffnung von grenzüberschreitenden Bus- und Eisenbahnverbindungen ihren Anfang nahm. Dass es jedoch nach wie vor Gruppen gibt, denen nicht an einer friedlichen Einigung gelegen ist, zeigt der Anschlag auf den zwischen Delhi und Lahore (Pakistan) verkehrenden ›Friedenszug‹ Samjhauta Express im Februar 2007 (zum Kaschmirkonflikt siehe auch Thema S. 164).

Unruhen im eigenen Land

Nicht nur mit seinem Nachbarn Pakistan liegt Indien seit der Unabhängigkeit in andauernder Fehde, auch im Innern des Landes gärt es immer wieder. Schon bald nach der Unabhängigkeit wurden im Punjab Stimmen laut, die eine größere Autonomie, dann sogar einen unabhängigen Staat mit Namen Khalistan forderten.

Unter dem militanten Führer der Separatistenbewegung, Jarnail Singh Bhindranwale, eskalierte die Situation, bis 1984 die damalige Ministerpräsidentin Indira Gandhi in der Operation Blue Star den Goldenen Tempel in Amritsar angreifen ließ, in dem sich die Separatisten verschanzt hatten. Noch im gleichen Jahr wurde sie von ihren Sikh-Leibwächtern ermordet. Seither ist im Punjab Ruhe eingekehrt, obwohl die religiösen Spannungen zuwischen Hindus und Sikhs immer wieder hochkochen, so etwa im Mai 2007, als Mitglieder der Sekte Dera Sacha Sauda den Glauben der Sikhs verunglimpften und damit Straßenschlachten auslösten.

Auch die Ostprovinzen mit ihren unterschiedlichen Ethnien, die eher dem südostasiatischen Raum zuzurechnen sind, kämpfen seit Jahrzehnten um mehr Autonomie und machen durch spektakuläre militante Aktionen immer wieder auf sich aufmerksam. Im

Sonia Gandhi, ihr Sohn Rahul und der Premierminister Manmohan Singh

September 2005 kam es zu ersten Friedensverhandlungen zwischen der United Liberation Front of Assam (ULFA) und dem indischen Staat.

Nicht weniger ernsthaft und blutig sind die religiösen Auseinandersetzungen zwischen den Hindus und den Muslimen des Landes, die immerhin 11 % der Bevölkerung ausmachen. Vor allem die nationalhinduistische Partei BJP trägt daran eine nicht geringe Schuld. So steht sie hinter der Zerstörung der Moschee von Ayodhya im Jahr 1992 und sah untätig zu, als der Hindumob in Gujarat 2002 Jagd auf Muslime machte, wobei es bis zu 2000 Tote gegeben haben soll.

In jüngster Zeit ist ein Erstarken maoistischer Untergrundbewegungen zu verzeichnen, die angespornt durch den erfolgreichen Kampf der Maoisten im benachbarten Nepal, vor allem in den ärmeren ländlichen Regionen wie etwa Bihar und Andhra Pradesh viele Anhänger finden und für zahlreiche Anschläge auf Eisenbahnen und Polizeistationen verantwortlich sind.

Machtverlust der Fürstentümer Rajasthans

Mit der Unabhängigkeit Indiens brach auch für die Fürstentümer Rajasthans eine neue Zeit an. Zunächst mussten sie, versüßt durch hohe Apanagen aus der Staatsschatulle zur Sicherung ihres aufwendigen Lebensstils, nur ihre politische Macht an die Zentralregierung abtreten. Im Jahre 1969 drehte die Regierung den Geldhahn jedoch zu und nahm den Fürsten 1971 auch noch die glanzvollen Titel, sodass viele heute auf die touristische Vermarktung ihrer Paläste angewiesen sind und einige sogar in die Armut abglitten.

Der Nehru-Gandhi-Clan

Mahatma Gandhi trägt zwar den Namen, gehörte jedoch nicht zu jener einflussreichen Familie, die seit Beginn der Unabhängigkeit die Politik Indiens maßgeblich prägte; und auch seine Vorstellungen über das unabhängige Indien waren ganz andere als die seines Mitstreiters Jawaharlal Nehru gegen die englische Kolonialherrschaft.

Jawaharlal Nehru (1889–1964), Sohn einer wohlhabenden, politisch aktiven Familie aus Kaschmir betätigte sich aktiv am Unabhängigkeitskampf und wurde nach der Unabhängigkeit (1947) bis zu seinem Tode erster Premierminister. Er befürwortete eine sozialistisch geprägte Wirtschaftspolitik mit dem Schwerpunkt der Industrialisierung nach sowjetischen Vorbild.

Der Name Gandhi kam erst durch Heirat seiner Tochter Indira in die Nehru-Familie. Zwei Jahre nach dem Tod ihres Vaters trat **Indira Gandhi** seine Nachfolge an und leitete die Geschicke des Landes bis zu ihrer Wahlniederlage im Jahre 1970. Zehn Jahre später errang ihre Kongresspartei erneut den Wahlsieg. Nachdem ihr Lieblingssohn Sanjay 1980 mit seinem Flugzeug über Delhi abgestürzt war, baute sie ihren zweiten Sohn **Rajiv** als ihren Nachfolger auf.

Nach Indira Gandhis Ermordung im Jahre 1984 durch ihre Sikh-Leibgarde als Rache für den Angriff auf den Goldenen Tempel von Amritsar (s. S. 40) übernahm Rajiv das Amt des Premierministers. 1991 fiel auch er einem Attentat zum Opfer, ausgeführt durch die militante Separatistenorganisation Liberation Tigers of Tamil Eelam aus Sri Lanka, die sich für das Eingreifen der Indischen Armee auf der Insel rächen wollte.

Seine aus Italien stammende Frau **Sonia** betrat nur zögernd die politische Bühne, übernahm aber dann 1998 doch die Führung der Kongresspartei. Als diese 2004 die Wahl gewann, verzichtete sie auf das Amt des Premierministers, da sie aufgrund ihrer Herkunft keinen Rückhalt in der hinduistisch geprägten Gesellschaft fand. Gleichwohl zieht sie im Hintergrund die Fäden der Politik. Im Jahre 2004 betrat auch ihr Sohn **Rahul** (geb. 1970) die politische Bühne und gewann einen Sitz im Parlament, sehr zum Missfallen der orthodoxen Hindus, die mit allem Mitteln versuchen, ihn zu diskreditieren. Ihnen ist sehr wohl bewusst, dass die ehrgeizige Sonia Gandhi ihren Sohn zum Führer der Kongresspartei aufbauen will.

Zeittafel

3.–1. Jt. v. Chr.	Harappa-Kultur (Indus-Kultur) im Fünfstromland mit den Zentren Mohenjo Dharo und Harappa sowie Lothal in Gujarat.
Ca. 1500 v. Chr.	Einwanderung der Indoarier, Einführung des Kastenwesens.
Ca. 563–486 v. Chr.	Lebensdaten des historischen Buddha Shakyamuni.
327–323 v. Chr.	Alexander der Große erreicht den Indus, wird durch seine Truppen jedoch zum Rückzug gezwungen.
Ca. 313–185 v. Chr.	Maurya-Dynastie, von Chandragupta gegründetes erstes Großreich.
263–233 v. Chr.	Herrschaft Kaiser Ashokas, Ausbreitung des Buddhismus.
320–500 n. Chr.	Die Gupta-Dynastie beherrscht von Varanasi aus ganz Nordindien und beschert der Region ein Goldenes Zeitalter.
998–1030	Mahmud von Ghazni unternimmt 17 Raubzüge nach Nordindien.
1192	Niederlage des Hinduheers bei Tarain gegen Mohammed von Ghur, Beginn der muslimischen Herrschaft über Nordindien.
1206–1526	Qutb-ud-din, ehemaliger Statthalter Mohammeds von Ghur, gründet 1206 das Sultanat von Delhi. Bis 1290 herrscht die sogenannte Sklavendynastie, von 1451–1526 die Lodi-Dynastie. 1492 Verlegung der Metropole durch Sikander Lodi von Delhi nach Agra.
1498–1510	Vasco da Gama landet an der indischen Westküste; 1510 erobern die Portugiesen Goa.
1526–1605	Ibrahim Lodi wird von Babur, einem Verwandten des Chingis Khan, geschlagen; Gründung der Moguldynastie (1526–1857). Vertreibung des Moguln Humayun (1530–1556) durch Sher Khan, Interregnum der Sur-Dynastie in Delhi. 1556–1605 Herrschaft des Mogulherrschers Akbar; er erobert 1573 Gujarat.
1612/1616	Die Engländer eröffnen einen Handelsposten in Surat; vier Jahre später gründen auch die Holländer dort eine Faktorei.
1627–1680	Unter der Führung von Sivaji steigen die Marathen zur bedeutendsten Macht im Dekhan und zum Widersacher der Moguln auf.

Shah Jahan setzt sich 1628 als Thronerbe der Moguln durch. Der von religiöser Intoleranz geprägte Aurangzeb entmachtet 1658 seinen Vater und übernimmt die Führung des Mogulreichs. 1698 wird die englische Ostindienkompanie wird Territorialmacht.	**1628–1707**
Sepoy-Aufstand indischer Soldaten gegen die Kolonialmacht. Die englische Krone übernimmt 1858 die Herrschaft und schickt den letzten Mogulherrscher Bahadur Shah II. ins Exil nach Burma.	**1857/1858**
Gründung des indischen Nationalkongresses.	**1885**
Mahatma Gandhi, Leitfigur des indischen Freiheitskampfes.	**1869–1948**
Teilung des Subkontinents in die Staaten Indien und Pakistan, Beginn des Kaschmirkonflikts.	**15. Aug. 1947**
Der Führer der für die Unabhängigkeit Indiens kämpfenden Kongresspartei, Jawaharlal Nehru, wird erster Ministerpräsident Indiens.	**1947–1964**
Ende der portugiesischen Herrschaft über Goa, Diu und Daman.	**1962**
Wahl Indira Gandhis, Tochter von Nehru, zur Ministerpräsidentin.	**1966**
Ermordung Gandhis 1984; ihr Sohn Rajiv wird Nachfolger, fällt aber 1991 ebenfalls einem Attentat zum Opfer.	**1984–1991**
Die radikale Hindupartei BJP gewinnt zunehmend an Bedeutung und stellt 1998–2004 die Regierung.	**ab 1996**
Pogromartige Übergriffe auf Muslime in Gujarat.	**2002**
Die Kongresspartei unter Führung der Witwe Rajiv Gandhis, Sonia, gewinnt überraschend die Parlamentswahlen, Ministerpräsident wird der Sikh Manmohan Singh.	**2004**
Bei einem terroristischen Angriff auf Luxushotels in Mumbai werden fast 200 Menschen getötet.	**Sept. 2008**
Sieg der Kongresspartei, Mamohan Singh wird im Amt bestätigt.	**Nov. 2009**
Maoistische Gruppen attackieren die Regierung im Osten.	**2010**

Gesellschaft und Alltagskultur

3000 Jahre kontinuierliche kulturelle Entwicklung in einem Raum so groß wie Europa haben Indien einen eigenen, unverwechselbaren Charakter verliehen, einen farbenprächtigen Teppich uns fremder Lebensformen und Verhaltensweisen geschaffen, die wirklich zu ergründen wohl keinem Außenstehenden vergönnt ist – was bleibt, sind Faszination und Staunen.

Das Milliardenvolk

Im Jahre 2000 überschritt die Bevölkerung Indiens die Milliardengrenze und hat damit das flächenmäßig wesentlich größere China überholt. Und das Wachstum hält mit derzeit landesweit 2 % weiter an, wobei die Rate in vielen ländlichen Regionen noch wesentlich höher liegt. Damit leben etwa 17 % der Weltbevölkerung auf 2,4 % der Festlandfläche – etwa jeder sechste Mensch auf der Erde ist Inder!

Bemerkenswert ist die Korrelation zwischen Geburtenrate und Alphabetisierungsgrad, der auf ganz Indien bezogen nur bei etwa 40 % liegt. Je höher die Anzahl der Analphabeten, desto größer die Zahl der Kinder pro Familie. Vor allem die auf dem Land lebenden Frauen können aufgrund der traditionellen gesellschaftlichen Zwänge zum großen Teil weder lesen noch schreiben, obwohl allgemeine Schulpflicht besteht.

Zwar hat Indien 1952 als erstes Land eine umfassende Familienplanung eingeführt, vernachlässigt diesen Bereich nunmehr aber sträflich. Für die Landesverteidigung werden 60 % mehr ausgegeben als für Bildung und Gesundheit (Industrienationen investieren in Erziehung und Gesundheit etwa dreimal mehr als in das Militär), und selbst für die Familienplanung bereitgestellte Mittel finden durch bürokratische Hemmnisse nicht immer den Weg ans Ziel.

Ergebnis der Bevölkerungsexplosion ist eine Verarmung breiter Bevölkerungsschichten. Mehr als 350 Mio. Inder müssen sich mit einem täglichen Einkommen von weniger als 1 US$ begnügen. Trotz erheblicher Anstrengungen und beachtlicher Erfolge wird auch die Versorgung mit Lebensmitteln und vor allem sauberem Trinkwasser immer problematischer, zumal nur die wenigsten Städte bisher über ein funktionierendes Kanalisationssystem verfügen.

Ethnische Vielfalt

Hinter dem Sammelbegriff Inder verbirgt sich eine Vielzahl von Ethnien, Sprachen, Religionszugehörigkeiten und kulturellen Entwicklungsstufen. Weit spannt sich der Bogen vom tibetischen Ladaki im Himalaya bis zum drawidischen Fischer an der Malarbarküste, vom hellhäutigen Parsen in Mumbai bis zum Ureinwohner der Bergwälder Assams.

Selbst im begrenzten Raum einzelner Bundesstaaten wie Rajasthan oder Orissa begegnen uns zahlreiche, höchst unterschiedliche Bevölkerungsgruppen, die ihre Herkunft teilweise bis in graue Vorzeit zurückführen können. Dazu zählen in Rajasthan vor allem die Bhil, deren Name (›Bogen‹) bereits auf ihre Herkunft als Jäger und Sammler hindeutet. Sie sind drawidischer Herkunft, besiedelten den Subkontinent also schon vor der indoarischen Zuwanderung um 1500 v. Chr. Trotz der Hinwendung zum hinduistischen Glauben haben sie noch Relikte der alten Stammesreligion beibehalten. So gibt es Gottheiten für Milch (Gwali), Landwirtschaft (Hir Kulyu) und Getreide (Nandevro). Auch die ebenfalls in Rajasthan lebenden Minas können ihre Ursprünge weit in vorarische Zeit zurückführen. Sie sind ebenfalls Hindus, räumen den Frauen aber weitaus größere Rechte ein als in dieser Religion sonst üblich.

Noch ausgeprägter ist das Muster ethnischer Vielfalt im Osten des Landes, in Orissa, Meghalaya und Tripura. Allein in Orissa leben über 40 Stammesgruppen mit so fremden Namen wie Khoda, Paudi und Saora. Die meisten von ihnen sind mehr oder weniger in die Gesellschaft integriert.

Die Vielzahl der Ethnien hat zwangsläufig eine ebenso große Sprachenvielfalt zur Folge. Es ist unmöglich, ihre Anzahl genau festzustellen, da die Grenzen zwischen Dialekt und eigenständiger Sprache oftmals verschwimmen. Die Sprachen Indiens lassen sich jedoch vier Sprachfamilien zuordnen, indoarisch, drawidisch, austroasiatisch und tibeto-birmanisch. Jede dieser Familien zerfällt wieder in mehrere Untergruppen. Am weitesten verbreitet sind die indoarischen Sprachen, zu denen Hindi, Urdu und Gujarati zählen. 22 Sprachen werden als Nationalsprachen anerkannt und dürfen damit im Verkehr mit Behörden benutzt werden.

Gesellschaft im Wandel

Die Umstrukturierung der Gesellschaft durch zunehmende Verstädterung und die Notwendigkeit enger Zusammenarbeit zwischen unterschiedlichen Bevölkerungsgruppen führt allmählich zu einer Auflösung der traditionellen Hierarchie. Im städtischen Mittelstand zeigt sich bereits deutlich die Hinwendung zu einer materiell orientierten Hierarchie, in der Besitz über den Status entscheidet. Weit unverblümter macht die Werbung in Indien davon Gebrauch als bei uns. Der Slogan: »Ihr Nachbar wird Sie um diesen Fernseher beneiden« ist ganz gezielt auf diese Mentalität zugeschnitten und durchaus kein Einzelfall.

Welch weiten Weg Indien noch vor sich hat, zeigt ein Blick auf die Bildungsstatistik. Die soziale Hierarchie macht sich nämlich auch in einem extremen Bildungsgefälle bemerkbar, das einmal zwischen der Ober- und Unterschicht besteht, besonders deutlich aber auch zwischen Männern und Frauen und nicht zuletzt zwischen Stadt und Land. Nur ein Viertel aller Frauen kann lesen und schreiben, von den Männern hingegen knapp die Hälfte.

Die Frau in der indischen Gesellschaft

Jahrhundertelang hatte die indische Frau unter der ausgesprochen patriarchalischen Ordnung zu leiden, die mit den Indoariern Zugang gefunden hatte und später unter islamischer Herrschaft weiter vertieft wurde. Vieles hat sich bis heute gebessert, aber noch immer sind die alten Wurzeln der Unterdrückung nicht abgetötet. Besonders nachhaltig wirken sich die Traditionen auf die Heirat aus. Für eine Frau ist es nach wie vor das wichtigste Ereignis in ihrem Leben, denn nur durch Ehe und Kinder findet sie soziale Anerkennung. Bis heute liegt die Partnersuche in Händen der Eltern, wobei Kastenzugehörigkeit (s. Thema S. 48) und berufliche Position den Ausschlag für die Wahl geben.

Das Problem der Mitgift

Längst nicht ausgerottet ist auch die Mitgift, das vielleicht schlimmste Erbe der Vergangenheit. Da die Eltern für ihre Töchter bei der Hochzeit zum Teil absurd hohe Leistungen an die Familie des Bräutigams zu entrichten haben, wird die Geburt eines Mädchens als Strafe gesehen. In den abgelegenen Dörfern in der Wüste Thar ist die Tötung weiblicher Säuglinge bis in unsere Tage üblich, sodass bei den Bhati-Rajputen 1000 heiratsfähigen Männern nur etwa 550 Frauen gegenüberstehen.

Ganz ähnliche Ziele verfolgen die überall in den indischen Großstädten wie Pilze aus dem Boden schießenden Privatkliniken, die

Für den großen Tag herausgeputzt: eine Braut mit ihrer Freundin

in ihrer Werbung ganz offen das ›Wunschkind‹ propagieren. Für einen relativ bescheidenen Betrag kann dort bereits vor der Geburt das Geschlecht des Kindes festgestellt werden. Damit aber ist der erste Schritt zur Abtreibung getan, die in Indien ohnehin legalisiert ist: Auf diese Art und Weise wird nahezu ausschließlich die Geburt von Mädchen verhindert. Das von der Regierung erwogene Verbot privater Untersuchungen wird allenfalls eine Verlagerung dieser Praktiken in eine illegale Grauzone zur Folge haben.

Die zunehmende Konsumorientierung der indischen Mittelschicht hat in Verbindung mit den Mitgiftgewohnheiten auch ein skrupelloses Vorgehen von Mitgiftjägern zur Folge. Obwohl die Mitgift seit 1962 in recht vager Formulierung gesetzlich abgeschafft ist, werden jedes Jahr Tausende von Frauen aus Habgier umgebracht, zumeist als Verbrennungsunfall in der Küche getarnt! Viele Frauen werden durch die Skrupellosigkeit ihrer Männer und Schwiegereltern auch in den freiwilligen Feuertod getrieben. Erst seit einigen Jahren greift die Regierung härter durch und verurteilt überführte Mitgiftmörder zum Tode und besinnt sich zunehmend auf das Grundgesetz von 1946, das den Frauen die gleichen fundamentalen Rechte einräumt.

Speziell der Mitgiftkriminalität will man mit dem 1982 ins Leben gerufenen Woman's Voluntary Action Bureau begegnen, das in Not geratene Frauen berät und unterstützt. 1986 wurde der Tatbestand des Mitgiftmordes in die Strafgesetzgebung aufgenommen und bereits die Forderung von Mitgift mit einer Strafe von mindestens fünf Jahren Gefängnis geahndet. Im Jahre 2006 wurde der Protection of Women from Domestic Violence-Act verabschiedet, um den Frauen Schutz vor der nach wie vor weit verbreiteten häuslichen Gewalt zu gewähren. Solange aber die Frau materiell vom Manne abhängt, gilt, was im »Manu-Smrti«, einem ergänzenden Kommentar zu den altindischen Veden, schon vor 2000 Jahren zum ehernen Gesetz erhoben wurde: »Als Kind hat sie dem Vater zu gehorchen, als Ehefrau ihrem Mann und als Witwe ihren Söhnen. Sie darf niemals unabhängig sein.«

Sati – die Witwenverbrennung

Noch immer nicht ausgerottet ist auch die berühmt-berüchtigte Witwenverbrennung, nach dem altindischen Mythos Sati genannt, obwohl sie schon 1827 unter Strafe gestellt wurde. Das populäre Epos »Ramayana« (s. S. 68) sorgt dafür, dass zumindest der Gedanke lebendig bleibt und der Selbstmord der Ehefrau mit einem religiösen Heiligenschein verbrämt wird. Vielen gilt er nach wie vor als Transformation der Frau in eine Gottheit, ein vom Karma vorbestimmter und daher heiliger Akt und höchster Treuebeweis dem Gatten gegenüber. Gefördert wurde die Sati-Praktik durch den geringen sozialen Status, den eine Witwe in der Gesellschaft innehat.

Ihre ausgeprägteste Form erfuhr sie im Jauhar, dem kollektiven Selbstmord der Rajputen angesichts einer militärisch aussichtslosen Lage. Während sich die Frauen innerhalb der belagerten Festung verbrannten, öffneten die Männer die Tore und suchten den Tod im Kampf.

Um ein Wiederaufleben der Sati-Praktik, vor allem im Zusammenhang mit der Mitgift, zu verhindern, hat die Regierung die Gesetze drastisch verschärft. Wer ein Familienmitglied zum Feuertod überredet oder treibt, wird mit dem Tode bestraft. Bereits der Versuch hat eine lebenslängliche Freiheitsstrafe zur Folge und setzt das Erbrecht außer Kraft. Unter Strafe steht seit 1987 selbst die Verherrlichung der Sati-Tradition, die Teilnahme an Sati-Zeremonien und die Errichtung von Gedenktempeln.

Auf dem Weg zur Gleichberechtigung

Trotz der noch immer existierenden, für aufgeklärte Europäer kaum zu tolerierenden Unterdrückung der Frau hat sich ihre Stellung innerhalb der Gesellschaft in den letzten Jahrzehnten beachtlich gebessert. Die Globalisierung der Wirtschaft ist auch für die Stellung der indischen Frau nicht ohne Folgen geblieben. Neue, gut bezahlte Jobs in multinational operierenden Unternehmen sichern ihnen die finanzielle Unabhängigkeit und bilden damit die Voraussetzung für eine weitgehende Selbstbestimmung. Zunehmend tritt sie als gleichberechtigter Partner in einer harmonischen Beziehung auf und zeigt damit, dass die Liebesheirat nach westlichem Vorbild Eingang in die indische Gesellschaft findet.

Dass sich die Frauen längst aus der Rolle der schicksalsergebenen Sati gelöst haben, beweisen auch die zahlreichen höchst aktiven regionalen wie überregionalen Frauenbewegungen. Ihnen ist es in erster Linie zu verdanken,dass sich der Staat zumindest in der Theorie bemüht, den Status der Frau aufzuwerten. Neben Verbesserung der Ausbildungsmöglichkeiten soll ihnen vor allem ein Weg in das Berufsleben geebnet werden. So errichtet die Regierung landesweit in städtischen Zentren spezielle Wohnheime, die alleinstehenden Frauen aus ländlichen Regionen den Zugang in die städtische Berufswelt erleichtern, wo sie höheres Ansehen genießen. Auf dem Lande selbst sind Woman's Development Corporations aktiv, um die Frau aus der traditionellen Isolation der eigenen vier Wände und der materiellen Abhängigkeit vom Mann zu befreien. In den letzten Jahren haben Frauen darüber hinaus zahlreiche Selbsthilfegruppen ins Leben gerufen und sich im Magazin »Manushi« ein wichtiges Sprachrohr geschaffen (www.manushi-india.org).

Armut in Indien

Keinem Reisenden wird die Konfrontation mit einem bei uns unbekannten Ausmaß an Armut erspart bleiben. Und für viele Touristen wird diese Begegnung Grund genug sein, nie mehr einen Fuß auf indischen Boden zu setzen. Tausende von Indern sterben jeden Tag an Unterernährung und mangelhafter Versorgung mit dem Lebensnotwendigen. Bezeichnenderweise definieren nicht materieller Besitz oder Einkommen die Armutsgrenze, son-

Karma und Kaste

Die Einbindung des Individuums in eine strenge, religiös begründete Hierarchie ist ein wichtiges Merkmal der indischen Gesellschaft. Der Mensch ist nicht nur gefangen im Kreislauf der Wiedergeburten, auch seine Position in der Gesellschaft ist – zumindest für sein derzeitiges Leben – festgelegt.

Das auf Indien beschränkte, eng mit dem Hinduismus verbundene Kastenwesen ist nach wie vor wichtigster Pfeiler der indischen Sozialstruktur und erklärt viele für uns unverständliche Besonderheiten im Zusammenleben der Menschen. Das Wort Kaste ist aus dem Portugiesischen *casta* (›etwas nicht Vermischtes‹) abgeleitet und wurde von den Europäern erstmals im 15. Jh. im Sinne von Rasse verwendet. Der sich dahinter verbergende Tatbestand war aber zu dieser Zeit schon seit über 1000 Jahren unter dem Namen *varna* (›Farbe‹) wichtigstes Merkmal der hinduistischen Gesellschaftsordnung.

Dennoch ist eine treffende und allumfassende Definition nicht einfach. Verallgemeinernd lässt sich eine Kaste als eine geschlossene Gruppe innerhalb einer Hierarchie beschreiben. Jede dieser Gruppen ist wiederum nach bestimmten, jedoch nicht einheitlichen Merkmalen untergliedert. Als Unterscheidungskriterien dienen Beruf, Herkunft, Name, Stammeszugehörigkeit, die zudem noch einen regional voneinander abweichenden Stellenwert haben.

Die Einführung des Kastenwesens wird den indoarischen Einwanderern zugeschrieben, die um 1500 v. Chr. den Subkontinent von Norden her besiedelten und zunächst eine viergeteilte Ständeordnung einführten. Gemäß dem »Rigveda«, der ältesten Schriftquelle, waren diese vier *varna* aus der Zerstückelung des Urmenschen Purusha hervorgegangen und fanden damit ihre religiöse Legitimation.

Den höchsten Rang nahmen die Priester ein *(Brahmanen)*, gefolgt von den Kriegern *(Kshatriyas)*, der tätigen Bevölkerung *(Vaishyas)* und der Dienerschaft *(Shudras)*. Die Bezeichnung *varna* deutet darauf hin, dass vor allem die Hautfarbe den Ausschlag für die hierarchischen Ordnung gab. So wurden die dunkelhäutigen Drawiden von den militärisch überlegenen, hellhäutigen Indorariern auf die unterste Stufe der sozialen Rangskala verwiesen und ihr Aufstieg durch entsprechende Verbote verhindert. In diesem Zusammenhang kommt dem Gedanken von Karma und Wiedergeburt eine zentrale Bedeutung zu, weist er doch jedem einzelnen durch Geburt seinen festen, unverrückbaren Platz im sozialen System zu. Allein den Frauen ist durch Heirat ein Aufstieg möglich.

Außerhalb dieser Rangordnung, die sich mittlerweile in Tausende von Unterkasten aufgefächert hat, stehen die ›Unberührbaren‹ als absolut unterste soziale Schicht. Möglicherweise handelt es sich um Nachfahren ehemaliger Kastenangehöriger, die durch Nichteinhaltung der strengen Ordnung verstoßen wurden, beispielsweise Frauen, die nicht standesgemäß heirateten.

Da sich die Kastenunterschiede auf dem Grundsatz von Reinheit und Unreinheit gründen, herrschen strenge Vorschriften, die den physischen Kontakt vermeiden sollen. Dazu

Thema

gehören Essens- und Reinigungsgebote ebenso wie die Ghettobildung innerhalb der Gemeinschaften. Früher durften die Unberührbaren den Lebensraum der Kastenangehörigen nur in der Dunkelheit betreten, da bereits von ihrem Schatten Unreinheit ausging.

Zwar hat die indische Verfassung die Unberührbarkeit ausdrücklich aufgehoben, in der Realität aber lebt sie ebenso weiter wie die allgemeine kastenbedingte Diskriminierung. So konnten im Jahre 2006 Dalits (›Unterdrückte‹), wie sich die Unberührbaren selbst nennen, den Zugang zu einem Tempel in Orissa erst durch Gerichtsbeschluss erzwingen, durften aber auch dann nicht das Allerheiligste betreten, das den Brahmanen-Priestern vorbehalten bleibt. Andererseits bekleidete zwischen 1997 und 2002 mit K. R. Narayanan erstmalig ein ›Unberührbarer‹ das Amt des indischen Staatspräsidenten.

Um auch nach außen hin die Kastenzugehörigkeit kenntlich zu machen, finden vor allem auf dem Lande noch immer Kleider- und Schmuckvorschriften Anwendung, und auch Name und Herkunft geben Hinweis auf den sozialen Rang. Daher rühren die stereotypen Fragen, die auch jeder Reisende, gewissermaßen zum Test seiner Nervenstärke, unablässig zu beantworten hat: »What is your name, where do you come from?«

Den Angehörigen der unteren Kasten bleibt zum Lebensunterhalt oftmals nur das Betteln

dern der Verbrauch von 2400 Kalorien. Nach diesem Maßstab lebt über ein Drittel der Bevölkerung unterhalb der Armutsgrenze.

Gefangen im Kastenwesen

Viele Faktoren können zur Erklärung herangezogen werden, ohne als Entschuldigung gelten zu sollen. Zum einen leistet das Kastenwesen (s. Thema S. 48) einen schmerzlichen Beitrag, unterbindet es doch die soziale Mobilität und damit die auch in Indien gesetzlich verbriefte Chancengleichheit. Für einen Unberührbaren ist es so gut wie unmöglich, sich eine materiell gesicherte Existenz zu schaffen, während bei den oberen sozialen Schichten Beziehungen und Korruption wichtige Bausteine für die Karriereleiter sind.

Aber auch die gebildeten Inder sind nach wie vor im Netz der Normen ihrer Vorväter gefangen. Kein gläubiger Jain wird Handarbeit verrichten und kein Hochschulabsolvent mit weniger qualifizierter Arbeit seinen Lebensunterhalt bestreiten. Ein besonders trauriges Kapitel ist die Ausbeutung unterprivilegierter Schichten durch skrupellose Großgrundbesitzer und Geldverleiher, die Unwissenheit und Not schamlos ausnutzen und Bauern zunehmend in den Selbstmord treibt (s. S. 25).

Bettler

Der Reisende kommt mit Indiens Armut vor allem durch die Bettler in oft hautnahen Kontakt. Sie gehören auf dem Subkontinent zum Straßenbild wie die ›heiligen Kühe‹. Aber es ist ein durchaus ehrenwerter, wenn auch nicht gerade angesehener Berufsstand. Nur in Indien kann es passieren, dass Bettler ihre Forderungen nach höherem Mindestobolus mit einem Generalstreik durchzusetzen vermögen – ihre Verweigerung hindert gläubige Hindus und Muslime an der Ausübung ihrer religiösen Pflichten, zu denen auch die Gabe von Almosen gehört.

Touristen sind natürlich besonders beliebte ›Opfer‹ und das Revier in der Nähe großer Hotels und wichtiger Sehenswürdigkeiten begehrtes Territorium. Da das Betteln eine organisierte Zunft ist, muss der Bettler sich sein streng begrenztes Revier durch Abgaben an diejenigen erkaufen, die Hoheitsrechte haben oder beanspruchen.

Das für Indien so typische Kommissionsgeschäft steht auch hier in voller Blüte, denn die Einnahmen an Brennpunkten des Tourismus sind beträchtlich und füllen nicht nur die Taschen der Bettler. So konnte der Autor in Jaipur ein zerlumptes Mädchen beobachten, das verstohlen einen dicken Packen Rupies zählte, ehe es sich wieder mit herzzerreißendem Flehen der nächsten Touristengruppe zuwandte. Aber der harte Konkurrenzkampf sorgt schon dafür, dass die kleine Bettlerin keinen Reichtum anhäuft und dass der größte Teil in irgendwelchen dunklen Kanälen verschwindet.

Ob allerdings, wie man häufig liest, Kinder eigens verstümmelt werden, um das Mitleid der Umwelt besonders zu erregen, lässt sich kaum nachprüfen, selbst wenn Amputierte und Aussätzige das Gros der Bettler stellen. Angesichts des großen Elends darf man erwarten, dass jeder Tourist die eine oder andere Rupie als persönliche Entwicklungshilfe unter die Armen verteilt, möglichst aber nicht gerade dort, wo es alle Reisenden tun. Viel bedrückender ist die stille Armut und umso beglückender und wirkungsvoller die spontane, von dem Betroffenen nicht erwartete Hilfe.

Natürlich hat sich auch der Staat der Armut angenommen und versucht durch Entwicklungsprogramme den Lebensstandard zu erhöhen. Zielgruppe ist vor allem die ländliche Bevölkerung, aus der sich Dreiviertel der Armen rekrutieren. Mit dem Integrated Rural Development Programme soll die Wirtschaftsstruktur durch Verflechtung von Produktivitätssteigerung und gezielter Ausbildung verbessert werden, mit dem Minimum Needs Programme will man dazu beitragen, die Grundbedürfnisse menschlicher Existenz zu sichern. Ganz besonderes Augenmerk richtet der Staat auf die über 50 Mio. Menschen, die als ethnische Minderheiten am Rande der Gesellschaft leben und in besonderem Maße der Willkür von Händlern und Geldverleihern ausgesetzt sind.

Indische Feste

Die tiefe Religiosität der Inder führte ganz zwangsläufig zu einer ausgeprägten Kultur der Feste. Kaum ein Land versteht es, intensiver, ausgelassener und farbenfroher zu feiern, aber auch ernsthaft und weltentrückt.

Musik und Tanz zu Ehren der Götter

Die hinduistischen Feste sind ebenso eine Huldigung an die Götter wie Ausbruch aus dem oftmals tristen, monotonen Alltag. Im Mittelpunkt steht die Verehrung der Gottheiten, denen die Gläubigen in zum Teil ekstatischen Ritualen ihre Reverenz erweisen. Aber auch die irdischen Freuden kommen nicht zu kurz. Wie bei uns im Mittelalter verbinden sich die religiösen Feierlichkeiten mit Jahrmärkten zur sogenannten **Mela.** Andacht, Handel und Vergnügen versöhnen für einige Tage, geben neue Kraft für das harte tägliche Leben. Berühmt ist der alljährlich im November stattfindende Kamelmarkt von Pushkar.

Der überwiegende Teil der religiösen Feste ist beweglich, da vom Mondzyklus bestimmt. Zu den großen, landesweit begangenen Festen gehört **Shiva-ratri,** die ›Nacht des Shiva‹ (Februar). Seiner Gemahlin Parvati ist in Gestalt der Opfer fordernden Durga, der Muttergottheit, die **Durga Puja** (September/Oktober) gewidmet, die vor allem in Kolkata, wo man sie als Kali verehrt, mit großartigen Umzügen begangen wird.

In ganz Nordindien erinnert das **Dusshera-Fest** (Oktober/November) an den Sieg Ramas über den Dämonenherrscher Ravana, der im Kullu Tal, wo man das Fest besonders ausgiebig feiert, durch den lokalen Gott Raghunathji verkörpert wird. Überdies hat natürlich jede lokale Gottheit ihr ganz ›persönliches‹ Fest, manchmal in kleinem Rahmen in einem Dorftempel gefeiert, nicht selten aber auch pompös wie bei den Wagenprozessionen **Raj Yatra** zu Ehren Jagannaths in Puri (Juli).

Aber auch jahreszeitlich gebundene Feste, die auf archaische Fruchtbarkeitsriten zurückgehen und mit den Erntezyklen in Verbindung stehen, gibt es unzählige. Am bedeutendsten ist das ausgelassene Frühlingsfest **Holi** (Februar/März), bei denen sich die Menschen mit gefärbtem Wasser bespritzen. Eher an unser Weihnachten erinnert das im Herbst begangene Fest **Diwali,** das Lichterfest (Oktober/November). Öllämpchen und Fackeln erhellen die Gärten und Plätze, man verteilt Geschenke und kauft sich neue Saris. Die Lichter sollen aber auch eine Verbindung zwischen den Lebenden und den Toten herstellen, wie es auch in anderen Religion Praxis ist.

Kumbh Mela

Größten Zulauf allerdings haben die am Ufer der heiligen Flüsse stattfindenden Kumbh Melas, die im Rhythmus von zwölf Jahren an den vier Orten Allahabad, Ujjain, Nashik und Haridwar stattfinden. Kleine Melas *(Ardh Melas)* gibt es alle sechs Jahre. Dieses größte religiöse Fest der Hindus geht wahrscheinlich auf Jahrmärkte zurück, bei denen sich Theologen, Gurus (spirituelle Lehrer) und Sadhus (Asketen) trafen. Heute versammeln sich hier bis zu 100 Mio. Gläubige zum gemeinsamen Gebet und rituellem Bad. Die nächste Kumbh Mela findet im Jahre 2010 in Haridwar statt.

Meditation und heilige Gesänge

Bei der Glaubensgemeinschaft der Jains und der Sikhs stehen die Religionsstifter im Zentrum der großen Festlichkeiten. Ihre Geburts- und Gedenktage werden aber nicht mit der Ausgelassenheit hinduistischer Götterverehrung begangen, sondern eher gemessen mit Meditation, Gebeten und allenfalls religiösen Gesängen. Für die Jains sind dabei die heiligen Orte, die sogenannten *tirth* bevorzugtes Ziel der Wallfahrten, etwa zum Berg Girnar in Gujarat.

Staatliche Feiertage

26. Januar: Tag der Republik
15. August: Tag der Unabhängigkeit
2. Oktober: Geburtstag Mahatma Gandhis
25. Dezember: Weihnachten

Die Muslime feiern natürlich die großen islamischen Feste, die dem Mondkalender folgen und somit beweglich sind. Wichtigstes religiöses Ereignis ist der Fastenmonat **Ramadan.** Sein Höhepunkt ist die Nacht der Bestimmung **Laylat al-Qadr** am 27. Tag, an dem die erste Koran-Offenbarung erfolgt sein soll.

Während des **Id al-Adha** (großes Hammelfest) gedenken die Muslime in aller Welt der Bereitschaft Abrahams, seinen Sohn zu opfern. Einem lokalen Heiligen ist das **Urs-Fest** in Ajmer gewidmet. Die bei den Chishti-Anhängern von Barden, den *qawwals,* vorgetragenen heiligen Sufi-Gesänge haben sich zu einer eigenen Kunstform entwickelt und bereits die internationale Musikszene erobert.

Buddhistische Klosterfeste

Obwohl in Indien entstanden, ist der Buddhismus heute nur noch in den Himalayaregionen von Ladakh, Spiti und Sikkim lebendig. Die zu Ehren des großen Gelehrten Padmasambhava veranstalteten **Maskentänze** in den buddhistischen Klöstern gehören sicherlich zu den eindrucksvollsten religiösen Festen der Welt. Überaus faszinierende Beispiele bieten die farbenprächtigen Feste der Klöster Lamayuru und Hemis in Ladakh (beide im Juli).

Leitmotiv ist der Kampf des Buddhismus gegen die davor herrschende Bön-Religion, der von maskierten Mönchen als Auseinandersetzung des Guten mit dem Bösen interpretiert wird. Zwar dienen die Mysterienspiele heute ausschließlich der Belehrung im Sinne des Lamaismus, haben ihre Ursprünge jedoch in den Erntefesten der Bön-Religion. Geschickt hat es der Buddhismus verstanden, althergebrachte Traditionen mit neuen Inhalten zu füllen und so die Lehre im Volk zu verwurzeln. Deutlichstes Relikt vorbuddhistischer Zeit sind die aus *tsampa* (Gerstenmehl) gefertigten menschlichen Figuren, die den ›Opfertod‹ erleiden und als Ersatz für die früher üblichen Tieropfer zu sehen sind. Mit ihrer Zerstörung soll auch das Böse im Menschen sein gewaltsames Ende durch die Mächte des Guten finden.

Eingeleitet werden die Tänze durch den Auftritt der 13 tantrischen Magiere, die, bekleidet mit schwarzen Umhängen und spitzen schwarzen Hüten, allerdings ohne Masken, zu den Klängen von Trommeln und Becken die bösen Geister vertreiben, um so dem Fest einen friedlichen Verlauf zu sichern. Es folgt ein Tanz, in dem die Ankunft des Yogi durch die Dämonen gefeiert wird. Dann tritt

Padmasambhava, der Verkünder des Lamaismus, in reich verzierter Maske auf, begleitet von einigen seiner friedlichen, aber auch zornigen Manifestationen, die den Zuschauern Schauder über den Rücken jagen und damit an das Einhalten der Lehre gemahnen sollen.

Der zweite Tag der Feierlichkeiten steht im Zeichen des Dharmapala, des Schützers der Religion, der mit seiner Stiermaske Züge des Totengottes Yama trägt und schließlich mit einem Schwertschlag die menschliche Tsampa-Figur und die darin gefangenen bösen Geister vernichtet. Fröhlichen Abschluss bildet der von einer Kinderschar begleitete Auftritt eines alten Chinesen, der einst die buddhistische Lehre in seiner Heimat förderte.

Mit furchterregenden Masken beschwören buddhistische Mönche die Dämonen

Religion

Indien ist nicht nur die Wiege der großen Weltreligionen Hinduismus und Buddhismus, sondern auch Heimat mystischer Spiritualität, die im Asketentum der Sadhus und den Lehren der Gurus ihren Ausdruck findet. Weitere Religionen haben sich im Laufe der langen Geschichte entfaltet oder sind von außen hinzugekommen, sodass sich das Land heute als einzigartiges Zentrum gelebter Religiosität darbietet.

Hinduismus

Abweichend von den anderen großen Weltreligionen lässt sich der Hinduismus, zu dem sich der überwiegende Teil der Bevölkerung Indiens bekennt, nicht auf einen Gründer zurückführen. Er ist im Laufe der Jahrtausende durch die Verschmelzung unterschiedlicher Strömungen zu einem sozioreligiösen Organismus herangewachsen, der Philosophie, Religion und soziale Normen vereint und ständig durch neue Erkenntnisse ergänzt. Da der Hinduismus keine oberste religiöse Autorität kennt, vermochte er sich den Zeitläufen immer wieder anzupassen und selbst konkurrierende Glaubensrichtungen wie Buddhismus und Jainismus zu absorbieren. Diese Freiheit im Glauben führte nicht nur zu einem fast unübersehbaren Pantheon von Gottheiten, sondern brachte auch eine Vielfalt von Lehrmeinungen und Schulen hervor.

Der ewige Kreislauf von Werden und Vergehen

Dennoch lassen sich einige, für alle Hindus verbindliche Grundsätze aufstellen. Als unumstößliche Wahrheit gilt die Existenz einer ewigen, unveränderlichen Urkraft oder Weltseele *(brahman)*, die einen fortwährenden Kreislauf von Entstehen und Vergehen ohne Anfang und Ende bewirkt. Dieses Brahman manifestiert sich auf der Erde durch die ewige Ordnung *(dharma)*, die sowohl die Naturgesetze wie auch die sittliche Ordnung umfasst. Dadurch ist die gesamte lebendige Welt, die als ein einziger Organismus mit unterschiedlichen, aber verwandten Lebensformen begriffen wird, dem Urprinzip von Schöpfung und Zerstörung unterworfen.

Es besteht eine auf der Theorie der Evolution beruhende Rangordnung, in der der Mensch zwar einen hohen Stellenwert hat, keineswegs aber die Krone der Schöpfung darstellt. Über ihm türmt sich der fast unendliche Götterhimmel, der wie Bäume,Tiere und Menschen ebenfalls dem Gesetz des zyklischen Prinzips gehorcht, unter ihm sind die niederen Lebewesen angesiedelt. In den ewigen Kreislauf ist auch die Seele eingebunden und damit unvergänglich. Da die Seelen durchgängig zwischen allen Formen des Lebens wandern können, hat sich eine enge Beziehung zwischen Mensch und Kreatur herausgebildet, die nicht nur ihren Ausdruck in animalischen Göttergestalten wie Hanuman und Ganesha findet, sondern auch in einer allgemeinen Achtung des Lebens.

Karma

In welcher Form die Seele nun eine neue Heimat findet, hängt von den Verdiensten des Lebenden in seiner derzeitigen Existenz ab. Dieser Kausalzusammenhang bildet unter dem Begriff *karma* einen der wichtigsten, tief in der Sozialstruktur verankerten Glaubensgrundsätze des Hinduismus. Eng damit verknüpft ist das Kastensystem (s. Thema S. 48), das jedem Menschen eine feste Position in der sozialen Hierarchie zuordnet, wobei das Karma darüber entscheidet, auf welcher Stufe er angesiedelt ist.

Den Kreislauf der Wiedergeburten zu durchbrechen und durch Verschmelzen der individuellen Seele *(atman)* mit der Weltseele *(brahman)* die endgültige Erlösung *(moksha)* zu erlangen, ist höchstes Streben jedes gläubigen Hindu. Die Vielzahl der Schulen und Glaubensrichtungen unterscheiden sich nur im Weg, nicht aber im Ziel. Die dargelegten Merkmale haben sich erst im Laufe einer langen Geschichte allmählich in drei Stufen herauskristallisiert.

Vedismus

Der Urhinduismus, der nach den ältesten Schriften, den Veden (s. S. 68), den Namen Vedismus erhalten hat, entstand im Gefolge der arischen Zuwanderung (ca. 1500–900 v. Chr.) als eine Synthese aus indoarischen und drawidischen Glaubensvorstellungen, wobei als wichtigstes Element das Kastenwesen eingeführt wurde.

Das Denken der Menschen war aber zunächst noch auf das Diesseits gerichtet, sodass die Existenz nach dem Tode als Fortsetzung des irdischen Daseins begriffen wurde und die Qualität des jenseitigen Lebens vom moralischen Verhalten im Diesseits abhing. Mit Ankunft der Arier fanden auch die indogermanischen Gottheiten Zugang zum drawidischen Götterhimmel und nahmen zunächst eine führende Position ein. Vor allem Naturerscheinungen wie Sonne *(surya)*, Mond *(candra)*, Regen *(parjanya)* und Morgenröte *(ushas)* wurde göttliche Verehrung entgegengebracht.

In starkem Maße wurde die indoarische Religion jedoch später von den Glaubensvorstellungen der besiegten Drawiden durchdrungen und schließlich derart verfremdet, dass sich ihr ursprünglicher Gehalt nur noch schwer herauslesen lässt. So ist etwa die mit dem Shivaismus in Verbindung stehende **Lingam-Verehrung** eine Fortführung des altdrawidischen Phallus-Kults, der bereits in der Harappa-Kultur nachgewiesen werden konnte.

Im »Rigveda«, dem ältesten Teil der vedischen Schriften, treten bereits zwei Gottheiten auf, die später im Vordergrund des hinduistischen Pantheons stehen sollten: Rudra, ein furchterregender Gott, der sich später zu Shiva wandelte, und Vishnu, der in der Frühzeit vielleicht ein Sonnengott war. Zeichen der formativen Phase ist das Fehlen einer Hierarchie in der Götterwelt, sodass in den Veden immer wieder andere Gottheiten an der Spitze stehen. Die Verbindung mit den Göttern bildeten die Opfer, meist Sühne- und Bittopfer, von denen das tägliche Feueropfer *(agnihotra)* das wichtigste war. Der Ritus wurde in den Anfängen im eigenen Haus oder auf Opferplätzen vollzogen, erst später in Tempeln. Als Opfergaben dienten Butter, Milch, Fleisch, Getreide und Tiere; zeitweise waren sogar Menschenopfer üblich. Dem Opferkult fiel allmählich die zentrale Rolle in der Religionsausübung zu, wodurch sich die Vorzugsstellung der Priester festigte, die als Brahmanen noch heute den höchsten Rang im Kastenwesen für sich beanspruchen.

Brahmanismus

Diese zweite, stark durch das Ritual der Priester geprägte Phase, die als Brahmanismus bezeichnet wird, dauerte etwa von 900 bis 500 v. Chr. und ist durch die Ausprägung der bis heute geltenden, oben erwähnten Glaubensgrundsätze gekennzeichnet. Die Macht der Brahmanen gipfelte im Glauben an die Abhängigkeit der Götter von dem durch die Priester vollzogenen Opfer und war begleitet vom Aufstieg Prajapatis, der Personifizierung des Brahmanentums, zur obersten Gottheit. Es ist kein Zufall, dass in diese Zeit die Gründung von Buddhismus und Jainismus fallen, die andere, vom Priestertum unabhängige Wege zur Erlösung aufzeigen. Erst durch die Rückbesinnung auf die Ursprünge der Veden, deren Erkenntnisse mit denen des Brahmanismus verschmolzen wurden, entstand zwischen dem 4. und 2. Jh. v. Chr. der eigentliche, bis heute praktizierte Hinduismus.

Auch das Pantheon veränderte im Laufe der Zeit sein Gesicht. An die Stelle von Indra, Agni und Varuna treten nun **Shiva** und **Vishnu.** Eine bevorzugte Stelle wird von **Brahma** eingenommen, der zunächst noch ein abstrakter Begriff war, später aber die Züge eines persönlichen Gottes erhielt, um der Vorstellungskraft der Bevölkerung Rechnung zu tragen. Kommt Brahma die Rolle des weltfernen Schöpfers zu, so sind die beiden Götter Vishnu und Shiva dem Irdischen enger verbunden. Vishnu gilt als der Weltenerhalter, der in vielerlei Gestalt auftritt, um die Erde vor dem Bösen zu bewahren.

Alle drei Gottheiten bilden die **Götterdreiheit Trimurti,** der die Prinzipien Schöpfung (Brahma), Erhaltung (Vishnu) und Zerstörung (Shiva) zugeordnet sind. Während Brahma nur in Ausnahmefällen unmittelbar verehrt wird (z. B. in Pushkar), trennt die Anbetung von Vishnu und Shiva die Hindus in die großen Glaubensgemeinschaften der **Vishnuiten** und **Shivaiten.** Je nach Zugehörigkeit sehen sie in Vishnu oder Shiva die Personifizierung des Absoluten.

Shaktismus

Eine besondere Rolle spielen seit der Frühzeit die Göttinnen, die aus Naturgottheiten des vedischen Pantheons hervorgegangen sind, um dann im Hinduismus eine Aufwertung zu erfahren. Jeder männlichen Gottheit ist eine weibliche Energie – **Shakti** – zugeordnet, die es ihm erst ermöglicht, seine Wirkung zu entfalten. Im Shaktismus, der dritten wichtigen Glaubensrichtung, wird den Göttinnen sogar der höchste Rang zuerkannt, allen voran **Durga** oder **Kali,** die Shakti Shivas, die nunmehr selbst das Absolute verkörpert. Dem Shaktismus, der etwa im 5. Jh. aufkam und sich auf vorderasiatische Muttergottheitskulte zurückführen lässt, werden die sexuellen Riten des **Tantra-Kults** zugeordnet, die heute allenfalls noch vereinzelt und im verborgenen praktiziert werden. Anhänger des **Ganapaty-Kults** haben hingegen den elefantenköpfigen Gott Ganesha, der eigentlich dem shivaitischen Pantheon entstammt, zu ihrem obersten Gott erhoben.

Symbol der Weisheit: Ganesha, der elefantenköpfige Gott

Hinduistische Götterwelt

Der hinduistische Götterhimmel bietet sich dem Außenstehenden zwar als eine völlig undurchschaubare Vielfalt dar, hat aber für die Inder eine klare Grundstruktur. Überdies erleichtert eine streng formalisierte Ikonographie die Identifizierung, da jeder Gottheit ganz bestimmte Attribute zugeordnet werden.

Im Mittelpunkt stehen Shiva und Vishnu, die wiederum in vielerlei Gestalt auftreten können, sowohl mit positiven als auch negativen Merkmalen ausgestattet. Besonders deutlich wird dies bei **Shiva,** der 1008 Namen tragen soll. Einmal tritt er als kosmischer Tänzer Nataraja auf, dann wieder als schreckenerregender Bhairava. Er ist Herr des Yoga (Yoga Daksina Murti), Asket (Mahayogin), Töter des Elefantendämonen (Gajasura-Murti) und soll sogar dem Gott Brahma einen seiner Köpfe abgeschlagen haben. Sein Symbol ist der Lingam, der Schaffenskraft verkörpert, seine wichtigste Shakti ist die Göttin **Parvati,** die Verkörperung des Himalaya. Sie tritt ihrerseits ebenfalls in freundlichen oder furchterregenden Aspekten in Erscheinung. Als Annapurna ist sie die Ernährerin, als Kali die grausame Göttin der Zeit, der sogar Menschenopfer dargebracht wurden. Wie bei den anderen Göttinnen auch verbirgt sich hinter ihr das Prinzip der höchsten Muttergottheit, der **Devi.**

Auch **Vishnu,** der andere Hauptgott, manifestiert sich in zahlreichen Inkarnationen, etwa als Krishna oder Rama und sogar, nach hinduistischem Verständnis, in seiner neunten Inkarnation als Buddha. Vishnus Gattin **Lakshmi** verkörpert Reichtum und Schönheit, während **Sita,** die Gemahlin seiner Rama-Inkarnation, als Schutzgottheit des Ackerbaus angesehen wird. Eine wichtige eigenständige Gottheit ist auch **Ganesha,** der elefantenköpfige Sohn Shivas, der die Weisheit versinnbildlicht, während seine beiden

Gemahlinnen **Buddhi** und **Siddhi** göttliches Wissen und Erfolg darstellen.

Neben diesen Gottheiten bevölkern auch zahlreiche Dämonen, die **Asura,** das hinduistische Universum, ergänzt durch überirdische Wesen, wie Nymphen (Apsara), himmlische Musikanten (Kinnari) und Wächter (Dvarpala). Aufgrund der universalen Auffassung von der Einheit alles Lebens haben auch die Tiere ihren festen Platz im Pantheon. Jede Gottheit hat ihr bestimmtes, sie charakterisierendes Tragetier *(vahana),* Shiva etwa den Stier Nandi, Vishnu den mythischen Vogel Garuda, die furchtbare Göttin Kali den Tiger. Großer Beliebtheit erfreut sich der **Affengott Hanuman,** der aus dem präarischen Animismus übernommen wurde und als Ramas Gehilfe im Epos »Ramayana« zu hohem Ansehen gelangte. Die Schlangen (Naga) wiederum, die Unsterblichkeit genießen, dienen als Wächter der Erdschätze, die Kobra auch als Symbol der Fruchtbarkeit. Die Verehrung der Kuh (s. Thema S. 24) findet ihre Rechtfertigung in **Surabbi,** der ›heiligen Kuh des Überflusses‹, die als erste von den Göttern bei der Quirlung des Milchmeeres geschaffen wurde.

Das hinduistische Weltbild

Das hinduistische Weltbild sieht unsere Erde als Zentrum des Kosmos, bestehend aus sieben ringförmig angeordneten, durch Meere voneinander getrennten Kontinenten. Am Mittelpunkt der Erde erhebt sich der Berg Meru, der auf dem Kontinent Jambudvipa liegt, auf dem auch wir leben. Unter der Erde breiten sich die Wohnbereiche der Dämonen und die Höllen aus, über der Erde haben die Götter in verschiedenen Himmeln ihren Platz.

Buddhismus

Wie bereits erläutert, entstand der Buddhimus als eine Reformbewegung auf den im Ritus erstarrten Brahmanismus, der die Gläubigen durch Vorherrschaft der Priester den Göttern entfremdet hatte.

Siddhartha Gautama, bekannt unter dem Namen **Buddha,** wurde um das Jahr 560 v. Chr. in Lumbini als Sohn eines Shakya-Fürsten geboren. Obwohl kein Zweifel an seiner historischen Existenz besteht, ist sein Lebensweg derart mit Mythen und Legenden durchwoben, dass sich die einzelnen Stationen nicht mehr zweifelsfrei nachvollziehen lassen (s. Thema S. 406).

Als eine den Weg zur Erlösung aufzeigende Heilslehre verfolgt der Buddhismus zwar die gleichen Ziele wie der Hinduismus und orientiert sich auch an dessen Grundsätzen wie den Prinzipien von Karma und Wiedergeburt. Durch Verzicht auf die Mittlerrolle der Priester und die Aufhebung der Kastenschranken bietet der Buddhismus aber wesentliche neue Ansätze, die seine große Popularität erklären.

Nirvana: Wege zur Erlösung

Die Erlösung liegt im Eingehen der Seele ins *nirvana* (wörtl. ›Verwehen‹), das einen Zustand ewiger Seligkeit bedeutet, in dem alles irdische Bewusstsein verloschen und der Kreislauf der Wiedergeburten durchbrochen ist. Der Weg zum höchsten Ziel folgt dem ›achtfachen Pfad‹: rechte Anschauung, rechte Gesinnung, rechtes Reden, rechtes Tun, rechtes Leben, rechtes Streben, rechtes Überdenken sowie rechtes sich Versenken.

Ein wichtiger Pfeiler der frühen buddhistischen Lehre, die den Namen **Hinayana** (›Kleines Fahrzeug‹) trägt, war die Gemeinschaft der Mönche, Sangha, denn nur sie, so wollte es der Stifter, vermochten den Weg zum Nirvana durch Selbsterlösung zu beschreiten. Erst nach dem Tode Buddhas öffnete sich im 1. Jh. v. Chr. die Lehre durch die **Mahayana-**Richtung (›Großes Fahrzeug‹) auch dem einfachen Volk und fand dadurch ihre Verbreitung.

Der hinduistischen Glaubenswelt entsprechend konnten mehrere Wege zur Erlösung führen und auch der Gedanke des Absoluten wurde wieder aufgegriffen. Wichtigste Veränderung war die Einführung des **Bodhisattva,** eines Wesens, dass zwar die Erleuchtung erlangt hat, aber aus Mitleid mit der Welt auf das Nirvana verzichtet, um den Menschen den Weg zur Erlösung zu zeigen. Über die

Bodhisattvas fanden auch weitere, teilweise vom Hinduismus übernommene Gottheiten Eingang ins buddhistische Pantheon. Da die Mahayana-Richtung den Glauben vertritt, dass der historische Buddha Shakyamuni nur einer von vielen ist, erfolgte auch hier eine Erweiterung des Buddhabildes, wobei vor allem der zukünftige Buddha Maitreya eine zentrale Rolle spielt.

Spielarten des Buddhismus

Noch weiter entfernt von den Ursprüngen war der Mitte des 1. Jt. entstandene Vajrayana-Buddhismus (›Diamantenes Fahrzeug‹), eine esoterische Richtung, die sich tantrischer Rituale bediente, wie sie auch in einigen Schulen des Hinduismus und Jainismus anzutreffen waren, und daher auch den Namen **Tantrayana-Buddhismus** erhalten hat. Neben dem Studium der Schriften führen Rezitationen heiliger Silben *(mantra)*, die Kontemplation vor mystischen Diagrammen *(mandala)* und die Ausführung ritueller Gesten *(mudra)* den Gläubigen zur Erlösung. Diese Form des Buddhismus hat vor allem in China, Japan und Tibet eine große Anhängerschaft gefunden.

Aus ihm entwickelte sich schließlich durch Verschmelzung mit den alten Mönchsregeln des Hinayana der **Tibetische Buddhismus,** der auf indischem Boden vor allem in Ladakh und Sikkim lebendig ist.

Verbreitung der Lehre

Nach dem Tode Buddhas wurde die Entfaltung des Glaubens vor allem durch die positive Einstellung der herrschenden Königshäuser begünstigt. Den wichtigsten Impuls erfuhr die Religion mit der Bekehrung Kaiser Ashokas (3. Jh. v. Chr.), der über fast ganz Indien regierte. Er gab auch den Anstoß zur Verbreitung über die Landesgrenzen hinaus, indem er Angehörige seiner Familie als Missionare in die benachbarten Länder aussandte.

In den Jahrhunderten nach Ashoka konnte sich der Buddhismus zunächst noch weiter ausbreiten und vor allem im Norden des Subkontinents an Einfluss gewinnen, wobei jedoch die Richtung des Mahayana immer mehr in den Vordergrund trat. Durch die Stärkung des hinduistischen Brahmanentums wurde der Vormarsch des Buddhismus schließlich aufgehalten und damit auch der Verfall in die Wege geleitet. Im 9. Jh. besaß er auf indischem Boden nur noch in seiner angestammten Heimat Bihar und in Bengalen eine unangefochtene Stellung.

Seinen endgültigen Niedergang auf dem Subkontinent erfuhr der Buddhismus durch das Vordringen des Islam im 12. Jh., der zur Zerstörung der Klöster und Ermordung der Mönche führte. Seither liegen die Hochburgen im südostasiatischen Raum, in Ostasien, auf Sri Lanka und im Himalaya, wo der Buddhismus teilweise Staatsreligion ist.

Jainismus

Zu dieser nach Hinduismus und Islam bedeutendsten Religion Indiens bekennen sich etwa 3 Mio. Menschen, überwiegend Bewohner der Staaten Rajasthan und Gujarat. Wie der Buddhismus entstand der Jainismus als eine Reformbewegung des Brahmanismus im 6. Jh. v. Chr. Ihr Gründer Vardhamana, der später den Namen **Mahavira** (›großer Held‹) bekam, war nicht nur ein Zeitgenosse Gautama Buddhas, auch sein Lebensweg weist deutliche Parallelen auf. Im Alter von 28 Jahren verlässt er seine Familie und beginnt das Leben eines nackten Asketen. Etwa zwei Jahre später wird ihm die vollkommene Erkenntnis zuteil, die er nunmehr als **Jina** (›Weltüberwinder‹) auf einer mehr als 40-jährigen Wanderschaft predigt. Mahavira gilt als der 24. und letzte **Tirthankar** (wörtl. Furtbereiter) und als der einzig historisch belegbare Prophet. Sein Vorgänger Parshvanatha soll im 8. Jh. v. Chr. gelebt haben, der erste namens Rishabha vor vielen Millionen Jahren. Diesen Propheten gilt alle Verehrung der Gläubigen, sodass Götterbildnisse des hinduistischen Pantheons weitgehend unbekannt sind. Nach dem Glauben der Jain lässt sich die unzerstörbare Seele nur durch Askese von der Fessel der Materie, die sie im Kreislauf der Wiedergeburten nach dem Gesetz des Karma gefangen hält, befreien. Als besonders verdienstvoll gilt das Fasten bis zum Tode.

Die Achtung des Lebens

Ähnlich wie der Buddhismus wird der Jainismus in seinem Kern von einer Mönchsgemeinde getragen, die sich in Ordensangehörige und Laien aufteilen lässt. Der wesentliche Grundsatz der religiösen Forderungen ist das Gebot des nicht Tötens. Vor allem von Angehörigen des Ordens wird es so streng beachtet, dass sie den Weg vor sich mit einem Besen fegen und einen Mundschutz tragen, um das unbeabsichtigte Einatmen von Insekten zu vermeiden. Die Achtung des Lebens hatte aber viel tiefer gehende, die Sozialstruktur der Jaingemeinden berührende Auswirkungen. Zum einen waren den Anhängern Berufe in der Landwirtschaft und im Militär durch die strenge Glaubensvorschrift verschlossen. Zum andern führte die daraus resultierende Erkenntnis, dass sich das Gebot durch eine Verminderung der eigenen Bewegung besser einhalten ließ, zu einer Bevorzugung ›sitzender Tätigkeiten‹. Im Laufe der Jahrhunderte eroberten sich die Jain dadurch führende Positionen im Bankwesen, der Goldschmiedekunst und vor allem im Handel.

Im 1. Jh. n. Chr. spaltete sich die Jain-Gemeinschaft in zwei Richtungen. Die orthodoxen **Digambara** (›Luftgekleidete‹) folgen ihrem Vorbild Mahavira und leben als nackte Asketen fernab der Zivilisation. Der überwiegende Teil der Jain rechnet sich zu den **Shvetambara** (›Weißgekleidete‹), denen sich mehrere Schulen unterordnen lassen. Die wichtigsten Heiligtümer sind die Tempelberge von Mount Abu, Shatrunjaya, Girnar und Sametsikhvara, die jeweils mit einem Ereignis aus der Mythologie in Verbindung gebracht werden und jeweils einem der großen Furtbereiter geweiht sind.

Islam

Lassen sich Hinduismus, Buddhismus und Jainismus noch auf eine gemeinsame Wurzel zurückführen, so fand mit dem Islam eine völlig andere, konträre Religion mit streng monotheistischer Glaubensauffassung ihren Weg nach Indien. Unversöhnlich stehen sich Islam und Hinduismus seit Ankunft der ersten Reiterheere aus dem Norden auf dem Subkontinent gegenüber. Die Teilung nach der Unabhängigkeit in die Staaten Indien und Pakistan ist das wohl deutlichste Ergebnis der noch immer andauernden Spannungen. Dennoch haben heute mehr als 140 Mio. Muslime ihre Heimat in Indien und übertreffen damit in ihrer absoluten Zahl jedes andere Land außer Indonesien, selbst wenn ihr Anteil an der indischen Gesamtbevölkerung nur 11 % beträgt.

Der Prophet Mohammed

Mohammed wurde um 570 in Mekka als Angehöriger des Stammes der Haschimiden geboren und verkündete die Lehre von der ›Ergebung in Gottes Willen‹ – dies bedeutet das Wort ›Islam‹ – zunächst im engen Kreis seiner Freunde. Seine Berufung zum Propheten erfuhr er im Alter von etwa 40 Jahren auf dem Berg Hira bei Mekka, wo ihm der Erzengel Gabriel die ersten göttlichen Offenbarungen verkündete. Diese dem Propheten übermittelten Worte, die er über einen Zeitraum von mehr als 20 Jahren empfing, fanden ihren Niederschlag im Koran, der aus 114 Kapiteln (Suren) bestehenden ›Heiligen Schrift‹ der Muslime.

Als unmittelbares, von Mohammed nur wörtlich überliefertes göttliches Werk genießt der Koran bis in die einzelne Silbe höchste Verehrung. Da die Suren des ursprünglichen Koran schon bald nicht mehr ausreichten, alle Lebensbereiche in dem sich ständig vergrößernden Reich unterschiedlicher Kultureinflüsse abzudecken, erfuhr der Koran mehrere Ergänzungen, von denen die Sunna (›Sitte, Gewohnheit‹) die bedeutendste ist.

Der orthodoxe Islam

Der orthodoxe Islam stützt sich in seinem Ritus auf fünf religiöse Pflichten, die *arkan,* die jeder gläubige Muslim zu erfüllen hat: Das Glaubensbekenntnis *(schahada)* mit der Formel »Es gibt keinen Gott außer Allah, und Mohammed ist sein Prophet« ist die zentrale Forderung, gefolgt vom rituellen Gebet *(salat)*. In Indien hat der dritte Pfeiler des Glaubens, der Aufruf zur Wohltätigkeit *(zakat)*, im Gefolge staatlicher Steuergesetzgebung ebenso an Bedeutung verloren wie das Fasten *(saum)* im Monat Ramadan. Die fünfte Forderung schließlich, die Pilgerfahrt nach Mekka *(hadsch)*, ist heute, im Zeitalter der Massenverkehrsmittel, hingegen leichter zu erfüllen als noch vor hundert Jahren.

Mehr noch als im Christentum sind im Islam Missionierung und Eroberung miteinander verknüpft und als *dschihad,* als ›heiliger Krieg‹, in der neunten Sure sogar zum Gebot erhoben. Die kämpferische Note ist nur einer der Gründe für die schnelle Verbreitung. Überdies sind viele aus der animistischen Glaubenswelt Arabiens stammende Elemente mit in den Islam eingeflossen, wie etwa die Wallfahrt oder der Fastenmonat Ramadan, der in vorislamischer Zeit eine alljährliche, von allen Stämmen eingehaltene Kampfpause in den fortwährenden Fehden erlaubte.

Gleichwohl blieb der Islam nicht frei von inneren Auseinandersetzungen, die allerdings mehr im Machtstreben der Führer als im Ringen um Erkenntnis ihre Ursache hatten. Die Einheit von geistiger und weltlicher Macht hatte zur Folge, dass der Glaube immer wieder zur Durchsetzung politischer Ziele genutzt wurde, woraus sich nicht nur die Entstehung zahlreicher Schulen und Splittergruppen erklären lässt, sondern auch deren enge Verbindung mit bestimmten Machtstrukturen und Dynastien.

Schon unmittelbar nach dem Tode Mohammeds begannen die Auseinandersetzungen um seine Nachfolge und führten zur ersten großen Glaubensspaltung, aus der die Richtungen der Sunniten, Schiiten und Kharejiten hervorgingen.

Sufismus

Eine sehr große Bedeutung vor allem für die Landbevölkerung hat der Mystizismus gewonnen, der unter dem Namen Sufismus (von *suf,* ›Wolle‹, als Symbol für Asketentum) schon im 9. Jh. Eingang in den Islam gefunden hatte. Nach Auffassung der Sufis existiert neben den allgemeingültigen, im Koran und der Sunna niedergelegten Regeln noch eine spirituelle Ebene, die den Weg zu Gott zeigt. Der islamische Mystizismus wird ergänzt durch Praktiken des vorislamischen Animismus, die sich über die Jahrhunderte haben halten können. Obwohl vom orthodoxen Islam bekämpft, sind Geisterglaube, Wahrsagerei, Zauberei und der Glaube an die Schutzwirkung von Amuletten ein fester Bestandteil der religiösen Welt der einfachen Landbevölkerung und insbesondere unter den Frauen, denen der Moscheebesuch ja nur in Ausnahmefällen gestattet ist, stark verbreitet.

So ist es nicht erstaunlich, dass gerade diese Form des Islam in der vom Mystizismus stark geprägten hinduistischen Glaubenswelt Indiens einen günstigen Nährboden fand und wegen des Postulats von der Gleichheit aller Menschen vornehmlich von den unteren Bevölkerungsschichten dankbar aufgenommen wurde. Zwar wurden die Kastenschranken aufgehoben, gleichwohl existierte eine strenge Hierarchie, die nach zugewanderten Muslimen *(ashraf)* und konvertierten Indern *(ajlaf)* unterschied. Unter den Ashraf wiederum beanspruchten die Nachfahren des Propheten *(sayid)* den höchsten Rang, gefolgt vom türkischen, afghanischen und persischen Militäradel *(mizra)*.

Auch in Indien haben sich im Laufe der Jahrhunderte zahlreiche religiöse Schulen und Sekten gebildet, von denen die von **Deoband** die nach wie vor bedeutendste ist. Aufgrund ihrer orthodoxen Auffassung wird sie heute häufig in die Nähe des fundamentalistischen Islam gerückt, zumal sich die Taliban ausdrücklich auf die von den Deobandis vertretenen Glaubensgrundsätze berufen.

Wirtschaftlich und politisch haben die Muslime in Indien seit der Unabhängigkeit ihren wirtschaftlichen und politischen Einfluss jedoch weitgehend verloren und gehören überwiegend den ärmeren Bevölkerungsschichten an.

Architektur und Kunst

Es ist nicht verwunderlich, dass in einem Land so reicher kultureller und religiöser Traditionen sich auch die Kunst in einer ungewöhnlichen Bandbreite entfalten konnte. Sie dokumentiert die lange Geschichte des indischen Subkontinents mit einzigartigen Werken aus Architektur, Malerei, Literatur und Musik.

In den großen Stadtzivilisationen am Indus, die unter dem Namen Harappa-Kultur zusammengefasst werden und im 2. vorchristlichen Jahrtausend ihre Blütezeit erlebten, wird die Wiege indischer Kunst gesehen. Obwohl die Funde, insbesondere Kleinplastik und Siegel, nur bescheiden sind, lassen sie – etwa in Darstellungen von Stieren und Tänzern – bereits eine Thematik erkennen, auf die Künstler späterer Epochen immer wieder zurückgriffen. Bis dahin sollten aber über 1000 Jahre vergehen, aus denen uns zumindest keine erhalten gebliebenen Beweise künstlerischer Tätigkeit vorliegen.

Buddhistische Kunst

Obwohl der Buddhismus heute im Tiefland, der Region seiner Entstehung, als erloschen gelten kann, lebt er in seinen großartigen Werken weiter. Durch ihre archaische Ausdruckskraft und ihren nachdenklichen, von tiefer Religiosität geprägten Ernst haben die Zeugnisse buddhistischen Kunstschaffens auch nach zwei Jahrtausenden nichts von ihrem Zauber verloren.

Stupa

Im Mittelpunkt frühbuddhistischer Kunst stand die Architektur, die mit dem *Stupa* eine neue, zukunftsweisende Bauform schuf. Der halbkugelförmige, massive Bau, der seinen Ursprung in den indoarischen Grabhügeln aus frühgeschichtlicher Zeit hat, diente u. a. als Symbol für den Kosmos: Die steinerne Halbkugel stellt das ›Weltei‹ dar, die daraus emporragende Spitze die Weltachse, die eckige Einfriedung, aus der sie emporwächst, den Wohnsitz der Götter und die übereinandergestaffelten Schirme die Himmel. Zudem sind die Zugänge zum Stupa entsprechend den vier Himmelsrichtungen angeordnet und die gesamte Anlage von einem steinernen Zaun umgeben, der mit seinen durch Balken verbundenen Pfeilern den Kreislauf der Gestirne symbolisieren soll. Die ersten Stupas fungierten als Reliquienschreine und Grabanlagen, in denen die Asche und die Gebeine Buddhas selbst oder anderer Heiliger bestattet waren.

Zu den schönsten noch erhaltenen Beispielen auf indischem Boden gehört der Stupa von Sanchi (3. Jh. v. Chr.), der in einzigartiger Weise die Architektur und Plastik des frühen Buddhismus in seiner ganzen Vollendung verkörpert. Die Reliefs dienten nicht nur als Zierrat, sondern hatten die Aufgabe, der des Lesens und Schreibens unkundigen Bevölkerung die Lehre näher zu bringen. Kunstvoll in Stein gemeißelt wird das Leben des Buddha in anschaulichen Reliefs den Besuchern vor Augen geführt.

Klosteranlagen

Da der frühe Buddhismus in seiner strengen Form des Hinayana ausschließlich durch die Gemeinschaft der Mönche getragen wurde, gehörten Klosteranlagen zu den wichtigsten Zeugnissen sakraler Architektur. Am Beginn standen Höhlen, von denen die von Ajanta und Ellora diese frühe Phase am ausdrucksvollsten repräsentieren. Später kamen frei errichtete Klosteranlagen *(vihara)* hinzu, die heute, wie etwa in Sanchi und Sarnath, nur noch als Grundmauern erkennbar sind.

Von Symbolen zur figürlichen Darstellung

Als in Nordindien die ersten Stupas entstanden, war die Plastik zwar nicht unbekannt. Sie reicht weit zurück in die Indus-Kulturen und hatte sich im Rahmen des Hinduismus, wenn auch nur in sehr bescheidenem Ausmaß, weiterentwickelt. Da für den Buddhismus zunächst jedoch eine bildliche Darstellung mit dem Glauben unvereinbar war, traten Symbole an die Stelle der Buddhafigur. So zeigt etwa die noch aus der Maurya-Zeit stammende Ashoka-Säule von Sarnath (240 v. Chr.) auf dem Abakus neben den vier Tieren Löwe, Elefant, Pferd und Zebu-Rind, die wahrscheinlich die vier Himmelsrichtungen versinnbildlichen, auch das Rad des Gesetzes *(dharmachakra)* als Gleichnis für die Verkündung der Lehre. Es wurde 1947 als zentraler Bestandteil der indischen Nationalflagge ausgewählt. Der Bo-Baum, der Fußabdruck, der Thron und der Lotus waren weitere allegorische Mittel, die Erinnerung an Buddha wach zu halten.

Dies bedeutete allerdings nicht, dass man der figürlichen Darstellung abgeschworen hatte. Die Schutzgottheiten, wie *Yakshas* und *Nagas,* die aus dem Volksglauben Zugang gefunden hatten, unterlagen nicht der für die Darstellung Buddhas geltenden Einschränkung. Die Tore des großen Stupa von Sanchi sind gefüllt mit bildhaften lebendigen Reliefs und legen Zeugnis ab von der Meisterschaft der Künstler auch auf diesem Gebiet, wenngleich die Gestaltung selbst dem hellenisti-

Ein Symbol für den Kosmos: der halbkugelförmige Stupa in Sanchi

schen Raum entlehnt ist, mit dem Indien seit dem Alexanderzug Kontakt hatte.

Der entscheidende Schritt zur Entwicklung der **Buddhafigur** vollzog sich etwa um 100 n. Chr. mit der Aufspaltung des Glaubens in die Hinayana- und die Mahayana-Richtung und der dadurch bedingten Einführung des *Bodhisattvas*, des Anwärters auf die Buddha-Würde. Wesentlichen Anteil daran hatten die beiden Kultur- und Kunstzentren jener Zeit, das am oberen Indus liegende Gandhara und das am Jumna beheimatete Mathura, wobei heute nicht mehr nachzuvollziehen ist, von wo der erste Anstoß kam. Ihre Blütezeit erlebten der Buddhismus und damit auch die buddhistische Kunst auf indischem Boden während der Gupta-Herrschaft (330–530 n. Chr.) und des sich anschließenden Harscha-Reiches (606–647 n. Chr.), um dann allmählich vom wiedererstarkenden Hinduismus verdrängt zu werden.

Hinduistische Kunst

Der hinduistische Tempel

Mehr noch als im Buddhismus steht der Tempel im Zentrum hinduistischer Architektur, wenngleich er im islamisch geprägten Nordindien weniger deutlich in Erscheinung tritt als im Süden des Landes. Von ihrem symbolischen Gehalt her sind Stupa und Hindutempel durchaus wesensverwandt. Auch dem Hindu bedeutet sein Heiligtum ein Spiegelbild des Kosmos und ist daher Ergebnis strenger, auf den magischen Diagrammen des Mandala beruhender Bauvorschriften. Der Tempel wird als Sitz des Gottes begriffen, als Nahtstelle zwischen dem Irdischen und Transzendenten. Zentrum bildet die Cella *(garbagrha)* mit dem Bildnis oder Symbol des Gottes. Aus ihr wächst der Turm *(sikhara)* als Verkörperung des heiligen Berges Meru empor.

Zwei wesentliche Tempelformen haben sich im Laufe der Zeit herausgebildet. Beim nordindischen **Nagara-Tempel** wird die Cella von einem sich konvex verjüngenden Turm gekrönt (z. B. Bhubaneswar, Khajuraho), beim südindischen **Dravida-Tempel** steigen die Türme hingegen treppenförmig zu großer Höhe empor (z. B. Madurai, Trivandrum) und sind nicht mehr mit der Cella verbunden.

Auch die Tempel der Jains folgten dem hinduistischen Muster, wenngleich sie sich aufgrund ihres unterschiedlichen Kultes in der Ausgestaltung und Anordnung der Heiligtümer unterschieden. Kennzeichen ist die Zusammenfassung von jeweils vier Tempeln zu einem Komplex, wodurch die vier heiligen Berge (Abu, Shatrunjaya, Girnar und Sametsikhvara) versinnbildlicht werden, die wiederum in mythischer Verbindung mit jeweils einem der 24 Furtbereiter stehen.

Götterbildnisse

Die figürlichen Darstellungen, die an den buddhistischen Stupas die Geschichten aus dem Leben des Buddha illustrierten, nahmen in der Spätphase immer ausgeprägtere Formen an und lieferten schließlich die Vorbilder für die hinduistische Bauplastik. Die Wände der Tempel entfalteten sich zur Bühne für die Gottheiten des hinduistischen Pantheons. Die Figuren sind keineswegs bloße Dekoration, als die man sie ohne Kenntnis der komplizierten Ikonografie empfindet. Sie stehen in einem bestimmten Kontext zum Heiligtum und sind untereinander durch das Netz der Legenden verwoben, sodass sich die Tempel den meist analphabetischen Besuchern als ein großes steinernes Bilderbuch darboten, das die Mythen veranschaulichte und damit eine belehrende Aufgabe erfüllte.

Begebenheiten aus den »Ramayana«- und »Mahayana«-Epen sind die unerschöpfliche Quelle, aus denen die Künstler schöpften und natürlich das vielschichtige Universum mit seinen guten und bösen Göttern, deren Reittieren, den verführerischen Nymphen und Feuer speienden Dämonen. Wie tief diese Bilderwelt nach wie vor im Bewusstsein der Bevölkerung verwurzelt ist, wird nirgends deutlicher als in den Fernseh-Fassungen der Epen, die enorme Einschaltquoten erreichen.

Islamische Einflüsse

Die Ausbreitung des Islam bedeutete eine tief greifende Zäsur für den nordindischen Raum, denn nur wenige heilige Stätten der Hindus und Jains entgingen dem Bildersturm der religiösen Eiferer. Andererseits setzte das Aufeinandertreffen der beiden großen Kulturen neue Energien frei und führte schließlich zu der gelungenen Synthese in Form der indo-islamischen Stilrichtung. Neben so einmaligen Bauwerken wie dem Taj Mahal in Agra und dem Roten Fort in Delhi sind vor allem die Paläste Rajasthans gelungenes Ergebnis dieser Verschmelzung.

Obwohl mit den Moguln verfeindet, nahmen die Rajputenfürsten zahlreiche Anleihen bei ihren Widersachern, besonders dann, wenn sie zu Vasallen der Herrscher von Delhi und Agra geworden waren. In den Palästen von Gwalior, Amber, Jodhpur oder Jaipur lässt sich dieser **Rajputen-Stil** besonders schön studieren, während spätere Anlagen wie Deeg bereits operettenhafte Dekadenz ausstrahlen.

Islamische Kunst

Wie auch in den anderen Kulturkreisen war im Islam die Kunst ursprünglich eng mit der Religion verflochten. Die theologischen Normen bestimmten weitgehend sowohl die ästhetischen Ausdrucksformen und die Wahl der Stilmittel als auch die des Materials. Da nach dem islamischen Glauben alles Vorgefundene eine unmittelbare Schöpfung Gottes ist, entwickelte sich schon bald die Überzeugung, dass die Nachahmung der Natur, der Realismus also, Gotteslästerung bedeute. Die Folge war die Entfaltung einer reichen abstrakten Formenwelt. Die weite geografische Verbreitung des Islam führte zu einer regional bedingten Vielfalt von Variationen des Grundthemas. Zum Teil überschritt die Kunst sogar den strengen Rahmen, insbesondere in Indien, wo die absolute Macht des Herrschers ungestraft auch bildliche Darstellungen im Profanbereich ermöglichte. Die an den Höfen islamischer Potentaten gepflegte Miniaturmalerei (s. S. 67) ist gleichzeitig ein treffendes Beispiel dafür, dass die fruchtbare Synthese islamischer und indischer Kunstauffassungen sich nicht auf die Architektur beschränkte.

Als die islamische Kunst im 11. Jh. mit den Reiterheeren nach Indien kam, war ihre formative Phase längst abgeschlossen und regionale, deutlich voneinander zu unterscheidende Stilrichtungen hatten sich herausgebildet. Da die Eroberer vornehmlich aus Persien und Afghanistan stammten, ist es verständlich, dass sie die Architektur ihrer Heimat zum Vorbild für die ersten islamischen Bauten Indiens nahmen. Wie gezeigt, flossen im Laufe der Jahrhunderte jedoch immer mehr lokale Elemente mit ein, sodass sich eine eigenständige indo-islamische Richtung herausbildete, die in den Prunkbauten der Moguln ihren Zenit erreichte (s. links).

Während die Hinduarchitekten ihr Augenmerk vornehmlich auf die Gestaltung von Heiligtümern richteten, widmeten sich die islamischen Baumeister Moscheen, Palästen, Festungen und Mausoleen mit gleicher Hingabe.

Moscheen

Dennoch ist die Moschee zweifellos der zentrale Bau der islamischen Architektur und wichtigster Träger künstlerischen Schaffens auch in Indien. Der Name ist abgeleitet aus dem arabischen *masjid* (›Ort des Sichniederwerfens‹) und bezeichnet nicht nur eine Kultstätte, sondern auch ein Zentrum politischer und sozialer Aktivität. Während für Nordafrika das eckige Einzelminarett die Regel blieb, sind in anderen Teilen der Welt die unterschiedlichsten Formen entwickelt worden, wobei in Indien der Rundturm vorherrscht. Hier begnügte man sich auch nicht mehr mit einem Minarett, sondern setzte die Türme paarweise neben den Hauptzugang, etwa in Ahmedabad und Delhi, oder gar als Begrenzung an die vier Ecken der Anlage wie beim Taj Mahal in Agra.

Mausoleen

Zu den schönsten islamischen Bauwerken auf indischem Boden zählen die Mausoleen, allen voran natürlich der weltberühmte Taj Mahal. Die oftmals gewaltigen Grabanlagen haben ihre Vorbilder, ähnlich wie der Stupa, wahrscheinlich in den innerasiatischen Grabhügeln, orientieren sich in der architektonischen Ausführung als Kuppelbau allerdings an den Moscheen. Ähnlich wie die Miniaturmalerei bedeutet auch die Verherrlichung eines Menschen durch Errichtung eines prunkvollen Grabmals eigentlich einen Abfall von

Gott Shiva und seine Gemahlin Parvati zeigt diese Miniaturmalerei

der ursprünglichen Doktrin der Gleichheit aller Gläubigen und ist damit ein weiterer Beweis für die Allmacht islamischer Herrscher auf indischem Boden.

Festungen

Die blutige Geschichte der Eroberung und Machterhaltung brachte es mit sich, dass Befestigungen zum die Landschaft beherrschenden Architekturelement vor allem Nordwestindiens wurden. Die weiträumigen, stark befestigten Anlagen umschlossen den Palastbereich des Herrschers und bildeten eine Stadt in der Stadt, Zentrum uneingeschränkter Macht und Refugium sorglosen Lebens gleichermaßen.

Von den rein islamischen Festungen vermitteln die Roten Forts von Delhi und Agra sowie die Anlage von Fatehpur Sikri den nachhaltigsten Eindruck von der Fähigkeit islamischer Architekten, monumentale Sandstein-Bastionen mit der Zartheit marmorner Haremsgemächer in harmonischen Einklang zu bringen. Überdies beeinflusste gerade dieser Bautypus die hinduistische Profanarchitektur und machte die oben erwähnten Rajputenpaläste erst möglich.

Die indische Malerei

Die Geschichte der Malerei in Indien lässt sich nicht ohne weiteres rekonstruieren, da aufgrund der Vergänglichkeit so viel verloren gegangen ist, dass sich die Frühzeit nur punktuell erhellen lässt. Unterschieden werden generell zwei Perioden: die klassische Zeit vor der Islamisierung und die sich seit dem 13. Jh. anschließende Epoche der islamischen Vorherrschaft. Aus der klassischen Zeit sind vor allem einige großartige Wandmalereien erhalten geblieben, von denen die Höhlenbilder in Ajanta und Ellora in Zentralindien die wichtigsten sind.

Nicht zuletzt wegen des Verbots der gegenständlichen Darstellung bereicherten die frühen islamischen Herren Nordindiens die Malerei des Subkontinents nicht mit weiterführenden Ideen. Nur dort, wo sich Regionalstaaten von der Vorherrschaft Delhis zu lösen vermochten, wie etwa das Reich Mewar im 15. Jh., wurden die hinduistischen Maltraditionen weitergeführt.

Miniaturmalerei

Erst als die Moguln die Herrschaft über Nordindien antraten, erwachte die Malerei aus ihrem Dornröschenschlaf. Gefördert durch die kunstsinnigen Herrscher Akbar und Jahangir entstand unter persischem Einfluss die Miniaturmalerei, bei der sich zahlreiche Richtungen hervorgetan haben. Für den nordindischen Raum lassen sie sich in die Schulen von Rajasthan und die Schule der Punjab-Hügel unterscheiden.

Vorreiter der **rajputischen Schule** war die Mewar-Malerei, die ihr Zentrum in Udaipur hatte. Die Bilder waren großflächiger, farbiger und viel volkstümlicher als die fast schon manierierte Form am Hof der Moguln, obwohl sie sich am dortigen Kunstschaffen orientierten. Kaum weniger bekannt war die **Bundi-Schule** mit ihren etwas archaisch anmutenden Figuren und leuchtenden Genreszenen. Zunehmend wandte sich die lokale Malerei auch wieder Themen der hinduistischen Mythologie zu, insbesondere Darstellungen von Krishna als Hirtengott inmitten der Gopis (Hirtenmädchen). Aber auch an anderen Höfen, wie Alwar, Jaisalmer und Jodhpur, blühte die Miniaturmalerei bis ins 18. Jh., als Rajasthan erneut zum Spielball sich bekämpfender Lokaldynastien wurde und wenig Platz für höfische Kunst blieb.

Im Vorhimalayaland des Punjab, das sich ebenfalls vehement und zum Teil mit Erfolg dem Zugriff der Moguln entzog, war der Staat Basholi Zentrum der Malerei. Leuchtende Farben, schmachtende Liebhaber mit feurigen Blicken und reich geschmückten Gewändern sind Kennzeichen dieses Stils, der Ende des 17. Jh. bereits voll entwickelt in Erscheinung trat, uns bisher aber keinen Aufschluss über seine Herkunft gibt. Da ganz unterschiedliche stilistische Formen erkennbar sind, kann man annehmen, dass die Maltradition in dieser Region eventuell bis Chamba oder sogar Kullu reichte.

Die indische Literatur

Außer China gibt es kein Land der Erde, das sich mit Indien auf dem Gebiet der Literatur messen kann. Nicht nur reichen die literarischen Dokumente über 3000 Jahre zurück, sie sind uns auch in einer seltenen Kontinuität überliefert, die es uns heute ermöglicht, den Gang der Geschichte und Geisteskultur nachzuvollziehen, auch wenn noch viele Fragen offen bleiben. So ist es zwar möglich, die einzelnen alten indischen Literaturen einander zuzuordnen, eine absolute Datierung gilt aber nur in Ausnahmefällen als gesichert. Im Vordergrund stehen religiöse Schriften; aber auch Märchen, Epen und wissenschaftliche Abhandlungen haben schon früh Eingang in das literarische Schaffen gefunden.

Charakteristisch ist das Fehlen einer Autorenschaft. Zum einem wurde an den langen Werken über Jahrhunderte gearbeitet, zum andern trat der Autor häufig hinter den Herrscher zurück, für den er als Hofdichter tätig war. Ein weiteres wichtiges Merkmal ist die erst relativ späte schriftliche Fixierung. Die frühen Texte wurden allein mündlich überliefert, wobei bestimmte Techniken des Auswendiglernens die buchstabengetreue Weitergabe vor allem der religiösen, für den Ritus so wichtigen Texte sicherten. Die weltlichen Epen und Fabeln hingegen erfuhren im Laufe ihrer langen Geschichte zahlreiche Ergänzungen und Umwandlungen, die es heute schwer machen, die Urform herauszulösen.

Verfasst wurden die meisten alten Texte in **Sanskrit,** einem Zweig der indoarischen Sprachfamilie, der enge Verwandtschaft mit dem altiranischen Avesta zeigt, das zu Zeiten Zarathustras (ca. 600 v. Chr.) in Persien gebräuchlich war. Die frühesten Quellen bedienten sich jedoch noch des **Vedischen,** einer Sprache, die sehr große Ähnlichkeit mit dem Sanskrit hat, allerdings nicht dessen strikte Regeln aufweist, dadurch aber lebendiger und musikalischer erscheint. Etwa vom 6. vorchristlichen Jahrhundert an trat das aus vielen Dialekten bestehende Mittelindisch immer mehr in den Vordergrund, das sich schließlich im 12. Jh. zum **Neuindisch** wandelte. Eine Sonderform nimmt das den buddhistischen und jainistischen Schriften vorbehaltene **Pali** ein, ein Dialekt aus dem westlichen Zentralindien.

Vedische Schriften

Als frühestes literarisches Zeugnis gilt der **»Rigveda«**, der wichtigste der vier Vedas, die zusammengefasst als Samithas die ›Urliteratur‹ bilden. Er enthält vorwiegend Hymnen an die frühen Götter, wobei Indra im Mittelpunkt steht. Über das Alter gehen die Meinungen der Indologen weit auseinander. Am wahrscheinlichsten dürfte der Zeitraum zwischen 1500 und 1000 v. Chr. sein. Als zweite Stufe folgen die **»Brahmanas«**, die vor allem das Opferritual der Priester zum Inhalt haben. Ihnen schließen sich zeitlich die **»Upanishaden«** an, die um das Jahr 600 v. Chr. entstanden und das Ende des vedischen Zeitalters einläuteten. Es handelt sich um Geheimlehren, die durch Brahmanen an ihre Schüler überliefert wurden und den Höhepunkt priesterlicher Machtentfaltung widerspiegeln.

Die Epen »Mahabharata« und »Ramayana«

Wir treten nun in das Zeitalter der Epen ein, von denen das »Mahabharata« und das »Ramayana« bis heute eine wichtige Rolle im religiösen wie weltlichen Bereich spielen. Mit über 100 000 Versen ist das **»Mahabharata«** die umfangreichste Dichtung der Weltliteratur. Im Zentrum steht der Kampf zwischen den mythischen Völkern der Pandavas und Kauravas, der sich am Fuße des Himalayas abspielte. Eingeflochten sind zahlreiche Legenden und Göttersagen, bei denen Vishnu in seiner Inkarnation als Krishna höchste Verehrung genießt. Ansonsten bestimmen verwickelte Familienbeziehungen, Intrigen, Mord und Totschlag die Handlung.

Das zweite große Nationalepos **»Ramayana«**, entstanden zwischen dem 4. Jh. v. Chr. und dem 2. Jh. n. Chr., erfreut sich noch heute in den indischen Medien größter Beliebtheit, ja dient sogar als Muster für viele der Bollywood-Filme. Es schildert die Entführung der schönen Sita durch den Dämonen Ravana nach Sri Lanka und ihre Befreiung durch Rama, eine Inkarnation Vishnus. Zusammen mit seinem Verbündeten, dem Affengeneral Hanuman, hat Rama zahlreiche Abenteuer zu bestehen, ehe ihm der Sieg gelingt. Bemerkenswert und nicht ohne Auswirkungen auf die indische Gesellschaftsordnung ist der Schluss des Epos. Nach ihrer Befreiung verstößt Rama seine Gattin Sita, da sie sich in Händen eines fremden Dämonen befunden hatte und er vermutet, dass sie während ihrer Gefangenschaft nicht unberührt geblieben ist. Als ergebene Gattin unterwirft sie sich einem Gottesurteil, indem sie den Scheiterhaufen besteigt. Nach dem Beweis ihrer Unschuld wird sie später wieder von Rama aufgenommen. Bis heute gilt sie als Idealbild der Gattin und hält das traditionell patriarchalische Bild am Leben, das vielen Frauen Indiens noch immer so viel Leid beschert (s. S. 47).

Der indische Tanz

Der klassische Tanz darf zusammen mit Literatur und Musik als der wohl wichtigste Träger indischer Kultur gelten, denn wie bei diesen beiden, mit ihm eng verwandten Kunstformen reichen auch seine Wurzeln weit in die Vergangenheit. Schon in den frühen Kulturen waren Tanz und Religion innig miteinander verbunden, die Bewegung des Menschen Teil des Rituals. So schreibt denn auch die indische Mythologie die Erfindung dieser Kunst dem Schöpfergott Brahma zu und verleiht dem Tanz durch die Verknüpfung mit Shiva kosmische Dimensionen. Der Tanz des Gottes symbolisiert den Kreislauf des Universums mit seinen Aspekten Schöpfung, Erhaltung, Vernichtung, Verhüllung und Erlösung.

Nicht jeder Gläubige konnte am rituellen Tanz teilhaben. Priester und professionelle Tänzer wurden mit dieser heiligen Aufgabe betraut, die bald schon in den Bannkreis des sich ausweitenden Opferrituals geriet und dabei eine eigenständige Körpersprache entwickelte, die ständig verfeinert und später in die plastische Kunst übernommen wurde.

Die Geste als Stilmittel

Der indische Ausdruckstanz ist eine Gebärdensprache, in der die festgelegte Bewegung von Körper, Händen, Kopf und Füßen, aber auch die Haltung der Hände, die Position der Finger, der Gesichtsausdruck und der Blick die Rolle der Worte übernehmen. Nichts bleibt dem Zufall überlassen, jede Geste ist minutiös vorgeschrieben, eine Improvisation völlig unbekannt.

Wichtigste Stilmittel sind die symbolischen Handgesten, die im Zusammenklang mit der Ausdrucksfähigkeit von Gesicht und Augen, ergänzt durch Musik, Bewegung und Farbgebung der Kostüme eine bestimmte Empfindung übermitteln. Sie bildeten die Grundlage für die erzählende Form des klassischen Tanzes, der aufgrund der islamischen Vorherrschaft über Nordindien vor allem im Süden des Subkontinents seine Blüte erlebte.

Bis heute schöpft die erzählende klassischen Tanzdarbietung ihre Themen vornehmlich aus der reichhaltigen Mythologie und richtet sich in der Interpretation nach dem aus dem 5. Jh. stammenden historischen Lehrbuch »Natyashastra« und seiner späteren Ergänzung »Abhinayadarpana«.

Zu den beliebtesten Abhinaya-Darbietungen gehört der Liebestanz Krishnas beim Spiel mit den Hirtenmädchen und der kosmische Tanz Shivas *(tandava)*. Einige Tanztheaterdarbietungen haben geradezu epische Länge, so etwa das der Krishna-Legende zugrundeliegende Parijata Paharana, dessen Aufführung sieben bis zehn Nächte in Anspruch nimmt.

Odissi

Das vielgestaltige Gesicht Indiens bringt es mit sich, dass die Tanzkunst trotz gemeinsamer Grundlagen regional unterschiedliche Ausdrucksformen gefunden hat. Zu den nordindischen Sonderformen klassischer Tanzkunst zählt vor allem der Odissi, dessen Heimat in Orissa liegt. Träger dieser Tanzkunst waren seit dem 8. Jh. ausgesucht hüb-

Die Macht der Worte: indische Literaten der Moderne

Erst zu Beginn des 20. Jahrhunderts fand die moderne indische Literatur auch Anerkennung außerhalb des eigenen Landes. Doch nicht allein dank der Frankfurter Buchmesse, die sich 2006 schwerpunktmäßig den Werken des Subkontinents widmete, genießen etliche indische Autoren und Autorinnen heute weltweiten Ruhm.

Rabindranath Tagore

Die Ikone der zeitgenössischen Literatur Indiens wurde 1861 als 14. Kind einer einflussreichen Brahmanenfamilie in Kolkata geboren; unter dem Einfluss seines Vaters und seiner Geschwister – ein Bruder war Philosoph, ein anderer Sanskrit-Gelehrter, eine Schwester Schriftstellerin – wuchs Tagore in einem liberalen Umfeld auf, das sich an europäischen Bildungsidealen orientierte – seine ersten Gedichte veröffentlichte er bereits mit zwölf Jahren! Bald nach seiner Rückkehr vom Studium in England begann seine schöpferisch überaus produktive Phase, in der nicht nur mehrere Bühnenstücke für das neu gegründete Theater in Kolkata schrieb, sondern auch Gedichte und Liedtexte. Sowohl die späteren Hymnen des unabhängigen Indien wie auch des benachbarten Bangladesh entstammen seiner Feder.

Durch die Übersetzung einiger seiner Gedichte und deren Herausgabe mit Hilfe befreundeter Schriftsteller wie William B. Yeats, Ezra Pound und Bernhard Shaw wurde er anlässlich einer längeren Europareise 1912 schlagartig bekannt und erhielt ein Jahr später für seinen Gedichtband »Gitanjali« (Sangesopfer) als erster Asiate überhaupt den Literaturnobelpreis. Zwischen 1914 und 1921 entstanden 20 weitere Bücher mit Essays und Dramen. Überdies engagierte sich Tagore im Bildungswesen durch Entwicklung neuer Schulformen, die sich am hinduistischen Ideal eines Ashram orientierten. Nach langer Krankheit starb er 1941 in seiner Geburtsstadt Kolkata. Im Internet nachlesen kann man einige seiner Werke unter www.ark.in-berlin.de/tagore-hun.html (in Deutsch) und auf www.gutenberg.org (in Englisch).

V. S. Naipaul

Der 1932 in Trinidad geborene, weit gereiste Romancier und Literaturnobelpreisträger des Jahres 2001 begegnet vor allem in seinem ersten Buch über Indien, »Land der Finsternis« (1964), der Heimat seiner Vorfahren mit unverhohlener Kritik, gegründet auf scharfe Beobachtungsgabe, meisterhafte Analyse aber auch Entfremdung. Auch in seinen weiteren Werken nimmt er kein Blatt vor den Mund, insbesondere in der Abrechnung mit dem Islam. In seinem bereits 1981 erschienenen Reisebericht »Eine islamische Reise« weist er bereits auf die Gefahren des islamischen Fundamentalismus hin und vertieft seine Erkenntnisse noch in dem Buch »Jenseits des Glaubens« (1998).

Amitav Gosh

Wie Tagore stammt auch der 1956 geborene Amitav Gosh aus Bengalen, der Hochburg indischen Kunstschaffens. Der promovierte, heute in New York lebende Anthropologe beschreibt in seinen Essays und Romanen vor allem seine indische Heimat (»Bengalisches Feuer«,1989), aber auch die Welt des Orients

Thema

(»In einem alten Land«, 1994). Bekannt geworden ist er durch die aufwendig recherchierte, in Myanmar spielende Familiensaga »Der Glaspalast« (2001).

Suzanna Arundhati Roy

Die streitbare, aus einer christlich-hinduistischen Familie Südindiens stammende Frau (geb. 1961) lebte in ihrer Jugend vom Sammeln leerer Flaschen in Delhi, studierte dann an der Delhi School of Architecture, fand den Weg zum Film, für den sie Drehbücher schrieb und schließlich zur Literatur. Bereits ihr erster autobiografischer Roman »Der Gott der kleinen Dinge« (1997), in dem sie ihre Kindheit in Kerala schildert, wurde zum Welterfolg. Sie nutzt seither ihre Popularität, um brisante politische oder soziale Themen aufzugreifen, sei es in Protestveranstaltungen oder Essays und Büchern wie »Die Politik der Macht« (2002), »Die Wahrheit der Macht« (2004) und »Aus der Werkstatt der Demokratie« (2010).

Pankaj Mishra

Bereits mit seinem ersten Roman »Benares oder Eine Erziehung des Herzens« (2001) beweist Pankaj Mishra (geb. 1969) seine Erzählkunst, die ohne Schnörkel das Zusammentreffen traditioneller Inder mit westlichen Aussteigern in Varanasi beschreibt. Das Buch kreist um gescheiterte Träume und die Suche nach dem Sinn des Lebens, gewürzt mit einer west-östlichen Liebesbeziehung.

1997 mit dem renommierten Booker Price ausgezeichnet: Suzanna Arundhati Roy

sche Tempeltänzerinnen *(mahari)*, die ihr Leben dem Gott geweiht hatten. Ein lebendiges Bild von diesen damaligen Tempeltänzen in den eigens dafür errichteten Hallen *(natamandira)* vermitteln die Reliefs am Sonnenheiligtum von Konarak.

Kathak

Die zweite wichtige Tanzform Nordindiens, der *Kathak*, hat sich während der islamischen Herrschaft unter der hinduistischen Bevölkerung entwickelt und dann auch Zugang zum Hof gefunden. Für die Mohammedaner stand die ästhetische Komponente im Vordergrund und damit die Hinwendung zum Weltlichen. Anmut und Körperbeherrschung, komplizierte Bewegungen und mitreißender Rhythmus waren gefragt, nicht die Körpersprache als stumme, wenn auch virtuose Erzählkunst. Unter den Moguln erreichte diese höfische Tanzkunst ihren Höhepunkt, wurde aber auch später noch unter den Maharajas gepflegt, obwohl die Briten sie verächtlich als gotteslästerlichen Zeitvertreib verdammten.

Volkstänze

Neben diesen klassischen indischen Tanzformen gibt es noch unzählige Volkstänze und Volkstanztheater, in denen sich Stammesgebräuche mit hinduistischer Mythologie vermischt haben. Genannt werden sollen nur die **Chhau-Tänze** aus dem Grenzgebiet von Westbengalen, Bihar und Orissa sowie die **Manipuri-Tänze** aus dem kleinen ostbengalischen Staat Manipur.

Die indische Musik

Raga-Musik

Kennzeichen indischer Musik ist das Fehlen von Polyphonie und Harmonie, die seit langem unserer westlichen Musik zugrunde liegen. Es herrscht das monodisch-modale Prinzip, bei dem die Melodie um einen vom Interpreten frei wählbaren Grundton schwingt. Die sieben Haupttöne (sa, ri, ga, ma, pa, dha, ni) sind durch 22 ungleiche Intervalle, die *Sruti*, voneinander getrennt, deren Abstand jeweils weniger als einen Halbton beträgt. Sie bildet das Grundgerüst für die Raga-Musik, die einen bestimmten emotionalen Widerhall erzeugen soll.

Im Laufe der Jahrhunderte haben die Musiker, die durch die Improvisationsmöglichkeiten ihre eigenen Komponisten sind, Tausende von Ragas entwickelt, von denen nur ein geringer Teil zum festen Repertoire gehört. So gibt es Ragas der Regenzeit, des Abends und der Nacht, je nach beabsichtigter Wirkung auf die Zuhörer. Neben die vom monodischen Prinzip bestimmte Melodie tritt als zweites wichtiges Merkmal indischer Musik der Rhythmus, akzentuiert durch den Taktschlag, den Tala.

Mit Einfall der Mohammedaner vollzog sich eine regionale Zweiteilung der klassischen Musik. Im Norden entwickelte sie sich unter islamischer Herrschaft zu vornehmlich höfischer Unterhaltung, während der südindische, kannaresisch genannte Stil seine Bindung an den Tempel bewahrte und damit der hinduistischen Urform noch immer viel näher steht. Der islamische, insbesondere persische Einfluss hat die nordindische Musik aber durchaus bereichert und ihr ein so bekanntes Instrument wie die Sitar geschenkt.

Kleine Instrumentenkunde

Da das musikalische System Indiens aus den Vokalrezitationen anlässlich religiöser Riten hervorgegangen ist, traten Instrumente erst später in den Mittelpunkt. Bis auf Trommeln und Flöten haben alle ihren Ursprung im orientalischen Raum, aus dem sie zu unterschiedlichen Zeiten übernommen und modifiziert wurden. Königin der geschlagenen Saiteninstrumente ist die mit zwei kürbisartigen Klangkörpern versehene **Vina.** Sie hat 24 feste Bünde und vier Melodiesaiten, ergänzt durch drei seitlich angebrachte auf sa und pa gestimmte Saiten, die den durchlaufenden Grundakkord liefern.

Bekanntestes Saiteninstrument ist die **Sitar,** die über nur einen Klangkörper und 16 oder 18 verstellbare Bünde verfügt. Entwickelt hat sie sich zu Beginn des 14. Jh. aus der persischen langen Laute. Ihren charakteristischen Klang erhält sie durch drei bis sieben Spielsaiten und bis zu 20 Borduntersaiten (Resonanzsaiten). Die **Sarod,** drittes wichtiges geschlagenes Saiteninstrument hat das größte Klangvolumen bei einem der Balalaika ähnelnden Klangbild. Charakteristikum sind das Fehlen von Bünden, ein metallenes Griffbrett und einige Bunduntersaiten.

Als unverzichtbares Begleitinstrument für den Grundakkord dient die viersaitige auf pa und sa gestimmte **Tambura.** Das bedeutendste Streichinstrument, die **Sarangi,** hat zwar als traditionelles Instrument der Tanzmädchen einen schlechten Ruf, dafür aber durch ihre Borduntersaiten einen umso schöneren Klang.

Wichtigste Blasinstrumente sind die quer oder längs gespielten **Bambusflöten,** mit der bereits Krishna die Gopis betörte. Dem Touristen am vertrautesten dürfte allerdings die **Bin** sein, die Schalmei der Schlangenbeschwörer mit ihrem kürbisförmigen Mittelstück. Durch die Briten hat vor allem in Kaschmir der **Dudelsack** Eingang in die indische Musik gefunden. Wer nach Jaisalmer in Rajasthan reist, wird die zweisaitige **Ravanatta** zu hören bekommen, eine Art Geige, aus der die Straßenmusikanten eine ungeahnte Klangfülle zu zaubern verstehen.

Was wäre die indische Rhythmik ohne die in zahlreichen Varianten verbreitete **Trommel,** die schon Shiva in seinem kosmischen Tanz zur Erschaffung der Welt schlug? Grundtypus ist die doppelseitige **Mrdanga,** die sich vor allem im Süden großer Beliebtheit erfreut. Beide Seiten sind sorgfältig aufeinander abgestimmt, die eine davon immer auf sa, den Grundton des Raga. Nicht fehlen dürfen auch die **Tabla,** zwei zusammenhängende Handpauken aus Holz und Metall.

Die Musiker

Die Interpreten klassischer Musik genießen in Indien großes Ansehen, sind aber über die Grenzen hinaus kaum bekannt – bis auf den Star **Ravi Shankar** (geb. 1920). Er hat es nicht zuletzt dank Ehrgeiz, geschickter Vermarktung und Co-Produktion mit europäischen Musikern wie den Beatles und George Harrison verstanden, sich als Botschafter indischer klassischer Musik einen Namen und sein Instrument, die Sitar, in aller Welt bekannt zu machen. Weniger bekannt ist, dass er seine erste Frau **Annapurna Devi,** eine nicht minder begabte Musikerin und Tochter seines Lehrers, ins künstlerische Abseits gedrängt hat. Wer denkt da nicht an Clara und Robert Schumann oder mehr noch an Felix Mendelssohn Bartholdy, dessen Schwester Fanny Hensel nie aus seinem Schatten heraustreten durfte?

Es gibt aber noch andere Parallelen zur europäischen Musikgeschichte. Die **Familie Khan** zum Beispiel, eine aus Bengalen stammende Musiker-Dynastie islamischen Glaubens. Wie in den Familien von Bach und Strauss vererbte sich die Musikalität über mehrere Generationen und dauert bis heute an. **Allauddin Khan** (1862–1972) gilt als der bedeutendste Sarod-Spieler und Lehrer klassischer Musik des 20. Jh. Seine Tochter war die oben erwähnte Annapurna Devi. Sein Sohn **Ali Akbar Khan** (geb. 1922) führte die Tradition seines im Alter von 110 Jahren verstorbenen Vaters fort und gilt heute als unangefochtener Meister der Sarod. In seine Fußstapfen trat sein Neffe **Ustad Bahadur Khan** (geb. 1931), der als Lehrer klassischer Musik in Kalifornien einen Namen besitzt.

Die Musik zum Film

Die populäre Musik Indiens wird nicht wie bei uns durch die USA und England bestimmt. Ganz oben auf der Hit-Liste steht die Musik der Kinofilme, die bereits lange vor dem Start der indischen Streifen auf dem Markt erscheint und über die Hälfte der verkauften Titel ausmacht. Seit Beginn des Tonfilms in den 1930er-Jahren sind über 300 000 Filmsongs erschienen. Denn ohne eingestreute Musikdarbietungen, die nicht immer der Handlung dienen, sondern in Verbindung mit dem Tanz dem Film häufig eine erotische Note verleihen sollen, sind indische Filme nahezu undenkbar (s. S. 75).

In der Produktion sind Darstellung und Gesang streng getrennt – kein Filmschauspieler singt selbst. Für die Musik verantwortlich sind

Spezialisten, die, losgelöst vom Film, eine eigene Karriere machen und so verehrt werden wie die Darsteller selbst. So etwa der Filmmusikkomponist **A. R. Rahman** aus Madras, der über 100 Mio. CDs veröffentlicht hat, oder die Sängerin **Asha Bhosle,** die ihre Stimme für mehr als 600 Filme gegeben hat.

Am Beginn eines Songs steht eine möglichst eingängige Melodie, zu der spezielle Lyrikschreiber den Text verfassen. Selbst alte Filmsongs wie »Mera Sona« aus dem Jahre 1959 sind noch immer den meisten Indern geläufig und längst Kulturgut geworden, wohingegen der Film selbst längst in Vergessenheit geraten ist.

Ein guten Überblick über das indische Musikleben von der Klassik bis zur Moderne findet man im Internet unter www.indianmelody.com, Musik zum Anhören im Internet unter www.smashits.co.

Der indische Film

Bollywood – das ›B‹ steht für Bombay (heute Mumbai) – ist längst zum Synonym für das indische Filmschaffen geworden. Pro Jahr entstehen hier nahezu 1000 Filme. Bereits die ersten Streifen aus den 1930er-Jahren weisen den bis heute unverzichtbaren Bestandteil von in die Handlung eingefügten Gesang- und Tanzszenen auf. Dadurch sind die Filme selten kürzer als vier Stunden. Wie auf der Bühne sind die Charaktere überzeichnet dargestellt und von Beginn an eindeutig als gut oder böse zu identifizieren. Die Handlung ist dramatisch, das Ende aber versöhnlich.

Große Studios wie in Hollywood gehören in Indien zur Ausnahme. Vorherrschend sind bis heute Familienunternehmen, deren Mitglieder oftmals mehrere Funktionen ausüben, etwa als Drehbuchautor, Regisseur und Schauspieler, so auch **Raj Kapoor,** einer der bekanntesten Stars der 1950er-Jahre, dem Goldenen Zeitalter des indischen Films. Erstaunlich ist der hohe Anteil von Muslimen in der Filmindustrie. Zu ihnen zählt der seit etwa zehn Jahren beliebteste Schauspieler **Shah Rukh Khan,** dem nahezu göttliche Verehrung entgegengebracht wird.

Der Einfluss der aufwendig gedrehten spektakulären Hollywood-Filme ist in den neueren Produktionen erkennbar, die sich vor allem an die immer größer werdende Mittelschicht und die zahlreichen Auslandsinder wenden. Ein Beispiel hierfür ist die nach Indien verlegte Macbeth-Adaption »Macbool«, die im Mafiamilieu von Bombay spielt. Die Internationalisierung findet auch in der Wahl der Drehorte ihren Ausdruck. Ausgesprochen beliebt ist die Bergwelt der Schweiz. Da in Indien der Film noch einen weitaus höheren Stellenwert hat als bei uns, hat sich ein regelrechter Tourismus zu den Drehorten entwickelt, Pilgerziele, an denen man den Göttern der Leinwand huldigen kann.

Aber es gibt auch den problemorientierten Film, der ohne Spektakel auskommt, dafür aber häufig an Tabus rührt. Während sie auf internationalen Filmfestivals Auszeichnungen erringen, stoßen sie beim Publikum ihrer Heimat auf wenig Gegenliebe. Mit »Mother India« von **Mehboob Khan** schaffte es 1957 sogar ein indischer Film bis zur Oscarnominierung. Durch seine lesbischen Szenen erregte der Film »Fire« (1996) mit **Shabana Azmi** in der Hauptrolle erhebliches Aufsehen und wurde in Pakistan, wohin viele indische Filme exportiert werden, verboten. In den Filmen »Murder« (2003) und »Jism« (2004) wird die Grenze sexueller Freizügigkeit weiter ausgelotet, ist aber noch meilenweit von dem entfernt, was in westlichen Ländern auf der Leinwand gezeigt wird.

In jüngster Zeit hat der indische Film auch in Europa und Amerika seine Anhängerschaft gefunden, die erkannt hat, dass es sich hier um eine ganz spezielle Kunstform handelt. Mit »Lagaan«, einen mit Musik durchwobenen Streifen über einen Selbstmordattentäter, hat es 2002 erneut ein indischer Film bis zur Oscar-Nominierung gebracht. Ausführlich über den indischen Film informiert www.bollywoodworld.com.

Musik und Tanz bilden Höhepunkte der Feste Rajasthans

Essen und Trinken

Die überaus aromatischen Gewürze Asiens waren einst die Triebfeder für die kühnen Seereisen der Entdecker des 15. Jh., und bis heute verbirgt sich hinter ihnen die Kunst der einheimischen Küche. Das kulinarische Indien in seiner regionalen Vielfalt, seinem Nuancenreichtum und den harmonisch komponierten Zutaten zu erkunden, das bildet auch heutzutage die verführerische Facette eines Indienurlaubs.

Die indische Küche hat sich im Laufe der Jahrtausende zu einer wahren Kunstform entwickelt, die immer weiter verfeinert wurde. Wie der gesamte Subkontinent präsentiert sie sich überaus vielseitig, angepasst an geografische und klimatische Gegebenheiten ebenso wie an religiöse Ver- und Gebote. Überdies hat sie durch die zahlreichen Invasionen und Zuwanderungen benachbarter Kulturen viele Impulse empfangen und dadurch eine Bereicherung erfahren, wie man sie sonst allenfalls noch in China findet.

Wichtigstes Unterscheidungsmerkmal ist zunächst die Einteilung in vegetarische und nicht-vegetarische Küche. So lautet bei der Essensausgabe im Flugzeug oder der Eisenbahn denn auch immer die erste Frage: »veg or non veg«?

Die nordindische Küche

Currys und *thalis*

Mit dem gelben Gewürzpulver heimischer Supermärkte, das unseren Suppen, Saucen und Aufläufen einen asiatischen Touch verleihen soll, hat der indische Begriff **Curry** nichts zu tun. Auf dem Subkontinent beschreibt er keine spezielle Geschmacksnote, sondern ganz allgemein vegetarische oder nicht vegetarische Gerichte, die in einer gelben oder auch rötlichen Sauce zubereitet und mit Reis oder Brot serviert werden.

Die Gewürzmischung zur Bereitung dieser Saucen nennt man *masala.* Sie gibt es in unendlich vielen Variationen, wobei der Fantasie des Kochs keine Grenzen gesetzt sind, aber auch regionale Eigenarten eine Rolle spielen. Da auch die indische Hausfrau immer weniger Zeit in der Küche verbringen will oder kann, findet man fertige Masalas auf jedem Markt.

Wichtigste Ingredienz dieser verführerisch duftenden Gewürzmischung ist die gelbe Kukumawurzel, der die Sauce ihre Farbe verdankt. Hinzu kommen je nach Region und Geschmack Ingwer, Chilli, Pfeffer, Kardamom, Zimt und Nelken. Es gibt süßliche und milde Masalas, aber auch extrem scharfe Kompositionen, die für europäische Gaumen schon einmal die Schmerzgrenze überschreiten können.

Ein große Rolle bei der Zubereitung der Currys spielt auch der ursprünglich aus Zentralasien stammende Yoghurt, hier *curd* oder *dahi* genannt. Er bildet vor allem die Basis für die milden, von Touristen besonders geschätzten **Tandoori-Gerichte,** bei denen das Fleisch in Joghurt mariniert und anschließend in einem speziellen Ofen gegart wird.

Thalis sind vor allem in Nordwestindien zu Hause. Auf einem großen Blechteller ruhen in kleinen Vertiefungen Portionen unterschiedlicher Currys, begleitet von scharfer Chutney-Sauce und mildem Naturjoghurt. Dazu gibt es ebenfalls Reis oder Chapaties (s. S. 77).

Lamm und Huhn

Da der Verzehr von Schwein für die Muslime und Rind für die Hindus tabu ist, kommen vor allem Geflügel und Lamm auf den Tisch und das in ausgesprochen leckeren Variationen. In einfacheren Lokalen können Fleischgerichte jedoch enttäuschen, da es oftmals nicht wie bei uns tranchiert, sondern samt Knochen zerhackt serviert wird.

Weit verbreitet ist das Lammcurry, bei dem das Fleisch in einer aus vielerlei Gewürzen komponierten Masalasauce gekocht wird. Entsprechend nuancenreich sind die Geschmacksrichtungen. Durch den Einfluss der islamischen Zuwanderer, die ja aus Viehzuchtgebieten der asiatischen Steppenländer Persien und Afghanistan kamen, wird in Nordindien mehr Fleisch gegessen als im Süden. Aus diesen Ländern stammt auch das *kebab,* der Fleischspieß.

Gemüse und Früchte

Aufgrund der jahrtausendealten Tradition des Vegetarismus hat sich in Indien die Zubereitung fleischloser Speisen zu einer hohen Kunst entwickelt. Salate oder nur kurz gedünstetes Gemüse, wie es für die chinesische Küche charakteristisch ist, findet man in Indien allerdings kaum. Außer den bei uns üblichen Sorten wie Tomaten, Möhren und Bohnen bieten die indischen Märkte eine Vielzahl fremdartiger Gemüse wie Orka, Jackfrucht, Jams sowie Hülsenfrüchte in zahlreichen Varianten.

Linsen und Erbsen sind Hauptbestandteil der in Nordindien weit verbreiteten **Dal-Gerichte,** die vor allem für die ärmeren Bevölkerungsschichten Hauptnahrungsmittel sind. Die Küche in Kaschmir verwendet gern Nüsse und Trockenfrüchte wie Aprikosen, die in den Himalayahochtälern gedeihen und den Gerichten eine orientalische Note verleihen.

Brot und Reis

Grundnahrungsmittel des Nordens bilden die überwiegend hefelosen ›Brote‹, die sehr unterschiedlich zubereitet werden: Die einfachsten Varianten heißen *chapati* und sind

Der Inbegriff indischen Essens: die überaus variationsreichen Currys

Indische Snacks: Für den kleinen Hunger bietet die indische Küche zahlreiche Snacks, von denen sich die *samosas* (gefüllte Teigtaschen) besonderer Beliebtheit erfreuen. Aus Pakistan stammt *pakora* (panierte und dann frittierte Gemüse- oder Fleischstücke), aus Südindien die überaus schmackhaften *vada* (frittierte Bällchen aus Linsen oder Kartoffelstücken). *Dosas* sind Fladen aus Reis- oder Linsenmehl, die in Öl ausgebacken und mit mit würzigen Dips serviert werden.

nichts weiter als dünne, auf der Herdplatte gebackene Fladen aus Mehl und Wasser. Über dem offenen Feuer geröstet, blähen sie sich auf und werden zu *roti*. Die dickere, aus Vollkornmehl, geklärter Butter *(ghē)* und Wasser bestehende Variante heißt *paratha*, die in schwimmendem Fett ausgebackenen *poori*. Wird das Brot im Ofen gebacken, erhält man das sehr schmackhafte *nan*.

Im Süden und Osten hingegen ist Reis Hauptnahrungsmittel. Im Gegensatz zu Ostasien, wo Rundkornreis (Klebereis) vorherrscht, wird fast ausschließlich Langkornreis angebaut, dessen beste Sorte auch uns als Basmati vertraut ist. Es gibt ihn in unterschiedlichen Variationen, vom einfachen *plain rice* bis hin zu mit Nüssen, Rosinen, Mandeln und Safran verfeinerten Gerichten, die vor allem für Kaschmir charakteristisch sind.

Süßigkeiten

Die Inder haben eine ausgesprochene Vorliebe für Süßigkeiten, die aufgrund ihres extremen Zuckergehalts für den europäischen Geschmack allerdings recht gewöhnungsbedürftig sind. Zu den bekanntesten Süßigkeiten gehören die verführerisch gewürzten Milchspeisen *bharfi* und *halwa*.

Regionale Vielfalt

Es verwundert kaum, dass Indiens farbiges Mosaik an Landschaften, Ethnien und Religionen seinen Niederschlag auch in einer regional ausgesprochen differenzierten Küche findet, in der sich je nach Lage orientalische und asiatische Einflüsse bemerkbar machen.

Punjab und der Norden

Die Nähe zu den zentralasiatischen, von der Viehzucht geprägten Ländern sowie die vielen hier lebenden Sikhs, die weder Fleisch noch Alkohol verschmähen, zeigt sich in den unterschiedlichen Zubereitungsarten von gebratenem Fleisch – in Form von *kebabs* (Fleischspieße), *boti* (scharf gewürzte Lammstücke ohne Knochen), *chicken tikka* (gegrillte Hühnchenstücke) und *tandoori* (mariniertes Huhn). Aber auch Kartoffeln, die zum Gedeihen kaltes Klima benötigen, stehen auf dem Speiseplan; besonders lecker sind *aloo mattar* (Kartoffeln mit grünen Erbsen).

Kaschmirs *kashmiri pulao* – in Milch gekochter und mit Trockenfrüchten und Zimt angereicherter Reis – zählt zu den absoluten Highlights nordindischer Küche. Ähnlich beliebt ist das in zahlreichen Variationen angebotene *biryani* (gebratener Reis mit Fleisch oder Gemüse und diversen Gewürzen), das auf fast keiner Speisekarte fehlt.

Rajasthan und Gujarat

Schon aufgrund des trocken-heißen Klimas ist in dieser Region das Angebot an Gemüse begrenzt. Im Vordergrund stehen Hülsenfrüchte, Getreide- und Milchprodukte wie *ghē* (geklärte Butter), *panēr* (Hüttenkäse) und *dahi* (Joghurt); sie bilden die Grundlage so exquisiter Köstlichkeiten wie *murg ko khāto* (Huhn gekocht in Milch, Joghurt und *ghē*). Als Beilage hat man die Wahl zwischen einer Vielzahl von Brotsorten, angefangen vom einfachen *chapati* bis zum sättigenden, mit Gemüse oder Kartoffeln gefüllten *paratha* (in *ghē* gebraten). Ähnlich, aber von fester Konsistenz sind *bāti,* kleine Brotbällchen mit knuspriger Kruste, die man zu den Linsengerichten isst.

Gujarat ist für seine riesigen *thalis* berühmt. Bis zu zwölf unterschiedliche Currys findet man auf dem großen Teller – und meist gibt es noch Nachschlag, sobald eines der Näpfchen leer ist.

Golf von Bengalen

Die Nähe zum Meer findet in Bengalen und Orissa ihren Niederschlag in zahlreichen Fischzubereitungen. Wer die Gelegenheit hat, sollte einmal *chingri macher malaikary* (Garnelen in Senfsauce) oder *doi machi* (Fisch in Joghurt) probieren. Sehr delikat ist das *dab chingri malai curry,* ein mit Kokosmilch bereiteter Garnelen-Curry, der in einer ausgehöhlten Kokosnuss serviert wird. Hinsichtlich der Würzung sind Einflüsse Südostasiens, insbesondere Thailands unverkennbar, wodurch die bengalische Küche sicherlich zur schmackhaftesten des Subkontinents zählt.

Alkoholische Getränke

Alkoholische Getränke sind in Indien eher verpönt, vor allem in den nordwestlichen, stark vom Islam geprägten Gebieten. In den großen Städten gibt es sogenannte *dry days,* an denen auch in Hotels kein Alkohol ausgeschenkt werden darf. Der Staat Gujarat verbietet als einziger den Alkoholausschank in der Öffentlichkeit. Von den etwa 40 einheimischen Biersorten *(beer)* gelten die Marken Black Label und Kingfisher als die besten. Whisky und Rum recht guter Qualität sind in den staatlich kontrollierten *liquor shops* erhältlich.

Getränke

Tee, Lassie und Soft Drinks

Hauptgetränk des Subkontinents ist *chai* (Tee), der allerdings in völlig anderer Form als bei uns zubereitet wird: Milch, Tee, Gewürze, Zucker und Wasser werden aufgekocht und durch ein Sieb in die Tasse geschüttet. Man kann diesen *indian tea* überall und fast jederzeit bekommen und gefahrlos trinken. In den Restaurants wird auch der bei uns übliche Tee serviert *(pot of tea, english tea).* Vorsichtige haben einen eigenen Nirosta-Becher im Gepäck, der in jedem Basar angeboten wird, da auch viele Inder, vorwiegend aus religiösen Gründen, auf persönliches Geschirr Wert legen.

Absolut hygienisch, schmackhaft und durstlöschend ist der Saft junger *Kokosnüsse*, die von den Straßenhändlern der feuchteren Regionen vor den Augen des Kunden geöffnet werden. Sehr beliebt sind auch die erfrischenden *Lassies:* mit Wasser gemischte Joghurt-Getränke, die es sowohl in salzigen als auch süß-fruchtigen Varianten gibt. Sie schmecken nicht nur hervorragend, sondern sind ideale Begleiter zu scharfen Currys: Weitaus besser als Wasser oder Tee verringern sie das Brennen im Mund.

Soft Drinks gibt es preiswert und in großer Auswahl. Mineralwasser hingegen ist teuer, und die indische Cola ist leider nicht mit der amerikanisch-europäischen zu vergleichen.

Tischsitten

Religiöse, mit Speisen verbundene Tabus gibt es zahlreiche, nicht nur in Bezug auf den Verzehr von Fleisch. Brahmanen, die Angehörigen der höchsten Kaste, werden niemals eine Speise anrühren, die von einem Angehörigen einer niederen Kaste zubereitet wurde. Aus diesem Grund gilt auch das Essen von einem gemeinsamen Teller oder das Anbieten vom eigenen Teller in der Öffentlichkeit bei Hindus als schlimmer Faux Pas, wohingegen Muslime in dieser Hinsicht weniger Berührungsängste haben. Fehlt das Besteck, isst man mit der rechten Hand, wobei nur die Fingerspitzen die Speise berühren sollten.

Wo isst man am besten? Die beste Möglichkeit, sich mit der Vielseitigkeit der indischen Küche vertraut zu machen, bieten die Buffets der internationalen Hotels, die oft einen repräsentativen Querschnitt durch die Kochkunst des Subkontinents auf den Tisch bringen und damit zu einer kulinarischen Entdeckungsreise einladen. Vor allem in den größeren Städten gibt es zahlreiche Spezialitätenrestaurants der einzelnen Regionen Indiens. Besondere Beachtung verdienen die hervorragenden chinesischen Restaurants von Kolkata, die bei längerem Indienaufenthalt eine willkommene Abwechslung bieten.

Kulinarisches Lexikon

Im Restaurant

Essen	kahna
Frühstück	breakfast (engl.)
Mittagessen	lanch (engl. lunch)
Abendessen	dinner (engl.)
Ich habe Hunger/ Durst	mujhe bhukh/ pyas lagi hai
vegetarisch	vetsch (engl. veg)
nicht so scharf	jhal kam
nicht so süß	chini kam
ohne Zucker	chini nahin
Tisch	mez
Löffel	chammach
Gabel	kāngta
Messer	chakuu
Glas	glas (engl.)
Teller	plete (engl. plate)
Kellner	waiter (engl.)
Speisekarte	menyuu (engl. menu)
Die Rechnung bitte	bill lao

Snacks

alu tikka	mit Gemüse gefüllte, gebratene Bällchen aus Kartoffelbrei
bonda	Bällchen aus Kartoffelbrei
chana chur	geröstete Jackfruchtkerne
dhokla	gebratene Bällchen aus Kichererbsenmehl
gram	geröstete Kichererbsen
masala dosa	crepeartiger Pfannkuchen aus Reismehl, mit Kartoffeln gefüllt, dazu zwei Saucen
pakora	frittierte, mit Erbsenmehl panierte Gemüsestücke
samosa	frittierte Teigtaschen mit Füllung

Gemüse und Obst

ām	Mango
alu	Kartoffel
brinjal	Aubergine
chana	Kichererbsen
chawal	Reis
cheiku	kleine Süßkartoffel
gajar	Möhre
harimirch	grüner Chili
kathal	Jackfrucht
kela	Banane
khēra	Gurke
masoor	rote Linsen
mattar	grüne Erbsen
narangi	Apfelsine
nariyal	Kokosnuss
palak	Spinat
papita	Papaya
phal	Obst
phulgobi	Blumenkohl
pyaz	Zwiebel
rajma	Kidneybohnen
sabzi	Gemüse
seb	Apfel
sukhi lalmirch	getrockneter roter Chili
tamatar	Tomate

Milchprodukte

dahi (curd)	Joghurt
dud	Milch
ghē	geklärte Butter
panir	Weißkäse, Hüttenkäse

Gewürze

adrak	frischer Ingwer
chatni	Chutney (pikante süss-saure Sauce)
chini	Zucker
dalchini	Zimt
elaichi	Kardamom
haldi	Kurkuma (Gelbwurz)
kali mirch	schwarzer Pfeffer
kesar	Safran

laung	Gewürznelke
namak	Salz
rai	Senfkörner
sirka	Essig

Vegetarische Gerichte

alu ghobi	Kartoffel-Blumenkohl-Curry
begun pora	gebratene Aubergine in Tomatensauce
bhat	gekochter Reis
biryani	gekochter Reis mit Gemüse oder Fleisch
channa dal	gewürzte Kichererbsen
dal bhat	einfaches Linsengericht mit Reis
dal markani	schwarze Linsen und Kidneybohnen in Sahnesauce
kashmiri pulao	gekochter Reis mit Milch, Gewürzen und Trockenfrüchten
mattar panēr	Erbsen und Hüttenkäse in Sauce
momos	Teigtaschen mit Gemüsefüllung
palak panēr	Hüttenkäse in Spinatsauce
pav bhaji	Kartoffeln, Gemüse und Zwiebeln zerstampft, gebraten
raita	Joghurt mit Gurken und Tomaten gewürzt
shahi panēr	Hüttenkäse in Joghurt-Tomatensauce
urad dal	mit Gewürzen und Joghurt verfeinerte Linsen

Fleisch und Fischgerichte

(chicken) tikka	Stücke von mariniertem und gebratenem (Hühner)fleisch
doi machi	gebratenes Fischfilet in Joghurtsauce
gosht	Lamm
jhēnga pulao	gebratener Reis mit Garnelen und Nüssen
korma	mildes Curry mit Kokospaste und Nüssen, vegetarisch oder mit Fleisch
machli	Fisch
masala	Tikka-Fleischstücke in gewürzter Sauce
murgi	Hühnchen
rogan josh	Lammfleisch mit Zwiebeln und Ingwer
sēkh kebab	im Tandoori-Ofen gegrilltes Hackfleisch
tandoori chicken	im Tandoori-Ofen gegarte, marinierte Hühnchenstücke

Süßigkeiten und Nachspeisen

barfi	toffeeartige Süßigkeit aus Milch
gulab jamun	frittierter Milchbreikloß mit Sirup
Idli	süßer Reisfladen
khēr	süßer Reispudding
kulfi	Eiscreme mit Nüssen und Früchten

Getränke

badām	Milch mit Mandeln und Safran
chai	Tee
chang	tibetisches Hirsebier
dud chai	Tee mit Milch
kofi	Kaffee
lassi	Joghurt mit Wasser und Obst
(lemon) soda	Sodawasser mit frischer Zitrone
pani	Wasser
toddy	Palmwein

Kunstvoll aufgetürmt: Töpferwaren auf einem Markt in Jaisalmer (Rajasthan)

Wissenswertes für die Reise

Informationsquellen

Infos im Internet

www.india-tourism.de: Sehr ausführliches Portal des Indischen Fremdenverkehrsamtes in Deutsch. Tipps zur Reisevorbereitung und Informationen zu den wichtigsten Sehenswürdigkeiten, ausführliche Hotelliste, gute Links. Die Infos sind z. T. aber etwas veraltet, z. B. im Hinblick auf Grenzübergänge und Sperrgebiete.
www.indien-aktuell.de: Forum, in dem alle Fragen zur Sprache kommen, die Reisenden auf der Seele liegen.
www.tourindia.com: Einige allgemeine Informationen zu Indien, z. B. zu den größten Städten und ihren Sehenswürdigkeiten (engl.), außerdem Links zu den einzelnen Bundesstaaten (deren deutsche Versionen sind jedoch z. T. kaum verständlich).
www.indienerlebnis.de: Privates Indienportal von Martin Azenhofer – besser geht es nicht. Es gibt sogar kurze Tondokumente, z. B. von einer Puja im Tempel oder der Geräuschkulisse frühmorgens am Busbahnhof.
www.rajasthantourism.gov.in: Ausführliche Website mit detaillierten Angaben zu den wichtigsten Sehenswürdigkeiten (engl.).
www.destination-asien.de: Gute Einführung in die indische Kunst, vor allem Musik und Dichtung.
www.delhitourism.nic.in: Sehr ausführliches Portal zu New Delhi (engl.).
www.pinkcity.net: Website zu Jaipur mit Links zu anderen Städten Rajasthans und vielen interessanten, teilweise jedoch kommerziellen Infos (engl.).
www.asien-feste.de: Liebevoll gestaltete private Website mit vielen Hintergrundinformationen und den jeweils aktuellen Daten der Feste in Indien.
www.tourism-of-india.com: Guter Überblick über die touristischen Highlights insbesondere von Delhi, Agra, Himachal Pradesh sowie Jammu und Kaschmir, zahlreiche Links zu Hotels und Reiseveranstaltern (engl.).

Informationsstellen

Indisches Fremdenverkehrsamt
(auch zuständig für Österreich u. d. Schweiz)
Basler Str. 48, 60329 Frankfurt
Tel. 069-24 29 49-0, Fax 069-24 29 49 77
www.india-tourism.com
Das versandte Material ist nur allgemeiner Natur, spezielle Anfragen werden, wenn überhaupt, nur schleppend beantwortet.

Deutsch-Indische Gesellschaft e. V. (DIG)
(Bundesgeschäftsstelle)
Oskar-Lapp-Str. 2, 70565 Stuttgart
www.dig-ev.de

… in Nordindien

In jeder touristisch bedeutsamen Stadt gibt es ein Büro des betreffenden Staates (z. B. UP Tourism in Uttar Pradesh, HPTDC Tourism in Himachal Pradesh), manchmal auch noch ein gesamtindisches Fremdenverkehrsbüro (Government of India Tourist Office). Die Büros sind im Reiseteil dieses Buches (s. S. 116) aufgeführt. Die Qualität schwankt erheblich.

Im Internet:
www.up-tourism.com (Uttar Pradesh)
www.himachaltourism.nic.in (Himachal Pradesh)
www.jktourism.org (Jammu/Kaschmir)
www.punjabtourism.in (Punjab)
www.orissatourism.gov.in (Orissa)
www.westbengaltourism.gov.in (Westbengalen)

Infos zur Sicherheitslage: Die Auswärtigen Ämter informieren über die Sicherheitslage in Indien und geben allgemeine Reisetipps. In Deutschland: www.auswaertiges-amt.de, Tel. 030-5000-2000; in Österreich: www.bmaa.gv.at, Info-Tel. 08 02-426 22; in der Schweiz: www.eda.admin.ch, Tel. 031-323 84 84.

www.mptourism.com (Madhya Pradesh)
www.gujarattourism.com (Gujarat)
www.rajasthantourism.gov.in (Rajasthan)

Diplomatische Vertretungen

... in Deutschland

Indische Botschaft
Tiergartenstr. 17, 10785 Berlin
Tel. 030-25 79 50, Fax 030-25 79 51 02
www.indianembassy.de

Konsulat Berlin
Tiergartenstr. 17, 10785 Berlin
Tel. 030-25 79 56 03, Fax 030-25 79 56 20
www.indianembassy.de

Generalkonsulat Hamburg
Raboisen 6, 20095 Hamburg
Tel. 040-33 80 36, Fax 040-32 37 57
www.cgihamburg.de

Konsulat München
Widenmayerstr. 15, 80538 München
Tel. 089-210 23 90, Fax 089-21 02 39 90
www.cgimunich.de

Konsulat Frankfurt
Friedrich-Ebert-Anlage 26, 60325 Frankfurt
Tel. 069-153 00 50, Fax 069-74 09 06 45
visa@cgifrankfurt.de

... in Österreich

Indische Botschaft
Kärntnerring 2, 1015 Wien
Tel. 01-505 86 66, Fax 01-505 92 19
www.indianembassy.at

... in der Schweiz

Indische Botschaft
Kirchenfeldstr. 28, 3005 Bern
Tel. 03 13 51 11 10, Fax 03 15 85 07 93
www.indembassybern.ch

... in Indien

Deutsche Botschaft
6/50G, Shantipath, Chanakyapuri
Tel. 011-44 19 91 99,
in Notfällen 98 10 00 49 50
www.new-delhi.diplo.de

Österreichische Botschaft
EP-13, Chandragupta Marg, Chanakyapuri
Tel. 011-24 19 27 00, Fax 011-26 88 69 29
new-delhi-ob@bmeia.gvt.at

Botschaft der Schweiz
Nyaya Marg, Chanakyapuri
Tel. 011-26 87 83 72, Fax 011-26 87 30 93
www.eda.admin.ch/newdelhi

Karten

Als Übersichtskarte empfiehlt sich die Karte »Indien« im Maßstab 1 : 2,5 Mio. von Marco Polo. Vor Ort sind gute Karten, nicht zuletzt aus militärischen Gründen, dünn gesät. Insbesondere gilt dies für Trekkingkarten in großem Maßstab. Einigermaßen brauchbare Karten erhält man vom Survey of India bei der Map Sales Branch, New Delhi, Janpath (1. Stock, ggü. dem staatl. Touristenbüro). Zum Trekken werden v. a. die amerikanischen Militärkarten der Serie U502 des Army Map Service (1 : 250 000) verwendet sowie die darauf basierenden Karten der Leomann Map Series (1 : 250 000). Sehr ausführlich sind auch die russischen Generalstabskarten (1 : 200 000 u. 1 : 100 000), die aber nicht für alle Gebiete lieferbar sind. In Deutschland gibt es die Spezialkarten u. a. bei www.mountain-bookshop.de.

Lesetipps

Andreas Altmann: Notbremse nicht zu früh ziehen! Mit dem Zug durch Indien. Reinbek 2003. Erfrischender Erlebnisbericht aus der

Sicht eines westlichen Touristen. Wer Indien kennt, wird immer wieder schmunzeln und zustimmen – ja, genau so ist es.

Hermann Hesse: Siddhartha, diverse Ausgaben. Das bereits 1922 entstandene Werk wurde in den 1980er-Jahren zum Kultbuch der Hippie-Bewegung und der Romanheld Siddhartha zum Vorbild für viele Aussteiger. In Anlehnung an den jungen Buddha, der ja Siddhartha hieß, verlässt die Hauptfigur ihr wohlbehütetes Zuhause und macht sich mit ihrem Gefährten Govinda auf die Suche nach dem Sinn des Lebens. Nach vielen Irrwegen findet Siddhartha die Erleuchtung in der Natur an einem Strom, der ihm das Geheimnis des ewigen Wandels offenbart.

V. S. Naipaul: Land der Finsternis. Fremde Heimat Indien, Hamburg 1997. Ein ungeschminkter Blick auf das indische Denken, Fühlen und Handeln. Es wird kritisch und zuweilen auch augenzwinkernd beleuchtet von einem Auslandsinder, der den Wurzeln seiner Herkunft nachspürt und bereits beim Import einer Schnapsflasche auf erhebliche Probleme stößt. Das Buch ist nicht mehr aktuell, vieles aber hat sich noch immer nicht geändert. Der Nobelpreisträger Naipaul ist ein begnadeter Erzähler.

Andreas Pröve: Mein Traum von Indien, München 2006. Jedem der Zweifel hegt, ob er Indien bereisen sollte, sei dieses Buch ans Herz gelegt, zeigt es doch in bewundernswerter Weise, zu welchen Leistungen der Mensch fähig ist, obwohl oder gerade weil er gehandicapt ist. Immer wieder bereist der an den Rollstuhl gefesselte Autor ohne Begleitung Indien und erweist sich dabei als einfühlsamer Beobachter und großartiger Fotograf.

Dieter Riemenschneider (Hrsg.): Shiva tanzt. Das Indien-Lesebuch. Zürich 1999. Beiträge namhafter indischer Persönlichkeiten wie Gandhi, Nehru und Tagore zu den unterschiedlichsten Aspekten Indiens, aufgeteilt in die drei Bereiche Geschichte, Alltag und Kultur. Behandelt werden Themen wie Kolonialzeit, Musik, Stellung der Frau und Schuldknechtschaft. Eine insgesamt recht gute Einführung, allerdings etwas veraltet und hier und da holperig übersetzt.

Salman Rushdie: Mitternachtskinder, Reinbek 2005. Sicherlich einer der besten Romane des bekannten Autors. In überbordender Sprache erzählt er die Geschichte des Jungen Salem Sinai, der in der Minute der indischen Unabhängigkeit am 15. August 1947 um Mitternacht geboren wird, und verwebt sie mit der Geschichte, Kultur und Religion Indiens in plastischen Bildern, die sich manchmal zu verselbstständigen scheinen.

Werner Scholz: Schnellkurs Hinduismus, Köln 2000. Schnellkurs klingt ein wenig nach Fastfood. Das Büchlein bemüht sich jedoch erfolgreich, das komplexe Gebilde Hinduismus dem Leser in verständlicher Form nahe zu bringen und ihn wenigstens mit den Grundzügen vertraut zu machen – eine nicht unwichtige Aufgabe, prägt die Religion doch nach wie vor den indischen Alltag.

Ilija Trojanow: An den inneren Ufern Indiens. Eine Reise entlang des Ganges. München 2006. Die einfühlsame Reise entlang des großen heiligen Stroms, bezaubernd und verständnisvoll beschrieben von dem aus Bulgarien stammenden Reiseschriftsteller, der mit seinem neuen Buch »Der Weltensammler« derzeit Furore macht und 2006 dafür den Preis der Leipziger Buchmesse erhielt.

Indische Musik: Die Musik spielt im indischen Alltag eine viel größere Rolle als im westlichen. Die klassische Musik tritt zunehmend in den Hintergrund, das ganze Land scheint heute fortwährend unter einer Glocke populärer Filmmusik zu liegen. Auch das Internet trägt zur Verbreitung indischer Musik bei. Fündig wird man beispielsweise auf www.indianmelody.com, www.safarisounds.com und www.musicindiaonline.com.

Indien als Reiseland

Indien ist kein einfaches Reiseland, wo man im Einklang mit der Natur die Seele baumeln lässt, um Kraft für den Alltag zu schöpfen. Gewiss, es gibt palmengesäumte Strände und einsame Berggipfel, aber sie sind eher die Ausnahme. Indien lockt und bezaubert vor allem durch seine uns völlig fremde Kultur und seinen unermesslichen Reichtum an historischen Zeugnissen. Der Taj Mahal, die Paläste von Jaipur, die Tempel von Mount Abu, sie allein sind schon eine Reise wert.

Dem aufgeschlossenen Reisenden bieten sich aber auch ungeahnte Möglichkeiten zu Entdeckungen abseits ausgetretener touristischer Pfade. Auf einer Wanderung zu den Quellen des Ganges kann er eintauchen in die tiefe Religiosität der Inder, im Labyrinth der Mündungsarme von Ganges und Brahmaputra die Unermesslichkeit der Lebensadern des Subkontinents erfahren, in den quirligen Basaren den Pulsschlag Indiens spüren.

Tipps für die Reiseorganisation

Individualreisen

Es sind vor allem junge Touristen, die Indien auf eigene Faust bereisen. Die gute Infrastruktur sowie die große Auswahl an Unterkünften und Restaurants aller Kategorien machen es dem Einzelreisenden recht leicht, sich im Land fortzubewegen, obwohl er bei der Buchung der geeigneten Verkehrsmittel zuweilen viel Zeit und Nerven aufbringen muss. Dafür gewinnt er einen tiefen Einblick in die

Die Strapazen lohnen sich: Eine Fahrt durch den Vorhimalaya ist unvergesslich

Mentalität der Menschen. Genug Zeit und Flexibilität sind bei dieser Reiseform die wichtigsten Voraussetzungen für einen gelungenen Aufenthalt. Man sollte ausreichend Ruhepausen einplanen, um dem Reisestress vorzubeugen. Ein zu enger Reiseplan führt unweigerlich zu Frustrationen.

Einzelreisende müssen sich darauf einstellen, im Mittelpunkt des Interesses zu stehen und immer wieder Fragen wie »Where do you come from? Are you married?« zu beantworten. Dies ist keineswegs Ausdruck von Aufdringlichkeit oder Unhöflichkeit, auch die Inder untereinander versuchen durch derartige Fragen den sozialen Status des Gegenübers herauszufinden, um es in die komplizierte Kastenstruktur einordnen zu können.

Der Individualtourist ist leider bevorzugtes Ziel der vielen Schlepper und Nepper, die immer neue Tricks erfinden, den Reisenden um seine Ersparnisse zu bringen, sei es durch Abschöpfen der *commission,* einer Art Vermittlungsgebühr, die Hotels und Geschäfte für jeden ›angeschleppten‹ Touristen zahlen, sei es durch regelrechten Betrug, wie den Verkauf falscher Bahn- oder Flugtickets.

Pauschalreisen

Pauschalreisen nach Nordindien sind größtenteils auf den Besuch der wichtigsten Sehenswürdigkeiten ausgerichtete Rundreisen. Größere Entfernungen werden mit dem Flugzeug zurückgelegt, ansonsten ist man mit einem gemieteten Bus unterwegs. Der Zeitplan ist oft sehr eng gesteckt, Abfahrten um 7 Uhr morgens sind nicht unüblich, und die Ankunft kann auch mal gegen 22 Uhr sein. Ruhetage gibt es kaum, da meist ein gewaltiges Besichtigungsprogramm zu bewältigen ist. Der große Vorteil liegt natürlich in der Organisation, man muss sich z. B. nicht um die Verkehrsmittel kümmern und auch die Wahl der Unterkünfte wird einem abgenommen. Dafür hat man sich dem Terminplan zu unterwerfen und kann seinen Mitreisenden nicht aus dem Weg gehen. Neben den Standardtouren durch Rajasthan mit Delhi und Agra, dem sogenannten Golden Triangle, die man in den Katalogen aller großer Veranstalter findet, gibt es auf spezielle Interessen zugeschnittene Angebote, etwa Trekkingtouren im indischen Himalaya, Ayurvedareisen oder Touren zu Tierreservaten.

Einige interessante Anbieter sind:Terralaya Travels (http://terralaya.com), ein kleines Reiseunternehmen eines schweizerisch-sikkimesischen Ehepaares. Es bietet ornithologische Reisen und Trekkingtouren in Sikkim, ein Homestay-Programm (Unterkunft bei einheimischen Buthia-Familien), Frauenreisen und Mountainbike-Touren an. Reisen in die unbekannten Ostprovinzen Assam und Megalaya organisiert u. a. Taj-Reisen (www.tajreisen.de). Aytour (www.aytour.de) ist auf Ayurveda-Reisen spezialisiert. Mit Asiabike Tours (www.asiabiketours.com) können sich Mutige auf der legendären Enfield Bullet (s. S. 93) in den indischen Straßenverkehr stürzen, mit Weltweitwandern (www.weltweitwandern.at) auf Schusters Rappen dem Nanda Devi nähern oder Spiti durchstreifen.

Vorschläge für Rundreisen

Um die gesamte im Buch beschriebene Region zu erkunden, sind mindestens drei Monate Zeit erforderlich, wobei noch zu bedenken ist, dass man die Himalayagebiete, vor allem Ladakh und Spiti, nur in den Sommermonaten zwischen Juni und September bereisen kann, das Tiefland hingegen bevorzugt zwischen November und März.

3 Wochen: Goldenes Dreieck

Diese Standardroute durch Nordindien hat ihren Ausgangspunkt in Delhi, führt nach Agra und zu zahlreichen Zielen in Rajasthan. Je nach Lust und Laune lässt sie sich bis nach Gujarat ausdehnen. Die von den Reisebüros in Delhi angebotenen Touren beschränken sich meist auf Agra, Fatehpur Sikri und Jaipur.

Eine etwa dreiwöchige Reise in dieser Region, die zu den schönsten Nordindiens zählt und über eine ausgezeichnete Infrastruktur verfügt, beginnt mit der Fahrt von **Delhi** nach **Agra,** beispielsweise mit dem Shatabdi Express (Vorsicht: erhöhte Diebstahlgefahr!). Wer genügend Zeit mitbringt, kann von hier aus über **Gwalior** und **Jhansi** (gute Bahnverbindung) einen Abstecher nach **Khajuraho** unternehmen. Ansonsten fährt man von Agra nach **Fatehpur Sikri** und von dort aus über das Vogelschutzgebiet von **Bharatpur** nach **Jaipur.** Von hier aus empfiehlt sich, vorzugsweise mit dem Mietwagen, eine zweitägige Rundfahrt durch das **Shekhavati-Gebiet** mit seinen bemalten Havelis.

Entlang der Hauptbahnlinie geht die Reise von Jaipur weiter nach **Ajmer.** Zur Erholung empfiehlt sich ein Aufenthalt im nahe gelegenen **Pushkar,** ehe man, wieder mit der Bahn, nach **Udaipur** gelangt, um diese vielleicht schönste Stadt Rajasthans und ihre Umgebung zu erkunden. Mit dem Bus geht es nun nach **Mount Abu,** von dort weiter nach **Jodhpur** und **Jaisalmer,** einem weiteren Highlight Rajasthans. Über **Bikaner** kehrt man dann nach **Delhi** zurück.

2 Wochen: Gujarat

Zu dieser Reise, auf der man selten Touristen begegnet, kann man gut von Udaipur oder Abu Road aufbrechen, sofern man nicht ohnehin Mumbai als Ausgangspunkt wählt. Ziel ist zunächst Ahmedabad, die Metropole Gujarats, wo alle Verkehrslinien zusammenlaufen.

Wer von **Mumbai** anreist, sollte in **Vadodara** aussteigen und einen Abstecher ins 40 km entfernte **Champaner** machen. Die wichtigsten Ziele in Gujarat liegen jedoch auf der Halbinsel **Kathiawar.** Von **Ahmedabad** gelangt man mit Bahn oder Bus nach **Bhavanagar.** Nach knapp zweistündiger Busfahrt erreicht man **Palitana** mit dem berühmten Bergheiligtum der Jains. Von dort führt die Reise mit dem Bus in ermüdenden sechs Stunden nach **Junagadh** mit einem weiteren Heiligtum der Jains hoch auf einem Berg. Knapp 60 km südlich liegt der **Sasan-Gir-Nationalpark,** Heimat der letzten asiatischen Löwen. Als nächstes Ziel bietet sich **Somnath** mit seinem am Meer gelegenen Sonnentempel an, das man über **Veraval** erreicht. Wer so weit gereist ist, wird sicherlich die Insel **Diu** ansteuern, um sich an den schönen Stränden zu erholen und endlich mal wieder ein kühles Bier zu genießen (in Gujarat herrscht ansonsten Alkoholverbot). Mit einem Nachtbus kann man von Diu nach **Ahmedabad** oder **Mumbai** zurückkehren. Alternative: Entlang der Küste über Porbandar nach Dwarka und von dort über Jamnagar und Rajkot nach Ahmedabad.

2–3 Wochen: Durch den westlichen Vorhimalaya

Ausgangspunkt dieser abwechslungsreichen Tour ist **Delhi.** Statt jedoch direkt in die Berge zu fahren, sollte man zunächst mit dem Zug zum Goldenen Tempel von **Amritsar** reisen. Sofern es die politische Lage erlaubt, empfiehlt sich von hier ein Abstecher ins Hochtal von Kaschmir, wo man auf einem der vielen Hausboote vorzüglich entspannen kann. Von **Pathankot** aus führen schmale Bergstraßen zunächst nach **Dalhousie,** einer ehemaligen britischen Hill Station mit Möglichkeiten zum Besuch der Tempel von **Chamba** und **Brahmaur.** Hauptanziehungspunkt entlang der Route durch die Vorberge ist jedoch **Dharamsala** mit dem buddhistisch geprägten Vorort McLeod Ganj, in dem der Dalai Lama sein Exil hat. Nach etwa 100 km ist **Mandi** erreicht. Von hier führt eine Stichstraße in das bezaubernde **Kullu-Tal,** an dessen Ende der Kurort **Manali** liegt, von dem aus man ab Mitte Juni über mehrere hohe Pässe auf dem Landweg nach **Ladakh** und **Spiti** gelangt. Das Kullu-Tal ist ein bevorzugter Ausgangspunkt für kürzere und längere Trekkingtouren.

Eine wunderschöne, wenn auch lange Busfahrt bringt den Reisenden schließlich nach **Shimla,** der bedeutendsten Hill Station der englischen Kolonialherren, die hier den heißen Sommer zu verbringen pflegten. Über **Chandigarh** gelangt man mit der Bahn wieder schnell nach **Delhi.**

3 Wochen: Ladakh, Lahaul, Spiti

Ausgangspunkt für diese nur zwischen Mitte Juni und Ende Oktober auf dem Landweg durchführbare Reise durch die Himalayaregionen ist Manali im Kullu-Tal, Shimla oder Srinagar in Kaschmir (derzeit aber nicht zu empfehlen). Man kann allerdings auch nach

Die Bootsfahrt auf dem Ganges gehört zum morgendlichen Ritual in Varanasi

Leh fliegen und von dort auf dem Landweg weiter zurück ins Tiefland reisen.

Startet man in **Shimla,** führt der Weg zunächst durch das **Sutlej-Tal** von Kumaon. Kurz vor der Grenze nach China biegt die Straße in das **Spiti-Tal** ab und folgt diesem, vorbei an etlichen Klöstern, bis sie ein Stück hinter dem **Kum-Zum-Pass** (4551 m) auf die Route Manali–Leh stößt. Links geht es über den Rohtang-Pass ins nahe gelegene **Manali,** rechts in zweitägiger Fahrt durch atemberaubende Landschaft über mehrere über 5000 m hohe Pässe ins das Hochtal des Indus nach **Leh,** dem Zentrum von Ladakh. Auch in Ladakh erwarten Wanderer zahlreiche, teilweise sehr anspruchsvolle Trekkingrouten.

2 Wochen: An den Gangesufern

Der Lebensader Indiens zu folgen, eventuell sogar bis zu den Quellen in 4000 m Höhe hinaufzuwandern, erschließt dem Reisenden das spirituelle Indien mit dem Höhepunkt **Varanasi,** Indiens heiligster Stadt am Ufer des großen Stroms. Bis auf die Bergregionen führt diese Reise allerdings durch dicht besiedeltes Gebiet mit mehreren Millionenstädten.

2–3 Wochen: Darjeeling

Die sehr interessante, relativ wenig besuchte Region liegt im östlichen Abschnitt des Himalaya. Darjeeling, weltweit bekannt für seinen Tee, erreicht man aus dem Tiefland mit einer als UNESCO-Welterbe ausgewiesenen Schmalspurbahn oder dem Taxi von New Jalpaiguri aus. Zu Fuß kann man bis zur über 8000 m hohen Kanchenjunga-Kette gelangen. Im angrenzenden Bundesstaat Sikkim locken Trekkingtouren und abgelegene Klöster.

2–3 Wochen: Kolkata, Golf von Bengalen und Ostprovinzen

Wer Kolkata nicht gesehen hat, kennt Indien nicht. Unvergesslich ist die Bootsfahrt durch die **Sundarbans.** Ein Höhepunkt der indischen Kultur erwartet den Reisenden einige hundert Kilometer weiter südlich in der Tempelstadt **Bhubaneswar.** Nicht weit entfernt am Strand von **Puri** kann man sich trefflich von den Reisestrapazen erholen. Die **Ostprovinzen** sind noch touristisches Neuland und lassen sich aufgrund politischer Restriktionen teilweise nur in organisierter Form bereisen.

Reisen mit Kindern

Kleine, insbesondere blonde Kinder sind im kinderfreundlichen Indien wahre Herzensbrecher. Auf Grund der z. T. prekären hygienischen Verhältnisse würde der Autor jedoch von einer Indienreise mit Kleinkindern abraten, obwohl viele junge Familien diesbezüglich keine Bedenken haben.

Reisen mit Handicap

Auf behinderte Reisende ist Indien bisher nicht eingerichtet. Dass Reisen dennoch möglich sind, beweist der an den Rollstuhl gefesselte Autor Andreas Pröve (s. S. 86). Weitere Infos finden sich auf www.natko.de (Nationale Koordinationsstelle Tourismus für Alle e.V.).

Als Frau unterwegs

Indien ist ein ideales Reiseland für allein oder zu mehreren reisende Frauen, sofern sie sich an den gültigen Moralkodex halten. Schon ein kleiner Flirt kann vom indischen Mann missverstanden werden. Ansonsten gelten die normalen Sicherheitsvorkehrungen (s. S. 110). Bei der Bahn gibt es eigene Frauenabteile und Warteschlange können sie einfach ignorieren (Infos: https://vitruv.uni-tuebingen.de/ilias3/data/pr01/lm_data/lm_897/fw/.../reise.pdf oder www.fernwehforum.de).

Einreisebestimmungen

Zum Besuch Indiens ist ein **Visum** nötig. Der Pass muss noch eine Gültigkeitsdauer von mindestens sechs Monaten haben. Das Touristenvisum hat ab Datum der Ausstellung eine Gültigkeitsdauer von sechs Monaten und berechtigt zu mehrfacher Einreise in diesem Zeitraum *(multiple entry)*.

Visaanträge kann man sich vom zuständigen Konsulat (abhängig vom Wohnort) zuschicken lassen oder unter www.indischebotschaft.de herunterladen. Der Antrag **muss lückenlos** ausgefüllt werden, da er sonst nicht bearbeitet wird und eine neuer Antrag erst nach 3 Monaten gestellt werden kann. Mit der Vergabe von Visa wurde mittlerweile die Indo German Consultancy Service (IGCS) beauftragt (www.igcsvisa.de). Er unterhält Büros in Frankfurt, Hamburg und Köln.

Zum Besuch einiger Ostprovinzen sind weitere **Permits** notwendig (Detaillierte Informationen unter: www.immihelp.com/nri/protected-restricted-area-permit-india.html). Derzeit dürfen nur die Staaten Assam, Meghalaya und Tripura ohne besondere Erlaubnis bereist werden. Zuständig ist das Ministry of Home Affairs, South Block, Delhi. Man kann das Permit aber auch bei den indischen Botschaften beantragen, muss dann aber mit langen Wartezeiten rechnen. Wer mit einer Reisegruppe unterwegs ist, dem wird die Mühe der Beschaffung abgenommen.

Achtung: Neue Regelung 2010. Eine Wiedereinreise kann auch mit einem *multiple entry* Visum während der Gültigkeitsdauer frühesten nach 2 Monaten erfolgen. In Ausnahmefällen wird bei Vorlage von Reisedokumenten (Tickets) auch eine 2–3-malige Einreise aus den Nachbarländern gestattet. Aktuelle Infos unter: www.indianembassy.com.

Devisen- und Zollbestimmungen

Die Landeswährung *(rupies)* darf offiziell nicht eingeführt werden. Wertvolle Geräte werden bei der Einreise gelegentlich im Tourist Baggage Re-Export Form erfasst, das bei der Ausreise aber nicht immer kontrolliert wird. Bei der Wiedereinreise in die EU ist der Artenschutz zu beachten, unter den z. B. auch Elfenbeinschnitzereien fallen (die es Indien ohnehin kaum noch gibt). Erlaubt ist die Mitnahme von 1 l Alkohol und 200 Zigaretten pro Person.

Anreise

Mit dem Flugzeug

Es gibt drei internationale Flughäfen, die sich als Eingangstore für den Besuch Nordindiens anbieten. Wer überwiegend den Westen bereisen will, insbesondere Gujarat und West-Rajasthan, für den empfiehlt sich **Mumbai** (Bombay; Sahar International Airport, www.mumbaiairport.com, ca. 30 km vom Zentrum). Optimaler Ausgangspunkt für den Besuch des Goldenen Dreiecks (Delhi, Agra, Jaipur), den Punjab und den westlichen Himalaya ist **Delhi** (Indira Gandhi International Airport, www.del hiairport.com, ca. 23 km südwestlich des Zentrums). Wer sich Darjeeling, Sikkim, die Ostprovinzen und Orissa als Ziele gewählt hat, sollte nach **Kolkata** (Calcutta) fliegen (Netaji Subhash Airport, www.calcuttaairport.com, ca. 20 km nordöstlich des Zentrums). Zu den Reisemöglichkeiten von den Flughäfen in die jeweiligen Städte siehe die praktischen Hinweise im Reiseteil dieses Buches.

Zu beachten ist, dass die meisten Flugzeuge aus Europa mitten in der Nacht landen. Beim Abflug ins Ausland ist eine Flughafengebühr von 500 Rs zu entrichten, bei Flügen in Nachbarländer, die der SAARC (South Asian Association for Regional Cooperation) angeschlossen sind, nur 150 Rs.

Verbindungen in die Nachbarländer

Nepal

Zum benachbarten Nepal gibt es mehrere Grenzübergänge, von denen für Touristen die von Sunali in Uttar Pradesh, Kakarbitta in Westbengalen und Raxaul in Bihar die wichtigsten sind. Ein Visum für 15 Tage erhält man an der Grenze gegen US$ in bar (zwei Passbilder erforderlich), www.visitnepal.com.

Bangladesch

Zum Besuch von Bangladesch ist ein Visum nötig, das man problemlos in Kolkata erhält (Bangladesh Consulate, 9 Circus Av., Tel. 033-22 47 52 08, Mo–Fr 9.30–11.30 Uhr). Wer per Flugzeug nach Bangladesch reist und auf dem Landweg wieder ausreist, benötigt eine Ausreiseerlaubnis *(Road Permit)*, die man in Dhaka erhält (Immigration and Passport Office, Agargaon Rd., Dhaka, Tel. 02-88 97 50, Sa–Do). Am einfachsten erreicht man Bangladesch mit dem Direktbus von Kolkata aus (12 Std.).

Pakistan

Der einzige auch für Touristen offene Grenzübergang liegt einige Kilometer nördlich von Amritsar in Attari. Das Ausstellen eines Visums für Pakistan ist in Delhi mit Problemen verbunden, zuweilen auch nicht möglich (Embassy of Pakistan, Shantipath, Chanakyapuri, Tel. 011-24 67 60 04). Zwischen Delhi und Lahore (Pakistan) verkehrt der Samjota Express, zwischen Amritsar und Lahore gibt es auch eine durchgehende Busverbindung. Der Grenzübertritt nimmt bei diesen Verbindungen aber sehr viel mehr Zeit in Anspruch, als wenn man die Grenze zu Fuß überquert und die Reise mit einem lokalen Verkehrsmittel fortsetzt.

Bhutan

Der einzige offene Grenzübergang befindet sich in Phuntsholing. Das Königreich darf man ohne Visum nur für einen Tag besuchen, ansonsten ist ein Visum vorgeschrieben. Das Land darf überdies nur im Rahmen einer organisierten Tour besucht werden, für die pro Person und Tag 200 US$ zu entrichten sind. Infos: www.tourism.gov.bt.

Verkehrsmittel im Land

Flugzeug

Das größte Streckennetz hat im Inland die staatliche Indian Airlines (www.indianairlines.com), die bezüglich Pünktlichkeit, Service und Sicherheit allerdings keinen besonders guten Ruf genießt. Unter den privaten Anbietern gilt Jet Airways (www.jetairways.com), die auch in die Nachbarländer und nach London fliegt, als zuverlässigstes Unternehmen.

Bahn

Indien unterhält eines der größten Eisenbahnnetze der Welt. Sehr gut erschlossen sind die Routen von New Delhi nach Kolkata, von Delhi über Agra nach Mumbai und von Delhi über Jaipur nach Ahmedabad. Außer bei den Shatabdi- und Rajdhani-Expresszügen sind längere Verspätungen an der Tagesordnung. Da Inder gern und viel reisen, sind die Züge oft ausgebucht. In den größeren Städten wird jedoch eine spezielle *Tourist Quota* vorgehalten, die Ausländern auch in letzter Minute noch

Unterwegs mit dem Motorrad: Das indische Motorrad Royal Enfield, von dem es sogar eine Dieselvariante gibt, ist eine Legende und somit ein begehrtes Fortbewegungsmittel für abenteuerlustige Globetrotter. Etliche Anbieter haben sich auf derartige Touren spezialisiert. Man findet sie auf www.royalenfield.com, der Website der Enfield-Bike-Gemeinde, und bei Asia-Bike-Tours (www.asiabiketours.com).

einen Platz sichert. Auch Ausländer haben übrigens Anspruch auf Seniorenrabatt (ab 60 Jahre).

Fast alle Bahnhöfe sind inzwischen an das Computernetz angeschlossen, sodass man z. B. in Delhi einen Zug von Kolkata nach Bhubaneswar reservieren kann. Außen am Zug klebt dann eine Liste mit dem Namen und dem Sitzplatz. Wer in Delhi startet, sollte sich schon zuvor möglichst viele der erforderlichen Fahrkarten am Ausländerschalter im ersten Stock des Bahnhofs New Delhi besorgen. Reisebüros sind unzuverlässig und fordern eine hohe Bearbeitungsgebühr. Bei Nachtfahrten sind Reservierungen unerlässlich, bei Tagesfahrten ratsam. Tickets lassen sich aber auch bereits von zuhause über das Internet gegen eine zusätzliche Gebühr buchen (www.cleartrip.com).

Der von der indischen Eisenbahn angebotene Indrail-Pass lohnt sich nur, wenn man viel mit der Bahn unterwegs ist. Er kann gegen Devisen auf den großen Bahnhöfen Indiens erworben werden (für einen 30-Tage-Pass der Klasse 2AC zahlt man derzeit ungefähr 250 US$, www.indianrail.gov.in/international_Tourist.html).

Ein interessantes Angebot für gut betuchte Touristen ist die einwöchige Rundfahrt mit dem »Palace on Wheels« entlang der Route Delhi, Jaipur, Jaisalmer, Jodhpur, Sawai Madhopur, Chittaurgarh, Udaipur, Bharatpur, Agra, Delhi (www.palaceonwheels.com; pro Person im 2-Bett-Abteil ab 2400 US$). Auf einer etwas anderen Route bis hinunter nach Gujarat verkehrt der »Royal Orient« (Fahrtdauer: 7 Tage, ab 1400 US$.

Zugtypen

Rajdhani Express: Die schnellsten Langstreckenzüge (z. B. von Delhi nach Kolkata), klimatisiert, nur mit Reservierung zu benutzen.

Shatabdi Express: Schnelle Kurzstreckenzüge zwischen zwei größeren Städten, klimatisiert, Großraumwagen der 1. und 2. Klasse.

Express und **Mail:** Normale Fernzüge, die häufiger halten und auch über nicht klimatisierte Wagen verfügen.

Die wichtigsten Klassen

1. Klasse (1AC): Abschließbares Abteil mit vier oder zwei Betten sowie Waschbecken. 2-Bett-Abteile werden bevorzugt an Paare vergeben, einen Anspruch darauf hat man aber nicht.

2. Klasse (2AC): Vier Betten pro Abteil, jeweils zwei übereinander, tagsüber werden die oberen Betten hochgeklappt, entspricht unseren Liegewagen. Die Abteile sind durch Vorhänge vom Gang getrennt.

2. Klasse (3AC): Sechs Betten pro Abteil, je drei übereinander, sonst wie 2AC.

Sleeper: Nicht klimatisierte Wagen mit 4-Bett-Abteilen *(2-Tier)* oder 6-Bett-Abteilen *(3-Tier),* häufig überfüllt, Diebstahlgefahr.

Die **Verpflegung** ist meist kein Problem. Es gibt Tee und abgepacktes warmes Essen, und fliegende Händler verkaufen an den Bahnsteigen Nüsse, Obst, Kekse und Tee.

Informationen und **Fahrpläne** zu allen indischen Zügen findet man auf www.trainweb.org, www.indianrailways.gov.in und www.trainenquiry.com.

Bus

Buslinien überziehen Indien dicht wie ein Spinnennetz. Aufgrund des noch immer recht geringen Individualverkehrs gelangt man mit einem Bus bis in das kleinste Dorf. Auf Langstrecken verkehren neben den staatlichen zuweilen recht komfortable Deluxe-Busse, meist allerdings mit Video ausgestattet. Unmittelbar nach der Abfahrt werden die Vorhänge zugezogen und die Lautsprecher bis zum Anschlag aufgedreht. Man sollte warme Sachen mitnehmen, denn sofern eine Klimaanlage vorhanden ist, wird es kalt wie im

Kühlschrank. Von Nachtfahrten ist wegen der hohen Unfallgefahr abzuraten.

Taxi

Taxis – sowohl Autos als auch Motorrikschas *(Three Wheeler)* – gibt es in jeder Stadt zuhauf. Die meisten sind mit einem Gebührenzähler ausgestattet, der bei Ausländern aber nur ungern eingeschaltet wird, um einen höheren Fahrpreis zu erzielen. Taxis, die vor den Hotels warten, sind immer teurer bzw. befördern den Gast zunächst zu einem Teppichgeschäft. Gleiches gilt für Taxis, die einen ungewöhnlich günstigen Tarif bieten. Für Fahrten vom Flughafen oder Bahnhof in die Stadt empfiehlt sich ein *Prepaid Taxi,* bei dem der Fahrpreis vorher an einem Schalter entrichtet wird.

Mietwagen

Mietwagen mit Fahrer lassen sich über Mietwagenfirmen buchen, meist aber preisgünstiger über das Hotel. Das Anmieten ohne Fahrer ist wegen des chaotischen Verkehrs nicht ratsam, zumal man meist mehr zahlt als für ein Fahrzeug mit Fahrer. Internationale Mietwagenfirmen sind in den größeren Städten vertreten, z. B. Avis (www.avis.com) und Budget Car (www.budget-car-rentals-india.com).

Three Wheeler und Rikscha meistern auch die engsten Altstadtgassen

Unterkunft

Kaum ein Land hat ein so breit gefächertes Angebot an Unterkünften wie Indien, vom Schlafsaal im Bahnhof bis zur Luxussuite im Palast eines Maharajas. Wie andernorts auch werden die Hotels mit Sternen klassifiziert, wobei sich der indische Standard allenfalls bei den Tophotels mit dem europäischen deckt. Vor allem die Sanitäreinrichtungen lassen oft zu wünschen übrig. Wackelige Toilettenbrillen und verstopfte Duschköpfe sind auch bei 4-Sterne-Hotels eher die Regel als die Ausnahme.

Bei größeren Hotels sind **Buchungen** über das Internet möglich. Man kann ein Hotel über eine Internet-Hotelvermittlung reservieren (z. B. www.HRS.de, www.hotels.com) oder manchmal direkt über das Hotel. Ein Vergleich lohnt sich. Wer seine Reise in Delhi beginnt, sollte aufgrund der meist nächtlichen Ankunft ein Hotel im Voraus buchen. Rechtzeitige Reservierungen sind auch unabdingbar, wenn ein bedeutendes Fest, vor allem die ausgesprochen beliebte Pushkar Mela (s. S. 271), in die Zeit der Reise fällt.

Hotels

Standardhotels

Diese Hotels wenden sich an die indische Klientel. Je nach Klasse sind sie sehr ordentlich, manchmal etwas plüschig, wobei einer repräsentativen Lobby oftmals mehr Beachtung geschenkt wird als den Zimmern. Durch voll aufgedrehte Fernseher und Hochzeitsfeiern kann es recht laut werden. Die

Ein Hotel, das Filmgeschichte geschrieben hat: James-Bond-Fans werden das Lake Palace Hotel aus dem Film »Octopussy« kennen

Preise bewegen sich zwischen 700 und 3500 Rs (etwa 15–60 €).

Luxushotels

Die Tophotels der internationalen Ketten bieten makellose Zimmer, hervorragende Restaurants, einen Pool und all die Annehmlichkeiten, auf die gut betuchte Reisende Wert legen. Für ein Doppelzimmer zahlt man je nach Stadt ab 150 US$. Besonders ansprechend und landestypisch sind die Hotels der Taj-Gruppe (www.tajhotels.com).

Heritagehotels

Sie sind die absoluten Stars unter den indischen Unterkünften. Viele von ihnen sind aus Palästen hervorgegangen, in einigen wohnt der Maharaja noch nebenan. Es gibt aber auch alte Handelshäuser *(Havelis)* und feudale, ehemalige Wohnsitze der britischen Kolonialherren. Wahre Kleinodien mit fast musealem Charme sind in den Vorbergen des Himalaya zu finden, in Darjeeling beispielsweise oder in Sikkim. Man stöbere einmal auf den Websites www.heritagehotelsofindia.com, www.hrhhotels.com oder www.elginhotels.com.

Die Preise variieren sehr stark, für den Luxus und das Ambiente zahlt man ab 150 US$ pro Doppelzimmer. Im Lake Palace Hotel von Udaipur kann man aber auch für 1000 US$ die Nacht verbringen, Frühstück und Steuern nicht eingeschlossen.

Staatliche Unterkünfte

Hierzu gehören vor allem die Tourist Bungalows, die zuweilen sehr schön liegen und über große Gärten verfügen. Leider ist das Personal nur selten um den Gast bemüht oder an der Instandhaltung des Gebäudes übermäßig interessiert. In einigen dieser Unterkünfte, vor allem in den Nationalparks, werden von Ausländern stark überhöhte Preise verlangt, die fast an Wucher grenzen. Normalerweise zahlt man ab etwa 600 Rs für das Doppelzimmer.

Preisangaben: In der Regel gelten die Preise für ein Doppelzimmer ohne Frühstück, bezeichnet als European Plan (EP). Ist das Frühstück inbegriffen, heißt es Continental Plan (CP), unserer Halbpension entspricht die Bezeichnung Modified American Plan (MAP) und Vollpension nennt man American Plan (AP). Ab der Mittelklasse werden noch Luxussteuer und *Service Charge* aufgeschlagen, die 20 % erreichen können.

Private Guest Houses

Die einfachen wenden sich an Globetrotter mit schmalem Geldbeutel, besitzen meist kein Restaurant und nur Gemeinschaftstoiletten. Oft haben sie winzige Räume mit ebenso winzigen Fenstern zum Flur oder Luftschacht. Die Preise beginnen bei ca. 100 Rs für ein Bett im Schlafsaal. Es gibt aber auch sehr gepflegte Unterkünfte dieser Art, in denen man das Zehnfache zahlt, dann aber ein eigenes Bad und eine Klimaanlage hat. In den Guest Houses sind die Ausländer meist unter sich.

Retiring Rooms

Man findet sie auf größeren Bahnhöfen und einigen Flughäfen. Sie sind vor allem für jene Reisenden gedacht, die frühmorgens oder mitten in der Nacht abfahren oder abfliegen. In der Regel sind sie bereits lange im Voraus ausgebucht. Die Zimmer auf den Bahnhöfen sind meist abgewohnt, kosten dafür aber selten über 400 Rs. Den Vorteil der Nähe zum Zug muss man allerdings meist mit erheblicher Lärmbelästigung bezahlen.

Inder sind sportlichen Aktivitäten gegenüber eher abgeneigt – der Medaillenspiegel bei internationalen Wettkämpfen fällt für ein Volk von 1 Mill. Menschen folglich auch recht bescheiden aus. Das Sportangebot richtet sich – ebenso wie das Wellnessangebot – in erster Linie an ausländische Touristen.

Ayurveda

Zentrales Merkmal der aus Indien stammenden traditionellen Heilkunst, wörtlich ›Lebensweisheit‹, ist die ganzheitliche Betrachtung des Menschen in enger Beziehung zu seiner Umwelt. Ziel ist es, durch gezielte Ernährung und Behandlungen die Harmonie zwischen den drei sogenannten Doshas *vata* (Luft), *pitta* (Feuer und Wasser) und *kapa* (Erde und Wasser) herzustellen, die in jedem Menschen wirken. Ayurvedakuren werden vor allem in Südindien angeboten. Aber auch große internationale Hotels in Nordindien haben Ayurveda ins Programm genommen, allerdings nur einzelne Anwendungen, die eher dem Wellnessbereich zuzuordnen sind. Pro Stunde zahlt man dafür etwa ab 500 Rs (ca. 8 €).

Motorrad fahren

Siehe Tipp S. 93.

Mountainbiking

Während das Radfahren im Tiefland schon wegen des chaotischen Verkehrs kaum empfohlen werden kann, darf sich der gut trainierte Radsportler in den Bergen bis an die Grenzen seiner körperlichen Leistungsfähigkeit abrackern. Die 475 km lange Königsetappe führt auf teilweise übler, staubiger Piste von Manali über mehrere hohe Pässe nach Leh. Einen schönen Bericht und die Möglichkeit zur Buchung einer Tour findet man auf www.mtb-fahrtwind.de. Wer noch höher hinauf will, kann sich am höchsten Straßenpass der Welt (5600 m) versuchen, der von Leh ins Nubra-Tal führt, aber Vorsicht: Selbst Tour-de-France-Gewinner Eddy Merckx musste aufgeben – allerdings war er bereits 60.

Rafting

Die oft recht wilden Flüsse des Vorhimalaya haben sich in den letzten Jahren zu beliebten Rafting-Revieren entwickelt, allen voran der Ganges nördlich von Rishikesh, wo mehrere Unternehmen kurze Touren anbieten. Aber auch abgelegene Regionen wie Spiti, Sutlej und Teesta in Sikkim stehen auf dem Programm einiger Anbieter. Die Webadressen der bekanntesten Anbieter lauten www.treknraft.com und www.expeditionsindia.com.

Trekking

Wie kaum eine andere Region der Welt lockt der indische Himalaya mit Trekkingtouren – von Wanderungen über Hochalmen bis zu expeditionsartigen Exkursionen zum Fuß eisbedeckter Siebentausender. Die wichtigsten Ausgangspunkte sind das Kullu-Tal, Spiti, Ladakh mit Zanskar, die Region um Indiens höchsten Berg Nanda Devi sowie Darjeeling und Sikkim. Zahlreiche Trekkingagenturen bieten ihre Dienste an, auf die man auch angewiesen ist. Denn im Gegensatz zum benachbarten Nepal, wo die Hauptrouten zum Everest oder Annapurna hervorragend ausgebaut sind und eine vorzügliche Infrastruktur mit Restaurants und fast schon hotelartigen Unterkünften aufweisen, ist man in den Bergen Indiens meist auf das Zelt angewiesen. Es kann immer wieder zu Orientierungsproblemen kommen und einsame Wanderer sind in einigen Gebieten, insbesondere im Kullu-Tal, vor Überfällen nicht sicher. Da man an der Wetterseite des Himalaya unterwegs ist, muss mit plötzlichen Wetterumschwüngen gerechnet werden. Eine gute Ausrüstung ist unabdingbar. Bevor man vor Ort bucht, ist es ratsam, sich bei Reisenden umzuhören.

Yoga

Die mit geistigen und körperlichen Übungen verbundene indische Philosophie, von der es mehrere Varianten gibt, wird vor allem in den Randgebieten des Himalaya in zahlreichen Ashrams gelehrt, denen meist ein Guru (Meister) vorsteht. Neben ernsthaften Yogalehrern gibt es auch Scharlatane, die dem naiven Fremden das Geld aus der Tasche ziehen. Man sollte sich im Internet kundig machen (z. B. www.yoga-centers-directory.net/india/india.htm) und sich vor Ort umhören. Die Hochburg der Yoga-Ashrams ist Rishikesh, wo man mehrwöchige Kurse buchen kann. Aber auch in buddhistischen Zentren wie Dharamsala und Bodh Gaya gibt es entsprechende Angebote. Meist wohnt der Schüler im Ashram oder in einem Kloster. Die Preisspanne reicht von einer Spende für die Klosterkasse bis zu 1500 US$ für einen zwölftägigen Kurs (z. B. im luxuriösen Ashtanga Yoga Retreat in Shimla).

Wassersport

Obwohl Nordindien an zwei Ozeane grenzt, gibt es nur wenige zum Baden geeignete Strände. Bei Globetrottern beliebt sind die Insel Diu (s. S. 329) im Arabischen Meer an Indiens Westküste und Puri (s. S. 474) am Golf von Bengalen im Osten. Weder Schnorcheln noch Segeln oder Windsurfen stehen hoch im Kurs.

Der Natur ganz nah sein: beim Trekking im indischen Himalaya

Souvenirs

Als wahres Paradies für Souvenirjäger macht Indien dem Besucher die Wahl nicht leicht. Jeder Bundesstaat hat eine eigene Handwerkstradition, wobei alle nur denkbaren Materialien Verwendung finden. Gold, Silber, Bronze, Holz, Papier, Seide und Baumwolle seien nur als die wichtigsten genannt.

Glücklicherweise kann man sich bereits in New Delhi recht bequem einen Überblick über die Vielfalt indischen Kunstgewerbes verschaffen. Im staatlichen Central Cottage Handicraft Emporium werden hochwertige Produkte aus ganz Indien zu festen Preisen angeboten. An der vom Connaught Place nach Südosten führenden Baba Kharak Singh Marg haben die einzelnen Bundesstaaten im State Emporia Complex ihre eigenen Geschäfte. Auch in vielen großen Städten findet sich ein Government Emporium, das einen Querschnitt der lokalen Handwerkskunst zu festen Preisen feilbietet. In Westbengalen tragen sie den Namen Manjusha. Größere Gegenstände kann man sich mit See- oder Luftfracht in die Heimat senden lassen (s. a. S. 111). Häufig gibt es einen Verpackungsservice in der Nähe der Hauptpost, der auch bei der Abwicklung behilflich ist. Absolut zuverlässig ist die Versendung durch ein Government Emporium.

Öffnungszeiten: s. S. 104.

Antiquitäten

Es ist heute nicht mehr leicht, echte antike Stücke zu erwerben. Zum einen ist der Markt leergekauft, zum anderen unterliegen Gegenstände, die älter als 100 Jahre sind, Ausfuhrbeschränkungen. Auskünfte und Genehmigungen erteilt der Archaeolocical Survey of India mit Niederlassungen in Delhi, Bombay, Calcutta, Madras und Srinagar.

Man übertreibt sicherlich nicht, wenn man die meisten ›Antiquitäten‹ als mehr oder minder gelungene Nachahmungen bezeichnet. Ein ›billiger Trost‹ sind die hervorragend ausgeführten Repliken des Museums von Delhi.

Holzarbeiten

Kunstvolle Sandelholzschnitzereien, eigentlich eine Spezialität Südindiens, findet man auch in vielen staatlichen Läden, insbesondere in Delhi. Wer detailreich geschnitzte Möbel liebt, kommt in Kaschmir auf seine Kosten, kann er sich doch hier recht preiswert eine in Handarbeit gefertigte Wohnzimmereinrichtung zulegen, wobei zu berücksichtigen ist, dass die Versandkosten den Warenpreis übertreffen können.

Lederartikel

In den großen Städten, insbesondere in New Delhi, findet man günstig hochwertige Artikel aus Büffelleder.

Malereien

Durch den Tourismus hat die Miniaturmalerei der Mogulzeit eine Renaissance erlebt. Die größte Auswahl findet man in Jaipur und den anderen Städten Rajasthans. Qualität und Preise variieren stark. Angeboten werden auch Malereien auf ›Elfenbein‹. Abgesehen davon, dass hierfür ein Ein- und Ausfuhrverbot besteht, dürfte es sich in den meisten Fällen um Büffelhorn oder Knochen handeln. Stoffmalereien sind ebenfalls beliebt. Auch hier reicht das Angebot von exquisiten Einzelstücken auf reiner Seide bis zu rustikaler, auf Gehsteigen ausgebreiteter Massenware für durchreisende Touristengruppen.

Marmor

Zentrum der Marmorverarbeitung ist Agra, wo viele kleine und größere Werkstätten die Tradition der Mogulzeit fortführen. Vom winzigen Schachbrett bis zum repräsentativen, mit Einlegearbeiten aus Silberfäden und Halbedelsteinen verzierten Tisch reicht das Angebot. Vorsicht, die zisilierten Marmorschnitzereien bestehen häufig nur aus ge-

Alternative zu Gold- oder Silbergeschmeide: Armreife an einem Stand in Jaipur

presstem Marmorstaub. Um nicht mindere Qualität zu bekommen, kann man beispielsweise seine Einkäufe, sofern sie vom Verkäufer versandt werden sollen, mit einem wasserfesten Stift signieren und dies auf dem Auftrag bzw. der Rechnung vermerken.

Metallarbeiten

Kupfer- und Messingarbeiten sind über ganz Indien verbreitet und zuweilen reich verziert mit Silbereinlegearbeiten. Es gibt darüber hinaus sehr schöne, allerdings auch schwere Bronzefiguren der indischen Götterwelt in traditionellem Stil.

Papiermachee

Bemalte Papiermacheeartikel sind eine Spezialität Kaschmirs. Man sollte darauf achten, dass die Gegenstände wirklich aus Papier und nicht aus dem billigeren Karton gefertigt sind. Ausschlaggebend für den Preis ist vor allem die Qualität der Dekoration. Am teuersten sind die mit lichtbeständigen Farben und echtem Gold bemalten Produkte. Es ist zu berücksichtigen, dass großflächige Artikel durch die Klimaschwankungen reißen können.

Schmuck

Schwerer Gold- und Silberschmuck ist noch immer die wichtigste Kapitalanlage zur sozialen Absicherung der Frau. Während Goldschmuck aufgrund des hohen Metallpreises (100 % über dem Weltmarktpreis) als Andenken kaum in Frage kommt, erfreuen sich Silbersachen großer Beliebtheit, allen voran der schwere Nomadenschmuck Rajasthans. Ausschlaggebend für den Preis eines Stückes sind Silbergehalt (Stempel) und Gewicht. Die Handarbeit wird nur durch einen geringen Aufschlag belohnt. Beim Kauf von

Artenschutz: Um der Dezimierung der bedrohten Tier- und Pflanzenwelt nicht Vorschub zu leisten, sollte man vom Erwerb von Elfenbeinarbeiten (meist ohnehin Fälschungen), Tierfellen, Schildkrötenpanzern und seltenen Pflanzen Abstand nehmen.

Edelsteinen, für die vor allem Jaipur berühmt ist, sollte man bei mangelnder Fachkenntnis größte Vorsicht walten lassen.

Teppiche

Vornehmlich in Nordindien werden hervorragende Teppiche geknüpft, die ihren persischen Vorbildern keineswegs nachstehen. Führend ist Kaschmir, wo traditionell persische Muster in Wolle, Wolle/Seide und Seide seit alters her bevorzugt werden. Material, Knotendichte, Knotenart und verwendete Farben sind die wesentlichen Kriterien zur Qualitätsbestimmung. Interessante lokale Varianten lassen sich in Uttar Pradesh und Rajasthan finden. Bereichert wird das Angebot schließlich durch die von Flüchtlingen eingeführten farbenprächtigen tibetanischen Arbeiten, auf die man vor allem in Dharamsala stößt.

Textilien

Indiens lange Tradition der Textilverarbeitung hat zu einer unendlichen Vielfalt von Mustern, Webarten und Qualitäten geführt. Angeboten werden vor allem Stoffe aus Baumwolle und Seide. Allein 23 Baumwollarten werden kultiviert. Assam ist die Heimat der wilden Seide, deren kostbarste, goldgelbe Variante *muga* heißt. Es kommt jedoch überwiegend ›gezüchtete‹ Maulbeerseide in den Handel.

Zentren der Seidenweberei sind Varanasi, berühmt für seine Brokatseiden, Surat im Staat Gujarat mit den chinesisch beeinflussten Tanchoi-Brokaten und Bengalen mit seinen Baluchar-Webereien. Verbreitet ist auch ein Mischgewebe aus Baumwolle und Seide, neuerdings auch in Verbindung mit Kunstfasern. Ein Hinweis zum Kauf reiner Seide: Über einer Flamme schmelzen Kunststofffasern, Seide hingegen verkohlt.

Die Verzierung der Stoffe erfolgt auf mannigfache Arten. Neben dem Bedrucken, früher mit Holzdruckstöcken, heute maschinell, ist die Abbindetechnik weit verbreitet. Entweder werden die Garne vor dem Weben mit dieser Methode eingefärbt *(ikat)* oder später die fertigen Stoffe *(bandhej)*. Weltberühmt und nicht gerade billig sind die fein gewebten Kaschmirschals aus der Wolle der Pashminaziegen, ungewöhnlich preiswert ist dagegen die Herstellung maßgeschneiderter Kleidung. Die Verarbeitungsqualität variiert jedoch sehr stark. Man sollte deshalb genügend Zeit für Reklamationen und Änderungen einkalkulieren.

Feilschen

Es gibt nur wenige Fälle, in denen Handeln nicht möglich ist, etwa beim Kauf von Briefmarken oder Eisenbahnfahrkarten. Schon in den Hotels lohnt sich in der Nebensaison die Frage nach einem Rabatt oder Discount, insbesondere, wenn man die Unterkunft ohne Schlepper erreicht hat. Auch in Geschäften mit dem unübersehbaren Schild »Fixed Prices« ist man durchaus flexibel, es sei denn, es handelt sich um einen staatlichen Laden (Government Emporium, s. S. 100) oder eine Buchhandlung (aufgedruckte Preise).

Je nach Mentalität kann man das Feilschen als Herausforderung oder Ärgernis auffassen. Eine Spanne anzugeben, innerhalb derer gefeilscht werden kann, ist nicht möglich. In den Touristenhochburgen liegen die Ausgangspreise wesentlich höher als in weniger besuchten Städten. Preisvergleiche sind die beste Art, sich über das Preisniveau zu informieren. Bei Spontankäufen zahlt man immer drauf.

Schon aufgrund der Kastenschranken ist das abendliche Ausgehen, wie wir es kennen, in Indien kaum vorstellbar. Es gibt keine Kneipen oder Biergärten, in denen sich wildfremde Menschen zusammenfinden, schon gar nicht alleinstehende Frauen. Das Ausgehen der ärmeren Inder beschränkt sich fast ausschließlich auf den Kinobesuch. Lange Warteschlangen vor Kinos sind ein alltägliches Bild. Inder aus der Mittelschicht führen ihre Familie gern in Restaurants, wo sie im großen Kreis ausgiebig speisen. Nur Upper-Class-Inder imitieren europäische Gewohnheiten und besuchen Discos, die sich meist in internationalen Hotels befinden und extrem hohe Eintrittspreise verlangen, um die Spreu vom Weizen zu trennen. Häufig wird hier abends ein Unterhaltungsprogramm mit Musik- und Tanzdarbietungen geboten. Insbesondere die Mitglieder von Reisegruppen kommen in den Genuss dieser folkloristischen Veranstaltungen, die extra für sie arrangiert werden, besonders eindrucksvoll etwa im Hofe des Hotels Mandawa Castle in Mandawa.

In Großstädten wie Delhi, Jaipur und Kolkata werden auch außerhalb der Hotels kulturelle Veranstaltungen wie Theater, Musik und klassischer Tanz geboten, häufig auf Initiative ausländischer Kulturinstitute wie des Goethe-Instituts, das hier Max Mueller Bhawan heißt. Auskunft erteilen die Touristenbüros.

Wo Individualtouristen konzentriert anzutreffen sind, beispielsweisee in Pushkar, Khajuraho, Agra, Udaipur und Jaisalmer, hat sich eine eigene Szene entwickelt, deren Mittelpunkt wenn möglich ein Dachterrassenrestaurant ist. Hier treffen sich die Globetrotter in entspannter Atmosphäre beim Bier und tauschen Reiseerlebnisse und Tipps aus, schmieden Pläne und finden neue Reisepartner. Welches Restaurant gerade ›in‹ ist, erfährt man sehr schnell vor Ort.

Ausgehziel mit faszinierendem Panoramablick: Terrassenrestaurant in Leh (Ladakh)

Drogen

Die Zeiten, als Globetrotter in Indien unbekümmert die Haschischpfeife kreisen lassen konnten, sind längst vorbei. Drogenkonsum wird auch hier streng bestraft, und so mancher Tourist schmachtet unter erbarmungswürdigen Bedingungen in einem indischen Gefängnis.

Elektrizität

Die Spannung beträgt offiziell 220 V, sinkt aber wegen Überlastung häufig unter diesen Wert. Meist passt der bei unseren Kleingeräten übliche zweipolige Stecker, nicht jedoch der dreipolige Schukostecker. Es empfiehlt sich, einen Weltstecker (in Globetrotterläden erhältlich) im Gepäck zu haben.

Fotografieren

Sofern man noch analog fotografiert, sollte man genug Filmmaterial mitnehmen, vor Ort erhält man meist überlagerte Ware.

Bei aller Exotik vermeide man es, sich wie ein Jäger auf die Menschen zu stürzen. Man sollte nie jemanden gegen seinen Willen ablichten. Insbesondere Frauen ohne Einverständnis zu fotografieren, kann in islamisch geprägten Regionen zu Unannehmlichkeiten führen. Größte Vorsicht ist bei militärisch wichtigen Anlagen geboten, etwa Flughäfen, Brücken und selbst Bahnhöfen. An kunsthistorisch bedeutsamen Stätten darf grundsätzlich nicht mit Stativ fotografiert werden. In einigen Tempeln herrscht strenges Fotoverbot.

Öffnungszeiten

Banken s. S. 105; Behörden Mo–Fr 10–16 Uhr; Post Mo–Fr 10–17, Sa 10–12 Uhr; Geschäfte und Flugbüros Mo–Fr 10–17, Sa 10–12 Uhr, zuweilen wird eine Mittagspause eingelegt; Basarläden haben bis spätabends, manchmal auch am So geöffnet.

Toiletten

Es gibt zwei Arten von Toiletten: *indian style* und *european style*. Erstere bestehen aus einem Loch in einer Porzellanwanne, zuweilen auch aus einer Edelstahlwanne mit erhöhten Tritten. Diese Hocktoiletten sind etwas unbequem, aber wesentlich hygienischer als die bei uns üblichen. Leider lässt die Sauberkeit vieler Toiletten zu wünschen übrig, selbst in Hotels der gehobenen Mittelklasse funktioniert die Spülung nur in Ausnahmefällen.

Trinkgeld

Trinkgeld ist eine der wichtigsten Einnahmequellen im Dienstleistungssektor. Selbst für kleine Gefälligkeiten wird ein Obolus erwartet. Bei längeren Hotelaufenthalten ist es ratsam, schon zu Beginn eine ›Belohnung‹ zu geben, um einen besseren Service zu bewirken. Gegen eine geringe Gebühr kann man sich vom Hotel auch eine zeitraubende Reservierung von Zügen etc. abnehmen lassen.

Verhalten als Tourist

Leider legen Touristen häufig die bei uns üblichen Normen zugrunde. Indien ist aber ein prüdes Land, in dem nicht einmal Kussszenen im Film gezeigt werden dürfen. Werden Männer in Shorts in der Stadt allenfalls belächelt, so schlägt Frauen in dieser Aufmachung Verachtung entgegen. Gepflegtes Aussehen und saubere Kleidung sind nicht zu unterschätzende Voraussetzungen, um von den Indern akzeptiert zu werden.

Reisekasse und Reisebudget

Währung

Die indische Währung ist die Rupia (Rs), unterteilt in 100 Paisa (p). Die Münzen haben einen Wert von 5, 10, 20, 25, 50 p bzw. 1, 2, 5 Rs, die Banknoten von 1, 2, 5, 10, 20, 50, 100 und 500 Rs. Die Ein- und Ausfuhr ist verboten.

100 Rs = ca. 1,70 € = ca. 2,27 CHF; 1 € = ca. 58 Rs, 1 CHF = ca. 44 Rs

Geldwechsel

Die Banken sind meist nur Mo–Fr 10–14 Uhr geöffnet. Das Wechseln kann zu einer Nervenprobe werden. Empfehlenswert sind Traveller Cheques in US$ (nur American Express und Thomas Cook). Nicht selten verweigern Bankangestellte das Einlösen des Schecks mit Hinweis auf eine falsche Unterschrift. Es ist daher ratsam, als Legitimation die Kaufquittungen zumindest in Kopie dabeizuhaben. Problemlos und schnell wechselt man auf dem Flughafen und den autorisierten Wechselstuben am Connaught Circus in Delhi.

Sperrung von EC- und Kreditkarten bei Verlust oder Diebstahl*:

00 49-116 116

oder 00 49-30 40 50 40 50
(* Gilt nur für angeschlossene Geldinstitute., Übersicht: www.116116.eu, www.kartensicherheit.de)
Weitere Sperrnummern:
- MasterCard: 0800-819 10 40 (kostenfrei innerhalb Deutschlands)
- VISA: 00 14-1-05 81 99 94 (kosteloses R-Gespräch)
- Diners Club: 00 13-037 99 15 04 (aus dem Ausland)

Bitte halten Sie Ihre Kreditkartennummer, Kontonummer und Bankleitzahl bereit!

Man sollte das Geld immer nachzählen und darauf achten, keine eingerissenen Scheine angedreht zu bekommen, die im Handel nicht akzeptiert werden. Löcher hingegen, die von der Gewohnheit, die Geldbündel zu heften stammen, sind belanglos.

Achtung: Tauschquittungen sollte man sorgfältig aufbewahren, da man sie zuweilen beim Kauf von Inlandflugtickets und Bahnfahrkarten vorlegen muss, wenn man in einheimischer Währung zahlen möchte.

Immer größere Verbreitung finden **Geldautomaten** (ATM), die aber nicht immer die bei uns üblichen Kredit- oder Masterkarten akzeptieren. Man sollte in Indien mit Kartenzahlungen sehr zurückhaltend sein, da es häufig zu Missbrauch kommt. Die Karte niemals aus der Hand geben, genau über die eigenen Zahlungen Buch führen und sehr sorgfältig die Auszüge kontrollieren!

Reisebudget

Legt man den bei uns üblichen Standard zugrunde, reist man in Indien sehr preiswert. In einem guten Mittelklassehotel zahlt man pro Doppelzimmer mit Bad und Klimaanlage 20–50 €, man kann aber auch schon für 2 € übernachten. Das Essen in einem guten Restaurant kostet nicht mehr als 4 €, das üppige Buffet in einem internationalen Hotel selten mehr als 10 €. Leckere Snacks wie *masala dosas* sind für wenige Cent zu haben. Für eine Flasche Mineralwasser (1 l) zahlt man ca. 20 ct (10–15 Rs). Alkohol ist recht teuer: Ein einheimisches Bier kostet ab ca. 1,50 €, in großen Hotels auch das Zwei- bis Dreifache. Importierte Alkoholika sind wesentlich teurer.

Der Transport mit öffentlichen Verkehrsmitteln ist geradezu spottbillig: 5 Std. Busfahrt ca. 2 €, eine Bahnfahrt 2. Klasse AC, z. B. von Delhi nach Jaipur 11 €. Fliegen ist dagegen nicht billig, so kostet der einfache Flug von Delhi nach Leh (1 Std.) etwa 100 €.

Reisezeit und Reiseausrüstung

Reisezeit

Die optimale Zeit für eine Indienreise hängt sehr davon ab, welche Region man aufsuchen möchte.

Tiefland

Für den Besuch des Tieflandes eignen sich am besten die Wintermonate Oktober bis März. Ab April steigen die Temperaturen kontinuierlich, bis sie kurz vor Ausbruch des Monsuns ihr Maximum erreichen. Temperaturen von 50 °C sind dann keine Seltenheit und das Reisen ist alles andere als ein Vergnügen. In den folgenden Monaten sinken zwar die Temperaturen, die Luftfeuchtigkeit steigt jedoch infolge des Ende Juni einsetzenden Monsuns auf über 80 % bei Temperaturen von 32 bis 35 °C. Am schönsten ist die Zeit nach dem Monsun, der Anfang Oktober abklingt und das Land in leuchtendem Grün hinterlässt. In den Wintermonaten können die nächtlichen Temperaturen im Landesinnern unter den Gefrierpunkt sinken, während tagsüber ein für Europäer angenehmes Sommerwetter mit Temperaturen um die 25 °C herrscht.

Südwestliche Gebirgsränder

Die mittleren Höhenlagen an der Abdachung des Himalaya, wo die Engländer ihre Luftkurorte, die Hill Stations, in etwa 2000 m Höhe errichtet haben, kann man bis kurz vor Ausbruch des Monsuns bereisen, muss dann aber mit einem großen Zustrom einheimischer Touristen rechnen, die der Hitze des Tieflandes entfliehen. Während der Monsunzeit sind die Orte einem Dauerregen ausgesetzt. Zwischen Juni und August fallen in Darjeeling über 180 mm Regen. Am angenehmsten ist es auch hier im frühen Herbst, der noch warme Tage und kühle bis kalte Nächte beschert. Es ist auch die beste Zeit für Trekkingtouren in dieser Region, etwa im Kullu-Tal, in Chamba, Shimla, Darjeeling und Sikkim. In Höhenlagen über 2000 m kann Anfang November aber bereits Schneefall einsetzen. Trekkingtouren in höheren Regionen lassen sich auch in der kurzen Zeitspanne von Anfang Juni bis zum Ausbruch des Monsuns unternehmen. Tagsüber ist es dann

Klimadaten Delhi

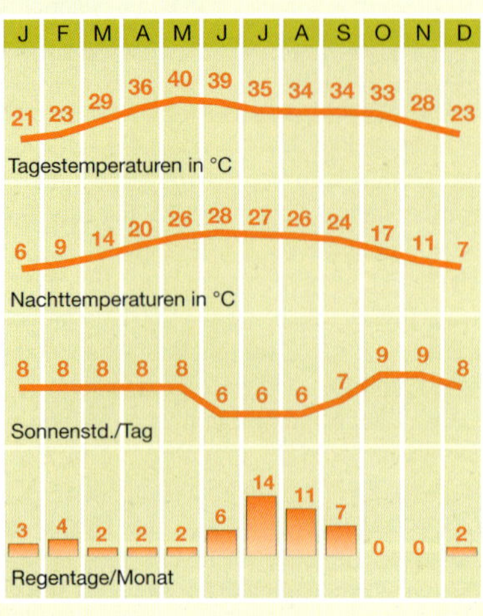

Klimadaten Leh (Ladakh)

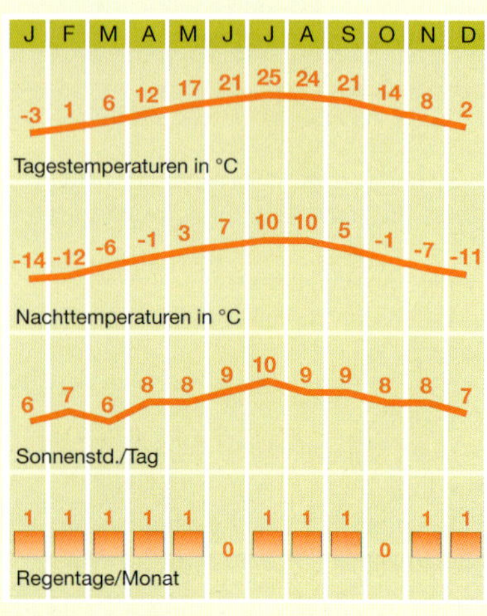

Fehlt ein Kleidungsstück, kann man es vor Ort preiswert schneidern lassen

selbst in über 3000 m Höhe noch recht heiß, zumal Schatten selten anzutreffen ist.

Jenseits des Himalaya-Hauptkamms

Die Ladakh- und Spiti-Region liegt im Regenschatten, weist dafür aber im Winter extrem niedrige Temperaturen auf. Zudem sind die meisten Pässe ins Tiefland von November bis Anfang Juni zugeschneit, sodass Ladakh sich dann nur auf dem Luftweg erreichen lässt. Die meisten Hotels haben geschlossen. Die beste Reise- und auch Trekkingzeit sind hier die Monate Juli bis Ende Oktober.

Wetterinfos im Internet

Informationen über die Wetterlage vor Ort findet man u. a. auf www.wetteronline.de/Asien.htm, www.weather.nic.in/current.htm sowie www.imd.ernet.in/main_new.htm. Die Website von imd (India Meteorological Department, www.imd.gov.in) informiert sehr ausführlich über das Fortschreiten des Monsuns.

Kleidung und Ausrüstung

Welche Kleidung man am besten mitnimmt, hängt vom Reiseziel und der Reisezeit ab. Für das Tiefland ist leichte Kleidung für den Tag angesagt, aber auch ein warmer Pullover für die oft kalten Nächte sowie die klimatisierten Busse und Eisenbahnen darf nicht fehlen.

Die Wäsche sollte pflegeleicht und von nicht zu guter Qualität sein, sofern man sie zum Waschen gibt, denn die Methoden und Waschmittel sind ausgesprochen ›brutal‹. Erwähnt sei noch, dass man sich vor Ort in Indien sehr preiswert mit teilweise maßgeschneiderter, zweckmäßiger Kleidung eindecken kann.

Für Trekkingtouren sind gute, bereits eingelaufene Schuhe Grundvoraussetzung, ergänzt durch Pullover, winddichte Jacken, Trekkingsocken und Thermohemden. Wer das erste Mal zu einer Wanderung aufbricht, sollte sich in einem der Globetrotterläden beraten lassen.

Gesundheit und Sicherheit

Vor der Abreise

Reisekrankenversicherung

Gesetzlich Versicherte sollten eine Auslandsreisekranken- sowie eine Auslandsunfallversicherung abschließen, die auch einen Rücktransport im Notfall beinhaltet. Man achte besonders auf die Konditionen für den Rücktransport. Verspricht der Anbieter, der Rücktransport erfolge, sofern »medizinisch notwendig«, so ist dies schlechter, als wenn er erfolgt, sofern »sinnvoll«.

Reiseapotheke

Vor der Abreise ist es ratsam, sich mit seinem Hausarzt in Verbindung zu setzen und sich eine kleine Reiseapotheke zusammenstellen zu lassen, die folgende Medikamente enthalten sollte: Mittel gegen Magen- und Darmbeschwerden, Schmerzmittel, Wundsalbe, Desinfektionsmittel, Breitbandantibiotika, fiebersenkende Mittel, kreislaufregulierende Medikamente, Tabletten gegen Halsentzündung, Augentropfen. Außerdem sollte man sich bei einer Apotheke mit Micropur-Tabletten zur Entkeimung von Wasser (s. S. 109) eindecken.

Impfungen

Man sollte sich rechtzeitig d. h. **mindestens acht Wochen vor der Abreise** bei Gesundheitsamt, Hausarzt oder Tropeninstitut über die notwendigen Impfungen informieren. Bei Einreise aus Drittländern sind u. U. Sonderbestimmungen zu beachten. Wertvolle Hinweise findet man auf www.fitfortravel.de; gegen Gebühr kann man sich dort auch einen individuellen Impfplan erstellen lassen.

Cholera: Da der Schutz nur sehr beschränkt ist, die Nebenwirkungen hingegen beträchtlich sein können, wird die Impfung heute kaum noch von den Ärzten empfohlen.

Typhus: Anstelle der Schluckimpfung mit Typhoral-L wird heute eine Impfung empfohlen.

Hepatitis (Gelbsucht): Typ A (infektiöse Gelbsucht) ist sehr verbreitet und wird vor allem durch unsaubere Speisen und Toiletten verbreitet. Ansteckungsgefährdet sind insbesondere jüngere Personen, die noch keine Immunität erworben haben. Mit dem Impfstoff Havrix ist diese Gefahr gebannt (drei Impfungen über einen Zeitraum von insgesamt einem Jahr). Typ B (Serumhepatitis) ist sehr selten (im Vergleich mit Typ A etwa 10 : 1) und wird durch Blut übertragen, meist durch verunreinigte Nadeln. Ihr Verlauf ist schwerer. 10 % der infizierten Personen behalten Dauerschäden, 3 % sterben. Eine hundertprozentig wirksame, wenn auch teure Schutzimpfung gegen Typ A und B ist mit dem Serum Twinrix möglich.

Tetanus (Wundstarrkrampf): Dieser Impfung sollte sich eigentlich jeder auch ohne Reiseabsichten bereits unterzogen haben. Eine Auffrischung ist alle zehn Jahre notwendig.

Malaria: Die Malaria ist aufgrund resistenter Stämme weltweit wieder auf dem Vormarsch, so auch in Indien. Besonders betroffen sind die Randzonen des Himalaya, Rajasthan und Orissa. Das Gesundheitsamt erteilt Auskunft, welche Mittel in welcher Dosis derzeit wirkungsvoll sind und ob eine Standby-Medikation ausreicht. Der Einnahmezyklus darf nicht unterbrochen werden und ist auch nach der Rückkehr in die Heimat sechs Wochen lang fortzusetzen. Achtung: Der Schutz vor Stichen ist die beste Prophylaxe. Da die Anopheles-Mücke, einziger Überträger dieser Tropenkrankheit, nur in der Dämmerung sticht, sollte man sich in dieser Zeit nicht im Freien aufhalten oder geeignete Maßnahmen treffen (lange Ärmel, lange Hosen, Einreiben mit Mückenschutz).

Meningitis (Hirnhautentzündung): Die vor allem für Kinder gefährliche, vom Meningokokkus-Erreger hervorgerufene Krankheit, die schwere Nachwirkungen mit sich bringen kann, tritt seit einigen Jahren auch in den ländlichen Regionen Indiens vermehrt auf.

Man erkundige sich beim Gesundheitsamt nach einer prophylaktischen Impfung.

Aids: Die Immunschwächekrankheit hat in Indien bereits epidemische Ausmaße erreicht. Allein in Mumbai (Bombay) sind bereits 40–50 % der schätzungsweise 100 000 Prostituierten HIV-infiziert.

Notfälle

Leider gibt es bisher keine einheitliche Notfallnummer. Man findet Notfallnummern in den örtlichen Telefonbüchern. Eine große Hilfe für den Fremden sind sie aber in der Regel nicht, da die Vermittlung am Telefon nur selten Englisch spricht. Die beste Auskunft über zuverlässige Ärzte kann man im Ernstfall durch die diplomatischen Vertretungen erhalten (s. S. 85). Die Angestellten an den Hotelrezeptionen sind im Allgemeinen ebenfalls geeignete Ansprechpartner.

Prophylaxe vor Ort

Die hygienischen Verhältnisse in Indien lassen sich zwar nicht mit den unsrigen vergleichen, beherzigt man jedoch einige Grundregeln, ist die Wahrscheinlichkeit einer Erkrankung nicht größer als in Südeuropa.

Vorsicht beim Essen

Es gibt einige Tabus, die sich jeder Indienreisende zum Gesetz machen sollte: Nie unabgekochtes Wasser trinken und davon ausgehen, dass auch das in den Hotels servierte Trinkwasser nicht keimfrei ist. Kein Eis, keinen Salat und kein ungeschältes Obst essen. Keine bereits geschälten Früchte von Straßenständen verzehren, da diese zum Frischhalten mit verschmutztem Wasser übergossen sein könnten. Das bei den Reisenden so beliebte Lassi (Joghurt mit Wasser) ist eine ebenfalls nicht zu unterschätzende Gefahrenquelle. Problematisch sind auch Frischmilchprodukte (TBC), Schweinefleisch (Trichinen) sowie fettige und frittierte Speisen (schlechtes Öl), Tiefkühlprodukte (mangelhafte Aufbewahrung) und Produkte aus frischen Eiern wie Mayonnaise (Salmonellen).

Ins Gepäck gehört eine eigene Wasserflasche. Das dort eingefüllte Trinkwasser kann man ohne Geschmacksbeeinträchtigung mit Micropur-Tabletten (in deutschen Apotheken erhältlich) entkeimen.

Beim Auftreten von Magenbeschwerden kann man sofort mit der Einnahme von Kohletabletten beginnen. Bevor man jedoch zu Antibiotika greift, ist es ratsam, eine von der Weltgesundheitsorganisation WHO empfohlene, aus Salz, Kaliumchlorid, Soda und Traubenzucker bestehende Lösung, z. B. Elotrans, in Wasser gelöst zu sich zu nehmen. Derartige Mittel hält jede Apotheke in Indien bereit. Als wirkungsvoll bei leichten Beschwerden haben sich auch Metifex und Loperamid bewährt, bei schweren Infektionen Bactrin (Sulfonamid).

Sonnenbrand und Erkältungen

Durch geeignete Kleidung und richtiges Verhalten schützt man sich vor zu starker Sonnenbestrahlung. Vor allem beim Sonnenbaden ist äußerste Vorsicht geboten, da die Wärmeregulierung durch den Klimawechsel ohnehin gestört ist. Auch von Klimaanlagen geht eine nicht zu unterschätzende Gefahr aus; kaum einer übersteht den fortwährenden Temperaturwechsel ohne ernsthafte Erkältung.

Mückenschutz

Siehe Stichwort Malaria, S. 108.

Krankenhäuser

Der Bogen der Krankenversorgung spannt sich von der primitiven Station in einem Dorf bis zur hochmodernen Klinik, zu der Patienten aus Übersee anreisen, um sich preisgünstig behandeln oder verschönern zu lassen. Die Krankenversorgung ist in den Städten gewährleistet, Hospitäler nach westlichem Standard gibt es aber auch dort nur wenige.

In Delhi

Apollo Hospital
Mathura Rd.
Ansari Nagar
Tel. 011-26 92 58 58
Notruf 1066
www.apollohospdelhi.com

All India Institute of Medical Sciences
(AIIMS)
Ansari Nagar
Tel. 011-26 56 11 23
www.aiims.edu

Diplomatic Dental Centre
B-71, Pachimi Marg, Vasant Vihar
Tel. 011-26 14 70 08.
Die US-Botschaft hat eine Liste mit empfehlenswerten Ärzten in Dehli veröffentlicht: http://newdelhi.usembassy.gov/medical_information2.html.

In Jaipur

Santokba Durlabhji Hospital
Bhawan Singh Marg
Tel. 0141-256 62 51 bis 58
www.jaipursearch.com/medical/sdmh.htm
Das Santokba Durlabhji Hospital gilt als bestes Krankenhaus in Rajasthan.

In Kolkata

Woodlands Hospital
8/5 Alipore Rd.
Tel. 033-24 56 70 75 bis 89
Das US-Konsulat hat eine Liste mit empfehlenswerten Ärzten veröffentlicht: http://kolkata.usconsulate.gov (Emergency AC Services/Medical Assistance).

Sicherheit

Indien ist ein sicheres Reiseland, in dem Touristen nur sehr selten Gewaltverbrechen zum Opfer fallen. Eine Ausnahme bildet das Kullu-Tal, wo bereits etliche Trekker spurlos verschwunden sind. In einer Reihe von Fällen dürften dabei auch Drogen im Spiel gewesen sein.

Ratsam ist es, vom Besuch politischer Unruheherde wie Kaschmir sowie einiger Ostprovinzen abzusehen. Die aktuellen Warnhinweise des Auswärtigen Amtes findet man unter www.auswaertiges-amt.de.

In den Touristenhochburgen wie Delhi, Agra und Jaipur, aber auch in Nachtzügen sollte man möglichst keine Speisen und Getränke von Fremden annehmen, sie könnten Schlafmittel enthalten.

Allein reisende Frauen sind im Gegensatz zu vielen muslimischen Ländern kaum ernsthaften Belästigungen ausgesetzt, sollten aber abgelegene Strände und nachts einsame Straßen in Großstädten meiden (s. a. S. 91).

Kleinere und größere Betrügereien sind in Indien leider an der Tagesordnung, angefangen vom überteuerten Taxi bis zum falschen Teppich. Vor allem beim Erwerb höherwertiger Produkte wie Edelsteinen sollte man auf der Hut sein, und es ist ratsam, Kreditkarten nur im Ausnahmefall zu benutzen, da Missbrauch weit verbreitet ist.

Apotheken

Apotheken, mit denen selbst kleinste Städte aufwarten können, sind erstaunlich gut sortiert und die Apotheker sehr sachkundig. Medikamente sind wesentlich billiger als in Europa, wenn auch teilweise unter anderem Namen erhältlich. Ein mitgebrachter deutscher Beipackzettel mit der Zusammensetzung ist hilfreich. Selbst für Antibiotika benötigt man kein Rezept.

Internet

Dass Indien zu den führenden IT-Nationen der Welt zählt, findet seinen Niederschlag auch im Alltag. Internetshops schießen wie Pilze aus dem Boden. Häufig befindet sich der Computer in einem Geschäft neben Bonbons und Saris. Die Geschwindigkeit lässt trotz der Versicherung, man verfüge über einen High-Speed-Anschluss, oft zu wünschen übrig, nicht zuletzt weil viele Verbindungen außerhalb der großen Städte über Satellit abgewickelt werden. Es spricht sich bei den Travellern aber herum, wo man am schnellsten ins Netz kommt. In vielen selbst kleineren Hotels, gehört WiFi heute zum Standard.

Post

Die Post in Indien ist nicht immer zuverlässig. Man sollte die Karten und Briefe nicht in Briefkästen werfen, sondern sie am Schalter abstempeln lassen (Öffnungszeiten s. S. 104). Manche Geschäfte versprechen, gekaufte Ware für den Kunden zu versenden. Außer bei staatlichen Government Emporia (s. S. 100) ist darauf allerdings nicht immer Verlass. Es empfiehlt sich, die Pakete selbst zur Post bringen. Teurer, aber sicherer ist der Versand mit internationalen Unternehmen wie UPS.

Radio und Fernsehen

Zwar gibt es in fast allen Hotelzimmern ab der Mittelklasse Fernsehgeräte, die Sendungen sind jedoch fast ausschließlich in Regionalsprachen und beschränken sich im wesentlichen auf Soaps. Nur am frühen Abend sendet das indische Fernsehen Nachrichten in Englisch. Hin und wieder kann man auch CNN und BBC empfangen.

Die Deutsche Welle lässt sich, abgesehen von regionalen Schwankungen, nach Einbruch der Dunkelheit auf mehreren Kurzwellenbändern (besonders auf 15 620 kHz im 19-m-Band, 6170 im 49-m-Band und 17 820 kHz im 16-m-Band) gut empfangen. Eine Liste der Frequenzen, Sendezeiten und Programme erhält man kostenlos von der Deutschen Welle, Kundenservice, Kurt-Schumacher-Str. 3, 53113 Bonn, oder über das Internet unter www.dw-world.de.

Telefonieren

An Telefonen herrscht kein Mangel. Mit Einführung privater Telefondienste sind vor allem Ferngespräche sehr einfach geworden. Selbst in winzigen Orten trifft man auf kleine Telefonläden mit ISD- (internationale Verbindung), STD- (Ferngespräche innerhalb Indiens) und PCO-Anschlüssen (Ortsgespräche). Ein elektronischer Gebührenzähler informiert über Zeit und Kosten. Vorsicht ist auf Flughäfen geboten, wo die Geräte häufig manipuliert und die Zähler deaktiviert werden. Telefongespräche nach Europa kosten ab etwa 7 Rs/Minute.

Das Telefonieren mit dem Handy über Roaming schlägt je nach Provider mit mindestens 2,50 €/Minute zu Buche.

Detaillierte Infos zum Telefonieren in und nach Indien findet man auf http://indien.jwidmer.de/index.php?/pages/practicalinfo.html.

Vorwahlen: Deutschland 00 49, Österreich 00 43, Schweiz 00 41, Indien 00 91.

Zeitungen

Indien hat zahlreiche überregionale englischsprachige Tages- und Wochenzeitungen mit regionalen Beilagen. Da Pressefreiheit herrscht, vermittelt ihre Lektüre einen lebendigen Eindruck vom politischen und wirtschaftlichen Alltag. Besonders zu empfehlen sind die Times of India, die Hindustan Times und das Wochenmagazin India Today.

Glossar

Adinatha Erster Furtbereiter des Jainismus
Ashram Gemeinsame Wohnstätte, in der der Guru seine Schüler um sich versammelt
Asura Dämonen, Feinde der hinduistischen Götter
Avalokiteshvara Bodhisattva der Barmherzigkeit

Bagh Park
Bhawan Haus, Gartenpavillon
Bodhi-Baum Baum, unter dem Siddhartha Gautama (Buddha) die Erleuchtung fand
Bodhisattva Wesen auf der letzten Stufe vor der Erleuchtung
Brahma Hinduistischer Gott, Weltenschöpfer, einer der Trimurti
Brahman Weltenseele, das ewig, unvergänglich Absolute
Brahmane Angehöriger der Priesterklasse
Brajreshwani Erscheinungsform der Göttin Parvati
Buddha Siddhartha Gautama Shakya, Stifter des Buddhismus
Burj Turm, Palast

Chakra Symbol der Sonne und des ›Zeitrades‹; Energiezentren im Körper
Chattri Grabstätte in Form eines offenen Schreins
Chörten Tibetischer Name für Stupa
Chowk Offener Platz

Darwaza Tor, Torweg
Devadasi Tempeltänzerin
Dewi Göttin
Dharamsala Pilgerherberge
Dharma Kosmische Ordnung, Lehre Gautama Buddhas
Diwali Lichterfest der Hindus
Diwan-i-Am Öffentliche Audienzhalle am Mogulhof
Diwan-i-Khas Privater Empfangsraum am Mogulhof
Drawiden Urbevölkerung Indiens vor Ankunft der Arier
Durga Hinduistische Muttergottheit, Shakti von Shiva, Schwester von Vishnu

Furtbereiter (Tirthankara) Einer der 24 Meister, die die Grundlagen der Jainreligion lebendig erhalten

Ganesh(a) Hinduistischer Schutzgott in Elefantengestalt, Sohn Shivas
Ganga Hinduistische Flussgöttin
Ghat Badetreppen an einem heiligen Wasser; ansteigendes Gebirge
Gompa Tibetisches Kloster; Höhle
Gonkhang Tempel der Schutzgottheiten in einem tibetischen Kloster
Guru Lehrer, Meister

Haveli Befestigtes Handelshaus in Rajasthan, oftmals mit Wandmalereien kunstvoll verziert
Hill Station Von den Briten eingerichteter Höhenluftkurort
Hindu-Stil Südindischer Tempelstil, auch drawidischer Stil

Indoarischer Stil Nordindischer, vorislamischer Tempelstil

Jali Durchbrochenes Steinwerk
Jama Masjid Große oder Freitagsmoschee
Jyotir-Lingam ›Flammende Lichtsäule‹, symbolisiert die Vorherrschaft Shivas im hinduistischen Pantheon

Kali Furchterregende Erscheinungsform der Durga, eng verbunden mit Shiva
Karma Wirkung des Schicksals von einer Inkarnation in die nächste
Krishna Achte Inkarnation Vishnus
Kumbh Mela Größtes Fest der Hindus
Kund Tempelteich; künstliches Wasserbecken

Lama Religiöser Lehrer und Meister im tibetischen Buddhismus

Lakshmi Hinduistische Göttin des Wohlstands, Gattin Vishnus
Lingam Phallisches Symbol, Symbol der Shiva-Verehrung

Mahabharata Größtes Epos der indischen klassischen Literatur
Mahal Palast
Maharaja/Maharana ›Großer König‹, Herrscher über ein Fürstentum
Mahavira 24. und letzter Furtbereiter, Kirchenstifter des Jainismus
Mahut Elefantenführer
Maidan (Fest)Platz
Mandala Die kosmische Kräfte symbolisierenden Zeichnungen und Diagramme
Mandir Tempel oder Schrein
Mantra Beschwörungs- und Gebetsformel
Marg Straße
Masjid Moschee
Mela Messe, Fest, Jahrmarkt
Minar Turm
Mithuna Göttliches Paar, verkörpert Gegensätze wie Himmel und Erde, Licht und Dunkelheit, Yoni und Lingam
Mogul Muslimischer Herrscher Indiens zwischen dem 16. und 18. Jh.
Moschee Islamische Gebetsstätte
Mudra Geste in der hinduistischen und buddhistischen Ikonografie

Naga Schlange, Schlangengott, Wassergeist; Attribut Shivas
Nagara Nordindischer Tempeltyp mit konvexem Turm
Nandi Bulle; Reittier Shivas
Nawab Auch Nabob; Herrschertitel eines selbstständigen Fürsten nach der britischen Eroberung, vergleichbar dem des Maharajas
Nirvana ›Verwehen‹, Begriff für die Erlösung vom Kreislauf der Wiedergeburten

Parvati Hinduistische Göttin, Verkörperung des Himalaya, Gattin Shivas; Inkarnation als Durga oder Kali
Pol Tor; in Gujarat abgetrennte Wohnbezirke der einzelnen Berufsgruppen und Kasten

Rai Lokaler Herrscher niederen Rangs
Raj(a) Herrscher, König; während der Kolonialzeit auch für die Briten benutzt
Rajputen Adelige Familien, die früher Teile Nord- und Westindiens beherrschten
Ramayana Großes indisches Heldenepos
Rao Titel eines lokalen Fürsten
Rishi Heiliger

Sadhu Heiliger, Asket
Sagar Künstlich angelegter See
Sangha Eine buddhistische Mönchsgemeinde
Shakti Einem hinduistischen Gott innewohnende weibliche Energie
Shevetambara Sekte der Jains
Shiva Hinduistischer Gott, Weltenzerstörer, einer der Trimurti
Sikhara Turm nordindischer Tempel
Singh ›Der Löwe‹, Name aller Sikhs
Stupa Halbkugelförmiger Bau, Symbol für Buddhas Eingang in das Nirvana
Sufi Islamischer Mystiker

Tempo Dreirädriges Taxi
Tirthankara Siehe Furtbereiter
Tonga Zweirädrige Pferdedroschke
Trimurti Götterdreiheit der höchsten hinduistischen Götter Brahma, Vishnu und Shiva

Varna ›Farbe‹, Bezeichnung für die Kaste
Veden Aus mehreren Schriften bestehende göttliche Offenbarung im Hinduismus
Vishnu Hinduistischer Gott, der Weltenerhalter, einer der Trimurti

Yaksha Örtliche Schutzgottheiten
Yamuna Hinduistische Flussgöttin
Yogi Hinduistischer Asket
Yoni Symbol der weiblichen Geschlechtsteile, Gegenstück zum Lingam

Ausspracheregeln

Hindi ist zwar indogermanischen Ursprungs, dennoch nicht einfach zu sprechen. Das Alphabet besteht aus elf Vokalen und 35 Konsonanten. Eine Besonderheit der Aussprache sind die sogenannten Retroflexe, bei denen die Zunge gegen den Gaumen gedrückt wird (u. a. t, th, dh, rh), sowie Nasale und gehauchte Laute. Bei den Vokalen a, e, i und u kennt man eine lange und eine kurze Aussprache. Die lange wird hier durch einen Strich über dem Vokal dargestellt. Es gibt weibliche und männliche Substantive, wobei die männlichen meist auf a, die weiblichen überwiegend auf i enden. Das höfliche »bitte« wird durch Anhängen von iye an die Stammform des Verbs gebildet. Bringen = lānā, bringen Sie bitte! = lā-iye.

Allgemeines

Guten Tag / Guten Morgen / Guten Abend	namaste / namaskar
Guten Tag (bei Muslimen)	aslām aleiqum
Herr ...	srī
Frau ...	srīmatī
danke	shukriyā, danyavad
ja	jī hān
nein	jī nahin
gut, in Ordnung	acchā
schlecht	kharab, burā
groß	barā
klein	chotā
ich	main
mir	mujhe
wir	ham
wer?	Kaun?
wann?	Kab?

Unterwegs

Zug	relgārē, tren (train)
Bus	bus
Auto	kār (car), gāri
Taxi	taksī
Taxameter	mītar (meter)
Haltestelle	stop
Bahnhof	stesan (station)
Fahrkarte	tikat (ticket)
Toilette	letrīn, gusalkānā, shulab
Sitzplatz	sīt (seat)
Straße	sarak
Platz	chauk
nach rechts	dahinia
nach links	banyā
geradeaus	sidhā
weit weg / nahe	dūr / nasdīk

Zeit

Monat	mahinā
Woche	haftē, saptah
Tag	din
heute	āj
morgen / gestern	kal
Morgen	subah
Mittag	dopahar
Abend	sām
Montag	somwār
Dienstag	mangalwār
Mittwoch	budhvār
Donnerstag	guruwar
Freitag	shukravar
Samstag	shaniwār
Sonntag	itwār

Notfall

Hilfe!	Bacāo!
Halt!	Ruko!
Polizei	pulis
Dieb	cor
Hau ab, geh weg!	jao!
Krankenhaus	haspitāl
Arzt	daktar
Apotheke	dawadukan
krank	bimar
Durchfall	sangrhanī
Erkältung	sardī
Schmerzen	dukh, dardh
Fieber	bukhar
Magen	pet

Übernachten

Hotel	hotel
Einzelzimmer	singel kamrā
Doppelzimmer	dabel kamrā
Zimmer mit Bad	gusalkānevālā kamrā
für eine Nacht	ek din
Reservierung	reservation (engl.)
Gepäck	sāman
Bettlaken	kambāl
Schlüssel	chābī
Dusche	schaua (engl.)
Wasser (kalt / warm)	pānī (tandā / garam)
Toilettenpapier	toilet paper (engl.)

Einkaufen

Markt	basār
Geschäft	dukān
Preis	kīmat, denā
bezahlen	paisa denā
Schlepper	dalāl
(zu) teuer	(bahut) mahaga
Geld	paisā

Zahlen

0	schūnya	16	solah
1	ek	17	satrah
2	do	18	athāra
3	tin	19	unīs
4	tschār	20	bīs
5	pantsch	21	ikīs
6	tschi	25	patschīs
7	sāt	30	tīs
8	āth	40	tschālīs
9	nau	50	patschās
10	das	60	sāth
11	gyārah	70	satar
12	bārah	80	assī
13	terah	90	nabbe
14	tschau-dah	100	sau
		101	ek sau ek
15	pandrah	200	do sau

Die wichtigsten Sätze

Allgemeines

Ich heiße …	Mera nam … hai.
Ich bin …	Main … hun.
Ich verstehe nicht.	Samjhā nahīn.
Ich spreche kein Hindi.	Mujhe ko hindī nahīn āti.
Sprechen Sie Englisch?	Kyā āp ko angrēzi ātī hai?
Wie geht es Ihnen?	Āp kaise ho?
Wie spät ist es?	Taim kitna hai?

Unterwegs

Wo ist …?	… kahān hai?
Wie weit ist es?	Kahān dur?
Ich möchte nach …	Main … jānā chāhtā hun.
Welcher Bus fährt nach?	… kā bas kahān hai?
Wann fährt der Zug / Bus?	Tren / bus kab jayegi?

Notfall

Ich habe Magenschmerzen.	Mere pet me dard hai.
Rufen Sie die Polizei!	Pulis ko bulāo!
Wo ist das Krankenhaus?	Haspitāl kahān hai?

Übernachten

Haben Sie ein Zimmer?	Āpke pās kamrā hai?
Kann ich das Zimmer sehen?	Kyā maing kamrā dek saktā?
Wie viel kostet das Zimmer?	Kamrā kā bhārā kyā hai?

Einkaufen

Wie teuer ist das?	Kitna paisā?
Ich möchte …	Mujhko … chāhiye.
Ich kaufe nichts	Kuch nahīn khari dungā.

Nicht nur ausländischen Touristen eröffnet das Reiseziel Nordindien jede Menge interessanter Einblicke

Unterwegs in Nordindien

Der Einfluss der einstigen Kolonialmacht ist in Delhi bis heute sichtbar:
Die Kinder in den Lodi-Gärten tragen eine britisch inspirierte Schultracht

Kapitel 1

Delhi und der Norden

Dass Delhi zur Hauptstadt Indiens ernannt wurde, ist kein Zufall. Seit der afghanische Eroberer Mohammed von Ghur hier im 13. Jh. eine erste islamische Machtbasis auf indischem Boden geschaffen hatte, wurde das strategisch wichtige Einfallstor zum indischen Subkontinent immer wieder zur Anlage von Metropolen gewählt. So ist es denn auch nicht verwunderlich, dass der Name der Stadt von *dahleez* abgeleitet ist, was nichts anderes als ›Grenze‹ bedeutet.

Die nördlich von Delhi liegenden Bundesstaaten Haryana und Punjab nehmen seit jeher eine Sonderstellung im indischen Staatenbund ein, sind doch beide das Ergebnis der Teilung nach der Unabhängigkeit 1947 in die Staaten Indien und Pakistan. Der indische Punjab umfasst in seiner heutigen Ausdehnung nur einen Teil des historischen Kernlandes, in dem wesentliche Kapitel der frühen Geschichte des Subkontinents geschrieben wurden. In diesem, vom Aufeinandertreffen islamischer und hinduistischer Kultur geprägten Gebiet entstand die Religionsgemeinschaft der Sikhs, die bis heute das Gesicht der Provinz prägen. Aus diesem Gegensatz erklärt sich auch die Abspaltung des hinduistischen Staates Harayana im Jahre 1966.

Der Besuch Delhis und des Nordens empfiehlt sich vor allem während der kühlen Jahreszeit zwischen November und März. Zwischen April und Juni wird es unerträglich heiß, danach regiert der Monsun mit oftmals wolkenbruchartigen Regenfällen und Überschwemmungen.

Für die Metropole Delhi sollte man sich mindestens zwei Tage Zeit nehmen, um die teilweise weit auseinander liegenden Sehenswürdigkeiten in Ruhe besichtigen zu können. Die nördlich von Delhi liegenden Bundesstaaten Punjab und Haryana bieten – bis auf den Goldenen Tempel in Amritsar und die gemeinsame Hauptstadt Chandigarh – hingegen wenig Besuchenswertes. Für die meisten Touristen sind sie nur Zwischenstationen.

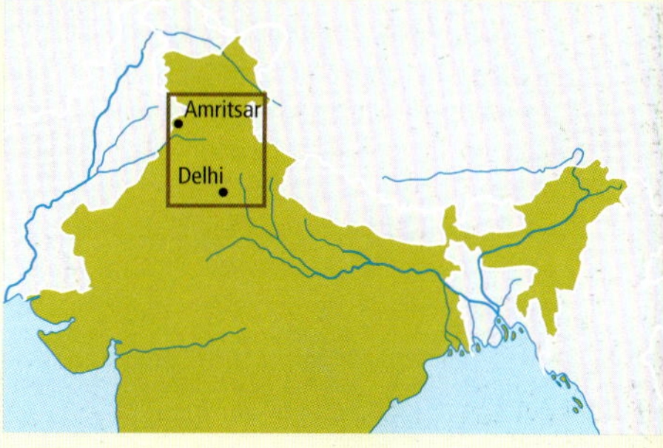

Auf einen Blick

Delhi und der Norden

Sehenswert

1 **Delhi:** Von Qutb Minar, dem frühesten Zeugnis islamischer Eroberung, spannt sich der Bogen über die Prachtbauten der Mogulherrscher bis zu den repräsentativen Kolonialbauten der Briten, deren Handschrift New Delhi bis heute prägt (s. S. 122).

Delhi: Die wohl bedeutendste Kunstsammlung Indiens mit exquisiten Exponaten zur langen Geschichte des Subkontinents befindet sich im **Nationalmuseum** in New Delhi (s. S. 128). Der Sandsteinbogen des **India Gate** in Gedenken an die im Ersten Weltkrieg gefallenen Soldaten beherrscht die Paradestraße Rajpath (s. S. 128). Das in einem Park gelegene **Mausoleum des Humayun** des zweiten Mogulherrschers gilt als wegweisendes Bauwerk dieser Epoche (s. S. 132). Shah Jahans **Rotes Fort** in Old Delhi legt Zeugnis ab vom glanzvollen Leben der Mogulherrscher im 17. Jh. (s. S. 133). **Jama Masjid,** Indiens größte Moschee, wurde gegründet von dem kunstsinnigen Moguln Shah Jahan und dominiert Old Delhi (s. S. 135). Der Turm **Qutb Minar** bei Delhi markiert den Sieg des Islam über das bis dahin rein hinduistische Nordindien im 12. Jh. (s. S. 136). Mit seiner einzigartigen Architektur lockt der moderne **Baha'i-Tempel** in New Delhi nicht nur die Gläubigen dieser toleranten Religion (s. S. 138).

2 **Amritsar:** Das religiöse Zentrum der Sikh bezaubert mit seiner Altstadt, vor allem aber mit dem Goldenen Tempel, dem zentralen Heiligtum der Gemeinschaft (s. S. 153).

Meine Tipps

Entspannen in den Lodi-Gärten: Die grüne Lunge von New Delhi, durchsetzt mit Mausoleen der Lodi-Epoche, bietet eine wohltuende Oase im hektischen Großstadtgewühl (s. S. 132).

Flaggenappell an der Grenze: Todernste allabendliche militärische Zeremonie an der indisch-pakistanischen Grenze westlich von Amritsar mit musicalartiger Choreographie (s. S. 156).

Übernachten im Goldenen Tempel: Die einzigartige Sikh-Tempelanlage in Amritsar bietet nicht nur Pilgern, sondern auch Touristen eine spartanische, dafür aber kostenlose bzw. sehr preiswerte Übernachtungsmöglichkeit – eine Offerte, die von jungen Backpackern gern angenommen wird (s. S. 157).

aktiv unterwegs

Auf Shopping-Tour in New Delhi: Zum Shoppen und Flanieren ist New Delhi ein wahres Paradies. Bereits rings um den Connaught Place, dem Herzen der Neustadt, bieten sich unerschöpfliche Möglichkeiten, den Kaufrausch auszuleben (s. S. 140).

Ein Tag im Goldenen Tempel: Der Magie des Goldenen Tempels in Amritsar, des wichtigsten Heiligtums der Sikh-Gemeinde, wird sich wohl niemand entziehen können (s. S. 154).

1 Delhi ►F 6

Die ›Stadt der zwei Gesichter‹ bildet auch im Zeitalter von Flugzeug, Bahn und Bus das Einfallstor nach Nordindien. Die Metropole ist nicht nur das wichtigste Wirtschafts- und Handelszentrum des Landes, sondern aufgrund ihrer langen Geschichte auch kultureller Mittelpunkt mit zahlreichen Sehenswürdigkeiten.

Baumbestandene, von goldfarbenen Sandsteingebäuden gesäumte Alleen, weißgetünchte Arkaden und einladende Parks, moderne Hochhausfassaden und eine blitzblanke U-Bahn – New Delhi präsentiert sich dem Neuankömmling fern aller Exotik als kosmopolitische, selbstbewusste Metropole, noch immer geprägt von kolonialer Lebensweise und der ordnenden Hand der Engländer, die hier ihre Vorstellung von einer modernen Stadt verwirklicht haben. Im Schatten der Arkaden des kreisrunden Platzes Connaught Circus kann man herrlich flanieren, vorbei an schicken Geschäften, Restaurants und Reisebüros, wenn auch von Bettlern bedrängt.

Nach diesen ersten zaghaften Schritten auf fremdem Boden sollte man den Sprung wagen in jenes Indien, das wir eigentlich erwarten: Basare voller fremder Gerüche, Gedränge in engen Gassen, der Lockruf der Rikschafahrer, alte Festungsmauern und himmelragende Minarette, von denen der Ruf des Muezzin das Getöse zu ihren Füßen übertönt – Old Delhi, museales und doch so lebendiges Relikt der letzten Mogulherrscher.

Die Briten haben mit ihrer europäischen Monumentalarchitektur zwar das Gesicht des neuen Delhi geprägt, hier liegen aber auch, eingebettet in das moderne Stadtbild, die Relikte der meisten der bis ins 12. Jh. zurückreichenden historischen Stadtgründungen. Der heute als Old Delhi bezeichnete nördliche Teil der Millionenstadt ist unter dem Namen Shahjahanabad erst im 17. Jh. als letzte Hauptstadt vor Machtübernahme der Europäer entstanden.

Stadtgeschichte

Wie keine andere Stadt Indiens spiegelt Delhi die wechselvolle Geschichte des Subkontinents wider. Spätestens seit die ersten islamischen Heere ein begehrliches Auge auf die hinduistischen Reiche geworfen hatten, lag hier die Schlüsselstellung für die Eroberung, aber auch die Verteidigung des Subkontinents.

Den Legenden nach soll die Hauptstadtfunktion Delhis bis in das mythische, im Epos »Mahabharata« verewigte Zeitalter reichen. Funde einer Ashoka-Säule aus dem 3. Jh. v. Chr. und einiger Tempel aus Zeiten früher Rajputenherrscher bezeugen zwar die frühe Besiedlung, aber erst 1193 gewann Delhi mit Gründung der ersten Metropole Lalkot durch Mohammed von Ghur nachweisbar überregionale Bedeutung. Der afghanische Eroberer schuf sich hier eine erste Machtbasis auf indischem Boden, der insgesamt sechs weitere islamische Hauptstädte folgen sollten: Siri (1303), Tughluqabad (1321), Jahanpanah (1325), Kotla Firuz Shah (1351), Purana Qila (1540) und Shahjahanabad (1638) – besser bekannt als Old Delhi. Immer wieder jedoch musste die Region um Delhi vorübergehend ihre Führungsposition abtreten: Sultan Mohammed-ibn-Tughluq (1325–1351) versuchte, eine neue Residenzstadt in Daulatabad aus dem Boden zu stampfen, kehrte aber angesichts der Bedrohung Delhis 1329 wieder zurück, Mogul Akbar und seine Nachfolger bevorzugten das 200 km entfernte Agra. Erst Aurangzeb regierte (1658–1707) wieder von Delhi aus.

Die strategische Position in vorgeschobener Lage bescherte den sieben Stadtgründungen eine wechselvolle, blutige Geschichte, versuchten doch immer wieder Eroberer aus dem Norden Fuß zu fassen, um von hier aus die Herrschaft über Indien zu gewinnen. 1398 eroberte der Mongole Timur die Stadt, 1739 gab der Perser Nadir Shah seinen Truppen den Befehl zum Massaker, ehe er mit dem berühmten Pfauenthron (s. S. 135) als Kriegsbeute abzog. Der Afghane Ahmed Shah Durani fiel im 18. Jh. sogar dreimal über Old Delhi her, bis sich die Marathen festsetzen konnten, gefolgt von den Briten, die 1803 Einzug hielten. 1857 floss letztmalig Blut (Sepoy-Aufstand), als sich die Stadt zwischen dem 11. Mai und dem 17. September in der Hand meuternder Truppen befand.

New Delhi

Citypläne: S. 126, 130
Zwar wurde der Grundstein für das neue Verwaltungszentrum im Dezember 1911 auf Veranlassung König Georg V. gelegt, die offizielle Einweihung erfolgte aber erst am 15. Februar 1931. Merkmal ist eine geometrische Straßenführung, bestimmt durch breite, von großen Kreisen radial ausgehende Alleen und die Einbeziehung Old Delhis in die Generalplanung. In schnurgerader Linie wurde die auf einem kleinen Hügel gelegene Residenz des Vizekönigs durch die Parliament Street (Sansad Marg) und Minto Street (Vivekanand Marg) mit der Freitagsmoschee verbunden. Ganz bewusst haben die Architekten den Regierungspalast durch eine breite, mehr als 3 km lange unbebaute Schneise, den Rajpath, wirkungsvoll in Szene gesetzt und damit gleichzeitig den Rahmen für großangelegte Paraden geschaffen.

Rings um den Connaught Circus 1

Den Mittelpunkt der Stadt bildet der **Connaught Circus**, neuerdings auch **Rajiv Chowk** genannt, ein in mehrere Segmente und Ringe aufgeteilter und von geschlossenen Gebäudekomplexen umgebener Platz, von dem acht große Straßen radial in alle Himmelsrichtungen verlaufen. Es ist der bevorzugte Standort für Banken, Restaurants und Luxusgeschäfte. Der größte Teil der Fassaden im inneren Kreis ist durch Arkaden geprägt, die zusammen mit der einheitlich weißen Farbgebung eine harmonische Geschlossenheit vermitteln und zum Flanieren im Schatten einladen.

Tipp: Vorsicht vor Schleppern

Da Delhi als Eingangstor für den Tourismus gilt, machen sich viele zwielichtige Elemente die Unwissenheit der Neuankömmlinge zu Nutzen. Bereits auf der Taxifahrt vom Flughafen zum Hotel versuchen die Fahrer mit Argumenten wie etwa das Hotel sei geschlossen oder abgebrannt, den Touristen in ein Hotel ihrer Wahl zu locken. Lassen Sie sich auf keinerlei Diskussion ein, behaupten, Sie hätten reserviert und händigen Sie das vorausbezahlte Ticket dem Fahrer erst aus, wenn das gewünschte Ziel erreicht ist.

Ein weiteres Ärgernis bilden die zahlreichen Schlepper, die rings um den Connaught Circus und in Paharganj auf Touristen warten und sie mit vermeintlich kostenlosen Informationen in sogenannte Tourist Bureaus – nichts anderes als mehr oder weniger seriöse Reisebüros – locken wollen. Der Besuch endet meist mit einer überteuerten Buchung. Ähnliches gilt für die Souvenir- und Teppichgeschäfte. Wer hier einem Schlepper folgt, dem wird die nicht unerhebliche Prämie *(commission)* durch einen überhöhten Preis verdeckt in Rechnung gestellt.

Zentrum des Platzes bildete bis zum Bau der U-Bahn eine Grünanlage mit gewaltigem Springbrunnen, unter der sich der unterirdische **Palka-Bazaar** befindet, ein Gewirr aus kleinen Verkaufsbuden, wie man ihnen in Indien überall begegnet. Touristen trifft man in dieser etwas bedrückenden Enge allerdings nur selten. Umfassende Bautätigkeiten haben dem Platz momentan etwas von seinem Charme genommen. Für eine Verschnaufpause bieten sich zahlreiche Restaurants an. Bei Reisenden besonders beliebt sind das Lokal **Nirula's** (Imbiss und kleinere Mahlzeiten) und das bereits legendäre **United Coffee House** mit seiner ausgezeichneten Speisekarte (s. S. 141).

Den Janpath entlang

Wichtigste der vom Connaught Circus abzweigenden Straßen ist der nach Süden verlaufende Janpath (Radial Road 8). Auf der linken Seite trifft man zunächst auf das unscheinbar wirkende **Touristenbüro** mit seinem Stab hilfreicher Mitarbeiter. Man sollte es nicht mit den danebenliegenden Reisebüros verwechseln, die ebenfalls als Touristenbüros firmieren, allerdings nur am Verkauf von Ausflügen interessiert und nicht immer seriös sind. Die gegenüberliegende Straßenseite säumen unzählige kleine Andenkengeschäfte, bekannt als **Tibetan Market** 1.

Schräg gegenüber, an der Kreuzung Janpath/Tolstoy Marg, findet man im **Central Cottage Industries Emporium** 3, verteilt auf mehrere Etagen, das wohl umfassendste Angebot an indischem Kunsthandwerk. Da es sich um eine staatliche Einrichtung handelt, kann man hier nicht feilschen.

Sternwarte Jantar Mantar 2

Es empfiehlt sich, hier den Janpath zu verlassen und der Tolstoy Marg nach rechts (Westen) zu folgen. Nach wenigen Minuten erreicht man das Gelände der **Sternwarte Jantar Mantar**, das man umrundet und von der Sansad Marg (Parliament Street) her betritt. Die futuristisch anmutenden Steinbauwerke wurden 1725 von Maharaja Jai Singh II. von Jaipur errichtet. Im Gegensatz zu der Anlage in seiner Heimatstadt fehlen hier allerdings die Messgeräte.

Die Anlage besteht aus vier ›Bauwerken‹, zwei von ihnen in doppelter, sich ergänzender Ausführung. Die schräge, von Bögen durchbrochene Rampe in Gestalt eines rechtwinkeligen Dreiecks, flankiert von zwei Halbschalen (Quadranten), heißt **Samrat Yantra**

Eines der schönsten Zeugnisse der Mogulzeit: das Humayun-Mausoleum

und ist nach Norden ausgerichtet. Der Winkel beträgt 28°39" und entspricht damit genau dem Breitengrad von Delhi. Die ineinander geschachtelten kreisrunden, von Bögen durchbrochenen Bauwerke mit Namen **Rama Yantra** dienten dazu, durch den Schattenwurf des zentralen Pfeilers auf die Innenwände den Sonnenstand zu messen.

Das angrenzende Doppelinstrument **Jayaprakash Yantra** repräsentiert mit seinen polierten konkaven Schalen mit Gradeinteilungen das Himmelsgewölbe in gewissermaßen umgestülpter Form. Beim **Misra Yantra** handelt es sich um eine zentrale Schräge mit beidseitig angefügten Halbkreisen, begrenzt von zwei weiteren Schrägen und halbkreis-

New Delhi

Sehenswert
1 Connaught Circus
2 Sternwarte Jantar Mantar
3 Bangla Sahib Gurudwara
4 Laxmi-Narayan-Tempel
5 – 23 s. Cityplan S. 130

Übernachten
1 The Imperial
2 s. Cityplan S. 130
3 Athiti Bed & Breakfast
4 Palace Hights
5 Yatri House
6 New Delhi YMCA Tourist Hostel
7 Star Plaza
8 Metropolis Tourist Home

Essen & Trinken
1 Kwality
2 Appetite
3 United Coffee House
4 Haldiram's
5 Coffee Day

Einkaufen
1 Tibetan Market
2 Palika Bazaar
3 Central Cottage Industries Emporium
4 State Emporia
5 Cottage Industries Exposition
6 Soma
7 Khadi Gramodyok Bhawan
8 Bookworm
9 – 11 s. Cityplan S. 130

Abends & Nachts
2 DV8
9 PVR Plaza Cinema
alle weiteren s. Cityplan S. 130

Aktiv
1 Indian Tourism Development Cooperation
alle weiteren s. Cityplan S. 130

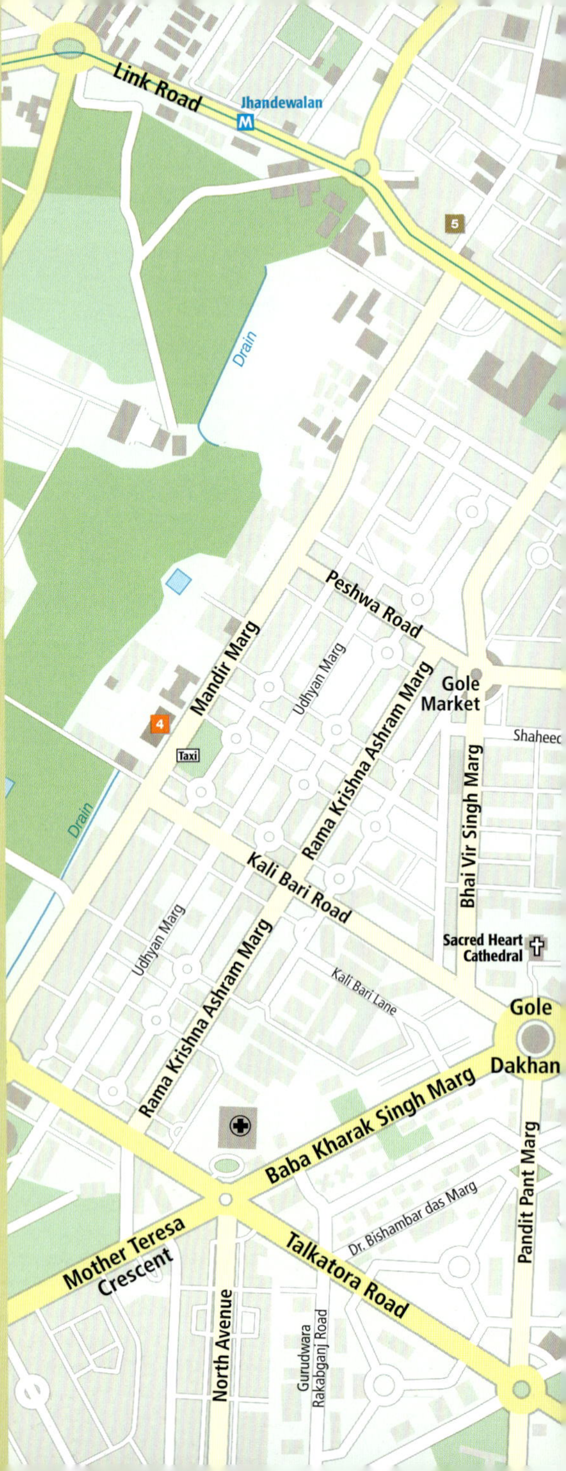

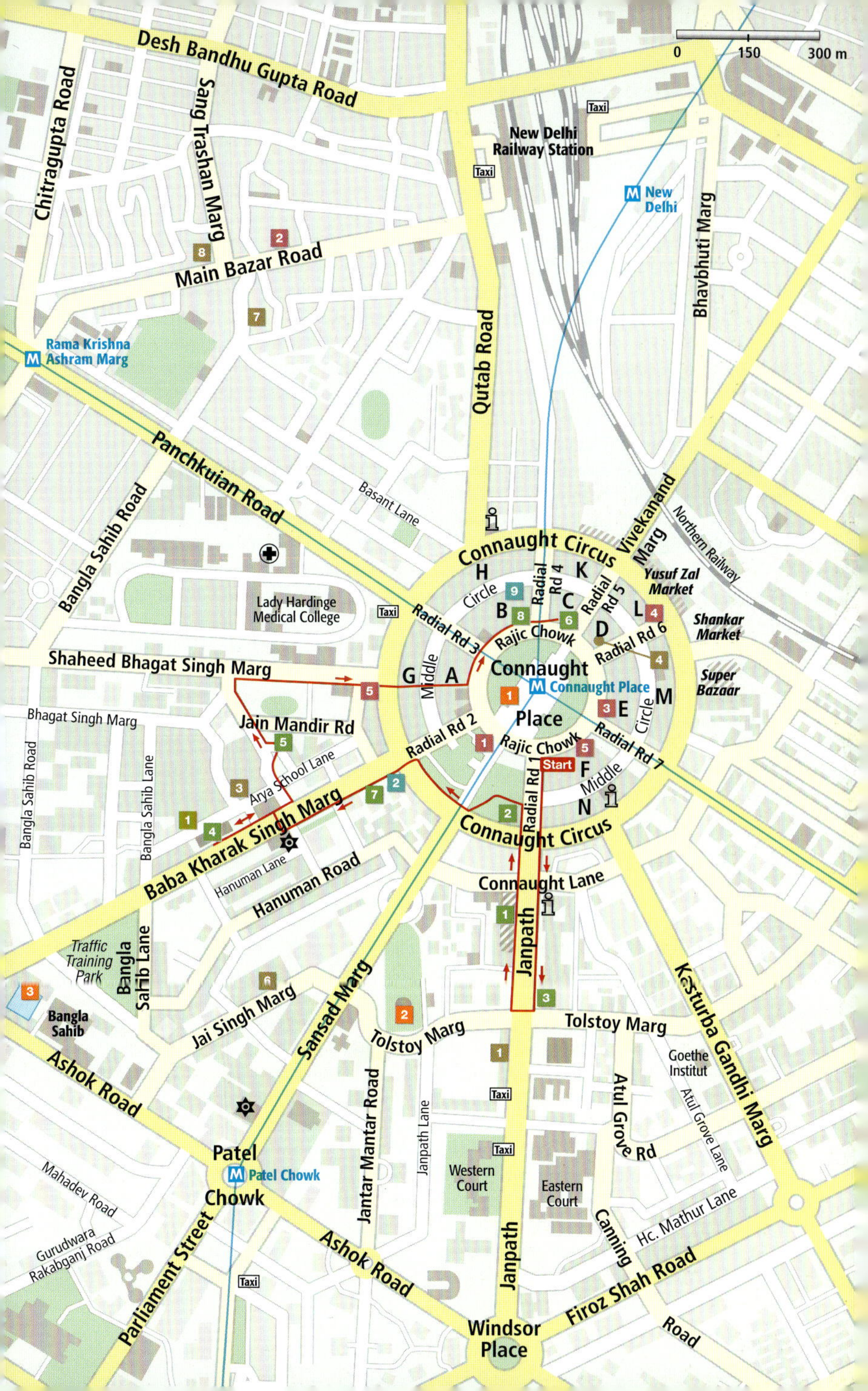
0
150
300 m
Desh Bandhu Gupta Road
Chitragupta Road
Sang Trashan Marg
Main Bazar Road
New Delhi
Railway Station
Taxi
New
Delhi
Bhavbhuti Marg
Qutab Road
Rama Krishna
Ashram Marg
Panchkuian Road
Basant Lane
Bangla Sahib Road
Lady Hardinge
Medical College
Connaught Circus
Vivekanand
Marg
Northern Railway
Yusuf Zal
Market
Shankar
Market
Super
Bazaar
Circle
Radial Rd 4
Radial Rd 5
Radial Rd 3
Radial Rd 6
Rajic Chowk
Connaught
Place
Connaught Place
Middle
Circle
Radial Rd 2
Radial Rd 7
Radial Rd 1
Start
Shaheed Bhagat Singh Marg
Bhagat Singh Marg
Jain Mandir Rd
Arya School Lane
Baba Kharak Singh Marg
Bangla Sahib Lane
Hanuman Lane
Hanuman Road
Connaught Lane
Janpath
Traffic
Training
Park
Bangla
Sahib Lane
Bangla
Sahib
Jai Singh Marg
Sansad Marg
Tolstoy Marg
Kasturba Gandhi Marg
Goethe
Institut
Atul Grove Lane
Atul Grove Rd
Ashok Road
Patel
Chowk
Patel Chowk
Mahadev Road
Gurudwara
Rakabganj Road
Parliament Street
Jantar Mantar Road
Janpath Lane
Western
Court
Eastern
Court
Canning
Hc. Mathur Lane
Firoz Shah Road
Road
Windsor
Place

förmigen Quadranten. Das komplexe Instrument diente u. a. der Messung von Zeit und Sonnendeklination zu verschiedenen Zeitpunkten. Wer tiefer in das Geheimnis der hier praktizierten Astronomie einsteigen möchte, kann sich einem der am Eingang wartenden Führer anvertrauen (Preis vorher aushandeln; tgl. 9 Uhr bis Sonnenuntergang, Eintritt 100 Rs, Kamera 5 Rs, Video 25 Rs). Über die Sansad Marg gelangt man vom Observatorium in wenigen Minuten wieder zum südlichen Rand des Connaught Circus.

Wer noch immer kein Souvenir gefunden hat, kann sich nun nach links wenden, bis er auf die nächste große Ringstraße trifft (Baba Kharak Singh Marg, Radial Road 2), an der viele Bundesstaaten ihre Informationsbüros und Kunsthandwerksläden im **State Government Emporia** 4 unterhalten.

Bangla Sahib Gurudwara und Laxmi-Narayan-Tempel

Folgt man der Baba Kharak Singh Marg ein Stück weiter, trifft man an der Kreuzung mit der Ashoka Road auf den linker Hand gegenüber der Hauptpost liegenden Komplex des **Bangla Sahib Gurudwara** 3, das größte Sikh-Heiligtum in Delhi. Es wurde an der Stelle errichtet, an der Guru Hari Krishan (1656–1664), der achte der insgesamt zehn Verkünder der Lehre, während seines Aufenthalts in Delhi lebte und im Alter von nur acht Jahren auch starb. Er hatte zahlreiche Wunder vollbracht und anlässlich einer Pocken-Epidemie in Delhi die Kranken mit heiligem Wasser geheilt, ehe er selbst der Krankheit erlag. Wie bei Sikh-Tempeln üblich werden im Heiligtum von früh morgens bis 21 Uhr abends Verse aus dem heiligen Buch »Adi Granth« vorgetragen (Eintritt frei, Erlaubnis zum Fotografieren von der Tempelverwaltung).

Etwa 500 m westlich liegt der **Laxmi-Narayan-Tempel** 4, ein von dem Industriellen Birla 1938 in traditionellem Stil errichtetes, etwas kitschig wirkendes Heiligtum für Vishnu in Gestalt des Narayana am Beginn eines neuen Weltzeitalters und seiner Gemahlin Laxmi, der Göttin des Reichtums (Eintritt frei).

Rund um die Promenade Rajpath

Etwa 3 km südlich des Connaught Circus durchschneidet der von Ost nach West verlaufende **Rajpath** als breite Schneise das Siedlungsbild. Er wurde von den Engländern als Parade- und Aufmarschplatz angelegt und ist noch heute Schauplatz des farbenprächtigen Umzugs anlässlich des Nationalfeiertags am 26. Januar. Man erreicht diesen Teil der Stadt neuerdings bequem, stress- und auch abgasfrei mit der U-Bahn-Linie 2 bis zur derzeitigen Endstation Central Secretariat.

Das östliche Ende der Promenade wird vom **All India War Memorial,** beherrscht, bekannter unter der Bezeichnung **India Gate** 5. Die Wände des 42 m hohen Triumphbogens tragen die Namen der im Ersten Weltkrieg und während des afghanischen Abenteuers von 1919 für England gefallenen indischen Soldaten.

Von hier sind es nur wenige Schritte zum prächtigen, im Kolonialstil gehaltenen Bau des **Nationalmuseums** 6 am Janpath. Mit über 200 000 Exponaten beherbergt es die größte und bedeutendste Kunstsammlung des Subkontinents. Hervorgegangen ist sie aus Objekten, die erstmals 1946 in London gezeigt wurden. Nachdem die Ausstellung 1949 auch in Delhi in den Räumen des Rasthrapati Bhawan auf großes Interesse stieß, entschloss man sich, ein eigenes Museum zu errichten. Der im Kolonialstil gehaltene Bau konnte im Jahr 1960 seine Pforten öffnen. Er besteht aus drei Stockwerken, die sich um einen Innenhof gruppieren.

Zu Beginn des Rundgangs wird der Besucher in der Vorhalle von einer wundervollen, aus Rajasthan stammenden Sarasvati-Skulptur empfangen (12. Jh.). Im Erdgeschoss werden überwiegend Plastiken, geordnet nach Epochen und Regionen gezeigt. Zunächst kann man die oft winzigen Exponate, Figürchen und Rollsiegel der Harappa-Kultur (ab 3. Jt. v. Chr., im heutigen Pakistan) bewundern, ehe man in die Säle der Maurya (322–185 v. Chr.), Kushan (2. Jh. v.–3. Jh. n. Chr.) und Gupta (320–500 n. Chr.) gelangt.

Mehrere Räume mit buddhistischer Kunst schließen sich an, darunter so bedeutende Werke wie frühe Buddhastatuen aus Gandhara und reich verzierte Steinzäune der Stupas von Mathura und Amaravati. Auch tantrische Kunst aus dem Himalaya gibt es zu bewundern. Es folgen Räume mit herrlichen südindischen Bronzen aus der Chola-Zeit (12. Jh.) und unzähligen Sandsteinskulpturen des indischen Pantheons.

Im ersten Stock finden sich vornehmlich Manuskripte, Miniaturen und Exponate aus Zentralasien sowie Stammeskunst. Das oberste Geschoss widmet sich überwiegend Textilien und dekorativem Kunsthandwerk sowie der 2005 neu gestalteten Münzsammlung (tgl. außer Mo 10–17 Uhr, Eintritt 150 Rs, Fototicket 300 Rs, Filmen nicht erlaubt).

Den westlichen Abschluss des Rajpath markiert der Sandsteinkomplex des erhöht liegenden **Rasthrapati Bhawan** 7, Sitz des früheren Vizekönigs und heutigen Premierministers. Das monumentale, an ein Schloss erinnernde Bauwerk, für das auf einem Hügel 6 m Erdreich abgetragen werden mussten, ist im klassizistischen Stil gehalten. Auf einer breiten Freitreppe gelangt man zum Haupteingang und der dahinter liegenden Darbar-Halle, die von einer kupferbeschlagenen Kuppel überwölbt wird. Erst der dahinter angrenzende Mogulgarten macht wieder bewusst, dass man sich in Indien befindet (Garten: Feb./März tgl. außer Mo 9.30–14.30 Uhr).

Seitlich versetzt hat das Parlamentsgebäude **Sansad Bhawan** 8 am südwestlichen Ende der Sansad Marg (Parliament Street) seinen Platz. Der kreisrunde, von Kolonaden umschlossene Bau mit der 27 m hohen Kuppel im Zentrum, ein Werk des Architekten Herbert Baker, stieß einst auf heftige Kritik und wurde mit einer Stierkampfarena oder einem umgestürzten Mühlrad verglichen. Bis zur Unabhängigkeit versammelten sich hier die Maharajas der Fürstentümer, heute dient es dem Oberhaus (Rajya Sabha) und dem Unterhaus (Lok Sabha) als Tagungsstätte. Überdies beherbergt das Ge-

Trotz der Beschädigungen – der Zauber dieser Götterdarstellung wirkt bis heute

Delhi

Sehenswürdigkeiten

1 – 4 s. Cityplan S. 126
5 India Gate
6 Nationalmuseum
7 Rasthrapati Bhawan
8 Sansad Bhawan
9 Rail Transport Museum
10 Purana Qila
11 Humayun-Mausoleum
12 Khan-Khanan-Mausoleum
13 Hazrat Nizzamuddin Dargah
14 Lodi-Gärten
15 Safdar-Jang-Mausoleum
16 Basarviertel Chandni Chowk
17 Rotes Fort
18 Gedenkstätte Raj Ghat
19 Gandhi Memorial Museum
20 Freitagsmoschee
21 Siegessäule Qutb Minar
22 Baha'i-Tempel
23 Tughluqabad

Übernachten

2 Le Meridien
alle weiteren s. Cityplan S. 126

Einkaufen

9 Khan Market
10 Santushi Shopping Complex
11 Hauz Kas Village
alle weiteren s. Cityplan S. 126

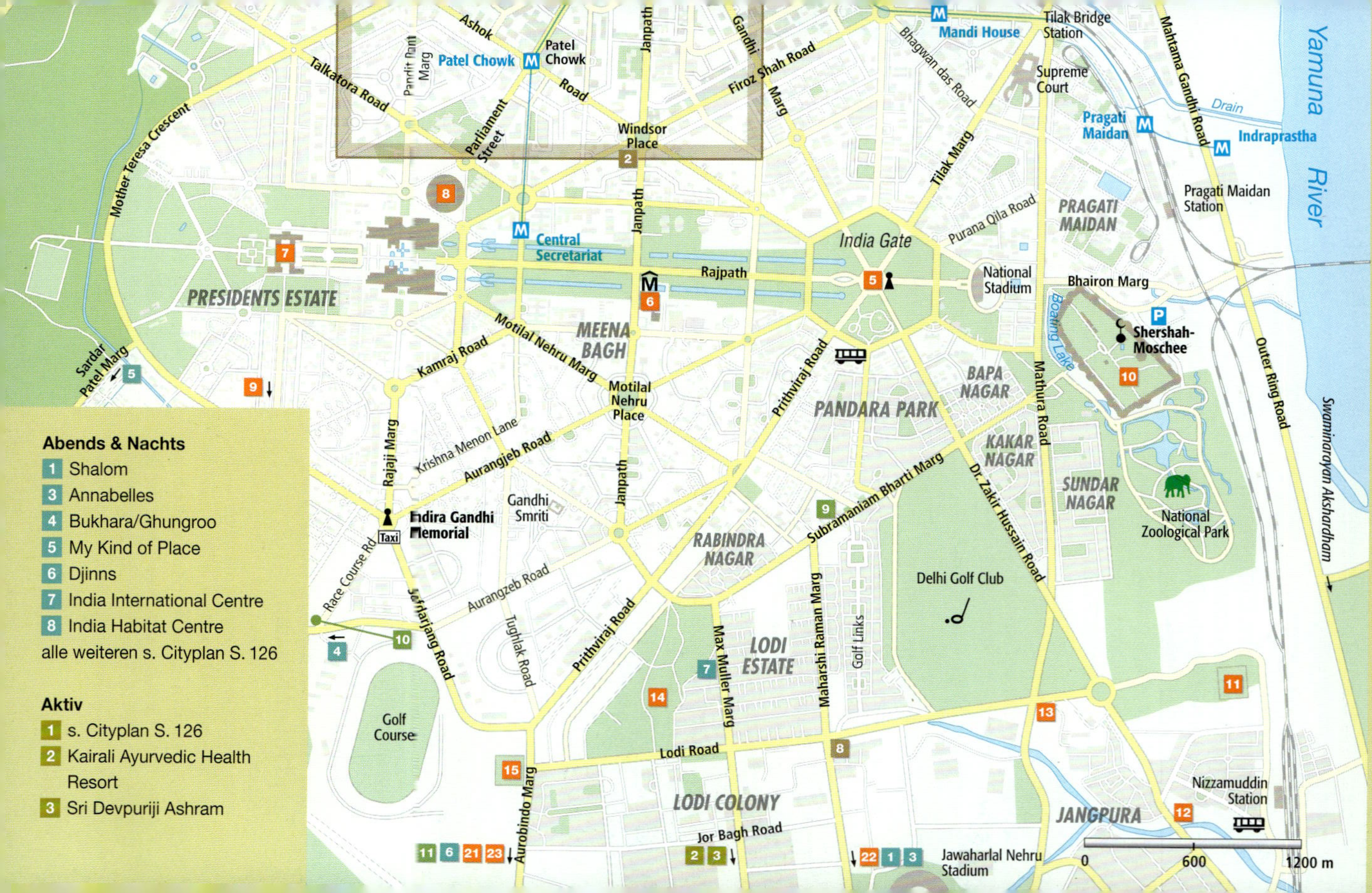
Abends & Nachts
1 Shalom
3 Annabelles
4 Bukhara/Ghungroo
5 My Kind of Place
6 Djinns
7 India International Centre
8 India Habitat Centre
alle weiteren s. Cityplan S. 126
Aktiv
1 s. Cityplan S. 126
2 Kairali Ayurvedic Health Resort
3 Sri Devpuriji Ashram
Yamuna River
Indraprastha
Drain
Mahtama Gandhi Road
Pragati Maidan
Pragati Maidan Station
Tilak Bridge Station
Mandi House
Supreme Court
PRAGATI MAIDAN
Bhagwan das Road
Tilak Marg
Purana Qila Road
National Stadium
Bhairon Marg
Boating Lake
Shershah-Moschee
Outer Ring Road
Swaminarayan Akshardham
National Zoological Park
SUNDAR NAGAR
Mathura Road
BAPA NAGAR
KAKAR NAGAR
PANDARA PARK
Dr. Zakir Hussain Road
Delhi Golf Club
Golf Links
Subramaniam Bharti Marg
Maharshi Raman Marg
India Gate
Rajpath
Prithviraj Road
Gandhi Marg
Firoz Shah Road
Janpath
Windsor Place
Ashok Road
Patel Chowk
Pandit Pant Marg
Parliament Street
Talkatora Road
Central Secretariat
MEENA BAGH
Motilal Nehru Marg
Motilal Nehru Place
Kamraj Road
Krishna Menon Lane
Aurangjeb Road
Gandhi Smriti
Indira Gandhi Memorial
Taxi
Rajaji Marg
Race Course Rd
Safdarjang Road
Aurangzeb Road
Tughlak Road
Golf Course
RABINDRA NAGAR
LODI ESTATE
Max Muller Marg
Lodi Road
LODI COLONY
Jor Bagh Road
Aurobindo Marg
Jawaharlal Nehru Stadium
JANGPURA
Nizzamuddin Station
PRESIDENTS ESTATE
Mother Teresa Crescent
Sardar Patel Marg
0
600
1200 m

bäude die indische Zentralbibliothek (Zutritt nur mit Sondergenehmigung, www.parliamentofindia.nic.in).

Abstecher in das Diplomatenviertel Chanakyapuri

Südlich des Regierungspalastes schließt sich die diplomatische Enklave **Chanakyapuri** an, in der die Botschaften, häufig im Stil des eigenen Landes errichtet, zusammengefasst sind. Hier liegt auch das **Rail Transport Museum** 9 mit einer Sammlung von 30 Lokomotiven und zahlreichen Exponaten aus der Welt der indischen Eisenbahn (tgl. außer Mo 9.30–17.30 Uhr im Winter, bis 19 Uhr im Sommer, Eintritt 10 Rs, Video 100 Rs).

Das Fort Purana Qila 10

Ein Stück östlich des India Gate erheben sich auf einem kleinen Hügel die Reste des alten Forts **Purana Qila,** das 1540 als sechste Stadtgründung möglicherweise auf den Resten der bereits im Epos »Mahabharata« erwähnten Niederlassung Indraprastha entstand. Gut erhalten hat sich innerhalb des 2 km langen Mauerrings die Gebetshalle der 1541 von Sher Khan errichteten Moschee. Sie gilt als Meisterwerk der Lodi-Architektur und Wegbereiter für die Bauten der Mogulherrscher. Ein Stück entfernt erhebt sich der rote Turm Sher Mandal, dessen ursprüngliche Bedeutung nicht mehr bekannt ist, den der Mogulherrscher Humayun jedoch als Bibliothek nutzte und auf dessen Treppen er 1556 zu Tode stürzte. Aus luftiger Höhe des Haupttors im Westen hat man, sofern es der Smog erlaubt, einen weiten Blick über Delhi (tgl. von Sonnenauf- bis Sonnenuntergang, Eintritt 100 Rs, Video 25 Rs).

Die Mausoleen von Humayun und Khan Khanan

Knapp 1 km südöstlich von Purana Qila erhebt sich unübersehbar die mächtige Kuppel des **Humayun-Mausoleums** 11, einem der bedeutendsten Bauwerke der Mogulepoche. Das Grabmal des zweiten Herrschers der Dynastie (1530–1556) verschmolz erstmals persische und einheimische Bautradition zu einem harmonischen Ganzen. Überdies wurde hier der gestaltete Garten in Verbindung mit einer Grabstätte in Indien eingeführt und damit der Weg für den Taj Mahal in Agra geebnet. Den besonderen Reiz erhält Humayuns Grabstätte, die 1564 durch die Witwe des Herrschers vollendet wurde, durch den Kontrast zwischen Marmor und Sandstein, der dem Bau trotz seiner Strenge eine ungewöhnliche Leichtigkeit verleiht (tgl. von Sonnenauf- bis Sonnenuntergang, Eintritt 250 Rs, Video 25 Rs).

Architektonisches Vorbild für den Taj Mahal in Agra dürfte aber eher das benachbarte **Khan-Khanan-Mausoleum** 12 für den 1627 verstorbenen Minister Akbars und Jahangirs gewesen sein. Leider wurde das Gebäude im 18. Jh. seiner Sandstein- und Marmorverkleidung beraubt.

Abstecher nach Nizzamuddin

Beide Mausoleen grenzen an das islamisch geprägte Viertel **Nizzamuddin**, das sein historisches gewachsenes Stadtbild mit verwinkelten Gassen bis in unsere Tage hat bewahren können. Das Viertel, ca. 6 km südöstlich des Connaught Circus gelegen, erreicht man problemlos mit der Bahn ab der New Delhi Station.

Zentrum ist die Grabstätte **Hazrat Nizzamuddin Dargah** 13 des nach wie vor hoch verehrten Sufi-Heiligen Nizzamuddin Auliya (1238–1325), der dem Chishti-Orden angehörte. Gegründet wurde die Religionsgemeinschaft von Abu Ishaq Shami und erhielt ihren Namen nach dem afghanischen Ort Chisht. Jeden Donnerstag treffen sich hier die Barden *(qawwals)* zu religiösen Gesängen. Letzte Ruhe gefunden hat in unmittelbarer Umgebung auch der Dichter Amir Khusrau (1253–1325), Begründer der Urdu-Lyrik und der klassischen indischen Musik.

Lodi-Gärten 14

Folgt man vom Humayun-Mausoleum der Lodi Road nach Westen, erreicht man nach 3 km die ausgedehnten **Lodi-Gärten**, die früher als Lady Wellington Park bekannt waren (tgl. von Sonnenauf- bis Sonnenuntergang).

Eingebettet sind mehrere Grabstätten von Herrschern der Lodi-Dynastie (1451–1526), den Vorgängern der Moguln. Besondere Beachtung verdient das mächtige, mit Stuck und Malerei verzierte **Bara-Gumband-Mausoleum** mit seiner angegliederten Moschee von 1494, die einige Elemente (etwa die Fenster im Gebetsraum) der späteren Mogularchitektur vorwegnimmt.

Safdar-Jang-Mausoleum 15

Das nur wenige Meter westlich an derTughlak Road liegende **Safdar-Jang-Mausoleum**, 1753 für den Premierminister Shah Muhammed errichtet, gilt als letztes Beispiel der Kombination von Mogulgarten und Grabanlage, die beim Humayun-Mausoleum erstmals in Erscheinung trat und später im Taj Mahal ihre höchste Vollendung erreichte. Der zweistöckige, trotz der Auflockerung mit Marmor schwergewichtig wirkende Bau liegt auf einer Plattform inmitten des geometrisch angelegten Gartens und gilt als letztes architektonisches Zeichen des bereits im Zerfall begriffenen Mogulimperiums. Als Indiz für die Dekadenz dieser Epoche mag auch gelten, dass sich die Baumeister nicht scheuten, das Material durch Demontage des Khan-Khanan-Mausoleums (s. S. 132) zu gewinnen (tgl. von Sonnenauf- bis Sonnenuntergang, Eintritt 100 Rs, Video 25 Rs).

Entspannung vom Sightseeing und kulinarische Stärkung bietet der **Dilli Haat Food & Crafts Bazaar**, etwa 1,5 km südlich des Safdar-Jung-Mausoleums an der Sri Aurobindo Marg. Unzählige Garküchen offerieren hier die verschiedensten Spezialitäten des Landes.

Old Delhi

Cityplan: S. 130

Die ehemalige Mogulmetropole, die mit ihren engen Gassen, den verwinkelten Basarvierteln und Verkaufsständen ganz den Charakter der historisch gewachsenen indischen Großstädte trägt, schließt sich im Norden New Delhis an. Unter dem Namen Shahjahanabad wurde sie 1638 als ›siebentes Delhi‹ vom bauwütigen, tief vom Gefühl für Ästhetik durchdrungenen Mogulherrscher Shah Jahan (1627–1658) gegründet, der damit die Verlegung der Residenz nach Agra durch seine Vorfahren wieder rückgängig machen wollte, diesen Schritt aber letztendlich nicht mehr vollzog.

Im Basarviertel Chandni Chowk 16

Die **Fatepuri Moschee** und das **Fort** bildeten die Endpunkte der etwa 1 km langen Hauptachse **Chandni Chowk**, des verwinkelten Basarviertels, in dem das Herz des wahren Indien schlägt. Durch das Labyrinth der engen Gassen, der Galis, die vom Chandni Chowk abzweigen, kann man sich nur zu Fuß oder mit der Fahrradrikscha bewegen.

Besonders interessant ist die Gasse **Dariba Kalan**, in der sich die Juweliere angesiedelt haben und bei schwacher Beleuchtung, eingepfercht in winzige Werkstätten, oftmals erstaunliche Kunstwerke zustande bringen. Der **Attar Bazaar** wiederum hat sich auf die Herstellung von Parfüms spezialisiert, deren betäubender Duft durch die Gassen zieht.

Inmitten des Gewühls gibt es im **Digamber-Tempel** sogar ein Krankenhaus für verletzte Vögel, das von der Religionsgemeinschaft der Jains betrieben wird. Viele der gefiederten Patienten betrachten den Ort auch nach ihrer Genesung als Heimat und kreisen in großen Schwärmen um das Gebäude (tgl. 8–20 Uhr, man freut sich über Spenden). Von der **Sunheri-Moschee** gegenüber der alten Polizeistation Kotwali leitete Nadir Shah im Jahre 1739 die Plünderung Delhis.

Rotes Fort 17

Der östliche, an den Fluss grenzende Stadtrand wird vom **Roten Fort** (La Qila) beherrscht. Die fast 1 km lange und über 500 m breite Festungsanlage umgab Shah Jahan nach dem Vorbild des Forts von Agra, das sein Großvater Akbar gebaut hatte, mit einer roten Sandsteinmauer und einem breiten

Eine kleine Stärkung nötig? Pfannkuchenbäcker im Basarviertel Chandni Chowk

Graben, der sein Wasser vom Yamuna bezog. Nach neunjähriger Bauzeit waren die Arbeiten 1648 abgeschlossen.

Man betritt die Anlage durch das östliche **Lahore Gate**, das in einen von Souvenirläden gesäumten Arkadengang überleitet. Die Gartenanlage mit ihren prachtvollen Einzelbauwerken erreicht man nach Durchquerung des **Trommelhauses** (Naubat Khana), wo früher alle Besucher außer den Prinzen ihre Pferde und Reitelefanten zurücklassen mussten und das überdies als Musikpavillon diente. Die Sandsteinwände sind sorgfältig mit ehemals vergoldeten Blumenmotiven geschmückt. Im oberen Stockwerk hat das **Indian War Museum** seinen Platz gefunden (tgl. außer Mo 10–17 Uhr, Eintritt 2 Rs).

Die sich früher anschließenden Galerien sind den Zerstörungen während des Sepoy-Aufstandes 1857 zum Opfer gefallen, sodass sich der ursprünglich geschlossene Hof heute als offener Garten präsentiert. Zwischen den ersten und zweiten, die Privatgemächer enthaltenden Hof schiebt sich die **Empfangshalle** (Diwan-i-Am). Zu Zeiten der Moguln war das Innere ausgemalt, der Boden mit Teppichen bedeckt und die Wände mit Vorhängen geschmückt. Der kleine, mit einem bengalischen Dach aus Marmor versehene Pavillon an der Rückwand der Halle war für den Thron des Herrschers vorgesehen. Die Einlegearbeiten stammen übrigens von einem französischen Künstler.

Die hinaufführenden Treppen durfte kein Sterblicher betreten. Als 1654 ein Attentäter den Versuch unternahm, zum Thron emporzustürmen, war er durch das Schwert der Leibgarde geköpft, bevor er auch nur die erste Stufe erreicht hatte.

Im anschließenden Grün reihen sich die Privatgemächer, ihre Fronten dem Yamuna zugekehrt. Von den sechs kleinen Palästen, die Shah Jahan hat errichten lassen, existieren noch fünf. Von rechts nach links (Süd nach Nord) sind es der **Palast der Juwelen** (Mumtaz Mahal), der **Palast der Farben** (Rang Mahal), der **Privatpalast** (Khas Mahal), die **Halle der Privataudienzen** (Diwan-i-Khas) und **das königliche Bad** (Hammam). Die beiden ersten dienten als Harem, der Privatpalast enthielt die Wohngemächer Shah Jahans, durchflossen von einem Kanal, dem Symbol des paradiesischen Stroms. Ein Meisterwerk der Steinmetzkunst ist der filigran durchbrochene Wandschirm am nördlichen Abschluss der Gemächer.

Vom achteckigen Turm an der Uferseite zeigte sich der Herrscher jeden Morgen nach dem Gebet, bevor er seine politischen Geschäfte begann. Sie fanden im Wesentlichen in der benachbarten **privaten Audienzhalle** statt, der Schaltzentrale der Macht, in der die Fäden des Reiches zusammenliefen und die wesentlichen Entscheidungen im Kreise der engsten Berater getroffen wurden. Hier stand auch der sagenumwobene, mit Gold beschlagene Pfauenthron, den der Türke Nadir Shah, der 1737 die Safiden-Dynastie in Persien gestürzt hatte, anlässlich seines Raubzugs nach Indien 1739 erbeutete.

Viel Glück brachte er ihm nicht, denn zehn Jahre später wurde er auf dem Thron ermordet, das unersetzliche Kunstwerk zerschlagen (der heute zum Staatsschatz des Iran zählenden »Pfauenthron« entstand erst im 19. Jh.). Über den Eckbögen ist der berühmte Spruch des Dichters Amir Khusrau aus dem 14. Jh. zu lesen: »Wenn es ein Paradies gibt auf Erden, dann ist es hier, dann ist es hier, dann ist es hier.« Im Palast der Juwelen befindet sich ein kleines Museum (tgl. außer Mo 10–17 Uhr, Eintritt 2 Rs).

Ein spätes Beispiel der Mogularchitektur ist die zierliche **Perlmoschee** (Moti Masjid), die Shah Jahans Sohn Aurangzeb (1658–1707) als private Andachtsstätte 1662 erbauen ließ. Das hinter einer roten Sandsteinwand verborgene Gebäude ist aus poliertem Marmor gefertigt, der durch seine ungewöhnlich reichhaltige Dekoration dem Bauwerk einen etwas verspielten, dem eigentlichen Zweck nicht so recht entsprechenden Charakter verleiht.

Ein Vergleich mit der gleichnamigen Moschee im Fort von Agra (s. S. 345) macht deutlich, dass sich die Mogularchitektur unter Aurangzeb bereits im Niedergang befand. Um die Konstruktion einerseits in das Ensemble der übrigen Gebäude einzupassen, andererseits aber die Gebetswand nach Mekka auszurichten, wurden die Innen- und Außenwände der Moschee unterschiedlich ausgerichtet (tgl. außer Mo 8.30–18.30 Uhr, Eintritt 250 Rs, Video 25 Rs; jeden Abend findet eine wenig lohnende Licht- und Tonshow statt: Feb.–April und Sept./Okt. 20.30 Uhr, Nov.–Jan. 19.30 Uhr, jeweils in Englisch, Eintritt 50 Rs).

Gedenkstätte Raj Ghat 18

Ein Stück südlich des Forts liegt in einem kleinen Park am Ufer des Yamuna **Raj Ghat**, die Verbrennungs- und Gedenkstätte für die bedeutenden Politiker der Neuzeit. 1948 wurde hier Mahatma Gandhi eingeäschert, 1964 Indiens erster Premierminister Jawaharlal Nehru, später seine ermordete Tochter Indira Gandhi und deren Söhne. Obwohl oder gerade weil auf monumentale Architektur verzichtet wurde, strahlt der Park eine gewisse Würde aus. Jeden Freitag, dem Wochentag seiner Ermordung, wird in einer kleinen Feier Mahatma Gandhis gedacht.

Mit Bildern und Erinnerungsstücken wird im **Gandhi Memorial Museum** 19 die Erinnerung an den großen Führer Indiens wach gehalten (Di–So 9.30–17.30 Uhr, Eintritt frei).

Freitagsmoschee 20

Auf einer Plattform errichtet, erhebt sich etwa 1 km südwestlich des Forts die **Jama Masjid,** die größte Moschee Indiens, weithin sichtbar über das Labyrinth der Basare Old Delhis. Dass der schwelende religiöse Konflikt auf dem Subkontinent auch vor diesem Heiligtum nicht Halt machte, zeigt die Explosion von zwei Bomben am 14. April 2006, die 13 Verletzte forderte.

Durch das Nordtor gelangt man in den etwa 90 x 90 m messenden Innenhof, der mehr als 20 000 Gläubigen Platz bietet. Über nahezu die gesamte Breite erstreckt sich die Gebetshalle mit ihren gewaltigen Zentralbögen (*iwan*). Zusammen mit den Minaretten und den Kuppeln ergibt sich ein Bild seltener Harmonie in Verbindung mit eindrucksvoller Größe. Auf zehn, in Persisch abgefassten Tafeln werden an der Front der Gebetshalle nicht wie üblich ausschließlich Verse des Propheten wiedergegeben, sondern vorwiegend Lobpreisungen über den Bau und seinen Schöpfer.

Die Plattform *(dikka)* vor dem marmornen Reinigungsbrunnen in der Hofmitte war früher, als es noch keine Lautsprecher gab, für den zweiten Prediger vorgesehen, der die Worte des Imam in der Moschee wiederholte, um auch die im Hof versammelte Gemeinde am Gebet teilhaben zu lassen. An der Nordwestecke des Reinigungsbrunnen bezeichnet eine umzäunte Inschrift aus dem Jahre 1766 die Stelle, an der einem frommen Muslim der Prophet erschienen sein soll. Von den Minaretten hat man einen schönen Blick auf Delhi, Aufstieg für Frauen nur in männlicher Begleitung (Zutritt für Nicht-Muslime tgl. 8.30–12.15 Uhr und 13.45 bis kurz vor Sonnenuntergang, Fr 12–14 Uhr geschl., Eintritt frei, Kamera und Video je 250 Rs, man nehme sich vor falschen Führern in Acht).

In der näheren Umgebung Delhis

Cityplan: S. 130

Siegessäule Qutb Minar 21

An der südlichen Peripherie, 13 km vom Connaught Circus entfernt, verkörpert der Kom-

Vor dem Betreten der Gebetshalle Pflicht: der Gang zum Reinigungsbrunnen

plex des **Qutb Minar** nicht nur das älteste Zeugnis islamischer Präsenz im Raum Delhi, sondern zugleich auch einen bedeutenden Meilenstein in der Entwicklung der Architektur des Subkontinents. An dieser Stelle hatte Qutb-ud-din Aibak, ein zum Feldherren aufgestiegener Sklave des islamischen Eroberers Mohammed von Ghur, 1193 auf den geschleiften Trümmern Lalkots, einer bereits im Jahre 1050 vom Rajputenfürsten Anangapala gegründeten Niederlassung, die erste islamische Hauptstadt errichtet. Nach dem Tode seines Herren, der nach dem Sieg in seine Heimat Afghanistan zurückgekehrt war, krönte sich Qutb-ud-din zum Sultan und legte damit den Grundstein für das Sultanat von Delhi, das bis zur Ankunft der Moguln (1556) die Geschicke Nordindiens bestimmte.

Herausragendes Monument ist der 1199 begonnene Qutb Minar, eine 73 m hohe Siegessäule, deren Vorbilder in Afghanistan zu suchen sind. An seiner Basis hat der fünfstöckige Turm einen Durchmesser von 14,3 m, an der Spitze 2,7 m. Im Innern führt eine 360-stufige Wendeltreppe zu den vier Galerien mit ihren vorspringenden Balkonen. Seit vor einigen Jahren bei einer Panik zahlreiche Schulkinder auf der Treppe ums Leben kamen, kann der Qutb allerdings nicht mehr bestiegen werden.

Die beiden oberen Stockwerke wurden nach Blitzeinschlag 1368 in Marmor erneuert und damit erstmals eine Kombination gewählt, die später die Moguln zur Vollendung geführt haben. Als durch ein Erdbeben 1803 die Kuppel zerstört wurde, fühlte sich der britische Major Smith dazu berufen, sie wieder zu vervollständigen. Das Ergebnis seiner dilettantischen Bemühungen liegt heute auf dem Rasen hinter dem Restaurant, denn auf höheren Befehl wurde das ›Kunstwerk‹ 1848 wieder abgetragen. Die Kufi-Schrift, die rings um den Turm läuft, besagt, dass dieses Bauwerk errichtet wurde, »um den Schatten Gottes nach Ost und West zu werfen«. Denn mit dem Qutb Minar wollte Qutb-ud-din auch ein symbolisches Zeichen setzen, markierte der Siegesturm doch die östliche Grenze des islamischen Reiches; sein Gegenstück findet sich im nicht minder eindrucksvollen Siegesturm Yussuf I. in Sevilla.

Besondere Beachtung verdient die zu Füßen liegende **Quwwatul Islam Masjid** (›Macht-des-Islam-Moschee‹), das früheste islamische Bauwerk auf indischem Boden. Da der Eroberer es eilig hatte, eine Gebetsstätte zu schaffen, verwendete er großzügig Elemente der 27 zuvor zerstörten Hindu- und Jaintempel der eroberten Stadt, sodass die Säulen der Hallen rings um den Hof mit Motiven des hinduistischen Pantheons geschmückt sind.

Um dem improvisierten Bau mehr Würde und Größe zu verleihen, wurde vor die Westfront der Gebetshalle eine von Bögen durchbrochene Fassade gesetzt, von denen der mittlere eine Höhe von 15,2 m erreichte. Bemerkenswert ist, dass sie in der hinduistischen Technik des ›falschen Gewölbes‹ ausgeführt wurden, wobei die Steine mit jeder Mauerreihe etwas nach innen vorspringen (Kragbogen). Offensichtlich fehlte es an geeigneten Fachleuten für den Bau echter, sich durch ihre Spannung selbst tragender Bögen, die im Orient schon lange bekannt waren. Die reiche Dekoration an den Gebäuden des Qutb-Komplexes ist ebenfalls Ergebnis der hinduistischen Handwerkstradition, die hier erstmals in Berührung mit islamischen Motiven kam und diese auf Anhieb umzusetzen verstand.

Recht rätselhaft ist die vor dem Qutb stehende **Eiserne Säule** unbekannter Herkunft. Eine Sanskrit-Inschrift besagt, dass sie zu Ehren Vishnus während der Regentschaft Chandragupta II. (375–413) errichtet wurde. Der ungewöhnlich hohe Eisengehalt von 98 % und das Fehlen von Magnesium bewogen Erich von Däniken in seinem Buch »Erinnerungen an die Zukunft«, die 7 m hohe Stele in Verbindung mit außerirdischen Wesen zu bringen. Der Reinheitsgehalt ist jedoch wohl eher auf die Verwendung von Holzkohle für den Schmelzvorgang zurückzuführen. Aber etwas Magie blieb bis vor kurzem doch: Wem es gelang, mit dem Rücken zur Säule seine Arme um das Denkmal zu schließen, dem sollte Glück beschieden sein. Vielleicht war es zu vielen gelungen, denn jetzt behindert ein Zaun die Glückssucher (tgl. außer Mo 7.30–17.30 Uhr, Eintritt 250 Rs, Video 25 Rs; Anfahrt u. a. mit Bus 505 von New Delhi).

Tipp: Hotelbuchung

Delhi hat zwar zahlreiche Hotels, dennoch ist es nicht einfach, eine Unterkunft zu finden. Eine Reservierung, am besten per Fax oder E-Mail, ist vor allem bei nächtlicher Ankunft dringend angeraten. Auf dem Flughafen befindet sich eine Hotelvermittlung, und auch das Touristenbüro kann weiterhelfen. Viele der besseren Hotels haben einen pick-up-Service vom Flughafen. Man wird dann in der Empfangshalle des Flughafens mit Namensschild erwartet.

Baha'i-Tempel 22

Nicht weit entfernt im Nordosten davon liegt auf dem Kalkaji-Hügel der eindrucksvolle moderne **Baha'i-Tempel** in Gestalt einer Lotosblüte. Er ist Zentrum der 1868 vom Perser Mirza Husain gestifteten, weltweit verbreiteten Baha'i-Religion (›Glanz Gottes‹), die in Indien mit ca. 4,5 Mio. ihre meisten Anhänger hat. Errichtet wurde das Haus der Andacht unter hohem persönlichen Einsatz aller Beteiligten in siebenjähriger Bauzeit (1979–1986). Die nur 13 cm dicken Betonschalen haben ihre weiße Farbe durch die besondere Materialmischung erhalten: heller Dolomit aus der Nähe Delhis, Quarzsand aus Jaipur und weißer Zement aus Korea (tgl. außer Mo April–Sept. 9–19 Uhr, Okt.–März 9.30–17.30 Uhr, Eintritt frei, www.bahaindia.org, Anfahrt: Bus 440 vom Connaught Circus bis Kalkaji-Busterminal).

Tughluqabad 23

Nur wenige Touristen verirren sich nach **Tughluqabad**, einem lohnenden Ziel etwa 8 km östlich des Qutb Minar an der Straße nach Badarpur. Von der ehemals mit einer über 6 km langen Mauer umschlossenen Stadt aus dem 14. Jh. ist bis auf die noch immer eindrucksvollen Bastionen wenig erhalten, aber das kleine Mausoleum für Ghyas-ud-Din Tughluq (1320–1325) auf der anderen Seite der Straße ist ein Kleinod früher Baukunst (tgl. Sonnenauf- bis Sonnenuntergang, Eintritt 100 Rs, Video 25 Rs; erreichbar mit dem Bus vom Qutb-Minar-Komplex).

Infos

India Tourism Delhi (Government of India Tourist Office): 88 Janpath, nahe Einmündung in den Connaught Circus, Tel. 011-332 00 05, www.delhi-tourism-india. com, Mo–Fr 9–18, Sa 9–14 Uhr.

Im Internet: www.delhigate.com, nicht ganz up to date, aber recht informativ; www.delhi tourism.nic.in, einige gute Infos, nur wenig zu

Sehenswürdigkeiten, dafür aber umfangreiches Angebot an kommerziellen Touren.
Internet-Cafés: Etliche Internetcafés findet man im Touristenbezirk Paharganj.

Übernachten

Koloniales Schmuckstück ▶ The Imperial 1: Janpath, Tel. 011-23 34 12 34 u. 011-41 50 12 34, Fax 011-23 34 22 55, www.theimperialindia.com. Sehr zentral gelegenes Traditionshotel aus den Zeiten des Raj mit parkartigem Garten und hervorragendem Service, mehrere Restaurants, 232 Zimmer. DZ ab 180 €.

Moderner Luxus ▶ Le Meridien 2: Windsor Place (Janpath/Ashoka Road), Tel. 011-23 71 01 01, www.lemeridien-newdelhi.com. Relativ zentral gelegenes, modernes Luxushotel mit allen Annehmlichkeiten, vier Restaurants, 355 Zimmer. DZ ab 110 Euro.

Gepflegt und zentral ▶ Athiti Bed & Breakfast 3: 1, Jain Mandir Road, Tel. 011-23 34 00 85, www.atithidelhi.com. Sehr schönes, komfortables Stadthotel mit geschmackvollen Zimmern in ruhiger Lage hinter den Government-Emporien in unmittelbarer Nähe des Connaught Place. WiFi kostenlos. DZ mit Frühstück 5500 Rs.

Klein und fein ▶ Palace Hights 4: 26/28, Connaught Place, Tel: 011-43 58 26-10, -20 u. -30, www.hotelpalaceheights.com. Kleines Boutiquehotel mit 12 gemütlichen, allerdings recht kleinen Zimmern direkt am Connaught Place. DZ ab 5500 Rs.

Privat und ruhig ▶ Yatri House 5: 3/4, Punchkuin Road, 011-23 62 55 63, www.yatrihouse.com. Privatunterkunft in ruhiger Seitenstrasse der Punchkuin Rd. (neben Delhi Heart & Lung Institute) etwa 20 Fußminuten vom Connaught Place, 15 Min. von Paharganj und Metrostation. 7 makellos saubere Zimmer rings um kleinen Hof, abends trifft man sich auf der überdachten Terrasse des Vorgartens. DZ ab 4200 Rs inkl. Airportpickup und Frühstück.

Bibel am Bett ▶ New Delhi YMCA Tourist Hostel 6: Jai Singh Rd., 011-23 36 19 15 u. 011-23 74 60 31, www.newdelhiymca.org. Rechte einfache, beliebte christliche Unter-

Tipp: Treffpunkt der Backpacker

Das verkehrsgünstig gelegene **Viertel Paharganj** an der New Delhi Railway Station ist wichtigster Treffpunkt der Globetrotter mit entsprechender Infrastruktur: Hier gibt es preiswerte Unterkünfte, Restaurants und Cafés, die Spaghetti, Müsli und Pizza anbieten, sowie Internetcafés für die E-Mails nach Hause.

kunft mit sehr gutem Preis-Leistungsverhältnis im Zentrum. DZ ab 2000 Rs inkl. Frühstücksbuffet. Ganz in der Nähe liegt das ähnlich ausgestattete **YWCA Blue Triangle Family Hostel:** Ashoka Rd., Tel. 011 23 36 01 33 u. 011-23 36 50 14, www.ywcaofdelhi.org. Auch hier kommt man für 2000 Rs inkl. Frühstück unter. Vorausbuchungen sind in beiden Unterkünften ratsam.

Schwan unter den Enten ▶ Star Plaza 7: Main Bazar Pahar Ganj. Tel. 011-23 58 17 31, hotelstarplaza@gmail.com. Beeindruckende Lobby, geräumige Zimmer mit sehr guten Bädern, unter den vielen Hotels in Paharganj die sicherlich beste Unterkunft, relativ ruhig in einer Seitenstraße, WiFi kostenlos. DZ ab 1800 Rs inkl. Steuern.

Beliebter Oldie ▶ Metropolis Tourist Home 8: 1634 Main Basar, Paharganj, Tel. 011-23 56 17 94. Alteingesessenes, von Backpackern geschätztes Hotel im Herzen von Paharganj. Etwas düstere Zimmer unterschiedlicher Qualität zu angemessenen Preisen. DZ ab 1200 Rs. Bestes Restaurant weit und breit (s. S. 140)

Essen & Trinken

Das Angebot ist fast unübersehbar. Gute Restaurants gibt es in den Luxushotels, wo vor allem die üppigen Buffets zu empfehlen sind.

Erwähnt seien **Daniell's Tavern** im Hotel The Imperial 1 (Tel. 011-51 11 66 34, Buffet ab 850 Rs) und das **Bukhara** 4 im Hotel Maurya Sheraton (Sardar Patel Marg, Tel. 011-26 11 22 33, Buffet ab 850 Rs).

aktiv unterwegs

Auf Shopping-Tour durch New Delhi

Tour-Infos

Ausgangspunkt: Connaught Place
Dauer: 1 Tag

Über ganz Delhi verteilen sich etliche Basare und Einkaufsviertel, die teils auf bestimmte Käuferschichten, teils auf ein spezielles Warenangebot zugeschnitten sind – zum Shoppen und Flanieren ein wahres Paradies. Man sollte, wenn möglich auf eigene Faust unterwegs sein, um den Schleppern (und Rikscha-Fahrern) keine Chance zu geben, eine *commission* einzufordern, die der Rechnung zugeschlagen wird (bis zu 30 %). Ausgenommen sind staatliche Geschäfte, die feste Preise verlangen.

Märkte verteilen sich über die ganze Stadt, aber bereits rings um den Connaught Place, dem Herzen New Delhis, bieten sich unerschöpfliche Möglichkeiten, den Kaufrausch auszuleben. Sie lassen sogar mit einem Rundgang erkunden, der durchaus einen Tag in Anspruch nehmen kann.

Zunächst sollte man vom **Connaught Circus** 1 dem Janpath nach Süden folgen und allen Angeboten von Schleppern widerstehen, die einen zu einem ganz tollen Geschäft leiten wollen. Denn an der nächsten großen Kreuzung (Tolstoy Marg) liegt unübersehbar das vielstöckige **Central Cottage Industries Emporium** 3 (tgl.10–19.30 Uhr), ein wahrer Tempel für Souvenirjäger. Bereits der Blick auf die Website www.thecottage.in weckt ungeahnte Begehrlichkeiten. Das Angebot verteilt sich nach Artikeln sortiert über mehrere Stockwerke, Handeln kann man nicht, der Versand nach Übersee ist sicher, und ein kleines Restaurant gibt es auch. Geld wechseln sollte man aber lieber wo anders.

Gegenüber zieht sich den Janpath in Richtung Connaught Place der so genannte **Tibetan Market** 1 entlang, eine Ansammlung kleiner Läden, in denen sich so manches Andenken finden lässt. Feilschen gehört hier zum Geschäft, und so ist es bei größeren Stücken angebracht, vorher Marktforschung im staatlichen Emporium zu treiben.

Hat man wieder den Connaught Place erreicht, kann man noch einen Blick in den unterirdischen **Palika-Bazar** 2 werfen, wo man u. a. eine große Auswahl von Musik-CDs findet (nicht alle sind Originale). Im Gewühl ist besondere Vorsicht vor Taschendieben geboten.

Umrundet man den Connaught Place weiter im Uhrzeigersinn und biegt dann nach links in die zweite ›Speiche‹ (Radial Rd. 2 oder Baba Kharak Singh Marg, am Beginn des G-Blocks) erreicht man an der nächsten Kreuzung den im Regal Bldg. untergebrachten **Khadi Gramodyok Bhawan** 7. Berühmt ist das Geschäft für seine aus handgesponnener Wolle gewebten Khadi-Stoffe in der Tradition Mahatma Gandhis (www.kvic.org.in).

Etwa 250 m weiter liegen auf der gegenüberliegenden Straßenseite in einer Zeile nebeneinander die **State Emporias** 4, in denen die einzelnen Bundesstaaten ihre Produkte präsentieren und damit verdeutlichen wie ungeheuer reich das Kunstschaffen des Subkontinents ist. Auch wenig besuchte Exoten wie Assam sind hier vertreten.

Globetrotters Liebling ▶ **Metropolis** 8: Dachrestaurant des gleichnamigen Hotels in Paharganj (s. S. 139), hervorragende indische Küche aber auch westliche Kost wie Pizza und Lasagne, und Bier unterschiedlicher Sorten gibt es auch. Bei Travellern sehr beliebt. Hauptgerichte ab 120 Rs.

Kolonialer Touch ▶ **Kwality** 1: Regal Bldg., Sansad Marg (Parliament Street), traditionsreiches Restaurant mit hervorragender indi-

Von hier sind es nur wenige Schritte zur **Cottage Industries Exposition Ltd.** 5 in der Jai Mandir Rd., die von der Rückseite der State Emporiums zum Lady Harding Hospital führt. Die Auswahl an Teppichen, Schmuck, Kleidung und Stoffen ist nicht so umfangreich wie in anderen Geschäften, dafür aber sehr exquisit (Mo–Sa 10–19.30 Uhr, www.cieworld.com).

Über die Jai Mandir gelangt man wieder zum Connaught Place, wobei man an der Ecke Jai Mandir/Bagath Singh Marg Gelegenheit hat, sich in einer der Filialen von **Coffee Day** 5 bei einem ausgezeichneten Cappuccino von den Strapazen des Schauens und Kaufens zu erholen. Wir umrunden nun den Connaught Place weiter im Uhrzeigersinn. Buchfreunde werden nicht achtlos am **Bookworm** 8 vorbeigehen, einem der besten Buchläden Delhis (B-29 Connaught Place, zwischen Radial Rd. 3 und 4). Am Ende des B-Blocks biegen wir links ab (Radial Rd. 4). Dort liegt am Ende gegenüber der PVR-Plaza eine für seine traumhaft schönen Textildrucke bekannte Filiale der mehrfach ausgezeichneten, in Jaipur beheimateten Firma **Soma** 6 (44 K-Block, 1. St, www.somashop.com). Zum Ausgangspunkt des Rundgangs, der Einmündung des Janpath, ist es nun nicht mehr weit.

Verführerisch duftendes Souvenir: Wer zuhause die indischen Gerichte nachkochen möchte, findet auf den Märkten eine große Auswahl an Gewürzen

scher Küche (12–23 Uhr). Hauptgerichte ab 90 Rs.

Müsli und mehr ▶ **Appetite** 2: Main Bazar, Pahar Ganj. Kleines Restaurant, das sich vor allem morgens mit Travellern füllt, angelockt durch die hervorragenden üppigen und dazu noch unschlagbar preiswerten Frühstücke ab 80 Rs.

Traditionslokal ▶ **United Coffee House** 3: E-Block Connaught Place (11–23 Uhr) alteingesessenes, etwas plüschiges Restaurant mit guter Küche und eiskaltem Bier. Hauptgerichte ab 70 Rs.

Fastfood auf Indisch ▶ **Haldiram's 4:** 6-L Block, Connaught Place, www.haldiram.com. Delhis Antwort auf Big Mac und Co. Sehr umfangreiche Auswahl indischer Speisen aus unterschiedlichen Regionen. Eine bessere Masala Dosa ist schwer zu finden. Hauptgerichte ab 70 Rs.

Feinster Kaffee ▶ **Coffee Day 5:** u. a. Connaught Place, F-Block, 1.-Stock und Ecke Jai Mandir/Bagath Singh Marg, www.cafecoffeeday.com. Selbst Italienern läuft angesichts der tollen Qualität von Espresso, Latte Macchiato und Cappuccino das Wasser im Mund zusammen. Die Kette mit modernem Ambiente ist mittlerweile mit über 800 Filialen in 118 Städten vertreten, mehrfach auch in Delhi. Cappuccino 45 Rs.

Einkaufen

Delhi ist ein Einkaufsparadies ohnegleichen, bietet es doch eine fast unüberschaubare Auswahl an Produkten aus dem ganzen Land. Man sollte sich allerdings auf hartnäckiges Feilschen einstellen, auch wenn die Geschäfte mit dem Schild ›fixed prices‹ locken. Eine Ausnahme bilden Government Shops, Buchläden und Musikhandlungen. Konzentriert findet man die Waren in den **Basaren,** aber auch rings um den **Connaught Circus** und in den von ihm ausgehenden Straßen wird der Andenkenjäger fündig (s. S. 140).

Basare und Märkte ▶ **Tibetan Market 1:** Janpath in Richtung Connaught Place (s. S. 140). **Palika Bazaar 2:** unter dem Connaught Circus (s. S. 140).

Kunsthandwerk und Souvenirs ▶ Hervorragende Handwerkskunst aus ganz Indien bietet das **Central Cottage Industries Emporium 3**, Janpath/Ecke Tolstoy Marg. In der Baba Kharak Singh Marg, der vom Connaught Circus nach Südwest führenden Hauptstraße, zeigen 18 **State Government Emporia 4** der einzelnen Bundesstaaten ihre Spezialitäten. Man findet hier Ikat-Arbeiten aus Orissa, Produkte aus Kamelleder aus Rajasthan, Schals und Pappmaché aus Kaschmir. **Cottage Industries Exposition 5:** Jai Mandir Rd., hinter dem Government Emporia. Kleine exquisite Auswahl, Teppiche, Schmuck und Kleidung.

Textilien ▶ Ausgewählte Stoffe findet man bei **Soma 6** (Connaught Circus, 44-K Block, gegenüber PVR Plaza Cinema), das sich auf Textildruck spezialisiert hat, und im **Khadi Gramodyok Bhawan 7** (Regal Bldg. Sansad Marg), vor allem handgewebte Stoffe.

Bücher/CDs ▶ Am Connaught Circus liegen die besten Buchläden der Stadt (u. a. The **Bookworm 8,** New Book Depot, Englih Bookstore) und gut sortierte Musikläden (Music Street).

Besondere Einkaufsviertel ▶ **Khan Market 9** und **Santushi Shopping Complex 10:** Diplomatenenklave Chanakyapuri. Die Geschäfte in diesem vornehmen Viertel wenden sich an Angehörige der Upper Class. Entsprechend ist das Angebot, insbesondere an Kleidung und Accessoires, aber auch erlesenem Schmuck und moderner Kunst. **Hauz Kas Village 11:** In der Nähe des Mausoleums Firoz Shah Tughluq. Der noch recht ursprüngliche Vorort lockt mit zahlreichen Galerien, Boutiquen, Restaurants und Kunsthandwerksläden vor allem die indische Mittelklasse.

Abends & Nachts

Verglichen zu den Metropolen Westeuropas bietet Delhi recht wenig abendliche Abwechslung. **Bars** und **Diskotheken** findet man vornehmlich in den großen internationalen Hotels. In den Abendstunden verwandeln sich Bars nicht selten in einen Nachtclub mit Live-Unterhaltung. Die Preise sind infolge der erheblichen Steuern sehr hoch. Die meisten Diskotheken findet man in den großen internationalen Hotels. Mit etwa 500 Rs pro Paar ist der Eintritt für indische Verhältnisse sehr teuer. Geöffnet sind sie meist ab 22 Uhr, schließen aber oft schon um 24 Uhr.

Große Theater in europäischem Sinne sind unbekannt, dafür existieren etliche kleine, hoch motivierte Gruppen. Gute Informationsquellen sind das Goethe-Institut (Max Mueller Bhawan/3 Kasturba Gandhi Marg) sowie die Internetseite **www.anandfoundation.com,** die auch Veranstaltungsprogramme auflistet. Jeweils aktuelle Darbietungen findet man auch in der wöchentlich erscheinenden Broschüre »**Delhi Diary**«.

Neo-kolonialer Touch ▶ 1911: Hotel Imperial 1, Janpath. Edle Bar des Luxushotels im britischen Kolonialstil. Mit 400 Rs pro Drink muss man rechnen.

Keineswegs kosher ▶ Shalom 1: Greater Kailash, N-18, N-Block Market Greater Kailash-I, Tel. 011-41 63 22-82 u. -83. Bar mit ausgezeichnetem libanesischem Restaurant im südlichen Nobelviertel Greater Kailash. Bekannte DJs legen auf.

Beliebt nach Feierabend ▶ DV8 2: 13 Regal Building, Connaught Place, 011-23 36 33 58, tgl. 11–24 Uhr. Bei der Mittelklasse beliebte Bar mit Restaurant. Dienstag gibt es Live-Musik.

Immer voll ▶ Annabelles 3: Hotel Inter-Continental, 1, Windsor Palace, Tel. 011-23 32 01 01, tgl. ab 22 Uhr. Seit Langem sehr beliebte Disco.

Im Retro-Look ▶ Ghungroo 4: Welcomgroup Maurya Sheraton, Sardar Patel Marg, Tel. 011-26 11 22 33, Mo-Sa ab 22 Uhr. Tanz auf der Glasfläche im Ambiente der 80er-Jahre. Die Musik ist allerdings zeitgemäß.

Groß und gesittet ▶ My Kind of Place 5: Taj Palace, Tel. 011-26 11 02 02, Mi–Sa 18.30–1.30. Delhis größte Tanzfläche, auch hier gibt es Essen. Nichts für junge Wilde.

Dinieren und tanzen ▶ Djinns 6: Hyatt Regency, Bhikaji Cama Place, Tel. 011-26 79 12 34 u. 011-26 79 10 26, tgl. 18–23 Uhr. Die Island-Bar und die Schauküche wetteifern mit der Tanzfläche um die Gunst der Besucher.

Authentisch ▶ India International Centre 7: 40, Max Mueller Marg, Tel. 011-24 61 94 31, www.iicdelhi.nic.in. Das Zentrum, bekannt für seine wissenschaftlichen Symposien und Forschungen, hat sich auch einen Namen in der Präsentation traditioneller Musik- und Tanzdarbietungen gemacht. Das jeweils aktuelle Programm findet man auf der Internetseite.

Niveauvoll ▶ India Habitat Centre 8: Lodhi Rd., www.habitatworld.com. Das als Kontaktstätte für den Bürger und auf Umweltfragen spezialisierte Organisationen gegründete Zentrum bietet nicht nur interessante Ausstellungen sondern auch kostenlose kulturelle Veranstaltungen auf hohem Niveau.

Kino ▶ Der Kinobesuch gehört zu den bevorzugten Freizeitbeschäftigungen der Inder, entsprechend groß ist die Auswahl. Zu den beliebtedten Lichtspielhäusern zählt das **PVR Plaza Cinema 9** (H-Block Connaught Circus, www.pvrcinemas.com). Filme in europäischen Sprachen werden oftmals von den in Delhi ansässigen europäischen Kulturinstituten angeboten.

Aktiv

Yoga und Ayurveda ▶ Kairali Ayurvedic Health Resort 2: 120 Andheria Modh, Meh-

Tipp: Organisierte Stadtrundfahrten

Wer für die Besichtigung Delhis nur wenig Zeit zur Verfügung hat, dem seien die organisierten Stadtrundfahrten empfohlen, mit denen man bequem und preiswert die wichtigsten Sehenswürdigkeiten präsentiert bekommt, ohne sich mit Taxifahrern und selbsternannten Führern herumschlagen zu müssen.

Die Besichtigungstouren zu den teilweise weit auseinander liegenden Sehenswürdigkeiten New und Old Delhis werden von mehreren staatlichen und privaten Veranstaltern angeboten, u. a. vom staatlichen Touristenbüro **Delhi Tourism and Transport Development Corporation 1** (18-A, D.D.A.SCO Complex, Defence Colony, Sector 4, Gol Market, http://delhitourism.nic.in/publicpage/citysights.aspx) und dem **Government of India Tourist Office** (Janpath). Meist gibt es zwei Touren, eine am Vormittag und eine am Nachmittag. Den Montag sollte man meiden, da dann einige Sehenswürdigkeiten geschlossen sind.

rauli, New Delhi, Tel. 011-26 80 21 06, 011-55 66 44 47, Fax 011 –26 68 08 75, kairaliresort@vsnl.com. Luxuriöses Health Resort in üppigem Garten nur 2 km vom Qutb Minar entfernt; hier kann man sich einen Tag verwöhnen lassen, für längere Kuren aber auch vor Ort wohnen. **Sri Devpuriji Ashram 3:** Ridge Castle, Mehrauli, New Delhi, Tel. 011-26 64 17 70, Fax 011-26 64 53 06, www.yoga-in-daily-life.org.

Termine

Tag der Republik (26. Jan.): Farbenprächtige Parade über den Rajpath anlässlich dieses Feiertags. Mit festlich geschmückten Wagen, auf denen Tanzgruppen ihr Können zeigen, Reitkamelen der Armee, Elefanten, Musikkapellen und Raketenwerfern präsentiert sich Indien selbstbewusst als führende Großmacht der Region. Wegen des erheblichen Andrangs sollte man versuchen, sich über

An öffentlichen Verkehrsmitteln mangelt es in Delhi wahrlich nicht

das Tourist Office rechtzeitig einen Tribünenplatz zu sichern.

Verkehr

Flug: Der im Süden der Stadt liegende Indira Gandhi International Airport (www.delhiairport.com) verfügt über zwei etwa 9 km voneinander entfernt liegende Terminals, **international** (Terminal 2, Tel. 011-25 65 20 11) und **domestic** (Terminal 1, Tel. 011-25 67 51 26). Zwischen beiden verkehren shuttle-Busse. Von beiden Terminals bestehen Taxiverbindungen in die Stadt zu festen Preisen; man zahlt vorher am Schalter in der Empfangshalle (prepaid, pro Taxi, nicht pro Person, Preise vergleichen), muss aber dennoch darauf achten, dass der Taxifahrer einen auch an der gewünschten Adresse absetzt (s. Tipp S. 123). Günstiger, aber umständlicher ist der Transfer in die Stadt mit den Bussen des Ex Servicemen's Air Link Transport Service (nur bis ca. 23.30 Uhr).

In der Ankunftshalle kann man Geld wechseln (genau nachzählen und auf eingerissene Scheine achten). Sofern nötig, muss man seine Rückflüge in einem der Büros in New Delhi rechtzeitig bestätigen zu lassen *(reconfirmation)*. Die meisten internationalen Flüge landen und starten nachts, man sollte sich also über sein Hotel rechtzeitig ein Taxi besorgen.

Wer einen Inlandflug mit Air India gebucht hat, sollte rechtzeitig klären, von welchem Terminal die Maschinen starten; die meisten Inlandflüge der Air India fliegen vom internationalen Terminal ab (Terminal 2), Flüge nach Leh (Ladakh) starten hingegen von Terminal 1.

Bahn: Delhi ist Knotenpunkt des nordindischen Netzes, es gibt mehrere Bahnhöfe. Am wichtigsten sind **Delhi Main Station** nördlich des Roten Forts in Old Delhi, **New Delhi Station** ein Stück nördlich des Connaught Circus im Touristenviertel Paharganj und **Nizzamuddin Station** südöstlich des Zentrums. Die meisten der für Touristen interessanten Züge starten von der New Delhi Station: Agra (Shatabdi Express, 2 Std.; Kerala Express, 3 Std.), Amritsar (Shatabdi Express, 6 Std.), Jaipur (Shatabdi Express, 4 Std.), Kolkata (Rajdhani Express, 17 Std.), Ahmedabad (ADI SJ Rajdhani Express, 15 Std.) und Haridwar (Shatabdi Express, 4 Std.). Die Züge nach Udaipur (Mewar Express, 13 Std.) fahren von Nizzamuddin ab, die Züge nach Varanasi (Sadhbhawana Express, 17 Std.) von Dehli Main Station. Genauere Informationen bietet das Kursbuch »Trains at a glance«, das man an den Bahnhöfen erhält. Den Fahrplan findet man auch im Internet unter www.indianrail.gov.in. Anlaufstelle für Touristen ist die für Ausländer eingerichtete Verkaufstelle im ersten Stock des Bahnhofs New Delhi (Mo–Sa 8–20 Uhr, So bis 14 Uhr).

Die Fahrkarten sind in US$, Euro oder in Rupien unter Vorlage einer Tauschquittung zu zahlen. Man kann hier auch Reservierungen für das übrige Streckennetz vornehmen. Mit längeren Wartezeiten ist zu rechnen. Wer eine Netzkarte (Indian Rail Pass) hat, kann hier seine Züge reservieren, bei Nachtfahrten ist das obligatorisch. Achtung: Der Zugang zu diesem Büro wird von Schleppern blockiert, die den Touristen in ein Reisebüro locken wollen, wo er erheblich mehr zahlt und nicht selten betrogen wird. Nicht abwimmeln lassen!

Bus: Der Hauptbusbahnhof **Inter State Bus Terminal** liegt am Kashmiri Gate, ein Stück nördlich des Bahnhofs Main Station (gute Verbindung aus der Stadt mit der U-Bahn-Linie 2). Hier starten die staatlichen Busse zu Zielen in ganz Nordindien. In Richtung Jaipur und Rajasthan fahren Busse der 1. Klasse vom **Rajasthan Roadways Terminal** beim Bikaner House nahe dem India Gate ab. Private Buslinien, insbesondere mit Ziel Himalayaregion (Manali, Dharamsala), verkehren von der **New Delhi Station** oder vom angrenzenden Main Bazaar Parhaganj. Vom Himachal-Tourism-Büro (Canderlok Bldg.) am Janpath fährt tgl. ein Luxusbus nach Manali. Busse nach Agra verkehren vor allem vom **Sarai Kale Khan ISBT** im Süden der Stadt.

Innerstädtische Verkehrsmittel:

Bus: Delhi verfügt über ein ausgesprochen dichtes Busnetz. Die oftmals klapprigen öffentlichen Busse sind meist jedoch hoffnungslos überfüllt, das Routennetz für Fremde nahezu undurchschaubar, zumal die Fahrziele überwiegend in Hindi angeschrieben sind. Wer sich dennoch in das Getümmel stürzen möchte, sollte sich an einer der Zeitungsbuden den »Route Guide« besorgen.

Grundsätzlich gilt: Busse mit der Anfangsziffer 1 verkehren zwischen New und Old Delhi, Busse mit der Anfangsnummer 4 fahren durch Nizzamuddin, und die mit der Nr. 5 fahren nach Süden (z. B. Bus 505 von New Delhi Station zum Qutb Minar). Auf der Internetseite www.dtc.nic.in findet man die Busrouten sowohl in als auch um Delhi mit allen Haltestellen!

Metro: Im Jahre 2005 wurden die ersten Strecken der neuen Metro dem Verkehr übergeben. Das aus drei Linien bestehende Netz umfasst bisher etwa 60 km. Für den Touristen interessant ist vor allem die von Nord nach Süd verlaufende Linie 2, die vom Kashmiri Gate (Busbahnhof) über Delhi Main (nahe Bahnhof), den Bahnhof New Delhi (Rückseite), den Connaught Circus (Rajiv Chowk) bis zum Rajpath führt. Ein Ausbau der Strecke bis zum Qutb Minar ist geplant (www.delhimetrorail.com). In Planung ist auch die Anbindung an den Internationalen Flughafen.

Taxi und Mietwagen: Die gelb-schwarzen oder weißen Taxis sind die bequemste und bei mehreren Personen nicht einmal teuerste Art zum Besuch der weit verstreuten Sehenswürdigkeiten. Man kann sich den Wagen über das Hotel besorgen lassen, wesentlich günstiger aber bei einem der vielen Taxistände direkt mieten. Alle Taxis sind mit Taxametern ausgerüstet, die man bei Touristen allerdings ungern einschaltet, insbesondere Taxis, die vor den großen Hotels auf Gäste warten – man bestehe darauf oder wechsle das Fahrzeug. Überdies sind einige Taxameter manipuliert. Leere Taxis halten auf Handzeichen.

Mehr Komfort zu höheren Preisen (ca. 700 Rs für eine ganztägige Stadtrundfahrt) bieten renommierte Anbieter wie **Karachi Taxi Company**, 34 Janpath (gegenüber Hotel Imperial), Tel. 011-23 32 93 89, oder **ITDC Transport Division**, Hotel Samrat, Tel. 011-23 36 54 66, und **Ashok Travel and Tours**, Hotel Janpath (Rückseite), Janpath, Tel. 011-23 34 00 70, www.attindiatourism.com. Mit den Fahrzeugen dieser Anbieter kann man auch Rundfahrten in die nähere oder weitere Umgebung, etwa durch Rajasthan, unternehmen. Die normalen Taxis dürfen Delhi hingegen nicht verlassen.

Die Fahrradrikschas in Old Delhi und Paharganj sind effektive Verkehrsmittel

Sich einen Wagen ohne Fahrer zu mieten, ist nicht nur teurer, sondern aufgrund der unorthodoxen Fahrweise auch nicht ratsam (tgl. gibt es allein in Delhi fünf Verkehrstote zu beklagen).

Motor- und Fahrradrikscha: Die motorisierten Three Wheelers sind flink und preiswert, aber nicht ganz ungefährlich. Auch sie verfügen über Taxameter. Die Fahrer sind mit allen Wassern gewaschen. Man lasse sich auf keinen Fall bei einem Geschäft absetzen, da die Fahrer sonst vom Inhaber eine *commission* verlangen, die auf die Rechnung geschlagen wird.

Fahrradrikschas sind nur in Old Delhi und im Viertel Paharganj zugelassen und im dortigen Gewühl wesentlich schneller als ihre motorisierten Konkurrenten.

Chandigarh und Amritsar

Der Unterschied zwischen den Städten könnte kaum größer sein: Chandigarh – gemeinsame Hauptstadt der Bundesstaaten Punjab und Haryana – ist eine von Corbusier nach modernen städteplanerischen Gesichtspunkten entworfene Metropole, Amritsar eine bereits vor Jahrhunderten aus einem heiligen Teich hervorgegangene Tempelstadt mit labyrinthischem Gassengewirr – Indien weiß beides zu vereinen.

Das nach den großen Flüssen benannte ›Fünfstromland‹ nordwestlich von Delhi erstreckte sich vor der Unabhängigkeit Indiens als wirtschaftliche Einheit bis an den Indus. Die frühen Stadtkulturen von Mohenjo Daro und Taxila blühten hier, bevor sich die arischen Zuwanderer den Weg durch das Gewirr der Ströme suchten, das sie Sapta Sindhu, ›Land der sieben Meere‹, nannten. Der Name lässt erkennen, dass die Schwemmlandebenen damals ausgedehnter waren als heute. Und da auch noch der legendäre heilige Fluss Sarasvati existierte, ließen sich zusammen mit dem Indus tatsächlich sieben Flusssysteme unterscheiden.

In beispielloser Weise nutzten die Engländer im 19. Jh. die Flüsse zur Anlage des wohl größten Bewässerungssystems der Welt und schufen aus bescheidenen 4000 Kilometern des Jahres 1872 innerhalb von fünfzig Jahren ein Netz von mehr als 27 000 km Kanal. Als das Kolonialreich 1947 geteilt wurde, konnte Pakistan den überwiegenden Teil dieser inzwischen auf 36 000 km angewachsenen ›Infrastruktur‹ als wertvolles Erbe der Kolonialzeit in den neuen Staat einbringen.

Aber auch Indien bediente sich in der Aufbauphase ›seines‹ Punjab des Wasserreichtums und verzweigte die Flüsse zu einem Kanalsystem, das weit bis Rajasthan hineinreicht und dem Punjab bald die führende Rolle in der Agrarproduktion zuwies, wobei die hervorragende Arbeitsleistung der Bauern diese Bemühungen wirkungsvoll ergänzten. Wenn Indien heute von Lebensmittelimporten unabhängig ist, so ist dies noch immer vor allem das Verdienst des Punjab und

seiner überwiegend zur Religionsgemeinschaft der Sikhs zählenden Bewohner (s. Thema S. 152).

Deutlich lässt sich in Glauben und Taten die Geschichte des Punjab ablesen. Da ist der Versuch der Synthese von islamischen und hinduistischen Glaubensvorstellungen, aber auch militanter Fanatismus voller Intoleranz, und man begegnet elitärem Denken ebenso wie ergebener Loyalität. Alle diese Elemente des Sikhismus haben im Verlauf der Geschichte eine bedeutsame Rolle gespielt und tun es noch immer, wobei sich die Akzente von Epoche zu Epoche verlagerten. Der wohl wichtigste historische Einschnitt erfolgte durch die Teilung des Subkontinents nach der Unabhängigkeit 1947. Mehr als jede andere Region hatte der Punjab beiderseits der Grenze zu leiden und war für Monate Schauplatz grässlicher Massaker und Flüchtlingstrecks, und als 1965 und 1971 die indisch-pakistanischen Kriege ausgetragen wurden, war der Punjab wiederum vorderste Front.

Ruhe ist nach wie vor nicht eingekehrt. Höhepunkt der Auseinandersetzungen war der von Indira Gandhi im Mai 1984 befohlene Angriff auf den Goldenen Tempel, das Heiligtum der Sikhs in Amritsar, der über 1000 Tote forderte. Vier Monate später rächten sich die Sikhs mit der Ermordung der Ministerpräsidentin.

1987 wurde der Punjab der direkten Kontrolle Delhis unterstellt, 1988 in der Operation ›Black Thunder‹ ein großer Teil der extremistischen Führer festgenommen. Mit Zündung mehrerer Bomben im Bombay, denen Hunderte Menschen zum Opfer fielen, stellten Sikhs im März 1993 grausam unter Beweis, dass nach wie vor mit ihnen zu rechnen war. Erst mit der Wahl von Dr. Manmohan Singh

Unzählige Figuren aus Stein und Beton schmücken den Rock Garden in Chandigarh

Das wichtigste und schönste Heiligtum der Sikhs: der Goldene Tempel von Amritsar

zum ersten Sikh-Premierminister Indiens im Jahre 2004 hat sich die Lage entspannt.

Bereits 1966 wurde der Staat Haryana aus dem Punjab herausgetrennt, um Konflikten zwischen den Punjabi sprechenden Bewohnern des Westens, dem heutigen Punjab, und den Hindi sprechenden Bewohnern des Ostens vorzubeugen. Auf der sprachlichen Grenze wurde die erst wenige Jahre zuvor errichtete Stadt Chandigarh 1986 zur gemeinsamen Hauptstadt erklärt und der direkten Verwaltung Delhis unterstellt.

Chandigarh ▸F 4

Chandigarh – ein künstliches Gebilde, vergleichbar der aus dem Urwald ›gestampften‹

brasilianischen Metropole Brasilia – verdankt seine Gründung der Teilung Indiens Mitte des 20. Jh. Da Lahore, die alte Metropole des Punjab, nun in Pakistan lag, wurde der verbliebene indische Teil zunächst von Shimla und Jullundur aus regiert. Angesichts der riesigen Probleme, die sich durch Flüchtlingsströme und Wiederaufbau stellten, erwiesen sich die beiden Orte jedoch als unzureichend.

1950 trat die indische Regierung unter Nehru daher in Kontakt mit dem französisch-schweizerischen Städteplaner Le Corbusier, um eine neue Metropole des Punjab zu schaffen. »Auf dass diese Stadt eine neue Stadt werde, Symbol der Freiheit Indiens, ohne Fesseln durch Tradition aus der Vergangenheit, ein Ausdruck des Glaubens der Nation an die Zukunft«, verkündete Nehru 1952.

Eine Kommission wählte einen geeigneten Platz am Fuße der Sivalik-Hügel und übertrug den Entwurf zur neuen gemeinsamen Hauptstadt der Bundesstaaten Punjab und Haryana an Le Corbusier. Dieser teilte die 41 km^2 große Stadtfläche in 47 rechteckige Sektoren auf, die in sich geschlossene Lebensräume mit allen Versorgungsmöglichkeiten darstellen, wobei sich die Wohnungen zum Zentrum hin öffnen, während die Straßen die äußeren Begrenzungen bilden.

Auch an Grünflächen und einem See wurde nicht gespart, sodass den Bewohnern genug Gelegenheit gegeben ist, den beengten Wohnverhältnissen des Zentrums zu entfliehen. Dennoch macht die moderne Stadt auf den westlichen Besucher eher einen deprimierenden Eindruck, vielleicht wegen der überall zu spürenden Künstlichkeit, die wohl nur das Herz des Architekten zu erfreuen mag.

Capital Complex

Sehenswerte Einzelobjekte sind die zentral in Sektor 1 (ca. 3,5 km nördlich des Zentrums Sektor 17) zusammengefassten **Verwaltungsgebaude** (Palace of Justice; Secretariat; Assembly; Yacht Club) sowie das **»Monument der offenen Hand«**, das als Symbol für das Empfangen und Geben zu deuten ist. Ein Stück südlich liegt der kuriose **Rock Garden,** den der Künstler Nek Chand mit seinen Fantasiegebilden aus Stein und Beton belebt hat (tgl. 9–18 Uhr, Eintritt 10 Rs).

Der kulturelle Komplex

Im Sektor 10 konzentrieren sich gemäß der Planung von Le Corbusier die Museen und Kulturzentren der Stadt. Besonders sehens-

Der Sikhismus

Thema

Die Sikhs, Angehörige einer bruderschaftlich organisierten Religionsgemeinschaft aus dem Punjab, verstehen sich aufgrund ihrer Bildung und Lebensideale, wie Pflichterfüllung und Hilfsbereitschaft, als Elite. Nicht von ungefähr bilden sie das Rückgrat von Armee und Verwaltungsapparat in Indien.

Die von Guru Nanak (1469–1538) gegründete Bruderschaft der Sikhs (›Jünger‹) hatte ursprünglich die Synthese von Hinduismus und Islam im Auge. Wesentliches Merkmal ist die Aufhebung der Kastenschranken, die nach außen hin durch den einheitlichen Namen Singh (›Löwe‹), den jeder Sikh seit Govind Singh (1666–1708), dem letzten der zehn Gurus, als Familiennamen trägt, demonstriert wird. Die Gurus (›Lehrer‹) werden als Vermittler zwischen Gott und den Menschen angesehen, ein ›Amt‹, das durch Ernennung oder als Erbe weitergegeben wird. Da Govind Singh keinen Nachfolger bestimmte, wird die höchste Autorität heute dem heiligen Buch »Adi Granth« zugesprochen.

Die Religion versteht sich als streng monotheistisch und bildlos, wonach ein unsichtbarer Gott *(hari)* die Geschicke der Welt lenkt. Dem Hinduismus entnommen sind der Glaube an das Karma, die Seelenwanderung und das Nirvana. Niedergelegt ist das Glaubensbekenntnis im heiligen Buch »Adi Granth«, das unter dem fünften Guru 1604 entstand und 3384 Lobeshymnen enthält, die in den Tempeln fortwährend rezitiert werden.

Geschrieben ist die Urform in der speziell von den Gurus entwickelten Schrift Gurmukhi. Wesentliches Merkmal ist die Einbeziehung verschiedener Sprachen, Melodien und Verse, die den religionsübergreifenden Ansatz des Sikhismus zum Ausdruck bringen sollen. Auch die Gemeinschaftsküchen in den Tempeln, die jedem offen stehen, tragen diesem Gedanken Rechnung, tragen sie doch dazu bei, die kastenbedingten Speisetabus des Hinduismus zu überwinden.

Die Schöpfung gilt als heilig, da in ihr das Göttliche omnipräsent ist. Gott selbst wird als unfassbar und unendlich verstanden. In Einklang mit der Schöpfung und damit gottgefällig zu leben, ist oberstes Gebot eines jeden Sikh. Dazu bedarf es keiner von Priestern durchgeführter Zeremonien oder religiöser Instanzen, wohl aber des Willens zur Überwindung von Egoismus und Materialismus.

Auch äußerlich unterscheiden sich die Sikhs bewusst von der übrigen Bevölkerung. Merkmal jedes Mannes sind der Turban und die fünf *kakar:* das nicht geschnittene Haupt- und Barthaar *(kes)*, der Kamm *(kangha)*, der Dolch *(kirpan)*, die kurze Kniehose *(kaccha)* und der eiserne Armreif *(kara)*.

Unter dem vierten Guru wandelte sich die pazifistische Bruderschaft in eine straff organisierte Militär-Theokratie, die weite Teile Nordindiens eroberte, ehe sie sich den Briten in zwei Feldzügen geschlagen geben musste. Obwohl von Hindus vielfach bestritten, stehen die Sikhs den Muslimen heute feindlich gegenüber und suchen keinesfalls den Anschluss an Pakistan. Nicht nur wurden der vierte und fünfte Guru von islamischen Herrschern hingerichtet, auch nach der Unabhängigkeit 1947 entluden sich die Spannungen auch immer wieder auf blutige Weise.

wert ist die **Art Gallery** mit schönen Exponaten der für Nordindien typischen Stickereien, Buddhastatuen der Gandhara-Epoche und Miniaturmalereien (tgl. außer Mo und feiertags 10–16.30 Uhr, Eintritt 2 Rs). Das benachbarte **City Museum** dürfte vor allem für Stadtplaner von Interesse sein, wird hier doch anhand von Plänen und Modellen detailliert die Entwicklung Chandigarhs dargestellt.

Infos

Chandigarh Tourist Centre: Sector 17, im Busbahnhof, Tel. 01 72-270 38 39, tgl. 9.30–17.30 Uhr, http://chandigarh tourism.gov.in.

Übernachten

Internationaler Standard ▶ Taj Chandigarh: Block No. 9, Sector 17-A, Tel. 01 72-661 30 00, www.tajhotels.com. Luxushotel der bekannten Kette. Hervorragende Ausstattung, zuvorkommender Service, 149 Zimmer, Pool auf dem Dach, ausgezeichnetes Restaurant. DZ ab 140 US$.

Traditionsreich ▶ Hotel Aroma: Twin Hotel Complex, Himalaya Marg, Sector 22-C, Tel. 01 72-401 00 00, Fax 01 72-270 00 51, www.hotelaroma.com. Alteingesessenes, vornehmes Hotel in traditioneller Bauweise, großes Restaurant mit Bar. DZ mit Frühstück ab 2095 Rs.

Plüschig ▶ Diamont: Plaza: SCO 2927-28, Sector 22-C, Tel. 01 72-504 99 99, www.HotelDiamondPlaza.net. Zentral gelegenes Mittelklassehotel mit gemütlichen, geräumigen Zimmern, bemühtem Roomservice, WiFi. Gutes Preis-Leistungsverhältnis. DZ inkl. Frühstück ab ca. 1800 Rs.

Preiswert und ordentlich ▶ Divyadeep: SCO 1090-91, Sector 22-B, Tel. 01 72-270 51 91 u. 01 72-272 11 69, www.hoteldivyadeep.com. Ein einfaches, sauberes Hotel in Zentrumsnähe, bei Backpackern beliebt, 24 Std. checkout (spätestens 20 Uhr), veg. Restaurant. DZ ab 1000 Rs.

Essen & Trinken

Nordindisch ▶ Moti Mahal: Madhya Marg Sector 26 und Sector 17. Sehr beliebtes, auf Punjabi-Küche spezialisierte Restaurantkette, tgl. 12.30–23 Uhr. Hauptgerichte ab ca. 200 Rs.

Für die ganze Familie ▶ Ghazal: SCO 189-90-191, Sector 17-C. Populäres Familienrestaurant mit großem Angebot indischer und chinesischer Gerichte, es gibt auch Bier vom Fass. Hauptgerichte ab ca. 150 Rs.

Duftender Kaffee ▶ Indian Coffee House: Sector 17-E. Kleines Restaurant der bekannten Kette, guter Kaffee und Snacks. Hauptgerichte ab 20 Rs.

Verkehr

Bahn: Gute Verbindung mit Delhi und Kalka (New Delhi–Kalka, Shatabdi Express, 3 Std./1 Std.).

Bus: Der zentrale Busbahnhof liegt im Sektor 17, der neue Fernstreckenbusbahnhof in Sektor 43; zwischen beiden verkehren Lokalbusse. Man erkundige sich, wo der gewünschte Bus abfährt. Verbindungen u. a. mit Delhi und Amritsar (jeweils ca. 5 Std.), Shimla (4 Std.) und Dharamsala (8 Std.).

2 Amritsar ▶ E 4

Der weite Weg von Delhi bis zu der nahe der pakistanischen Grenze liegenden Stadt Amritsar lohnt eigentlich nur wegen des einzigartigen sogenannten Goldenen Tempels, dem Hauptheiligtum der Religionsgemeinschaft der Sikh (s. Thema S. 152). Wie in der indischen Hauptstadt gibt es auch hier eine Alt- und eine Neustadt, wobei in Amritsar die Bahnlinie als Trennung dient. Wie so oft in Indien hinterlässt die Neustadt mit ihrer ungeordneten Architektur, den breiten schmutzigen, vom Verkehrslärm durchfluteten Straßen auch in Amritsar einen wenig einladenden Eindruck. Gegründet wurde die Stadt, die zunächst noch den Namen Ramdaspur trug, 1577 vom vierten Sikh-Guru Ram Das als zentraler Wallfahrtsort für die Anhänger der ständig anwachsenden Bruderschaft. Ausgangspunkt war ein kleiner See, der aufgrund seiner Heilkraft Amrit Sovar (›Teich des Nektars der Unsterblichkeit‹) genannt wurde.

aktiv unterwegs

Ein Tag im Goldenen Tempel

Tour-Infos

Öffnungszeiten: 6–2 Uhr
Eintritt: frei
Besonderheiten: Schuhe deponieren, Kopf mit Tuch bedecken, beides kostenlos
Verpflegung: Im großen Ess-Saal werden gegen eine Spende auch Touristen kostenlos verpflegt

Die Anlage ist nicht sehr groß, aber dennoch kann man hier Stunden verbringen und eintauchen in die einzigartige Atmosphäre. Es empfiehlt sich sogar, mehrmals zu kommen, um den Wandel im Tagesablauf zu genießen. Besonders eindrucksvoll ist der Abend, wenn das zentrale Heiligtum in Scheinwerferlicht getaucht über dem Dunkel des Wassers zu schweben scheint.

Durch einen Wassergraben, in dem man die Füße reinigt, betritt man die Torhalle, von der breite Marmortreppen hinab zum **Sarovar,** dem heiligen See, führen. Umschlossen wird er von einem mit Marmorplatten und einem Sisalteppich bedeckten Pilgerweg, dem Parikrama. Begrenzt wird er von Arkaden, unter denen die Pilger im Schatten ruhen können.

Wie bei buddhistischen Heiligtümern sollte man auch hier die Umrundung im Uhrzeigersinn vornehmen. Als ersten Schrein erreicht man den **Dukh Bhanjani Ber,** markiert durch einen Jujube-Baum (Ziziphus jujuba), bei uns bekannt als chinesische Dattel oder Brustbeerbaum. Der Legende nach soll hier ein Leprakranker durch das Bad in einem bereits damals bestehenden natürlichen See geheilt worden sein und somit Guru Ram Das veranlasst haben, ihn zum Heiligtum auszubauen. Noch heute ist dies eine beliebte Stelle für ein kurzes Bad (nur für Sikhs erlaubt). Gleiches gilt für die Plattform einige Schritte weiter, dem **Ath Sath Tirath,** dem Schrein der 68 Heiligtümer. Wer hier ins Wasser steigt, dem soll sich der Wunsch nach dem Besuch dieser vielen Stätten erfüllen. Allerdings besteht nach wie vor Unklarheit darüber, um welche es sich im Einzelnen handelt. Die meisten, wie Pushkar, Gaya, Varanasi, Kedarnath sind überdies Pilgerziele vor allem für Hindus.

Verlässt man hier den Weg um den Teich, gelangt man zum **Guru Ka Langar,** den großen Ess-Saal, in dem täglich bis zu 35 000 Besucher kostenlos verpflegt werden, ungeachtet ihrer Rasse, Herkunft oder Religionszugehörigkeit, ein einzigartiges Beispiel gelebter Toleranz. Auch Touristen sind somit gern gesehen, sollten jedoch eine Spende hinterlassen. Ein Sikh erwirbt sich religiöse Verdienste, wenn er den Gläubigen als so genannter Sevardar, als Freiwilliger, das Essen serviert oder in der angrenzenden Küche hilft. Die Besucher sitzen in langen Reihen, dem Pangat, nebeneinander und empfangen ihr vegetarisches Mahl, das in riesigen Kesseln zubereitet wird.

Zurückgekehrt zum Rundgang erreicht man als nächstes den **Baba Deep Singh** Schrein, der den Ort markiert, an dem der legendäre Kämpfer 1757 beim Angriff der Afghanen den Tod fand, nachdem er mit seinem abgeschlagenen Kopf in der einen und dem Schwert in der anderen Hand noch unzählige Angreifer hatte töten können. Mit Blumenkränzen gedenken die Gläubigen noch heute dieser Heldentat.

Nächster markanter Punkt des Rundgangs ist der Zugang zum zentralen, im See liegenden Heiligtum an der Ostseite des Sees. Rechts neben dem Eingang markiert ein weiterer Baum einen wichtigen Schrein, den **Gurdwara Laachi Ber,** benannt nach den Früchten des Jujube-Baums. Der Guru Arjan (1563–1606) soll von hier aus die Anlage des heiligen Sees überwacht haben.

Durch eine Toranlage gelangt man über eine Brücke zum eigentlichen, inmitten des Sees gelegenen Goldenen Tempel, den **Harimandir Sahib.** Es herrscht striktes Fotoverbot.

Der Grundstein zu dem Heiligtum wurde im Jahre 1588 gelegt und die Bauarbeiten von den Gurus Arjan Ji und Baba Buddha Ji geleitet. Er symbolisiert mit seiner Lage eine Insel der Ruhe und Kontemplation inmitten des fortwährenden Auf und Ab des Lebens. Der heutige Bau stammt aus dem Jahre 1764. Dreimal zuvor hatten islamische Invasoren aus Afghanistan den Harimandir zerstört. Überzogen ist der Tempel mit vergoldeten Kupferplatten, denen er seinen Namen und seine unvergleichliche Wirkung verdankt. Das Innere gliedert sich in drei Stockwerke. Im Gegensatz zum traditionellen Hindutempel liegt das eigentliche Heiligtum tiefer als der Eingang. Hier wird das Heilige Buch der Sikhs, das Granth Sahib aufbewahrt, aus dem Priester zwischen 4 Uhr morgens und 23 Uhr ohne Unterbrechung rezitieren. Danach wird es in einer feierlichen Prozession zum **Akhal Takhat** getragen.

Dieser von einer Kuppel gekrönte Bau, »Sitz des zeitlosen Einen«, gegenüber dem Zugang zum Tempel beherbergt die politisch-religiöse Verwaltung der Sikh-Gemeinschaft. Der Bau wurde 1606 durch Guru Hargobind als Symbol für die politische Unabhängigkeit der Sikhs errichtet. Während der Operation Blue Star im Jahre 1984 erlitt das Gebäude erhebliche Schäden, hatten doch hier die Aufständischen um Sant Jarnail Bhindranwale ihr schwer befestigtes Hauptquartier errichtet. Neben dem Bau erheben sich zwei miteinander verbundene **Flaggenmasten,** Symbol für die Religion und die Politik der Sikhs. Die Wimpel, Nishan Sahib genannt, tragen als Emblem ein doppelseitiges Schwert, flankiert von zwei gebogenen einseitigen Schwertern, die die politische und spirituelle Autorität verkörpern.

Bevor wieder der Ausgang erreicht ist, passiert man noch den **Ber Baba Buddha Ji,** einen weiteren Jujube-Baum. Von hier aus soll Baba Buddha Ji, der erste Priester des Tempels, den Bau der Anlage im 16. Jh. geleitet haben. Dem Baum schreiben allerdings vor allem Frauen übernatürliche Kräfte zu. Sie knüpfen farbige Bänder um die Äste in der Hoffnung auf die Geburt eines Sohns, und auch Paare versammeln sich hier gern, um ihrer Ehe überirdischen Segen zu geben – beides Relikte aus Zeiten der Naturreligion, die von der Tempelverwaltung durchaus nicht gern gesehen werden.

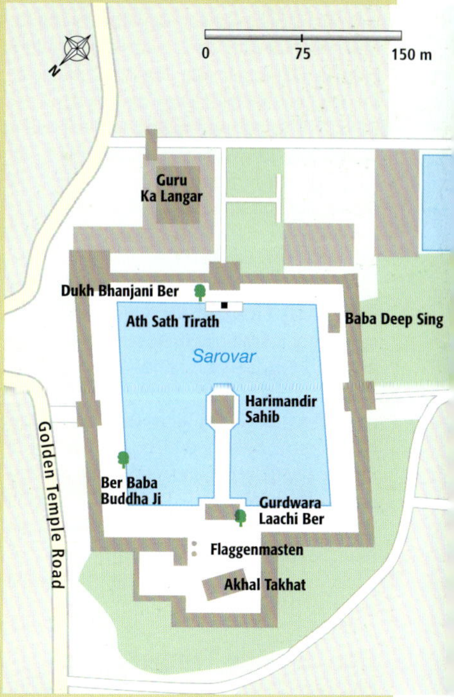

Tipp: Flaggenappell an der Grenze ▸ D 4

Selbst wer nicht beabsichtigt, in Attari/Waghan, 30 km westlich von Amritsar, nach Pakistan auszureisen, sollte sich dennoch die noch nach britischem Ritus erfolgende Flaggenzeremonie nicht entgehen lassen. Die theatralische Zeremonie läuft stets nach demselben Muster ab und wird von den Beteiligten ausgesprochen ernst genommen, obwohl sich jeden Spätnachmittag um 16.30 Uhr im Winter und 17.30 Uhr im Sommer oftmals Hunderte von Zuschauern beiderseits der Grenze einfinden.

Die fast wie in einem Musical ausstaffierten Soldaten paradieren mit martialischem Gehabe entlang der Schlagbäume – jeder Trupp auf seinem Territorium. Dann reichen sich die kommandierenden Offiziere kurz die Hand und die Flaggen Pakistans und Indiens werden langsam eingeholt, wobei streng darauf geachtet wird, dass beide sich in jeweils gleicher Höhe befinden. Nachdem sie gefaltet und verstaut sind, kann man sich mit den Soldaten fotografieren lassen! Insgesamt dauert das Spektakel 20 Minuten.

Die Grenze erreicht man mit dem Bus oder einem Taxi von Amritsar aus.

Als Strafe dafür, dass sie die Götter mehr verehrte als ihn selbst, verheiratete ein König seine Tochter mit einem Aussätzigen. In Demut und Ergebenheit nahm die junge Frau das Schicksal auf sich, sodass die Götter Erbarmen hatten. Eines Tages beobachtete der von Aussatz befallene Mann, wie schwarze Krähen nach dem Eintauchen in den benachbarten See schneeweiß wurden. Er selbst stieg in das Wasser und wurde sofort geheilt. Man beachte die Ähnlichkeit mit der Geschichte, die sich um den See von Gwalior rankt (s. S. 364).

Der Goldene Tempel

Das Gelände hatte der tolerante, um Integration bemühte Mogulherrscher Akbar 1577 dem Sikh-Oberhaupt Ram Das zur Verfügung gestellt, nachdem dieser bei einem Auftritt am Hof in Agra die Vorwürfe der muslimischen Hofschranzen eindrucksvoll hatte entkräften können, die Sikhs würden Hindus und Muslime zum Übertritt in ihren Glauben zwingen. Den Grundstein zu dem später als ›Goldenen Tempel‹ bekannten **Hari Mandir** legte sein Nachfolger und jüngster Sohn Guru Arjun Ende des 16. Jh., wobei als Ausdruck religiöser Toleranz ein lokaler Muslim-Heiliger die Zeremonie vornahm.

Gut 150 Jahre später, im Jahre 1761, ließ der afghanische Abenteurer Ahmed Shah Durani bei einem Beutezug das Heiligtum sprengen, nachdem er es bereits 1757 entweiht hatte. Aber schon drei Jahre später war der neue Tempel fertig. Seine charakteristische Gestalt und seinen berühmten Beinamen erhielt er jedoch erst, als Maharaja Ranjit Singh, ›der Löwe des Punjab‹ (1780–1839), die Stadt von den Marathen erobert hatte und die Herrschaft der Sikhs im Punjab festigte. 1830 spendete der Sikh-Fürst 100 kg Gold, das, hauchdünn auf Kupferplatten aufgebracht, dem Schrein von nun an seinen Glanz verlieh (s. auch S. 154).

Die Altstadt

Rings um den Tempelkomplex verschachteln sich die Gassen zum engen Gewirr des **Basars**, durch das man sich treiben lassen kann, ohne von aufdringlichen Straßenhändlern und Schleppern behelligt zu werden. Nur einige Schritte nordöstlich des Tempelkomplexes liegt in dem kleinen Park **Jallianwala Bagh** der Märtyrerschrein, der an das Massaker vom 13. April 1919 erinnert, als Britische Truppen wahllos in eine Versammlung friedvoller Demonstranten schossen und etwa 400 Menschen töteten.

Etwa 1 km nordwestlich liegt, ebenfalls eingebettet in einen Park, der **Sommerpalast von Maharaja Ranjit Singh.** Der zum Museum umgestaltete Bau beherbergt vor allem Erinnerungsstücke an den bedeutendsten Sikh-Führer, dem der Punjab seine Existenz verdankt (tgl. außer Mo 10–16.45 Uhr, Eintritt 10 Rs).

Infos

Tourist Bureau, Government of Punjab: Palace Hotel, gegenüber dem Bahnhof, Tel. 01 83-421 64, Mo–Sa–17 Uhr, wenig ergiebig.

Übernachten

Das Angebot an guten Unterkünften ist noch begrenzt und die Preise im Vergleich zu anderen Städten recht hoch.

Traditionelle Eleganz ▶ **Hotel Ritz Plaza:** 45 The Mall, Tel. 01 83-256 28 36, www.Ritzhotel.in. Ordentliches, gepflegtes 4-Sterne-Hotel mit 50 Zimmern, Pool, Restaurant und Bar. DZ ab ca. 4700 Rs.

Travellers Oldie ▶ **Mrs. Bhandari's Guest House:** 10 Cantonment, Tel. 01 83-222 23 90, http://bhandari_guesthouse.tripod.com. Legendäre Unterkunft in ehemaliger Kolonialvilla. Eher etwas für Nostalgiker, zumal der Doppelzimmerpreis mit 1700 Rs für das Gebotene etwas zu hoch ist.

Tempelblick ▶ **Indus:** 211/3 Sri Hamandir Sahib Marg, Tel. 01 83-253 59 00 u. 01 83-253 59 10, www.hotelindus.com. Unauffälliges Hotel direkt neben dem Tempel mit recht kleinen, jedoch funktionalen Zimmern, einige davon mit großartigem Blick auf das Heiligtum. Dachterrasse mit Restaurant. DZ ab 1500 Rs.

Tempelnah ▶ **Hotel Cityheart:** Jallianwala Bagh, Tel. 01 83-254 51 86 u. 01 83-255 45 11, www.hotelcityheartamritsar.com. Etwa 500 m vom Tempeleingang gelegenes 3-Sternehotel mit angenehmem Ambiente, Zimmer zur Hauptstraße etwas laut, eigenes Restaurant. Man beachte die deutsche Fassung der Website: »Hotel Stadt Herz ist der Epitome von Luxus«. DZ ab 1400 Rs.

Im Tempel ▶ Der **Goldene Tempel** (s. S. 154) bietet auch Touristen eine einfache und kostenlose bzw. sehr preiswerte Übernachtungsmöglichkeit (Spenden werden erwartet). Es gelten allerdings strenge Regeln: Weder Tabak noch Alkohol sind gestattet, und auch die Sicherheit für das Gepäck ist nicht immer gewährleistet. Auf dem Gelände gibt es fünf dieser Pilgerherbergen. Einen Überblick und die Möglichkeit zur Online-Buchung findet man im Internet unter www.sgpc.net. Während religiöser Feiertage haben indische Pilger Vortritt.

Essen & Trinken

Altbewährt ▶ **Crystal:** Cooper Rd./Ecke Court Rd., tgl. 11–23.30 Uhr. Sehr beliebtes Restaurant mittlerer Preislage, angenehmes Ambiente. Indische und westliche Kost. Hauptgerichte ab ca. 130 Rs.

Dezente Eleganz ▶ **Manbhavan Restaurant:** Im Hotel Mohan International, Albert Rd. Gepflegte Atmosphäre mit abendlicher Live-Musik, Alkoholausschank. Hauptgerichte ab 80 Rs.

Populär ▶ **New Punjabi Rasoli:** Nahe Jallianwalla Bah in Tempelnähe. Sehr gute nordindische Speisen zu moderaten Preisen. Hauptgerichte ab ca. 60 Rs.

Feinste Bohnen ▶ **Café Coffee Day:** Lawrence Rd, gegenüber Hotel Cityheart nahe Tempel. Niederlassung der mittlerweile über ganz Indien verbreiteten Kette mit hervorragendem Kaffee und leckerem Kuchen, ab ca. 40 Rs.

Gegen Spende ▶ Im **Goldenen Tempel** (s. S. 154) erhalten auch Touristen kostenlos eine Mahlzeit, eine Spende wird allerdings erwartet.

Verkehr

Bahn: Schnelle Verbindung mit Delhi (Shatabdi Express, 6 Std.; Amritsar-New Delhi-Express, 8 Std.) und Haridwar (Shatabdi Express, 6,5 Std.). Züge auch über Varanasi nach Kolkata (Amritsar–Sealdah, Akal Takht Express, 20 Std./34 Std.). Sofern es die politische Lage zulässt, verbindet 2 x wöchentlich der Amritsar Lahore Express Amritsar mit Lahore in Pakistan. Mit langem Grenzaufenthalt und Verspätungen ist zu rechnen.

Zugreservierungen im Bahnhof oder im Train Reservation Office im Goldenen Tempel (Mo–Sa 8–20 Uhr, So bis 14 Uhr).

Bus: Verbindungen mit staatlichen Bussen u. a. nach Dalhousie (6 Std.), Dharamsala (6 Std.), Manali (14 Std.) und Shimla (10 Std.). Der Busbahnhof liegt an der GT Rd. östlich des Zentrums. Busse der privaten Linien starten vom Bahnhof.

Der Besuch des farbenprächtigen Maskenfestes im buddhistischen Kloster Lamayuru gehört zu den Höhepunkten einer Reise durch Ladakh

Kapitel 2

Der westliche Himalaya

Als ein 2500 km langer Riegel begrenzt die Kette des Himalaya das nördliche Indien. Das höchste Gebirgsmassiv der Welt ist das Ergebnis einer Kollision der indischen mit der asiatischen Platte, die vor ca. 150 Mio. Jahren begann und bis heute nicht abgeschlossen ist. Düstere, furchterregende Schluchtentiefe wechselt mit der Transparenz schneeumwehter Grate, leblose Steinwüsten grenzen an zartgrüne Täler voller Vogelstimmen.

Die Himalayakette hat auch entscheidenden Einfluss auf das Wettergeschehen Südasiens. Als gewaltige Klimascheide zieht sie eine scharfe Grenze zwischen der Monsunzone des indischen Subkontinents und dem trockenen Steppenklima des tibetischen Hochlandes jenseits der Berge. Indiens Anteil am Himalaya beschränkt sich auf seine Ausläufer mit den zauberhaften Tälern von Kaschmir und Kullu, aber auch den trockenen, von der buddhistischen Kultur durchdrungenen Hochebenen von Ladakh, Lahaul und Spiti, die teilweise bereits jenseits des Hauptkamms liegen Trennen lässt sich der indische Himalaya in einen westlichen Teil, zu dem Kaschmir, Kullu, Ladakh, die Quellen des Ganges und die ehemals englischen Erholungsorte zählen, sowie einen östlichen Abschnitt, der die Provinzen Darjeeling und Sikkim umfasst. Dazwischen schiebt sich über eine Länge von etwa 900 km der Himalayastaat Nepal.

Aufgrund der hohen Niederschläge während der Regenzeit sowie der niedrigen Temperaturen im Winter eignen sich nur wenige Monate zum Besuch der Region, Mai bis September für das im Regenschatten liegende Ladakh, März bis Juli sowie September bis November für die vorgelagerten Gebirgszüge mit ihren Hill Stations. Bis auf Ladakh, Lahaul und Spiti sind die Ziele von Delhi oder Kolkata aus auf dem Landweg leicht und schnell zu erreichen. Wer die gesamte Bergregion bereisen möchte, sollte mindestens zwei Monate einplanen, zumal zahlreiche Wanderungen locken.

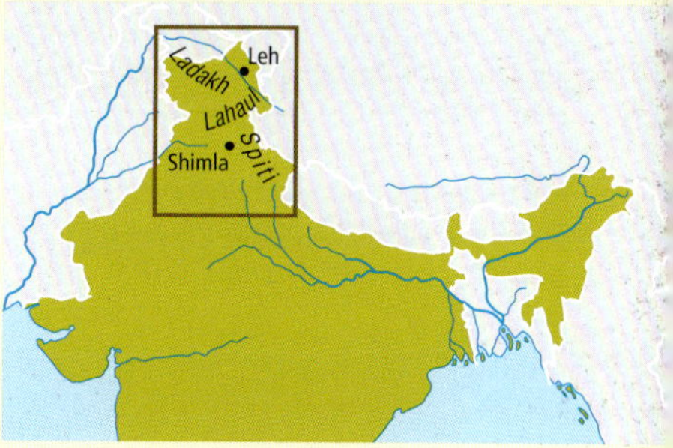

Auf einen Blick

Der westliche Himalaya

Sehenswert

McLeod Ganj: Die Enklave der Tibeter in Indien mit Sitz des Dalai Lama ist tief vom Buddhismus durchdrungen (s. S. 171).

Shimla: Noch immer durchweht der Geist britischer Kolonialherren diese ehemalige Hill Station‹, in der sie den Sommer zu verbringen pflegten (s. S. 178).

Spiti: Kaum anderswo gibt es eindrucksvollere buddhistische Klosteranlagen als in diesem, erst vor Kurzem für Touristen zugänglichen Distrikt (s. S. 195).

3 **Ladakh:** In den Hochtälern vereinen sich überwältigende Landschaften mit einer lebendigen Klosterkultur (s. S. 201).

Schöne Routen

Von Manali durch Lahaul nach Leh: Die zweitägige Fahrt über steile Bergpässe aus dem sanften Tiefland hoch ins Gebirge gehört zu den landschaftlich spektakulärsten Touren im Himalaya (s. S. 192).

Von Manali durch Spiti nach Shimla: Mit dem Jeep oder Bus fährt man durch eines der schönsten Täler des Gebirges und trifft in Sarahan und Sanghla – abseits in einem Tal zu Füßen des Kinnaur Kailash gelegen – auf Tempel in ungewöhnlicher Holzarchitektur (s. S. 195).

Zu Klöstern und Palästen östlich und westlich von Leh: In zwei Touren durch Ladakh gewinnt man unvergessliche Einblicke in die faszinierende Kultur buddhistischen Klosterlebens (s. S. 207, 211).

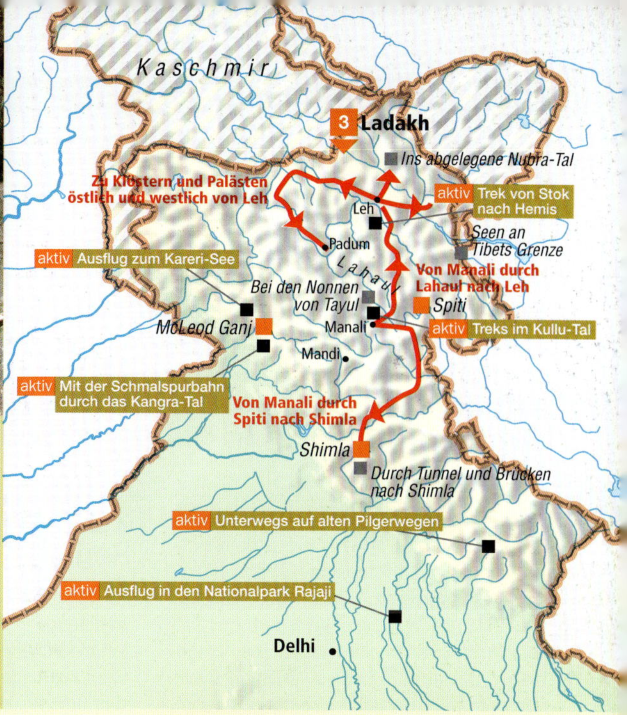

Meine Tipps

Durch Tunnel und Brücken nach Shimla: In unzähligen Kehren windet sich die historische Schmalspurbahn von Kalka 96 km hinauf zur ehemaligen Hill Station der Briten (s. S. 179).

Bei den Nonnen von Tayul: Ein hübscher Spaziergang führt von Kylong hinauf zu diesem malerisch inmitten von Obstgärten gelegenen Nonnenkloster (s. S. 196).

Seen an Tibets Grenze: Pangong Tso und Tso Moriri, zwei Seen in der Einsamkeit der Berge, bezaubern durch ihr Farbspiel und die traditionelle Lebensweise der hier noch ansässigen Halbnomaden (s. S. 211).

Ins abgelegene Nubra-Tal: Über einen 5600 m hohen Pass führt die Straße von Leh hinab ins Nubra-Tal, wo Klöster und Sanddünen den Reisenden erwarten (s. S. 218).

aktiv unterwegs

Ausflug zum Kareri-See: Wandern in der Einsamkeit an der Grenze zu Tibet (s. S. 173).

Mit der Schmalspurbahn durch das Kangra-Tal: Beschauliche Fahrt entlang der Himalayakette (s. S. 177).

Treks im Kullu-Tal: Leichte Wanderungen von Dorf zu Dorf (s. S. 188).

Trek von Stok nach Hemis: Zu den beliebtesten Ladakh-Touren gehört die anspruchsvolle Wanderung durch das Markha-Tal vom Kloster Stok zum Kloster Hemis (s. S. 214).

Ausflug in den Nationalpark Rajaji: Abseits der Touristenrouten (s. S. 224).

Unterwegs auf alten Pilgerwegen: Zu Fuß zu den Quellen des Ganges (s. S. 230).

Das Kaschmir-Tal

Die Region Kaschmir ist ein trauriges Kapitel in der langen Geschichte des indischen Subkontinents, steter Zankapfel zwischen den verfeindeten Nachbarn Indien und Pakistan. Lange galt der Dal-See mit seinen bunten Hausbooten als Paradies Nordindiens. In der Hoffnung auf politische Entspannung soll dem Kaschmir-Tal ein Kapitel gewidmet sein, auch wenn derzeit vom Besuch leider abzuraten ist.

Das zwischen 1500 m und 1800 m hoch liegende, etwa 130 x 40 km messende Kaschmir-Tal war in prähistorischen Zeiten ein zusammenhängender großer See, dessen Reste sich noch in den Gewässern des Dal- und Wular-Sees erhalten haben. Die Ablagerungen des Jhelum und seiner Nebenflüsse haben im Laufe der Jahrtausende eine fruchtbare Ebene aufgeschüttet und damit den Nährboden für intensiven Obst- und Gemüseanbau geschaffen. Die grasbewachsenen Hanglagen dienen der Schafzucht, die wiederum die Grundlage für die berühmte Kaschmirwolle bildet. Umschlossen wird das Tal von hohen Gebirgszügen. Im Südwesten schirmt die Pir-Panjal-Kette das Tal gegen den indischen Bundesstaat Punjab ab, im Norden liegt das unzugängliche Gebirgsmassiv des Nanga Parbat, im Westen der Hauptkamm des Himalaya, während an der östlichen Flanke der 5145 m hohe Harmukh wacht. Am Gangabal-See zu seinen Füßen begehen die Priester Kaschmirs jeden September ihr Totengedenkfest Shraadh.

Die Höhenlage hat Kaschmir schon zu Zeiten der Moguln zu einem beliebten Aufenthaltsort für die heißen Sommermonate werden lassen, obwohl der Monsun seine Regen noch über die Vorberge schickt. Die meisten Niederschläge fallen im März, die geringsten im November. Insgesamt regnet es an etwa 100 Tagen im Jahr, im Sommer überwiegend in Verbindung mit starken Gewittern.

Zur Geschichte der Region Kaschmir

Funde steinzeitlicher Lagerplätze, primitiver Werkzeuge und Waffen beweisen eine weit zurückreichende Besiedlung. Die frühesten historisch bedeutsamen Artefakte stammen aber erst aus dem 3. Jh. n. Chr., als das Tal bereits unter buddhistischem Einfluss stand. Ausgrabungen eines Stupa in Harwan und Funde von Terrakottafiguren in Uskur bekunden eine enge Verbindung zur Gandhara- und Gupta-Kunst; aber auch skythische und baktrische Elemente sind erkennbar.

Im 7. Jh. geriet Kaschmir unter die Herrschaft der Karkota-Dynastie, die dem Tal unter König Lalitaditya (649–736) einen ersten kulturellen Höhepunkt bescherte. Obwohl Hinduist, ließ der König als Ausdruck religiöser Toleranz neben dem berühmten Sonnentempel von Martand (s. S. 166) auch zahlreiche buddhistische Stupas errichten. Nach dem Niedergang der Dynastie übernahm Königin Didda (958–1003) die Führung, bevor ihre schwachen Nachfolger sich dem Willen lokaler Stammesfürsten beugen mussten und das Land für 300 Jahre im Bürgerkrieg versank.

1324 dehnte der Herrscher von Ladakh seine Macht auch über Kaschmir aus und trat zum Islam über, der schon seit geraumer Zeit populär war. Nach seinem frühen Tod (1327) heiratete die Witwe Kota Rani den Abenteurer Shah Mir, der 1338 nach der Ermordung der Königin den Thron an sich riss und als Shams-ud-din das Sultanat von Kaschmir ins Leben rief. Aber erst unter König Sikander Bhutshikan (reg. 1398–1413) fand das friedvolle Nebeneinander von Hinduismus und Islam ein Ende. Der fanatische Moslem zerstörte zahlreiche Tempel und Städte und trieb einen großen Teil der hinduistischen Bevölkerung ins Exil.

Ein neues Zeitalter für Kaschmir brach an, als der Mogul Akbar im Jahr 1568 das Sultanat seinem großindischen Reich anschloss. In Srinagar entstand der erste Mogulgarten, die Mauer um das Fort Hari Parbat wurde gezogen, Künstler aus dem ganzen Reich in die Stadt geschickt. Bald genoss die Region den Ruf eines Garten Eden, eine Erlösung von den heißen Ebenen des Tieflandes. Unter dem Sohn Akbars, Jahangir, reifte das höfische Leben zur Vollendung, aber bereits von Dekadenz durchdrungen, mit der sich der Niedergang der Dynastie ankündigte.

Als nach dem Tod des Herrschers Aurangzeb 1707 das Großreich der Moguln zerbrach, geriet Kaschmir unter die Herrschaft des afghanischen Feldherrn Ahmed Shah Abdali. 1819 befreite Ranjit Singh, Führer der Bruderschaft der Sikhs, die im 19. Jh. im Punjab die Führung übernahmen, Kaschmir von afghanischer Beeinflussung und setzte Gouverneure seines Vertrauens ein, aus denen die Dogra-Dynastie hervorging, die bis zum Anschluss an Indien in Kaschmir regierten.

Da die Briten nach der Einverleibung des Punjab die Region für 750 000 Pfund Sterling dem Maharaja Gulab Singh verkauft hatten, genoss der Staat eine gewisse Autonomie innerhalb des Kolonialreichs. Daraus leitete der letzte Potentat Hari Singh auch seine Forderung nach einem unabhängigen Kaschmir ab, als 1947 die Teilung des Subkontinents in ein hinduistisches Indien und ein islamisches Pakistan erfolgte. Am 24. Oktober 1947 drangen von Pakistan angestachelte Pathanen nach Kaschmir vor, um das überwiegend von Muslimen bewohnte Tal dem neuen Staat anzuschließen. Den durch eine Luftbrücke eingeflogenen indischen Truppen gelang es, den Vormarsch aufzuhalten und die islamischen Krieger in erbitterte Kämpfe zu verwickeln. Der erste Krieg zwischen Pakistan und Indien war in vollem Gange.

1948 legten die Vereinten Nationen eine Demarkationslinie fest, entlang der bis heute keine Ruhe eingekehrt ist: Das Tal von Kaschmir fiel an Indien, die nördliche, etwa ein Drittel des umstrittenen Gebiets umfassende Region mit Gilgit, Hunza und Balistan an Pakistan. Indien begründete seinen Anspruch auf ganz Kaschmir mit dem Einverständnis Hari Singhs, Kaschmir letztendlich doch der Indischen Union anzuschließen, Pakistan hingegen mit dem vorwiegend islamischen Bevölkerungsanteil.

Erst 1957 wurden das Hochtal von Kaschmir und die südlich angrenzende, tieferliegende Provinz Jammu im oberen Chenab- und Tawi-Tal zu einem Bundesstaat zusammengefasst, der im Winter von Jammu, im Sommer von Srinagar aus gelenkt wird. Zu dem Bundesstaat zählt verwaltungspolitisch auch die Provinz Ladakh, der jedoch ein gesondertes Kapitel gewidmet ist (s. S. 201). 1993 eskalierten die Auseinandersetzungen in einen Bürgerkrieg, in den auch Untergrundkämpfer aus Pakistan eingriffen. Traurige Begleiterscheinung ist die Entführung von fünf jungen Touristen, darunter eines deutschen, im Jahre 1995. Einer wurde brutal ermordet, von den anderen fehlt bis heute jede Spur (s. a. Thema S. 164).

Kaschmir zählte lange zu den beliebtesten Reisezielen in Indien. Seit sich die Auseinandersetzungen zwischen Pakistan und Indien

Tipp: Ein Hinweis zur Sicherheit

Die Lage in Kaschmir hat sich zwar in den letzten Jahren entspannt, nach wie vor aber ist der Besuch des Tals mit Risiken behaftet. So sollte man vor allem nicht ohne einheimischen Führer Trekkingtouren unternehmen und nach Möglichkeit öffentliche Plätze meiden. Aktuelle Hinweise zur Sicherheitssituation findet man im Internet unter www.auswaertiges-amt.de.

Der Kaschmirkonflikt

Thema

Das traumhaft schöne Tal, von Dichtern besungen und den Mogulherrschern geliebt, ist seit der Unabhängigkeit Indiens ein Pulverfass, an dem sich schon zwei Kriege zwischen Pakistan und Indien entzündeten. Und noch immer glimmt die Lunte, kämpfen die zwei unversöhnlichen Nachbarn in eisigen Höhen um jeden Meter beiderseits der Demarkationslinie.

Der Ursprung des bis heute schwelenden Konflikts hat seine Wurzeln in der Teilung des kolonialen Indiens im Jahre 1947 nach der sogenannten Zwei-Nationen-Theorie, wonach muslimisch dominierte Regionen an Pakistan, hinduistisch geprägte an die Indische Union fielen. Ausgenommen von dieser Regelung waren einige fast-autonome Fürstentümer, zu denen auch Kaschmir unter der Regentschaft von Maharaja Hari Singh zählte, einem Sikh, der über eine Mehrheit muslimischer Untertanen herrschte. Die Fürsten hatten die Wahl zwischen einem Anschluss an die beiden neu entstandenen Nationen und der Unabhängigkeit, die Hari Singh anstrebte.

Als es zur Invasion islamischer Krieger aus den Stammesgebieten und zu lokalen Unruhen kam, bat er Indien um Hilfe, das unverzüglich reagierte und Kaschmir besetzte. Da Pakistan den gewaltsamen Anschluss der Region nicht akzeptierte, kam es 1948 zum ersten offenen Konflikt zwischen beiden Nationen, der 1949 mit einem Waffenstillstand endete und Kaschmir entlang einer von der UN ausgehandelten Demarkationslinie in einen indischen und pakistanischen Teil spaltete. Weder der Forderung der Vereinten Nationen nach einer Volksabstimmung sind beide Länder bisher nachgekommen, noch der Anerkennung der territorialen Trennung.

Ausgelöst durch von Pakistan eindringende Mudschahedin kam es 1965 erneut zum Krieg zwischen den beiden Nachbarn, der sich auch auf den Punjab ausweitete. Wiederum endeten die Auseinandersetzungen in einem Waffenstillstand und den Rückzug der Truppen hinter die alte Demarkationslinie. Da sie in der Region des über 6000 m hoch gelegenen Siachen-Gletschers nicht genau definiert ist, kommt es hier immer wieder zu Scharmützeln zwischen indischen und pakistanischen Truppen.

Die starke fundamentalistische Opposition in Pakistan schürt den Konflikt in Kaschmir, um eine politische Annäherung an Indien zu verhindern und damit Pakistan in ihrem Sinne zu einem ›Gottesstaat‹ umzugestalten. Mit ihrem Angriff auf das indische Parlament in Delhi 2001 brachten sie ganz bewusst beide Staaten erneut an den Rand eines Krieges.

Um die fundamentalistische Bedrohung im eigenen Land einzudämmen und die dazu benötigten, an der Grenze gebundenen Militärkräfte freizusetzen, würde Pakistans Präsident Musharraf derzeit gern den Status quo festschreiben, also die Demarkationslinie anerkennen. Die bisherige Weigerung Indiens könnte sich irgendwann ändern, denn längst ist auch dieses Land zum Ziel islamischer, von Pakistan aus beeinflusster Terroristen geworden; diese versuchen auch hier eine Spaltung der Glaubensgemeinschaften herbeizuführen – immerhin leben in Indien mehr Muslime als in Pakistan.

um den Besitz Kaschmirs verschärft haben und kriegsähnliche Zustände herrschen, ist der Tourismus im Hochtal von Kaschmir jedoch so gut wie erloschen. Mit Öffnung der Grenze nach Pakistan für eine Busverbindung 2006 scheint allerdings ein erster bescheidener Schritt zur Normalisierung getan.

Srinagar ►E 2

Die Altstadt Srinagars, Hauptstadt des Bundesstaates Jammu-Kaschmir und Herz des etwa 130 x 40 km messenden fruchtbaren Hochtales, zieht sich in 1700 m Höhe malerisch entlang des Flusses Jhelum. Im Osten wird sie vom Dal-See gesäumt und von Bergzügen umschlossen. Noch immer bestimmen zahlreiche Kanäle das Zentrum und die nähere Umgebung, müssen aber auch hier allmählich dem Straßenbau weichen. Srinagar ist Mittelpunkt reicher Handwerkstradition: Seide, Papiermaché, Wolle und Teppiche lassen sich hier (nach gehörigem Feilschen) preiswerter erwerben als im übrigen Indien.

Die Stadt (ca. 1 Mio. Einw.) wurde unter dem Namen Pravarapura wahrscheinlich Ende des 6. Jh. n. Chr. durch die Karkota-Dynastie gegründet. Ob sie eine bereits durch Kaiser Ashoka ins Leben gerufene, im Gebiet des heutigen Pandrethan liegende Hauptstadt namens Srinagari ablöste und schließlich deren Name weiterführte, ist noch umstritten. Für über 600 Jahre stand Srinagar im Brennpunkt blutiger Kämpfe hinduistischer Herrscher um die Macht im Tal von Kaschmir. Mit der Usurpation des Throns durch den islamischen Abenteurer Shah Mir im Jahre 1338 gewann auch Srinagar neue Züge und geriet unter islamische Herrschaft.

Im Zentrum

Das traditionelle Zentrum erstreckt sich vom Dal-Tor am südlichen Ende des Sees nach Norden und Osten bis zu dem weithin sichtbaren Fort Hari Parbat und wird vom Jhelum durchflossen, den sieben Brücken *(kadal)* überspannen. Nur noch die **Nawa Kadal** zeigt die charakteristische kaschmirische Holzbauweise, die Jahrhunderte den Frühjahrshochwassern trotzte.

Sehenswert ist die teilweise hölzerne **Shah-Hamadan-Moschee** am östlichen Flussufer. Nicht weit davon entfernt wird dem staunenden Touristen das verschlossene **Grabmal des Yuz Asaf** (Rozabal-Moschee) gezeigt. Dahinter sollen sich die sterblichen Überreste Jesu verbergen, der die Kreuzigung angeblich überlebt hat und nach Indien zog, wo er hoch betagt in Kaschmir gestorben sein soll.

Gegenüber der Shah-Hamadan-Moschee, am anderen Ufer, liegt die aus Kalkstein erbaute **Pather-Moschee,** die von der Königin Nur Jahan 1620 in Auftrag gegeben wurde. Weiter nördlich nahe der Zaina Kadal trifft man auf den lebhaften **Ranbir-Ganj-Basar** und ein Stück weiter zu Füßen des Forts auf die **Jama Masjid,** die bedeutendste Moschee der Stadt. Das sich auf dem Hügel Sharika erhebende **Fort Hari Parbat** wurde im 18. Jh. von dem afghanischen Gouverneur Atta Mohammed Khan erbaut, die Umfassungsmauer hingegen bereits von dem Mogulherrscher Akbar Ende des 16. Jh.

Die Mogulgärten

Die Uferstraße beginnt am Dal-Tor, einer Brücke über den Zufluss zum gleichnamigen See. Die Anlegestellen der bunten *shikaras* (Wassertaxis), Souvenirläden, Restaurants sowie einige Hotels prägen den ersten Kilometer. In einigem Abstand vom Ufer liegen unzählige Hausboote dicht aneinandergedrängt wie eine schwimmende Reihenhaussiedlung. Nach 11 km erreicht die Seeuferstraße **Nishat Bagh,** den größten der Mogulgärten. Sehr schön in Terrassen am Hang

Tipp: Kein Trinkwasser!

Größte Vorsicht ist vor dem Wasser des Dal-Sees geboten, das üblicherweise zum Kochen benutzt wird. Zum Trinken sollte ausschließlich gefiltertes Wasser Verwendung finden.

Shikaras sind das Transportmittel auf dem Dal-See in Kaschmir

gelegen, mit mächtigen Bäumen bewachsen und von einem künstlichen Kanal mit Wasserfällen durchflossen, vermittelt er auch heute noch eindrucksvoll die Liebe der islamischen Herrscher zu blühenden Gärten, in denen sie ja ein Abbild des Paradieses sahen. Die Anlage geht auf Asaf Khan zurück, den Schwiegersohn Jahangirs, und war wohl als Antwort auf den Shalimar-Garten gedacht (tgl. 7 Uhr bis Sonnenuntergang, Eintritt 5 Rs).

Die Fahrt führt nun weiter am Gupta-Ganga-Tempel vorbei zum **Shalimar-Garten,** den der Mogul Jahangir 1619 für seine Frau Nur Jahan anlegen ließ und der 100 Jahre später durch den Gouverneur Zafarakhan erweitert wurde. In vier Terrassen steigt er den Hang empor, wobei die oberste, früher von einem schwarzen Pavillon gekrönte Plattform den Hofdamen vorbehalten war (tgl. 7 Uhr bis Sonnenuntergang, Eintritt 5 Rs).

Ausflugsziele in der Umgebung

25 km südöstlich an der Strecke nach Pahalgam liegt die Ortschaft **Avantipur** mit einem bedeutenden Vishnu-Tempel. Er entstand im 9. Jh. unter der Regentschaft Avantivarmans, eines Herrschers der Utpala-Dynastie. Der westliche Zugang zeigt schöne Reliefs mit Darstellungen von Vishnu, Manmatha, Priti, Rati und Pradyumna. Als Wächterfiguren dienen die Flussgöttinnen Yamuna und Ganga. Der Tempel wurde im 14. Jh. von Sikander, dem ersten Moslemherrscher Kaschmirs, in Schutt und Asche gelegt.

Weitere, aus der vorislamischen Zeit stammende Tempelanlagen finden sich in **Martand,** 64 km südöstlich von Srinagar nahe dem Dorf Anantang. Es handelt sich um eines der wenigen Heiligtümer Indiens, die dem Sonnengott Surya geweiht sind. Erhalten ist nur der untere Teil des Tempels, der früher das für Kaschmir übliche Pyramidendach trug. Die zahlreichen, allerdings schlecht erhaltenen Reliefs zeigen den Sonnengott mit seinem von sieben Pferden gezogenen Sonnenwagen, den Gott Vishnu mit Eber-, Löwen- und Menschenkopf – eine Ausdrucksform, die sein Verweilen im Paradies anzeigt – und als Torwächterinnen die Göttinnen Yamuna und Ganga. Der Tempel wurde von König Lalitaditya im 8. Jh. errichtet und fünfhundert Jahre später ebenfalls von Sikander zerstört.

Zu den beliebtesten Ausflugszielen der Region gehört das 96 km von Srinagar entfernte **Pahalgam.** Die 2130 m hoch in einem Tal zu Füßen der schneebedeckten Gebirgsketten am Zusammenfluss von Lidder und Sheshnag gelegene Ortschaft bezaubert vor allem durch ihre dicht bewaldeten Hänge, über denen die Eisriesen glänzen. Pahalgam ist Ausgangspunkt für einige lohnende Treks in die nähere und weitere Umgebung und der geeignete Platz, sich in fast europäischem Klima von den Strapazen der heißen Ebenen zu erholen.

Die 2730 m hoch gelegene **Alm von Gulmarg** (deutsch: ›Blumenwiese‹) genoss bis zum Niedergang des Tourismus in Kaschmir in Indien den Ruf eines Skiparadieses, enttäuschte in dieser Hinsicht allerdings den verwöhnten Europäer, selbst wenn das ›Helikopter Skiing‹ eingeführt worden ist. Im Frühjahr jedoch macht die Hochalm ihrem Namen alle Ehre und entfaltet in ungeahnter Pracht ihre Gebirgsflora. Ein zweistündiger Rundweg, von dem aus man an einer Stelle in der Ferne den Nanga Parbat (8126 m) sehen kann, erschließt das Tal dem Fußgänger. Leider hat die ungeplante Bebauung mit Hotels der Landschaft viel von ihrem Reiz genommen.

Übernachten

Tolle Lage ▶ **Hotel Heevan:** Pahalgam, www.nivalink.com/hotelheevan/index.html. Sehr schön in 2000 m Höhe am Ufer des Lidder gelegenes Hotel. Zimmer und Essen könnten aber besser sein. DZ ab 5000 Rs.

Winterresort ▶ **Hotel Hilltop:** Gulmarg, www.nivalink.com/hilltopgulmarg/index.html. Bestes Hotel vor Ort, das ganze Jahr geöffnet. Der herrliche Bergblick wiegt die recht kleinen Zimmer auf. DZ ab 4500 Rs.

Essen & Trinken

Wer nicht auf dem Boot verpflegt wird, hat in Srinagar reichliche Auswahl an passablen Restaurants.

Lokale Küche ▶ **Grand Hotel:** Residency Rd. Kaschmirische Spezialitäten in gepflegter Atmosphäre. Hauptgerichte ab ca. 120 Rs.

Chinesische Küche ▶ **Lhasa Restaurant:** Boulevard. Alteingesessenes Gartenrestaurant mit guter chinesischer Küche. Hauptgerichte ab ca. 90 Rs.

Einkaufen

Kaschmir ist für sein Kunsthandwerk, seine Textilien und Teppiche berühmt. Viele Händler sind allerdings mittlerweile in die Touristenzentren des Tieflands, so nach Delhi, Agra und Jaipur, abgewandert.

Souvenirs ▶ Einen guten Überblick über das Angebot zu festen Preisen erhält man im staatlichen **Kashmir Government Art Emporium** auf dem Boulevard im Zentrum. Besonders groß ist auch hier die Auswahl an kunstvollen Produkten aus Papiermaché, für die Kaschmir berühmt ist.

Verkehr

Flug: Verbindungen mit Delhi mehrmals tgl. mit Indian Airlines und Jet Airways, dreimal wöchentl. mit Leh. Strenge Sicherheitskontrollen bei An- und Abreise.

Bus: Es bestehen Verbindungen mit Jammu und Leh (Ladakh) via Kargil. Seit 2006 verkehrt auch ein Bus nach Pakistan, für dessen Benutzung wegen der bürokratischen Hürden jedoch lange Wartezeiten bestehen.

Tipp: Wohnen im Hausboot

Srinagar ist berühmt für seine unzähligen Hausboote, die Touristen eine romantische Unterkunft auf dem Dal-See bieten. Um hinsichtlich Qualität und Ausstattung keine Enttäuschungen zu erleben, sollte man ›sein‹ Boot besser nicht vorab reservieren, sondern vor Ort aussuchen – neben der Ausstattung ist auf die Art der Verpflegung, den kostenlosen Bootsservice zum Ufer und das Fernhalten fliegenden Händler durch den Eigentümer zu achten. Wählen kann man zwischen fünf Preisklassen: Für ein Deluxe-Boot zahlt man etwa 4500 Rs mit Vollpension, für ein Boot der D-Klasse etwa 1100 Rs (jeweils für 2 Pers.). Informationen erhält man von der **Houseboat Owners Association in der Residency Road,** www.houseboatowners.org. Eine empfohlene Adresse für ein Boot der Mittelklasse ist **Abdul Salam Kolu,** H. B. New Shabina, post box 326, G. PL. O. Srinagar.

Die englischen Hill Stations

Die britischen Kolonialherren wussten schon, wo es sich gut leben lässt: Sie setzten ihre Erholungsorte auf die schönsten Grate in angenehmer Klimazone zwischen 1500 und 2000 m Höhe im Schatten schneebedeckter Berge. Heute flanieren zwischen den Kolonialbauten der sogenannten Hill Stations indische Hochzeitspärchen.

Wer schon einmal die sommerliche Hitze des indischen Tieflandes am eigenen Leib erfahren hat – wenn das Thermometer jenseits der 40 °C-Marke steht und auch die Nächte kaum Abkühlung bringen –, wird das Leiden der britischen Kolonialherren im 19. Jh. nachempfinden können.

Kaum verwunderlich, dass die Engländer der Hitze zu entfliehen versuchten. Die Gelegenheit bot sich jedoch erst zu Beginn des 19. Jh., als die Briten die Himalayaregion näher erkundeten und oberhalb des dichten Dschungelgürtels, der die Ausläufer des Gebirgsmassivs bis etwa 1400 m Höhe bedeckte, auf lichte Wälder und ein angenehmes Klima stießen. »Es war wie der Weg durchs Tal des Todes ins Paradies ...« beschrieben zwei Forscher im Jahre 1802 ihren Aufstieg zu den Nilgiri-Bergen. Damals war nämlich noch nicht bekannt, dass auch in den Tropen mit zunehmender Höhe die Temperatur abnimmt und damit selbst unter dem Äquator angenehme Klimazonen existieren.

Schon bald entstanden die ersten Landhäuser in luftiger Höhe, und bereits gegen 1830 waren einige von ihnen zu kleinen Siedlungen angewachsen, die allein dem Zweck der Erholung und Abwechslung dienten. Sanatorien für tropenkranke Europäer waren diese oft auf einem scharf ausgeprägten Grat mit großartiger Fernsicht angesiedelten Ferienorte aber nur selten – im Gegenteil, sie galten als Sündenbabel, auf das puritanische Zeitgenossen schaudernd mit dem Finger zeigten. Ungestraft konnte man sich hier ausleben; Klatsch, Tratsch, Flirt und Liebesabenteuer bestimmten das Tagesgeschehen.

Im Jahresdurchschnitt waren immerhin 16 % der Beamten von ihren Arbeitsplätzen

im Tiefland abwesend! Zu Beginn der heißen Jahreszeit bewegte sich sogar der Tross fast aller Briten samt Bediensteten in die Berge, nur wenige Bedauernswerte mussten die Stellung halten. Königin der Hill Stations war der Ort Shimla mit seiner Flanierstraße, der Mall, die allein den Engländern vorbehalten war. 1865 machte man aus der Not eine Tugend und führte im Sommer von hier aus ganz offiziell die Regierungsgeschäfte.

Obwohl auch an den Hill Stations die Jahre nicht spurlos vorübergegangen sind, hat sich doch vieles der kolonialen Atmosphäre bis in unsere Tage bewahrt. Nach wie vor sind die meisten der alten Bauten mehr oder weniger gut erhalten und verleihen den Orten ein fremdartiges Flair.

Die wohlhabenden Inder der heutigen Zeit haben die Gewohnheiten der früheren Kolonialherren aufgegriffen und Mussoorie, Shimla und Dalhousie zu bevorzugten Ferienzielen erkoren, und so ist es in den heißen Sommermonaten vor Ausbruch des Monsuns nicht leicht, ein Hotelzimmer zu finden. Für den europäischen Besucher sind allerdings nur wenige dieser Orte von Interesse.

Im Chamba-Tal ► E 3

Dalhousie

Die westlichste, in der Nähe der Grenze zum Bundesstaat Jammu-Kaschmir gelegene Hill Station wurde im 19. Jh. von Lord Dalhousie als Sanatorium für die britischen Truppen und Beamten gegründet und war später bevorzugter Erholungsort des indischen Politikers Jawaharlal Nehru. Heute macht das sich über mehrere Bergrücken erstreckende Städtchen allerdings einen etwas verkommenen Eindruck. Der weite Blick über die von Chenab, Beas und Ravi durchflossenen Täler hinüber

Englische Dorfromantik mitten im Himalaya: die Hill Station Shimla

zu den fernen Schneebergen des Himalaya lohnt dennoch den Abstecher. Rings um den Ort lassen sich schöne und geruhsame Fußwanderungen auf gut ausgebauten Wegen unternehmen. Wie viele Bergorte hat auch Dalhousie einen nennenswerten Anteil tibetischer Flüchtlinge.

Infos

Tourist Office: Am Busbahnhof, Tel. 018 99-24 22 25, Mo–Sa 10–17 Uhr.

Übernachten

Außerhalb der Saison wird ein starker Preisnachlass gewährt.

Oldfashioned ▶ Grand View: Direkt oberhalb des Busterminals, Tel. 018 99-24 07 60, www.grandviewdalhousie.in. Traditionshotel mit großartiger Sicht. Die Zimmer im Erdgeschoss öffnen sich auf eine weiträumige Rasenfläche. DZ ab 2500 Rs.

Koloniales Relikt ▶ Mount View: Club Rd., Tel. 018 99-24 21 20, www.hotelmountview.com. Unterkunft in viktorianischem Stil mit viel Glas in parkartigem Garten mit eindrucksvollem Fernblick. DZ ab 1500 Rs.

Europäisches Feeling ▶ Alps Resort: Bakrota Hills, Khajjiar Rd., Tel. 018 99-24 07 61, www.himachalhotels.in/Alps_Holiday_Resorts/Alps_Resorts.htm. Modernes, kleines Hotel mit 18 Zimmern in europäischem ›Alpenstil‹. DZ ab 1500 Rs.

Zum Durchatmen ▶ Silverton Estate Guest House: Über dem Circuit House, Moti Tibba, Tel. 018 99-24 06 74, http://heritagehotels.com/silverton, Mitte Jan.–Mitte März geschl. Kolonialbau im Stil der 1930er-Jahre, fünf recht einfache, aber gemütliche Zimmer. DZ ab ca. 1000 Rs.

Verblichener Charme ▶ Aroma N'Claire's: Court Rd., Tel. 018 99-24 41 99. In die Jahre gekommenes, ehemals luxuriöses Kolonialhotel mit viel Atmosphäre, riesigen Zimmern und moderaten Preisen. DZ ab ca. 1000 Rs.

Essen & Trinken

Bewährte Qualität ▶ Kwality: Gandhi Chowk. Restaurant der weit verbreiteten Kette mit breit gefächertem Angebot an indischer und westlicher Küche. Hauptgerichte ab ca. 60 Rs.

Südindisch lecker ▶ Moti Mahal: Subash Chowk. Auf südindische Küche spezialisiertes Restaurant mit Alkoholausschank. Hauptgerichte ab ca. 70 Rs.

Verkehr

Bus: Verbindungen u. a. mit Pathankot, Dharamsala und Shimla.

Chamba

Die ruhige Kleinstadt 52 km nordöstlich von Dalhousie, in 926 m Höhe gelegen, schmiegt sich malerisch an einen Hang oberhalb des Ravi mit Blick auf die Schneeberge der Pir-Panjal-Kette. Wegen der Abgeschiedenheit sind zahlreiche Tempel in der Stadt und der Umgebung der Zerstörung durch islamische Bilderstürmer entgangen. 1810–1846 war Chamba Sitz eines Sikh-Fürstentums, ehe die Briten auch in diesem Teil Indiens das Zepter übernahmen.

Hauptanziehungspunkt ist der **Tempelkomplex Lakshmi Narayan** aus dem 10. Jh., der in der eigenartigen Kombination von Tempelturm *(sikhara)* und Pagodendach süd- und nordindische Elemente verbindet und sowohl Shiva wie auch Vishnu geweiht ist.

Einen sehr schönen Blick über das Tal des Ravi hat man vom kleinen **Chamuda-Mata-Schrein,** der über Treppen vom Busbahnhof erreichbar ist. Das Zentrum der Ortschaft bildet die große rechteckige Rasenfläche **Chaugan,** die als Marktplatz, Promenade und Festwiese dient. Das **Bhuri-Singh-Museum** beherbergt eine Auswahl bedeutender Miniaturmalereien der Basholi-Schule, die durch leuchtende Farben, einfache Aufteilung der Szenen und prächtig geschmückte Personen gekennzeichnet ist. Ihren Höhepunkt erlebte sie im 18. Jh. unter dem Einfluss des Hofs von Delhi (Di–So, 10–17 Uhr, Mo und an Feiertagen geschl.).

Übernachten

Zentral und gediegen ▶ Hotel Aroma Palace: Nahe Pink Palace, Court Lane, Tel. 018 99-22 55 77, www.hotelaromapalacecham

ba.com. Gepflegtes Hotel im Zentrum von Chamba mit geschmackvollen Zimmern, Terrasse und Restaurant. DZ ab 1700 Rs.

Funktional ▶ **HPTDC Hotel Iravati:** Court Rd., Tel. 018 99-22 26 71. Staatliche Unterkunft am Hauptplatz mit etwas abgewohnten, aber sauberen Zimmern, ordentliches Restaurant. DZ ab 700 Rs.

Aktiv

Trekking ▶ Chamba ist auch Ausgangspunkt für einige schöne Trekkingtouren nach Zanskar, Kaschmir, Lahaul und Dharamsala. Träger kann man bei **Mani Mahesh Travels** am Lakshmi-Narayan-Tempel (Tel. 018 99-22 25 07, manimaheshtravels@yahoo.com) oder bei **India Trekking** (www.indiatrekkings.com) buchen.

Termine

Sui-Mata-Festival (März/April): Fest zu Ehren der als Göttin verehrten Tochter eines Lokalherrschers.

Brahmaur

Die etwa 60 km weiter südöstlich liegende verschlafene Ortschaft lässt bereits an der großen Zahl bedeutender Tempel erkennen, dass sie nicht immer im Abseits historischer Entwicklung stand. In der Tat war Brahmaur bis zum 9. Jh. Regierungssitz und neben Kaschmir wichtigstes kulturelles Zentrum des westlichen Himalaya. Besondere Beachtung verdient der **Lakshnadevi-Tempel,** der einige der schönsten Holzschnitzereien der Region aufzuweisen hat. Der Ort ist überdies Zentrum der Gaddi, eines Hirtenvolkes, das sich durch einen besonderen Ritus der Shiva-Verehrung von den übrigen Bewohnern unterscheidet und durch strenge Kastenordnung abgrenzt. Den Bedürfnissen ihrer Schafherden entsprechend vollzieht sich ihr Leben in jahreszeitlich bestimmten Wanderungen zwischen den Hochalmen im Sommer und den Tälern im Winter.

Im Juli/August jedes Jahres ist der 30 km entfernte, in 3950 m Höhe liegende **heilige See von Manimahesh** Ziel Tausender Pilger, die in den kalten Fluten zu Füßen des Manimahesh-Kailash (5575 m) das Ritual der Reinigung vollziehen. Brahmaur ist auch Ausgangspunkt für die Überquerung der Pir-Panjal-Kette nach Lahaul. Die Pässe (Kalicho, Chobia und Kugti) sind etwa 5000 m hoch, der An- und Abstieg sehr steil.

Verkehr

Bus: Von Brahmaur besteht eine Busverbindung mit Chamba (ca. 4 Std.).

Dharamsala und Umgebung ▶ E 4

Dharamsala und McLeod Ganj

Die sich vom Kangra-Tal aus die Hänge der Dhauladhar-Kette emporziehende Hill Station – 1855 gegründet und 1905 durch ein Erdbeben vollständig verwüstet – gliedert sich in das eigentliche Verwaltungs- und Marktzentrum Dharamsala (1250 m) und das 600 m höher gelegene McLeod Ganj. Besondere Anziehungskraft besitzt die Ortschaft seit 1960, als der aus Tibet geflohene Dalai Lama hier sein Exil fand und damit den Grundstein für eine ausgedehnte tibetische Siedlung legte, die sich um McLeod Ganj konzentriert. Der auf einem schmalen Plateau liegende Ortsteil lässt sich von Dharamsala aus auf einer 9 km langen Fahrstraße erreichen oder über einen wesentlich kürzeren Fußweg, der etwas oberhalb des Hotels Dhauladhar nach rechts abzweigt.

McLeod Ganj ist seit Jahren ein beliebter Aufenthaltsort für junge Backpacker, die hier alle Annehmlichkeiten wie preiswerte Unterkünfte, Internetzugang, gemütliche Cafés und Restaurants mit Pizza, Pasta und *momos* finden. In den letzten Jahren haben auch Inder McLeod Ganj als Ferienziel entdeckt, wodurch es in den beiden schmalen Hauptstraßen zu einem permanenten Verkehrschaos kommt und entlang der Hangkante immer neue große Hotels entstehen. Von der Beschaulichkeit und Spiritualität, für die der Ort einst berühmt war, bleibt leider immer weniger erhalten. Wer sich allerdings ernsthaft mit dem Buddhismus und der hier nach wie vor sehr aktiven buddhistischen Kunstszene befassen möchte, für den führt kein Weg an McLeod Ganj vorbei. Das Ortszentrum erstreckt sich entlang zweier parallel verlaufender Straßen. Im oberen Abschnitt liegt zwischen ihnen der **Namgyalma-Stupa,** der im Gedenken an die bei der Flucht umgekommenen Tibeter errichtet wurde. Die rechte Straße endet, an der Hangseite von neuen Hotels gesäumt, am staatlichen Hotel Bhagsu.

Zuvor führt rechts ein Fahrweg hinab zum Haupttempel **Tsuglaghang,** dem wichtigsten Zentrum des Buddhismus in Dharamsala. Mit seinen offenen, auf Stelzen ruhenden Hallen macht er allerdings einen recht nüchternen, fast bahnhofsartigen Eindruck. Glanzstück sind drei große Statuen von Sakyamuni (historischer Buddha), Avalokiteshvara (Bodhisattva, als dessen Inkarnation der Dalai Lama gilt) und Padmasambhava, der den Buddhismus im 8. Jh. in den Himalaya brachte. Die 1992 errichtete, dem Komplex angeschlossene Gebetshalle beherrscht ein Wandbild (Mandala) des Kalachakra (Rad der Zeit).

Unmittelbar an den Tsuglaghang grenzt das **Namgyal-Kloster,** Heimat der im 16. Jh. vom zweiten Dalai Lama Gendun Gyatso gegründeten Schule, die seither vor allem den rituellen Bedürfnissen der religiösen Würdenträger dient. Das Kloster beherbergt ein Café und einen Buchladen.

Geht man vom Hauptplatz nach Osten entlang der Tipa Road, kommt man zum **Tibetan Institute of Performing Arts (TIPA),** das die traditionelle tibetische Kunst, insbesondere die Llamo-Oper, pflegt. Aktuelle Veranstaltungsdaten und weitere Informationen findet man unter der hervorragenden Website www.tibetanarts.org.

Das vor allem bei westlichen Touristen beliebte **Tushita-Meditationszentrum** bietet nicht nur Meditationskurse, sondern vermittelt auch Einführungen in die buddhistische Tradition und Philosophie (www.tushita.info). Höhepunkt eines Besuchs in McLeod ist wohl eine Begegnung mit dem Dalai Lama, wozu sich allerdings nur noch sehr selten Gelegenheit bietet.

Aber auch die in einem Wäldchen etwas unterhalb der Ortschaft versteckte Kolonialkirche **St. John in the Wilderness** verdient einen Besuch, selbst wenn das Grab des ehemaligen Vizekönigs Lord Elgin, der hier 1863 während einer Dienstreise starb, allenfalls bei Engländern nostalgische Gefühle wachruft.

Infos

HPTDC Tourist Office: Cantt. Rd., Mo–Sa 10–17 Uhr, www.dharamsalanet.com. Man kann hier auch Bahnfahrkarten reservieren. Die hervorragend gemachte Website (engl.) ist höchst informativ mit zahlreichen Links zum Thema Buddhismus und Tibet. Eine ausführliche Beschreibung der buddhistischen Klöster und Institutionen findet man unter www.tibet.com.

Übernachten

Geschmackvoll ▶ **Surya McLeod:** Bhagsu Rd., McLeod Ganj, Tel. 018 92-22 14 18, Fax 018 92-22 18 68, www.suryamcleod.com. Modernes, bei indischen Familien beliebtes Hotel, 53 Zimmer mit schöner Aussicht, etwas unpersönlich. DZ ab 2400 Rs.

Geräumig ▶ **Sahil Plaza:** Buddha Temple Rd., McLeod Ganj, Tel. 018 92-22 04 30, www.hotelsahilplaza.com. Neues, komfortables Hotel mit funktionalen Zimmern, einige mit Terrasse und weitem Blick. DZ 800–1500 Rs.

Traditionsreich ▶ **Hotel Bhagsu:** Bhagsu Rd. am südl. Ende von Mcleod Ganj, Tel. 018 92-22 10 91/92, www.himachalhotels.in/Hotel-Bhagsu. Alteingesessenes Hotel des staatlichen Tourist Board, große, gemütliche Zimmer, schöne Bäder, teilweise allerdings etwas muffig; Restaurant mit Bierbar. DZ 900–1800 Rs.

Tibetische Gastlichkeit ▶ **Pema Thang Guest House:** Bhagsu Rd. direkt unterhalb vom Hotel Bhagsu, McLeod Ganj, Tel. 018 92-22 18 71, 018 92-22 19 91, www.pemathang.net. Freundliches Hotel unter tibetischer Leitung, einfache, saubere Zimmer mit Balkon und Fernsicht, gemütliches Restaurant (s. S. 174). DZ 825–1155 Rs.

aktiv unterwegs

Ausflug zum Kareri-See

Tour-Infos

Ausgangs-/Endpunkt: McLeod Ganj
Dauer/Länge: 4–5 Tage (ca. 40 km), mit Agentur auch 6–7 Tage (ca. 80 km)
Profil: einfache Wanderung bis 3000 m durch traditionelle Dörfer zu Füßen der Haupthimalayakette
Übernachtung/Essen: Zelt und Verpflegung erforderlich
Saison: Sept.–Ende Okt. (Nachmonsunzeit)

1.Tag: Stowari – Kareri (15 km, ca. 5 Std.). Ausgangspunkt der Wanderung ist das 7 km westlich von McLeoad entfernt liegende Dorf Stowari, das man mit dem Taxi erreicht. der Weg führt bergab zum Fluss Bhote Kola mit der kleinen Siedlung Ghera. Man überquert die Brücke und hält sich links, wo der allmählich ansteigt, das Dorf Seri berührt und dann durch Rhododendron-Wald zu einer weiteren Brücke führt, die den Kereri-Fluss überspannt. Es geht weiter bergauf zum Weiler Kareri (1850 m), wo man in einem Forest Rest House übernachten kann (Reservierung im Forest Department in Dharamsala nahe der Hauptpost, rpdmhwdha-hp@nic.in Tel. 018 92-22 33 45).
2.Tag: Kareri – Harote (10 km, ca. 4 Std.). Aus dem Ort heraus steigt der Weg weiter an, taucht in einen Eichenwald ein. Erneut wird der Kareri Fluss überquert, dieses mal auf Felsen, gefolgt von einem steilen Aufstieg. Erneut wird der Fluss überquert, ehe die Wiese von Harote (2450 m) erreicht ist, auf der man sein Zelt aufschlagen kann.
3. Tag: Harote – Kareri Lake (4 km, ca. 2 Std.). Man könnte diese kurze Etappe auch als Ausflug von Harote aus unternehmen. Dann würde einem aber die Möglichkeit genommen, den schönen See zu erkunden und die herrlichen Blicke auf die Ketten des Dhauladar und Pir Panjal-Massivs zu genießen.

Der Pfad zum See führt das schmale, bewaldete Tal des Kareri bergauf bis zum See, aus dem er fließt. Ein kleiner, von lokalen Hirten viel besuchter Shiva-Tempel hat hier seinen Platz (3250 m).

Um einen besonders schönen Blick auf die Bergwelt zu haben, kann man vom See aus noch ein Stück dem zum Minkani-Pass (8 km, 4200 m) führenden steilen Pfad folgen, ehe man wieder zu seinem Zelt am Seeufer zurückkehrt. Je weiter man aufsteigt, desto spektakulärer ist die Fernsicht bis hinüber zur schneebedeckten Kette des Kishtwar-Himalaya mit dem 6416 m hohen Brammah. Leider verliert der See immer mehr Wasser und wird wohl bald ausgetrocknet sein.
4./5. Tag: Kareri-Lake – Kareri – McLeod Ganj. Rückmarsch auf dem gleichen Weg. Einige Trekkingagenturen (z.B. www.peakadventuretour.com) wählen einen anderen, längeren Weg, den man selbst jedoch kaum finden dürfte. Er führt über Triund nach McLeod Ganj.

Seit 1960 ist Dharamsala die Heimat des Dalai Lama

Backpackertreff ▶ OM-Hotel: Nowrojee Rd., unterhalb des Busterminals, McLeod Ganj, Tel. 018 92-22 13 13, 22 13 22, omhotel @hotmail.com. Zimmer mit und ohne Bad, seit Jahren populär, toller Blick von der Dachterrasse. DZ ab 250 Rs.

Essen & Trinken

Nicht nur Momos ▶ Pema Thang: Im gleichnamigen Hotel (s. S. 172) in McLeod Ganj. Spezialitäten sind Pizza und tibetische Küche, sehr gemütlich, Fernsicht über das Tal. Hauptgerichte ab 80 Rs.

Klein, aber fein ▶ Taste of India: Jogibara Rd., etwas oberhalb vom Chocolate Log, McLeod Ganj. Winzig und düster, aber angeblich bestes nordindisches Essen, abends immer voll. Verständlich, dass die hier angebotenen Kochkurse sehr begehrt sind. Hauptgerichte ab ca. 60 Rs.

Immer voll ▶ McLoo: Am Busterminal in McLeod Ganj. Indisch und chinesisch, Alkoholauschank, den Blick aus dem 1. Stock auf das Gewimmel gibt es gratis. Hauptgerichte ab 50 Rs.

Für Süßmäuler ▶ Chocolate Log: Jogibara Rd., McLeod Ganj, Di geschl. Berühmt für seine hausgemachten Kuchen, kleine überdachte Terrasse. Hauptgerichte ab 40 Rs.

Pizza mit Fernblick ▶ OM Hotel (s. links): Einfache, preiswerte indische Kost auf der Dachterrasse, vor allem wegen der Aussicht beliebt. Hauptgerichte ab 30 Rs.

Aktiv

Audienz beim Dalai Lama ▶ Aufgrund seines angegriffenen Gesundheitszustands kann man den Dalai Lama nur noch selten live erleben. Auskunft über die öffentlichen Audienzen erteilt das Branch Security Office, Bhagsu Rd.

Meditationskurse ▶ Das **Tushita-Meditationszentrum,** Tel. 018 92-22 18 66, www.tushita.info, bietet ganzjährig Kurse unterschiedlicher Länge an.

Traditionelle Medizin ▶ Tibetan Herbal Clinic: Jogibara Rd., Tel. 018 92-22 14 61. Hier erfährt man alles über traditionelle tibetische Heilverfahren und kann sich auch behandeln lassen.

Trekking ▶ **Ausflug zum Kareri-See** (s. S. 173).

Termine

Shoton Opera Festival (März oder April): Zehntägige Veranstaltung des TIPA-Instituts, genaue Daten s. unter www.tibetanarts.org.

Verkehr

Bus: Von McLeod Ganj gelangt man direkt nach Delhi und Manali. Die größere Auswahl an Verbindungen hat man jedoch vom 7 km entfernten Dharamsala, von wo Busse u. a. nach Dalhousie, Manali, Shimla und Delhi fahren.

Kangra

Der im Tal auf etwa 800 m Höhe 18 km südlich von Dharamsala liegende Ort Kangra, der nach seinem ehemaligen Fort früher Nagarkot hieß, kann auf eine bewegte Geschichte zurückblicken, die vornehmlich im Zeichen des Widerstands lokaler Fürsten gegen die islamische Invasion stand. 1008 überfiel Mahmud von Ghazni auf seiner vierten Invasion die Stadt, 1360 wurde sie von Firoz Tughlaq anlässlich einer Strafexpedition geplündert.

Als im 18. Jh. die Herrschaft der Moguln verblasste, löste sich Kangra unter der Führung Ghamand Chands von der Vormundschaft Delhis. Nur die Festung Nagarkot blieb in Händen des Gouverneurs Saif Ali Khan, bis Ghamand Chand von Shah Durani die Gouverneurswürde des gesamten Gebiets erhielt. Die relative Freiheit währte nur kurz, dann wurde Kangra den erstarkenden Sikhs tributpflichtig.

Ende des 18. Jh. zogen sie sich aus der Hügelregion zurück und machten den Weg frei für Sansar Chand, der sich zum mächtigsten Mann in den Ausläufern des Himalaya aufschwang. Sein Großmachttraum fand ein jähes Ende, als er seinen Erzfeind, den Sikh-Führer Ranjit Singh, um Hilfe rufen musste, um einen Aufstand der benachbarten Fürsten niederzuschlagen. Die Herrschaftszeit Sansar Chands war jedoch begleitet von einem bemerkenswerten kulturellen Aufschwung, der besonders in der Miniaturmalerei seinen eigenen, als Kangra-Schule bezeichneten Ausdruck fand. Die Stadt verlor jedoch an Bedeutung, als die Distriktverwaltung 1855 ins neu gegründete Dharamsala verlegt wurde.

Auch Kangra wurde durch das große Erdbeben von 1905, dem auch der berühmte, der Göttin Brajreshwari geweihte **Tempel** zum Opfer fiel, stark in Mitleidenschaft gezogen. Sein Reichtum soll einmal den begehrlichen Blick islamischer Eroberer besonders angezogen haben. Bis auf die schönen, mit Silber beschlagenen Türen lässt das heutige Bauwerk von der damaligen Pracht nichts mehr ahnen.

Oberhalb des Zusammenflusses von Manjhi und Banganga liegt das ehemalige **Fort,** von dem aus sich ein schöner Blick ins Tal und bis zu den Schneebergen bietet. Es beherbergt ein kleines Museum, das einige Reliefs aus dem Brajreshwari-Tempel und etliche Miniaturen der Kangra-Schule zeigt, die von 1770 bis Mitte des 19. Jh. das Kunstschaffen der Hügelregion dominierte (tgl. Sonnenauf- bis Sonnenuntergang, Eintritt 100 Rs).

Reisende mit besonderem Interesse an Architektur sollten einen Ausflug ins 15 km südlich liegende **Masrur** ins Auge fassen, wo ein für diese Region seltener Felsentempel im Gupta-Stil aus dem 8. Jh. auf Besucher wartet. Der aus neun Einzelgebäuden bestehende Komplex, der Einflüsse aus Kaschmir erkennen lässt, wurde offensichtlich nicht fertig gestellt, denn nur der Haupttempel ist sowohl an der Außen- wie auch der Innenseite bearbeitet. Die Reliefs zeigen fliegende Götterdiener sowie Abbildungen von Shiva, Indra und Surya.

Aktiv

Bahnfahrt ▶ **Mit der Schmalspurbahn durch das Kangra-Tal** (s. S. 177).

Verkehr

Bahn: Kangra liegt an der Strecke der Schmalspurbahn von Pathankot nach Joginder Nagar (s. S. 177).

Bus: Regelmäßige Verbindungen mit Dharamsala und Palampur.

Der Tempel von Bajinath

Der Shiva-Tempel der Stadt Bajinath soll bereits aus dem Jahre 804 stammen und gilt damit als ältestes diesem Gott geweihtes Heiligtum Indiens. Das Sanktum beherbergt eines der zwölf Jyotir-Lingams des Subkontinents, das als »flammende Lichtsäule« die Vorrangstellung Shivas im Pantheon indischer Gottheiten symbolisiert, und erhebt damit den Schrein zu einem der wichtigsten des Landes. Die Herkunft des Lingams, der hier bereits vor Errichtung des Tempels verehrt worden sein soll, ist mit folgender Legende verknüpft: Shiva versprach dem König Ravana von Sri Lanka ein ewiges Leben, wenn es ihm gelänge, einen riesigen Lingam, ohne ihn abzusetzen, auf die Insel zu bringen. Als der König von einem menschlichen Rühren heimgesucht wurde, übergab er den Stein kurz an einen Brahmanen, der ihn prompt abstellte. Jeder Versuch, den Lingam wieder zu schultern, schlug fehl, woraufhin der König dem Gott seinen Kopf als Opfer anbot.

Anders als im übrigen Indien wird in Bajinath nicht das Dusshera-Fest gefeiert, das an den Sieg Ramas über König Ravana erinnert. Nachdem nämlich zwei Feste mit dem plötzlichen Tod der Veranstalter endeten, ist die Bevölkerung der Ansicht, die Dusshera-Feiern würden Shiva erzürnen. Um so ausgiebiger begeht man dafür das ausschließlich dem Gott Shiva gewidmete Shivaratri-Fest (Feb./März).

In seiner Architektur folgt der Tempel mit den konvexen Sikhara-Türmen dem nordindischen Muster. Vor dem Eingang zum Heiligtum steht ein prächtiger Nadi-Bulle, das Reittier *(vahana)* Shivas. Aus der Seitenwand des Haupttempels entspringt ein heiliger Kanal, den man, wie eine Tafel zu verstehen gibt, nicht überschreiten sollte.

Verkehr

Bahn: Bajinath liegt an der Strecke der Schmalspurbahn von Pathankot nach Joginder Nagar (s. S. 177).

Mandi ► F 4

Schon wegen ihrer verkehrsgünstigen Lage spielt die in einem Bogen des Flusses Beas liegende Stadt seit alters her eine bedeutende Rolle, verzweigte sich doch hier die ehemals wichtige Karawanenroute von Tibet über Ladakh, Lahaul und Kullu ins indische Tiefland. Ladakhischen Kaufleuten soll Mandi auch seinen Namen verdanken, der einfach ›Markt‹ bedeutet. Eine andere Version führt allerdings den Asketen Mandavaya als Namensgeber an, der hier am Ufer des Beas lebte. Heute ist die ehemalige Hauptstadt eines Rajputen-Fürstentums vornehmlich Durchgangsstation auf dem Weg ins Kullu-Tal und wird von Touristen nur wenig besucht.

Dabei besitzt der malerische, sich zu Füßen der Sivalik-Berge ausbreitende Ort einige bemerkenswerte Heiligtümer, die einen kurzen Aufenthalt durchaus lohnen. Sehenswert sind der im Sikhara-Stil errichtete **Bhutnath-Tempel,** der **Pagodentempel Hadimba Devi** und der **Triloknath-Tempel.** Das Stadtzentrum wird von der ehemaligen Fürstenresidenz überragt, in deren Seitenflügel heute ein Hotel untergebracht ist (s. u.). Außergewöhnlich ist der tiefer gelegte Maidan, der Hauptplatz der Stadt, auf dem man sich abends trifft.

Eine lohnende Busfahrt mit schöner Aussicht (links sitzen) führt zum 25 km südwestlich in 2000 m Höhe gelegenen **Rewalsar-See.** Der winzige, an einem heiligen See entstandene Ort ist durch das einträchtige Nebeneinander eines buddhistischen Klosters, eines Hindu-Schreins und eines Sikh-Tempels berühmt. Von hier aus soll der buddhistische Missionar Padmasambhava im 8. Jh. den Buddhismus nach Tibet und Bhutan gebracht haben.

Übernachten

Verblichener Luxus ► **Raj Mahal Palace Hotel:** Im Zentrum nahe Court Mandi, Tel. 019 05-22 24 01, www.rajmahalpalace.com. Ehemaliger Palast mit traditionellem Flair. Die einfachen Zimmer (ohne AC) sind klein und

aktiv unterwegs

Mit der Schmalspurbahn durch das Kangra-Tal

Tour-Infos

Start: Kangra (Bus von Dharamsala)
Ziel: Joginder Nagar (Bus nach Kullu)
Strecke: Gesamt 163 km, besonders lohnender Abschnitt 104 km
Dauer: 4,5–9 Std., je nach Zug und Strecke
Infos: www.123himachal.com/kangra/train.htm
http://indiarailinfo.com/train/map/5659/92/6337

Indien verfügt über mehrere interessante Schmalspurbahnen, etwa von New Jaipalguri nach Darjeeling (die sogar UNESCO-Welterbe ist, s. S. 423, oder von Kalka nach Shimla (s. S. 179), die das Herz jedes Bahnliebhabers höher schlagen lassen. Zu den weniger bekannten gehört die 163 km lange, durch das Kangra-Tal führende Strecke, die **Pathankot** mit **Joginder Nagar** verbindet und 32 Stationen aufzuweisen hat, darunter auch die für den Touristen interessanten Orte **Kangra** (s. S. 175) und **Bajinath** (s. S. 176). Die Bahnstrecke ist gut 20 % länger als die Straßenverbindung und ein Bus deutlich schneller. Der normale Zug ist weniger für Touristen gedacht als für Einheimische, die links und rechts der Bahnlinie wohnen. Die Bänke sind hart, und es kann eng werden. Aber auch an die Bequemlichkeit fremder Besucher hat man gedacht und betreibt zwischen Pathankot und Palampur seit 1999 den luxuriöseren Zug **Kangra Queen.** Schade nur, dass er den schönen letzten Abschnitt zwischen Palampur und Joginder Nagar mit seinen engen Kurven und steilen Anstiegen nicht befährt.

Angelegt wurde die Linie mit der Spurweite von 0,762 m 1928 zur Versorgung des Kraftwerks von Palampur. Anders als die Strecke Kalka–Shimla führt sie nur durch zwei Tunnel, dafür aber über 993 Brücken und hat 484 Kurven aufzuweisen. Kein Wunder, dass man nur langsam voran kommt. Für die Gesamtstrecke benötigt der Zug immerhin 9 Stunden, woraus sich eine Durchschnittsgeschwindigkeit von 18 km ergibt. Wer nicht hart gesottener Eisenbahnfreak ist, sollte sich mit dem spektakulärsten Teilstück zwischen Kangra und Joginder Nagar begnügen, auf dem der Zug aus der Ebene fast 1000 m in die Vorberge des Himalaya hinaufzuckelt.

Besonders schön ist der 25 km lange Abschnitt zwischen Mangwal und Kangra, wo der Zug die Ban-Ganga-Schlucht durchquert. Kurz vor Palampur treten dann die schneegekrönten Viertausender immer deutlicher ins Blickfeld, ehe der Zug hinter Bajinath den steilsten Abschnitt in Angriff nimmt, um schließlich nahe der Endstation Joginder Nagar mit 1100m den höchsten Punkt zu erreichen.

Der normale Personenzug benötigt für die Gesamtstrecke etwa 9 Stunden, für die Fahrt von Kangra nach Joginder Nagar knapp 5 Stunden, der Luxuszug Kangra Queen zwischen Pathankot und Palampur lediglich 4,5 Stunden. Die Bahnstation Kangra ist leicht mit Bus oder Taxi vom 20 km entfernten Dharamsala aus zu erreichen; von der Endstation Joginder Nagar hat man Busverbindungen mit Mandi am Eingang zum Kullu-Tal.

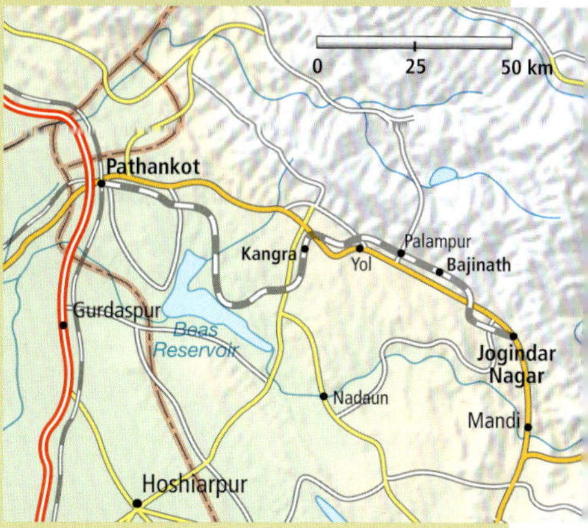

Die Schmalspurbahn von Pathankot nach Joginder Nagar

z. T. recht heruntergekommen, die teuren mit Holz verkleidet und dunkel. DZ ohne AC ab 600 Rs, DZ mit AC ab 1600 Rs.

Gemächlicher Service ▶ **HTPC Hotel Mandav:** Oberhalb des Busbahnhofs, Tel. 019 05-23 55 03. Staatliche Unterkunft mit annehmbaren Zimmern, besonders schön sind die mit Balkon und weitem Blick über den Ort, recht träger Service, dennoch gutes Preis-Leistungs-Verhältnis. DZ ab 600 Rs.

Essen & Trinken

Luftig ▶ **Copacabana Bar & Restaurant:** Im Raj Mahal Palace Hotel (s. S. 176). Man sitzt hübsch im großen Garten. Hauptgerichte ab 150 Rs.

Termine

Shivaratri-Fest (Feb./März): Großer Umzug mit den Idolen lokaler Gottheiten der umliegenden Dörfer anlässlich der Vermählung Shivas mit Parvati.

Baisakhi-Fest (Mitte April): Farbenprächtiges, vor allem von der großen Sikh-Gemeinde begangenes Erntedankfest.

Verkehr

Bus: Busterminal unterhalb des Hotels Mandav, u. a. nach Dharamsala, Manali (über Kullu), Shimla und Delhi; Deluxe-Bus nach Delhi direkt vom Hotel Mandav.

Shimla ▶ F 4

Wie viele der englischen Hill Stations erstreckt sich auch das auf 2200 m gelegene Shimla (78 000 Einw.) über zahlreiche Berge und die sie verbindenden Grate. Der Hauptort steigt sehr steil an der südlichen Flanke eines zur Ebene von Ambala abfallenden Gebirgszuges empor. Der über 10 km lange, von einigen Erhöhungen durchsetzte Grat war bevorzugter Wohnort der Briten.

Entstanden ist die Stadt zu Beginn des 19. Jh. in den Wirren der Gurkha-Kriege. Ihr Name ist wahrscheinlich von *shamala* (›blaue Frau‹) abgeleitet, einer Umschreibung für die Göttin Kali. Die Gurkha-Krieger terrorisierten damals nach ihrer Niederlage gegen Sansar Chand und die mit ihm verbündeten Sikh bei Kangra (s. o.) die Bewohner der umliegenden Bergwelt, woraufhin diese die Engländer zu Hilfe riefen. Nach erbittertem Kampf ergaben sich die Gurkha 1815 den Briten.

Die Europäer fanden Gefallen an dem kühlen Klima der Bergwelt und erwarben von den lokalen Fürsten das benötigte Land für die Errichtung eines Kurortes, der schnell Zulauf gewann und, wie der französische Reisende Victor Jacquemont 1831 berichtete, schon bald »zum Erholungsort für die Reichen, Faulen und Invaliden« aufstieg. In zunächst ungeordneter Weise wuchs die Ortschaft heran, bis sie 1864 aus strategischen und klimatischen Gründen zum Sommersitz der Kolonialregierung erkoren wurde und es bis zur Unabhängigkeit Indiens 1947 blieb. So entfaltete sich Shimla fast über Nacht zur Bühne der Eitelkeiten und Intrigen, die das sonst so eintönige Leben der Briten würzten.

Da ist beispielsweise die Geschichte vom mysteriösen Mr. Jacob, der 1871 von irgendwoher auftauchte und dem übernatürliche Kräfte, aber auch Spionage und Betrug nachgesagt wurden. Er hinterließ einen derartigen Eindruck, dass ihn Rudyard Kipling (1865–1936) in seinem Roman »Kim« als ›Lurgan Sahib‹ verewigte. Der Schriftsteller und Nobelpreisträger verbrachte längere Zeit in Shimla. Nicht zu vergessen ist auch die verführerische Mrs. James, geborene Gilbert, der 1839 die Jünglinge Shimlas zu Füßen lagen. Dann suchte die Schöne ein größeres Betätigungsfeld und hielt, nunmehr unter dem Namen Lola Montez, die Männerwelt, darunter vor allem Ludwig I. von Bayern, bis zu ihrem frühen Tod 1861 in Atem. Ganz anders der wohlbehütete Sohn des französischen Architekten Russet: Er wurde Sadhu und verschwand 1885 mit einigen Gleichgesinnten spurlos.

Stadtrundgang

Nach wie vor ist die **Mall,** der große Platz auf dem Grat, wichtigster Treffpunkt mit schöner Aussicht auf die ferne Gebirgskette des Himalaya. Angesichts der Scharen einheimischer Touristen, die heute die Mall bevölkern, ist es kaum vorstellbar, dass noch bis ins 20. Jh. hinein Indern der Zutritt verboten war! Die Beschränkungen beziehen sich heute nur auf Autos, denen die Stadt oberhalb der Circular Road glücklicherweise verschlossen ist. Der Lastentransport innerhalb des Ortes erfolgt durch Träger. Nicht ohne Grund heißt das Zentrum der Mall, die Kreuzung zweier wichtiger Verbindungsstraßen, ›scandal point‹. Einem Reiseführer aus dem Jahre 1925 zufolge waren hier »die Übermittler von Klatsch und Tratsch fortwährend tätig, um die pikanten oder weniger pikanten Geheimnisse in Windeseile bis an die Grenzen Shimlas zu verbreiten«.

Ein schöner Fußweg führt von der Mall aus vorbei an der Kirche hinauf zum **Jakko Hill,** den ein Tempel für den Affengott Hanuman krönt. Vorsicht, die hier heimischen Affen sind sehr aufdringlich und teilweise aggressiv. Das westlich der Mall liegende **Himachal State Museum** verdient vor allem wegen der Miniaturen und Bronzen einen Besuch (tgl. außer Mo 10–13.30 und 14–17 Uhr, 2. Sa im Monat geschl., Eintritt frei). Wer die Wahl hat, sollte Shimla außerhalb der Saison zwischen November und März besuchen, um dem Betrieb indischer Feriengäste zu entgehen und von den Preisnachlässen zu profitieren.

Zu den vor allem von Einheimischen bevorzugten Ausflugszielen in der näheren Umgebung gehören die **Wildflower Hall,** ehema-

Tipp: Mit dem Mini-Zug über 869 Brücken und durch 107 Tunnel

Pläne für eine Bahnverbindung zwischen Kalka und Shimla reichen bis 1847 zurück, als die Engländer den Ort zur Sommerresidenz erkoren. Aber erst 1904 konnte die knapp 96 km lange Linie als die aufwendigste Bahnkonstruktion Indiens eröffnet werden. So hatten die damaligen Passagiere denn auch den höchsten Fahrpreis im ganzen Land zu entrichten. In unzähligen Schleifen windet sich die Schmalspurbahn von der 2200 m hohen Hill Station hinab nach Kalka auf 640 m, wobei sie 869 überwiegend gemauerte Brücken überquert und 107 Tunnel durchfährt. Die Reise ist recht unbequem, Platz für Gepäck kaum vorhanden, doch für Eisenbahnenthusiasten ist sie ein wahrer Genuss! Mehrfach pro Woche gibt es übrigens einen Sonderzug mit gepolsterten Sitzen.

lige Residenz des Oberbefehlshabers Lord Kitchener (1850–1916), der Wintersportort **Kufri** mit schönem Blick auf die Himalayakette und das ebenfalls wegen seines Blicks reizvolle **Fagu.**

Übernachten

Geschichtsträchtig ▶ **Willow Banks:** The Mall, nahe Lift, Tel. 01 77-265 81 25/26, www.willowbanks.com. Sehr gepflegtes und geschmackvoll renoviertes Hotel aus dem Jahre 1871 mit großartigem Blick über die Stadt. DZ ohne Frühstück ab 3800 Rs.

Aussichtsreich ▶ **Hotel Landmark:** The Mall, nahe Gorton Castle Square, Tel. 01 77-281 47 00 u. 01 77-281 47 01, www.hotellandmarkshimla.com. Neues Hotel im Zentrum mit geräumigen, geschmackvollen Zimmern mit teilweise großartiger Aussicht. DZ ab 3500 Rs inkl. Frühstück.

Ohne Schnickschnack ▶ **Baljee Regency:** Circular Rd., Tel. 01 77-28 14 54. Neueres Hotel der gehobenen Mittelklasse. DZ ab 1600 Rs.

Etwas abgelegen ▶ **HPTDC The Holiday Home:** Cart Rd., Tel. 01 77-281 28 90. In großem Garten gelegenes, staatliches Hotel, teils schöne Sicht aus den Zimmern, unsichere Zimmerschlösser, recht weiter Fußweg in die Stadt. DZ 1200 Rs.

Gesittet ▶ **YMCA:** Oberhalb der Mall in historischem Gebäude, Tel. 01 77-265 23 75. Einfache Zimmer, sehr beliebt. DZ mit Bad ab 700 Rs.

Essen & Trinken

Kleine Leckereien ▶ **Balji:** The Mall, unterhalb Scandal Point. Gut für Snacks. Europäisches Frühstück mit eher dürftiger Auswahl, geöffnet erst ab 9 Uhr. Gerichte ab 40 Rs.

Indische Standardkost ▶ **Devico:** The Mall. Indisch-chinesische Küche, einfach und sauber. Gerichte ab 35 Rs.

Traditionscafé ▶ **Indian Coffee House:** The Mall. Eine Institution, guter Kaffee wird von uniformierten Kellnern serviert.

Jenseits von Indien ▶ **Cafe Sol:** Hotel Combermere. Modern, ausgezeichneter Kuchen, mexikanische und italienische Gerichte, westliche Musik.

Verkehr

Bahn: Schmalspurbahn nach Kalka (93 km 5,5 Std.; kleine Waggons, daher kaum Platz für Gepäck; s. a. Tipp S. 179); Anschluss des 10.30 Uhr-Zugs an den Kalka-New Delhi Shatabdi (Zug 2012), der in Kalka 17.45 Uhr abfährt und New Delhi um 21.50 Uhr erreicht.

Bus: Verbindungen u. a. nach Dalhousie, Dharamsala, Manali, Kalka und Chandigarh.

Tibetische Medizin: Für jedes Wehwehchen gibt es Pillen in einer anderen Farbe

Das Kullu-Tal

Dieses kleine Paradies mit Obstplantagen, Reisfeldern und bewaldeten Bergen liegt unmittelbar am Rande der ersten, 4000 m hohen Himalayakette. Kein Wunder, dass es hier nicht nur Touristen aus aller Welt her zieht, sondern auch so manchen Aussteiger, wie etwa den russischen Maler Nikolas Roerich, der das Tal schon in den 1930er-Jahren zu seiner neuen Heimat erkor.

Das vom Fluss Beas geformte Kullu-Tal zählt zu den beliebtesten Reisezielen Nordindiens, ist es doch eine der schönsten und erholsamsten Regionen im Vorhimalaya. Das eigentliche Kullu-Tal erstreckt sich über eine Entfernung von etwa 80 km von der Durchbruchsschlucht des Beas bei Larji (957 m) bis nach Manali (2000 m) zu Füßen des Rohtang-Massivs. Die Flussniederungen, gesäumt von den bewaldeten Bergketten Dhauladhar und Pir Panjal, werden landwirtschaftlich intensiv genutzt und sind vor allem für ihre Äpfel in ganz Indien berühmt. Die lange Abgeschiedenheit hat ein eigenständiges kulturelles Erbe hinterlassen, das seinen architektonischen Niederschlag in den eigentümlichen, archaisch wirkenden Holztempeln findet, die mit ihren gestaffelten Pagodendächern an fernöstliche Bauten erinnern, entfernt aber auch an norwegische Stabkirchen.

In den Legenden beginnt die Geschichte Kullus weit in mythischer Vergangenheit mit der Landung von Manu Vaivasvata, dem Noah der hinduistischen Religion. Überdies wird das Tal unter dem Namen Kulluta als Wirkungsstätte der Götter und Heiligen in den Epen »Ramayana« und »Mahabharata« mehrfach erwähnt.

Eine politische Macht formierte sich erstmals kurz nach der Zeitwende unter Behangamani Pal, einem Fürsten aus Haridwar, der sich gegen die Vorherrschaft der Thakur von Spiti durchsetzen konnte und zunächst in Jagatsukh, dann in Naggar und schließlich in Kullu residierte. Die dämonische Muttergottheit Hidimba erkor er zur Schutzheiligen des Tals, und sie ist es bis heute geblieben.

Die Pal-Dynastie herrschte etwa bis 1450, als die Thakur wieder an Macht gewannen. Erst Raja Sidh Singh vermochte 50 Jahre später der alten Herrscherlinie erneut Einfluss zu verschaffen.

Im 16. Jh. kam es unter der Regentschaft Raja Jagat Singhs zu der merkwürdigen Übereignung des Königtums an den Gott Raghunathji, hinter dem sich Vishnu in Gestalt von Rama verbirgt. Der Raja sah sich fortan nur noch als Stellvertreter des Gottes. Verbunden damit war eine Abkehr des Regenten von der bis dahin vorherrschenden Shiva-Verehrung.

Bis heute spielt dieser Akt im alljährlichen Dusshera-Fest eine zentrale Rolle, werden doch die lokalen Gottheiten aus ihren Dörfern nach Kullu getragen, um Rama ihre Reverenz zu erweisen. Hintergrund dieses Rituals wird der Versuch des Hinduismus gewesen sein, die in abgelegenen Gebieten praktizierten Religionen zu kontrollieren. Entfernt werden hier Parallelen zum Hemis-Fest in Ladakh sichtbar, das jährlich den Sieg des Buddhismus über die Bön-Religion feiert (s. S. 52).

Der letzte Herrscher von Kullu, Ajit Singh, bestieg 1813 den Thron, wurde aber 1839 durch Ranjit Singh, der auch in Ladakh eingefallen war, entmachtet. 1846 gelangte das

Tal nach dem ersten Sikh-Krieg unter britische Vorherrschaft. 1852 wurde Raja Gyan Singh aufgrund seiner illegitimen Geburt der Raj-Titel aberkannt. Als Raj durfte er jedoch weiterhin im königlichen Palast wohnen und über den Landstreifen Rupi verfügen. Die Nachfahren residieren noch heute als ›Raj von Rupi‹ im Palast von Kullu und genießen während des Dusshera-Festes durch ihre Bindung an die Götter des Tals die tiefste Verehrung des Volkes.

Kullu und Umgebung ▸ F 4

Karte: s. rechts

Kullu 1

Das 1200 m hoch gelegene **Kullu** ist die erste größere Ortschaft, wenn man von Mandi (s. S. 176) kommend in das Tal einfährt. Die recht bescheidene, an der Einmündung eines Nebenflusses in den Beas liegende Siedlung besteht aus dem südlichen Bezirk **Dhalpur** mit den Verwaltungsgebäuden und dem großen Festplatz (Maidan) sowie dem nördlichen, sich unmittelbar am Fluss entlangziehenden **Akhara Bazaar.**

Zwischen den beiden Ortsteilen liegt erhöht auf einem Bergvorsprung der **Palast des Raj** und der **Raghunathji-Tempel.** Das Heiligtum ist Raghunathji, der Hauptgottheit des Tals geweiht, hinter der sich Rama, der Held des »Ramayana«-Epos, verbirgt. Die Figur im Tempel soll 1651 von Raja Jagat Singh als Sühne für seine Schuld am Tod einer Brahmanen-Familie aufgestellt worden sein.

Tipp: Zum Dusshera-Fest

Wer im Herbst ins Kullu-Tal reist, sollte keinesfalls das Dusshera-Fest in **Kullu** versäumen: Die religiösen Feierlichkeiten sind eingebettet in ein überaus farbenprächtiges Volksfest mit Musik, Tanz und lebhaftem Markttreiben, zu dem alljährlich die Bauern der Umgebung zusammenströmen.

Bijli-Mahadev-Schrein und Basheshwar-Tempel

Von Kullu lassen sich zahlreiche schöne Ausflüge zu kulturell wie landschaftlich reizvollen Zielen unternehmen. Ein steiler Fußpfad führt zum 8 km östlich in 2435 m Höhe gelegenen **Bijli-Mahadev-Schrein** 2. Das dem Gott Shiva geweihte, auf einer Felsenklippe liegende Heiligtum trägt auch den Namen ›Gewittertempel‹, da die Spitze des Schreins Blitze anziehen soll, die dann als göttlicher Segen den Lingam im Heiligtum zerschmettern. Nachdem der Priester die Stücke wieder zusammengefügt und mit heiligem Ghee (Butterschmalz) übergossen hat, soll der Lingam erneut zu einer Einheit verschmelzen. Kunsthistorisch interessierte Reisende sollten den Besuch des 15 km südlich liegenden **Basheshwar-Tempels** 3 nicht versäumen, eines pyramidenförmigen Shiva-Heiligtums aus dem 8. Jh. mit sehenswerten Steinreliefs, die leider bei der Invasion des Herrschers von Kangra im 18. Jh. beschädigt wurden.

Übernachten

Dezenter Komfort ▸ **Shobla International:** Dhalpur Maidan, Tel. 019 02-22 28 00, www.shoblainternational.com. Modernes Hotel im Zentrum mit schönem Blick ins Flusstal und gutem Restaurant. DZ ab ca. 1400 Rs.

Einfach ▸ **Bileshwar View:** Hinter dem Tourist Office an der Westseite des Maidan, Tel. 019 02-22 26 77. Alteingesessene nette Unterkunft mit sauberen Zimmern. DZ ab ca. 250 Rs.

Aktiv

Trekking ▸ **Treks im Kullu-Tal** (s. S. 188).

Termine

Dusshera-Fest (Sept./Okt.): Farbenprächtiges Volksfest auf dem Dhalpur Maidan (s. Kasten links).

Verkehr

Bus: Kullu liegt an der Hauptstrecke Mandi–Manali. Busse verkehren auch nach Shimla, Delhi und Dharamsala, die meisten kommen aus Manali.

Kullu-Tal

0
10
20 km
Keylong
Khoksar
Chandra
Gramphu
Rohtang-Pass
3978 m
8
Tentu-Pass
Dhundi
Solang
Nullah
Beas
Kund
Chatru
Kaza
Bara Bangahal
Palanchan
5446 m
Valu
Ka Gare
Siliguri
Vashisht
7
Manali-Pass
4880 m
Manali
6
Chikha
Hamta-Pass
4268 m
Sythen
Prini
Spiti
Himachal
Bhanara
Jagatsukh
Chikha
Deo Tibba
6001 m
Kalath
Seri
Khanol
Mondsee
Beas
Rumsu
Celanti
Chandrakani-Pass
3650 m
5
Katrain
Naggar
Details s. S. 189
Aktiv unterwegs Kullu-Tal
Dadru
Malana
Raison
21
Kullu Valley
Manikaran
4
Bashona
Parvati
Kasol
Jari
Pathankot
Joginder Nagar
Kullu
1
2
Bijli-Mahadev-
Schrein
Gharanun
Bhuntar
Bajaura
20
Beas
3
Basheshwar-
Tempel
Pradesh
Prasar
Lake
Sanji
Aut
Larji
Great Himalaya
National Park
Sakarghat
Mandi
21
Beas
Pandoh
Jahu
20
Chandigarh
Sundarnagar

Parvati-Tal

Der Besuch des Parvati-Tals, in das von Bhuntar eine Stichstraße führt, hinterlässt zwiespältige Gefühle. Zum einen begeistert die bezaubernde Landschaft entlang des gleichnamigen Flusses, der seinen Weg von der Grenze von Spiti hinunter zum Beas nimmt, dann wieder ist man entsetzt über die Verschandelung der Landschaft durch das Malana-Wasserkraftwerk.

Zahlreiche Sikh-Pilger trifft man auf dem Weg zum Heiligtum von **Manikaran** 4. Gleichzeitig aber ist Manikaran auch ein beliebter Aufenthaltsort der Post-Hippie-Generation, ist das Tal doch für seinen Drogenanbau berühmt-berüchtigt.

Bis auf die dampfenden heißen Quellen, an denen sich auch zahlreiche Sadhus einfinden, bietet das in einer Schlucht liegende Manikaran wenig. Die Entstehung der Quellen wird mit folgender Legende erklärt: Die böse Schlange Naga soll der Gottheit Parvati, die hier im damals noch kalten Fluss zusammen mit Shiva ein Bad nahm, die am Ufer abgelegten Ohrringe gestohlen und mit ihrer Beute in ihr Erdreich verschwunden sein. Als Shiva die Schlange nach langem Suchen fand und zur Rede stellte, wurde sie wütend und schnaubte derart, dass die in ihrer Nase versteckten Ringe bis zur Erde emporgeschleudert wurden. Durch die dabei entstandenen Öffnungen dringt bis heute der heiße Dampf des Erdinnern.

Weiter talaufwärts trifft man auf einige kleine, recht urtümliche Dörfer wie Kalga, Tulga und Khirgana. Besonders beliebt ist das Tal als Ausgangspunkt für Trekkingtouren. Wegen der zahlreichen ungeklärten Todesfälle westlicher Touristen in dieser Region sollte man sich aber auch bei einfachen Touren unbedingt einer Trekkingagentur anvertrauen.

Übernachten

Über dem Fluss ▶ Country Charme: Tel. 019 02-27 37 10. Neues Hotel mit Balkons über dem Fluss und heißem Wasser aus den Quellen. DZ ab 750 Rs.

Immer heiß ▶ Shivalik: Nahe Busbahnhof, Tel 019 02-27 38 17. Beliebtes Mittelklassehotel ebenfalls am Fluss mit Thermalwasserversorgung. DZ ab ca. 400 Rs.

Dusshera-Fest: Die Götterbildnisse werden für den Umzug vorbereitet

Verkehr

Bus: Regelmäßige Verbindungen mit Kullu über Bhuntar.

Naggar 5

22 km nördlich von Kullu liegt am linken Ufer gegenüber der Siedlung Katrain die alte Hauptstadt **Naggar.** Bis Mitte des 17. Jh. wurden von hier aus die Regierungsgeschäfte des Fürstentums von Kullu geführt. Der von einem Bergrücken weit ins Tal blickende ehemalige **Palast** (tgl. 7–20 Uhr) wurde teilweise zum Hotel (s. u.) ausgebaut. Allerdings soll in den Mauern der Geist einer Königin spuken, die sich von der Balustrade gestürzt hatte, als der Raja aus Eifersucht einen fahrenden Sänger vor ihren Augen enthaupten ließ. Unterhalb des Palastes liegt ein kleiner, dem Gott Gaurishankar geweihter Steinschrein aus dem 11. Jh., oberhalb der Ortschaft ein Krishna-Tempel im Gupta-Stil. Besonderes Interesse verdient der **Pagodentempel Tripura-Sundari Devi,** einer der acht noch erhaltenen Holztempel der Region.

Naggar war auch die Wahlheimat des russischen Malers Nikolas Roerich (1874–1947), dessen Werken in New York ein eigenes Museum gewidmet ist. Die **Roerich Gallery** in Naggar zeigt ebenfalls einige Arbeiten des Künstlers, der nach dem Ersten Weltkrieg nach Indien emigrierte und sich in die Abgeschiedenheit des Kullu-Tals zurückzog (www.roerichtrust.org, tgl. außer Mo 10–17 Uhr, Eintritt 20 Rs , Foto- und Filmticket extra).

Sein von einem schönen Garten umgebenes Wohnhaus liegt oberhalb der Ortschaft; man erreicht es nach einem 20-minütigen Fußweg. 100 m oberhalb der Galerie befindet sich das ebenfalls von Roerich gegründete **Uruswati Himalayan Folk Art Museum.** Gezeigt werden Volkskunst der Region und einige Repliken der Werke Roerichs (tgl. 9–18 Uhr, Eintrittskarte der Galerie gilt).

Übernachten

Auf knarrenden Dielen ▶ **Naggar Castle:** Tel. 019 02-24 83 16, http://hptdc.nic.in/cir0201.htm. Staatliches Hotel mit großen, etwas angestaubten Zimmern mit Veranda in historischer Burg, großartiger Fernblick. DZ ab 1200 Rs.

Verwinkelt ▶ **Sheetal:** Neben dem Naggar Castle, Tel. 019 02-24 82 50, sheetal_hotel_naggar@yahoo.com. Sehr saubere, einfache Zimmer, teilweise mit Balkon. DZ 400–1000 Rs.

Angenehm ▶ **Ragini:** Tel. 019 02-24 81 85, raginihotel@hotmail.com. Gepflegtes Mittelklassehotel ähnlich dem Sheetal, gutes Restaurant. DZ ab 550 Rs.

Aktiv

Trekking ▶ **Treks im Kullu-Tal** (Tour 2, s. S. 189).

Verkehr

Bus: Mehrfach tgl. Verbindungen mit Manali, häufiger von der Hauptstraße jenseits des Flusses in Patlikhul (ca. 5 km), schöner ist die Fahrt entlang des linken Flussufers mit Blick auf die Reisterrassen. Die Strecke wird jedoch seltener von öffentlichen Verkehrsmitteln bedient.

Manali ▶ F 4

Karte: S. 183

In einem Talkessel zu Füßen des Rohtang-Massivs gelegen, bildet die weit verzweigte Ortschaft **Manali** 6 (ca. 30 000 Einw.) den Abschluss des Kullu-Tals. Es ist eines jener Refugien, in denen sich der Reisende inmitten blühender Obstgärten von den Strapazen der heißen Niederungen und dem Stress menschenüberfüllter Großstädte erholen kann. Kaum verwunderlich, dass europäische Aussteiger diese ›Oase‹ entdeckt haben, wobei auch das in der Umgebung angebaute Marihuana eine Rolle gespielt haben mag. In ihrer Anti-Drogen-Kampagne hat sich die indische Polizei daher besonders auf diesen Ort konzentriert, sodass Razzien unter Globetrottern an der Tagesordnung sind. Die Dauerpräsenz der Europäer hat überdies zu ernsthaften Spannungen mit der einheimischen Bevölkerung geführt, die wenig Verständnis für die ›exotische‹ Lebensweise manches Fremden aufbringt.

Touristen aber wählen Manali als idealen Ausgangspunkt für Treks in die Gebirgswelt des Himalaya, angefangen von der einfachen Tageswanderung bis hin zum mehrwöchigen, anspruchsvollen Marsch weit hinein bis nach Zanskar (s. S. 219). Seit Kaschmir als Reiseziel auch für die Inder ausgefallen ist, verzeichnet Manali einen Bauboom, der sich nur selten an die Landschaft anpasst und so dem Ort bereits viel von seinem ursprünglichen Charme genommen hat.

Rundgang

Das heutige Manali ist das Ergebnis britischer Besiedlung Mitte des 19. Jh. und trug zunächst den Namen Duff Dunbar nach einem britischen Forstbeamten, der sich um die Erschließung besonders verdient gemacht hatte. Das historische Manali, **Old Manali** oder Manaligarh genannt, befindet sich gut 2 km nordwestlich jenseits des Flusses Manaslu und wird von den Ruinen eines Forts überragt. Ein gutes Stück oberhalb trifft man auf die Reste der Festung von **Mandakot,** in der Jhinna Rana, ein lokaler Herrscher, bis zu seiner Niederlage um 1500 gegen Raja Sidh Singh herrschte. Als die Frauen vom Tod ihres Herrn hörten, setzten sie die Festung in Brand und bestiegen den Scheiterhaufen.

Wichtigste Sehenswürdigkeit Manalis ist der über der Stadt in einem Zedernwald liegende Holztempel **Hadimba Devi** aus dem Jahre 1553 mit Pagodendach und bemerkenswerten Schnitzereien. Dass Raja Bahadur Singh dem Holzschnitzer nach getaner Arbeit die Hände abhacken ließ, damit er nicht nochmals ein derart vollendetes Werk schaffe, gehört sicherlich in den Bereich der Legende. Hinter Hadimba, einer Gestalt aus dem Epos »Mahabharata«, verbirgt sich die dämonische Gottheit Harimba, auch Hirma Devi genannt. Sie ist die Schwester des rothaarigen Kannibalen Raksasa, der schließlich von Bhima, dem Anführer der Pandava getötet wurde, woraufhin sich der Sieger und Hadimba vermählten. Im neuen **Tibetischen Kloster** unweit des Zentrums können Besucher handwerkliche Arbeiten, insbesondere Teppiche erwerben.

Vashisht und Rohtang-Pass

Das etwa 4 km nordöstlich liegende pittoreske Dorf **Vashisht** 7 ist mit seinen heißen Quellen und einem Steintempel für Vashisha Muni, einen Rishi aus den altindischen Veden, beliebtes Pilgerziel, zieht seit einigen Jahren aber auch europäische Aussteiger an, deren Lebensweise ebenso wie in Manali zu Konfrontationen mit der einheimischen Bevölkerung führt.

Zu den beliebtesten Zielen, vor allem für indische Touristen, gehört der 51 km nörd-

lich liegende, knapp 4000 m hohe **Rohtang-Pass** 8, über den eine spektakuläre Straße in das Hochtal von Lahaul und weiter nach Leh in Ladakh führt (s. S. 204). Regelmäßig werden auch vor Öffnung des Passes gegen Ende Juni Busausflüge bis zur Schneegrenze veranstaltet. Mutige können von hier sogar mit einem Gleitschirm im Huckepack eines Piloten hinab ins Tal gleiten.

Infos

HPTDC Tourist Office: The Mall, im Zentrum, www.kullu.net, 10–13.30 Uhr und 14–17 Uhr. Sehr hilfsbereit, Buchung von Zimmern und HPTDC-Bussen, u. a. Deluxe-Bus nach Leh.

Geld: Derzeit ist kein Geldtausch bei Banken, sondern nur bei privaten Wechselstuben möglich.

Übernachten

Allein in Manali gibt es über 400 Hotels! Außerhalb der Saison gibt es einen beachtlichen Preisnachlass.

Genug Platz ▶ Leela Huts: Club House Rd., etwas oberhalb vom Hotel Mayflower, Tel. 019 02-25 24 64, Fax 019 02-25 40 35, www.leelahuts.com. Fünf sehr geschmackvolle Cottages inmitten eines üppigen Gartens, mit je zwei oder drei Schlafzimmern, Wohnraum und Küche, gut für kleine Grup-

Reisfelder bei Naggar

aktiv unterwegs

Treks im Kullu-Tal

Touren-Infos

Tour 1: Start in **Manali.** Anspruchsvolle Wanderung über die Pir-Panjal-Kette, dennoch sehr beliebt. Da der Hampta-Pass (4270 m) bis Juli verschneit ist, empfiehlt sich die Tour im Herbst von Sept. bis Ende Okt. Zelt, Campingausrüstung und Verpflegung notwendig.
Tour 2: Start in **Naggar.** Sehr beliebte, leichte Wanderung mit großartigen Blicken auf die Pir-Panjal-Kette und Besuch eines noch abgelegenen Dorfes. Unterwegs gibt es einige sehr primitive Unterkünfte in Teehäusern und einfaches Essen, Zelt und Verpflegung sind deshalb ratsam.

Manali und Naggar sind Ausgangspunkte für einige der schönsten Bergwanderungen, die Indien zu bieten hat, detaillierte Auskünfte erhält man vom **Mountaineering Institute in Manali** (s. S. 190). Die optimale Trekkingsaison erstreckt sich von Mitte September bis Ende Oktober. Zuvor und danach muss mit Schnee in den höheren Lagen gerechnet werden, die vor allem bei Passüberquerungen eine nicht zu unterschätzende Gefahr bilden.

Tour 1: Über den Hampta-Pass nach Chatru

1. Tag: Manali – Jakatsukh – Sarotu. Durch den Bau des Staudamms im Hampta-Tal und die damit verbundene Verbesserung der Infrastruktur haben sich die Ausgangspunkte für die Tour verschoben. Satt von Prini oder Sythen zu starten, beginnen die meisten Wanderer in Jagatsukh (1940 m), das man mit dem Bus oder Taxi von Manali aus in etwa einer Stunde erreicht. Der Ort hat etliche alte Tempel vorzuweisen, die einen näheren Blick verdienen, vor allem der Sandhya Devi-Tempel aus dem 15. Jh., geweiht der Gottheit des Abends, die hier schon seit dem 8. Jh. verehrt wird.

Von Jagatush führt der Weg leicht ansteigend durch den Ort Boidara (2155 m) bis Sarotu (13 km, 3040 m), einer bescheidenen Niederlassung der Gujar-Hirten.
2. Tag: Sarotu – Camp der Gujar-Hirten (ca. 10 km, 2100 m). Über Hochweiden steigt der Pfad, unterbrochen durch eine Flussdurchquerung in einem scharf eingeschnittenen Tal, weiter an und gibt immer wieder einen schönen Blick auf die schneebedeckten Berge der Pir-Panja-Kette frei. Zur Übernachtung eignet sich die Wiese beim Camp der Hirten.
3. Tag: Hirtencamp – Chikha (ca. 12 km, 3175 m). Man stößt auf den alten, von Sythen kommenden Pfad und hat einen Blick auf den neuen Staudamm. Hoch über dem Hampta-Tal windet sich der Pfad über Hochweiden und folgt dann ein Stück dem Hampta-Fluss, den man auf einer Brücke überquert (sofern sie nicht wieder einmal fortgespült worden ist). Das Endziel, der Weidegrund Chikha, liegt an einem Nebenarm des Hampta-Flusses.
4. Tag: Chikha – Balu Ka Gera (8 km, 3700 m). Nach Überquerung des Flusses geht es durch eine Schlucht, aus der man schließlich steil hinauf steigt und einen Campground unterhalb des Passes erreicht.
5. Tag: Balu Ka Gera-Siliguri (15 km, 3700 m). Überquerung des Hampta-Passes (4270 m) nach Siliguri. Steiler Anstieg. Mit Schnee bis Juli ist zu rechnen. Atemberaubender Blick vom Pass. Nach etwa 2 Stunden ebenso steilen Abstiegs ist die Weide von Siliguri erreicht.
6. Tag: Siliguri – Chatru (10 km, 3350 m). Man durchwatet einen vom Gletscher kommenden kleinen Fluss und steigt weiter ab ins Tal, wo zunächst der der Indrasan-Fluss auf einer Holzbrücke und der Chandra auf einer Straßenbrücke überquert wird, ehe man Chatru, das Endziel der Wanderung erreicht. Von

hier fahren aus Spiti kommende Busse zurück nach Manali (ca. 6 Std.).

Tour 2: Von Naggar in die Täler von Malana und Parvati

1. Tag: Naggar – Campingwiese hinter Rumso (ca. 15 km, 2600 m). Von Naggar (1840 m) geht es auf breitem Weg steil bergauf vorbei am Roerich-Museum zum Weiler Rumsu (10 km, 2060 m). Sehenswert sind die alten, lokalen Gottheiten wie Shubh Narayan oder Malana Jamlu Devta geweihten Holztempel mit ihren reich geschnitzten Türen. Campingmöglichkeiten eröffnen sich ein Stück (2–5 km) oberhalb des Ortes auf hübschen Weideflächen in ca. 2500–2700 m.

2. Tag: Camp bei Rumsu – Celanti (ca. 10 km, 3500 m). Aufstieg durch Wald und über Weideflächen mit schönem Bergblicken auf die Bara-Bangal-Kette bis zu den Wiesen von Celanti.

3.Tag: Überquerung des Chandrakani-Passes nach Nagarvani (15 km, 3000 m). Vom Pass (3541 m) beeindruckender Panoramablick auf einige Sechstausender. Etwa 3 km hinter dem Pass gabelt sich der Weg. Der untere führt direkt hinab nach Malana, der obere noch ein Stück weiter entlang der Kante und windet sich dann hinab zu schönen Campingwiesen bei Nagarvani.

4. Tag: Nagarvani – Malana (9 km, 2650 m). Über die Ortschaft Dadru, in deren Nähe ein weiterer Damm entsteht, den man umgehen kann. Es folgt der Aufstieg zum Weiler Malana. Das Dorf lebte lange Zeit in völliger Isolation und hat eine eigene, dem Tibetischen verwandte Sprache. In der Nähe der Tempel ist das Tragen von Lederartikeln verboten. Vorsicht beim Fotografieren, keine Gebäude und Menschen berühren! Dies kann empfindliche Strafen nach sich ziehen. Durch den Bau des Damms dürfte die Abgeschiedenheit des Dorfes jedoch bald ihr Ende haben. Es gibt bereits einige Lodges und schöne Campingmöglichkeiten.

5. Tag: Malana – Jari (20 km, 1550 m). Abstieg zum neuen Staudamm und von dort auf guter Piste (12 km) nach Jari am Zusammenfluss von Malana und Parvati. Von dort besteht Busanschluss nach Kullu und Manali.

pen von 4 und 6 Pers. Cottages ab 4000 Rs pro Einheit.

Komfortabel ▶ **Shingar Regency:** Hadimba Rd., Tel. 019 02-25 22 51, Fax 019 02-25 22 53, www.shingarregency.com. Neues Komforthotel unterhalb des Hadimba-Tempels, alle 44 Zimmer mit Balkon und Fernblick über Manali, störend nur die Mobilfunkantenne vor der Nase. DZ ab 2800 Rs.

Im Holzhaus ▶ **Negis Mayflower:** Club House Rd., Tel. 019 02-25 21 04, Fax 019 02-25 39 23, http://mayflowermanali.com. Gepflegte und beliebte Unterkunft mit viel Holz, am Waldrand gelegen, 20 komfortable Zimmer. DZ ab 2700 Rs.

Traditioneller Charme ▶ **Johnson Hotel:** Circuit House Road, Tel. 019 02-25 37 64, www.johnsonhotel.in. Nahezu 100 Jahre altes Hotel in traditioneller Bauweise mit großem Garten und komfortablen, gemütlichen Zimmern. WiFi, gutes Restaurant. DZ 2200 Rs.

Mit Familienanschluss ▶ **Apple View GH:** Oberhalb Manali Club, Old Manali, Tel 019 02-25 38 99, www.appleviewmanali.com. In ausgedehntem Obstgarten, erreichbar über einen Treppenweg, acht einfache Zimmer mit Steinboden, Gemeinschaftsbäder, sehr sauber, familiär, populär; großartiger Blick von Dachterrasse; einfache preiswerte Speisen. DZ 150 Rs.

Essen & Trinken

Familientreff ▶ **Gozy Restaurant:** The Mall, nahe Busbahnhof im Zentrum. Indisches Familierestaurant, Spezialität des Hauses sind *dosas* (ab 35 Rs).

Bester Chinese ▶ **Chopsticks:** The Mall. Gute indische und chinesische Küche, bei Touristen beliebt. Hauptgerichte um 60 Rs.

Echter Italiener ▶ **Il Forno:** Hadimba Rd. neben Hotel Shingar Regency. Authentische italienische Küche (in italienischem Besitz), rustikal, hübscher Garten mit Fernblick. Pizza 150 Rs.

Schlemmen im Garten ▶ **Johnson's Cafe:** Zum gleichnamigen Hotel (s. o.) gehörend, hervorragende Küche, aufmerksamer Service, italienisch, indisch, chinesisch, Spezialität: Forelle. Man sitzt gemütlich im Garten. Hauptgerichte ab ca. 120 Rs.

Einkaufen

Feinster Stoff ▶ Reichhaltiges Angebot an Souvenirs, insbesondere **Schals aus feiner Paschmina-Wolle,** aber auch tibetisches Kunsthandwerk, wobei zu beachten ist, dass Paschmina nicht immer Paschmina ist und altes selten alt. Eine reelle Quelle mit festen Preisen sind die Niederlassungen der **Co-operative Bhuttico,** www.bhuttico.com.

Teppiche ▶ Gute Ware findet man im tibetischen **Kloster Gadhan Thekchokling** am Südrand der Stadt.

Vorsicht ▶ Vom **Safran,** das Straßenhändler anbieten, sollte man die Finger lassen.

Aktiv

Trekking ▶ **Mountaineering Institute:** Tel. 019 02-5 42 93. Tourenvorschläge s. S. 188.

Warnhinweis: Da entlang der Routen etliche Trekker spurlos verschwunden sind, sollte man sich nicht allein oder in kleinen Gruppen auf den Weg machen, sondern nach Möglichkeit einen einheimischen Führer anheuern.

Paragliding ▶ Gestartet wird u. a. am Rohtang-Pass und im Solang-Tal. Informationen erhält man vom **Mountaineering Institute** (s. o).

Verkehr

Flug: Tgl. Flüge von Bhuntar (50 km entfernt) nach Delhi, 3 x wöchentl. über Dharamsala, 3 x über Shimla mit Jagson, 180 US$, Gepäck nur bis 10 kg frei. Die Flüge sind jedoch sehr wetterabhängig.

Bus: Zahlreiche Verbindungen, z. T. auch mit Deluxe-Bussen, nach Delhi, Dharamsala und Shimla. Während der Saison (Juni–Okt.) verkehren auch Busse nach Leh (Ladakh) und Spiti.

Jeep/Taxi: Jeeps oder Taxis, auch für die Fahrt nach Leh oder Spiti (siehe Tourenvorschläge S. 192, 195), werden ausschließlich durch die Taxi Operators Union, The Mall, neben dem Touristenbüro zu festen Preisen vermietet.

Lahaul und Spiti

Erst seit einigen Jahren sind die Hochtäler jenseits der Rohtang-Gebirgskette für Ausländer geöffnet und bieten somit einen noch unverfälschten Blick in das vom Buddhismus geprägte Leben dieser auch landschaftlich einzigartigen Himalayaregion. Zwei jeweils mehrtägige Autotouren durch Lahaul und Spiti führen zu den faszinierendsten Sehenswürdigkeiten dieser Region.

Die Hochtäler von Lahaul und Spiti, die sich, durch die Rohtang-Kette getrennt, im Norden des Kullu-Tals anschließen und eine Übergangsregion zwischen Ladakh und den Ausläufern des Himalaya bilden, sind erst seit relativ kurzer Zeit auch für ausländische Touristen zugänglich. Die Öffnung der Hauptverbindungsstraße Manali – Leh für den Reiseverkehr hat vor allem die Region Lahaul aus ihrer jahrhundertelangen Isolation befreit und dem Besucher eine neue faszinierende Welt eröffnet.

Der **Distrikt Lahaul** besteht aus vier teilweise sehr schmalen Flusstälern. Vom Baralacha-Pass bahnt sich der Chandra etwa 100 km seinen Weg durch das Gebirge, ehe er bei Tandi mit dem ebenfalls vom Baralacha-Massiv kommenden Bhaga zum Chenab verschmilzt, der sich nach Westen durch das Chandrabhaga-Tal windet. Obwohl die Täler dicht beieinander liegen, besitzen sie einen durchaus unterschiedlichen Charakter. Das Tal des Chandra im Schatten der Rohtang-Kette ist karg, kalt und bis in den Juli hinein schneebedeckt. Das Bhaga-Tal wiederum ist dicht besiedelt und erweckt mit seinen kunstvoll angelegten Feldern und Weidenhainen den Eindruck einer Oase. Längs des Chenab bestimmen hingegen bewaldete Hänge und Weiden das Bild der Landschaft. Zu Lahaul zählt auch das unzugängliche, unbewohnte Lingti-Tal nordöstlich des Baralacha, in dem der Indus sein Quellgebiet hat.

Für etwa sechs Monate, von Mitte Dezember bis Mitte Juni, ist die Region von einer dicken Schneedecke überzogen und von der Außenwelt abgeschlossen. Zuweilen sinken die Temperaturen unter –40 °C. Obwohl Lahaul jenseits des 4000 m hohen Rohtang-Massivs liegt, finden Monsunwolken immer wieder den Weg über die Berge und bescheren den Bewohnern den zum Ackerbau dringend benötigten Niederschlag.

Die Täler von Chandra, Bhaga und Chenab wurden schon recht früh von Menschen besiedelt, deren Sprache der den in Bengalen und Zentralindien beheimateten Munda ähnelte. Es folgten Tibeter und im 5. Jh. Gruppen aus Zentralasien, die vor den Hunnen geflohen waren. Neben der Viehzucht lebt die Bevölkerung vor allem vom Anbau von Kartoffeln, die Ende des 19. Jh. durch Missionare eingeführt wurden, aber auch von Weizen, Buchweizen, Gerste und Gemüse, wodurch eine weitgehende Versorgung auch in den Wintermonaten gewährleistet ist.

Das **Hochtal von Spiti,** das östlich an Lahaul grenzt, ist noch wenig erschlossen. Der aus dem Tibetischen hergeleitete Name *spiti* bedeutet ›mittleres Land‹ und beschreibt damit treffend die kulturelle Übergangszone zwischen Indien und Tibet. Die etwa 7500 km^2 große Region präsentiert sich als eine vom Spiti durchflossene, von 5000 bis 7000 m hohen Gebirgsketten eingerahmte, wüstenhafte Beckenlandschaft. Von ihrem westlichen Rand, dem 4500 m hohen Kum-Zum-Pass, fällt sie nach Südosten hin ab und stößt dort, wo Himalaya und Transhimalaya sich berühren, an den Distrikt Kinnaur.

Als kleine leuchtend grüne Oasen schmiegen sich die bewässerten Gersten- und Erbsenfelder in das Grau und Braun der ansonsten leblosen Landschaft, die trotz ihrer Abgeschiedenheit schon im Paläolithikum besiedelt war. Im 5. Jh. gelangte Spiti unter den Einfluss hinduistischer Reiche aus dem Tiefland, stieg dann aber selbst zu beherrschenden Macht auf und kontrollierte sogar das Kullu-Tal. Im 7. Jh. wurde es nach der Niederlage gegen Kullu und das mit ihm verbündete Ladakh diesem buddhistischen Reich im Norden zugeschlagen.

Kulturell erblühte Spiti aber erst ab dem 11. Jh., als sich Ladakh und Guge in Westtibet zu mächtigen, miteinander konkurrierenden buddhistischen Königreichen entwickelten und ihren Anspruch auf Spiti durch großartige Klosterbauten dokumentierten. Diese gehören heute zu den schönsten und ursprünglichsten Zeugnissen tibetischer Kultur im Himalaya.

Von Manali durch Lahaul nach Leh ▸ F 2–4

Karte: S. 194
Die in erster Linie für die Versorgung des Militärs gebaute Straße über den Himalaya gehört zu den spektakulärsten Hochgebirgsstraßen der Welt. Sie durchquert zunächst die mit kleinen Ortschaften und etlichen Klöstern durchsetzte Region von Lahaul, ehe sie sich in unbewohnte Gegenden des zentralen Himalaya hinaufwindet, mehrere über 5000 m hohe Pässe quert, um nach 475 km Leh, die Hauptstadt Ladakhs, zu erreichen.

Routen-Hinweis: Die Route wird zwischen Juli und September von Linienbussen befahren, die zwei Tage benötigen, wobei die Übernachtung in Zeltcamps in Sarchu erfolgt. Man kann in Manali auch ein Fahrzeug mieten (Kosten: ca. 14 000 Rs). Im Winter ist die Straße geschlossen (www.hrtc.gov.in).

Von Manali nach Tandi

Die Straße von **Manali** 1 (s. S. 185) führt nach Überquerung des 3978 m hohen Rohtang-Passes zunächst hinab zum Weiler **Khoksar** 2 im Chandra-Tal. Der in 3150 m Höhe gelegene, abweisende Ort ist berüchtigt für seine Lawinen, die jedes Jahr die Straße nach Manali verschütten und an dieser Stelle bis in den Juli hinein unpassierbar machen. Etwa 5 km weiter passiert man den oasenhaft wirkenden Ort **Gondhla** 3, dessen Wahrzeichen, ein merkwürdiges turmartiges Gebäude, schon von weitem auffällt. Es handelt sich um eine Festung aus dem Jahre 1700, die seinerzeit von Raja Man Singh, dem Herrscher von Kullu, errichtet wurde, um durch seinen Statthalter Steuern einzutreiben. Der siebenstöckige, von einer Veranda gekrönte Turm macht heute einen recht vernachlässigten Eindruck. Weitere 5 km sind es bis zur Ortschaft **Tandi** 4 am Zusammenfluss von Bhaga und Chandra, die sich hier zum mächtigen Chenab vereinen; er nimmt seinen Weg zunächst nach Nordwesten, ehe er sich nach Süden wendet und die Pir-Panjal- und Aravalli-Ketten durchbricht, das Industiefland erreicht und schließlich ins Arabische Meer mündet. Die modernen Häuser Tandis liegen weit verstreut auf den kultivierten Schwemmlandebenen der Flüsse, über dem Tal thront ein kleines, heute allerdings verlassenes buddhistisches Kloster als Zeichen des hier beginnenden buddhistischen Kulturkreises.

Abstecher nach Tindi

In Tandi zweigt eine Piste Richtung Nordwesten ins Chenab-Tal ab, die nach 37 km **Udaipur** 5 erreicht. Der gesichtslose Ort ist durch seinen in der Nähe liegenden Triloknath-Tempel von Bedeutung. Das Heiligtum stammt in seinen Ursprüngen bereits aus dem 8. Jh. und wurde dem Lalitaditya-Tempel in Kaschmir nachempfunden. Zunächst wurde hier Shiva verehrt, später der Bodhisattva Avalokiteshvara. Heute ist der Tempel beiden Religionen heilig.

Die Straße endet bei dem kleinen Weiler **Tindi** 6, wo der Fluss Chenab in eine enge

Die von Manali nach Leh führende Straße ist nur im Sommer befahrbar

Schlucht eintritt, die bisher eine Weiterführung der Straße ins Kangra-Tal unmöglich machte. Bereits seit Jahren jedoch ist der Ausbau im Gange. Wanderer können von Tindi aus auf oftmals halsbrecherischen Pfaden weiter nach Westen über Killar und den 4800 m hohen Sach-Pass bis nach Chamba (s. S. 170) vordringen.

Keylong und Umgebung

Zurück in Tandi, biegt die Hauptstraße nun ins Bhaga-Tal ab und erreicht ständig steigend nach 7 km das Verwaltungszentrum **Keylong** 7. Der in 3000 m Höhe etwa 200 m über dem rechten Flussufer inmitten grüner Felder gelegene, lang gestreckte Ort ist zwar keine Augenweide, die Umgebung dafür um so beeindruckender. Im Nordosten und Südwesten schließen schneebedeckte Gebirgsketten das schmale Tal ab. Am jenseitigen Ufer verlockt das hoch über dem Ort liegende **Kloster Kardung** 8 zu einem Besuch, für den man etwa eine Stunde benötigt. Die Rotmützen-Gompa soll zwar bereits auf das

Von Manali nach Leh

12. Jh. zurückgehen, die heutige Anlage wurde aber erst 1912 von Lama Norbu gegründet, einem Bewohner Lahauls, der in Tibet studiert hat. Die sterblichen Überreste des Gründers werden in einem silbernen Chörten (Stupa) aufbewahrt. Heute gilt es als wichtigstes Kloster der Region.

Unterhalb liegt die Ortschaft gleichen Namens, der man nicht mehr ansieht, dass sie früher einmal die Hauptstadt Lahauls war und wichtige Etappe an der Karawanenroute vom Kullu-Tal nach Zanskar. Etwas links vom Kloster beginnt bei einer Baumgruppe ein steiler Fußpfad zum 4200 m hoch gelegenen **Rangcha-Gali-Pass,** der von zahlreichen Chörten gekrönt wird und einen atemberaubenden Rundblick auf die Sechstausender Lahauls gewährt. Über Hochweiden gelangt man jenseits des Passes hinab zur Ortschaft **Gondhla.** Weniger anstrengend ist der Höhenweg vom Kloster flussauf bis zur nächsten Siedlung, wo man auf einer kleinen Brücke den Fluss quert und auf der Straße nach Keylong zurückkehrt.

Vom Busbahnhof in Keylong windet sich ein ebenfalls steiler Fußweg 300 Höhenmeter hinauf zum **Kloster Sha-Shur.** Es wurde im 17. Jh. von einem Mönch aus Zanskar im Auftrag des Königs von Bhutan gegründet. Kunsthistorisch bedeutend sind die Wandmalereien, die leider durch den allmählichen Verfall der Anlage stark in Mitleidenschaft gezogen werden. Mangel an Novizen hat bereits vor Jahren zur Schließung und damit Vernachlässigung des Klosters geführt; nur noch zu Tempelfesten, wie den Tsam-Tänzen im Juli, steigen die in Keylong weltlichen Berufen nachgehenden Mönche zum Kloster empor. Gelegentlich lassen sich auch europäische Buddhisten hier nieder und kümmern sich trotz bescheidener Mittel ein wenig um die Erhaltung.

Übernachten

Erste Wahl ▶ **Hotel Tashi Delek:** Im Zentrum, Tel. 019 02-22 24 59, Fax 019 02-22 24 50. Größtes und bestes Hotel am Platz mit 17 ordentlichen, funktionalen Zimmern, viele mit Balkon und weiter Sicht über den Ort und die angrenzenden Berge, gutes Restaurant. DZ 600–1400 Rs.

Alteingesessen ▶ **Snowland:** Oberhalb des Ortskerns, Tel. 019 00-22 22 19. Kleiner Garten mit Sitzgelegenheit, schöner Blick über Ort und Berge. DZ 550–1100 Rs ohne Frühstück.

So lala ▶ **Hotel Dekyid:** Etwas unterhalb der Hauptstraße am Ortsende (upper Keylong), Tel./Fax 019 00-22 22 17, hoteldekyiel @yahoo.com. Recht ordentliche Zimmer, etliche mit Balkon und schöner Bergsicht. DZ 600–800 Rs.

Über Bergpässe ins Tal von Ladakh

Die Gebirgszüge treten nun enger zusammen, die Ackerflächen und damit auch Ortschaften werden spärlicher und bescheidener. Nächster größerer und gleichzeitig letzter Ort im Bhaga-Tal ist **Darcha** 9. Auf sehr schlechter Piste geht es nun hinauf zum 4892 m hohen **Baralacha-Pass** 10, einer der Schlüsselstellen auf dem Weg nach Ladakh. Bizarre Felsformationen und grüne Hochweiden wechseln sich ab. In einem dieser Täler liegt **Sarchu** 11 (4390 m) an der Grenze der Bundesstaaten Himachal und Kaschmir. Im Sommer füllen sich die Wiesen mit überteuerten Zeltcamps, in denen die mit dem Bus reisenden Touristen eine kalte, ungemütliche Nacht verbringen müssen. In Sarchu hat man etwa die Hälfte der Route Manali-Leh zurückgelegt.

In 21 Serpentinen windet sich die Piste, nunmehr in etwas besserem Zustand als in der Provinz Himachal, zum 5065 m hohen **Lachlung-Pass** 12 empor. Bizarre Erosionsformationen begleiten den Reisenden, ehe er durch eine enge Schlucht in eine wüstenhafte Hochebene entlassen wird. Kurz vor Erreichen des Industals muss noch ein Pass bezwungen werden, der 5360 m hohe **Taglang** 13, der zweithöchste Straßenpass der Welt. In weiten Kehren geht es dann hinab in das von Klöstern gesäumte, relativ dicht besiedelte Tal von Ladakh nach **Leh** 14 (s. S. 204).

Von Manali durch Spiti und Kinnaur nach Shimla ▶ F 4

Karte: S. 197

Routen-Hinweis: Wer die gesamte Tour durch das Hochtal von Spiti hindurch bis nach Shimla fahren möchte, muss sich zuvor eine Sondergenehmigung (Inner Line Permit) besorgen, die für den grenznahen Abschnitt zwischen Sumdo in Spiti und Morang in der Provinz Kinnaur notwendig ist. Offiziell werden die Genehmigungen nur an Gruppen vergeben, die mit einer Reisegesellschaft unterwegs sind. Als Individualtourist kann man sich aber auch an eines der vielen Reisebüros in Manali wenden, die das sieben Tage gültige Permit gegen Gebühr besorgen, ohne dass man eine Fahrt bucht. Benötigt werden drei Passbilder. Man sollte sich einige Kopien des Permits anfertigen, um sie bei den Kontrollposten abgeben zu können. Die gesamte Strecke wird mit Bussen befahren, die meist jedoch hoffnungslos überfüllt und ohne festen Fahrplan unterwegs sind.

Von Manali nach Kaza

Zugang von **Manali** 1 zum Hochtal von Spiti gewährt eine Piste, die ein Stück jenseits des Rohtang-Passes nahe Khoksar von der Straße Manali–Leh abzweigt, eine Weile dem Chandra flussauf folgt und dann über den 4500 m hohen **Kun-Zum-Pass** 2 ins Spiti-Tal hinabführt. Sie begleitet, nunmehr asphaltiert, den Fluss bis zum Talende bei Sumdo, wo sie in die von Shimla durch den Distrikt Kinnaur zur tibetischen Grenze führende Hauptstraße, einen historischen Handels- und Pilgerweg, einmündet.

Wichtigster Ort des Tals ist das 3200 m hoch gelegene **Kaza** 3, das sich in einen alten und einen neuen Teil gliedert. Die Siedlung bietet sich als guter Ausgangspunkt für den Besuch des bereits von weitem sichtbaren, 7 km nördlich liegenden **Klosters Ki** an. Wie eine Burganlage thront die bedeutende Gompa auf einem Hügel. Das Gelbmützenkloster soll bereits im 11. Jh. gegründet worden sein. Etwa 6 km weiter gelangt man auf steiler Straße zur Ortschaft **Kibber,** die mit etwa 4800 m Höhe als eine der höchstgelegenen, ständig bewohnten Siedlungen der Welt gilt.

Übernachten

Fast luxuriös ▶ **Kaza Retreat:** 019 06-22 22 36, www.banjaracamps.com. Beste, aller-

Tipp: Spaziergang zum Nonnenkloster Tayul

Wandert man von Keylong auf der Hauptstraße etwa 3 km flussaufwärts, erreicht man eine der schönsten Klosteranlagen im Tal des Bhaga, Tayul. Nach Überquerung einer Metallbrücke über ein kleines Seitental führt linker Hand ein schmaler Pfad durch Felder und Gehöfte zur Gompa, die mit ihren verschachtelten Wohnhäusern eine romantische, von alten Bäumen überschattete Oase bildet. Prunkstück des im 17. Jh. von tibetischen Mönchen gegründeten Klosters ist eine überlebensgroße Statue Padmasambhavas, des bedeutenden buddhistischen Missionars, der die Lehre von Indien in den Himalaya brachte.

dings überteuerte Unterkunft vor Ort, elf helle Zimmer in einem modernen Bau, gutes Restaurant. DZ 4400 Rs.

Gemütlich ▶ **Snow Lion Guest House:** Tel. 019 06-22 25 25. Kürzlich renovierte, angenehme Unterkunft mit recht großen Zimmern. DZ ca. 400 Rs.

Basic ▶ **Milarepa Guest House:** Tel. 019 06-22 22 34. Einfache, freundliche Unterkunft im neuen Stadtteil, einige Zimmer mit Terrasse. DZ ca. 200 Rs.

Dankar 4

Auf ein weiteres bedeutendes Kloster trifft man in **Dankar**, 22 km östlich von Kaza. Früher lag hier einmal die Hauptstadt des Fürstentums Spiti. Hoch über dem Tal thronen fast uneinnehmbar die Festung (Dzong) und das in seinen Ursprüngen aus dem 12. Jh. stammende Kloster auf einem steilen Felssporn. Besticht hier vor allem die unvergleichliche Lage, so vermag das nahe gelegene, nur auf schmaler Bergstraße erreichbare **Kloster Llalung** den Besucher vor allem durch seine einzigartigen Plastiken im kleinen Tempelraum zu begeistern, die uns die ganze Vielfalt des Pantheons tibetischer Gottheiten vor Augen führen.

Pine Valley

Auf der gegenüberliegenden Seite des Spiti-Tals versteckt sich im Pin Valley die **Kungri Gompa** 5, über eine neu gebaute Straße leicht erreichbar. Berühmt ist das 1330 entstandene Kloster für seine ehemals hier praktizierten tantrischen Riten, auf die noch viele erotische Motive hinweisen. Ein großer Teil des Tals einschließlich der Siedlungen wurde als **Pine Valley National Park** 6 unter Naturschutz gestellt, um vor allem der seltenen sibirischen Wildziege Ibex ein Refugium zu bieten. Aber auch der fast schon ausgerottete Schneeleopard und der nicht minder gefährdete Lämmergeier sind in der Bergwildnis noch anzutreffen. Da das Tal im Sommer hin und wieder Monsunregen empfängt, ist es weitaus grüner als die nördlich anschließenden Landstriche.

Tabo 7

Kultureller Höhepunkt des Spiti-Tals ist das **Kloster von Tabo**, inmitten der gleichnamigen Ortschaft an der Hauptdurchgangsstraße gelegen. Die entfernt an Lehmpueblos Neumexikos erinnernde Anlage wurde bereits 996 gegründet und gilt als eines der eindrucksvollsten und besterhaltenen Beispiele früher buddhistischer Klosteranlagen. Im Haupttheiligtum blicken seit 1000 Jahren die aus Lehm geformten, bemalten Buddhas und Bodhisattvas von den Wänden in den dämmerigen, von dunklen Rot- und Blautönen bestimmten Raum, dessen spiritueller Wirkung sich wohl niemand zu entziehen vermag (striktes Fotografierverbot). Hinter Tabo windet sich die Straße durch den berüchtigten **Malling Slide,** einen permanent von Erdrutschen bedrohten Hang, in das Tal von Kinnaur. Derzeit wird an einer Umgehung gebaut. Bis dahin muss man die Lücke in steilem Ab- und Aufstieg zu Fuß überwinden. Auf der anderen Seite hat man bei Busfahrten und organisierten Touren Anschluss, nicht notwendigerweise aber auch bei Taxis.

Übernachten

Gastfreundlich ▶ **Maitreya Guesthouse:** Tel. 019 06-22 33 29. Nette Unterkunft mit

kleinem Garten und sonniger Terrasse. DZ ab 500 Rs.

Klosterhotel ▶ Millenium Monastry Guest House: Tel. 01906-22 33 15. Einfache, saubere Unterkunft des Klosters. Um einen zentralen Innenhof gelegene Zimmer mit und ohne Bad. Dezentes Auftreten wird erwartet, Restaurant. DZ mit Bad ab 400 Rs.

Kinnaur

Die im Südosten an Spiti angrenzende Provinz Kinnaur war aufgrund ihrer Nähe zu China lange Zeit touristisches Sperrgebiet und ist noch heute nur mit Sondergenehmigung zugänglich (s. Hinweis S. 195). Durchflossen wird Kinnaur vom Sutlej, der am Kailash, dem heiligen Berg Tibets entspringt, und sich seinen Weg durch enge Schluchten ins indische Tiefland bahnt. Beim 3000 m hoch gelegenen Weiler **Khab** 8 nimmt er den von Norden kommenden Spiti auf. Auch die aus dem Spiti-Tal kommende Straße mündet an dieser Stelle in die von der tibetischen Grenze nach Shimla führende **Hindustan Tibet Road,** ein uralter Handels- und Pilgerweg, der zum Kailash führt, der für Ausländer im Grenzgebiet allerdings nach wie vor gesperrt ist.

Eine im Vergleich zu Spiti eher düstere Schluchtenszenerie erwartet den Reisenden auf den ersten 100 km. Unablässig folgt die kurvenreiche Straße dem engen Tal ohne

Der Spiti ist Lebensader des
gleichnamigen, dünn besiedelten Tals

Tipp: Treks durch abgelegene Dörfer

Wer tiefer in die Kultur des Spiti-Tals eindringen möchte, kann sich mit der Non Government Organsitation MUSE in Verbindung setzen, die Treks durch abgelegene Dörfer mit Unterkunft bei Einheimischen organisiert. Infos: www.himalayan-homestays.com.

Sicht auf schneebedeckte Berge. Statt dessen immer wieder Militärgarnisonen am Wegesrand. Erst in der Nähe der etwas abseits der Hauptroute gelegenen Verwaltungsmetropole **Kalpa** 9 weitet sich das Tal und gibt den Blick auf den Kinner Kailash (6050 m) frei.

Abstecher nach Sanghla und Saharan

Sanghla und Sarahan liegen abseits der Haupttouristenrouten oberhalb des von Shimla nach Norden führenden Sutlej-Tals, einer seit Alters her wichtigen Route nach Tibet. Beide Tempelanlagen verbinden **exotische Holzarchitektur** mit großartiger Gebirgslandschaft und Ruhe zum Ausspannen.

Im Ort Karchan, unweit von Kalpa zweigt eine atemberaubende Serpentinenstraße Richtung Südost in das bezaubernde, 2700 m hoch gelegene und fast 100 km lange Baspa-Tal ab, über dessen Obstgärten sich im Norden die Eiswand des Kinner Kailash erhebt. Leider hat das das einst paradiesische Tal durch einen Staudamm und ein Elektrizitätswerk viel von seinem Charme eingebüßt.

Pittoreskes Zentrum ist die 2660 m hoch gelegene Ortschaft **Sanghla** 10 mit ihren sich den Steilhang hinaufziehenden traditionellen Holzhäusern und der darüber thronenden Festung Kamru. Einst wurden hier die Könige von Kinnaur gekrönt, heute beherbergt das Fort einen Tempel für die Gottheit Kamaskshi, die ihren Weg aus Assam hierher fand.

Die Abzweigung von der durch das Sutlej-Tal führenden Hauptroute zum **Bhimakali-Tempel von Sarahan** 11 liegt bei Jeori, ein gutes Stücke näher an Shimla. Das Heiligtum liegt auf einem Bergrücken in 2165 m Höhe zu Füßen des 5200 m hohen Srikhand Mahadev. Der der Gottheit Bhima Kali geweihte Tempel stammt in seinen Ursprüngen bereits aus dem 8. Jh., ist in seiner heutigen Form aber neueren Datums. Errichtet wurde er in der für den Himalaya typischen Holzbauweise. Verehrt werden auch Shiva, seine Gemahlin Parvati, und selbst eine Buddhastatue findet man im Heiligtum. Seit Urzeiten ist der Tempelhof Schauplatz des farbenträchtigen, aber auch blutrünstigen ›Astomi-Opfers‹ im Rahmen der Dusshera-Feierlichkeiten (Oktober). Bis zur Ankunft der Engländer wurden hier Menschenopfer dargebracht, heute müssen Hühner und Ziegen ihr Leben lassen, um die blutrünstige Göttin Kali zu besänftigen. Im Tempel herrscht strenges Fotoverbot, Männer müssen eine Kappe tragen, Lederartikel sind verboten.

Übernachten

Die Festung im Blick ▶ Baspa Guest House: Sanghla, Tel. 017 86-24 22 06. Einfache Unterkunft mit großartigem Blick auf die Festung von Sanghla und den Kinner Kailash. DZ ab 300 Rs.

Zum Durchatmen ▶ Mount Kailash Guest House: Sanghla, Tel. 017 86-24 25 27. Etwas unterhalb des Baspa Guest House gelegen, schöner Garten, auch von hier Blick auf den Kinner Kailash. Die teureren Zimmer sind recht ordentlich. DZ ab 250 Rs.

Verkehr

1 x tgl. von Shimla direkte Busverbindung (10 Std.) nach Sanghla sowie mehrfach tgl. Richtung Recong Peo bis Karchhan, von dort mit dem Lokalbus nach Sanghla. Beide Linien halten in Jeori, von wo aus mehrmals tgl. Busse nach Sarahan fahren.

Weiter nach Shimla

Die Besiedlung entlang des Flusses Sutlej wird nun immer dichter, bis die sich über die Hänge ziehenden Häuser der Hill Station **Shimla** 12 (s. S. 178) ins Blickfeld rücken und man nach mehreren Tagen der Einsamkeit wieder in das Gewusel einer indischen Stadt eintaucht.

Ladakh und Zanskar

Die über 3000 m hohen Hochtäler Ladakh und Zanskar gehören geografisch und kulturell bereits zum tibetischen Hochplateau. Beide faszinieren nicht nur durch grandiose Landschaften, sondern auch durch ihr lebendiges Klosterleben, das alljährlich in farbenprächtigen Festen seinen Höhepunkt findet.

Die sich in Höhen zwischen 3500 m und über 6000 m von Südost nach Nordwest erstreckende Gebirgsregion im Herzen des Himalaya zählt zu den außergewöhnlichsten Reisezielen Indiens. Weder kulturell noch geografisch lässt sich dieses Gebiet, das verwaltungstechnisch zum Bundesstaat Kaschmir–Jammu gehört, dem indischen Subkontinent zuordnen, sondern es liegt bereits in der tibetischen Einflusszone.

Weit mehr noch als das Kaschmir-Tal sind Ladakh und Zanskar, die mit etwa 90 000 km² eine Fläche so groß wie Bayern und Hessen zusammen bedecken, durch die umliegenden Gebirgsriegel abgeschlossen. Im Norden und Westen erhebt sich das Karakorummassiv bis weit über 7000 m, im Südwesten zieht der Hauptkamm des Himalaya die geografische Grenze zu Kaschmir. Parallel dazu verlaufen mitten durch Ladakh die Ketten des Kailash- und Zanskar-Zuges, mehrfach von Flüssen durchbrochen, deren Ufer den eigentlichen Lebensraum der Bevölkerung bilden. Die wichtigsten Täler sind die des Indus, der das Land auf einer Strecke von 460 km durchfließt, sowie die Flüsse von Zanskar, Suru, Drass und Nubra.

Da das Gebiet unmittelbar an China und Pakistan grenzt, ist es für den Touristen erst seit 1974 in beschränktem Umfang zugänglich. Bereits unmittelbar nördlich der von Kaschmir über Kargil nach Leh führenden Straße beginnt das Sperrgebiet. Erst kürzlich wurden neue Regionen, insbesondere das an der Grenze zu China gelegene Nubra-Tal, mit gewissen Einschränkungen für den Tourismus geöffnet. Ungehindert bewegen kann man sich hingegen im südlich liegenden Zanskar-Tal.

Der Zugang nach Ladakh wird auf dem Landweg über zwei, nur im Sommer geöffnete Straßen gewährleistet. Die eine führt vom Kaschmir-Tal aus über den Zoji-La und Kargil nach Leh, die andere von Manali im Kullu-Tal über Keylong nach Leh, wobei mehrere über 5000 m hohe Pässe überquert werden müssen (s. Route S. 192).

3 Ladakh ► E/F 2

Karte: S. 204

Kernraum der Region Ladakh ist das fruchtbare Indus-Tal, bestehend aus dem früh besiedelten oberen Ladakh um die Hauptstadt Leh und dem erst später eroberten unteren Ladakh, das von Likir indusabwärts reichte. Die Grenze zwischen dem buddhistisch geprägten Kulturkreis und dem islamischen, von Kaschmir aus beeinflussten Lebensraum verläuft bei Shergol, etwa 200 km von Leh entfernt.

Die erste Einwanderungswelle erreichte das Hochtal von Ladakh möglicherweise bereits im 5. Jh. v. Chr. Grabfunde aus Alchi und Leh weisen auf Indoarier, die aufgrund ihrer Herkunft aus dem Gebiet um Gilgit, das früher Dardistan hieß, als Darden bezeichnet werden. Zunächst noch Jägernomaden, gründeten die Zuwanderer im Laufe der Zeit kleine Fürstentümer, die mittels Befestigungen bis ins 16. Jh. hinein die Karawanenrouten vor allem nach Kaschmir kontrollierten. Gleichzeitig, oder sogar noch früher, war aus nördlicher und östlicher Richtung das Volk der Mon zugewandert und hatte sich vornehmlich im Norden Ladakhs sowie in Zanskar niedergelassen.

Der missionarische Eifer, mit dem Kaiser Ashoka im dritten vorchristlichen Jahrhundert die buddhistische Lehre verbreitete, fiel auch in Ladakh auf fruchtbaren Boden und löste die dort herrschende schamanistische Bön-Religion ab, auch wenn sich viele Riten und Bräuche bis heute erhalten haben. Im 8. Jh. vertieften sich durch den Buddhismus die Beziehungen zum benachbarten Kaschmir, wo der tolerante und kunstsinnige König Lalitaditya neben hinduistischen auch buddhistische Traditionen pflegte. Starken Einfluss auf die buddhistische Lehre Ladakhs hatte der in Kaschmir geborene Gelehrte Padmasambhava (›Der aus dem Lotos Geborene‹), der den tantrischen Buddhismus im 8. Jh. in den Himalaya brachte und damit als Begründer des Tibetischen Buddhismus gilt.

Mit Voranschreiten der Islamisierung Kaschmirs verringerten sich die kulturellen und religiösen Kontakte, während gleichzeitig eine verstärkte Hinwendung zum buddhistischen Tibet erfolgte. Nach tibetischem Vorbild waren auch in Ladakh bereits im 11. Jh. die ersten Klöster als religiöse Zentren und Träger einheimischer Kultur entstanden. Herausragende Persönlichkeit war der Gelehrte Lotsawa Rinchen Zangpo (958–1055 n. Chr.), der nicht nur durch die Übersetzung von Tantra-Werken dem Buddhismus Tibets neue Impulse verlieh, sondern überdies als Klostergründer in die Geschichte einging.

Die politische Macht im nördlichen Ladakh wurde zunächst vornehmlich durch Herrscher tibetischer Herkunft ausgeübt, bis sich 1470 die Namgyal-Dynastie etablieren konnte, in deren Hand die Geschicke Ladakhs für fast 400 Jahre ruhen sollten. Dann erreichten die islamischen Eroberungswellen, die das Gesicht Nordindiens so nachhaltig veränderten, auch den Himalaya. Aber während Kaschmir zur Hochburg der Mogulherrschaft wurde, scheiterten die Invasoren an den eisbedeckten Gebirgsketten, nachdem sie in den Randgebieten beträchtliche Verwüstungen angerichtet hatten. Noch heute ist die nahe Shergol verlaufende Religionsgrenze deutlich erkennbar.

Mit Zuzug des Gelbmützenordens (Gelugpa) erfuhr das Mönchtum im 14. Jh. eine weitere Stärkung, die im 16. Jh. schließlich die Trennung von Kirche und Staat bedrohte. In Tibet hatte der Dalai Lama, der Führer der Gelbmützen, bereits seit dem 14. Jh. auch die politische Macht inne und versuchte, das Modell des Klerikalstaates auf Ladakh zu übertragen. Die Mobilisierung eines Mongolenheeres durch den fünften Dalai Lama veranlasste Ladakhs König Delegs Namgyal, das islamische Kaschmir um militärische Hilfe zu bitten. Die tibetische Invasion wurde zwar abgewehrt, der Buddhismus im Lande durch Konzessionen an die Moguln, wie den Übertritt der Königsfamilie zum Islam und Errichtung einer Moschee in Leh, jedoch entscheidend geschwächt.

Als nach der Eroberung Kaschmirs durch den Sihk-Führer Ranjit Singh und den Begründer der dortigen Dogra-Dynastie, Gulab Singh, der Gouverneur Zorawar Singh mühelos bis Leh vordrang, nutzte Indien die Gunst der Stunde und annektierte Ladakh mit Duldung der Briten. Die Königswürde blieb zwar bis heute erhalten, reduziert sich jedoch auf repräsentative Aufgaben und die Mitgliedschaft im indischen Parlament. Auch nach der Unabhängigkeit Indiens war Ladakh wiederholt Schauplatz militärischer Auseinandersetzungen. 1958 eroberten die Chinesen den umstrittenen Aksai-Chin-Sektor und versuchten 1959 und 1962, sich im Changchemno-Tal festzusetzen. Während des Indisch-Pakistanischen Krieges von 1971 war auch das nahe der Demarkationslinie lie-

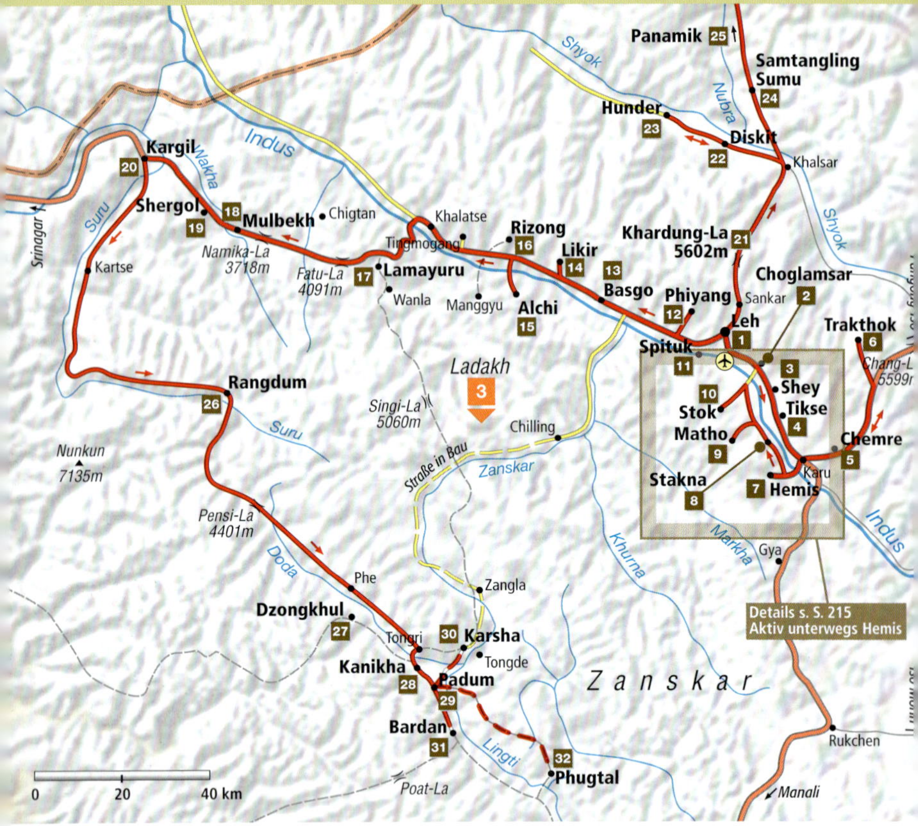

gende Kargil heftig umkämpft. Derzeit belauern sich indische und pakistanische Truppen noch am strategisch wichtigen Siachen-Gletscher. Überdies versucht Ladakh bereits seit geraumer Zeit, den Status eines eigenständigen Bundesstaates zu erhalten und sich damit aus der Verbindung mit Jammu und Kaschmir zu lösen.

Leh 1

Der geeignete Ausgangspunkt für den Besuch der Region ist das etwa 10 000 Einwohner zählende, 3500 m hoch gelegene **Leh**. In seiner von verwinkelten Gassen durchzogenen Altstadt zu Füßen der alten Festung trägt es noch fast mittelalterliche Züge, im neueren, sich südlich anschließenden Teil jedoch ist es von Zuwanderern aus Kaschmir und einer starken Militärpräsenz geprägt.

Gräberfunde bezeugen, dass in diesem Seitental des Indus bereits vom 5. Jh. v. Chr. an dardische Einwanderer siedelten. Irgendwann erhielt das gut bewässerte Weideland am Schnittpunkt wichtiger Karawanenwege den Namen Slel, Sles oder Gle (›Die Oase‹), aus dem sich erst im 19. Jh. das heutige Leh ableitete. Zur Hauptstadt wurde der Ort durch König Dragspa Bum-lde im 14. Jh. erhoben. Seine Nachfolger errichteten um 1520 eine erste befestigte Residenz, die sich im Laufe der Jahrhunderte zu einer komplexen, das Stadtbild beherrschenden malerischen Burganlage entwickelte.

Den vielstöckigen **Palast** am Fuße des Tsemo-Berges erreicht man über eine Treppe am Ende der Hauptstraße oder durch einen verdeckten Gang von der Seitenstraße her. Mit ihren hochgezogenen, von schmalen Fenstern und Balkons durchbrochenen Fronten erinnert die heute leerstehende Königsresidenz nicht von ungefähr an den Potala in Lhasa. Sie entstand im 16. Jh., als sich Ladakh durch den Einfluss des Gelbmützenordens und die Islamisierung des traditionellen Bezugspunktes Kaschmir bereits stärker nach Tibet orientiert hatte und von diesem religiös und kulturell beherrscht wurde. Das Gebäude ist stark vom Verfall gekennzeichnet und die Familie des Herrschers längst in den Palast von Stok umgezogen. Im Herbst 1988 stürzte ein beträchtlicher Teil nach heftigen Regen- und Schneefällen ein. Derzeit ist der Survey of India mit der Restaurierung beschäftigt, doch eine Besichtigung des Inneren lohnt nicht wirklich (tgl. von Sonnenauf- bis Sonnenuntergang geöffnet, Eintritt für Ausländer 100 Rs).

Ein schmaler Fußpfad sowie ein längerer Fahrweg winden sich weiter bergauf, vorbei am **Maitreya-Tempel Dschampa Lhakhang.** Daneben steht der **Gonkhang** mit seinen furchterregenden Schutzgottheiten, dem achtköpfigen Yamantaka (Bekämpfer des Todes) und dem sechsarmigen Mahakala (Beschützer Tibets) sowie bemerkenswerten Fresken, die Einflüsse islamischer Kunst aus der frühen Mogulzeit zeigen. Gekrönt wird der Berg von der Ruine des ersten Königspalastes aus dem Jahre 1520, der wiederum Teile einer älteren Darden-Festung mit einbezog.

Unmittelbar zu Füßen der Festung liegt das Gewirr alter Gassen mit teilweise recht heruntergekommenen Häusern, die bis zum ehemaligen Poloplatz reichen, einer Freifläche, die heute für Festveranstaltungen genutzt wird. Nach Süden zu schließt sich die **Neustadt** an, durchzogen von den Hauptstraßen Main Bazaar und Bazaar. Hinter den Geschäften und Restaurants – etliche mit Dachterrassen – versteckt sich der **Tempel Lhakhang Soma,** der erst im 19. Jh. entstand und ein Bildnis des Padmasambhava enthält. Im westlichen, mittlerweile mit dem Zentrum verschmolzenen Ort **Chanspa** findet sich inmitten der zahlreichen Guest Houses der kleine **Tashi-Go-Mang-Chörten.** Man erreicht ihn, wenn man beim Rainbow Guest House von der durch Chanspa führenden Hauptstraße abbiegt. Die Basis des aus dem 9. Jh. stammenden Stupa, der von zahlreichen kleinen Chörten umgeben ist, steigt in treppenförmigen Absätzen an, in deren Nischen früher wohl einmal Buddhafiguren ihren Platz hatten. Beachtenswert sind die Reliefplatten mit Abbildungen des Bodhisattva Avalokiteshvara (Bodhisattva des Mitleids) und des Buddha Maitreya (Buddha der Zukunft).

Folgt man der Hauptstraße durch Chanspa weiter, gelangt man zum weithin sichtbaren, auf einem Hügel liegenden **Shanti Stupa,** der 1985 von den Japanern als Friedensmahn-

Tipp: Buchung von Hotels und Taxis

Die Preise der Hotels werden in Leh von der Hotel Association (ALHGA) vorgeschrieben, die der Taxis von der Taxi-Gewerkschaft TOU. Hat man die Wahl, sollte man nur Übernachtungen ohne Frühstück buchen *(european plan),* da man nach Tarifliste inkl. Frühstück *(american plan)* 300 Rs mehr zahlen würde, ein gutes Frühstück eigener Wahl aber schon für einen Bruchteil davon bekommt. Bei vorgebuchten mehrtägigen Ausflügen ins Umland sollte man die Hotelzimmer jeweils vor Ort bezahlen und nicht mit einem Voucher der Hotelagentur in Leh. Sie legt die Tarifliste der Hotelgewerkschaft zugrunde, die aber nur in Leh gilt. Außerhalb bezahlt man deutlich weniger.

Da man bei der Buchung eines Taxis über die Gewerkschaft ein Fahrzeug zugewiesen bekommt – viele sind kaum fahrtüchtig –, sollte man vor allem bei längeren Ausflügen versuchen, einen privaten Wagen eines Hotels oder einer Reiseagentur zu mieten, den man sich vorab ansehen kann und der zum gleichen Preis mehr Komfort bietet.

Tipp: Zu Gast bei Einheimischen

Rund um **Leh** bietet sich für Trekker eine besondere Art der Unterkunft an: Entlang einiger Trekkingrouten kann man abends in ausgesuchten Häusern der Dorfbewohner übernachten. Pro Tag bezahlt man inklusive Frühstück und Abendessen 350 Rs/Pers. Nähere Infos erhält man unter www.himalayan-homestays.com (s. rechts).

mal errichtet wurde. Hat man den wegen der dünnen Luft anstrengenden Aufstieg gemeistert, wird man, vor allem abends und früh morgens, mit einem großartigen Blick über die Stadt belohnt. Empfehlenswert ist auch der Besuch des ein Stück nördlich der Stadt gelegenen **Klosters Sankar**. Der erst im 19. Jh. vom Lama des Klosters Spituk als Refugium gegründete Komplex birgt zwar keine Kostbarkeiten, verspricht aber einen schönen Spaziergang mit Einblicken in das ländliche Ladakh. Die klösterliche Ruhe wird heute allerdings von den zahlreichen Touristen gestört, die es vor allem zur abendlichen Puja (tgl. 17–18 Uhr) hierher zieht.

Infos

Tourist Office: Fort Rd. nahe Bazaar Rd., Mo–Sa 10–16 Uhr, http://reachladakh.com. Das Office selbst ist wenig ergiebig, aber die Website informativ.

Tipp: Wohnen mit Panoramablick

Eine der schönsten und empfehlenswertesten Unterkünfte mit großen, hellen Zimmern sowie herrlichem Blick von der Dachterrasse ist das **Hotel Padma** in Leh. Wer möchte, kann mit dem hoteleigenen Geländewagen Ausflüge in die Umgebung buchen; nur ein Restaurant gibt es bisher noch nicht (Fort Rd., Tel. 019 82-25 26 30, 25 25 14, Fax 019 82-25 58 76, www.padmaladakh.net, DZ 500–1900 Rs).

Bank: JK Forex in der Main Bazaar Rd., 1. Stock, ist besser als die State Bank of India. Einen zuverlässigen Geldautomaten gibt es neben dem Touristenbüro.

Internetcafés: Es gibt etliche Internetbüros, insbesondere in der Fort Rd., von denen aber nicht alle einen schnellen Zugang haben.

Übernachten

Freundlich und zentral ► **Tso Kar:** Fort Rd., Tel. 19 82-25 30 71, afzalitoo@hotmail.com. Zentral gelegenes Hotel mit 18 teilweise sehr großen Zimmern und kleinem Innenhof, in dem auch das Restaurant Tibetan Kitchen (s. rechts) angesiedelt ist. DZ 300–1200 Rs.

Einfach und sauber ► **Hotel Ri-Rab:** Chanspa, Tel. 019 82-25 31 08, Fax 019 82-25 04 08, hotelrirab@yahoo.com. Helle, saubere, einfache Zimmer zeichnen dieses Hotel aus, das von einem kleinen Gemüsegarten umgeben ist. DZ 900 Rs.

Sehr beliebt ► **Oriental Guest House:** Chanspa, unterhalb des Shanti Stupa, Tel. 019 82-25 31 53, Fax 019 82-25 24 14, www.oriental-ladakh.com. Bei Backpackern sehr populäre, ruhige Unterkunft; neben dem alten Bau wurde 2006 ein neuer Komplex errichtet. DZ ohne Bad ab 250 Rs, DZ mit Bad ab 1000 Rs.

Spartanisch ► **Greenland Guest House:** Chanspa, Tel. 019 82-25 31 56. Das am Hang gelegene, einfache Hotel ist bei Travellern aufgrund des guten Preis-Leistungs-Verhältnisses seit langem beliebt. DZ 200–300 Rs.

Traditionell ► **Old Ladakh Guest House:** Altstadt unterhalb des Forts nahe Poloplatz, Tel. 019 82-25 29 51, old_ladakh@rediffmail.com, littletibetladakh@freeservers.com. Empfehlenswerte Unterkunft mit kleinem Innenhof, seit 1976 in Betrieb, sehr familiär. Eine Erweiterung ist in Planung. 13 Zimmer ab 200 Rs.

Mit Familienanschluss ► **Homestays**: Buchungen über: Tundup Dorjee, Raku Complex, Fort Rd., Tel./Fax 019 82-25 08 58, www.overlandescape.com; Snow Leopard Trails, Hotel Khanglachen Complex, Tel. 019 82-25 20 74, leopard@nda.vsnl.net.in; s. links.

Essen & Trinken

Schöner Blick ▶ Leh Terrace: Neben Bank of India. Schmackhafte indische Kost. Bei schlechtem Wetter isst man im Restaurant im ersten Stock, bei gutem auf der Dachterrasse mit Blick auf Burg und Berge. Hauptgerichte ab ca. 80 Rs.

Bester Tibeter ▶ Tibetan Kitchen: Fort Rd. Innenhof, klein und gemütlich, tibetische, chinesische und indische Küche. *Momos* ab 60 Rs, Spezialität ist *vegetable pe she* (tibetische Suppe mit Teigtaschen u. Gemüse).

Tadellos ▶ Dreamland: Fort Rd. Sauberes, alteingesessenes Restaurant mit etwas nüchterner Kantinenatmosphäre im 1. Stock. Das Essen aber ist ohne Tadel. Hauptgerichte ab ca. 60 Rs.

Backpackers Liebling ▶ Pumpernickel: Schräg gegenüber dem Gemüsemarkt neben dem Hotel Ga-Ldan. Die beste der vielen ›German Bakeries‹ mit leckeren Teilchen, Käse- und Schokoladenkuchen; besonders empfehlenswert sind der Apfelstrudel und die Cinnamon Rolls. Angeschlossen ist ein kleines Restaurant.

Aktiv

Trekking ▶ Trek von Stok nach Hemis: s. S. 214.

Empfehlenswerte Reise- und Trekkingagenturen ▶ Little Tibet Expedition (in Zusammenarbeit mit Old Ladakh Guest House): gegenüber State Bank of India, Tel. 019 82-25 29 51, Tel./Fax 019 82-25 04 05, littelti betladakh@freeservers.com, spezialisiert auf Extremtouren entlang des gefrorenen Zanskar-Flusses. **Footprints Himalaya:** Fort Rd., Raku-Complex, Tel. 019 82-513 73, Fax 019 82-527 35, www.trekinladakh.com, footprints laakh@vsnl.com. **Ladakh Tourism & India Adventure Tours Guide:** 3/4 Windsor Mansion, Janpath Lane, New Delhi 110001, Tel. 011-23 72-33 53, 011-23 35-32 08, Fax 011-23 32-39 06, www.ladakh-tourism.com.

Termine

Klosterfest: Im Feb.

Ladakh-Festival (1.–15. Sept.): Folkloredarbietungen in Leh und den umliegenden Dörfern mit Umzügen in traditionellen Kostümen und Veranstaltungen auf dem Poloplatz.

Verkehr

Flug: Am besten mit Jet Airways (www.jet airways.com) von Delhi, 10. Juni–31. Aug. 1–2 x tgl. früh morgens, sonst 1 x tgl., im Winter auch nur 1–2 x pro Woche. Bei Ausfall von Flügen freie Unterkunft in Delhi (meist Ashok Hotel), ausgefallene Flüge werden nachgeholt. 1 x tgl. Flüge mit Indian Airlines, die Leh auch von Kaschmir anfliegt. Die Flüge sind sehr wetterabhängig und fallen oft aus, da nur nach Sicht geflogen werden kann.

Bus / Taxi: Regelmäßige Verbindungen mit Srinagar in Kaschmir und Manali im Kullu-Tal gibt es nur in den Sommermonaten (Juli–Okt.). Die Fahrt dauert jeweils zwei Tage. Für ein Taxi bezahlt man 13 000 Rs. Zu den einzelnen Orten im Industal verkehren Lokalbusse oder Taxis zu festen Preisen. Siehe auch Hinweise im Tipp S. 205.

Zu Klöstern und Palästen südöstlich von Leh

Um einen tieferen Eindruck von der buddhistischen Klosterkultur zu erhalten, sollte man mit einem gemieteten Fahrzeug eine ganztägige Rundfahrt durch das sich südöstlich von Leh anschließende Industal machen; als Leitlinie dient die nach Lahaul und weiter ins Kullu-Tal führende Hauptverbindungsroute (Anmietung von Taxis s. o. und S. 205).

6 km außerhalb der Stadt trifft man zunächst auf das vom SOS Kinderdorf unterstützte tibetische Flüchtlingslager **Choglamsar** 2, das sich als Kunstgewerbezentrum einen guten Ruf erworben hat. Bedeutend ist auch die vom Kloster Spituk ins Leben gerufene Schule für buddhistische Philosophie, an der Mönche ihre Ausbildung erhalten.

Die Fahrt geht auf der asphaltierten Hauptstraße weiter zum **Palast von Shey** 3, der auf einem Felssporn in strategisch besonders günstiger Lage das Tal überblickt. Die ehemalige Festung geht in ihren Ursprüngen wahrscheinlich schon auf dardische Zeiten zurück. Bis zur Einigung des Reichs im Jahre 1470 unter König Lhachen Bhagan wurde

Das in 3500 m Höhe gelegene Leh ist das Zentrum Ladakhs

von hier aus das obere Ladakh regiert. Aber auch nach der Verlagerung der Residenz nach Leh blieb Shey als Khar Chung (›Kleiner Palast‹) eng mit der Hauptresidenz verbunden. Da eine Geburt die Götter des Palastes von Leh erzürnt hätte, erblickten die Thronfolger für viele Jahrhunderte das Licht der Welt in den Mauern von Shey.

Von Interesse ist heute vor allem der angrenzende **Tempel** mit seiner gewaltigen, über zwei Stockwerke reichenden, aus vergoldetem Kupfer gefertigten Figur des Shakyamuni-Buddha, die im 17. Jh. von König Deldan Namgyal in Erinnerung an seinen Vater gestiftet wurde (nicht immer geöffnet, man wende sich an einen der Mönche). Beachten sollte man auch das aus dem 10. Jh. stammende Steinrelief in der Kurve unmittelbar an der Straße, das den Buddha Vairocana zeigt, flankiert von den Buddhas der vier Himmelsrichtungen zusammen mit ihren Reittieren. In der Ebene liegt die kleine **Thuba-Gompa,** in der anlässlich des Shrublha-Festes Anfang Juli das berühmte Orakel von Shey aufzutreten pflegte. Auch diesen Tempel ziert eine Großfigur des Buddha Shakyamuni aus dem frühen 17. Jh.

Bereits von Shey aus geht der Blick hinüber zum 6 km entfernten **Kloster Tikse** **4**, der wohl eindrucksvollsten Anlage in diesem

Teil des Industals. Die um 1440 erbaute Gelbmützen-Gompa verkörpert den Prototyp der burgähnlichen Klosteranlagen, die seit dem 15. Jh. das Gesicht der Kulturlandschaft Ladakhs prägen. Zahlreiche kleine Gebäude lehnen sich an den Hang eines Hügels und verdichten sich zu dem auf der Bergspitze thronenden eigentlichen Kloster.

Vorbei an teilweise verfallenen Chörten führt ein Pfad sowie eine auf einem Parkplatz endende Straße zum Eingang. Die Wände der Galerie des Hofes sind mit Darstellungen aus dem buddhistischen Pantheon geschmückt, darunter Shakyamuni mit seinen Schülern, der Gelehrte Padmasambhava, die vier Wächter der Himmelsrichtungen und 16 Heilige, die unmittelbar vor dem Eingehen in das Nirvana stehen.

Über eine Treppe gelangt man in den von Holzbalken gestützten Versammlungsraum Tschokhang, den alte Thangkas (religiöse Rollbilder) und neuere Malereien mit Schutzgottheiten schmücken. Der Raum wird durch den schmalen, mit Figuren ausgestatteten Gebetsraum Tsankhang begrenzt, dessen Wände mit Tiermotiven bemalt sind. An den Versammlungsraum grenzt der traditionell dunkelrot gestrichene Schutzgottheiten-Tempel (Gonkhang). In drastischer Weise werden den analphabetischen Besuchern dort anhand der Wandmalereien die möglichen Schrecken eines nicht ehrfürchtigen Lebenswandels vor Augen geführt – die buddhistische Version des ›Jüngsten Gerichts‹ gewissermaßen. Die Wände des kleinen Innenhofs neben der Abtsresidenz zeigen eine Darstellung der acht üblichen Chörtentypen, die jeweils ein bestimmtes Ereignis aus dem Leben Buddhas symbolisieren, wie die Geburt, den Sieg über Mara, die erste Predigt und den Eingang ins Nirvana.

Auf der gegenüberliegenden Seite des Hofs führen Treppen zum neuen Tempel, der von einer prachtvollen, über zwei Stockwerke reichenden Figur des Buddha Maitreya beherrscht wird. Vom Dach des Klosters hat man einen weiten Blick über das Industal mit den Klöstern Stakna, Matho und Shey (tgl. 6–13 und 13.30–18 Uhr, Eintritt 20 Rs, Gebühr für Videokamera).

Die Straße führt weiter am rechten Indus-Ufer entlang zur wichtigen Kreuzung Karu. Geradeaus geht es weiter über hohe Pässe nach Lahaul und ins Kullu-Tal, rechts über die Brücke des Indus zum Kloster Hemis und links durch ein schmales Tal über den 5599 m hohen Chang-La zur tibetischen Grenze. Im Jahre 1905 hatte der berühmte Asienforscher Sven Hedin diesen Weg genommen, um heimlich nach Tibet einzureisen. Heute liegt das Gebiet in der Sperrzone. Touristen ist es jedoch gestattet, die beiden Klöster Chemre (5 km) und Trakthok (10 km) zu besuchen.

Wie die Waben eines Bienenstocks kleben die Behausungen der Mönche von **Chemre** **5** am steilen Hang des Seitentals. Das Kloster der Rotmützen entstand im 17. Jh. unter dem Patronat des mächtigen Klosters von Hemis in Gedenken an den großen König Sengge Namgyal. Bemerkenswert ist der Dukhang (Versammlungsraum), der statt der üblichen Schutzgottheiten Figuren der Medizin-Buddhas und zwei große Mandalas enthält. Ungewöhnlich ist auch die große Figur des Heiligen Padmasambhava, dem ein eigener Raum gewidmet ist. In ganz Ladakh berühmt ist Chemre für seine dem Schutzgott Mahakala geweihten Maskentänze während der Wintermonate.

Auch die 5 km weiter liegende kleine **Gompa von Trakthok** **6**, die dem Nyngmaorden zuzurechnen ist, der ältesten Schule des lamaistischen Buddhismus, steht in enger Verbindung mit Padmasambhava. In der hoch verehrten Höhle, nunmehr Teil des Klosters, soll der Heilige meditiert und zahlreiche Wunder vollbracht haben (Fotoverbot).

Von Trakthok kehrt man wieder nach Karu zurück, überquert den Indus auf einer Brücke und erreicht nach 6 km das berühmte **Kloster von Hemis** **7**. Im Gegensatz zu den anderen Klöstern liegt diese Rotmützen-Gompa eher versteckt in einem schmalen Taleinschnitt. Aufgrund der Touristenströme sind die Mönche Fremden gegenüber nicht mehr so aufgeschlossen wie in etwas abgelegeneren Heiligtümern. Das Kloster wurde zu Beginn des 17. Jh. von dem Mönch Stagtsang Raspa ins Leben gerufen, der zum geistigen Berater des Königs wurde und auch Chemre gegründet hat. Die dem Kloster vorstehenden Äbte gelten als Wiedergeburt dieses Gründers. Da der gerade zu Besuch in Tibet weilende Abt während der chinesischen Annexion verschollen war, eine neue Inkarnation aber erst mit dem Tod des jeweiligen Abtes möglich ist, lebten die Mönche von Hemis lange Jahre ohne geistigen Führer. 1976 schließlich wurde der 13-jährige Dukchen Rinpoche als Abt von Hemis in sein Amt eingeführt. Die enge Verbindung zum Königshaus bescherte Hemis auch beträchtlichen materiellen Reichtum und ausgedehnte Ländereien.

Vom großen rechteckigen Tempelhof führen Stufen zu den nebeneinanderliegenden Versammlungsräumen Dukhang Tschenmo und Tschokang, die wertvolles Ritualgerät enthalten. Der sich links neben den Versammlungsräumen befindliche alte Tempel Lhakhang Ningpa verdient vor allem durch seine kunstvollen, wahrscheinlich noch aus der Frühzeit stammenden Malereien besondere Beachtung, darunter eine Darstellung des Klostergründers und des Heiligen Milarepa. Zu den Kostbarkeiten des Klosters gehören die im Zabkhang aufbewahrten Buddha- und Bodhisattva-Bronzen (Eintritt 30 Rs, zusätzliche Gebühr für Videokamera). Von der Hauptgompa kann man in etwa 50 Minuten zur Eremitage Gotsang ›Adlerhorst‹ aufsteigen.

Hemis ist Schauplatz des berühmtesten ladakhischen Mysterienspiels (Juli), zu dem sich über 10 000 Zuschauer in den Hof drängen, darunter viele ausländische Reisegruppen, für die feste Plätze reserviert sind.

Wählt man für die Rückfahrt nach Leh nicht die Hauptstraße, sondern bleibt auf der linken Seite des Indus, erreicht man nach ungefähr 12 km das auf einem einsamen Felsen mitten im Industal thronende **Kloster Stakna** **8**, das als Gegenpol zu den erstarkenden Gelbmützen im 17. Jh. durch Chosje Munzin, einen Mönch aus Bhutan, gegründet wurde und noch heute enge Beziehungen zu dem Himalaya-Königreich pflegt. Lohnend ist der Besuch vor allem wegen des weiten Blicks über das Tal und die angrenzenden Bergketten.

Einige Kilometer weiter versteckt sich in einem Seitental das **Kloster Matho** **9**, das als einziges in Ladakh dem Sakyaorden angehört. Ähnlich wie der Dalai Lama lebt auch der Führer dieser Schule, Sakya Trinzin Rinpoche, im Exil in Indien. Berühmt ist die Gompa vor allem wegen ihres winterlichen Nagrang-Festes, bei dem sich das Orakel Rong Btsan in zwei Mönchen offenbart, die sich in Trance Wunden zufügen und in diesem Zustand über die Dächer der Gebäude jagen. Die Mönche werden alle fünf bis sechs Jahre durch eine Art Losverfahren neu bestimmt.

Letzte Station der Rundreise ist der bescheidene vierstöckige **Palast von Stok** 10, der 1825 die große Residenz im Herzen Lehs als Wohn- und Regierungssitz der Herrscherfamilie abgelöste und derzeit von der Rani von Stok bewohnt wird, der Witwe des letzten, 1974 verstorbenen Herrschers Kunzang Namgyal. Meist steht das Bauwerk allerdings leer. Betreten werden kann nur das kleine Museum, das einige bemerkenswerte Thangkas und Gebrauchsgegenstände der Herrscherfamilie zeigt. Vom Balkon hat man einen weiten Blick über das Industal bis zu den Bergketten jenseits des Flusses (tgl. 8–18 Uhr, Eintritt 30 Rs, Fotoverbot). Bei Stok überquert man erneut den Indus und stößt in Choglamsar wieder auf die Hauptstraße, auf der man Leh verlassen hat.

Übernachten

... in Tikse:

Basic ▶ **Chamba Hotel & Restaurant:** An der Abzweigung zum Kloster, Tel./Fax 019 82-26 70 04, kthiksey@vsnl.com. Zum Kloster gehörige kleine Unterkunft an der Hauptstraße mit elf einfachen, sauberen Doppelzimmern mit Bad, Gartenrestaurant, ca. 2 km vom Kloster entfernt. DZ 300 Rs.

Termine

Nagrang-Fest (Feb./März): Klosterfest in Mathko (s. o.).

Mysterienspiel (Juli): Berühmtes Klosterfest in Hemis (s. o.).

Klosterfeste auch in Stok (Feb.), Chemre (Nov.) und Tikse (Nov.).

Zu Klöstern und Burgen westlich von Leh

Nicht minder interessant ist eine Fahrt in Richtung Kaschmir entlang der nach Srinagar führenden Straße. Die Distanzen sind jedoch wesentlich größer als bei der zuvor beschriebenen Rundtour, sodass man für den Ausflug mindestens zwei Tage einplanen muss. Besonders spektakulär ist der Abschnitt zwischen Alchi und Lamayuru, wo der Indus sich seinen Weg durch eine enge Schlucht bahnt. Da Militärkonvois Vorfahrt haben, sind lange Wartezeiten am Straßenrand einzuplanen. **Achtung:** Von der möglichen Weiterreise über den Zoji-La nach Kaschmir ist aufgrund der politischen Lage momentan abzuraten.

An der Peripherie Lehs trifft man zunächst auf das **Kloster Spituk** 11, die Hauptniederlassung des Gelbmützenordens, die sich auf einem Hügel oberhalb der Rollbahn des Flugplatzes erstreckt (Vorsicht beim Fotografieren). Bereits im 11. Jh. wurde hier durch Rinchen Zangpo ein Rotmützenkloster errichtet, das um 1430 vom Gelbmützenorden übernommen und zur Basis für die Durchdringung Ladakhs mit der neuen, einen Klerikalstaat

Tipp: Pangong Tso und Rupsu Valley

Diese beiden sehr abgelegenen Regionen lassen sich nur organisiert besuchen, entweder im Rahmen einer organisierten Trekkingtour (Agenturen s. unter Leh) oder mit dem Jeep. Wer beabsichtigt, mit dem Taxi von Leh nach Manali zu fahren, kann gegen Aufschlag auch die Route über das Rupsu-Tal wählen, die bei Mahe wieder auf die Straße Leh–Manali stößt.

Der **Pangong Tso,** mit über 130 km Länge einer der größten Seen im Himalaya und zum größten Teil zu Tibet gehörend, bezaubert durch sein Farbspiel, die unvergleichlich klare Luft des tibetischen Hochplateaus und die angrenzenden schneebedeckten Berge. Die etwa 6 Stunden dauernde Fahrt mit dem Jeep führt über den 5599 m hohen Chang-La, den dritthöchsten befahrbaren Pass der Welt.

Das weiter südlich liegende **Rupsu-Tal** lockt mit seinem See **Tso Moriri,** den an seinen Ufern lebenden Nomaden und seiner artenreichen Fauna, zu der sogar der tibetische Wolf zählt. Zentrum ist der Ort Korzok mit einigen Unterkünften, u. a. dem nur im Sommer errichteten Zeltcamp Nomadic Life Camp (Tel. 019 82-25 48 45).

Einblicke in die buddhistische Kultur – die Klöster Ladakhs

Die unzähligen Klöster der Rot- und Gelbmützenorden bilden die herausragenden kulturellen Sehenswürdigkeiten der Himalayaregion. Aufgrund ihrer Lage – zumeist hoch auf den Bergspitzen thronend – dominieren sie weithin die karge Hochgebirgslandschaft.

Beim Besuch der buddhistischen Klöster im Himalaya wird man bald eine gewisse Einheitlichkeit im äußeren Erscheinungsbild wie auch in der Aufteilung und Einrichtung feststellen. Sie ist das Ergebnis eines viele Jahrhunderte währenden Entwicklungsprozesses, der sich in mehreren Stufen von der einfachen Meditationshöhle bis zum ausgedehnten, eine Bergkuppe beherrschenden Gebäudekomplex vollzog. In der Gründungsphase des 11. Jh. lagen die Klöster – ganz so wie die Höhlen der Asketen, aus denen sie häufig hervorgegangen sind – abseits menschlicher Behausungen. Vielfach wurde versucht, das Mandala (das symmetrische, aus Kreisen und Quadraten aufgebaute, den Kosmos symbolisierende Diagramm) auch in die Klosterarchitektur zu übertragen. Am deutlichsten ist dies noch in Alchi sichtbar, bei dem die horizontale Anordnung der Gebäude charakteristisch ist.

Erst im 16. Jh., als sich die Gegensätze zwischen den vom ladakhischen Königshaus unterstützten Rotmützen und den von Tibet favorisierten Gelbmützen bis zur militärischen Konfrontation zuspitzten, nahmen die Klöster die Gestalt von Trutzburgen an, die nicht mehr die Abgeschiedenheit unzugänglicher Bergtäler suchten, sondern strategisch günstige Plätze hoch über den Tälern. Da nur wenige Klöster der Frühphase unverändert erhalten geblieben sind, sieht sich der Reisende heute vornehmlich diesen beeindruckenden Anlagen gegenüber. Der einheimische Name *gonpa* oder *gompa* (Stiftung) deutet darauf hin, dass die überwiegende Zahl der Klöster auf Stiftungen durch das Herrscherhaus, aber auch durch vermögende Kaufleute zurückgeht.

Mag sich auch die Anordnung der einzelnen Gebäudeteile geändert haben, ihre Bestimmung hat sich seit dem Bau der ersten Klöster nicht gewandelt. Der Weg zum Kloster wird von Reliquienschreinen, sogenannten *chörten,* gesäumt. Die Gebäude des Klosters gruppieren sich um einen Hof, der an ein oder zwei Seiten von einer Galerie umschlossen ist, die während der Mysterienspiele als Zuschauertribüne dient.

Zentrum des religiösen Rituals und das am reichhaltigsten geschmückte Gebäude ist der *lhakhang* (Tempel), in dem die Gebete und Verehrungen der Schutzgottheiten, Bodhisattvas und Buddhas stattfinden. Ausgestattet sind die Räume mit den entsprechenden Figuren, erklärenden Wandmalereien und Mandalas als Meditationshilfe. Große Klöster können über mehrere Lhakhang verfügen, die zum Teil auf neue Interpretationen der Lehre zurückzuführen sind, denen sich das Kloster im Laufe der Jahrhunderte anpasste.

Der *dukhang* (Versammlungsraum), dessen Ausdehnung von der Größe der Gemeinschaft abhängt, dient der Zusammenkunft der Mönche bzw. Nonnen zu rituellen Handlungen und der Einnahme der Mahlzeiten. Eine Seite wird von einem Altar beherrscht, die Wände ringsum sind bemalt, zuweilen

Thema

auch mit Regalen für die heiligen Bücher versehen. In der Mitte reihen sich die flachen Sitze der Mönche, etwas erhöht der Sitz des Abts. Etwas abseits des Hauptgebäudes erhebt sich, meist auf der höchsten Spitze des Klosterberges, der stets dunkelrot gestrichene *gonkhang,* der Tempel der Schutzgottheiten, die hier in ihrem zornigen Aspekt gezeigt werden, um den Bön-Geistern wirksam entgegenzutreten. Zumeist sind die Figuren und Dämonenmasken mit Tüchern verhängt, die nur während großer Tempelfeste gelüftet werden. In der Regel herrscht strenges Fotoverbot, zuweilen dürfen auch Frauen den Raum nicht betreten.

Die Spitze der strengen Hierarchie, der die Mönche unterliegen, bilden die Inkarnationen verschiedener Erscheinungsformen des Buddha oder bedeutender Heiliger. Sie werden bereits im Kindesalter durch Orakel aus der Bevölkerung ausgewählt und sorgsam auf ihre führende Aufgabe vorbereitet.

In der Klosterbibliothek: Die heiligen Bücher sind in Seidentücher verpackt

aktiv unterwegs

Trek von Stok nach Hemis

Tour-Infos

Ausgangspunkt: Kloster Stok
Endpunkt: Kloster Hemis
An-/Rückfahrt: Bus oder Taxi von/nach Leh
Dauer/Länge: 9 Tage, ca. 113 km
Profil: Anspruchsvolle Tour über mehrere hohe Pässe bis 5100 m
Saison: Juli–September
Übernachtung/Essen: Zelt und Verpflegung erforderlich
Hinweis: Der 8–9-tägige **Markha-Valley-Trek** gehört zu den Standardtouren und wird von allen Agenturen der Region angeboten (Adressen in Leh s. S. 204). Da mehrere hohe Pässe überquert werden müssen, ist eine ausreichende Höhenanpassung erforderlich.

1.Tag: Kloster Stok–Doksar (10 km, ca. 4 Std.). Anstieg durch eine schmale Schlucht bis zur Hochweide von Doksar (4400 m).
2.Tag: Doksar–Rumbek (12 km, ca. 3–4 Std.). Über 400 Höhenmeter sind beim Aufstieg zum Namlung-La (4820 m) zu überwinden, belohnt wird man mit schönen Fernblicken auf die Ladakh-Kette. Nahe der Ortschaft Rumbek (3950 m) gibt es Zeltmöglichkeiten.
3. Tag: Rumbek–Ganda La (6 km, ca. 2 Std.). Die nur sehr kurze Etappe kann man einlegen, um sich an die Höhe anzupassen. Sie führt über die Weiden von Yarutse (4250 m, Campingmöglichkeit) hinauf zum Camp von Ganda La (4550 m), zu Füssen des gleichnamigen Passes. Wer gut angepasst ist, kann aber in einer langen Etappe von Yarutse nach Skiu wandern (ca. 10–12 Std.) und spart so einen Tag.
4. Tag: Ganda La–Skiu (18 km, ca. 8–9 Std.). Zunächst ist der 4900 m hohe Ganda-La zu überwinden, ehe es hinabgeht nach Shingo (4000 m). Durch eine Schlucht erreicht man schließlich Skiu im Markha-Tal (3380 m).
5. Tag: Skiu–Markha (19 km, ca. 7 Std.). Relativ eben geht es nach Süden durch das Tal bis Markha, einem recht großen Ort mit sehenswerter Gompa (3800 m).
6. Tag: Markha–Thochuntse (13 km, ca. 5 Std.) Vorbei an einer Schlucht, durch die eine schwierige Route nach Zanskar verläuft, folgt man weiter dem Markha-Tal, wobei mehrfach der Fluss auf Brücken überquert werden muss. Campingmöglichkeit bei 4170 m.
7. Tag: Thochuntse–Nimaling (7 km, ca. 3 Std.). Allmählicher Anstieg bis zur Weide

nach tibetischem Muster anstrebenden Lehre ausgebaut wurde. Das Interesse an weltlichen Themen hat sich bis in unsere Tagen fortgesetzt. So hatte der 2004 verstorbene Abt Bakula zeitweise sogar einen Parlamentssitz in Delhi inne.

Besonders eindrucksvoll ist der die Bergspitze krönende, in dämmeriges Dunkel getauchte Tempel der Schutzgottheiten (Gonkhang) mit seinen verhängten Dämonenmasken und angestaubten Götterfiguren.

Als nächstes lohnendes Ziel erwartet den Reisenden das in einem Seitental vor der Kulisse der schneebedeckten Karakorum-Kette errichtete **Kloster Phiyang** 12, das von Mönchen der zum Rotmützenorden zählenden Kagyü-Schule bewohnt wird. Es soll vor etwa 400 Jahren durch einen tibetischen Mönch gegründet worden sein, dem König Jamjang Namgyal als Dank für eine Heilung Ländereien in der Umgebung geschenkt hatte (Fotoverbot im Inneren).

Die Hauptstraße führt nun an der weitgehend verfallenen **Burg von Basgo** 13 vorbei. Im Jahre 1684 stand sie im Mittelpunkt der Kämpfe der von islamischen Truppen unterstützten Ladakhi gegen das aus Tibet entsandte Mongolenheer, die den Niedergang

von Nimaling (4730 m). Herrlicher Blick auf den 6100 m hohen Kangyaze.

8. Tag: Nimaling–Sumdo (18 km, ca. 6 Std.). Steil geht es bergauf zum Kongmaru-La (5100 m), dem höchsten Pass des Treks, von dem man erneut einen großartigen Blick auf das Indus-Tal und die Ladakh-Kette hat. In einem steilen Abstieg geht es über Chogdo nach Sumdo (3750 m)

9. Tag: Sumdo–Hemis (10 km, ca. 3 Std.). Auf einer Jeep-Piste geht es gemütlich bis zum Kloster Hemis.

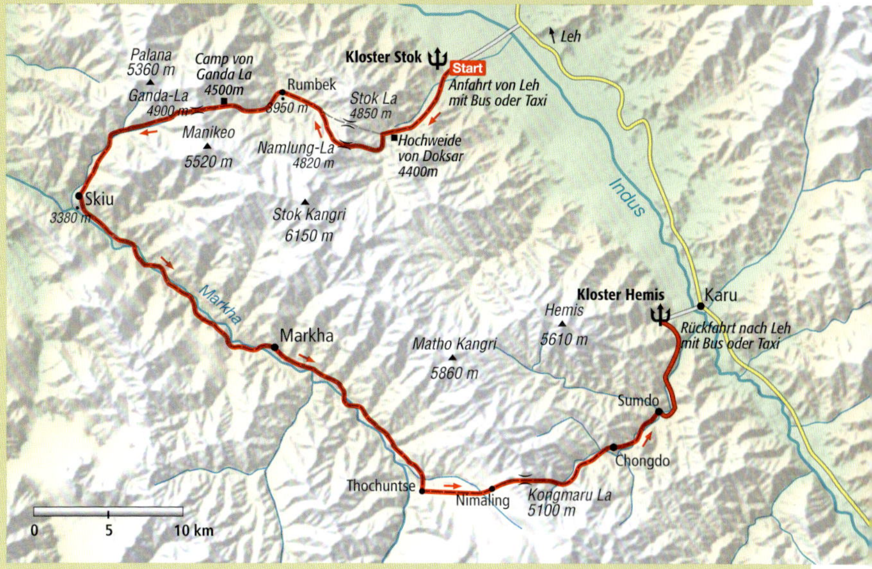

des Landes als unabhängiges Königreich eingeleitet. Interessante Buddha-Figuren und bedeutende, allerdings stark verwitterte Malereien in tibetischem Stil finden sich in den dazugehörigen Tempeln.

Etwa 10 km weiter zweigt, ähnlich wie nach Phiyang, eine Schotterpiste zum **Kloster Likir** 14, ab, das seit dem 15. Jh. ein Zentrum des Gelbmützenordens ist und heute von Ngaris Rinpoche, einem Bruder des Dalai Lama, geleitet wird (zwischen 13 und 14 Uhr geschl.). Berühmt sind die Maskentänze anlässlich des Dosmotsche-Festes (Mitte Feb.).

Die einige Kilometer von der Ortschaft Saspol in einem Obsthain liegende Tempelanlage von **Alchi** 15 zählt wegen ihrer Malereien und Schnitzereien zu den sehenswertesten Klöstern Ladakhs. Sie wurde bereits im 11. Jh. von dem berühmten Klostergründer Rinchen Zangpo ins Leben gerufen. Kennzeichnend sind die von Künstlern aus Kaschmir geschaffenen Malereien und die zahlreichen Mandalas, die tantrischen Diagramme zur Meditationsübung. Da die Räume meist sehr dunkel sind, kann man die Bilder oft schlecht erkennen. Wichtigstes Gebäude ist der dreigeschossige Sumtsek-

Tempel, der von den drei Figuren Avalokiteshvara, Maitreya und Manjushri beherrscht wird. Man beachte auch den Eingang zum Dukhang (Versammlungsraum) mit seinem reich geschnitzten Portal (tgl. 9–18 Uhr, Eintritt 30 Rs, Fotoverbot im Inneren der Tempel).

Einige Kilometer von Saspol entfernt versteckt sich oberhalb des Weilers Uletokpo in einem malerischen Seitental des Indus das **Kloster Rizong** 16. Es wurde erst 1841 von einem reichen Kaufmann aus Saspol gestiftet und zeichnete sich schon bald als Stätte buddhistischer Gelehrsamkeit aus. Es ist nicht einfach, einen Mönch zu finden, der die Gebetsräume öffnet. Ihm angeschlossen ist das etwa 1 km entfernt links der Zufahrtsstraße am Berghang liegende **Nonnenkloster Chulichan Chomoling,** deren Bewohnerinnen in erster Linie Feld- und Hausarbeit für die Mönche des Rizong-Klosters zu leisten hatten, nunmehr aber ein selbstbestimmteres Leben führen.

Zur Hauptstraße zurückgekehrt fährt man etwa 50 km durch eine abwechslungsreiche Bergwelt, bis man in **Lamayuru** 17 auf ein weiteres Juwel der Klosterarchitektur Ladakhs trifft. Die aus mehreren Gebäudekomplexen bestehende Klosteranlage verdankt ihre Einzigartigkeit vor allem den bizarren Lehmformationen eines ausgetrockneten Sees, in die sie eingebettet ist. Wen wundert es, dass die Entstehungsgeschichte mythologisch verbrämt ist und einem legendären Heiligen namens Madhyantaka zugeschrieben wird, der den See durch einen Schwerthieb trockenlegte. Die historische Gründung geht auf Rinchen Zangpo zurück, der hier im 11. Jh. vier Tempel der Rotmützen anlegen ließ, aus denen im 16. Jh. eines der wichtigsten religiösen Zentren des Landes hervorging. Durch die Dongra-Invasion im 19. Jh. erlitt das Kloster starke Zerstörung und wurde seiner Schätze beraubt.

Auch wer nicht weiter in Richtung Kargil und Kaschmir reist, sollte die Straße ein Stück bis zur Geländekante hinauffahren oder gehen, um den unvergleichlichen Blick zurück auf das Kloster zu genießen. Die Straße führt nun in Schleifen zum **Fatu-La,** dem mit

Blick vom Kloster Rizong über die Berge Ladakhs

4096 m höchsten Pass auf der Strecke von Leh nach Srinagar, um sich dann 900 m hinab nach **Mulbekh** 18 zu winden. Die am Wakha gelegene Ortschaft verdankt ihre Bedeutung dem Steinrelief eines Maitreya-Buddha, der wahrscheinlich unter dem Einfluss Kaschmirs im 7. Jh. in den Fels gemeißelt wurde und zu den schönsten Darstellungen dieser Art zählt. Über dem Ort kleben festungsgleich die kleinen **Klöster Serdung** und **Gandentse** in den Felsen.

7 km weiter, in **Shergol** 19, endet der buddhistische Kulturraum mit seinen charakteristischen Gebetsfahnen, Chörten und Gompas. Von nun an führt die Straße durch eine islamisch beeinflusste Region über Kargil und den Zoji-La hinab in das Tal von Kaschmir.

Nur **Kargil** 20 ist als Ausgangspunkt für den Besuch des abgelegenen Zanskar-Tals (s. S. 219 von touristischer Bedeutung. Die nach Leh zweitgrößte Stadt Ladakhs profitiert vom Regenschatten der Berge einerseits und vom reichlich zur Verfügung stehenden Schmelzwasser andererseits. Ganzjährig von Leh aus erreichbar liegt das Städtchen inmitten fruchtbarer Gärten und Terrassenfelder beiderseits des Suru. Schon seit dem 16. Jh. bekennen sich die Bewohner dieses wichtigen Handelsplatzes am Schnittpunkt mehrerer Karawanenrouten teils zur sunnitischen, teils zur shiitischen Richtung des Islam. Mehrfach lag der Ort in jüngster Vergangenheit im Zentrum militärischer Auseinandersetzungen zwischen Indien und Pakistan.

Übernachten

... in Alchi:

Gruppenbleibe ▶ **Alchi Resort:** An der Zufahrtsstraße zum Tempel (5 Fußmin.), Tel. 019 82-25 25 20, 019 82-25 22 34, http://alchiresort.tripod.com. Beste Unterkunft vor Ort, großer Garten, hübsches Restaurant, wird von Pauschatouristen bevorzugt. DZ ab 2500 Rs.

Tempelnah ▶ **Zimskhang Holiday Home:** Am Zugang zum Tempel, Tel. 019 82-22 70 86, zimskhang@yahoo.com. 16 schlichte Zimmer, in denen man allerdings Schränke vermisst, schönes Gartenrestaurant. DZ mit Halbpension 1800 Rs.

Nett und einfach ▶ **Potala Guest House:** Tel. mobil 94 19 34 87 57. Alteingesessenes Gästehaus oberhalb des Parkplatzes mit 8 einfachen Zimmer. DZ mit Bad 300–500 Rs.

Etwas grün ▶ **Lotsawa Guest House:** Etwas unterhalb der Straße neben dem Alchi Resort, Tel. 019 82-22 71 29. Eine der wenigen Unterkünfte in Alchi mit kleinem Garten. DZ ohne Bad 200 Rs, mit Bad 400 Rs.

... in Likir:

Funktional ▶ **Norboo Guest House:** Nahe Abzweigung zum Kloster, Tel. 019 82-22 71 37 13. Einfache Zimmer ohne Bad, 80 Rs pro Person ohne Essen, 200 Rs pro Person mit Vollpension.

... in Lamayuru:

Klosterherberge ▶ **Niranjana:** Tel. 019 82-22 45 55 u. 09 41 98-195 52, nonodorje@yahoo.com. Derzeit beste Unterkunft, vom Kloster errichtet und verwaltet. Die Räume sind sauber, allerdings ohne eigenes Bad. DZ ca. 400 Rs.

Es gibt außerdem **kleine Guest Houses** wie Tharpling, Moonlands, Siachen; als besonders gut gelten Dragon und Dreamland, obwohl man auch hier das Bett zuweilen mit blutsaugenden Tierchen teilen muss.

Termine

Yuru-Kabgyat-Fest (Juni/Juli): Eines der sehenswertesten Klosterfeste findet in Lamayuru statt, mit Maskentänzen.

Tipp: Klosterfeste

Ein ganz besonderes Erlebnis bildet sicherlich der Besuch eines der alljährlich stattfindenden Klosterfeste (s. a. S. 52). Während zu den berühmten Feierlichkeiten in **Hemis** (s. S. 210) zahlreiche Touristen strömen, ist das ebenso lohnenswerte Fest in **Lamayuru** (s. S. 216), das wie das in Hemis alljährlich im Juli stattfindet, weniger überlaufen. Die genauen Daten zu den verschiedenen Festen findet man im Internet unter www.asienfeste.de.

Klosterfeste auch in Likir (Feb.) und in Phiyang (Juli/Aug.). Infos zu den aktuellen Daten unter: www.asien-feste.de.

Verkehr

Bus: Mehrfach tgl. fahren Busse von Leh nach Alchi (Fahrzeit: ca. 3 Std.); außerdem bestehen Verbindungen von Lamayuru nach Leh und Kargil.

Von Leh ins Nubra-Tal

Von den erst vor einigen Jahren für den Tourismus eröffneten Regionen bietet das Nubra-Tal den lohnendsten Abstecher. Der Besucher trifft hier auf ein fruchtbares, seit Jahrhunderten besiedeltes Tal, durch das eine alte Handelsroute zwischen Indien und Zentralasien verlief. Derzeit darf Nubra mit Sondergenehmigung, dem *innerline-permit,* (erhältlich beim District Magistrate Office in Leh oder über eine Reiseagentur) nur bis Hunder im südlichen Tal und Panamik im nördlichen besucht werden.

Bereits die Anreise von Leh aus ist ein Abenteuer, führt sie doch über die höchste Gebirgsstraße der Welt, die am **Kardung-La** 21 5602 m erreicht. Vom Militär wird die Verbindung als wichtiger Nachschubweg ganzjährig offen gehalten, darf aber nur in den Sommermonaten auch von Privatfahrzeugen benutzt werden, wobei Militärkonvois auch dann Vorfahrt haben. Die Fahrt zum Pass ist deshalb nur vormittags frei gegeben, die Rückfahrt nachmittags.

Die Straße führt in unzähligen Kehren die Berge hinauf, wobei man bis kurz vor Erreichen des Passes einen Blick aus der Vogelperspektive auf das immer weiter zurückbleibende Leh hat. Vom höchsten Straßenpass der Welt hingegen ist die Aussicht eher ernüchternd. In weiten Kehren schwingt die Piste zunächst hinab nach **Khalsar,** wo sie sich, nunmehr asphaltiert, gabelt. Links geht es nach Hunder, rechts nach Panamik.

In Richtung Hunder liegt das **Kloster Diskit** 22 am Wege (ca. 20 Min. Aufstieg zu Fuß vom gleichnamigen Ort). Der Gebetsraum zählt zu den schönsten in ganz Ladakh und auch der Blick ins Tal ist umwerfend. Unmittelbar zu Füßen des Klosters liegt das urtümliche Dorf Diskit, ein Stück nordöstlich der neue Ortsteil.

Einige Kilometer weiter folgt ein wüstenhafter Abschnitt mit Sanddünen, in denen sogar wilde Kamele ihre Heimat haben. Zuweilen werden Ausritte auf diesen echten zweihöckerigen Kamelen, auch Trampeltiere genannt, angeboten. Nach wenigen Kilometern endet der für Touristen zugängliche Teil in der kleinen, von Gärten umgebenen Ortschaft **Hunder** 23, überragt von den Ruinen einer alten Befestigung. Einen Blick sollte man auf die Mauer links der Brücke werfen, in die hervorragend gearbeitete Mani-Steine eingelassen sind. Auf der gegenüberliegenden Straßenseite steht eine einfache, meist verschlossene Gompa, an der vorbei man in üppige, bewässerte Gärten hinabsteigt, in denen sich einige Chörten verstecken.

Wendet man sich von der oben erwähnten Gabelung bei Khalsar nach rechts und folgt dem Fluss, gelangt man zunächst nach **Sumu.** Einige Kilometer außerhalb liegt die große **Samtangling-Gompa** 24. In Erwartung des Besuchs des Dalai Lama (der dann doch nicht erfolgte) haben sich die Mönche 2006 mächtig angestrengt und ihrem ohnehin nicht sehr alten Kloster eine Verjüngungskur angedeihen lassen.

Die für Touristen geöffnete Straße führt noch weiter bis nach **Panamik** 25, das für seine heißen Quellen berühmt war. Heute lohnt der Ausflug nicht mehr, hat doch die indische Armee die Anlage mit Beschlag belegt und als Waschplatz für ihre Autos zweckentfremdet.

Infos

Internetcafé: In Diskit. Sehr schneller und preiswerter Zugang im Internet Centre im Basar des neuen Ortsteils.

Übernachten

... in Diskit:

Kaum eine andere Wahl ► **Olthang Guest House:** Tel. 019 82-22 00-25, -67, -69 u. 019 82-22 01 69, 09 46 91-761 04. Recht einfache, etwas abgewohnte Zimmer, ordentliche

Bäder mit Boiler, idyllischer Gemüsegarten, großartiger Blick auf das Kloster, das Essen nicht besonders, dennoch bestes Hotel am Ort. DZ mit Halbpension 1200 Rs.

Weitere einfache Unterkünfte ohne eigenes Bad: **Karakoram** (Tel. 019 82-22 00 24) und **Sunrise Guest House** (Tel. 019 82-22 00 11), beide um die 200 Rs für das DZ.

... in Hunder:
Es gibt nur einige einfache Unterkünfte. Empfohlen werden **Moonland,** Tel. 019 82-22 10 48, und **Snow Leopard,** 019 82-22 10 97, jeweils um die 350 Rs (DZ mit Bad).

... in Kyagar bei Sumur:
Mitten im Grünen ▶ Yarab Tso: Tel. 019 82-22 35 44. Einsam in riesigem Garten gelegenes Hotel mit funktionalen, hübschen Zimmern, ca. 2 km vom Kloster Samtangling entfernt. DZ ab2000 Rs.

Verkehr

Bus: 1 x tgl. Verbindung Leh–Diskit–Hunder.

Zanskar ▶ E/F 2/3

Karte: S. 204

Nach wie vor schwer zugänglich zwischen die Zanskar-Kette und den Himalaya-Hauptkamm eingebettet, gehört das parallel zum Indus verlaufende Zanskar-Tal zu den noch wenig besuchten Regionen des indischen Himalaya. Allein auf einer bei **Kargil** (s. S. 217) abzweigenden Piste, die zunächst durch das reizvolle, grüne Suru-Tal verläuft und dann über den 4430 m hohen Pentse-Pass führt, lässt sich die Region bisher erreichen. Die Straße, die nur zwischen Juli und November geöffnet ist, endet in der ›Hauptstadt‹ **Padum,** etwa 235 km von Kargil entfernt.

Es ist aber nur noch eine Frage der Zeit, bis Zanskar aus seinem Dornröschenschlaf erwacht, denn mit aller Macht wird eine Asphaltstraße von der Einmündung des Zanskar-Flusses in den Indus bis nach Padum vorangetrieben. Bereits 2008 soll sie er-

Bisher nur über eine einzige Piste zu erreichen: das karge Zanskar-Tal

öffnet werden und die Anreise von Leh nach Zanskar auf 150 km und etwa 4 Stunden verkürzen. Die alten Karawanenwege, insbesondere der von Lamayuru über den 5120 m hohen Singi-La und der von Manali über den 4800 m hohen Baralacha, gehören heute zu den beliebten Trekkingrouten.

Zu den Klöstern Rangdum, Dzongkhul und Kanikha

Zanskar hat zahlreiche sehenswerte Klöster, von denen hier nur die wichtigsten erwähnt werden können. Das 130 km von Kargil entfernte, noch im Suru-Tal auf 3657 m Höhe gelegene **Kloster Rangdum** 26 entstand im 16. Jh. als Hauptniederlassung des Gelbmützenordens. Bemerkenswert sind vor allem die Größe und Lage hoch über den kleinen Ortschaften; mit einer besonderen Genehmigung kann man hier im Government Resthouse übernachten.

Das in einem bei der Siedlung Phe abzweigenden Seitental eingebettete Kloster **Dzongkhul** 27, Niederlassung der Rotmützen, ist aus einer Eremitage des 11. Jh. hervorgegangen, die der Legende nach von Naropa, einem indischen Yogi, gegründet wurde. Dabei sollen ihm die Götter durch seinen magischen Dolch den Platz zugewiesen haben. Der Heilige, der als Begründer der Kagyü-Schule angesehen werden kann, war zuvor Lehrer an der buddhistischen Universität von Nalanda. Die Meditationshöhle und der im Fels steckende Dolch sind noch zu sehen und machen das Kloster zum bevorzugten Wallfahrtsort!

Nur 8 km vor Padum liegt in Sani das kleine, aus einem alten und einem neuen Teil bestehende **Kloster Kanikha** 28, dem man kaum ansieht, dass es zu den heiligsten Stätten des Buddhismus im Himalaya zählt. Seine Geschichte reicht weit in die Mythologie zurück, nach der an diesem Ort Kanishka, der König von Kaschmir, im 2. Jh. den noch erhaltenen Chörten als eines jener Hundertmillionen religiösen Bauwerke errichtet hat, die er innerhalb einer Nacht geschaffen haben soll. Sicher ist hingegen, dass Sani zu den Zentren der Verbreitung des Buddhismus in Ladakh zählte und von den großen Lehrern Padmasambhava und Naropa, denen eigene Gedenkstätten gewidmet sind, aufgesucht wurde. Das neue Kloster entstand erst im Laufe des 17. Jh. Bemerkenswert ist der Leichenplatz hinter der Anlage, der zu den acht wichtigsten Verbrennungsstätten des Buddhismus zählt und von einem Relief des Maitreya-Buddha sowie Gebetsfahnen markiert wird.

Padum und Umgebung

Die Stichstraße von Kargil endet in **Padum** 29, der Hauptstadt des Distrikts Zanskar (ca. 1000 Ew.); diese liegt verkehrsgünstig am Zusammenfluss von Doda und Lingti, die sich hier zum Zanskar vereinen. Der Ort geriet bereits im 17. Jh. unter den Einfluss der kaschmirischen Dogra-Herrscher und besitzt daher eine überwiegend islamische Bevölkerung. In der Umgebung lassen sich zu Fuß jedoch zahlreiche buddhistische Klöster und Eremitagen besuchen, vor allem **Karsha** 30 (ca. 30 Min.), **Bardan** 31 (ca. 3 Std.) und **Phugtal** 32 (2 Tage). Überdies ist Padum wichtiger Ausrüstungsplatz für Trekkingtouren.

Übernachten

Mit Fertigstellung der Straße Leh–Padum dürfte sich das bisher eher bescheidene Angebot erheblich verbessern.

Besseres gibt es nicht ▶ Hotel Ibex: Tel. 019 83-24 50 12. Bisher einzig zumutbare Unterkunft mit recht gemütlichen, wenn auch nicht sehr sauberen Zimmern rings um einen Innenhof, auch das Restaurant ist annehmbar. DZ 600 Rs.

Termine

Klosterfeste: Sehenswert ist das Fest in Karsha (Juli).

Verkehr

Bus / Taxi: Busverbindung mit Kargil (sehr beschwerlich); besser ist ein Taxi von Kargil (ca. 14 000 Rs), womit man Gelegenheit hat, auch die am Wege liegenden Klöster zu besuchen.

Zu den Quellen des Ganges

Die Himalayatäler des Distrikts Garhwal bedeuten für die Inder heiliger Boden, liegen hier doch die vier Quellen des Ganges und damit Plätze tiefster religiöser Verehrung. Sich den unzähligen Wallfahrern auf ihrem beschwerlichen Weg hinauf bis zum Fuß der schneebedeckten Berge anzuschließen, gehört zu den beeindruckendsten Erlebnissen einer Indienreise.

Nirgends tritt die Heiligkeit der Himalayaberge deutlicher in Erscheinung als in der erst im Jahre 2000 aus dem Bundesstaat Uttar Pradesh losgelösten Provinz Uttaranchal, die seit 2006 den Namen Uttarakhand trägt. Bis in über 4000 m Höhe ziehen sich die Pilgerpfade hinauf zu den Quellen des Ganges.

Haridwar ►F 5

Karte: S. 227
Die Stadt **Haridwar** 1, im Schatten der Shivalik-Berge in 293 m Höhe am rechten Ufer des hier die Ebene erreichenden Ganges gelegen, ist seit alters her ein wichtiges, eng mit der Mythologie verknüpftes Pilgerzentrum und Ausgangspunkt für den Besuch der Bergregion. Früher trug sie auch die Namen Kapila und Gangadwara, die auf die Entstehungsgeschichte des Stroms anspielen. Danach soll der königliche Rishi Baghiratha, der auch den Namen Gangadhara, ›Unterstützer des Ganges‹ trägt, hier für viele Jahre in strengster Askese gelebt haben, um dann durch spirituelle Fähigkeiten Shiva zu veranlassen, den Ganges vom Himmel zu schicken. Der Strom sollte die Asche der 60 000 durch einen Fluch des Rishi Kapila getöteten Söhne von Sagara, König von Ayodhya und Vorfahre des Heiligen, reinigen und ihnen damit den Weg ins Paradies ebnen. In dieser Legende liegt übrigens auch der Ursprung der bis heute für den Hindu so wichtigen reinigenden Kraft des Ganges und die besondere Bedeutung Haridwars als Pilgerort. Eine weitere mit dieser Sage verknüpfte Stätte liegt an der Mündung des Ganges auf der Insel Sagar (s. S. 452).

Haridwar gehört zudem mit Allahabad, Nasik und Ujjain zu den vier heiligen Orten, die Schauplätze der größten Wallfahrt Indiens sind. Diese **Kumbh Mela** findet jedes dritte Jahr in einem der Orte statt.

Har-Ki-Pairi-Ghat

Sehenswert für den Touristen sind vor allem die Ghats, insbesondere das **Har-Ki-Pairi-Ghat,** in dessen Schrein ein Fußabdruck Vishnus zu sehen ist. Besuchen sollte man das Ghat bei Sonnenuntergang zur abendlichen *arti*-Zeremonie, bei der aus Blättern gefaltete Blumenschiffchen mit brennendem Kampfer auf die Reise geschickt werden. Das Ritual beruht auf der engen Verbindung von Wasser und Feuer in der hinduistischen Kosmologie und bezieht sich auf den Mythos von Shivas brennendem Samen im Wasser. Feuer und Wasser sind die Urkräfte der Schöpfung, wobei das Feuer aus dem Wasser geboren wird wie der Blitz aus der Regenwolke.

Daksha-Mahadevi-Tempel

Das wichtigste Heiligtum, der **Daksha-Mahadevi-Tempel,** liegt etwa 4 km flussabwärts in der Ortschaft Kankhal. Auch um ihn rankt sich eine berichtenswerte Legende, die grundlegenden Einfluss auf die religiösen Praktiken der Inder hatte. An dieser Stelle soll Daksha, ein Sohn Brahmas und Vater der Göttin Sati, dieser ein Opfer dargebracht haben, wobei er allerdings versäumte, auch ihren Gatten, den Gott Shiva, einzuladen, woraufhin die Göttin so erzürnt war, dass sie sich verbrannte. Sie wurde dann als Tochter des Himalaya wiedergeboren und als Parvati zur Gemahlin Shivas. ›Sati werden‹ ist seither Ausdruck der noch heute vereinzelt praktizierten, allerdings streng verbotenen Witwenverbrennung (s. S. 47).

Infos

GMVN Tourist Office: Railway Rd., Tel. 013 34-224 42 40, Mo–Sa 10–17 Uhr. Sehr hilfsbereit; mit etwas Glück lassen sich hier kurzfristig Unterkünfte an der Pilgerroute buchen.

Übernachten

Traumhaft ▶ **Haveli Hari Ganga:** Pilibhit House, 21 Ram Ghat, Tel. 013 34-22 64 43, www.leisurehotels.co.in. 20 luxuriöse klimatisierte Zimmer in einem liebevoll restaurierten historischen Handelshaus aus dem Jahre 1918 unmittelbar am Fluss mit eigenem Badeghat und Terrasse, gutes internationales Restaurant. DZ ab 4000 Rs.

Schnörkelig ▶ **Hotel Le Grand:** Ranipur More, an der Hauptdurchgangsstraße ca. 1 km vom Bahnhof, Tel. 013 34-22 92 50, Fax 013 34-22 41 57, www.hotellegrand.com. Modernes Hotel mit hübschen großen klimatisierten Zimmern nach indischem Geschmack mit Balkon und ordentlichem Restaurant. DZ ab 2200 Rs.

Preiswert ▶ **Hotel Ganga Azure:** Railway Rd. nahe Bahnhof, Tel. 013 34-22 09 38, 013 34-22 09 39, Fax 013 34-22 54 07, www.hotelgangaazure.com. Zentral gelegenes großes Hotel mit 42 etwas spartanischen Zimmern. Dazu gehört das sehr gute Restaurant Big Ben (s. rechts). DZ mit AC ab 2250 Rs, DZ ohne AC 1100 Rs.

Essen & Trinken

In Haridwar gibt es nur vegetarische Kost und keinen Alkohol.

Nordindisch ▶ **Hoshiyar Puri:** Upper Rd. Alteingesessenes, sehr beliebtes, auf Punjabi-Kost spezialisiertes Restaurant; man kann aber auch chinesisch essen. Gerichte ab ca. 45 Rs.

Sehr lecker ▶ **Big Ben:** Zum Hotel Ganga Azure gehörig (s. links). Serviert wird das vielleicht beste indische Essen in Haridwar. Es gibt auch Spezialitäten aus Gujarat und chinesische Gerichte. Gerichte ab ca. 50 Rs.

Termine

Kumbh Mela: Die nächste Wallfahrt nach Haridwar findet 2022 statt.

Verkehr

Bahn: Gute Verbindungen mit Delhi (Shatabdi Express, ca. 4,5 Std.), Varanasi (Dehra-Dun-

Varanasi-Express, 22 Std.) und Kolkata über Lucknow und Varanasi (Doon Express, 33 Std.).

Bus: Alle 30 Min. Verbindungen mit Delhi (ca. 6 Std.), Dehra Dun und Rishikesh.

Rishikesh ►F 5

Karte: S. 227

Schon im Namen verbirgt sich die Bedeutung des 24 km nördlich von Haridwar gelegenen **Rishikesh** 2 als Zentrum der Rishi, der ›heiligen Männer‹, die durch Askese, Yoga und Meditation die Vereinigung mit dem Göttlichen anstreben. Seit die Beatles in den 1960er-Jahren hier unter der Leitung Maharishi Mahesh Yogi ihre spirituellen Erfahrungen sammelten, genießt der Ort auch bei westlichen Yoga-Anhängern große Popularität. Zahlreiche Ashrams machen sich dies zunutze und bieten Kurse in Yoga, Meditation und indischer Philosophie. Die meisten der Ashrams liegen etwas außerhalb im Ortsteil Muni-ki-Reti, jenseits des hier in den Ganges mündenden Chandrabhaga. So manche von ihnen profitieren von der Esoterik-Welle in der westlichen Welt und bieten überteuerte Kurse mit dem alleinigen Ziel der Gewinnmaximierung an. Ansonsten kann der sehr staubige und laute Ort kaum nennenswerte Sehenswürdigkeiten vorweisen, die einen längeren Aufenthalt rechtfertigen würden. Allenfalls der Blick über den Ganges an der Fußgängerbrücke Laxman Jhula am Nordende der Stadt verdient eine Erwähnung.

Unzählige Wallfahrer begeben sich alljährlich über die langen, beschwerlichen Pilgerpfade hinauf zu den vier heiligen Quellen des Ganges

aktiv unterwegs

Ausflug in den Nationalpark Rajaji

Tour-Infos

Start: Chilla, s. Karte S. 227
Eintritt: 350 Rs, für Videoaufnahmen weitere 5000 Rs
Dauer: Ein oder mehrere Tage
Infos: www.rajajinationalpark.in
Veranstalter: Der Ausflug lässt sich in mehreren Varianten auch pauschal in Haridwar buchen z. B. bei Mohan Tours, www.mohans adventure.in
Übernachten: Einfache Unterkunft gibt es im **Chilla Forest Resthouse,** Rajaji National Park, 5/1 Ansari Road, Dehradun – 248001, Uttarakhand, Tel. 01 35-262 16 69, Fax 01 35-262 16 69, www.gmvnl.com/newgmvn/districts/dehradun/rajaji_park.aspx. DZ mit AC ab 2200 Rs (Hochsaison). Eine weitere beliebte Öko-Unterkunft, das **Wild Brook Retreat,** Village Bukundi, Dist. Pauri, Tel. 093 19 98 94 99, www.wildbrookretreat.com, liegt etwa 15 km vom Parkeingang und 24 km von Haridwar entfernt. Der Pauschalpreis von 220 US$ (für 2 Pers.) schließt eine Jeepsafari, Eintrittsgeld und Vollpension ein. Man wohnt mitten in der Natur, Elektrizität gibt es nicht!

Der nur wenige Kilometer östlich von Haridwar beginnende etwa 820 km² große Rajaji-Nationalpark ist 1983 aus drei kleineren Naturschutzgebieten hervorgegangen. Bestimmt wird die abwechslungsreiche Landschaft von den mit dichtem Wald überzogenen Shivalik-Hügelketten, den Flussniederungen des Ganges, der mitten durch den Park fließt, und ausgedehnten Grasebenen. Berühmt ist der auch von Rishikesh und Dehra Dun leicht zugängliche Nationalpark für seine wilden Elefanten und die ständig wachsende Zahl von Tigern. Auch Leoparden, Antilopen, die stattlichen Sambarhirsche und der Braunbär haben hier ihren geschützten Lebensraum. Wie viele nordindische Nationalparks ist Rajaji mit über 300 Arten auch ein Vogelparadies, das jeden Ornithologen zu begeistern vermag. Obwohl Haridwar nur 13 km entfernt ist, besuchen weniger als 1000 ausländische Touristen jedes Jahr den Park. So kann man im Gegensatz zum bekannten Tigerpark Ranthambore (s. S. 274) mit seinen Jeep-Karawanen hier noch ungestört auf Pirsch gehen, obwohl man auch dieses Naturschutzgebiet nur mit einem Fahrzeug besuchen darf. Bis vor kurzem gab es auch Ausflüge mit Elefanten.

Der einzige offizielle Eingang liegt in Chilla, wo man sein Eintrittgeld entrichtet und einen Jeep für die Rundfahrt durch den Park mieten kann. Chilla ist mehrfach täglich auch mit dem Bus erreichbar. Vom Eingang führt ein 34 km langer Rundweg durch den Park, für den man mit dem Fahrzeug etwa 3 Std. benötigt. Kürzlich wurden weitere Regionen des Parks für Besucher geöffnet. Wer die Natur noch intensiver erleben möchte, kann eine der einfachen Hütten im Park buchen (s. links), muss jedoch Verpflegung und Bettzeug mitbringen. Der Eintrittpreis gilt dann für 3 Tage.

Infos

Uttaranchal Tourist Office: Railway Rd., Tel. 01 35-243 02 09, Mo–Sa 10–17 Uhr, jeden 2. Sa. im Monat geschl. Freundlich und hilfsbereit.
GMVN Yatra Office: Laxman Jhula Rd., Muni-ki-Reti, Tel. 01 35-243 17 93, www.gmvnl.com. Mo–Sa 10–17 Uhr. Organisiert in erster Linie Pilgerfahrten (Char Dam), man kann aber auch Zimmer in den staatlichen Tourist Bungalows buchen.

Übernachten

Luxus pur ▶ **Ananda Spa:** Narendra Nagar, Tel. 013 78-22 75 00 Fax 013 78-22 75 50, www.anandaspa.com. Das ultimative Wellness-Hotel 18 km nördlich von Rishikesh, zu entsprechenden Preisen in einem kleinen Palast des Maharajas von Theri oberhalb des Ganges fern allen Trubels. Breit gefächertes Angebot von Yoga, Meditation und Ayurveda, hervorragendes Restaurant. DZ ab 475 US$.

Repräsentativ ▶ **Vasundhara Palace:** L J Rd., Kailash Gate, Muni Ki Reti, Tel. 01 35-244 23 45, 01 35-244 23 38, www.vasundharapalace.com. Eines der besten und neuesten Hotels mit pompöser Lobby, großen repräsentativen Zimmern und einem Pool auf dem Dach. DZ ab 2450 Rs.

Über dem Fluss ▶ **Jaipur Inn:** Laxman Jhula, Tel. 01 35-244 02 21, 01 35-244 01 26, www.jaipur-inn.com. Oberhalb des Ganges, 15 geschmackvolle Zimmer z. T. mit Balkon. Man isst gepflegt mit Blick auf den Fluss auf der Terrasse des hoteleigenen Restaurants Ananda. Auf Wunsch Meditationskurse. DZ mit Frühstück ab 1650 Rs.

Angenehmes Ambiente ▶ **High Bank Peasants Cottage:** Oberhalb der Laxman-Jhula-Brücke auf der rechten Flussseite, Tel. 01 35-243 11 67. Sehr ruhig gelegene Unterkunft mit netten Zimmern, großem Garten und schönem Blick auf den Ganges. Meditationskurse und Rafting-Ausflüge. DZ ohne AC ab 12 US$, DZ mit AC ab 20 US$.

Essen & Trinken

Wie in Haridwar herrscht Alkoholverbot und es gibt nur vegetarische Kost. Gut isst man in den oben aufgeführten Hotels.

Beliebt ▶ **Chotiwala's:** Swang Ashram, jenseits der Shivanand-Jhula-Brücke am gegenüber liegenden Ufer. Mit Dachterrasse, sehr populär. *Thali* ab 50 Rs, auch südindische Küche.

Touri-Treff ▶ **Neelam's:** Muni-ki-Reti, etwas abseits der Haridwar Rd. Von westlichen Touristen bevorzugt, da man hier auch Pizza und Spaghetti bekommt. Gerichte ab ca. 40 Rs.

Kuchen wie daheim ▶ **Bandhari Swiss Cottage Restaurant:** High Bank. Wegen der hervorragenden Backwaren Treffpunkt westlicher Touristen, man sitzt gemütlich drinnen oder draußen.

Aktiv

Trekking ▶ Wer beabsichtigt, Ausflüge oder Touren in die angrenzende Bergwelt zu unternehmen, sollte bereits hier eine Agentur beauftragen oder sich zumindest kundig machen. Unterkünfte entlang der Routen kann man mit etwas Glück im **GMVN Yatra Office** (s. o.) buchen. Eine empfehlenswerte Trekkingagentur ist **Garhwal Himalayas Explorations,** gegenüber Union Bank of India, Kailash Gate, Muni Ki Reti, Tel. 01 35-243 34 78, 01 35-243 87 28, Fax 01 35-243 16 54, www.thegarhwalhimalayas.com. Achtung: Neuerdings besteht eine **Zugangsbeschränkung** zum Besuch des ›Kuhmauls‹ oberhalb von Gangotri (s. auch S. 229). Pro Tag dürfen nur 150 Personen den Gletscher besuchen!

Ashrams ▶ Es gibt zahlreiche Ashrams, von denen hier nur die drei bedeutendsten aufgeführt werden. Im Allgemeinen wohnen die Teilnehmer im Ashram oder dazugehörigen Gästehäusern. **Yoga Niketan Ashram:** Muni-Ki-Reti, Haridwar Rd., Tel. 01 35-243 02 27, www.yoganiketanashram.org. Populäres international tätiges Yoga-Zentrum, ruhig gelegen. Mindestdauer eines Kurses 15 Tage, eigenes Gästehaus. **Shivananda Ashram:** Tel. 01 35-243 00 40, Fax 01 35-244 20 46, http://sivanandaonline.org. Zentrum der weltweit tätigen, von Swami Sivananda gegründeten Devine Life Society. **Parmarth Niketan Ashram:** Tel. 01 35-244 00 88, 01 35-244 00 77, Fax 01 35-244 00 66, www.parmarth.com. Bekannter großer Ashram, der jedes Jahr in Zusammenarbeit mit dem Uttaranchal Tourism ein Yoga-Festival veranstaltet.

Dehra Dun ▶ F 5

Karte: S. 227

Dehra Dun 3, die ca. 40 km nordwestlich von Rishikesh auf 645 m Höhe gelegene Metropole des Bundesstaates Uttarakhand ist für westliche Touristen kaum mehr als eine Durchgangsstation auf dem Weg in die Bergwelt. Einen Besuch allerdings verdient das weit über die Grenzen hinaus bekannte, 1906 gegründete **Forest Research Institute.** Allein schon das hochherrschaftliche Gebäude aus der Kolonialzeit in einen 500 ha großen Park ist sehenswert. Eingeweiht wurde der neoklassische Bau im Jahre 1929. Er beinhaltet ein Museum der Forstwirtschaft und eines über die Lebensweise der Bergvölker der Region (Mo–Fr 9.30–17.30 Uhr, Erw. 10 Rs).

Recht ungewöhnlich ist der **Shiva-Tempel Tapkeshwar,** ca. 5 km vom Zentrum entfernt am Ufer des Flusses Tons Nadi, in dessen Heiligtum Wasser aus einem Felsen auf einen steinernen Lingam tropft.

Infos

GMVN-Office: 74/1 Rajpur Rd., Tel. 01 35-274 68 17, www.gmvnl.com, Mo–Sa 10–17 Uhr. Hauptbüro des Garhwal Mandal Vikas Nigam, Möglichkeiten zur Buchung von Touren und staatlichen Unterkünften.
Im Internet: www.dehradun.nic.in.

Übernachten

Repräsentativ ▶ **Aketa:** 113/1-2, Rajpur Road, Tel. 01 35-274 79 28, 01 35-274 43 02, 01 35-274 35 14, www.hotelaketadehradun.com. sehr gepflegte Anlage mit geräumigen Zimmern, überwiegend mit Balkon, großer Garten. Service könnte besser sein. DZ ab 2900 Rs mit Frühstück.
Dezenter Komfort ▶ **Hotel Great Value:** 74-C Rajpur Rd., Tel. 01 35-274 47 62, Fax 01 35-274 60 58, www.greatvaluehotel.com. Von außen sehr modern wirkendes Business-Hotel mit einer eindrucksvollen Glasfassade; die Zimmer sind nicht ganz so toll, aber recht komfortabel. DZ ab 2800 Rs.
Für Preisbewusste ▶ **Hotel Relax:** 7 Court Rd., Tel. 01 35-265 77 76, Fax 01 35-265 64 06, www.hotelrelax-aketa.com. Modernes Mittelklassehotel mit etwas plüschigen Zimmern, teilweise mit Balkon. Schwesterhotel von Aketa. DZ mit AC ab 1100 Rs.

Essen & Trinken

Kein Phantom ▶ **Yeti:** 55-A Rajpur Rd. Gute thailändische und chinesische Kost, mit ca. 100 Rs für ein Hauptgericht nicht billig.
Für Vegetarier ▶ **Kumar**: 15-B Rajpur Rd. Sehr populäres vegetarisches Restaurant mit hervorragendem Preis-Leistungs-Verhältnis. Gerichte ab ca. 50 Rs.

Aktiv

Trekking ▶ **Peak Adventure Tours:** Tel. 01 20-405 26 15 99, www.trekkinggarwahl.com. Ein auf Touren in ganz Indien spezialisiertes Unternehmen mit Sitz in Noida. Preiswerter sind jedoch die vom **GMVN-Office** (s. links) organisierten Touren.

Verkehr

Bahn: Gute Verbindungen mit Delhi (Shatabdi Express, Nr. 2018) und Kolkata über Lucknow und Varanasi (Doon-Express, Nr. 3010).
Bus: Gute und häufige Verbindungen u. a. mit Rishikesh, Haridwar, Delhi, tgl. auch mit Shimla, Ramnagar (Corbett-Nationalapark) und Manali. Der neue Busbahnhof liegt etwa 5 km vom Zentrum entfernt.

Mussoorie ▶ F 5

Karte: s. rechts
Die 1827 von den Engländern gegründete Hill Station **Mussoorie** 4 ist aufgrund ihrer Höhe von 2130 m eine sehr beliebte Sommerfrische vor allem der Bewohner Delhis und dadurch mit einer Vielzahl von Hotels aller Kategorien ausgestattet. Sehr angenehm sind die um den Ort herumführenden autofreien Promenadenwege. Ein Besuch lohnt sich vor allem wegen des Blicks auf die nicht mehr so ferne Kette des Himalaya vom zentrumsnahen **Gun Hill** (Drahtseilbahn) und vom über 3000 m hohen **Nag Tibba** (35 km nördlich). Ungetrübt ist die Sicht allerdings nur im Herbst und Winter. Ein schöner Ausflug führt zum **Kempty-Wasserfall** 15 km nördlich.

Infos

Uttaranchal Tourist Office: Lower Mall, Tel. 01 35-263 28 63, Mo–Sa 10–17 Uhr.

Übernachten

In der Hauptsaison (Mai–Juli) sind die Preise stark überhöht. Außerhalb der Saison gibt es deutliche Preisnachlässe.

Nicht nur für Verliebte ▶ Hotel Honeymoon Inn: The Mall, Tel 01 35-263 23 78, Fax 01 35-263 17 78, www.hotelhoneymooninn.net. Kastenartiger Bau am Hang mit recht hübschen, nach dem Geschmack indischer Touristen eingerichteten Zimmern und geräumigen Bädern. DZ ab 7900 Rs für zwei Nächte.

Charme der Alten Welt ▶ Kasmanda Palace: The Mall Rd., Tel. 01 35-63 24 24, Fax 01 35-63 00 07, www.indianheritagehotels.com. Ein Hotel mit langer Geschichte: im 19. Jh. Sanatorium für Soldaten, dann Residenz des Maharajas von Kasmanda, ab 1992 Boutique-Hotel mit 14 Zimmern; repräsentativer, gepflegter Bau mit viel Charme. DZ ab 3500 Rs.

Traditionell ▶ **Padmini Niwas:** The Mall, Tel. 01 35-263 10 93, www.hotelpadmininivas.com. Wunderschönes historisches Gebäude nahe der Library, hervorgegangen aus einem britischen Anwesen, gepflegte Zimmer mit viel Ambiente, überdachte Terrasse, großer Garten, Restaurant. DZ ab 2500 Rs. (Hauptsaison).

Etwas angejahrt ▶ **Laxmi Palace:** Gandhi Chowk, Tel. 01 35-263 27 74. Ein historischer Bau mit nostalgisch eingerichteten Zimmern, an denen die Jahre nicht spurlos vorübergegangen sind. DZ ab 1500 Rs (Hochsaison) bzw. 600 Rs (Nebensaison).

Essen & Trinken

Fast englisch ▶ **The Tavern:** The Mall, Picture Palace. Gemütliches, mit viel Holz ausgestattetes und sehr beliebtes Restaurant mit chinesischer, indischer und thailändischer Küche, es gibt aber auch Pizza; abends wird in The Tavern Live-Musik gespielt. Gerichte ab 100 Rs.

International ▶ **Whispering Windows:** Library Bazaar. Sehr populäres Multi-cuisine-Restaurant mit breit gefächertem Angebot. Gerichte ab 100 Rs.

Grüße aus dem Süden ▶ **Madras Cafe:** Mall, Picture Palace. Spezialisiert auf südindische Küche, insbesondere *dosas.* Hauptgerichte ab ca. 50 Rs.

Verkehr

Bus: Häufig Verbindungen nach Dehra Dun. Es gibt zwei Busterminals, Picture Palace Bus Stand Kuli Bazaar und Library Bus Stand, jeweils am Ende der Fußgängerpromenade.

An den heiligen Quellen

Karte: S. 227

Die vier Heiligtümer an den Quellen des Ganges in Yamunotri, Gangotri, Badrinath und Kedarnath – bekannt als Char Dam – gehören zu den heiligsten Orten des Subkontinents. Millionen von Pilgern aus ganz Indien wallfahren jedes Jahr zu den Erlösung versprechenden Ursprüngen von Mother Ganga.

Infos

Geldwechsel: Der Wechsel von US-Dollar oder Euro ist in der Region nicht möglich. Man sollte rechtzeitig genügend kleine Rupie-Scheine eintauschen, da selbst 50 Rs nur selten gewechselt werden können.

Ein Sadhu bei der morgendlichen Puja am Ganges

Übernachten

Für die Buchung der staatlichen Unterkünfte (Tourist Bungalows) entlang der Pilgerrouten ist das **Garhwal Mandal Vikas Nigam (GMVN)** zuständig, das in allen größeren Orten eine Niederlassung hat (www.gmvnl.com). Auf der Website sind die Unterkünfte mit Preisen aufgelistet. Für Ausländer ist es während der Hauptpilgersaison (Juni–August) jedoch nicht leicht, eine Unterkunft zu finden, da indischen Reisegruppen der Vorzug gegeben wird (s. a. Hinweise S. 231).

Yamunotri ►F 4

Die der Flussgöttin Yamuna geweihte Tempelanlage **Yamunotri** 5 schmiegt sich in einer Höhe von 3165 m an einen steilen Hang zu Füßen des 6315 m hohen Banderpunch nahe des Kalind-Parvat-Gletschers (4421 m), der als Quelle des Yamuna angesehen wird. Der Legende nach sollen die Götter den Fluss von seinem Ursprung zur Behausung des Asketen Asit gelenkt haben, als dieser zu gebrechlich für den täglichen Aufstieg zum rituellen Bad war. Große Anziehungskraft besitzen die zahlreichen heißen Quellen rings um den Tempel.

Das Heiligtum ist vom Akyhaya-Tritiya-Tag (Mitte April) bis zum Divali-Fest (Oktober/November) geöffnet. Zu erreichen ist der Pilgerort über eine häufig unterbrochene Straße von Mussoorie nach Hanumanchatti (110 km). Die letzten 12 km müssen die Pilger zu Fuß zurücklegen.

Gangotri ►G 4

Das durch eine großartige, schmale Gebirgsstraße mit dem Tiefland verbundene Pilgerziel **Gangotri** 6 in 3046 m Höhe verdankt seine Heiligkeit und große Anziehungskraft der nahen Quelle des Baghirathi, der bei Gaumukh dem Gangotri-Gletscher (4000 m) entspringt (s. auch S. 230) und sich schließlich bei Deoprayag östlich von Haridwar mit dem Alaknanda zum Ganges vereint. Der Baghirathi gilt als heiligster der vier Quellflüsse und trägt daher auch den Namen jenes Rishi, auf dessen Bitten Shiva den Ganges zur Erde fließen ließ. Um dem Strom seine Gewalt zu nehmen, fing der Gott die Wassermassen in seinem Haargeflecht auf, wodurch drei Quellflüsse entstanden, von denen der Baghirathi die Reinigung jener 60 000 Seelen der Söhne König Sagars bewirkte, von denen bereits bei der Beschreibung Haridwars die Rede war.

Im Tempel von Gangotri wird denn auch der Flussgöttin Ganga, der Personifizierung des heiligen Stroms, besondere Verehrung zuteil. Ein Bad in den eiskalten Fluten gehört zum Ritual der Pilgerscharen, die aus ganz Indien anreisen, um der reinigenden Kraft des heiligen Stroms teilhaftig zu werden. Der kleine Ort liegt malerisch beiderseits des Flusses in einem engen bewaldeten Tal. Zahlreiche Sadhus haben sich hier niedergelassen, bevorzugt ein Stück unterhalb an der nur wenige Meter breiten Schlucht, durch die sich der Baghirathi schäumend seinen Weg bahnt.

Kedarnath ►G 4

Der in einem Hochtal (3584 m) vor der Kulisse des 7000 m hohen Kedarnath-Massivs liegende Tempel **Kedarnath** 7 soll bereits in grauer Vorzeit von den legendären fünf Pandava-Brüdern aus dem Epos »Mahabharata« erbaut worden sein, stammt aber wohl frühestens aus dem 8. Jh. und ist seither mehrfach verändert und restauriert worden. Die besondere Anziehungskraft des Shiva-Heiligtums an der Quelle des Mandakini beruht auf einem der zwölf hier verehrten Jyotir-Lingams, den Hof ziert die Statue eines Nandi, Reitbulle des Gottes. Wie Yamunotri, Gangotri und Badrinath gehört Kedarnath zu den Zielen der Wallfahrt Char Dham.

Mit seinen wellblechgedeckten Häusern hinterlässt der Ort selbst keinen bleibenden Eindruck. Ein Erlebnis allerdings ist der Anmarsch über den breiten, steil ansteigenden 14 km langen Pilgerweg, der in Gaurikund bei 2400 m beginnt. Tausende von Gläubigen, zu Fuß, auf Maultieren oder im Tragestuhl, nehmen während der kurzen Saison täglich die Strapazen des Anstiegs auf sich, um dann geduldig vor dem Heiligtum auf Einlass zu warten.

aktiv unterwegs

Unterwegs auf alten Pilgerwegen

Touren-Infos

Tour 1
Ausgangs-/Endpunkt: Mala/Kedarnath
Dauer: 7 Tage.
Profil: recht einfache Wanderung bis ca. 3500 m
Saison: Juni–September
Übernachten: Gelegentliche einfache Guesthouses, Zelt und Verpflegung ratsam
Veranstalter: Gleiche oder ähnliche Treks werden von etlichen Agenturen angeboten, z. B.: www.trekkinginindia.com oder www.trekkingingarhwal.com

Tour 2
Ausgangs-/Endpunkt: Gangotri
Länge/Dauer: 36–40 km, 3–5 Tage
Profil: gut ausgebauter Pilgerweg bis auf knapp 4000 m Kuhmaul), 4300 m (Tapoban)
Übernachten: einfache Unterkünfte vorhanden, Zelt ratsam
Saison: Juni–September
Besonderheiten: Permit erforderlich (s. S. 231)

Karte für beide Touren: s. S. 227

Vor Ausbau des Straßennetzes waren die Heiligtümer im Himalaya durch Pilgerwege miteinander verbunden, heute allerdings werden sie nur noch von den Bewohnern der angrenzenden Dörfer benutzt. Selbst die ansonsten asketischen Sadhus bevorzugen die bequemeren Asphaltstraßen oder fahren gar mit dem Bus.

Von Mala nach Kedarnath (Tour 1)

Der etwa 90 km lange Abschnitt zwischen Mala und Gaurikund gehört zu den leichten, dennoch lohnenden Trekkingrouten in Garhwal. In ständigem Auf und Ab führt der Weg durch ursprüngliche Wälder und zahlreiche kleine Dörfer.

1. Tag: Der Weg beginnt in **Mala,** 25 km nördlich von Uttarkashi (1500 m). Aufstieg durch einen schönen Bergwald zur **Alm Belak** (2900 m) mit Blick auf die Kette des Banderpunch.

2. Tag: Abstieg durch dichten Bergwald zum Weiler **Jhala Chatti** und weiter nach **Budha Kedar** (1500 m, Straßenanschluss).

3. Tag: Steiler Aufstieg durch Reisterrassen zur **Alm Bhairongatti** (2500 m).

4. Tag: Nach Überquerung eines Passes (2600 m) Wanderung durch Rhododendron-Wälder hinab zur Ortschaft **Ghuttu** (1500 m, Straßenanschluss, Hotel).

5. Tag: Steiler Aufstieg durch kleine Dörfer, Terrassenfelder und Wald. Nach Überquerung eines Passes an der Baumgrenze (3500 m) Abstieg zur **Alm Panwali** (3350 m,

Badrinath ▶ G 4

Von allen Heiligtümern Garhwals genießt der auf 3100 m liegende Schrein von **Badrinath** 8 am Zusammenfluss von Rishi Ganga und Alaknanda die wohl größte Verehrung und ist durch seinen Straßenanschluss auch am einfachsten zu erreichen. Er gehört zu einem jener vier herausragenden heiligen Pilgerstätten des Subkontinents. Die anderen drei sind die Heiligtümer von Ramshwaram in Südindien, Dwarka in Gujarat und der Jagannath-Tempel in Puri. Der Platz war bereits in frühbuddhistischer Zeit Wallfahrtsziel, ehe ihn Ende des 8. Jh. der tamilische Shiva-Anhänger Sankaracarya für den Hinduismus wiederentdeckte – jener Heilige, der auch die religiösen Schulen von Dwarka und Puri gegründet hatte.

Der kleine Tempel ist allerdings dem Gott Vishnu geweiht, der einst hier zusammen mit Shiva gewohnt haben soll, ehe sich die beiden Götter entzweiten und Shiva nach Kedar-

Unterkunft) mit Blick u. a. auf die Katling-Gruppe und Nanda Devi (7816 m).

6. Tag: Schöne Kammwanderung mit Blick auf den Katling-Gletscher, gefolgt von einem langen Abstieg zum Ort **Trijugi Narayan** (Straßenanschluss).

7. Tag: Über **Sonprayag** nach **Gaurikund** (Straße), dem Ausgangspunkt für den Besuch des Tempels von **Kedarnath** (s. S. 229), 14 km steil bergauf.

Von Gangotri zum ›Kuhmaul‹ (Tour 2)

Aus Naturschutzgründen wurden kürzlich für den Weg vom Pilgerort Gangotri zur Gangesquelle eine **Zugangsbeschränkung** erlassen. Nur 150 Personen pro Tag dürfen den 2-tägigen Aufstieg unternehmen. Die notwendige Erlaubnis (für Ausländer 375 Rs für die ersten 2 Tage, danach 175 Rs/Tag) erhält man beim Divisional Forest Office in Uttarkarshi. Wegen des großen Andrangs indischer Pilger und Trekkingagenturen ist es für Individualtouristen nicht leicht, das Permit zu erhalten. Das Problem umgeht man, wenn man eine organisierte Tour bucht, z. B. bei www.trekkingingarhwal.com. Um dem Hauptpilgerstrom aus dem Weg zu gehen, ist es ratsam, die Reise gegen Ende der Saison, kurz vor Schließen der Tempel (Ende Oktober/Mitte November) zu legen.

Oberhalb des Tempels von Gangotri (s. S. 229 beginnt ein 18 km langer, gut ausgebauter Pilgerweg, der sich stetig steigend am rechten Flussufer bis zum Gangotri-Gletscher (4000 m) zieht, der eigentlichen Quelle des Ganges. Aus einem Gletschertor, dem ›Kuhmaul‹, tritt dort der heilige Fluss an das Tageslicht. Je weiter man sich dem Ziel nähert, desto dichter rücken die schneebedeckten Berge heran. In der Ferne hat man die bis auf 6800 m ansteigende Kette der Bagharati ständig vor Augen, rechts schiebt sich zunächst der 6700 m hohe Meru über die Vorberge, und schließlich entdeckt man die markante Granitflanke des 6540 m hohen Shivling, einer der schönsten Berge des indischen Himalaya.

Wer genug Kondition hat und trittsicher ist, sollte sich nicht den Aufstieg von Gaumukh zum **Hochtal von Tapoban** (4300 m) entgehen lassen. Der kaum markierte, etwa 5 km lange Pfad, den man nur mit einem ortskundigen Führer begehen sollte, führt zunächst über den mit großen Geröllbrocken bedeckten Gangotri-Gletscher und dann im Zickzack steil die Seitenmoräne hinauf zum Fuß des Shivling. Der Blick über die Bergwelt ist atemberaubend und lässt schnell die Mühen des Anmarschs vergessen. Eine einfache Unterkunft und Verpflegungsmöglichkeiten sind vorhanden.

nath ›umzog‹. Überragt wird dieser Wallfahrtsort von den bis über 7000 m hohen Bergen der Neelkanth-, Nar- und Narayan-Ketten. Wie in Yamunotri sprudelt auch hier eine heiße Quelle mit reinigender Kraft (Tapti Kund).

Lohnende Ausflüge führen zum Wasserfall **Vasudhara** und den heiligen, von Sadhus bewohnten Höhlen von **Kesharaprayag** oberhalb der letzten Ortschaft Mana, einer der ursprünglichsten Dörfer der Region.

Ausflug zum Corbett-Nationalpark ► F/G 5

Karte: S. 227

Der 520 km² große **Corbett-Nationalpark** 9 zu Füßen der Shivalik-Berge ist das bekannteste Tigerreservat Indiens, obwohl die Chancen zur Tierbeobachtung in Ranthambore (s. S. 274) günstiger sind. Der vom Ram Ganga durchflossene Park verdankt seine Existenz dem Großwildjäger Jim Corbett, der in den 1930er-Jahren seine Gewehre gegen die Kamera eintauschte und sich der Erhaltung der in dieser Region lebenden Tiger widmete. Gegen beträchtlichen Widerstand der jagdbesessenen Briten und Maharajas wurden 1936 zunächst 256 km^2 unter Schutz gestellt. 1973 wurde der Corbett-Park zum ersten Testgebiet für das vom World Wildlife Fund unterstützte ›Project Tiger‹, das die Bewahrung der Großkatzen zum Ziel hat. Heute gibt es 15 derartige Tigerschutzgebiete, und die Zahl der Tiere ist von etwa 2000 im Jahre 1970 auf über 4000 angestiegen.

Das Reservat wird im Norden und Süden von zwei dicht bewaldeten Bergketten begrenzt. Ein weiterer Gebirgszug verläuft parallel dazu quer durch den Park und teilt ihn in ein nördliches, vom Ram Ganga durchflossenes Tal und eine südliche, mehr Steppencharakter tragende Einsenkung. Der westliche Abschnitt hat durch Aufstauen des Flusses im Gefolge eines Staudammprojekts sein Gesicht seit 1976 beträchtlich verändert. Nutznießer dieses ökologischen Eingriffs waren die Wasservögel, während der Lebensraum der Großtiere stark eingeschränkt wurde. Durch Erweiterung des Parks will man den Landverlust wieder ausgleichen.

Wichtigstes Tier ist natürlich der Tiger, von dem etwa 100 Exemplare hier leben sollen. Da Wald und hohes Gras vorherrschen, ist die Beobachtung nicht einfach. Als ›wandelnde Beobachtungsposten‹ dienen Elefanten, vor denen die Raubkatze einerseits nicht flüchtet, da ihr die Tiere vertraut sind, andererseits aber genügend Respekt hat, um die Touristen nicht zu gefährden. Eine größere Gefahr für den Besucher stellen die ebenfalls im Park lebenden wilden Elefanten dar, denen die Elefantenführer *(mahut)* sorgsam aus dem Weg gehen, um den ›Touristenelefanten‹ nicht in einen Rivalitätskampf mit seinen frei lebenden Artgenossen zu verwickeln.

Schwarzbären, Leoparden und Wildhunde sind weitere Attraktionen unter den Säugetieren, während bei den Vögeln Fischadler, 17 Arten von Spechten und das Dschungelhuhn Ornithologen aus aller Welt in ihren Bann ziehen (15. Nov.–15. Juni, ein Teilbereich des Parks ganzjährig, Eintritt 450 Rs, gültig für drei Tage inkl. Kameragebühr, Führer 150 Rs, Jeep ab 100 Rs, Elefantenritte ab 250 Rs).

Infos

Reception Centre: Ranikhet Rd., Ranagar, Tel. 059 47-25 14 89, und Kotdawar, Tel. 013 82-22 48 23, tgl. 8–12 und 13.30–16.30 Uhr, www.corbettnationalpark.com.

Übernachten

Man kann außerhalb des Parks in Ramnagar, Raniket oder einem der luxuriösen Camps wohnen sowie in einer der staatlichen Unterkünfte im Park, die jedoch mindestens 30 Tage im Voraus beim Reception Centre in Ramnagar (s. o.) gebucht werden sollten und

Auf ›wandelnden Beobachtungsposten‹ durch den Corbett-Nationalpark

einen vergleichsweise bescheidenen Komfort bieten.

Luxus in der Wildnis ▶ Claridges Corbett Hideaway: Garija, 12 km nördlich von Ramnagar, Tel. 059 47-28 41 32, www.corbetthideaway.com. Edloo Camp mitten in der Natur am Flussufer. Hübsche Cottages. DZ ab 5750 Rs.

Afrika lässt grüßen ▶ Infinity Resorts: Garija, Tel. 059 47-28 41 03, www.tigercorbettindia.com. Komfortables Dschungelcamp am Nordwestrand des Parks mit rustikalen Zimmern, Pool und Bar im Freien. DZ mit Vollpension und Exkursion 200 US$.

Gute Wahl ▶ Corbett Inn: Ramnagar, Ranikhet Rd. im Zentrum, Tel. 05 94-25 17 55. Das wohl beste Hotel der Stadt, gemütliche Zimmer mit Balkon. DZ ab ca. 650 Rs.

Spartanisch und naturnah ▶ Forest Resthouses: Innerhalb des Parks liegen zahlreiche einfache Unterkünfte (Dhikla, Kinnanauli, Kanda, Gairal, Sultan u. a.), die man über das *reception centre* in Ramnagar buchen kann: www.corbett-national-park.com. Die Preise für ein DZ bewegen sich um 1500 Rs. Inder zahlen nur etwa die Hälfte.

Verkehr

Bahn: Die nächste Bahnstation ist Ramnagar. Gute Verbindung mit Delhi (Ranikhet Express, nachts, 5,5 Std.).

Bus: Häufige Verbindungen mit Delhi (8 Std.), am besten mit den Bussen der Delhi Transport Corporation (Tourist Office). Busse verkehren auch nach Nainital (3,5 Std.) und Dehra Dun (7 Std.).

Zu den kulturellen Reichtümern Rajasthans gehören die Wandmalereien im Shekhavati (Haveli in Mandawa)

Kapitel 3

Rajasthan und Gujarat

Rajasthan, der mit 342 000 km² größte Staat Indiens, hervorgegangen aus dem historischen Rajputana, dem ›Land der Königssöhne‹, bedeckt den Nordwesten Indiens und zählt aufgrund seiner kulturellen Vielfalt zu den bevorzugten Reisezielen. Es schmückt sich mit exotischen Städten wie Jaipur, Jaisalmer und Udaipur, schwelgt in Farben und Gerüchen, bietet puren Luxus in Palasthotels – kurzum, Rajasthan verkörpert das Indien europäischer Träume und Sehnsüchte. In der Übergangszone zwischen aridem Wüstenklima und subtropischem Monsunklima gelegen, bietet die Region auch landschaftlich ein abwechslungsreiches Bild, das von Sandstürmen umtoste Dünenformationen kennt, aber auch sacht sich im Troponwind wiegende Palmen.

Gujarat, der fast 200 000 km² große westlichste Bundesstaat Indiens, begrenzt von Pakistan im Norden und dem Arabischen Meer im Westen, entstand erst 1960 im Rahmen einer die ethnischen und sprachlichen Eigenarten berücksichtigenden Neuordnung entlang der Sprachgrenze von Gujarati und Marathi und ist aufgrund der langen Handelsbeziehungen mit den Anrainern des Arabischen Meeres bis heute vom Islam geprägt, wodurch immer wieder religiös motivierte Spannungen hervorgerufen werden. Zu den sehenswerten Zielen gehören die Moscheen Ahmedabads, die Bergheiligtümer der Jain-Anhänger und die tropische Insel Diu.

Für Kurzurlauber empfiehlt sich die Standardroute Delhi–Agra–Jaipur. Will man alle Höhepunkte Rajasthans besuchen, sind vier Wochen nicht zu lang. Ausgangspunkt für eine Reise durch Gujarat ist Mumbai (Bombay) oder Ahmedabad. Für die Rundreise über die Halbinsel Kathiawar bis nach Bhuj reichen zwei Wochen. Zum Besuch Rajasthans und Gujarats eignen sich besonders die Monate Oktober bis Anfang März. Danach klettert das Thermometer auf 45–48 °C, gefolgt von zuweilen verheerenden Monsunregen, vor allem in Gujarat.

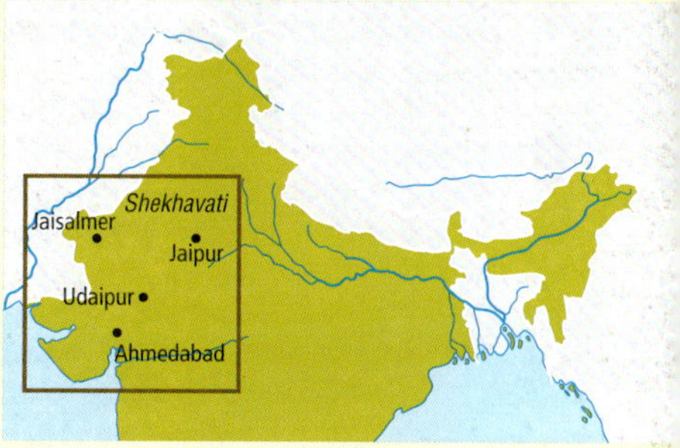

Auf einen Blick

Rajasthan und Gujarat

Sehenswert

4 Jaipur: Die ›Rosa Stadt‹ mit ihren Palästen und Fassaden gehört zu den meistbesuchten Städten Indiens (s. S. 241).

5 Shekhavati: Einst durch Karawanenhandel und Schmuggel reich geworden, beginnt die Region erst langsam wieder zu erwachen (s. S. 255).

6 Udaipur: Von Hügeln gesäumt, ist die Stadt am Pichola-See für Indienkenner die schönste Rajasthans (s. S. 285).

7 Jaisalmer: Wie eine Fata Morgana erhebt sich die Festungsstadt mit ihren wehrhaften Bastionen aus der Wüste Nordrajasthans (s. S. 306).

Velavadar-Nationalpark: Der kaum bekannte Park in Gujarat ist die Heimat der seltenen Hirschziegenantilope (s. S. 329)

Schöne Route

Rundfahrt durch Shekhavati: Die etwa zweitägige Tour durch die noch wenig besuchte Region westlich von Jaipur führt zu den traditionellen Havelis mit ihren Wandmalereien (s. S. 255).

Meine Tipps

Tempel der Affen: Der versteckt in einer Schlucht nahe Jaipur gelegene Tempel von Galta ist Hanuman geweiht, dem Gott der Affen, die hier zu Hunderten leben (s. S. 251).

Pushkar Mela: Pralles Leben voller exotischer Farben, Gerüche und Geräusche anlässlich der größten Mela, einer Verbindung von Wallfahrt und Messe (s. S. 271)

Kleinodien abseits der Touristenzentren: In Bundi (s. S. 279) tun sich hinter den dunklen Mauern des Palastes einzigartige Wandmalereien auf. Die nahen Tempel von Baroli (s. S. 278), Menal (s. S. 281) und Bijolia (s. S. 281) liegen noch im Dornröschenschlaf.

Die Tempel von Osian: Die Heiligtümer aus dem 8. Jh. bezeugen den hohen Stand der frühen Architektur Indiens (s. S. 305).

aktiv unterwegs

Kamelsafari in der Wüste: Von Jaisalmer und Bikaner aus kann man die Umgebung durchstreifen und nachts sein Lager unter dem Sternenzelt aufschlagen (s. S. 311).

Das nordöstliche Rajasthan

Schon im Nordosten, nicht weit von Delhi, entfaltet Rajasthan seinen ganzen Reiz, lockt mit dem romantischen Palast von Alwar, dem prächtigen Jaipur, dem Nationalpark Sariska und dem heiligen See von Pushkar, Treffpunkt sowohl der Rucksacktouristen wie auch der Sadhus und Schauplatz eines der farbenprächtigsten Feste Rajasthans.

Der Nordosten gehört zu den klimatisch bevorzugten Regionen des von Dürrekatastrophen immer wieder heimgesuchten Staates Rajasthan. An der Aravalli-Kette stauen sich die Monsunwolken und bescheren den Bauern das kostbare Nass für den Regenfeldbau, der sich jedoch auf anspruchslose Getreidesorten, vor allem Hirse, beschränkt. Dass der Monsun kein verlässlicher Partner ist, beweist die alte rajasthanische Bauernregel: »Wenn es am neunten Tag des Ashad-Monats blitzt und viele Wolken kommen, dann leere ohne Sorgen deinen Speicher ... wenn im neunten Ashad aber weder Wolken noch Blitze zu sehen sind, dann zerbrich deinen Pflug ...«.

Jenseits der Berge herrscht die Trockensteppe vor, auf der allenfalls Tiere genug Nahrung finden. Bedingt durch die starke Besiedlung und die intensive landwirtschaftliche Nutzung hat sich die ursprüngliche Vegetation und Tierwelt nur an wenigen Stellen, vor allem in den Naturparks, erhalten. Dass trotz des Bevölkerungsdrucks den wild lebenden Tieren nach wie vor Beachtung geschenkt wird, ist ohne Zweifel dem Hinduismus zu verdanken, der auch dem Tier einen bedeutenden Platz in der Schöpfung einräumt und viele Arten vor der Verfolgung schützt. So kann man auch außerhalb der Reservate Großvögel, Affen und sogar Antilopen antreffen, die unbehelligt ihre ökologische Nische besetzt halten.

Die Berührung zwischen nomadisierenden Hirten und sesshaften Bauern hat Rajasthan ein ungewöhnlich reiches Völkergemisch beschert. Stolze Nachfahren kriegerischer Rajputen, selbstbewusste Bauern vom Volk der Jat, malerische Gaduliya Lohar (fahrende Schmiede) auf rumpelnden Ochsenkarren, Frauen vom Stamm der Bhil in schwerem Messingschmuck – sie alle mischen sich zu einem selbst für Indien nicht alltäglichen Kaleidoskop.

Alwar ► E 6

Obwohl die Kleinstadt (ca. 280 000 Einw.) am Rande der Aravalli-Berge verkehrsgünstig etwa auf halbem Wege von Delhi nach Jaipur liegt, nur 160 km entfernt von der Hauptstadt, nutzen nur wenige Touristen die Gelegenheit zu einem kurzen Aufenthalt. Dabei ist der Stadtpalast Vinay Vilas Mahal des Maharajas schon wegen seiner schönen Lage eine Besichtigung wert.

Der Stadtpalast

Der heute von der kommunalen Verwaltung genutzte Komplex liegt oberhalb der eigentlichen Stadt, ca. 30 Fußminuten vom Bahnhof entfernt. Errichtet wurde die mehrstöckige Anlage erst Ende des 18. Jh. durch Raja Bakhtawar Singh, den Nachfolger des Stadtgründers Rao Pratap Singh, der sich 1771 von der Vorherrschaft Jaipurs gelöst und Alwar zur Hauptstadt des gleichnamigen Fürstentums erhoben hatte. Der Maharaja von Alwar gehörte zu den ersten Fürsten, die

1803 mit der East India Company einen Beistandspakt schlossen, wohl in der Hoffnung auf Rückendeckung bei einem Angriff auf den Erzfeind Jaipur. Bakhtawar Singh verlor nicht nur die Schlacht, die Briten verbaten sich auch weitere eigenmächtige Usurpationsgelüste des aufmüpfigen Alliierten. Immerhin blieb den Maharajas von Alwar das Privileg von 17 Salutschüssen erhalten, das nur getreuen Vasallen zugestanden wurde.

Vom Vorplatz, unter dessen mächtigen Bäumen Advokaten ihre Tische aufgebaut haben, gelangt man über eine Treppe an der linken Gebäudeecke auf eine erhöhte Plattform, die von dem **Mausoleum Raja Bakhtawar Singh** beherrscht wird. In den angrenzenden, künstlich angelegten Stausee ragen durch einen Steg verbundene Pavillons mit bengalischen Dächern, die es dem Betrachter leicht machen, die Szenerie in der Fantasie mit den gar nicht so lange zurückliegenden Extravaganzen prunkvoller Maharajaherrschaft zu beleben: Der Herrscher Jai Singh (1892–1937) besaß beispielsweise nicht nur das wohl verrückteste und kostbarste Auto, eine getreue, allerdings motorisierte Kopie der englischen Krönungskutsche, er soll auch Kinder als Köder für Tigerjagden benutzt haben und war berühmt-berüchtigt für seine Orgien, die nicht selten für einige der Beteiligten einen tödlichen Ausgang nahmen. Als er jedoch eines seiner Polopferde vor den Augen des entsetzten Publikums mit Kerosin übergoss und anzündete, war es mit der Geduld der Briten vorbei. Die Reinkarnation Ramas, als die sich der Maharaja verstand, wurde ins Exil geschickt.

Die in ein Museum umgewandelte **Palastbibliothek** besitzt neben dem in vielen indischen Museen üblichen Sammelsurium bemerkenswerte Handschriften, darunter eine illustrierte Ausgabe des persischen »Gulistan« (›Rosengarten‹) aus dem 19. Jh., eine zeitgenössische Kopie der Autobiografie des Mogulherrschers Babur (1483–1530), zahlreiche Beispiele rajputischer Miniaturmalerei und eine reiche Waffensammlung teils persischer Herkunft, teils aus eigener Produktion (tgl. außer Fr 10–16 Uhr, Eintritt 3 Rs).

Fort Bala Qila

Ein Fußpfad vom Palast und eine Straße führen zum rund 600 m hoch liegenden, noch aus Mogulzeiten stammenden **Fort Bala Qila.** Hier hielt Großmogul Akbar eine Zeitlang seinen aufsässigen Sohn Salim gefangen, den späteren Mogul Jahangir. Die etwa 5 x 1,5 km messende Anlage bietet sich jedoch als überwuchertes Ruinenfeld dar, sodass einzig der Blick über Stadt und Tiefland für den ein wenig mühsamen Aufstieg entschädigt (die Festung selbst ist Sperrgebiet, eine Besuchserlaubnis erhält man im Büro der Superintendent Police neben dem Palast).

Sehenswertes im Zentrum

Der **Hope Circus,** das stupaartige Gebäude mitten in der Stadt, entstand im 19. Jh. zu Ehren von Miss Hope, der Tochter des ehemaligen Vizekönigs von Indien.

Sehr britisch mutet das gläserne Gewächshaus im Stadtpark **Company Bagh** an, das 1885 seine Pforten öffnete und eine erstaunliche Sammlung tropischer Gewächse beherbergt (tgl. 10–17 Uhr).

Infos

Tourist Reception Centre: Vivekanda Marg, nahe Company Park und Bahnhof, Tel. 01 44-234 73 48, http://alwar.nic.in, Mo–Sa 10–17 Uhr.

Übernachten

Einfach traumhaft ▶ **Hill Fort Kesroli:** ca. 15 km östlich in Kesroli, Tel. 014 68-28 93 52, www.neemranahotels.com. Heritagehotel mit viel Atmosphäre in einem ehemaligen Fort mit üppig bepflanztem Innenhof und traumhaftem Blick über den angrenzenden Ort. 21 DZ ab 4500 Rs.

Zentral ▶ **Hotel Natraj:** 52-A, Aerodrum Road, 0144-270 20 71, 0144-512 28 01, www.hotelnatrajalwar.com. Hinter der modernen Fassade verbergen sich einfache funktionale Zimmer. DZ ab 600 Rs.

Staatlich ▶ **RTDC-Hotel Meenal:** Manu Marg, nahe Circuit House, Tel. 01 44-234 73 52, www.rtdc.in/meenal.htm. Staatliches Mittelklassehotel, recht saubere Zimmer, aber et-

Bajra – die Speise der Götter

Thema

Etwa 45 % der indischen Anbaufläche für Hirse entfällt auf Rajasthan. Die genügsame, hitzeresistente Pflanze kommt meist ohne Bewässerung aus und reift in nur 70 bis 90 Tagen. Neben der Rohrkolben- oder Perlhirse *(bajra)*, die in Rajasthan vorherrscht, werden weiter im Süden noch Sorghumhirse *(jowar)* und Fingerhirse *(ragi)* angebaut.

In Indien wird die Perlhirse, deren Ursprünge wahrscheinlich in Afrika zu suchen sind, seit über 5000 Jahren kultiviert. Doch erst in den letzten 500 Jahren, in denen aufgrund des Bevölkerungswachstums immer marginalere Böden unter den Pflug genommen werden mussten, gewann sie ihre heutige Bedeutung. Der Name *bajra* rührt angeblich von dem Ausspruch »Ba-jeri« her, was sich als »gut für Ba(ba)« übersetzen lässt – Baba ist die in Indien allgemein übliche Bezeichnung für einen alten Mann.

So wie die Azteken den Mais, Hauptnahrungsmittel der präkolumbischen Völker Mittelamerikas, als ein Geschenk der Götter betrachteten, sehen die Bewohner Rajasthans die Hirse als göttliche Gabe. Um diese rankt sich eine Legende: Früher einmal lebten die Götter (Devatas) und die Gegengötter (Adevatas) zusammen. Den elitären Devatas gefielen die rauen Umgangsformen der Adevatas nicht, sodass sie den obersten Gott Brahma baten, diese aus dem Himmel zu weisen. Die beschämten Adevatas verkrochen sich im Vorratsschuppen einer Bhil-Frau. Die Devatas aber hatten sich zu früh gefreut, denn bald merkten sie, dass die Adevatas sie mit Nahrung versorgt hatten und sie nun Hunger leiden mussten. Brahma schickte alle möglichen Tiere auf die Suche nach den Adevatas. Erst die Ameisen fanden sie und brachten ein Hirsekorn zu den Devatas, die nun die Kultivierung der Pflanze selbst in die Hand nahmen.

Am weitesten verbreitet ist die Rohrkolbenhirse, die in Rajasthan als Hauptnahrungsmittel dient. Im Gegensatz zu den beiden anderen Sorten liefert sie nur bescheidene Erträge ist dafür in Bezug auf Bodenqualität und Niederschläge aber recht anspruchslos. Dennoch kommt es durch die stark ausgeprägten Schwankungen der Monsunregen in Rajasthan und Gujarat immer wieder zu erheblichen Ernteeinbußen und dadurch ausgelöst zu Nahrungsmittelknappheit, die sogar zur vorübergehenden Abwanderung der ländlichen Bevölkerung führen kann.

Ausgesäht wird die Hirse direkt nach dem Pflügen beim ersten Regen. Während der Blüte- und Reifezeit dürfen hingegen keine Niederschläge fallen. Die Ernte zieht sich über mehrere Wochen hin, da die Kolben nicht gleichzeitig reif werden und meist auch andere Pflanzen auf den Feldern gedeihen. Die gedroschene Hirse wird in luftdicht abgeschlossenen Lehmspeichern gelagert, den *kotas*.

Hirse ist reich an Proteinen, Phosphor und Eisen. Durch ihren hohen Fettgehalt von 5 % gilt sie als energiereichste Getreideart der Welt. Es gibt Hirsesorten für gute Monsunjahre, die sehr gute Erträge liefern, und Sorten für eher trockene Jahre, die weniger ertragreich sind. Bajra ist natürlich die Grundlage vieler Gerichte in Rajasthan, vor allem für Brote *(roti)*, aber auch Currys wie *bajra khichdi*, eine Mischung aus Hirse, *dal* (Linsen) und *ghee* (geklärte Butter).

was schleppender Service und etwas zu teuer. DZ mit AC ab 1300 Rs.

Geschmackvoll ► **Hotel Aravalli:** Nehru Marg, Tel. 01 44-233 28 83, www.hotelaravali.co.in. Komfortables, zuweilen aber lautes Hotel nahe dem Bahnhof. Ein Pool und die Bierbar sind die Hauptattraktionen. Der geschäftstüchtige Eigentümer vermittelt auch Ausflüge. DZ ab 600 Rs, mit AC ab 1200 Rs.

Essen & Trinken

Vegetarisch ► **Prem Pavitra Bhojnalaya:** Old Bus Stand, im Herzen der Altstadt. Preiswertes vegetarisches Restaurant. Hauptgerichte ab 30 Rs.

Verkehr

Bahn: Regelmäßige Verbindungen mit Delhi, Jaipur und Ajmer (New Delhi–Ajmer, Shatabdi Express, Nr. 2016/2015, 2,5 Std.).

Bus: Der Busbahnhof liegt am westlichen Stadtrand, regelmäßige Verbindungen u. a. mit Delhi (ca. 4 Std.), alle 30 Min. mit Sariska (1 Std.).

Umgebung von Alwar

Siliserh ► E 6

Lohnend ist der Besuch des 15 km südlich inmitten fast tropischer Pracht an einem künstlichen See liegenden Palastes Siliserh, den der Maharaja Jai Singh in dem für ihn typischen Hang zur Prachtentfaltung zwischen 1892 und 1900 als Jagdschloss errichten ließ. Heute ist hier ein Hotel untergebracht, und gern kommen Tagesbesucher, um mit dem Tretboot über den See zu fahren.

Sariska-Nationalpark ► E 6

Zu den beliebtesten Ausflugszielen gehört das 35 km südwestlich liegende Sariska-Tigerreservat. Das 1958 zum Tierschutzgebiet erklärte Terrain umfasst noch eine der wenigen geschlossenen Waldflächen in den Aravalli-Bergen und diente früher den Maharajas von Alwar als Jagdrevier. 1979 wurde der 800 km^2 große Park mit seinem 480 km^2 umfassenden, unter strengen Schutz gestellten Kern dem »Project Tiger« (s. S. 276) zugeordnet. Leider hat das nicht geholfen: Professionelle Wildererbanden, die meist im Auftrag chinesischer Kunden arbeiten, haben die Tigerpopulation im Sariska-Park in den letzten Jahren drastisch dezimiert, nach neuesten Erkenntnissen sogar ausgelöscht. Lange hat die Parkverwaltung dies verschwiegen und versäumt, Gegenmaßnahmen zu treffen, um keine Touristen zu verlieren. Der Besuch lohnt aber auch wegen der anderen Tiere, insbesondere der Sambarhirsche, der Wildhunde und der vielfältigen Vogelwelt.

Am günstigsten für den Besuch sind die heißen Vormonsunmonate April und Mai, wenn die Tiere auf die künstlichen Wasserstellen angewiesen sind (ganzjährig geöffnet, Eintritt 200 Rs, Fahrzeug 125 Rs, Video 200 Rs).

Übernachten

Ehrwürdiger Palast ► **Sariska Palace:** Banar Rd., Tel. 011-32 49 85 70, 011-32 49 85 71 (Buchungsbüro Delhi), 0144-284 13 23 (Hotel), www.thesariskapalace.in. Ehemaliger Palast des Maharajas von Alwar, ein riesiger Bau im Zuckerbäckerstil mit Ecktürmen und Erkern, 35 km von Alwar entfernt. Man wohnt im Palast oder im neueren Haveli. Die 75 Zimmer sind zweckmäßig, aber nüchtern eingerichtet, z. T. auch etwas klein. Den Preis rechtfertigt eher die schöne Lage inmitten eines riesigen Parks fernab städtischen Trubels. DZ mit Frühstück ab 8400 Rs.

Schlicht ► **RTDC Tiger Den:** Tel. 01 44-284 13 42, www.rtdc.in/tigerden.htm. Einfache staatliche Unterkunft mit acht bescheidenen AC- und Non-AC-Zimmern in einem modernen Sandsteinbau ohne Flair. Wie bei vielen staatlichen Unterkünften ist auch hier der Service eher schleppend. DZ ab 1800 Rs.

4 Jaipur ► E 7

Cityplan: S. 244

Die etwa 2,5 Mio. Einwohner zählende Metropole Rajasthans ist neben Agra wohl die am häufigsten besuchte Stadt Indiens und sicher eines der lohnendsten Ziele im Norden. Bedauerlicherweise hat der Tourismus zu mancherlei unliebsamen Auswüchsen geführt, die dem Reisenden den Aufenthalt verleiden können.

Der Einsatz von Rosa, der zum Markenzeichen gewordenen Farbe der ›Pink City‹, verdankt sich nicht erst einem Werbeeinfall der Tourismusmanager unserer Tage, sondern geht auf eine Verordnung des 19. Jh. zurück. Anlass war der Besuch des Prince of Wales, des späteren Königs Edward VII., am Hof des Maharajas. Nach dem Motto »Unsere Stadt soll schöner werden« ließ der Herrscher alle Häuser einheitlich in Rosa streichen. Die Tradition ist bis heute beibehalten worden und sogar gesetzlich fixiert. Aber nicht nur deshalb strömen die Besucher nach Jaipur. Im Gegensatz zu vielen anderen Städten Indiens blieb das historische Zentrum von urbanem Wildwuchs verschont und präsentiert sich heute fast so wie zur Zeit seiner Gründung 1727. Nahezu vollständig umschließt die Stadtmauer, durchbrochen von zahlreichen malerischen Toren, den Palast und die ihn umgebenden Wohn- und Geschäftsviertel. Ein

Mächtige Tore gewähren Einlass in die Altstadt von Jaipur

nes Ausmaß hat allerdings die Luft-
itzung durch die Abgase der unzäh-
torrikschas, Busse und Lastwagen

ıum eine andere Stadt ist Jaipur mit
nen eines einzigen Herrschers ver-
- Maharaja Jai Singh II. (1699–1744).
nit zwölf Jahren hatte er den Thron
er bestiegen. Er beeindruckte den
rrscher Aurangzeb derart, dass die-
den Ehrentitel Sawai (›Eineinviertel-
ser-als-alle-Zeitgenossen‹) verlieh.
eirat war das Haus von Jaipur bereits seit dem 16. Jh. eng mit dem Hof der Moguln liiert und galt als einer seiner verlässlichsten Vasallen. Belohnt wurde die Bündnistreue mit hohen Ämtern und erheblichem Reichtum. Mit Duldung der Moguln vermochte Jai Singh sein Reich zu vergrößern, sodass er 1727 die Neugründung einer repräsentativen Hauptstadt ins Auge fasste.

Stadtstruktur

Dem Stadtplan liegt ein aus zehn quadratischen Vierteln bestehendes Schachbrettmuster zugrunde, wie wir es von römischen Anlagen oder den Kolonialstädten in Lateinamerika kennen. In Jaipur allerdings handelt es sich wahrscheinlich um die Abbildung des Universums in Gestalt eines Mandalas, eines kosmischen Diagramms. Bereits mit dem Bau einiger Observatorien wie dem Jantar Mantar in Delhi (s. S. 124) hatte Jai Singh II. seine große Leidenschaft für die Astronomie eindrucksvoll unter Beweis gestellt.

Demzufolge symbolisieren neun Quadrate das neungeteilte Universum, wobei das nördliche als Verkörperung des heiligen Bergs Meru dem Palast vorbehalten war. Das zehnte Quadrat wurde als Wohnviertel der Muslime im Südosten angefügt und weist im Gegensatz zu den anderen einen für islamische Städte typischen unregelmäßigen Verlauf der Straßen und Gassen auf. Die Viertel waren durch rechtwinkelig sich schneidende, 34 m breite Straßen voneinander abgegrenzt und die gesamte Stadt von einem 6 km langen, zinnengekrönten Mauerring umgeben, durch den sieben Tore Einlass gewährten.

Zwar hatte der Stadtgründer mit dem Bau der hoch gelegenen Festung Nahargarh (s. S. 250) die Verteidigung nicht außer Acht gelassen, genutzt haben die Bastionen allerdings wenig. 1748 plünderten die Marathen Jaipur, zwei Jahre später der Rajputenführer Jaswant Rao Holkar. Erst das Bündnis mit den Briten im Jahr 1818 verhalf Jaipur zu Sicherheit und einem gewissen Maß an Autonomie.

Da das Altstadtgebiet nur ca. 3 x 2 km misst und sich die Hauptsehenswürdigkeiten zudem auf engem Raum um den Palast kon-

Nur eine Fassade, dennoch von großem Reiz: der Palast der Winde (Hawa Mahal)

(tgl. 9.30–16.30 Uhr, Eintritt 100 Rs, Video 100 Rs).

Palast der Winde 3

Kehrt man zur Hauptstraße zurück, folgt dieser weiter nach Osten und biegt an der nächsten Kreuzung nach links, steht man vor dem berühmtesten Bauwerk der Stadt, dem **Palast der Winde** (Hawa Mahal). Er ist kein Gebäude im eigentlichen Sinn, sondern nur eine fünf Stockwerke hohe, mit zahlreichen, von 953 Fenstern durchbrochenen Erkern besetzte Fassade, durch die ständig Luft strömt – daher der Name. Über Treppen konnten die Haremsdamen früher auf Emporen hinter die Fenster gelangen, um von der Menge ungesehen die großen Festumzüge zu beobachten, für die Jaipur noch heute berühmt ist. In den Augen vieler Europäer verkörpert der Hawa Mahal die Exotik Indiens, der Kunsthistoriker mit nüchternem Auge sieht in der Fassade jedoch eher ein Zeichen der Dekadenz und des Niedergangs rajputischer Architektur. Der Zugang liegt versteckt in einer kleinen Gasse hinter der linken Ecke an der Rückseite (tgl. außer Fr 9–16.30 Uhr, Eintritt 50 Rs, Video 100 Rs).

Einen besonders schönen Blick hat man von den Terrassen der gegenüberliegenden Souvenirläden, die sich den Panoramablick von der oberen Plattform honorieren lassen, und die Besucher ansonsten nur zum Kauf der (teuren) Andenken zu überreden versuchen.

Die Basare

Über die breite, vom Palast der Winde nach Süden führende Straße gelangt man zum **Johari-Basar** 4, dem Viertel der Juweliere, die sich vornehmlich entlang der breiten Straße gleichen Namens angesiedelt haben, aber auch in den Seitenstraßen Gopalji-ka-Rasta und Haldyon-ka-Rasta zu finden sind. Der Johari-Basar, in dem auch eines der besten Restaurants der Stadt liegt, das LMB (s. S. 249), endet am prachtvollen **Sanganer Pol** 5. Biegt man unmittelbar vor diesem Tor nach rechts ab, betritt man den **Bapu-Basar** 6. Hier werden Stoffe und Parfüm angeboten (tgl. außer So), während man in dem angrenzenden **Nehru-Basar** 7 Schuhe und Stoffe kaufen kann (Mo geschl.). Ein Stück weiter erreicht man das ebenfalls prachtvolle Tor **Ajmeri Pol** 8.

Central Museum 9

Verlässt man die Altstadt durch das Sanganer Pol, öffnet sich jenseits der Agra Road der ausgedehnte Ram-Niwas-Park mit dem **Central Museum** in seiner Mitte. Der Bau, zu dem der Prince of Wales 1876 den Grundstein legte, entstand unter der Aufsicht des Architekten Samuel Swinton Jacob, der auch für den Mubarak Mahal im Palast verantwortlich war. Konfrontiert wird der Besucher auch hier mit einem zum Teil kuriosen Sammelsurium von Skeletten, Mumien und ausgestopften Tieren bis hin zu erlesener Kunst. Dazu zählt die Miniaturensammlung in der Galerie des ersten Stocks mit exquisiten Werken der Bundi- und Jodhpur-Schulen aus dem 16. und 18. Jh. Makaber wirken hingegen die in einem Seitenflügel präsentierten, ›liebevoll‹ gestalteten Folterszenen unter britischer Aufsicht en minature. Weitaus friedlicher sind die im Erdgeschoss in Form lebensgroßer Dioramen präsentierten Szenen, u. a. das Holi-Fest und eine Hochzeitsgesellschaft. Auch dem rajasthanischen Kunsthandwerk ist breiter Raum gewidmet (tgl. außer Fr 10–16.30 Uhr, Eintritt 30 Rs).

Rambagh Palace 10

Südwestlich des Museums liegt, ebenfalls in eine Parkanlage eingebettet, der **Rambagh Palace**, den Maharaja Ram Singh II. für die Jagd errichten ließ, ehe ihn Man Singh II. zur luxuriösen Unterkunft erwählte und zum Treffpunkt der Reichen, Berühmten und Schönen machte. Elenora Roosevelt war hier ebenso zu Gast wie Jacqueline Kennedy und Nikita Chruschtschow.

Seit 1958, als der Palast in ein Hotel umgewandelt wurde, kommen auch Normalsterbliche, einen gut gefüllten Geldbeutel vorausgesetzt (in der königlichen Suite zahlt man 4000 US$ pro Nacht!), in den Genuss des Luxus. Zumindest einen Tee, serviert von Kellnern mit Turbanen, sollte man sich hier gönnen, auf das auf den europäischen Geschmack abgestimmte, überteuerte Essen jedoch lieber verzichten.

Infos

Rajasthan Tourist Information Centre: Bahnsteig 1 auf dem Bahnhof, 24 Std. geöffnet, sehr hilfsbereit.

RTDC Tourist Office: MI Rd., neben dem RTDC Tourist Hotel, Tel. 01 41-231 57 14, tgl. 8–20 Uhr. Buchungen von Stadtrundfahrten, Mietwagen und Ausflügen.

Internet: www.pinkcity.net und www.jaipur.org.uk.

Übernachten

Upper class ▶ Rambagh Palace 10: Bhawani Singh Marg, Tel. 01 41-221 19 19, Fax 01 41-238 50 98, www.tajhotels.com. Jaipurs Tophotel im ehemaligen Palast des Maharajas (s. S. 247); man wohnt fürstlich, zahlt dafür allerdings auch den entsprechenden Preis. DZ ab 13.500 Rs.

Romantisch ▶ Samode Haveli 1: Ganga Pol, Tel. 01 41-263 23 70, Fax 01 41-263 13 97, www.samode.com. Historisches Haveli-Hotel in der ehemaligen Residenz des Premierministers von Jaipur im Herzen der Altstadt. Vor allem die teureren Zimmer sind exquisit. DZ ab 215 €, im Sommer die Hälfte.

Historisch ▶ Dera Rawatsar 2: D-194-c Vijay Path, hinter dem Busbahnhof, Bani Park, Tel. 01 41-236 07 17, www.derarawatsar.com. Ehemalige Stadtresidenz eines Edelmanns aus Bikaner und Wohnhaus von Rani Laxmi Kumari Chundawat, die als erste Frau ins Parlament Rajasthans einzog. Geschmackvoll eingerichtete, helle Zimmer. DZ ab 2800 Rs.

Gepflegte Gastlichkeit ▶ Madhuban 3: D-237 Behari Marg, Tel. 01 41-220 00 33, Fax 01 41-220 23 44, www.madhuban.net. Ehemaliger Stadtpalast des Fürsten von Patan. Sehr geschmackvolle Zimmer, teilweise mit alten Möbeln ausgestattet, großer Garten, sehr gutes Preis-Leistungs-Verhältnis. DZ ab 1800 Rs.

Edel ▶ Umaid Bhawan Guest House 4: Behari Marg, Tel. 01 41-231 61 84, 220 64 26, 220 12 76, www.umaidbhawan.com. Ein weiteres Haveli-Hotel mit ansprechenden Zimmern. DZ ab 1600 Rs.

Globitreff ▶ Arya Niwas 5: Sansar Chandra Rd., Tel. 01 41-237 24 56. www.aryaniwas.com. Bei Globetrottern sehr beliebtes

›Flugschau‹ vor dem Central Museum von Jaipur

Hotel mit einer großen Terrasse und gepflegtem Rasen, teilweise jedoch recht kleinen Zimmern. DZ ab 1400 Rs.

Sehr beliebt ▶ Atithi Guest House 6: 1, Parkhouse Scheme Rd., Tel. 01 41-237 86 79, Fax 01 41-237 94 96, atithijaipur@hotmail.com. Nahe Busbahnhof. Vom Eigentümer sehr gut geführtes Mittelklassehotel mit einer schönen Dachterrasse. Besondere Empfehlung des Autors. DZ ab 850 Rs.

Unschlagbar günstig ▶ Pearl Palace 7: Hari Kishan Somani Marg,Hathroi Fort, Ajmer Road. Tel. 01 41-237 37 00, www.hotelpearlpalace.com. Dieses kleine, gepflegte Guesthouse mit liebevoll dekorierten Zimmern bietet ein hervorragendes Preis-Leistungsverhältnis. DZ ohne Bad ab 350 Rs, mit Bad ab 550 Rs. Ein Rooftop-Restaurant gibt es auch.

Essen & Trinken

Etabliert ▶ Copper Chimney 2: MI Rd., Tel. 01 41-237 22 75, tgl. 12–15 und 18.30–23 Uhr. Alteingesessenes Restaurant der gehobenen Klasse mit Blick auf die geschäftige Hauptstraße; indische, chinesische und europäische Küche, stilvoll serviert. Sehr gut ist das *palak paneer* (Erbsen mit Hüttenkäse). Hauptgerichte ab 120 Rs.

Regionale Spezialitäten ▶ Niro's 3: MI Rd., Tel. 01 41-237 44 93, www.nirosindia.com, tgl. 11–23 Uhr. Sehr populäres, alteingesessenes und gut geführtes Restaurant mit breit gefächertem Angebot. Zu den Spezialitäten zählen *lal mans* (Hammel in gewürzter scharfer roter Sauce) und *reshmi kebab* (mariniertes Hammelfleisch vom Grill). Hauptgerichte ab 120 Rs.

Rein vegetarisch ▶ LMB 4: Johari-Basar, unweit des Palastes der Winde, Tel. 01 41-256 58 44, tgl. 11.30–15.30 und 19–23 Uhr. Vegetarisches Traditionsrestaurant im Stil der 1950er-Jahre, berühmt für die ausgezeichneten *thalis;* der Service lässt allerdings zuweilen – wohl aufgrund der hohen Gästezahl – zu wünschen übrig. Hauptgerichte ab ca. 100 Rs, vor der Tür hat das LMB einen Stand mit guten Snacks.

Klein und gut ▶ Handi 5: MI Rd., gegenüber der Hauptpost, Tel. 01 41-236 48 39, tgl. 11.30–15.30, 19–23.30 Uhr. Etwas spartanisches Ambiente mit Bambus und Plastikstühlen, aber hervorragende Küche, vor allem Kebabs und Tandoori-Gerichte. Hauptgerichte ab ca. 100 Rs.

Alteingesessen ▶ Dasarprakash 6: 5 Kamal Mansions, MI Rd., Tel. 01 41-237 13 13, tgl. 11–23 Uhr. In dem seit 1937 bestehenden, für seine südindische Küche berühmten Restaurant speisten schon Indira Gandhi, Nehru und Jacqueline Kennedy. Hauptgericht ab ca. 90 Rs, ein köstliches *thali* bekommt man für ca. 160 Rs.

Tipp: Drehendes Restaurant

Wer beim Essen nicht nur auf seinen Teller oder in die Augen seines Gegenübers blicken möchte, der sollte einmal im **OM Revolving Restaurant 1** in 50 m Höhe (14. Stock) dinieren. Dabei sollte er sich mindestens eine Stunde Zeit lassen, so lange nämlich dauert eine Umdrehung, bei der Jaipur an den Gästen vorübergleitet. Nur um gut zu essen, lohnt der Aufwand aber nicht, denn woanders gibt es Gleiches oder Besseres zu günstigeren Preisen, zumal im OM Revolving Restaurant bisher nur Vegetarisches ab etwa 130 Rs auf der Speisekarte steht. Der Blick aber ist einzigartig (MI Rd./Church Rd., Tel. 01 41-236 66 83, tgl. 12–15 und 19–23 Uhr, Vorbestellung ratsam).

Einkaufen

Kunsthandwerk ▶ Rajasthan Government Handicrafts Emporium 1: MI Rd. Große Auswahl an Kunsthandwerk zu festen Preisen.

Handgewebtes ▶ Anokhi 2: 2 Tilak Marg, www.anokhi.com. Handgewebte Produkte höchster Qualität, Holzblockdrucke und geschmackvolle Accessoires. Die Boutique hat zahlreiche Niederlassungen in ganz Indien.

Feinste Stoffe ▶ Ratan Textiles 3: Papriwal Cottage, Ajmer Rd., www.ratantextiles.com. Eine ebenfalls hervorragende Adresse für Textilien aller Art.

Tipp: Einkaufen in Jaipur

Nach alter Tradition ist auch in Jaipur das Handelszentrum nach Sparten gegliedert. Anders als in vielen orientalischen und nordafrikanischen Städten, etwa Aleppo und Tunis, sind die Basare hier aber nicht überdacht, sondern es sind Straßen mit gleichartigem Warenangebot. Der **Kishanpol-Basar** 7 ist für seine Textilien in der Bandhani-Abbindetechnik bekannt, der **Maniharon ka Rasta** 8 für die typischen Glasarmreifen, im **Tripolia-Basar** 9 findet man die für Jaipur typischen blauen Keramiken. Die genannten Basare liegen im Basarviertel (s. S. 247; Johari- und Nehru-Basar s. dort).

Traumhafter Schmuck ▶ **Gem Palace** 4: M.I. Road, Tel. 01 41-237 41 75, www.gempalacejaipur.com. Exquisiter Schmuck aus dem seit 1852 bestehenden Traditionshaus. Das Design reicht von byzantinisch bis traditionell mogul.

Traditionshaus ▶ **Tholia's-Kober** 5: Tholia Bldg., M.I Rd. (gegenüber Niro's), Tel. 01 41-237 74 16. Renommiertes Geschäft mit großer Auswahl an geschmackvollem Schmuck aus Halbedelsteinen, feste Preise.

Halbedelsteine ▶ **Kothari Jewellery** 6: 883, Ganga Mata Ki Gali, Gopal Ji Ka Rasta, Johari Bazaar, www.kotharijewellery.com, sind auf Halbedelsteine zu reellen Preisen spezialisiert.

Termine

Die jeweils aktuellen Daten findet man unter www.asien-feste.de.

Kite Festival (14.–17. Jan.): Drachenwettkämpfe und Schaufliegen auf dem Poloplatz. Die Endausscheidung findet im Umaid-Bhawan-Palast in Jodhpur statt.

Jaipur Heritage International Festival (Mitte Jan.): Folklorefestival mit zahlreichen Veranstaltungen und Ausstellungen (www.jaipurfestival.org).

Elephant Festival (März): Farbenprächtiger Umzug mit geschmückten Elefanten anlässlich des Holi-Festes.

Gangaur Festival (März/April): Fest der Frauen, ein Farbenrausch mit Umzügen und viel Musik.

Teej-Fest (Juli/Aug.): Beginn des Monsuns, ebenfalls mit Umzügen.

Verkehr

Flug: Jaipurs Flughafen liegt etwa 10 km von der Stadt entfernt. Verbindungen mit Delhi, Mumbai, Udaipur und Jodhpur mit Indian Airlines und Jet Airways, die derzeit als beste private Airline gilt (www.jetairways.com).

Bahn: Gute Verbindungen mit Delhi (New Delhi–Ajmer, Shatabdi Express, Nr. 2016; 4,5 Std.).

Bus: Zahlreiche Verbindungen mit Deluxe-Bussen u. a. von/nach Delhi, Agra, Ajmer, Jodhpur und Nawalgarh/Jhunjhunu (Shekhavati). Der Busbahnhof liegt etwa 1 km von der Bahnstation entfernt. Die meisten Deluxe-Busse starten vom eigenen kleinen Terminal an der hinteren Ecke des Platzes.

Hinweis: Reisende, die mit dem Zug ankommen, fallen leicht in die Hände der ›Rikscha-Mafia‹. Diese ist bestrebt Touristen in Hotels zu bringen, die den Fahrern eine Provision zahlen. Alle oben aufgeführten Hotels zahlen keine Provision, sodass sich viele Fahrer weigern, die Reisenden dort abzusetzen, oder sie verlangen überhöhte Preise. Man sollte auf dem gewählten Hotel bestehen und die staatlich kontrollierten Rikschas bevorzugen, die man im Voraus bezahlt *(prepaid riksha).*

Umgebung von Jaipur

Fort Nahargarh ▶ E 7

Von Nordwesten her überblickt das hoch gelegene Fort Nahargarh (›Tigerfestung‹) die Stadt; es wurde Mitte des 18. Jh. zu ihrem Schutz errichtet. Der steile, rund 2 km lange Aufstieg (es gibt auch eine 8 km lange Fahrstraße) lohnt vor allem wegen der großartigen Aussicht. Einen genaueren Blick verdient allenfalls der **Madhavendra Bhawan** mit seinen hübschen Blumenfresken und den – allerdings falschen – Marmorsäulen. Ein kleines Café bietet willkommene Erfrischung (tgl.

10–17 Uhr, Eintritt 50 Rs, Kamera 20 Rs, Video 70 Rs).

Galta ►E 7

Den Besuch der etwa 5 km östlich von Jaipur malerisch in eine Schlucht eingebetteten **Tempelanlage** sollte man nicht versäumen. Der an der höchsten Stelle liegende kleine Tempel ist eines der wenigen dem Sonnengott geweihten Heiligtümer in Rajasthan. Im weiter unten liegenden Haupttempel wird der Affengott Hanuman verehrt, und somit bevölkern unzählige Affen die heilige Stätte. Attraktion sind die drei durch Quellen gespeisten, übereinanderliegenden Becken, die von den Pilgern für ein rituelles Bad genutzt werden. Früher war das obere und damit sauberste Becken den Männern vorbehalten, das zweite den Frauen und das dritte den heiligen Affen (Eintritt frei, Kamera 30 Rs, Video 50 Rs).

Samode ►E 6

Versteckt liegt dieses Juwel rajputischer Palastarchitektur abseits der nach Bikaner führenden Straße, etwa 45 km von Jaipur entfernt. Es ist das feudale Domizil des Nathawat-Clans aus Chomu, der wiederum mit dem Haus von Amber verwandt war. Mehrfach wechselte der **Palast** den Besitzer, bis die Briten ihn 1757 wieder an die Nathawat-Familie übereigneten, die bis heute die Herrin von Samode ist. Ihre heutige Gestalt erhielt die Anlage erst unter Rawal Sheo Singh, Premierminister im Fürstentum Jaipur Mitte des 19. Jh. Glanzstücke sind die Versammlungshalle (Durbar) und der darüber liegende Spiegelsaal (Sheesh Mahal). Im Jahr 1987 wurde der Palast in ein Luxushotel umgewandelt, das zu den schönsten Hotels in ganz Indien zählt. Besucher zahlen 250 Rs Eintritt, der aber als Verzehrbon verrechnet wird.

Übernachten

Purer Luxus ► **Samode Palace:** Tel. 01 41-263 23 70, 263 24 07, Fax 01 41-263 13 97, www.samode.com. Das Hotel verfügt nicht nur über 35 luxuriös mit Antiquitäten ausgestattete Räume, sondern auch über einen am Hang liegenden Pool. DZ mit Frühstück ab 275 €, im Sommer ab 150 €.

Essen & Trinken

Ein hervorragendes Restaurant mit Terrasse im Innenhof befindet sich im **Samode Palace** (s. links.).

Auf dem Weg nach Amber ►E 7

Unmittelbar außerhalb der Stadt trifft man an der Straße nach Amber zunächst auf **Gaitor,** die Begräbnisstätten der Herrscher von Jaipur. Sie wurden bereits von Jai Singh II. bei der Stadtgründung angelegt und zeigen zum Teil hervorragend gearbeitete Kenotaphe, besonders prachtvoll ist die mit Intarsien verzierte Gedenkstätte des Gründers (tgl. 9–16.30 Uhr, Eintritt frei, Kameragebühr).

Ein Stück weiter lockt den Fotografen rechter Hand das malerisch inmitten eines oft leider ausgetrockneten Sees gelegene kleine Lustschloss **Jal Mahal,** das Ende des 18. Jh. von Madho Singh I. errichtet wurde, allerdings die Harmonie früher rajputischer Architektur vermissen lässt. Auf der anderen Straßenseite führt eine kurvenreiche Zufahrt hinauf zum **Fort Jaigarh,** das zum Schutz der Palastanlage von Amber errichtet wurde. Der Ausflug lohnt sich allein wegen des großartigen Blicks auf den unmittelbar darunterliegenden Palast. Bemerkenswert ist noch die an höchster Stelle aufgestellte Riesenkanone Jaivan, die allerdings nie abgefeuert wurde. Zu sehen gibt es überdies ein in zwei langen Galerien untergebrachtes Museum mit überwiegend historischen Fotos aus dem Leben der Maharajas (tgl. 9–16.30 Uhr, Eintritt 50 Rs, Kamera 50 Rs, Video 200 Rs).

Zur Hauptstraße zurückgekehrt, erreicht man auf der nächsten nach rechts führenden Straße den schön restaurierten Mogulgarten **Jai Mahal Talav,** ein beliebtes Ausflugsziel der Bewohner von Jaipur (tgl. 9–17 Uhr, Eintritt 20 Rs).

Amber ►E 7

Bevor Jai Singh II. sich entschloss, eine neue Hauptstadt in Jaipur zu errichten, residierte

Nicht immer von Wasser umgeben: der Palast Jal Mahal zwischen Jaipur und Amber

der Rajputenclan in der Festung von Amber, ca. 11 km nördlich von Jaipur. Sie liegt malerisch an den Hängen der Aravalli-Kette über einem schmalen Tal. Bereits die Minas hatten sich an der strategisch günstigen Stelle im frühen 10. Jh. niedergelassen, mussten jedoch um 1150 dem Kachawah-Rajputen weichen.

Der Palast von Amber beeindruckt schon von weitem. Treppenförmig ansteigend zieht sich die aus vier großen Höfen bestehende Burganlage die Bergflanke empor, wobei der am höchsten gelegene Teil der älteste ist. Auf einem breiten Serpentinenweg gelangt der Besucher durch das Vorwerk **Suraj Pol** in den ersten Hof **Jaleb Chowk,** in dem früher die Palastwache untergebracht war. Er wurde erst kurz vor der Verlegung der Residenz nach Jaipur hinzugefügt.

Interessant ist hier nur der rechts neben der zum nächsten Hof hinaufführenden Treppe liegende **Shila-Devi-Tempel.** Er ist der grausamen Gottheit Kali geweiht, deren Figur im Heiligtum im 17. Jh. als Kriegsbeute hierher gelangte (strenges Fotoverbot).

Eine breite Treppe führt hinauf zum **Singh Pol,** durch das man die zweite, Mitte des 17. Jh. errichtete Hofanlage betritt. Zur leichteren Verteidigung wurde der Zugang zickzackartig angelegt.

Prunkstück des Hofs ist die **öffentliche Audienzhalle** (Diwan-i-Am) nach dem Vorbild der Moguln. Für die Säulen wurden wie in Delhi und Agra roter Sandstein und Marmor verwendet, und auch das pultförmige Dach und die der Hindurarchitektur entlehnten, von den Kapitellen ausgehenden Konsolen findet

man bereits in den Bauten Akbars in Fatehpur Sikri.

Als der Mogulherrscher Jahangir von der gelungenen Arbeit hörte, soll er den Abriss angeordnet haben. Noch ehe seine Abgesandten zur Überprüfung eintrafen, ließ der Herrscher von Amber die Säulen mit hässlichem Stuck überziehen. Nun konnten die aus Agra angereisten Hofbeamten Jahangir melden, dass man in Amber wohl doch nicht so viel von der Baukunst verstehe, und die Empfangshalle war gerettet.

Zugang zum nächsten Hof bildet das reich geschmückte **Ganesh Pol,** das mit seinem Zentralbogen und den beiden angrenzenden übereinanderliegenden Portalnischen den großen Torbauten der Moguln ähnelt, in vielen Details wie der Malerei und den vorspringenden Erkern jedoch auf rajputische Traditionen zurückgreift. Die Abbildung des Ganesh dokumentiert nicht nur die Verehrung des Herrscherhauses für diese Gottheit, sondern markiert in vielen Rajputonpalästen die Grenze zwischen öffentlichem und privatem Bereich. So ist denn auch der angrenzende Hof besonders prächtig ausgestattet. Im Zentrum liegt ein kleiner Garten, durch den ein in Marmor gefasster Kanal aus dem westlichen Bau **Suk Niwas** (›Halle der Zufriedenheit‹) fließt. An der Ostseite springt die **private Audienzhalle** Jai Mandir hervor. Der Wechsel von kantigen Pfeilern und zarten Säulen, verbunden durch dekorative Zackenbögen, verleihen der Halle Standfestigkeit und Harmonie zugleich. Auf dem als Terrasse ausgeführten Dach ruht unmittelbar an die Fes-

Ein schöner Ort für ein Gespräch: der reich verzierte Torbau Ganesh Pol in Amber

tungsmauer gebaut der Pavillon **Jass Mandir,** durch dessen rückwärtige Gitterfenster man einen herrlichen Blick in die Ebene hat. Ausgesprochen gelungen ist die Kombination von bengalischem Dach im Zentrum und angrenzenden Chattrihauben. Ergänzt wird dieses Ensemble durch einen ähnlichen, auf gleicher Ebene liegenden Pavillon über dem Ganesh Pol, der durch seine Dekoration aus farbigem Glas auffällt, eine Besonderheit rajputischer Innenraumgestaltung.

Durch einen schmalen Gang erreicht man die düster wirkende Urzelle des Palastes, der heute als **Zenana** (›Harem‹) bezeichnet wird. Auffallend ist hier nur der im Hof stehende, wohl später hinzugefügte Pavillon. Die bei Touristen sehr beliebten Elefantenritte vom Parkplatz hinauf zur Festung wurden 2005 nach dem Tod eines Reiseleiters durch einen Amok laufenden Elefanten eingeschränkt. Damit die Besucher nicht Schlange stehen müssen, soll die Möglichkeit zur Onlinebuchung eingeführt werden (tgl. 9–16.30 Uhr, Eintritt 200 Rs, Video 200 Rs).

Verkehr

Bus: Regelmäßige Verbindungen mit Jaipur (Palast der Winde).

Sanganer ► E 7

Der etwa 15 km südlich von Jaipur in der Nähe des Flughafens gelegene Weiler hat sich als Handwerkszentrum etabliert, das sich vor allem auf Textildruck und die Herstellung handgeschöpften Papiers spezialisiert hat. Zum Druck der überwiegend floralen Muster werden geschnitzte Holzblöcke benutzt, die man auch als Souvenir erwerben kann. Sehenswert ist der bereits aus dem 10. Jh. stammende Jaintempel **Sri Dingamber** mit seiner für Jaintempel typischen hochwertigen Steinmetzarbeit, wie wir sie auch am Tempel in Ranakpur (s. S. 294) oder am Dilwara-Tempel von Mount Abu (s. S. 295) finden.

11 Shekhavati

Karte: S. 256

Die zwischen Jaipur und Bikaner liegende Region rückte erst recht spät ins Blickfeld des Tourismus, obwohl sie mit ihren bemalten Handelshäusern, den Havelis, und den zahlreichen Palästen ausgesprochen interessante Sehenswürdigkeiten zu bieten hat und nach wie vor einen Eindruck vom dörflichen Leben in Rajasthan ermöglicht.

Eine zweitägige Rundfahrt, für die man am besten in Jaipur einen Wagen mit Fahrer mietet (z. B. im Hotel Arya Niwas), erschließt die wichtigsten, längst aber nicht alle Sehenswürdigkeiten der Region. Beschrieben wird die Rundfahrt im Uhrzeigersinn. Zur Übernachtung empfehlen sich Mandawa, Jhunjhunu und Nawalgarh, wo es gute Unterkünfte gibt.

Alte Handelsregion

Zunächst teilten sich die Fürstentümer Bikaner und Jaipur das östlich der Aravalli-Kette liegende Gebiet. Als dann der Stern der Moguln im 17. Jh. zu sinken begann, formierten sich im Shekhavati-Gebiet kleine, in einer Allianz zunächst miteinander verbundene Fürstentümer, die ihre gemeinsame Herkunft auf Rao Shekha, einen Krieger aus dem 15. Jh. zurückführten. Das Machtvakuum nach dem Tod Aurangzebs nutzten Sardul Singh und sein entfernter Verwandter Shiv Singh, um sich den größten Teil des Territoriums einzuverleiben.

Da mit dem Niedergang der Mogulherrschaft auch die Geldquellen für die Vasallen zu versiegen drohten, die lokalen Fürsten aber nicht gewillt waren, ihr luxuriöses Leben aufzugeben, versuchten sie vor allem durch Besteuerung von Handelswaren ihre Kassen zu füllen. Besonders Jaipur und Bikaner taten sich hier hervor, schreckten damit aber die zwischen Afghanistan und Nordwestindien verkehrenden Handelskarawanen ab. Diese suchten sich nunmehr einen Weg durch den schmalen Korridor zwischen der Einflusssphäre von Bikaner und Jaipur. Immer mehr Kaufleute ließen sich im Laufe der Zeit in der Region Shekhavati nieder und nutzten ihren Reichtum unter anderem zum Bau herrschaftlicher Handelshäuser, der Havelis (s. S. 258). Angeregt durch die Malereien an den Höfen von Amber und Jaipur, wurde die Fassadenmalerei bald zu einer Modeerscheinung.

Im 19. und 20. Jh. ließen sich die Kaufleute vornehmlich von den Errungenschaften der modernen Technik faszinieren, die mit den Engländern ins Land kamen. Den fremden Kolonialherren stand man in Shekhavati durchaus nicht ablehnend gegenüber, waren sie doch Garanten für einen friedlichen Handel und damit für gute Gewinne. So sind auf den Wänden denn auch englische Soldaten zu Fuß und zu Pferd zu sehen, umgeben von Automobilen, Eisenbahnen und Flugzeugen. Große Kunst wird hier gewiss nicht geboten, aber ein höchst interessanter Einblick in die Epoche tief greifender kultureller Wandlungen.

Als sich unter britischer Herrschaft die Zentren der Wirtschaft nach Bombay und Calcutta verlagerten und Handelskarawanen zunehmend vom Dampfschiff verdrängt wurden, verlegten die Marwari-Händler ihre Tätigkeit in die neuen Metropolen, ließen die Havelis verfallen oder von Pächtern bewachen. So steht man häufig vor verschlossener Tür und kann nur die äußeren Fassaden bewundern.

Sikar ►E 6

Obwohl die rund 115 km nördlich von Jaipur gelegene Distrikthauptstadt **Sikar** 1 im

Tipp: Hinweise zur Besichtigung der Havelis

Ist ein Haveli noch bewohnt, sollte man um eine Erlaubnis zum Betreten bitten; sie wird durchaus nicht immer gewährt. Da sich die Havelis über die Ortschaften verteilen und sie auf eigene Faust nur schwer zu finden sind, vertraut man sich am besten einem der meist jugendlichen ortskundigen Führer an (Preis vorher aushandeln).

Shekhavati

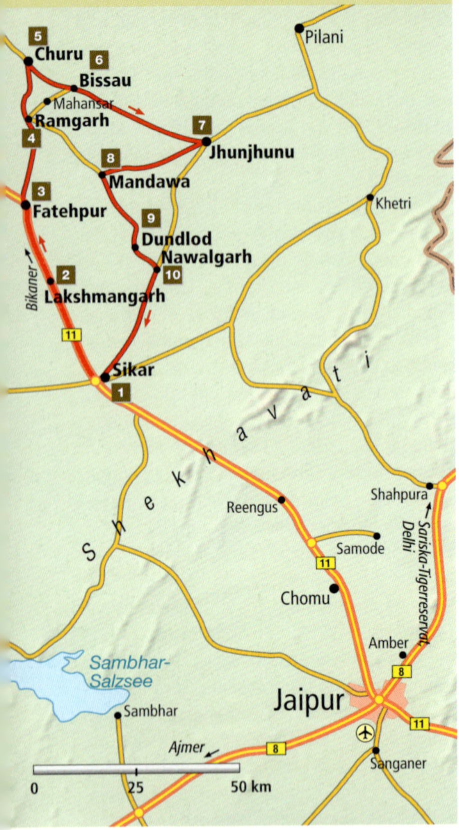

19. Jh. zu den reichsten Handelsposten des Staates Jaipur zählte, haben nur recht wenige Havelis die unruhigen Zeiten überdauert. Das Datum der Stadtgründung wird mit 1724 angegeben, als Sheo Singh, ein Nachfahre des berühmten Sardul Singh, hier mit dem Bau eines Palastes begann. Eine auf das Jahr 1278 datierte Säule deutet jedoch auf eine viel weiter zurückreichende Besiedlung hin. Im 19. Jh. geriet Sikar unter die Vorherrschaft Jaipurs, das seinen reichsten Vasallen den Titel Rao Raja verlieh. Diese nutzten ihre Macht und Protektion, um sich die benachbarten schwächeren Fürstentümer, beispielsweise Fatehpur, einzuverleiben und neue Niederlassungen wie Lakshmangarh zu gründen.

Die etwa 700 x 300 m messende Altstadt wird noch von mehreren Toren umstanden, die den Verlauf der ehemaligen Stadtmauer markieren. Der im Zentrum liegende **Palast** ist weitgehend verfallen, in der Umgebung gibt es jedoch einige interessante Havelis und Tempel. Am zentralen Platz liegt der **Chini Mahal,** Teil der ehemaligen Palastanlage, der heute als Bürokomplex genutzt wird. Seinen Namen (›China‹) verdankt er der aufgemalten Imitation blauer und weißer Kacheln. Die Malereien zeigen einen Pferdehändler, eine Elefantenprozession und etliche Porträts. Zu den herausragenden Arbeiten gehört die Stadtansicht im angrenzenden **Sheesh Mahal** (meist geschlossen). Sehenswert ist auch der aus dem Jahr 1884 stammende **Chhotallal-Sodhani-Haveli** gegenüber dem nördlichen Stadttor Fatehpur Pol, der im Eingangsbereich Tänzerinnen und im Innenhof Themen aus dem Epos »Mahabharata« zeigt.

Ein Stück nordöstlich des östlichen Stadttors Bowri Pol hat ein gut erhaltener **Stufenbrunnen** aus dem Jahr 1750 seinen Platz, bei dessen Bau Spolien eines Hindutempels Verwendung fanden.

Übernachten

Sehr bescheiden ▶ Hotel Natraj: Am Bahnhof. Einfache Unterkunft. DZ ab 250 Rs.

Verkehr

Bus: Von/nach Jaipur (2,5 Std.).

Lakshmangarh ▶ E 6

Die 30 km nördlich von Sikar gelegene Ortschaft **Lakshmangarh** 2 geht auf eine Gründung von Lakshman Singh, den Raja von Sikar, im Jahr 1806 zurück. Nach dem Vorbild Jaipurs wurde sie in Schachbrettform angelegt und mit einer Mauer und einem Fort gegen feindliche Angriffe gesichert. Nach wie vor dominiert die auf einer Anhöhe thronende Festung das Stadtbild und gewährt vom Eingang einen schönen Blick, kann selbst aber nicht besichtigt werden. Wie in vielen Orten des Shekhavati entfaltete auch hier die Poddar-Familie, die nach dem Dorf ihrer Herkunft auch Ganeriwala genannt wurde, ihre wirtschaftlichen Aktivitäten und investierte einen Teil des erworbenen Reichtums in die Ausgestaltung der Handelshäuser, obwohl ein Teil des Clans bereits in Hyderabad residierte.

Wichtigste Sehenswürdigkeit ist der zu Füßen der Festung liegende **Char-Chowk-Haveli,** der – wie der Name (›Vier Höfe‹) besagt – aus vier Höfen besteht und nicht nur durch seine Größe, sondern auch durch seine architektonischen Details, etwa die pavillonartigen Abschlüsse der Treppenaufgänge, besticht. Die Malereien des Mitte des vergangenen Jahrhunderts in zwei Bauabschnitten entstandenen Havelis haben vor allem religiöse Themen zum Inhalt. Kurios das Bildnis einer Giraffe. Das 1849 vom Maharaja von Jaipur für seinen Privatzoo importierte Tier erregte offensichtlich größte Aufmerksamkeit und wurde auch an anderen Havelis verewigt.

Schöne, teilweise aber bereits stark verblichene Malereien zieren auch die südliche Fassade des **Jamnadas-Jawahar-Mal-Pansari-Haveli** unweit des Busbahnhofs. Besonders gelungen ist das Bildnis des Raja von Sikar in einer von einem Dromedar gezogenen Kutsche, begleitet von einer berittenen Eskorte. Aber auch modernere Verkehrsmittel wie ein Motorrad haben als Beweis für die Weltoffenheit der Kaufleute ihren Platz gefunden.

Nicht versäumen sollte man den **Chetram-Sanganeria-Haveli** im Nordosten der Stadt mit lebendigen Darstellungen von Soldaten, Kaufleuten, Bauern und Jagdszenen.

Fatehpur ► D/E 6

Die etwa 20 km nördlich von Lakshmangarh, ebenfalls an der von Jaipur nach Bikaner führenden Hauptstraße gelegene Stadt **Fatehpur** 3 kann auf eine lange, bewegte Geschichte zurückblicken. Bereits im 15. Jh. ließen sich hier die muslimischen Nawabs von Kaimkhani nieder und bauten als Erstes natürlich eine Festung. Zu Beginn des 18. Jh. warf der Herrscher von Sikar einen begehrlichen Blick auf den Ort und eroberte ihn. 1799 hielt der irische Abenteurer George Thomas, der mit den Marathen paktierte, Einzug, wurde aber bald von den Truppen des Maharajas von Jaipur zum Rückzug gezwungen. An die kriegerischen Ereignisse erinnert heute nichts mehr, sowohl die Stadtmauer wie die Tore sind verschwunden. Die zu Beginn des 19. Jh. einsetzende britische Herrschaft begünstigte den friedvollen Handel, sodass der einflussreiche und vermögende Podder-Clan sich auch in Fatehpur etablierte und entscheidenden Anteil an der künstlerischen Ausgestaltung der Handelshäuser hatte.

Zu den schönsten Bauten zählt der aus dem Jahr 1880 stammende **Nand-Lal-Devra-Haveli** etwas abseits der Hauptstraße. Im vorderen Hof erwarten den Besucher Fresken von Lakshmi, der Göttin des Reichtums, zusammen mit ihren Elefanten.

Eine ähnliche Thematik findet sich an der Fassade des **Jagannath-Singhania-Haveli** auf der anderen Seite der Hauptdurchgangsstraße, wo auf tiefblauem Untergrund – ein typisches Merkmal der Fatehpur-Fresken – Vishnu und Lakshmi dargestellt sind, die von Elefanten gebadet werden.

Der Besitzer des **Gopiram-Jalan-Haveli** war hingegen eher von Europa und seiner Technik fasziniert. An der Außenwand sind frühe Autotypen dargestellt, im Hof der Raja von Sikar im Kreis englischer Adliger. Vor allem im Shekhavati konnte man der Kolonialherrschaft durchaus positive Seiten abgewinnen, da die Briten die durch den Niedergang des Mogulreichs bedingte Anarchie beendeten und somit wieder einen lukrativen Fernhandel ermöglichten. Der im 20. Jh. immer stärker werdende Unabhängigkeitsdrang fand allerdings auch hier seinen Niederschlag, so etwa in einem Fresko an einem **Haveli der Devra-Familie** aus den 1930er-Jahren an der Südseite der Municipality Road: König Georg V. händigt ›Mother India‹ ein Dokument aus, umgeben von verdienten Freiheitskämpfern.

Mit etwas Glück kann man einen Blick in den Golden Room des **Mahavir-Prasad-Goenka-Haveli** an der nördlichen Begrenzung des Basarviertels werfen, wo den Betrachter außer den für Rajasthan typischen Spiegel-

Havelis – die Handelshäuser des Shekhavati

Havelis sind Varianten des im Mittelmeerraum und im Orient verbreiteten Fonduk und der persischen Karawanserei. Kennzeichen ist ein großer Innenhof, der allseitig von einem zweistöckigen Bau umschlossen ist. Sein unterer Teil diente als Lagerraum und Stallung, der obere zur Unterbringung der Menschen.

Im Gegensatz zur Karawanserei, die als eine Art Hotel entlang der Karawanenrouten fungierte, beherbergte der Haveli unter einem Dach die Privat- und Geschäftsräume eines Händlers. Nach dem Vorbild rajputischer Paläste vermittelte er mit seinen im Erdgeschoss meist fensterlosen Fassaden nach außen einen wehrhaften Charakter und rechtfertigte seinen Namen (*haveli* bedeutet ›abgeschlossen‹). Einen Blick auf die Straße hatte man allenfalls von kleinen, meist durch Holzläden verschlossenen Fenstern im ersten Stock. Größere Havelis verfügten über zwei oder gar drei hintereinander angeordnete Höfe, von denen der hintere den Familienangehörigen vorbehalten war. Der Zutritt zum vorderen Innenhof erfolgte durch ein hohes, auch von beladenen Kamelen passierbares, fest zu verschließendes Tor, in das eine kleine Tür für die Fußgänger eingelassen war. Das große eisenbeschlagene Tor wurde nur bei Lieferung von Handelsware oder bei Ankunft der Frauen geöffnet, die üblicherweise in zugehängten Ochsenwagen anreisten.

In der Nähe des Eingangs hatte der Handelsherr seinen Geschäftsraum, den *baithak*. Um die Partner und Gäste zu beeindrucken, wurde der spärlich möblierte, häufig jedoch zweischiffige Raum mit besonderer Sorgfalt ausgemalt und mit einem geschnitzten Deckenbalken versehen, der die beiden Schiffe trennte. Zuweilen verlief erhöht eine Galerie um den Empfangsraum. Vor fremden Blicken durch Jaligitter geschützt, konnten die Frauen von hier einen Blick auf die Männergesellschaft werfen.

Vom Hof führte gegenüber dem Haupteingang eine oft reich verzierte Tür in den privaten Teil der Anlage. Über ihr wurden für jede Heirat einer Tochter sogenannte Torans angebracht, flache Objekte mit Vogeldarstellungen. Nicht fehlen durfte auch das Bildnis eines Ganesh, das ja bereits bei den Rajputenpalästen die Grenze zwischen der öffentlichen und privaten Sphäre markierte. Um den sich anschließenden privaten Hof verlief im ersten Stock eine Galerie, von der man in die einzelnen Räume des zweiten Stocks gelangte. Treppen führten auch hinauf auf die Dachterrasse, die zum Schutz gegen fremde Blicke von einer durchbrochenen Wand umschlossen wurde und in den heißen Sommernächten auch zum Schlafen diente.

Die frühesten Havelis entstanden im 18. Jh. und waren noch aus Lehm erbaut, da Steine in der wüstenartigen Region Mangelware sind. Der überwiegende Teil der noch erhaltenen Handelshäuser stammt aus dem 19. Jh., als die Besitzer mit der künstlerischen Gestaltung der Fassaden begannen. Die Außenwände wurden mit einer feinen polierten Putzschicht aus Kalk und gemahlenem Marmor überzogen. Bei einer preiswerteren Variante wurde statt Marmor Muschelmehl verwendet. Diese aus Gujarat stammende Fassadengestaltung, die in ihrer Vollendung echtem Marmor ähnelt, findet man ebenfalls an zahlreichen Palästen in Rajasthan und an den Bauten der Moguln.

Im Außenbereich trug man dann Farbe auf den feuchten Putz auf *(fresco)*, im Innern wurden die Wände in trockenem Zustand bemalt *(secco)*. Zunächst kamen Naturfarben zur Anwendung, insbesondere Rot, Grün, Gelb, Schwarz und Weiß, im späten 19. Jh. dann zunehmend die aus Deutschland importierten Anilinfarben, darunter vor allem das begehrte Blau, das man bis dahin nur aus Lapislazuli gewinnen konnte. An Künstlern herrschte kein Mangel, waren doch viele ehemals am Mogulhof beschäftigte Maler nun arbeitslos und wanderten in die Orte des Shekhavati-Gebiets ab. Da der Islam auch auf dem Gebiet der Kunst seine dominierende Stellung einbüßte, stand der figürlichen Darstellung, die unter den Moguln auf den Hof beschränkt war, nichts mehr im Wege. So begannen dann Hindugottheiten die Wände der Havelis zu schmücken, aber auch Szenen aus Balladen. Sehr beliebt waren Motive aus der Dhola-Maru-Ballade, in deren Zentrum die beiden Fürstensprösslinge Dhola und Maru stehen. Als Kinder waren sie einander versprochen, doch sie verloren sich aus den Augen, da der alte Ehevertrag in Vergessenheit geriet. Doch Dhola kommt später an den Hof Marus und verliebt sich in die Prinzessin. Wandmalereien zeigen, wie er mit ihr auf einem Kamel vor dem – natürlich – bösen Heiratskandidaten Umra-Sumra flieht.

Einige Havelis im Shekhavati (hier in Jhunjhunu) werden auch heute noch genutzt

verzierungen Darstellungen von Krishna sowie von aus Frauengestalten geformten Elefanten und anderen Tieren erwarten.

Übernachten

Staatlich ▶ **RTDC-Tourist Bungalow Hotel Haveli:** Tel. 015 71-202 93, http://rtdc.in/haveli.htm. Ziemlich saubere Unterkunft. DZ ab 900 Rs.

Essen & Trinken

Zum o. g. Hotel gehört ein passables Restaurant.

Verkehr

Bus: Verbindungen u. a. mit Jaipur (4 Std.), Delhi (6 Std.), Churu (1 Std.), Mandawa und Ramgarh (jeweils 30 Min.).

Ramgarh ▶ E 6

Die Gründungsgeschichte der etwa 20 km nördlich von Fatehpur liegenden Stadt **Ramgarh** 4 erinnert ein wenig an Tarifauseinandersetzungen unserer Tage, wenn Großkonzerne im Falle zu hoher Lohnforderungen mit Abwanderung ins Ausland drohen.

Im Jahr 1790 versuchte der Herrscher von Churu, das zum Staat Bikaner gehörte, die Steuern auf den Wollhandel zu erhöhen. Er hielt die Drohung der einflussreichen Poddar-Familie, die Stadt zu verlassen, für Bluff, bis er eines Besseren belehrt wurde und mit leeren Händen dastand. 1791 verließen die Poddars Churu und gründeten mit Hilfe des Rajas von Sikar 16 km südlich die Ortschaft Ramgarh, die bald florierte und Churu zur Bedeutungslosigkeit degradierte. Heute gehört Ramgarh zu den Orten mit den meisten Wandmalereien in ganz Shekhavati. Allerdings sind nicht alle zugänglich, so z. B. auch nicht die Poddar-Chattris, die Begräbnisstätten der einflussreichen Händlerfamilie unweit des Busbahnhofs, die allein über 500 Malereien aufweisen. Betreten kann man hingegen den **Natwar Niketan,** einen um 1844 von den Poddars gestifteten Tempel ganz in der Nähe der Grabstätten, an dessen Außenwänden sich einige hübsche Malereien von Kamelen und Elefanten erhalten haben. In einer Parallelstraße fand ein kleiner, mit geometrischen Mustern reich geschmückter **Poddar-Haveli** seinen Platz, der durch die Verwendung von Naturfarben besticht, die vor 1850 üblich waren. Ungefähr 200 m nördlich davon liegt der **Ram-Lakshman-Tempel,** der 1860 auf einem älteren Heiligtum errichtet wurde, das heute das Kellergeschoss bildet. Dadurch haben sich frühe religiöse Malereien aus den 20er-Jahren des vergangenen Jahrhunderts, für die auch das wertvolle Indigo Verwendung fand, in ihrer ganzen Farbenpracht erhalten.

Durchaus lohnend ist auch der Bummel durch die von Ost nach West und Richtung Norden verlaufende Basarstraße mit ihren kleinen, teilweise ausgeschmückten Läden.

Wir setzen unsere Rundfahrt fort und erreichen nach 16 km ihren nördlichsten Punkt: Churu.

Verkehr

Bus: Verbindungen mit Churu (30 Min.) und Fatehpur (45 Min.).

Churu ▶ E 6

Von Dünenketten der Wüste Thar umgeben, macht der bereits 1563 von einem Jat-Krieger gegründete Ort **Churu** 5 einen fast oasenhaften Eindruck. Kein Wunder, dass er sich schnell zum Umschlagplatz für den Karawanenhandel entwickelte. Noch einmal konnten sich hier Mensch und Tier versorgen, ehe sie sich auf den langen, gefährlichen Weg nach Norden machten, und es war der erste sichere Platz auf dem weiten und gefährlichen Weg aus Afghanistan und Kaschmir.

Zu den wichtigsten Händlern des vorgeschobenen Stützpunkts gehörten auch hier die Mitglieder des Poddar-Clans, der sich auf den Import von Wolle aus Kaschmir spezialisiert hatte. Wie oben beschrieben verließen die Poddars und andere Kaufleute die Stadt, als der unersättliche lokale Herrscher Sheo Singh die Steuern auf Wolle drastisch anhob, um seine Privatschatulle zu füllen. Nicht genug damit, einige Jahre später überwarf er sich mit seinem Herrn in Bikaner, der kurzen

Prozess machte, Churu angriff und das Fort und die Mauern schleifte. Die Stadt fand niemals mehr zu ihrer alten Blüte zurück, obwohl sich während der britischen Kolonialherrschaft wieder zahlreiche Kaufleute hier niederließen.

Deutlichster Ausdruck dieser neuen Epoche ist der am südlichen Ortsrand gelegene **Surana-Doppel-Haveli,** der wegen seiner vielen Fenster in Anlehnung an den Palast der Winde in Jaipur den Beinamen Surana Hawa Mahal erhalten hat. Ganz in der Nähe errichtete die Kothari-Familie zu Beginn des 20. Jh. mehrere Havelis. Einige Gassen nordwestlich kann man an der Nordwand des **Suramajal-Haveli** das Bildnis eines Zigarre rauchenden Jesus bewundern. Mit der christlichen Ikonografie nicht vertraut, hatte der Künstler ihn bei seiner Kopierarbeit für einen normalen, bärtigen Westeuropäer gehalten und ihm eine Zigarre ›gegönnt‹. Gut 200 m nördlich trifft man auf einen sehr ausdrucksvollen Fries an der Südfassade des **Kanhaiyalal-Bagla-Haveli,** der die bekannte Ballade von Dhola und Maru illustriert: Die beiden Liebenden fliehen auf einem Kamel vor dem Bösewicht Umra-Sumra (s. S. 259).

Wie der **Sita-Ram-Tempel** an der vom Fort Richtung Westen führenden Basarstraße beweist, beschränkten sich die Wandmalereien keineswegs auf die Handelshäuser. Von den Wänden des 1890 entstandenen Heiligtums blicken Hanuman, Garuda, Vishnu und Krishna auf die Besucher.

Verkehr

Bus: Verbindungen u. a. mit Ramgarh (30 Min.) und Bissau (30 Min.).

Bissau ► E 6

Auf dem Weg zurück nach Jaipur ist die nächste Station **Bissau** 6, das 1746 von einem Sohn Sardul Singhs an der Stelle eines bereits bestehenden Dorfes gegründet wurde. Shyam Singh, der Enkel des Gründers, vergraulte 1788 die Kaufleute durch überzogene Steuerforderungen, nicht anders als Sheo Singh, der Herrscher von Churu, es einige Jahre später versuchte. Die Folgen waren die gleichen: Die Kaufleute suchten sich andernorts ein neues Betätigungsfeld. Um seinen aufwendigen Lebensstil zu finanzieren, verlegte sich der Herrscher nunmehr auf den Karawanenraub und hielt sich eine kleine, von zwei französischen Söldnern befehligte Armee. Erst unter seinem Nachfolger kehrten wieder geordnete Verhältnisse ein, die die Kaufmannschaft durch ihre Rückkehr honorierte.

Eine ganze Gruppe interessanter Bauten liegt gegenüber der Busstation am Südende der von Nord nach Süd verlaufenden Basarstraße. Dazu zählt die Begräbnisstätte **Sarkari Chattri** mit der Abbildung einer auf einem Kamel transportierten Kanone und der an der Nordwestecke platzierte **Jainarayan-Gopiram-Tibrewala-Haveli** mit überwiegend religiösen Motiven wie Bildnissen von Ganga und Vishnu. Auch der 50 m östlich liegende **Motiram-Jasrai-Sigtia-Haveli** greift auf religiöse Themen zurück; besonders gelungen ist die beliebte Episode, in der Gott Krishna den badenden Hirtenmädchen die Kleider stiehlt.

Die Reise geht nun in südöstliche Richtung weiter, wo man nach etwa 40 km die stattliche Ortschaft Jhunjhunu erreicht.

Verkehr

Bus: Regelmäßige Verbindungen mit Jhunjhunu (ca. 45 Min.), Fatehpur (ca. 30 Min.) und Churu (30 Min.).

Jhunjhunu ► E 6

Das genaue Gründungsdatum der am Fuße eines Hügels gelegenen Stadt **Jhunjhunu** 7 ist unbekannt, aber bereits 1450 ließ sich hier ein gewisser Mohammed Khan nieder und rief die Kaimkhani-Dynastie ins Leben, die bis 1730 Bestand hatte. Dann riss der Rajpute Sardul Singh die Herrschaft an sich und baute die Stadt zur Metropole des Shekhavati aus. Nach seinem Tod wurde Jhunjhunu unter seinen fünf Söhnen aufgeteilt. Zu Beginn des 19. Jh. ermordete hier der berüchtigte Shaym Singh aus Bissau, von dem bereits weiter oben die Rede war, seinen Cousin Ranjit Singh und dessen Sohn, um von der Stadt

Buchempfehlung

Wer sich intensiver mit der Shekhavati-Region und den Havelis beschäftigen möchte, dem sei das hervorragende, vor Ort erhältliche Buch »The painted towns of Shekhavati« von Ilay Cooper (Mapin Publishing, Ahmedabad) empfohlen.

Besitz zu ergreifen. Nur der zweite Sohn des Ranjit Singh entkam dem Massaker und gründete später Dundlod (s. S. 263). Nach dem Tod des Tyrannen wählten die Briten Jhunjhunu als Garnison zur Bekämpfung des Bandenunwesens. Aufgrund der zentralen Lage, der guten Verkehrsanbindung und der Existenz eines angenehmen Hotels empfiehlt sich Jhunjhunu als Standort zur Erkundung der Region.

Folgt man der vom Hotel Shiv Shekhavati nach Westen verlaufenden Basarstraße, trifft man im Zentrum auf den beeindruckenden **Mohanlal Ishwardas Modi Mahal** aus dem Jahr 1896, an dem sich vor allem in den Bögen beiderseits des Eingangs in der Seitenstraße und über dem Tor schöne Motive mit Kamelen sowie Porträts der englischen Könige Edward VII. und Georg V. erhalten haben.

Ein Stück weiter westlich liegt inmitten des Gemüsemarkts der noch recht gut erhaltene **Kaniram-Narasinghdas-Tibrevala-Haveli.** Eisenbahnen gibt es hier zu bewundern, englische Soldaten und Bilder aus der reichen Folklore Rajasthans.

Der aus zwei Höfen bestehende **Nuruddin-Farooqi-Haveli** etwa 100 m westlich beweist, dass sich auch die muslimischen Kaufleute, obwohl in der Motivwahl auf abstrakte und geometrische Muster beschränkt, durchaus nicht vor ihren hinduistischen Kollegen verstecken mussten. Wie viele islamische Bauten gewinnt der Haveli seinen Reiz durch die ausgewogene Harmonie von Architektur und Dekoration.

Einen besonders schönen Blick über die Stadt genießt man vom Dach des **Khetri Mahal,** eines Palastes, der auf das Jahr 1770 datiert wird und mit einer bis zum Dach führenden Rampe ausgestattet ist, über die der Besitzer einst bis zur Dachterrasse hinaufreiten konnte.

Übernachten

Gemäldegalerie ► Jamuna Resort: Nathji Ka Tila, Tel. 015 92-328 71, 51 26 96, Fax 015 92-340 70, www.shivshekhawati.com. Der Eigentümer ist ein ausgezeichneter Kenner der Region; Bungalows, z. T. ausgemalt, in einem großen, gepflegten Garten. Sehr gutes Gartenrestaurant. DZ ab 800 Rs.

Zum Wohlfühlen ► Shiv Shekhavati: Muni Ashram, östlich des Zentrums, Tel. 015 92-326 51, 51 26 95, Fax 015 92-340 70, www.shivshekhawati.com. Ordentliche, saubere Unterkunft. Gleicher Eigentümer wie beim zehn Fußminuten entfernten Jamuna Resort. DZ mit AC ab 800 Rs.

Essen & Trinken

In den beiden o. g. Unterkünften stehen Restaurants zur Verfügung.

Verkehr

Bus: Verbindung u. a. mit Jaipur (ca. 4 Std.), Delhi (ca. 5 Std.) und Bikaner (ca. 6 Std.).

Mandawa ► E 6

Der Ort **Mandawa** 8 im Herzen des nördlichen Shekhavati, 23 km südlich von Bissau und 24 km südwestlich von Jhunjhunu gelegen, zählt zu den schönsten der gesamten Region und ist aufgrund seines hervorragenden Palasthotels zum bevorzugten Standort der Reisegruppen geworden. In den ungepflasterten sandigen Gassen, gesäumt von bemalten Havelis, scheint die Zeit stehen geblieben zu sein und jenes Indien konserviert, das die Fantasie der Europäer im 19. Jh. beflügelte und sie nach wie vor in seinen Bann zieht.

Den Schritt vom unbedeutenden Wüstenort zur Stadt vollzog 1756 Nawal Singh, ein Sohn von Sardul Singh, durch den Bau eines Forts. 1828 vermochte sich die Festung erfolgreich gegen den Raja von Sikar zu verteidigen, der keine Gelegenheit ausließ, sein Reich auf Kosten seiner Nachbarn zu vergrößern. Der Bau von Havelis ist hier vor allem den Kaufmannsfamilien Dhandhan, Harlakas Ladia und Goenka zu verdanken, die mit der Ausgestaltung ihrer Handelshäuser im frühen 19. Jh. begannen.

Das die Hauptbasarstraße überspannende **Sonthliya-Tor** mit einer Krishnafigur als Abschluss trägt zwar entscheidend zum exotischen Flair Mandawas bei, bereichert das Stadtbild aber erst seit 1930.

Gegenüber vom Tor flankiert der üppig dekorierte **Rameshwarlal-Sundarmal-Haveli** die Hauptstraße. An seiner Südwand ist das Treffen des Herrschers mit einem englischen Offizier dargestellt. Zu den schönsten Bauten zählt der um 1870 entstandene **Gulab-Rai-Ladia-Haveli** ein Stück südwestlich des Forts. Neben Motiven aus dem Leben des Besitzers Gulab Rai finden sich Abbildungen von Maschinen, eine Eisenbahn und die obligaten Kamel- und Elefantendarstellungen. Früher einmal zierten auch erotische Motive die Außenwände, sie wurden aber von Bilderstürmern mit Farbe übertüncht oder von der Wand gekratzt. Der ebenfalls reich bemalte **Lakshminarayan-Ladia-Haveli** nebenan wurde bereits 1851 errichtet, erhielt seine heutigen Fresken aber erst um 1890. Neben religiösen Motiven fallen zwei besonders große Reiter ins Auge, die möglicherweise die Dungarji und Jawahirji verkörpern, lokale, bis heute in Balladen besungene Robin Hoods.

Besonders lohnend ist der frühmorgendliche Ausflug zum **Harlakla-Brunnen** ein Stück südlich des Busbahnhofs, der 1850 gegraben wurde und, wie die Schar bunt gekleideter Frauen beweist, noch immer seine Funktion erfüllt. Angesichts des ›exotischen‹ Anblicks stellt sich – einmal mehr, wenn man im Hotel gerade in den Genuss fließend heißen Wassers gekommen ist – die Frage, ob man sich selbst mit der Rolle einer Wasser schleppenden Hausfrau abfinden würde.

Übernachten

Verschachtelt ▶ **Castle Mandawa:** Tel. 015 92-22 34 80–82, Fax 015 92-22 31 71, 01 41-237 11 94 (Jaipur), www.mandawahotels.com. Von Reisegruppen bevorzugtes romantisches Palasthotel mit 70 teilweise stilvoll möblierten Zimmern unterschiedlicher Ausstattung, der Service könnte besser sein. DZ ab 3700 Rs. Heimeliger und preiswerter ist das zur gleichen Kette gehörende **Hotel Mandawa Haveli** ganz in der Nähe.

Backpackerbleibe ▶ **Hotel Shekavati:** nahe Mukandgarh Rd. unweit des Busbahnhofs, Tel. 09 31-469 80 79, hotelshekhavati@sify.com. Große, teilweise hübsch ausgemalte Zimmer, saubere Bäder, ein bemühter Eigentümer und ein ausgezeichnetes Preis-Leistungs Verhältnis wirken wie ein Magnet. DZ ab 500 Rs.

Essen & Trinken

Auf der Dachterrasse des **Hotels Shekhavati** gibt es ein kleines Restaurant.

Verkehr

Bus: Gute Verbindungen mit Jhunjhunu (45 Min.), Fatehpur (40 Min.) und Nawalgarh (1 Std.), 1 x tgl. auch mit Bikaner (3 Std.).

Dundlod ▶ E 6

Der abseits der Haupttouristenrouten 16 km südöstlich von Mandawa gelegene, verschlafene Ort **Dundlod** 9 wurde von einem der fünf Erben Sardul Singhs 1790 gegründet. Zum Handelsknotenpunkt entwickelte sich Dundlod aber erst, als sich Sheo Singh, der dem Mordkomplott in Jhunjhunu entkommen war (s. S. 261), hier niederließ, gefolgt von der vermögenden Goenka-Familie. Ihr sind die meisten der heute noch erhaltenen Havelis zu verdanken.

Beeindruckend ist nach wie vor das ein wenig vom morbiden Hauch der Vergangenheit umwehte **Fort**, in dem man stilecht wohnen kann. Es wurde zwar 1750 gegründet, erhielt seine heutige Gestalt aber erst um 1840. Sehenswert ist vor allem der Empfangssaal (Durbar), der noch in seiner ursprünglichen Form erhalten ist. In der Umgebung liegen Begräbnisstätten (Chattris) und Havelis mit einigen Malereien.

Übernachten

Für Pferdefreunde ▶ **Fort Dundlod:** Palasthotel im Fort, Tel./Fax 01 41-221 12 76,

221 25 37 (Jaipur), www.dundlod.com. Sehr stilvoll eingerichtete große Zimmer mit viel Flair. Das Hotel ist die erste Adresse für Pferdefreunde. Raghuvendra Singh Dundlod ist Generalsekretär der Indigenous Horse Society of India und veranstaltet anspruchsvolle Pferdesafaris. Einen tollen virtuellen Panoramablick der Zimmer und des Hotels findet man auf der Website www.bonnorama.de. DZ ab 2800 Rs.

Verkehr

Bus: Regelmäßige Verbindungen mit Nawalgarh (20 Min.), Mandawa und Jhunjhunu (ca. 45 Min.).

Nawalgarh ► E 6

Die nur 7 km südöstlich von Dundlod gelegene Stadt **Nawalgarh** 10 gehört aufgrund ihrer vielen Havelis zu den lohnendsten Zielen im Shekhavati. Wie viele Ortschaften der Region wurde auch sie von einem der Söhne Sardul Singhs Mitte des 18. Jh. gegründet. Da der Herrscher sich in seinen Steuerforderungen gemäßigt zeigte, ließen sich bald etliche Kaufleute in Nawalgarh nieder und verhalfen der Stadt zu einer wirtschaftlichen Blüte, die ihren Niederschlag in über 100 Havelis fand. Noch heute gibt es einen aus Mandawa stammenden lokalen Herrscher, Rawal Sahib. Er hat einen Teil seiner Residenz zu einem wunderschönen Hotel ausgebaut (s. rechts).

Im Herzen der Ortschaft erhebt sich das **Fort Bala Qila** über den lebhaften, farbenfrohen Markt. In einem der leider nur selten zugänglichen, in Privatbesitz befindlichen Räume ist die Kuppel mit Stadtansichten Jaipurs und Nawalgarhs ausgemalt. Ein Stück östlich liegen die 1890 erbauten vier **Dungaichi-Havelis,** die von Binja, einem der besten Freskenmaler seiner Zeit, gestaltet wurden. Neben dem Zugang begrüßt Saraswati auf ihrem Pfau den Besucher, und an der Nordwand rufen die beiden edlen Räuber Dungarji und Jawahirji die Erinnerung an unruhige Tage wach.

Reich mit Malereien ausgeschmückt sind auch die Havelis östlich des Bowri-Tors, durch das die Ausfallstraße nach Mandawa führt. Am **Jodhraj-Patodia-Haveli** spannt sich der Bogen von religiösen Motiven bis zu Darstellungen englischer Soldaten. Schräg gegenüber liegt an der Kreuzung der hübsche **Gangadas-Jamnadar-Goenka-Haveli** von 1905. Einträchtig nebeneinander finden sich hier »Mahabharata«-Motive sowie Darstellungen der Göttin Ganga und einer Eisenbahn, ein Beweis, dass Indien die Errungenschaften der westlichen Zivilisation durchaus mit den traditionellen Werten seiner Kultur zu verbinden wusste – ein Tatbestand, der im Übrigen bis heute Geltung hat. Ganz in der Nähe liegen die **Begräbnisstätten** (Chattris) der lokalen Herrscher aus dem Jahr 1824.

Etwa 200 m weiter östlich reihen sich nahe dem Poddar-Tor weitere interessante Handelshäuser. Zunächst trifft man auf den **Ram-Kumar-Chokhani-Haveli** mit einer schönen Darstellung des beliebten Dhola-Maru-Motivs. Im angrenzenden **Pannalal-Mansingh-Haveli** wurden beliebte Volkshelden porträtiert und eine Gangaur-Prozession zu Ehren von Gauri, der Göttin des Überflusses, verewigt. Noch ein Stück weiter liegt auf derselben Straßenseite der **Shyoarayan-Bansidhar-Haveli,** an dessen Fassaden Züge, ein Dampfschiff und eine von Pferden gezogene Straßenbahn ein neues Zeitalter einläuten.

Sehr gut restaurierte Malereien, von einer Gangaur-Prozession bis zu ›modernen‹ Verkehrsmitteln reichend, findet man in dem außerhalb der Altstadt, etwa 200 m östlich des Poddar-Tors, liegenden **Anandi-Lal-Poddar-Haveli,** der erst 1920 entstand und heute eine Schule beherbergt.

Übernachten

Fürstlich ► **Roop Niwas Kothi:** Tel. 015 94-22 20 08, Fax 015 94-22 33 88, www.roopniwaskothi.com. Ruhig gelegenes Palasthotel am Stadtrand, ehemalige Residenz des Fürsten von Nawalgarh, 23 Zimmer, großer Garten und Pool. DZ ab 2700 Rs.

Ökologisch ► **Eco-Farm Apani Dhani:** Jaipur Rd., etwa 500 m vom Busbahnhof, Tel. 015 94-22 22 39, Fax 015 94-22 40 61, www.

apanidhani.com. Urtümliche, ökologisch ausgerichtete Unterkunft. Man wohnt naturnah und ruhig in strohgedeckten Hütten mit Lehmwänden, dennoch komfortabel. Eigener Gemüsegarten, gutes Restaurant. DZ 950 Rs. Der sehr engagierte Eigentümer betreibt auch die zentral gelegene **Ramish Jangid's Tourist Pension** mit fünf einfachen Zimmern. DZ ab 600 Rs.

Traditionsbewusst ▶ **Heritage Tikhana:** Nahe Bawri Gate, Tel. 015 94-22 21 52, www.heritagethikana.com. Kleines Hotel im Haveli-Stil mit funktionalen, ausgemalten Zimmern, Restaurant. Besonders stolz ist man auf das Bio-Gemüse aus eigenem Anbau. DZ ab 1200 Rs.

Essen & Trinken

Hinweise zu Restaurants siehe unter den o. g. Unterkunftsadressen.

Verkehr

Bus: Verbindungen u. a. mit Jhunjhunu (ca. 1 Std.) und Jaipur (ca. 3 Std.).

Bengalische Dächer und zierliche Säulen kennzeichnen die Chattris von Nawalgarh

Ajmer ►D 7

Cityplan: s. rechts
Am eindrucksvollsten ist es, wenn man sich der Altstadt kurz vor der Dämmerung nähert. Dann modellieren Scheinwerfer den Zugang zum Dargarh – Indiens wichtigstem Heiligtum der Muslime – aus dem Abendhimmel heraus, und der ihn umgebende Basar mit seinen kleinen, von flackernden Glühbirnen und zischenden Gaslampen erhellten Ständen wirkt wie die Bühne eines orientalischen Theaterstücks. Man sollte sich hinsichtlich Bekleidung und Fotografieren Zurückhaltung auferlegen.

Heute sieht man der Stadt ihr hartes Schicksal nicht mehr an. Bereits um 1024 hatte der beutehungrige Mahmud von Ghazni, der aus den Bergen Afghanistans regelmäßig den Subkontinent heimsuchte, eine bereits vor der offiziellen Stadtgründung durch den Rajputenfürsten Ajapal Chauhan an dieser Stelle existierende Siedlung überfallen. 1192 wurde die Stadt von Mohammed von Ghur erneut geplündert und dem Sultanat von Delhi zugeschlagen, das bis 1398 Bestand hatte. Wiederholt wechselten dann die Besitzer. 1398 zog der Fürst von Mewar ein, 1470 die islamischen Herren von Malwar, gefolgt von den Moguln, die Ajmer sogar zu einer ihrer Residenzen erhoben.

Ajmers Bedeutung als Hort des Islam auf indischem Boden geht auf den hier 1256 verstorbenen und bestatteten Sufiheiligen Muin-ud-Din Chishti zurück, der sich, aus Persien kommend, schon 1192 in Ajmer niedergelassen und die Stadt zu einem wichtigen Zentrum des islamischen Mystizismus entwickelt hatte. Im 16. Jh. hatte der Chishti-Orden großen Einfluss, vornehmlich auf die Mogulherrscher.

Arhai-Dinka-Jhonpra-Moschee 1

Ältestes Zeugnis islamischer Präsenz ist die am Rand der Altstadt liegende **Arhai-Dinka-Jhonpra-Moschee**, die im Jahr 1193 auf den Grundmauern eines Hindutempels errichtet wurde, wobei sich die Baumeister großzügig der vorhandenen Bausubstanz bedienten. Die Errichtung dürfte deshalb recht zügig vonstatten gegangen sein, wenn auch nicht so rasch wie der Name ›Hütte-der-zweieinhalb-Tage‹ suggeriert. Die Bezeichnung könnte aber auch von einem zweieinhalb Tage dauernden Fest im 18. Jh. herrühren und nicht von der dank überirdischer Hilfe kurzen Bauzeit.

Die Architekten bezogen die Halle des Tempels in den Komplex ein und verblendeten die Front mit einer typischen, aus sieben Kragbögen bestehenden 60 m langen Moscheefassade, die sie mit Kufibändern auflockerten. Den überhöhten zentralen Bogen flankieren heute nur noch als Torsi vorhandene Minarette. Im Innern besteht die Moschee aus vier Schiffen, deren Kuppeln man ebenfalls in Kragbauweise durch Aufeinanderschichten kleiner werdender Steinringe fertigte.

Im großen ummauerten Hof lassen sich noch überall Reste des Hindutempels ausmachen, dessen Figurenschmuck von den Bilderstürmern mutwillig zerstört wurde, um der islamischen Forderung nach bildloser Darstellung gerecht zu werden (tgl. außer Fr 8.30–17.30 Uhr, Eintritt 3 Rs, Kamera 10 Rs, Video 20 Rs).

Fort Taragarh 2

Oberhalb der Moschee thront auf vorgeschobenem Posten das um 1100 vom Rajputenfürsten Ajapal Chauhan errichtete **Fort Taragarh** (›Sternenfestung‹), das Ajmer vor Überfällen schützen sollte, diese Aufgabe, wie die Geschichte zeigt, aber nur unvollkommen erfüllte. Erhalten geblieben ist wenig, sodass sich der beschwerliche Aufstieg nur wegen der Aussicht lohnt (Erfrischungsstand vorhanden).

Dargarh 3

Unterhalb der Moschee liegt im Zentrum der Altstadt der als **Dargarh** bezeichnete Bezirk mit dem Grab des Sufiheiligen, der es verstanden hatte, asketische Lebensweise mit Musik und Poesie zu verbinden. Auf ihn gehen die an den Gräbern von Heiligen bis heute gepflegten religiösen Gesänge *(qaw-*

Ajmer

Sehenswert
1 Arhai-Dinka-Jhonpra-Moschee
2 Fort Taragarh
3 Dargarh
4 Palast
5 Nasiyan-Jaintempel
6 Ana Sagar

Übernachten
1 Mansingh Palace
2 Ambassador
3 RTDC Khadim Tourist Bungalow
4 Hotel Ajmeru
5 Haveli Heritage Inn

Essen & Trinken
1 Tandoor
2 Honeydew

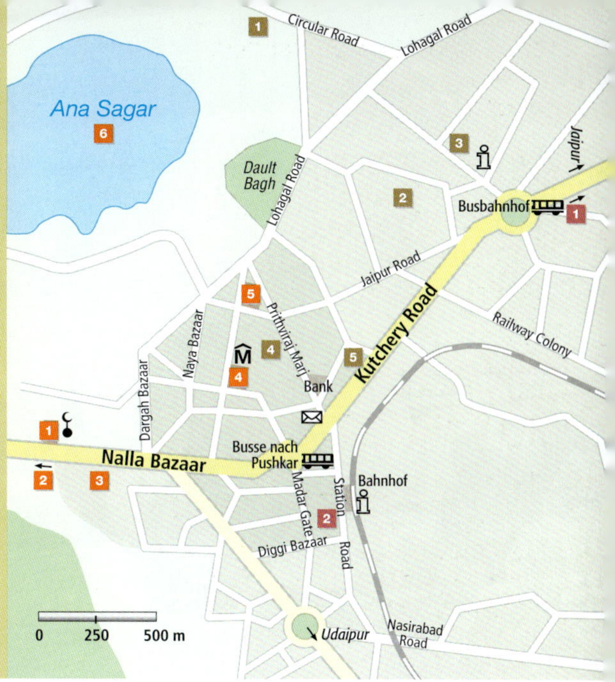

wali) zu Ehren Gottes, des Propheten und des Verstorbenen zurück.

Am großen Torbogen wird der Tourist mittels Spendenbuch um einen großzügigen Obolus gebeten. Ob wirklich jemand 100 oder gar 1000 Rupien gespendet hat, wie es im Buch vermerkt ist, sei dahingestellt, auch mit 10 oder 20 Rupien wird sich der Spendeneintreiber, wenn auch murrend, zufriedengeben.

Nach Betreten des mit zahlreichen interessanten Bauwerken ausgestatteten heiligen Bezirks fallen zunächst zwei große Kessel ins Auge, in denen während des Urs-Festes gespendeter Reis gekocht und dann als geheiligte Speise an die Pilger verkauft wird. Es handelt sich um Nachbildungen, gestiftet von den Mogulherrschern Akbar und Jahangir, die eine besonders enge Beziehung zum Chishti-Orden hatten. Rechter Hand schiebt sich die von Akbar 1570 erbaute, heute als Koranschule genutzte, schlichte Moschee ins Blickfeld. Farbige Steinbänder nach dem Vorbild von Fatehpur Sikri (s. S. 356) schmücken den zentralen Bogen des Bauwerks.

Auch Jahangirs Sohn Shah Jahan, Schöpfer des einzigartigen Taj Mahal, verewigte sich hier mit einer großartigen, natürlich aus Marmor errichteten Freitagsmoschee. Zierliche Säulen tragen den nur zweischiffigen, aber 45 m langen, mit elf elegant geschwungenen Bögen versehenen Bau. Unmittelbar davor erhebt sich recht unscheinbar die Grabstätte des Heiligen, ein quadratischer Marmorbau, dessen Kuppel erst später im Auftrag von Shah Jahan hinzugefügt wurde (Dargarh: tgl. 5–19 Uhr, während der Gebetszeiten nachmittags geschlossen).

Außerhalb der Altstadt

Akbars regelmäßige Besuche am Sufigrab haben ihren Niederschlag auch in einem außerhalb der Altstadt liegenden **Palast** 4 gefunden, in dem heute ein Museum untergebracht ist, auf dessen Besuch man aber durchaus verzichten kann.

Einen Blick sollte man hingegen in den nicht weit davon entfernten, im Jahr 1864 erbauten **Nasiyan-Jaintempel** 5 (›Roter Tempel‹) werfen, in dessen Heiligtum ein Modell

aus vergoldetem Silber den Besucher in Erstaunen versetzt. Vor dem Hintergrund einer Palastanlage wird hier des Leben des ersten Furtbereiters der Jainreligion illustriert, der von einem Palast in Ayodhya aus seine Missionstätigkeit begonnen haben soll (tgl. 8.30–16.30 Uhr, Eintritt 3 Rs, Fotoverbot).

Am nordöstlichen Stadtrand liegt der bereits im Rahmen der Stadtgründung künstlich aufgestaute **Ana Sagar** 6, den die Moguln besonders schätzten, die, wie ihre Paläste in Delhi und Agra zeigen, ja eine besondere Vorliebe für Gartenanlagen am Rande von Seen oder Flüssen hatten. So finden sich denn auch im ufernahen Park Dault Bagh einige von Shah Jahan errichtete Marmorpavillons, Baradaris genannt, die in Handwerkskunst und Ausgewogenheit der Proportionen zu den schönsten Bauwerken in Ajmer zählen.

Infos

Tourist Office: Im Khadim Tourist Bungalow, Tel. 01 45-262 74 26, Mo–Sa 8–12 und 15–18 Uhr; Zweigstelle im Bahnhof.

Übernachten

Man wohnt besser im wenige Kilometer entfernten Pushkar, dennoch einige empfehlenswerte Adressen:

Nur die Lage bringt es ► **Mansingh Palace** 1: Circular Rd., Tel. 01 45-242 57 02, 01 45-242 58 55, Fax 01 45-242 58 58, www.mansinghhotels.com. Bestes Hotel der Stadt, 60 Zimmer, teils mit Balkon und Seeblick, Garten, Restaurant. Der Preis ist trotz der schönen Lage am Ana Sagar nicht gerechtfertigt. DZ ab 4000 Rs.

Freundlich und zentral ► **Ambassador** 2: Nagina Bagh, Ashok Marg, Tel. 0 145-242 50 95, www.ambassadorajmer.com. Komfortables neues Hotel mit 27 Zimmern unweit des Dargar. DZ ab 1800 Rs.

Ziemlich teuer ► **RTDC Khadim Tourist Bungalow** 3: Savitri Girls College Rd., nahe Busbahnhof, Tel. 01 45-262 74 90. Unterkunft mit abgewohnten Zimmern und, wie bei anderen staatlichen Unterkünften auch, verbesserungsbedürftigem Service. Das Restaurant ist aber nicht schlecht und zudem preiswert. DZ mit AC 1800 Rs, DZ ohne AC ab 1200 Rs, jeweils mit Frühstück.

Recht ordentlich ► **Hotel Ajmeru** 4: Khailand Market, Tel. 01 45-243 11 03, Fax 01 45-242 95 82, www.hotelajmeru.com. Zentral gelegenes modernes Mittelklassehotel mit lichten, funktionalen Zimmern. DZ ab 600 Rs.

Das Geld wert ► **Haveli Heritage Inn** 5: Kutchery Rd., Tel. 01 45-262 16 07, www.haveliheritageinn.com. Familiäres Hotel in einem alten Haveli mit viel Atmosphäre, die Zimmer liegen um einen Innenhof, Restaurant; gutes Preis-Leistungs-Verhältnis. DZ ab 600 Rs.

Frauen beim Gebet in einer Moschee in Ajmer, dem für Muslime bedeutendsten Ort in Indien

Essen & Trinken

Speisen im Grünen ► **Tandoor** 1: Jaipur Rd., etwas außerhalb. Auf Tandoori-Gerichte spezialisiertes Gartenrestaurant. Hauptgerichte ab ca. 100 Rs.

Sehr beliebt ► **Honeydew** 2: Schräg gegenüber dem Bahnhof. Große Auswahl preiswerter indischer und chinesischer Gerichte, kleiner Garten. Hauptgerichte ab ca. 40 Rs.

Termine

Urs-Fest (6. Tag des 7. Monats im islamischen Kalender): Fest mit heiligen Gesängen *(qawwali)* zum Gedenken an den Tod von Sufis, vor allem des Chishti-Ordens.

Verkehr

Bahn: Gute Verbindungen mit New Delhi und Jaipur (New Delhi–Ajmer, Shatabdi Express, Nr. 2015/2016, ca 7 Std.), Abu Road und Ahmedabad (Ashram Express, Nr. 2916, ca. 7 Std.).

Bus: Der Busbahnhof liegt am Ostrand der Stadt in der Nähe des Tourist Bungalows. Schnelle und häufige Verbindungen nach Jaipur (3 Std.) und Delhi (9 Std.). Busse auch nach Udaipur (8 Std.), Bikaner (9 Std.) und Jaisalmer (10 Std.). Nach Pushkar alle 30 Minuten (Fahrzeit 30 Min.) von der Haltestelle am Jaintempel.

Pushkar ▶ D 7

Nur wenige Kilometer vom heiligsten Ort für Muslime auf indischem Boden, Ajmer, liegt eine bereits seit Urzeiten von den Hinduisten verehrte heilige Stätte. In nur 30 Minuten windet sich der Bus vom Bahnhof in Ajmer über einen kleinen Pass, um seine Fahrgäste dann an einem der bezaubernsten Orte Rajasthans zu entlassen. Kaum ein Globetrotter, der in Pushkar nicht mehrere Tage verbringt, um sich vom Reisestress zu erholen. Entlang der Nordseite des kleinen **Pushkar-Sees** reihen sich die weiß getünchten Häuser und davor die Badetreppen (Ghats) – eine Oase der Beschaulichkeit und religiösen Kontemplation ohne den sonst üblichen Verkehrslärm und -gestank. Einmal im Jahr allerdings, zur großen Mela im November, quillt der Ort über von Touristen aus aller Welt und farbenprächtig gekleideten Einheimischen, die mit ihren Herden anreisen. Für sie stehen der Besuch des Brahma-Tempels, der Handel und die Unterhaltung durch Tanz und Gesang im Mittelpunkt, während sich die Fremden vom Rausch der Farben betören lassen.

Auch wenn der Ort schon immer im Zeichen des Hinduismus gestanden hat: Die in Ajmer residierenden islamischen Herrscher ließen sich früher den Besuch Pushkars nicht nehmen, weniger, um ihre Toleranz unter Beweis zu stellen, als ihre Macht und Abscheu gegenüber der ›Götzenverehrung‹ zu demonstrieren. Jahangir etwa frönte hier seiner Jagdleidenschaft – in den Augen der Hindus eine Gotteslästerung ohnegleichen – und ließ sogar eine Plastik der Eberinkarnation des Gottes Vishnu *(vahana)* in den See werfen.

Legenden zur Entstehung des Sees und der Berge

Der nach der Lotosblüte *(pushkara)* benannte See ist als geheiligter Ort tief in der indischen Mythologie verwurzelt und wird bereits im Epos »Mahabharata« erwähnt. Der Gründungslegende »Pushkara-Mahatyma« zufolge soll sich der oberste Gott Brahma den Platz für sein Opferritual auserkoren haben, indem er eine Lotosblüte auf den Boden warf, die drei Mal hochsprang und so drei Seen – heute existiert nur einer – hinterließ, umgeben von drei Bergen, wodurch sich das topografische Abbild des vedischen Opferrituals ergibt: Der See ist die Opfergrube, die Berge verkörpern das Feuer, hinter denen sich der Luftraum auftut.

Zu Herzen geht die Geschichte des vierten hier vorhandenen Hügels, des Ratna Parvata. Er ist gewissermaßen der Schmollwinkel der stolzen Savitri, der Gemahlin Brahmas, die von ihm verstoßen wurde, als sie zu spät zum Opferritual erschien. Der Gott nahm sich kurzerhand die gefügige Gayatri, nach lokaler Überzeugung eine Kuhhirtin vom Stamm der Gujars. Den Berg krönt heute ein Tempel, von dem aus sich vor allem frühmorgens ein großartiger Blick bietet (ca. 1 Std. Aufstieg).

Heiligtümer am Pushkar-See

Wichtigstes Heiligtum ist der nahe dem westlichen Seeende liegende **Brahma-Tempel,** eines der wenigen Heiligtümer Indiens, das der obersten Gottheit geweiht ist. Denn im Gegensatz zu Shiva und Vishnu hat Brahma seine führende Rolle im religiösen Ritual schon lange eingebüßt.

Gesäumt wird der See von zahlreichen weiteren, den unterschiedlichen Gottheiten des indischen Pantheons geweihten Heiligtümern. Es gibt **Tempel für Shiva, Vishnu, Hanuman** und **Ganesh.** Auch auf Gedenksteine für Satis und rajputische Helden trifft man, denen durch ihren Opfertod übernatürliche Kräfte nachgesagt werden.

Durch Stiftung von **Badetreppen** *(ghats)* auf denen unmittelbar am Wasser die Opferzeremonien *(puja)* durchgeführt werden, haben sich auch die Fürstenhöfe Nordindiens in Pushkar verewigt. So gibt es ein Kota-, Jaipur- und Bundi-Ghat. Den Andrang meist jugendlicher Rucksacktouristen nutzen einige echte oder unechte Priester, um sie zu einer Puja zu überreden, in deren Verlauf sie dann übermäßig hohe Geldforderungen stellen. Auch ein Inder zahlt für die Dienstleistung des Brahmanen, allerdings nur wenige Rupia und nicht mehrere Hundert, wie sie von den Touristen verlangt werden. Damit es die Priester

Tipp: Pushkar Mela

Alljährlich im Monat Kartik (Okt./Nov.) zwischen Halb- und Vollmond drängen sich unzählige Menschen in den engen Gassen der Stadt Pushkar – neben den Einheimischen mit ihren Tieren auch viele Touristen. Es ist die Zeit der Pushkar Mela. Wie bei einer Mela üblich, verbinden sich dabei das Religiöse und das Profane zu einem einmaligen, farbenprächtigen Spektakel, dem jeder, der zu dieser Zeit in Nordindien weilt, beiwohnen sollte.

Das rituelle Bad im heiligen See zur Zeit des Vollmonds *(purnima)* verspricht die Reinigung der Seele und die spirituelle Erneuerung des Geistes nicht nur des Pilgers, sondern auch seiner Ahnen. Ausgeführt wird der Ritus von den Pandas, den Brahmanen-Priestern, die als Lohn für ihre Vermittlung Früchte, Getreide oder auch Geld erhalten. Danach besuchen die Pilger barfuß den Brahma-Tempel, bringen dort ihre Opfer und umschreiten dann das Heiligtum.

Für die von weither anreisende Landbevölkerung ist die Mela aber auch der jährliche Markt, auf dem man sich trifft, handelt und erste zarte Bande knüpft, denn wo sonst ist eine so große Zahl von Heiratskandidaten versammelt – nur zu verständlich, dass sich die Jugend herausputzt und mit ihren prächtigen Gewändern und Turbanen alle Welt verzaubert.

Im Zentrum der Handelstätigkeit steht das Kamel, nach wie vor wichtigstes Haustier in den trockenen Regionen Rajasthans. Vor dem Ort lagern die Händler mit ihren Tieren und Wagen, vor allem im Licht der untergehenden Sonne ein unvergessliches, zeitloses Bild. Der Markt dauert insgesamt fast 14 Tage zwischen Halb- und Vollmond, sodass es geraten ist, schon vor dem religiösen Höhepunkt anzureisen, um das Marktgeschehen in vollen Zügen genießen zu können. Die jeweils aktuellen Daten findet man unter www.asien-feste.de.

Es wimmelt nur so von Menschen und Kamelen bei der Mela in Pushkar

bei der Auswahl ihrer westlichen Opfer leichter haben, erhält jeder, der zu einer *puja* überredet werden konnte, ein Armband – volkstümlich als ›Pushkar-Pass‹ bezeichnet. Das Eintauchen in den See verspricht dieselbe spirituelle Reinigung wie das Bad im Ganges bei Varanasi.

Zunehmend wird die religiöse Atmosphäre des Wallfahrtsortes heute durch die Tourismusindustrie überlagert. Wo früher Devotionalien und Opfergaben angeboten wurden, reihen sich heute Stände mit Modeschmuck, Musikkassetten und Souvenirs, und viele Gebäude wurden mit Dachrestaurants aufgestockt, die allabendlich zum Treffpunkt der ›Traveller‹ werden. Auf Alkohol- und Fleischgenuss müssen sie aber ebenso verzichten wie auf Spiegeleier und Omeletts. In Pushkar herrscht strenger Vegetarismus.

Übernachten

Während des Pushkar-Festes steigen die Preise drastisch!

Teures Juwel ▶ Pushkar Palace: Am See, Tel. 01 45-277 20 01, Fax 01 45-277 22 26, 277 29 52, www.hotelpushkarpalace.com. Herrlich am Seeufer gelegen, hübscher Garten, sehr populär, jedoch zuweilen nächtliche Beschallung durch Tempellautsprecher. DZ ab 5100 Rs, 18 000 Rs während des Pushkar-Festes!

Gelungener Stilmix ▶ Jagat Singh: Ajmer Rd., gehört zu Pushkar Palace, www.hotelpushkarpalace.com. Neues, stilvoll nachempfundenes Palasthotel etwas außerhalb der Stadt, komfortable, aber nicht überladene Zimmer. DZ ab 3575 Rs.

Toplage ▶ RTDC Hotel Sarowar: Am See, neben dem Pushkar Palace, Tel. 01 45-277 20 40, http://rtdc.in/haveli.htm. Staatliches Hotel in sehr guter Lage mit einfachen Zimmern, schleppender Service. Das Preis-Leistungsverhältnis ist weitaus besser als im Pushkar Palace, Unterkunft für Ausländer aber nur schwer zu bekommen. DZ mit AC ab 1650. Rs, DZ ohne AC ab 900 Rs.

Rapunzel, Rapunzel ▶ The Seventh Heaven: Neben Mali Ka Mandir, Chotti Basti, Tel. 01 45-5 10 54 55, www.inn-seventhheaven.com. Zentral gelegener, mit viel Aufwand in ein kleines Hotel umgewandelter Haveli mit unterschiedlichen Zimmern – wie wäre es mit dem Rapunzel-Zimmer? Hervorragendes Dachgartenrestaurant, sehr gutes Preis-Leistungs-Verhältnis. DZ ohne AC ab 450 Rs, mit AC ab 1300 Rs Rs.

Anziehungspunkt für Preisbewusste ▶ OM: Ajmer Rd., neben Sarowar Tourist Bungalow. Tel. 01 45-2 77 26 72. Seit Jahren beliebter Backpacker-Treffpunkt, sehr einfache Zimmer unterschiedlicher Qualität und Größe, hübscher Garten. DZ ab ca. 300 Rs.

Essen & Trinken

Viele der Restaurants haben sich auf westliche Touristen eingestellt und locken mit

Begegnung am heiligen See in Pushkar, alljährlich Pilgerziel der Hindus

Dachterrasse, Pizza und Pasta. Der Blick ist jedoch meist besser als das Essen. Fleisch, Eier und Alkohol gibt es in Pushkar nicht (s. S. 272).

Himmlisch ▶ The Sixth Sense: Dachrestaurant des Hotels The Seventh Heaven (s. S. 272), tgl. 8–23 Uhr. Das vielleicht beste Restaurant, gepflegt, gute indische Küche und ein schöner Blick runden den überaus positiven Eindruck ab. Hauptgerichte ca. 100 Rs.

Relaxed ▶ Raju Terrace Garden: Sadar Bazaar, tgl. 7.30–22.30 Uhr. Eines der empfehlenswerten Roof-Top-Restaurants. Man speist in gemütlichem Ambiente zwischen Pflanzentöpfen. Unter den guten italienischen Speisen findet sicher jeder etwas. Hauptgerichte ab 50 Rs.

Süße Leckereien ▶ Sunset Cafe: Neben dem Pushkar Palace Hotel (s. S. 272), tgl. 7.30–24 Uhr. Treffpunkt der Touristen am Nachmittag bei Käsekuchen, Zimtschnecken, Croissants und Kaffee. Ab 40 Rs.

Termine

Pushkar Mela (Okt./Nov.): s. S. 271.

Verkehr

Busse: Verbindungen alle 30 Min. mit Ajmer (30 Min.) vom Busstand in der Ajmer Road. Busse zu anderen Zielen vom Busterminal Marvar an der nördlichen Umgehungsstraße, u. a. nach Jaipur (4 Std.), Delhi (11 Std.), Jodhpur (5 Std.), Udaipur (8 Std.), Agra (9 Std.) und Bundi (5 Std.).

Das südliche Rajasthan

Auch der Süden des Bundesstaates hat viel zu bieten. Von der aufregenden Tigerpirsch im Ranthambore-Nationalpark über den Besuch der gewaltigen Festung in Chittaurgarh sowie der wunderbaren, filigran gearbeiteten Jaintempel von Ranakpur und Mount Abu bis zur gepflegten Teatime im Lake Palace Hotel im Pichola-See von Udaipur, wo schon James Bond im Dienste seiner Majestät agierte.

Der Südwesten des indischen Bundesstaates wird von der Aravalli-Kette geprägt, die sich mit mehreren parallelen Zügen weit auffächert und am Mount Abu ihre südliche Grenze und ihren höchsten Punkt erreicht. Dem Gebirgszug östlich vorgelagert sind, wie weiter im Norden auch, von Tälern durchschnittene Plateaulandschaften, begrenzt vom zerklüfteten Mewar-Becken im Süden und der sich anschließenden Chappan-Ebene, die den Südostzipfel des Bundesstaates ausfüllt.

Die immer wieder unmittelbar aus den Ebenen aufsteigenden Bergrücken waren auch in dieser Region willkommene natürliche Bastionen für die Anlage von Festungen und damit die Leitlinien für die Besiedlung durch die rajputischen Clans.

Ranthambore-Nationalpark ►E 7

Vom Jagdfieber gepackt, hält man mit feuchten Händen die Kamera im Anschlag, jeden Moment zum ›Schuss‹ bereit. Das Auge sucht das niedere Buschwerk beiderseits der Piste ab, über die der Jeep holpert. Dann plötzlich ein gelber Schatten, der über den Weg huscht – zu spät. Tigerbeobachtung ist aufregend und selbst in Ranthambore nicht immer erfolgreich, obwohl wilde Geschichten im Umlauf sind. Da ist der arglose Tourist, der enttäuscht nach der zweiten erfolglosen Tour zur Festung emporsteigt und unvermittelt einer Raubkatze Auge in Auge gegenübersteht, der glücklicherweise der Schreck ebenfalls in die Knochen gefahren ist. Zuweilen macht es sich eine Raubkatze auch auf der warmen Kühlerhaube eines Jeeps gemütlich und genießt offenbar die zur Salzsäule erstarrten Touristen hinter der Frontscheibe. Zu ernsthaften Zwischenfällen soll es bis heute aber noch nicht gekommen sein.

Der ca. 100 km südöstlich von Jaipur und 10 km von der Bahnstation Sawai Madhopur entfernt liegende Nationalpark steht im Ruf, weltweit die beste Möglichkeit zur Beobachtung der scheuen Raubkatzen zu bieten und wird daher auch von indischen Touristen gern aufgesucht, zumal die Tiger im Sariska-Park bei Alwar (s. S. 238) unlängst ausgerottet wurden. Das ursprünglich 400 km² große Naturschutzgebiet, das 1991 um das Kaladevi Sanctuary auf 1300 km² erweitert wurde, ist wie die meisten Naturparks des Landes aus einem Jagdrevier der Maharajas hervorgegangen und beherbergt ca. 20 Tiger. Man sollte diesen Schätzungen gegenüber aber eher skeptisch sein, denn die Verwaltungen der Tigerreservate sind in den letzten Jahren massiver ›Bilanzfälschungen‹ überführt worden.

Im Laufe der Jahre haben die Raubkatzen ihre Aktivitäten auf den Tag verlegt und jegliche Scheu vor dem Menschen verloren, sodass sich sehr gute Beobachtungsmöglichkeiten ergeben. Natürlich bevölkern nicht nur Tiger Ranthambore. Mit etwas Glück bekommt man auch Leoparden und Hyänen zu Gesicht, mit Sicherheit aber die majestätischen Sambar- und Axishirsche. In den flachen Gewässern leben Sumpfkrokodile, und die Luft ist erfüllt vom Gesang und Krächzen unzähliger Vögel – 270 Arten soll es hier geben.

Der Park ist mit seinem dichten Wald, den Hügeln und Flüssen auch landschaftlich außerordentlich reizvoll, zumal sich noch die Ruinen alter Festungsanlagen im Grün verstecken. So wird die Fahrt auch ohne Tigersichtung zum Erlebnis.

Hinweise für den Besuch des Nationalparks

Da nur eine begrenzte Zahl von Fahrzeugen (Jeeps und offene Lkw) pro Tour den Park befahren darf, hat sich eine ›Mafia‹ gebildet, die ganze Fahrzeuge von der Parkverwaltung anmietet und die Plätze dann in den Hotels zu stark überhöhten Preisen an zahlungswillige Touristen weiterverkauft. Außerdem haben sich die Luxushotels Kontingente für ihre zahlungskräftige Klientel gesichert. Somit hat der Individualtourist schlechte Karten, wenn es darum geht, kurzfristig einen Platz in einem der begehrten Jeeps zu bekommen. Dennoch sollte man sich zunächst an das Park-Büro (s. rechts) wenden, das die Fahrzeugkontingente vergibt.

Wer das genaue Anreisedatum kennt, kann sich auf der Website www.rajasthanwildlife.in bereits einen Platz reservieren, sollte dies aber möglichst früh tun. Es werden zwei jeweils dreistündige Touren pro Tag angeboten, frühmorgens und am frühen Nachmittag. Wegen der besseren Beobachtungsmöglichkeiten ist die Morgentour vorzuziehen, zumal sich dann die Möglichkeit ergibt, im Anschluss noch das vom Parkeingang erreichbare Fort zu besuchen (Besuch des Nationalparks: Eintritt 200 Rs, Video 200 Rs, Fotografieren kostenlos; der Preis für einen Platz im Jeep beträgt 608 Rs, für einen Platz auf einem Lkw, *canter,* ab 513 Rs).

Das Fort

Das in Ruinen liegende Fort wurde bereits im 11. oder 12. Jh. als Residenz eines kleinen Hindukönigreichs der Chauhanrajputen errichtet und 1301 von Ala-ud-din Khilji eingenommen. Dabei soll es zum ersten *jauhar,* dem kollektiven Selbstmord der Frauen auf dem Scheiterhaufen, gekommen sein, eine rajputische Tradition, die auch bei späteren Belagerungen anderer Festungen, etwa von Chittaurgarh, üblich war. 1599 stürmte Akbar die Festung, ehe sie an den Kachwaha-Clan von Amber überging, der die Bauten als Jagdpavillons nutzte. Die Mauern sind heute verfallen, nur noch drei Tempel im Innern, den Gottheiten Shiva, Ganesh und Ramalaji geweiht, werden von den Gläubigen nach wie vor aufgesucht und geschmückt.

Infos

Tourist Reception Centre: Im RTDC Vinayak Tourist Complex, Tel. 074 62-22 08 08, Mo–Sa 10–12.30 und 13–17 Uhr.

Project Tiger Office: Ranthambore Rd., nahe Bahnhof, Tel. 074 62-22 34 02, Mo–Fr 10–17 Uhr, http://sawaimadhopur.nic.in.

Übernachten

Die meisten Unterkünfte reihen sich entlang der von Sawai Madhopur zum Park führenden Ranthambore Road. Je näher man am Park wohnt, desto teurer wird es. Bevor man in eines der teuren Hotels eincheckt, sollte man sich vergewissern, ob es auch zum gewünschten Termin einen Platz im Jeep organisieren kann. Zum Diwali-Fest und um Weihnachten ziehen die Preise stark an.

Luxus im Dschungel ▶ Vanyavilas: Ranthambore Rd., Tel. 074 62-22 39 99, Fax 074 62-22 39 88, www.oberoihotels.com, Juli-einschl. September geschl. Der pure Luxus in traumhafter Lage im Grünen. Man wohnt in luxuriösen Zelten mit Butlerservive, TV und Internetzugang. Jeglicher Komfort wird geboten, ein Pool und Wellnessangebote sind selbstverständlich. Auch das Restaurant und der Service sind untadelig. DZ 570 US$.

Gepflegt rustikal ▶ Sawai Madhopur Lodge: Ranthambore Rd., Tel. 074 62-22 05

Indiens Tiger: Vom Aussterben bedroht

Thema

Für die schönste Raubkatze der Welt, tief verwurzelt in der Religion und Tradition Indiens und verewigt in unzähligen Märchen und Legenden, dürfte die Totenglocke geläutet haben. Zwar hat Indien mit viel propagandistischem Aufwand 1978 das Project Tiger ins Leben gerufen, um den scheuen Großkatzen einen ungefährdeten Lebensraum zu sichern, geblieben ist von dem ehrgeizigen Vorhaben aber nicht viel.

Je stärker die Zahl der Tiger auf der Welt zurückgeht – es soll weltweit nur noch 5000 geben –, desto wertvoller werden die Felle und Knochen. Vor allem die Chinesen sind Abnehmer, wird doch aus dem Tiger ein sehr begehrtes Aphrodisiakum gewonnen. Und zum Selbstverständnis russischer Mafiabosse gehört es, mit Tigerfellen im Appartement zu protzen. Mit Tigerfellen schmücken sich außerdem bis heute die Kampa beim Litang-Pferdefest in Tibet. Für ein Tigerfell werden 50 000 US$ verlangt. Das Abschlachten der Tiger erfolgt heute im Rahmen grenzübergreifender organisierter Kriminalität, in die neben Indien und China auch Nepal verwickelt ist. In Indien existiert eine landesweit operierende Bande von etwa 140 namentlich bekannten Wilderern, die aus nur 13 Dörfern in Madhya Pradesh stammen und im Auftrag von Händlern auf die Jagd gehen.

Längst haben internationale Organisationen, z. B. die Eia (Environmental Investigation Agency, www.eia-international.org) die Gefahr erkannt. Sie setzen sich für Gegenmaßnahmen ein, z. B. das Artenschutzabkommen CITES (Convention on International Trade in Endangered Species of Wild Flora and Fauna, auch Washingtoner Artenschutzabkommen genannt). Indien wie auch China blockieren Beschlüsse der gleichnamigen Organisation mit dem Hinweis, sie hätten alles im Griff. Dass dem nicht so ist, beweisen Recherchen, die Eia-Mitarbeiter in China durchgeführt haben: Skrupellose Händler boten ihnen zahlreiche Tigerfelle an sowie solche anderer gefährdeter Arten wie beispielsweise Schneeleoparden.

Nach offiziellen Schätzungen soll es in Indien noch rund 3000 Tiger geben, eine Zahl, die Umweltverbände für zu hoch halten, denn das Land nimmt trotz aller anders lautenden Bekenntnisse den Schutz nicht allzu ernst. Seit das Project Tiger vor mehr als 30 Jahren von Indira Gandhi ins Leben gerufen wurde, hat sich die Zahl der Raubkatzen nicht etwa erhöht, im Gegenteil: 2005 waren alle Tiger aus dem Sariska-Park (s. S. 241) verschwunden. Viele Jahre hatten die Wilderer hier ihr Unwesen getrieben, ohne dass die Parkverwaltung einen Finger gerührt hätte. Erst 2008 wurde ein Tigerpaar aus Ranthambore wieder in Sariska angesiedelt. Einen traurig machenden Bericht zur Lage (»Skinning the cat – crime and politics of the big cat skin trade«) findet man auf www.eia-international.org/campaigns/species/tigers unter dem Stichwort Reports. Die größte Bedrohung für den Tiger stellt heute jedoch die unaufhaltsam fortschreitende Begrenzung seines Lebensraums infolge des Bevölkerungsdrucks dar. Auf der Suche nach neuem Acker- und Weideland dringt der Mensch immer weiter in unbesiedelte Regionen vor, die bisher Domäne der Raubkatzen waren.

41, www.tajhotels.com. Urige, dennoch luxuriöse, in riesigem Park gelegene Unterkunft in der ehemaligen Jagdlodge des Maharajas von Jaipur. Stilvoll eingerichtete Zimmer im neuen oder alten Flügel. Ein Pool gehört auch dazu. DZ ab 250 US$.

Traditionell rajputisch ▶ Nahargarh Ranthambore: Tel. 01 41-236 82 90, Fax 01 41-236 46 52 (Jaipur), www.palkiyahaveli.com/ranthambore.htm. 2004 eröffnetes, sehr luxuriöses Palasthotel mit exquisiten, großen Zimmern. DZ inkl. Frühstück ab 6700 Rs.

Zum Wohlfühlen ▶ Resort Tiger Safari: Ranthambore Rd., Tel. 074 62-22 11 37, www.tigersafariresort.com. Acht gepflegte, moderne Zimmer, sechs Cottages, Restaurant. DZ ab 1200 Rs, Cottage mit AC 2300 Rs.

Für Sparsame ▶ Aditya Resort: Ranthambore Rd., 3 km vom Zentrum, Tel. 09 41-472 84 68. Einfache Unterkunft mit schnörkellosen, sauberen Zimmern und bemühtem Personal. DZ ohne AC ab 350 Rs, mit AC ab 600 Rs.

Essen & Trinken

Hinweise zu Restaurants siehe unter den o. g. Unterkunftsadressen.

Verkehr

Bahn: Sawai Madhopur liegt an der Hauptstrecke Delhi–Mumbai und ist somit von Delhi aus leicht zu erreichen (Nizamuddin-Kota Jan Shatabdi Express, Nr. 2059, ca. 5 Std.), gute Verbindung auch mit Jaipur (Mumbai-Jaipur Express, Nr. 2955, ca. 2 Std.). Alle Züge nach Mumbai halten auch in Kota (s. u.).

Bus: Busfahrten lohnen wegen der guten Bahnverbindungen kaum.

Kota und Umgebung ▶ E 7

Als beeindruckend kann man die Stadt am Chambal-Fluss auf den ersten Blick kaum bezeichnen: eine weitläufige Industriemetropole mit etwa 750 000 Einwohnern und einem Atomkraftwerk an seiner Peripherie. Immerhin

Glück gehabt: Einer der Tiger im Ranthambore-Nationalpark lässt sich blicken

hat sich ein kleiner historischer Kern erhalten, wo man ohne Belästigung von Schleppern auf Entdeckungsreise gehen kann.

Obwohl bereits im 14. Jh. gegründet, gewann Kota erst recht spät an Bedeutung, fehlte doch aus dem Blickwinkel der frühen, im ständigen Kampf miteinander liegenden Kleinstaaten eine wesentliche Voraussetzung: ein Berg für die Anlage einer sicheren Festung. Erst als Rao Ratan Singh, der Herrscher von Bundi, 1625 einen Teil seines Territoriums an seinen Sohn Madho Singh abtrat, entstand ein kleines Fürstentum. Unter dem Protektorat der Moguln, die auf dem Höhepunkt ihrer Macht standen, konnte der Herrscher von Kota auf eine starke Befestigung verzichten, wenngleich er die Stadt mit einer Mauer umgab, die über weite Strecken noch erhalten ist.

Der Palast

Statt vorspringender Bastionen erwarten den Besucher im Palast, der sich über die Dächer der Innenstadt erhebt, verspielte Erker, luftige Galerien und bengalische Dächer nach dem Vorbild der Mogularchitektur. Heute beherbergt die Residenz das **Rao-Madho-Singh-Museum.**

Durch das hübsche **Hathi Pol** mit seinen Skulpturen von Elefanten, die sich die Rüssel reichen – eine Anlehnung an das gleichnamige Tor in Bundi – betritt man die ausgedehnte, aus Gebäuden unterschiedlicher Epochen bestehende Anlage. Zunächst begrüßt den Besucher ein großes Wandgemälde mit der Huldigung an Krishna, dann gelangt man in den von Ausstellungsräumen umschlossenen Innenhof. Zu sehen gibt es Kinderspielzeug aus Metall, Keramik, die obligatorische Waffensammlung, recht gelungene Miniaturen (leider ohne Beschriftung) und im Tiefgeschoss die mottenzerfressenen Jagdtrophäen des Maharajas.

Die wahren Kostbarkeiten allerdings befinden sich in den Räumen des Obergeschosses, in die man gegen ein zusätzliches ›Bakschisch‹ geführt wird. Hervorragend gearbeitete Glasintarsien, Türen aus Ebenholz und Elfenbeinarbeiten sowie sehr beeindruckende Wandmalereien im Arjun Mahal und im Bada Mahal zeugen vom erlesenen Geschmack des Herrscherhauses (tgl. außer Fr 10–16.30 Uhr, Eintritt 50 Rs, Kamera 50 Rs, Video 50 Rs).

Außerhalb der Stadtmauern

Am Ufer des künstlichen **Kishor-Sees** liegt in einem Park die Begräbnisstätte der Herrscher. Dicht drängen sich hier die von Chatrikuppeln überwölbten Plattformen. An einigen der Treppenaufgänge sind schöne Götterreliefs zu bewundern: Sarasvati auf ihrem Reittier, der Gans, Shiva mit dem Nandi-Bullen und der Elefantengott Ganesh.

Ausflug nach Baroli

Nicht nur dem an Architektur und Geschichte interessierten Reisenden sei der Besuch der 42 km südwestlich in Richtung Rana Pratap Sagar (Busverbindung) liegenden Tempelanlage von Baroli ans Herz gelegt. In einem Wäldchen abseits von Siedlungen dämmert das Heiligtum noch immer im Dornröschenschlaf, obwohl es zu den ältesten Rajasthans zählt und eindrucksvoll die hohe Kunst der Chauhan-Epoche des 9.–11. Jh. dokumentiert. Bedauerlicherweise war aber auch dieses abgelegene Hinduheiligtum nicht den fanatischen Bilderstürmern unter dem Mogulherrscher Aurangzeb entgangen, die in ihrer Intoleranz viele der herrlichen Figuren beschädigten oder ganz zerschlugen.

Im Zentrum des heiligen Bezirks steht der **Ghateshvara-Tempel.** Ein Vorraum verbindet die Kultzelle mit einer nach allen Seiten offenen Versammlungshalle. Den Zugang bildet ein Toranabogen, der von einem Fabelwesen *(makara)* zusammengehalten wird. In der Bauplastik der Tempelanlage begegnet uns die ganze Vielfalt des hinduistischen Pantheons, wenngleich die Außenwände eine recht sparsame figürliche Dekoration tragen. Von Shiva als kosmischem Tänzer und Vernichter der Dämonen bis zur grausamen Chamunda, einer Inkarnation der blutrünstigen Göttin Kali, spannt sich der Bogen. Viel lebensbejahender sind da die von den Säulen und Dachsegmenten herabblickenden Liebespaare und himmlischen Nymphen. Den Eingang bewachen wie bei vielen Hinduheiligtümern die Göttinnen Ganga und Yamuna.

Über dem Heiligtum steigt ein schlanker Sikharaturm empor, an dessen Rückseite unterhalb der Spitze ein kletternder Mann zu erkennen ist. Es handelt sich um einen Bannerträger, in dessen gefalteten Händen der Flaggenstock befestigt wurde. Rings um den Tempel gruppieren sich kleine Schreine, die Ganesh, Shiva und der Trinität (Shiva, Vishnu, Brahma) geweiht sind.

Die ein Stück vom Haupttempel entfernt stehende große **Versammlungshalle** entstand erst in späterer Zeit und zeigt sehr schöne Reliefbänder über den Säulen.

Infos

Tourist Office: Im Chambal Tourist Bungalow, Tel. 07 44-232 76 95, Mo–Sa 10–17 Uhr, 2. und 4. Sa im Monat geschl.

Übernachten

Wohnen beim Maharaja ► **Brijraj Bhawan Palace:** Tel. 07 44-245 05 29, www.heritagehotelsofindia.com. Ehemaliger Palast des Maharajas von Kota, traumhaft am Ufer des Chambal gelegen. Sieben gemütliche Zimmer, aufmerksamer Service, gutes Restaurant. DZ ab 2900 Rs.

Klassisch ► **Palkiya Haveli:** Mokha, nahe Suraj Pol, Tel. 07 44-238 74 97, Fax 07 44-238 70 75, www.palkiyahaveli.com. Wunderschön renoviertes Heritagehotel mit sechs traditionell eingerichteten Zimmern, gutes Restaurant. DZ 2200 Rs.

Durchschnitt ► **Hotel Navrang:** Station Rd., Tel. 07 44-232 32 94. Modernes Mittelklassehotel mit funktionalen, allerdings etwas abgewohnten Zimmern, annehmbares vegetarisches Restaurant. DZ ab 650 Rs.

Essen & Trinken

Alle o. g. Unterkünfte verfügen über Restaurants.

Termine

Dusshera-Fest (Okt.): Das Fest zu Ehren des Gottes Rama wird in Kota mit farbenprächtigen Umzügen und Musikkapellen besonders ausgiebig gefeiert; aktuelle Daten: www.asien-feste.de.

Verkehr

Bahn: Sehr gute, schnelle Verbindung von Delhi-Nizzamuddin (Rajdhani Express und Shatabdi Express, 4,5 Std.), Züge auch nach Jaipur (z.B. Mumbai-Jaipur Express, Nr. 2955, 4 Std.). An der Strecke nach Delhi liegt auch Sawai Madhopur (Ranthambore-Nationalpark, s. S. 274).

Bus: Häufige Verbindungen mit Bundi (40 Min.), Jaipur (5,5 Std.) und Ajmer (6 Std.).

Bundi ► E 7/8

Wäre da nicht der Fernsehturm hoch auf dem Bergrücken, könnte man sich in Bundi fast um ein Jahrhundert zurückversetzt fühlen, in eine Zeit, als Rudyard Kipling beim Anblick der Stadt ins Schwärmen geriet. Die malerisch zwischen zwei Hügelketten liegende Stadt (ca. 100 000 Einw.) war Zentrum des gleichnamigen Fürstentums der Hara-Chauhan-Rajputen, die ihren Ursprung auf die vier aus dem Feuer in Mount Abu geschaffenen Stämme zurückführten. Mitte des 14. Jh. hatte sich Rao Deva hier niedergelassen und ein kleines Reich gegründet, nachdem seine in Ajmer lebenden Vorfahren 1192 den muslimischen Heeren des Muhammed von Ghur hatten weichen müssen.

Die Beziehungen zum mächtigen Nachbarn, dem Reich der Mewar, waren häufig angespannt und entluden sich zuweilen in kriegerischen Auseinandersetzungen, die auch zur Tributpflicht Bundis führten. Andererseits aber stand man sich im Kampf gegen die islamischen Invasoren bei, etwa bei der Belagerung Chittaurgarhs im Jahr 1535, als die Amme des Thronfolgers von Mewar den unmündigen Udai Singh, den späteren Gründer der Stadt Udaipur, am Hof von Bundi in Sicherheit brachte. Vergessen war der nur wenige Jahre zurückliegende Zwischenfall, bei dem sich Rao Suraj Mal von Bundi und Rana Ratan Singh aus Chittaurgarh bei einem

Jagdausflug, angeblich im Streit um eine Frau, gegenseitig erschossen hatten.

Schon aufgrund seiner geringen Größe musste sich Bundi auch den Moguln beugen und erwies sich, ganz im Gegensatz zum selbstbewussten Mewar, als getreuer Vasall. Nicht nur mit materiellen Privilegien wurden die Herrscher aus Bundi bedacht, auch die Sicherheit des verwundbaren Fürstentums war damit garantiert. Statt seine Kräfte in kostspieligen Kriegszügen gegen die Nachbarn zu verschleißen, konnte man sich der verfeinerten höfischen Lebensart zuwenden und dem Vorbild der Moguln in Agra nacheifern.

Der Palast

Der sich den Hang hinaufziehende Palast, Garh genannt, vermittelt mit seinen glatten Außenmauern allerdings noch den Charakter einer Festung. Nur an der Oberkante schieben sich kleine Erker und Balkons über den Rand. Aufgrund bereits lange andauernder Erbstreitigkeiten ist der Palast heute leider nur teilweise zugänglich und sehr vernachlässigt.

Über eine steil ansteigende, gepflasterte Rampe gelangt man zum **Hathi Pol** mit Elefantenskulpturen über dem Portal. Es schließt sich ein kleiner Hof an, der als Versammlungsplatz für die öffentlichen Audienzen diente. Der Herrscher nahm vom Balkon des **Ratan Daulat,** der über den ehemaligen Stallungen liegenden Audienzhalle, die Huldigung seiner Untertanen entgegen, wobei die höher gestellten Honoratioren in der Halle Platz nehmen durften, während die weniger Privilegierten sich im Hof drängen mussten.

Mitte des 17. Jh. ließ Maharana Chatar Sal (reg. 1631–1658) den nach ihm benannten Flügel **Chatar Mahal** errichten, bestehend aus einem Hof mit der privaten Audienzhalle und den sich anschließenden Wohntrakten. Man erreicht ihn durch einen gesonderten Eingang. Leider haben Besucher heute offiziell keinen Zutritt zu den mit Wandmalereien ausgestatteten Privatgemächern. Zugänglich ist nur der Hof **Chitra Shali.** Gegen ein Trinkgeld kann man aber einen Blick auf die an Miniaturen erinnernden herrlichen Wandmalereien in den angrenzenden Räumen werfen. In panoramaartigen Ansichten wird das Leben bei Hofe großartig in Szene gesetzt; immer wieder schieben sich Elefantendarstellungen ins Bild, aber auch Krishnas Spiele mit den Gopis nehmen breiten Raum ein. Die Malschule von Bundi gehörte mit ihren etwas archaisch anmutenden Figuren und den leuchtenden Genreszenen zu den herausragenden künstlerischen Zentren Nordindiens (tgl. 8–17 Uhr, Eintritt 50 Rs, Kamera 50 Rs, Video 100 Rs).

Zu Füßen des Palastes erstreckt sich der künstliche See **Nawal Sagar,** aus dem sich ein Tempel des Wassergottes Varuna erhebt.

Fort Taragarh

Der steile Aufstieg zum **Fort Taragarh** lohnt nur wegen der Aussicht. Die heute verfallene Befestigung wurde bereits Mitte des 14. Jh. als Schutz gegen unliebsame Nachbarn errichtet und mit einer gewaltigen Kanone namens Garb Gunjam (›Donner-der-den-Leib-erzittern-lässt‹) ausgestattet. Statt mit imposanten Bauten kann das Fort heute nur mit einem angeblich verborgenen Schatz und geheimnisvollen unterirdischen Gängen die Fantasie beflügeln.

Stufenbrunnen

Über das Stadtgebiet verteilen sich zahlreiche der für Rajasthan und Gujarat typischen Stufenbrunnen. Sie dienten früher nicht nur der Wasserversorgung, sondern waren während der heißen Jahreszeit auch angenehm kühle Aufenthaltsorte, zu denen man auf breiten Treppen hinabstieg. Der Zugang zum schönsten Brunnen, dem aus dem 17. Jh. stammenden, über 40 m in die Tiefe reichenden **Raniji-ki-Baori,** ist leider durch ein Gitter versperrt, sodass man mit einem Blick auf die herrlichen Skulpturen an den Wänden und Torbögen des Zugangsportals vorliebnehmen muss.

In der Umgebung

Vom Südufer des Stausees **Jait Sagar,** etwa 2 km nördlich des Stadtzentrums, überblickt der kleine, Ende des 18. Jh. entstandene **Sukh-Niwas-Palast** die weite Wasserfläche.

Im 19. Jh. war hier Rudyard Kipling, der Verfasser des weltberühmten »Dschungelbuchs«, zu Gast. Heute dient das Schlösschen als Gästehaus des Irrigation Department und beherbergt allenfalls einige Wasserbauingenieure. Am anderen Ende des Stausees dokumentieren am verwilderten **Kesar Bagh** die noch immer recht gut erhaltenen Kenotaphe der Herrscher von Bundi die lange Geschichte des Fürstentums. Auf dem Weg dorthin passiert man das ehemalige Jagdhaus **Shikar Burj.** Bis in unser Jahrhundert hinein waren Bundis Herrscher für ihre Jagdgesellschaften bekannt, zu denen auch Fürsten der benachbarten Staaten anreisten, wobei es, wie oben gezeigt, zuweilen zu tödlichen Unfällen oder Auseinandersetzungen kam.

Ein Palast neueren Datums ist der etwa 4 km außerhalb des Ortes in Richtung Ajmer liegende **Phool Sagar,** den sich der im Dienst des britischen Oberbefehlshabers Mountbatten stehende Maharaja während des Zweiten Weltkriegs mit tatkräftiger Unterstützung von Kriegsgefangenen bauen und mit europäischen Wandmalereien ausschmücken ließ. In der herrschaftlichen Residenz, um die sich die Erben seit Jahren streiten, sollte schon vor Jahren ein Luxushotel eröffnen.

Infos

Tourist Office: Nahe Ranji-ki-Baori, Tel. 07 47-244 26 97, Mo–Fr 10–17 Uhr.

Übernachten

Fast museal ► **Badi Haveli** und **Haveli Braj Bhushanjee:** Am Fuß des Palastes, Tel. 07 47-244 23 22, www.kiplingsbundi.com, haveli@sancharnet.in. Zwei miteinander verbundene, zum Hotel umgebaute, 200 Jahre alte Havelis mit großen, funktional eingerichteten Zimmern, die teilweise traditionell ausgemalt sind; großartiger Blick vom Dachrestaurant auf den Palast. Der Eigentümer ist ein ausgezeichneter Kenner der Region. DZ ab 3500 Rs.

Altes Handelshaus ► **Kasera Paradise:** Am Fuß des Palastes, Tel. 07 47-244 46 79, www.kaseraparadise.com. Kleiner, ebenfalls liebevoll renovierter Haveli mit schönem Blick vom strohgedeckten Dachrestaurant, einfache, aber liebevoll gestaltete Zimmer. DZ ab 1200 Rs.

Essen & Trinken

Restaurants befinden sich in den o. g. Unterkünften.

Verkehr

Bus: Etwa alle 20 Min. Busverbindung mit Kota (37 km, 40 Min.), halbstündlich mit Ajmer (5 Std.) und Jaipur (4 Std.), Busse fahren auch nach Sawai Madhopur (Ranthambore Park, 5 Std.).

Südlich von Bundi

Menal ► E 8

Für Reisende mit einem besonderen Interesse an hinduistischer Tempelbaukunst empfiehlt sich ein kurzer Halt auf dem Weg nach Chittaurgarh. Etwa 30 km von Bundi entfernt liegen am Rand einer romantischen bewaldeten Schlucht die Reste einer weitläufigen Tempel- und Palastanlage, die von den ehemals bedeutenden, in Ajmer beheimateten Chauhanrajputen für den Shivakult errichtet wurde. Besonders gut erhalten ist der aus dem Jahr 1170 stammende **Mahanala-Tempel** mit seinem fünfstöckigen Turm und den hervorragend gearbeiteten Figuren und Ornamenten. Tänzer, Diener, Musikanten und himmlische Nymphen bevölkern die Friese und bezaubern den Besucher auch noch nach 800 Jahren. Ergänzt wurden die Heiligtümer durch eine Klosteranlage und einen Palast des legendären Prithvi Raj, der 1190 einen muslimischen Angriff auf Delhi abwehren konnte, zwei Jahre später aber im Kampf gegen Mahmud von Ghazni fiel, wodurch Nordindien für Jahrhunderte unter islamische Herrschaft geriet.

Bijolia ► E 6

Nur etwa 16 km weiter in Richtung Chittaurgarh verstecken sich etwas abseits der Straße am Ortsrand weitere Zeugnisse früher Hindubaukunst. Von den ehemals über 100 Tempeln dieses heiligen Bezirks, der ebenfalls von den Chauhanrajputen im 12. Jh. errichtet wurde, haben nur drei Bauten die unruhigen Zeiten überdauert. Auch hier kann man sich anhand der geschmackvoll ausgeführten Details, etwa der anmutigen Musikantinnen an der Außenwand des Zugangs zum Udeshvar-Tempels, vom hohen Niveau der damaligen Kunst überzeugen. Etwas abseits liegt hinter dem Tempelteich ein dem Elefantengott Ganesh geweihtes Heiligtum, das durch seine aufgesetzten Chattripavillons aus dem Rahmen fällt und von einer schönen Skulptur des Gottes bewacht wird.

Verkehr

Busse nach Udaipur und Chittaurgarh halten in Menal und Bijolia. Da sie meist überfüllt sind, ist es nicht leicht, wieder wegzukommen. Empfehlenswerter ist der Ausflug mit einem Taxi.

Chittaurgarh ▶ D 8

Geländeplan: S. 284

Für die Hindus ganz Indiens ist die hoch auf einem Felssporn liegende Festungsanlage eine geweihte Stätte, Ort rajputischer Heldentaten im Kampf gegen die muslimischen Invasoren. Vor allem in unseren Tagen des wieder aufkeimenden hinduistischen Nationalbewusstseins, geschickt von den Hinduparteien geschürt, hat sich Chittaurgarh fast zu einer Pilgerstätte entwickelt, deren Besuch Emotionen wachruft und damit auch gefährlichen Zündstoff für religiöse Konflikte in sich birgt. Aber auch für den unvoreingenommenen Besucher ist das weiträumige Plateau mit seinen zahlreichen Relikten der muslimisch-hinduistischen Konfrontation ein überaus lohnendes Ziel.

Die Besiedlung des 5 km langen Plateaus mit seinen allseits steil abfallenden Felswänden reicht bis ins 8. Jh. zurück, als sich hier der Clan der Guhilot niederließ und in der gesamten Region die rajputische Kultur verbreitete, die später als Reich von Mewar in die Geschichte einging. 1303 wurde Chittaurgarh, das heute etwa 100 000 Einwohner zählt, zum ersten Mal durch Ala-ud-din Khilji, den Herrscher aus Delhi, belagert. Der Legende nach soll er die hübsche Fürstentochter Padmini begehrt haben, nachdem er ihr Bildnis in einem Spiegel gesehen hatte. Mit einem Trick hatte er Padminis Onkel Bhim Singh gefangen genommen, woraufhin sich die Rajputen zur Auslieferung der Prinzessin mit ihrem Hofstaat bereit erklärten. Statt der Damen sprangen jedoch aus den verhängten Sänften bewaffnete Krieger, die Bhim Singh befreiten, dadurch aber die Rache Ala-ud-din Khiljis auf sich zogen. Als die Eingeschlossenen die Aussichtslosigkeit ihrer Lage erkannten, entschlossen sie sich zum *jauhar,* dem kollektiven Selbstmord. Während die Frauen und Kinder den Scheiterhaufen bestiegen, legten die Männer ihre safrangelben Gewänder an, öffneten die Tore und suchten den Tod im Zweikampf.

Die zweite Belagerung erfolgte 1535 durch Bahadur Shah, den islamischen Herrscher von Gujarat, der die Schwäche Mewars zur Ausweitung seines Einflussgebietes nutzen wollte. Wieder loderten die Scheiterhaufen und Tausende rajputischer Kämpfer verloren in der Schlacht ihr Leben. Trotz des hohen Blutzolls vermochte sich Chittaurgarh von den beiden Belagerungen wieder zu erholen. Erst 1567 bescherte der Mogulherrscher Akbar der Festung den endgültigen Untergang. Allerdings hatte sich sein Widersacher Rana Udai Singh II. bereits zuvor nach Udaipur in Sicherheit gebracht, wo nach dem Fall Chittaurgarhs das Reich der Mewar eine neue Blüte erlebte.

Die Festung

Eine breite, als Fahrstraße ausgebaute Rampe führt hinauf zum Plateau, das durch neun Zugangstore gesichert und von Gedenkstätten für im Kampf gefallene Helden gesäumt ist. Zwischen dem zweiten und dritten Tor liegen rechter Hand die Chattris für Jaimal und Kalla, die bei Akbars Belagerung den Tod fanden. Am letzten Tor steht der Kenotaph als Gedenkstätte für den 16-jährigen Patta, der zusammen mit seiner Mutter und seiner Braut

Spielplatz der Affen: die Festung Chittaurgarh mit dem Siegesturm Yaya Stambha

an der Seite von Jaimal focht und bis heute unvergessen ist.

Nach Betreten des Geländes trifft man zunächst auf den heute weitgehend in Ruinen liegenden **Rana-Kumbha-Palast** 1, in dessen unterirdischen Gewölben die Massenverbrennungen stattgefunden haben sollen. Auf der gegenüberliegenden Seite des Hauptwegs erhebt sich der weitgehend zerfallene Naulakjar Bandhar, eine Bastion, in der einst der Staatsschatz aufbewahrt wurde. An ihn grenzt der Mitte des 15. Jh. entstandene Jaintempel **Shringara Chauri** 2 mit zahlreichen schön gearbeiteten Figuren von Nymphen, Wächtern und Löwenwesen.

Ein Stück weiter trifft man auf das **Museum** 3, dessen Besuch sich jedoch kaum lohnt (Sa–Do 10–16.30 Uhr, Eintritt 5 Rs). Zeit nehmen sollte sich der Besucher hingegen für den benachbarten Tempelkomplex **Sat Bees Deori** 4, der die Reste von 27 Jainheiligtümern aus dem 15. Jh. vereint, und vor allem für den schräg gegenüber liegenden **Kumbha-Shyam-Tempel** 5, dessen Ursprünge bis ins 8. Jh. zurückreichen und der besonders ausdrucksvolle Ornamente aufweist. An

Chittaurgarh

Sehenswert

1 Rana-Kumbha-Palast
2 Shringara-Chauri-Tempel
3 Museum
4 Sat Bees Deori
5 Kumbha-Shyam-Tempel
6 Yaya Stambha
7 Mokulji-Tempel
8 Kalika-Mata-Tempel
9 Palast der Padmini
10 Nilakantha-Mahadeva-Tempel
11 Kirthi Stambha

Übernachten & Essen

1 Bassi Fort Palace
2 Pratap Palace
3 RTDC-Hotel Panna

der Südwand haben Rama und die Nagas ihren Platz, an der Nordwand der Totengott Yama sowie Kali in ihrer Schrecken erregenden Gestalt als Chamunda.

Nur noch wenige Schritte sind es nun bis zum hoch aufragenden Siegesturm **Yaya Stambha** 6, mit dem Rana Kumbha seinen Sieg über Mohammed Khilji von Malwa im Jahr 1440 feierte, wobei Anleihen an die Jainarchitektur des Kirthi Stambha (s. S. 285) unverkennbar sind. Von der Spitze hat man einen weiten Blick über die Festungsanlage.

Im etwa 50 m westlich liegenden **Mokulji-Tempel** 7 verdient die große Trimurti-Plastik (Shiva, Vishnu, Brahma) im Heiligtum besondere Beachtung. Unterhalb des Heiligtums liegen einige in den Fels geschlagene, von weiteren Tempeln begrenzte Staubecken, darunter das große, von einem steinernen Kuhmaul gespeiste Gaumukh-Becken (›Kuhmaul-Becken‹).

Die nächste bedeutende Sehenswürdigkeit liegt etwa 600 m weiter südlich rechts des Hauptweges. Der äußerlich recht unscheinbare **Kalika-Mata-Tempel** 8 stammt wahrscheinlich aus dem späten 7. Jh. und ist damit eines der ältesten Bauwerke auf dem Plateau. Früher einmal wurde hier der Sonnengott Surya verehrt, dessen Embleme noch an den Säulenschäften sichtbar sind, später diente die Kultstätte der Göttin Kali. Ungewöhnlich ist der Eingang zur Cella, deren hochgezogenes Giebelfeld, geschmückt mit einem großartigen Relief des Sonnengottes, frühen Höhlenheiligtümern nachempfunden wurde. In den Nischen an den Außenwänden des Sanktuariums haben Plastiken der Gottheiten Ishana, Indra (rechts und links neben dem Eingang), Surya (Zentrum, linke Seitenwand), Niriti (Rückwand) und Surya (Zentrum, rechte Seitenwand) ihren Platz.

Auf der anderen Seite des Weges erwartet den Besucher der in einem Staubecken liegende sogenannte **Palast der Padmini** 9, der sein heutiges Aussehen erst im 19. Jh. erhielt. Ob die schöne, aus Sri Lanka stammende Fürstentochter allerdings jemals hier residiert hat, ist nicht belegt.

Der Rundgang führt nun zur Ostseite der Festungsanlage, wo man zunächst auf das Tor **Suraj Pol,** den einzigen Zugang an dieser Flanke, trifft. Vorbei am viel besuchten Shiva-Tempel **Nilakantha Mahadeva** 10, mit schwarzem Lingam in der Kultzelle, gelangen wir zum **Kirthi Stambha** 11, einem im 12. Jh. errichteten Ruhmesturm der Jaingemeinde. Die stark reliefierte Fassade des siebenstöckigen Bauwerks ist reich mit Figuren aus der Jainmythologie geschmückt. In einem Bogen erreichen wir den Ausgangspunkt des Rundgangs, der zu Fuß mehrere Stunden in Anspruch nimmt.

Infos

Tourist Office: Station Rd., gegenüber dem Bahnhof, Tel. 014 72-24 10 89, Mo–Sa 10–12 und 13–17 Uhr.

Übernachten

Fürstlicher Ruhepol ▶ Bassi Fort Palace 1: Bassi, 25 km von Chittaurgarh entfernt an der Straße Bundi–Chittaurgarh, Tel. 014 72-22 53 21, Fax 014 72-24 08 11, www.bassifort palace.com. Palasthotel in der Residenz des Chundawat-Clans. Man wohnt fürstlich in einem der 16 liebevoll restaurierten Zimmer und genießt eine fast familäre Betreuung. Hervorragendes Preis-Leistungs-Verhältnis, das den Umweg allemal lohnt. DZ ab 2900 Rs.

Hilfsbereit ▶ Pratap Palace 2: Sri Gurukul Rd., Tel. 014 72-24 35 63, hpratapp@yahoo.com. Buchung über www.nivalink.com/pratappalace/index.html. Etwas in die Jahre gekommenes, ehemals sehr ansprechendes Hotel mit nach wie vor gutem Restaurant. DZ ab 2000 Rs.

Passabel ▶ RTDC-Hotel Panna 3: Station Rd., Tel. 014 72-24 12 38, www.rajasthan tourism.gov.in. Staatlicher Tourist Bungalow in Bahnhofsnähe. Funktionale, wie bei vielen staatlichen Unterkünften etwas abgewohnte Zimmer, ordentliches Restaurant. DZ mit AC ab 1300 Rs, DZ ohne AC ab 990 Rs.

Essen & Trinken

Hinweise zu Restaurants: siehe Unterkünfte.

Verkehr

Bahn: Chittaurgarh liegt an der Bahnstrecke Dehli (Nizamuddin) über Bundi und Kota (Mewar Express, Nr. 2964) nach Ajmer Jaipur, Bharatpur und Agra (Udaipur Gwalior Super Express, Nr. 2966), nach Udaipur (Mewar Express, Nr. 2963).

Bus: Der Busbahnhof liegt etwa auf halbem Weg zwischen Neu- und Altstadt. Verbindungen u. a. mit Bundi über Menal und Bijolia (ca. 5 Std.), Jaipur (ca. 8 Std.), Udaipur (ca. 2,5 Std.).

6 Udaipur ▶ D 8

Cityplan: S. 287

Ohne Zweifel gehört die an einem künstlichen See liegende, von Bergen umgebene Stadt zu den schönsten Rajasthans. Mit ihren grandiosen Palastanlagen am Ufer und auf Inseln, weitläufigen Parks und einer verwinkelten Altstadt erfüllt das etwa 400 000 Einwohner zählende Udaipur in vielerlei Hinsicht das Klischee des exotischen Indien, wie es sich in den Köpfen der Europäer seit dem 19. Jh. festgesetzt hat.

Der Aufstieg der Stadt ist eng mit dem Niedergang Chittaurgarhs verbunden. Bei der letzten Belagerung der Festung durch den Mogulherrscher Akbar 1567 hatte sich der Herrscher Udai Singh an das Ufer des bereits bestehenden Stausees von Udaipur geflüch-

Jag Niwas. Über eine steile Treppe geht es wieder hinunter zu den Frauengemächern, in denen Spiegel und Glas für eine fast surrealistische Atmosphäre sorgen. Im Erdgeschoss öffnet sich der **Mor Chowk** (›Pfauenhof‹). Die verschwenderische Dekoration, die auch den darüberliegenden **Surya Chowk** einbezieht, stammt allerdings erst aus dem 19. Jh. Ins Auge fallen die jugendstilartig anmutenden plastischen Pfauendarstellungen in Glaseinlegetechnik. An den Hof grenzen der **Thronraum** und die **Empfangshalle** des Maharana.

Bevor man den Palastkomplex verlässt, kann man noch einen Blick in den **Queen's Palace** (ausgeschildert) werfen, bestehend aus einem großen rechteckigen Hof mit ihn umschließenden Zimmerfluchten, in denen Miniaturmalereien und Porträts britischer Kolonialoffiziere ihren Platz haben.

Im **Fateh Prakash Palace,** heute ein Hotel, wird in der Crystal Gallery eine einzigartige Kristallglas-Sammlung gezeigt, die Maharana Sajjan Singh 1888 in Oslo bestellt und die lange unbeachtet in Kisten geruht hatte, da der Herrscher vor Eintreffen der Ware verstarb. Es gibt nicht nur Gläser und Parfümflakons zu bewundern, sondern sogar Stühle und ein Bett aus Kristall. Wer einen Blick auf so viel Extravaganz werfen will, muss allerdings tief in die Tasche greifen und darf nicht einmal fotografieren, erhält als Trost aber kostenlos eine Limonade (City Palace Museum: tgl. 9.30–16.30 Uhr, Eintritt 50 Rs, Kamera und Video je 200 Rs; Queen's Palace: tgl. 10–13 und 15–20 Uhr, Eintritt 325 Rs).

Der Jagdish-Tempel 2

Etwas unterhalb des Palastes liegt an der Hauptzugangsstraße auf einer erhöhten Plattform der von einer wehrhaften Mauer umschlossene **Jagdish-Tempel**, ein Vishnuheiligtum im traditionellen Stil, das Jagat Singh I. (1628–1652) hat errichten lassen. Besondere Aufmerksamkeit verdienen die in Bändern um den Tempel verlaufenden Figurenfriese mit ausdrucksvollen Darstellungen von Elefanten, Tänzerinnen und Musikanten. Aus einem kleinen Schrein blickt Garuda, das

Reittier Vishnus, auf den Eingang zum Heiligtum. In kleinen Nebenschreinen werden die Gottheiten Radha und Krishna verehrt, ein Tempel ist Surya, Shiva und Ganesh gewidmet (tgl. 5–12 und 14–22 Uhr).

Bagore-ki-Haveli 3

Vom Tempel ist es nur ein Sprung zum Gangaur Ghat am Rande der Altstadt, das heute als Waschplatz dient, an Festtagen aber zur farbenprächtigen Bühne wird. An das Ghat grenzt der herrschaftliche **Bagore-ki-Haveli**, Residenz eines ehemaligen Ministers und mit seinen über 100 Zimmern ein nicht gerade bescheidenes Domizil. Zu sehen sind authentisch eingerichtete Räume, zeitgenössische traditionelle Kunst und abends im Innenhof Tanzvorführungen (tgl. 10–17.30 Uhr, Eintritt 25 Rs, Tanz ab 19 Uhr, 60 Rs, Kamera- und Videogebühr).

Je höher, desto detailreicher: Figurenfriese am Jagdish-Tempel in Udaipur

Paläste im Pichola-See

Zum Vorzeigeobjekt hat die Tourismusindustrie den traumhaft mitten im Pichola-See gelegenen ehemaligen Palast **Jag Niwas** 4 erkoren, der heute eines der schönsten Hotels des Landes beherbergt (s. S. 290) und sogar als Kulisse für den James-Bond-Film »Octopussy« diente. Sofern das Hotel nicht ausgebucht ist, können auch weniger betuchte Reisende die einzigartige Atmosphäre, bei einem abendlichen Dinner genießen. Nicht minder bezaubernd ist der Blick auf die dem See zugewandte Front des Stadtpalastes vom Freiluftrestaurant Ambrai (s. S. 291) auf der gegenüberliegenden Landzunge, die man nach Überqueren der Brücke Chandpol erreicht – der richtige Ort, um den Tag bei einer Tasse Tee oder einem kalten Bier angesichts der von der Abendsonne beschienenen Fassade zu beschließen.

Der zweite, etwas weiter südlich liegende Inselpalast **Jag Mandir** 5 hat seinen Charakter noch unverfälscht erhalten, wenngleich viele Bauten in einem bedauernswerten Zustand sind. Im Jahr 1623 versteckte hier der Maharana den jungen Mogulprinzen Khurram, den späteren Herrscher Jahangir und Erbauer des Taj Mahal. In seiner Jugend hatte er sich wiederholt gegen seinen Vater Jahangir aufgelehnt und war in Ungnade gefallen. Die Insel kann man heute im Rahmen einer Bootstour besuchen (Abfahrt jede Stunde, 300 Rs).

Moti Magri 6

Nördlich des Pichola-Sees liegen der Rang- und der Swaroop-See. Letzterer leitet in den Fateh-See über. An seinem Ostufer erhebt sich inmitten eines gepflegten Parks (tgl. 7.30–19 Uhr) der **Moti Magri** (›Perlen-Hügel‹)

mit einer Statue des Volkshelden Rana Pratap, Gründer Stadt Udaipur und seit seiner Flucht aus Chittaurgarh erbitterter Widersacher des Mogulherrschers Akbar

Die Neustadt

Einen tieferen Einblick in die bodenständige Volkskultur vermittelt der Besuch des **Bharatya-Lok-Kala-Museums** 7 in der Neustadt, das mit Gebrauchsgegenständen, Trachten und Musikinstrumenten aufwarten kann, vor allem aber für seine Sammlung von Puppen aus aller Welt bekannt ist (tgl. 9–17.30 Uhr, Eintritt 30 Rs, Kamera 20 Rs, Video 50 Rs; um 12 und 18 Uhr Puppenspiel, 50 Rs).

Im **Museumsdorf Shilpgram** 8, etwa 3 km westlich des Fateh Sagar, steht die traditionelle Lebensweise in Rajasthan, Gujarat und Goa im Mittelpunkt, wobei der Besucher den Handwerkern über die Schultern schauen kann und auch Folklore geboten bekommt (tgl. 11–19 Uhr, Eintritt 25 Rs, Kamera 10 Rs, Video 50 Rs). Einkaufen sollte man besser woanders.

Am östlichen Rand der Neustadt liegen die **Begräbnisstätten Ahar** 9 der Herrscher von Udaipur, die auf Veranlassung des Maharanas derzeit restauriert werden. Vor allem die älteren der bis in das Jahr 1620 zurückreichenden Bauwerke und das künstliche Staubecken zeigen schöne Reliefs. Den Besuch vermittelt das Hotel Mahendra Prakash (s. S. 291), dessen Besitzer mit der Restaurierung beauftragt wurde. Ganz in der Nähe der Nekropole bewahrt das **Ahar Museum** 10 die bescheidenen Reste der bis 4000 Jahre zurückreichenden vorhinduistischen Epoche (tgl. außer Fr 10–16.30 Uhr, Eintritt 5 Rs).

Monsunpalast

Der Ausflug zum sogenannten **Monsunpalast** (Sajjangarh), den man von Udaipur aus hoch auf einer Bergspitze jenseits des Pichola-Sees liegen sieht, lohnt nur bei klarer Sicht, zumal man neben der Taxifahrt auch noch den hohen Eintritt zum Nationalpark zu seinen Füßen zahlen muss (tgl. 9–18 Uhr, 80 Rs).

Infos

Tourist Office: Fateh Memorial Building, nahe Suraj Pol, Tel. 02 94-214 15 35, Mo–Sa 10–17 Uhr, 2. und 4. Sa geschl.

Internet: www.udaipur.org.uk, ausführliche Website mit den wichtigsten Hinweisen zu Sehenswürdigkeiten, Verkehr, Unterkunft usw.

Übernachten

High Society ▶ **Oberoi Udai Vilas** 1: Etwa 2 km westlich auf dem Weg zum Monsunpalast, Tel. 02 94-243 33 00, Fax 02 94-243 32 00, www.oberoihotels.com. Ein wahrhaft traumhaftes neues Luxushotel, in dem keine Wünsche unerfüllt bleiben, gebaut im Stil eines Maharajapalastes, mit Blick über den See, 63 Zimmer, drei Restaurants, umfangreiches Wellnessangebot. DZ ab ca. 580 €.

Legendär ▶ **Lake Palace Hotel:** Im Palast Jag Niwas 4, Tel. 02 94-252 88 00, Fax 02 94-252 87 00, www.tajhotels.com. Indiens Vorzeigehotel der Luxusklasse im ehemaligen Wasserpalast des Maharajas (s. a. S. 289). Alles ist vom Feinsten, der Service vornehm zurückhaltend. Das hervorragende Restaurant ist (sofern Platz vorhanden) auch für Nicht-Gäste geöffnet. Im Palast wurden Szenen des James-Bond-Films »Octopussy« gedreht. DZ ab 500 €.

Zuckerbäckers Traum ▶ **Swaroop Vilas** 2: 6 Ambavagarh Hillside, am Swaroop-See, Tel. 02 94-243 02 40, Fax 02 94-243 19 59, www.hotelswaroopvilas.com. Modernes Hotel mit traditionellem Ambiente. Saubere, geschmackvoll eingerichtete Zimmer. DZ ab 4500 Rs.

Begehrt ▶ **Jagat Niwas Palace** 3: Lal Ghat, Tel. 02 94-242 28 60, Fax 02 94-241 85 12, www.jagatniwaspalace.com. Aus ehemaligen Havelis entstanden, sehr populär, gutes Preis-Leistungs-Verhältnis, luftige helle Zimmer, beliebtes Dachrestaurant. DZ ab 1550 Rs.

Touris Liebling ▶ **Rang Niwas Palace** 4: Lake Palace Rd., Tel. 02 94-252 38 90, Fax 02 94-252 78 84, www.rangniwaspalace.com. Seit langem beliebte Unterkunft in einem kleinen ehemaligen Palast. 20 hübsche

Zimmer, teilweise mit schweren Messingbetten und Balkon ausgestattet, ruhiger Garten, gutes Restaurant. DZ ab 1200 Rs.

Luftige Oase ▶ **Mahendra Prakash** 5: Lake Palace Rd., neben Rang Niwas Palace, Tel. 02 94-241 98 11, www.hotelmahedraprakash.com. Helle Zimmer um einen Innenhof, angenehmes Ambiente, Pool in kleinem Garten, Restaurant. DZ ab 1000 RS.

Für Preisbewusste ▶ **Udai Niwas** 6: Gangaur Ghat, Tel. 02 94–512 07 89, www.hoteludainiwas.com. Liebevoll geführtes kleines Hotel mit hübsch dekorierten Zimmern zu erstaunlich niedrigen Preisen. Einzigartiges Dachrestaurant mit Rundumblick. DZ ohne AC ab 200 Rs mit AC ab 700 Rs.

Essen & Trinken

Die meisten Restaurants sind nur mittags zwischen 12 und 15 und ab etwa 18 Uhr geöffnet. In einigen wird abends der James-Bond-Film »Octopussy« gezeigt.

Romantik am Pool ▶ **Udai Kothi** 1: Im Hotel Udai Kothi, Tel. 02 94-243 28 10-12, www.udaikothi.com, 19–23 Uhr. Einzigartiges Dachrestaurant mit angrenzendem Pool; schön für einen romantischen Abend, begleitet von traditioneller Tafelmusik. Hauptgerichte ab ca. 150 Rs.

Panoramablick ▶ **Ambrai-Restaurant** 2: Brahm-Puri-Halbinsel, Tel. 02 94-243 10 85, 12.30–15 und 19.30–22.30 Uhr. Allein der abendliche Blick über den See auf den Palast ist den Besuch des Freiluftrestaurants wert, das mehr aus seiner Lage machen könnte. Das Essen ist nicht herausragend, jedoch okay. Hauptgerichte ab ca. 80 Rs.

Luftig ▶ **Samor Bagh** 3: Lake Palace Rd., gegenüber Rang Niwas Hotel. Bei Indern beliebtes, großes Gartenrestaurant. Abends gibt es auch hier Live-Musik und Kerzenschein. Hauptgerichte ab ca. 80 Rs.

Fast wie daheim ▶ **Café Edelweiss** 4: Gangaur Ghat, ab 7.30 Uhr geöffnet. Frühstückstreffpunkt heimwehkranker Backpacker, die sich hier an gutem Kaffee, Kuchen und an Zimtschnecken laben.

Einkaufen

Udaipur ist ein wahres Paradies für Andenkenjäger. Berühmt ist die Stadt für **Miniaturmalereien.** In zahlreichen Geschäften findet man eine große Auswahl von teilweise erstaunlicher Qualität. Bei alten Bildern sollte

Von Elefanten bewacht: Jungen am Palast von Udaipur

man skeptisch sein, meist sind es neue auf altem oder künstlich gealtertem Papier – das ja bekanntlich geduldig ist.

Kleine Bilder ▶ Ali Baba Art 1: Lake Palace Rd. Der kleine Laden am Zugang zum Palast überrascht mit einem guten Angebot von Miniaturmalereien. **Janak Art 2** um die Ecke (14 Lal Ghat) bietet ähnliches.

Kunsthandwerk ▶ Government Emporium Rajasthali 3: Chetak Circle und Lal Ghat am Jagdish-Tempel, 10–19 Uhr. Die staatlichen Läden bieten eine große Auswahl lokalen Kunsthandwerks zu festen Preisen. Die Qualität ist besser als im touristisch vermarkteten ›Künstlerdorf‹ in Shilpgram.

Feinste Stoffe ▶ Sadhna 4: Jagdish Temple Rd., www.sadhna.org. Die hier angebotenen Produkte stammen aus einer Frauenselbsthilfegruppe, die sich 1998 in den umliegenden Dörfern gegründet hat und in der heute mehr als 300 Frauen ihren Lebensunterhalt verdienen. Den Blick auf die Website sollte man sich nicht entgehen lassen.

Abends & Nachts

Chillout place ▶ Sunset View Terrace: Im Palasthotel Fateh Prakash 1 (s. S. 288). Der richtige Ort, um bei einem Drink und Musik den Tag stilvoll mit Blick auf die untergehende Sonne ausklingen zu lassen – essen sollte man eher woanders.

Termine

Mewar Festival: Farbenfrohes Fest, das mit dem Gangaur-Fest (s. S. 250) zusammenfällt und den Frühlingsanfang feiert. Aktuelle Daten unter www.asien-feste.de.

Verkehr

Flug: Flüge mit Indian Airlines und Jet Airways u. a. nach Delhi, Jaipur, Jodhpur und Mumbai. Der Flughafen liegt 24 km außerhalb der Stadt.

Bahn: Gute Verbindungen mit Ahmedabad (Udaipur-Ahmdabad Express, Nr. 9943), Ajmer, Jaipur, Bharatpur, Agra (Udaipur-Gwalior Superexpress, Nr 2966) und Delhi-Nizamuddin über Bundi und Kota (Mewar Express, Nr 2964).

Bus: Verbindungen mit staatlichen (RSTC) und/oder privaten Bussen, auch Luxusbussen, u. a. von/nach Jaipur (ca. 9 Std.), Jodhpur (ca. 8 Std.), Mount Abu (5 Std.) und Ahmedabad (6 Std.).

Umgebung von Udaipur

Eklingji ▶ D 8

Der 22 km nördlich liegende, von hohen Mauern umgebene Tempelkomplex (strenges Fotoverbot!) mit seinen 108 Heiligtümern ist bis

Udaipur im Lichterglanz – vom berühmten Lake Palace Hotel aus gesehen

heute eng mit dem Herrscherhaus Mewar verbunden, soll er doch auf Bappa Rawal, den Begründer des Clans der Sisodia-Rajputen im 8. Jh., zurückgehen. Nach wie vor vollzieht hier der Maharana von Udaipur an jedem Montag, dem heiligen Tag Shivas, seine religiösen Rituale in dem für ihn reservierten Teil der Anlage.

Wiederholt wurden die Tempel, in denen neben Shiva auch Vishnu, Ganesh und Durga verehrt werden, durch muslimische Bilderstürmer zerstört. Hauptheiligtum ist der 977 errichtete Lakulisha-Tempel mit einer aus schwarzem Marmor gefertigten Figur des Sri Eklingji, einer Inkarnation Shivas. Vor dem Haupteingang wacht ein großer Nandibulle aus Messing zusammen mit einer Figur des Bappa Rawal. Im Giebelfeld über dem Hauptzugang ist der Heilige Harita Rishi dargestellt, bei dem Bappa Rawal seine religiösen Unterweisungen erhalten hat.

Nagda ▶ D 8

Auf dem Rückweg nach Udaipur zweigt kurz hinter Eklingji rechts eine Straße ab, die zwischen einem fast verlandeten See linker

Hand und einer mit einigen Tempeln besetzten Hangkante zur Rechten in einem Bogen zu den selten besuchten Tempeln von Nagda führt (ca. 5 km). Der Tempelkomplex mit seinen beiden noch erhaltenen **Sas-Bahu-Heiligtümern** (›Schwiegertochter-Schwiegermutter-Tempel‹) war einst religiöses Zentrum einer größeren, heute vom Erdboden verschwundenen Stadt, in der oben erwähnter Bappa Rawal residiert haben soll, ehe er Chittaurgarh zur Residenz der Sisodiarajputen machte. Obwohl die muslimischen Eroberer auch dieses Heiligtum nicht verschont haben, vermittelt der Figurenschmuck der Tempel noch einen nachhaltigen Eindruck von der außerordentlichen Handwerkskunst des 9. Jh. Ein Relief im Innern der Vorhalle des größeren Tempels illustriert das »Ramayana«-Epos. Sehr schön auch die Darstellungen von Liebespaaren *(mithunas)*. Im kleineren **Bahu-Tempel** blicken die acht Muttergottheiten von der Kuppelrosette auf die Besucher. Den Hauptzugang bildete früher das unterhalb der Plattform stehende dreibogige Toranator.

Kumbhalgarh ► D 8

Schon von weitem sieht man die gewaltigen Mauern sich über die Hügel der Aravalli-Vorberge schlängeln. Mit 36 km Länge umschließen sie ein Areal von 84 km². Bis auf die eindrucksvollen Bastionen ist allerdings von dieser etwa 85 km nördlich von Udaipur gelegenen, einst größten Festungsanlage Rajasthans wenig geblieben.

Rana Kumbha hatte sie im 15. Jh. an strategisch günstiger Stelle auf einem Pass zwischen den Fürstentümern Mewar und Marwar errichtet. Nur einmal musste sich die als unbezwingbar geltende Festung unter Rana Pratap dem Mogulherrscher Akbar ergeben, da die Belagerer das Trinkwasser vergifteten.

Noch heute windet sich der Zufahrtsweg auf der alten Route durch bewaldete Hügel und sieben befestigte, mehrere Kilometer auseinanderliegende Tore. Am zweiten scheiterte 1567 Akbars erster Angriff, am dritten, dem Hanuman Pol, wurde dem Affengott ein kleiner Schrein errichtet, vom sechsten führte ein geheimer Fluchttunnel ins Freie. Von den ursprünglichen Bauten – es soll allein 365 Tempel gegeben haben – sind nur noch bescheidene Reste erhalten. Der auf der höchsten Erhebung liegende **Bada Mahal** (›Wolkenpalast‹), zu dem man hinaufsteigen kann, stammt erst aus dem 19. Jh. und ist allenfalls wegen der Echoeffekte im Schlafgemach und wegen des weiten Blicks über die teilweise als Naturpark ausgewiesene Bergwelt besuchenswert.

Übernachten

Im Schatten der Festung ► **Aodhi Hotel:** An der Zufahrt zum Fort, Tel. 029 54-24 23 41, Fax 029 54-24 23 49, www.hrhhotels.com. Sehr ruhig, am Waldrand in unmittelbarer Nähe des Forts gelegenes Heritage Hotel des Maharajas von Mewar mit 26 eleganten, wenn auch etwas plüschigen Zimmern, schönem Pool, Restaurant und Bar. DZ ab 6000 Rs.

Aussichtsreich ► **The Kumbhal Castle:** Fort Rd., Tel. 029 54-24 21 71, Fax 029 54-246 03 47, www.thekumbhalcastle.com. Neueres Hotel am Hang mit 17 etwas nüchtern gestalteten AC-Zimmern, Pool und Restaurant. DZ ab 2700 Rs.

Modern ► **Ratnadeep:** Im Ort Kelwara, ungefähr 7 km vom Fort entfernt, Tel. 029 54-24 22 17. Einfache, teilweise recht geräumige Zimmer. DZ ab 500 Rs.

Essen & Trinken

Hinweise zu Restaurants siehe Unterkünfte.

Verkehr

Bus: Verbindungen mit Udaipur (ungefähr 4 Std.).

Ranakpur ► D 8

In einem außerordentlich lieblichen, noch immer dicht bewaldeten Flusstal knapp 100 km nördlich von Udaipur haben die Anhänger der Jainreligion im 15. Jh. in 60-jähriger Bauzeit eine der schönsten Tempelanlagen ganz Rajasthans errichtet. Die Bauwerke gehen, wie in der Jaingemeinde üblich, auf eine Stiftung zurück, in diesem Fall die eines reichen Kaufmanns und Ministers am Hofe Rana Kumbhas.

Der dem ersten Furtbereiter Adinatha geweihte **Haupttempel** bedeckt die gewaltige Fläche von nahezu 4000 m^2 und wird von 1444 Säulen getragen. Um den zentralen Schrein mit dem viergesichtigen Marmorkultbild gruppieren sich in symmetrischer Ordnung Tanz- und Versammlungshallen in zum Teil mehrstöckiger Anordnung sowie kleine Schreine. Ein Wald von Säulen trägt die mit komplizierten geometrischen Mustern und Figuren von Göttinnen verzierten Kuppeln. Dazwischen blickt immer wieder der Himmel durch und verleiht so dem Heiligtum durch die einzigartige Lichtführung eine besondere Aura, der sich auch der fremde Besucher nicht zu entziehen vermag. Die aufwendige Ausstattung mit wertvollen Materialien, insbesondere rosafarbenem Marmor, wirft auch ein Licht auf die sozialen Verhältnisse der Jaingemeinschaft in der damaligen Zeit. Unter Rana Kumbha herrschten stabile politische Verhältnisse, von denen auch die Wirtschaft profitierte, sodass genügend Mittel für aufwendige Bauvorhaben zur Verfügung standen (Zutritt ab 12 Uhr, Kamera 50 Rs, Video 100 Rs).

Der Haupttempel wird von weiteren Heiligtümern umschlossen, darunter dem **Parshvanatha-Tempel** aus dem 15. Jh., der auch einige erotische Motive aufweist. Einen kurzen Besuch verdient außerdem der etwas südlich oberhalb der Straßenbrücke liegende **Narayana-Tempel** mit seinen überaus reichen Schmuckfriesen.

Übernachten

Transplantiert ▶ **Fateh Bagh:** Ranakpur Rd., Tel. 029 34-228 61 86, Fax 029 34-252 80 12, www.hrhhotels.com. Neuestes Luxushotel der dem Maharaja von Udaipur gehörenden Hotelkette. Der Bau ist in wesentlichen Teilen aus einem Palast bei Jodhpur hervorgegangen, der in 65 000 Teilen hierher verpflanzt wurde. 28 elegante Zimmer und Suiten, Pool, an dem man abends speisen kann, Yoga und Massage. DZ ab 3500 Rs.

Natur pur ▶ **Maharani Bagh Orchard Retreat:** Etwa 4 km außerhalb, Tel. 02 91-43 33 16, Fax 02 91-63 53 73, www.nivalink.com/maharanibagh/index.html. Hübsche Bungalows im Grünen. Die Zimmer sind aber überteuert, ebenso das Restaurant. DZ 7000 Rs inkl. Frühstück für 2 Nächte.

Rustikal ▶ **Shivika Lake Hotel:** Etwa 2 km südlich des Tempels, Tel. 029 34-28 50 78, www.shivikalakehotel.com. Ruhig am Ufer des Nalwania-Sees in einem großen Garten gelegene, urige Unterkunft mit 13 netten kleinen Zimmern, Pool und Restaurant. Abends trifft man sich am Lagerfeuer. DZ ab 1700 Rs.

Nicht so schlecht ▶ **RTDC Hotel Shilpi:** Neben dem Tempel, Tel. 029 34-28 50 74, http://rtdc.in/shilpi.htm. Etwas abgewohnter, aber sauberer Tourist Bungalow. Das Restaurant bietet indische Hausmannskost. DZ mit AC 1100 Rs, DZ ohne AC 750 Rs.

Essen & Trinken

Hinweise zu Restaurants siehe Unterkünfte.

Verkehr

Bus: Gute Verbindung mit Udaipur (ca. 3 Std.).

Mount Abu ▶ C 8

Über 1700 m steigt die Aravalli-Kette an ihrem südlichen Ende aus der hitzeflimmernden Ebene und ist damit die höchste Erhebung zwischen Himalaya im Norden und den Nilgiris-Bergen im Süden. In der heißen Vormonsunzeit (Mai–Juni) quillt die sich um den kleinen Nakki Lake scharende Hill Station (ca. 24 000 Einw.) von einheimischen Touristen über, die, wie schon die Engländer, in der Kühle Entspannung und Vergnügen suchen. Im Winter, wenn die Temperaturen fast bis auf den Gefrierpunkt sinken, hat man den Ort hingegen fast für sich allein und kann von den dann günstigen Preisen für Unterkunft und Verpflegung profitieren.

Die Geschichte des Bergmassivs verliert sich in den Mythen grauer Vorzeit. Der Legende nach soll hier der Clan der Agnikularajputen von dem Weisen Vishvamitra in einer Opferzeremonie aus einem Feuerloch geschaffen worden sein. Der Name geht auf die Schlange Arbuda zurück, die Kamadhenu, die Kuh des Überflusses, einst aus einer Grube rettete, womit sie die Fruchtbarkeit und den Reichtum Nordindiens sicherte. Auch für die Jains ist Mount Abu seit jeher geheiligt, spielen doch Berge in dieser Religion eine zentrale Rolle als Orte, an denen die Furtbereiter die Erlösung fanden.

Aussichtspunkte

Beliebtester Ausflugsort der indischen Touristen ist der etwa 3 km westlich des Ortes liegende **Sunset Point,** ein Steilabfall, an dem sich allabendlich Hunderte von Besuchern einfinden, um den Sonnenuntergang zu erleben. Meist allerdings verabschiedet sich der rote Ball ganz unspektakulär lange vorher im Dunst, der wie ein Tuch über der Ebene tief unten liegt. So ist es eher die gelöste Stimmung der rings auf den Felsen lagernden Zuschauer, die den kleinen Ausflug zu einem netten Erlebnis werden lässt. Weitere beliebte Aussichtspunkte sind der **Honeymoon Point** und der **Anadhra Point** in der Nähe.

Brahma Kumaris World Spiritual University

Einen Besuch lohnt die **Brahma Kumaris World Spiritual University,** deren weiß gekleidete Mitglieder man häufig im Ort antrifft (www.bkwsu.com). Im Mittelpunkt stehen Yoga und Meditation, um zu tieferer Erkenntnis über sich selbst und das Universum zu gelangen und damit einen Beitrag zum ewigen Weltfrieden zu leisten, den der Gründer Brahma Baba (1876–1969) 1936 als ultimatives Ziel formuliert hat. Dazu gehört auch die Überzeugung, dass alle Religionen zu einem Gott führen, so wie es auch die Baha'i-Sekte predigt.

Infos

Tourist Reception Centre: Gegenüber dem Busbahnhof, Tel. 029 74-23 51 51, Mo–Sa 10–17 Uhr, jeden 2. Sa geschl.

Übernachten

Die Preise unterliegen erheblichen saisonbedingten Schwankungen; am teuersten sind die Monate April–Juni, Okt./Nov. (Diwali-Fest) sowie Weihnachten–Neujahr.

Traumhaft ▶ **Jaipur House:** Tel. 029 74-23 50 01, 029 74-235 17, Fax 029 74-23 50 02, www.hotelsmountabu.net/jaipurhouse_mountabu.htm. Kein Haus, sondern ein Palast oberhalb des Sees, nach wie vor im Besitz des Maharajas von Jaipur, neun Zimmer und Suiten mit grandiosem Blick über den See; ein exzellentes Dachrestaurant rundet den positiven Eindruck ab. DZ ab 3800 Rs.

Repräsentativ ▶ **Palace Hotel:** Dilwara Rd., Tel. 029 74-23 86 73, www.rajasthaninfo.org/mountabu-palace.htm. Ein weiteres, jedoch größeres Palasthotel mit 38 ›fürstlichen‹ Zimmern in einem parkartigen Garten. DZ ab 3500 Rs.

Very british ▶ **Connaught House:** Rajendra Rd., Tel. 029 74-23 84 63, www.hotelsmountabu.net/connaughthouse_mountabu.htm. Ehemaliger englischer Bungalow im Besitz des Maharajas von Jodhpur, herrliche Gartenanlage, Wahlmöglichkeit zwischen Zimmern und Bungalows. DZ ab 5000 Rs.

Gemütlich ▶ **Lake Palace:** Nakki Lake Rd., Tel. 029 74-23 72 54, 23 71 54, www.savshantihotels.com. Kleines Hotel, das mit seinem Blick auf den See auftrumpfen kann. Ansonsten normale Zimmer und recht ordentliches Restaurant. Bei Buchung auf Bestätigung achten.

Essen & Trinken

Die Restaurants sind überwiegend auf den indischen Massentourismus abgestimmt, gut isst man in den aufgeführten Hotels, am stilvollsten im Jaipur House.

Mit Nachschlag ▶ **Kanak Dining Hall:** Rajendra Rd. Spezialisiert auf *Gujarati thali* (die zu den besten gehören), wie üblich mit Nachschlag. Hauptgerichte ab ca. 80 Rs.

Kaffeehaus ▶ **Cafe Coffee Day:** Rotary Circle, 7–24 Uhr. Niederlassung der mittlerweile über ganz Indien verbreiteten Kette, nettes Ambiente, hervorragender Kaffee, kleine Snacks und Kuchen ab 45 Rs.

Verkehr

Bahn: Der nächste Bahnhof liegt im Tal in Abu Road (27 km). Buchen kann man im Railway Reservation Centre über dem Touristenbüro (Tel. 029 74-22 12 05, Mo–Sa 8–14, So 8–12 Uhr). Gute Verbindung mit Ahmedabad sowie Delhi über Ajmer und Jaipur (Ashram Express, Nr. 2915/2916). Züge auch nach Jodhpur und Bikaner (Ranakpur Express, Nr. 4708).

Bus: Busse privater Unternehmen zu allen wichtigen Zielen, u. a. nach Udaipur (5 Std.), Jodhpur (7 Std.), Ahmedabad (7 Std.) und Ajmer (11 Std.).

Umgebung von Mount Abu

Dilwara-Tempel ► C 8

Ein herausragendes Zeugnis der engen Verflechtung zwischen Landschaft und Glaube ist der etwa 6 km außerhalb des Ortes liegende Dilwara-Tempelkomplex, der zu den schönsten ganz Indiens zählt.

Von einer Mauer umschlossen gruppieren sich hier vier Heiligtümer unterschiedlichen Datums. Das älteste, der **Vimala-Tempel,** entstand bereits im Jahr 1032 unter der Herrschaft der Solanki-Dynastie. Hinter dem bescheidenen Äußeren verbirgt sich eine atemberaubende Ausgestaltung in geradezu barockem Überschwang. In höchster handwerklicher Vollendung sind Säulen, Decken und Wände überzogen mit einem Gitterwerk verschlungener Ornamentik und plastischer Figurentableaus, auf denen sich die Geschichte der Jainreligion manifestiert. Der dem Furtbereiter Adinatha geweihte Tempel wurde von Vimala Shah gestiftet, einem reichen Kaufmann aus Gujarat und Minister unter König Bhima Dev I. Fast 14 Jahre lang arbeiteten 1500 Künstler und 1200 Bauarbeiter an diesem Meisterwerk aus fast transparentem Marmor, der aus den 20 km entfernten Steinbrüchen von Arasoori herbeigeschafft wurde. 1311 fiel der Tempel der Intoleranz des islamischen Herrschers Ala-ud-din Khilji aus Delhi zum Opfer, wurde aber

Auch die Einheimischen erfreuen sich am Jaintempel von Dilwara

wieder liebevoll restauriert. Rings um das zentrale Heiligtum verläuft eine Galerie mit 57 in die Wand eingelassenen, nummerierten Zellen mit den uniform wirkenden Bildnissen der Furtbereiter. Umso prachtvoller entfaltet sich die Freude an dekorativer Gestaltung im Deckenbereich über den Zellen. Löwen, Tänzer und Musikanten begegnen uns, aber auch Episoden aus dem Leben der Furtbereiter werden dargestellt, so etwa über Zelle 10, wo Neminatha mit seinem Vetter Krishna und den Gopis spielt, Krishnas Muschelhorn bläst, dann der Hochzeit entflieht, um Asket zu werden. Auch zahlreiche andere Gottheiten des hinduistischen Pantheons haben ihren Platz gefunden. Über den Zellen 42 und 43 steht Lakshmi, die Göttin des Reichtums im Mittelpunkt, ein Deckensegment weiter begegnen uns Lakshmi, Kali und Sarasvati mit ihren Reittieren, bei Zelle 49 tötet der Mannlöwe Narashima, eine Inkarnation Vishnus, den Dämonen Hiranyakashipu.

Besonderes Augenmerk verdient die flache Kuppel über der sogenannten Tanzhalle vor dem Eingang zum Sanktum, das Andersgläubige nicht betreten dürfen. Um die einzelnen Ringe verlaufen Friese mit Gänsen, Elefanten, Reitern und Schwänen, von den Speichen blicken die 16 Göttinnen der Weisheit.

Vor dem Tempel hat eine eigenartige Gruppierung von aufgereihten Elefanten ihren Platz, die zusammen mit einer Statue des Stifters von einem Abkömmling des Erbauers Mitte des 12. Jh. errichtet wurde. Auch diese Monumentalplastiken zeigen Spuren der muslimischen Zerstörungswut im Jahr 1311.

Nicht anders erging es dem benachbarten, etwas erhöht liegenden **Luna-Vasahi-Tempel,** der 200 Jahre später entstand. Auch er konfrontiert den Besucher mit einem Übermaß an Ornamentik und Liebe zum Detail, die Architektur und Plastik verschmelzen lässt, zuweilen aber etwas überladen wirken. Entlang der Ostwand ist die Galerie durch Steingitter verschlossen, hinter denen zehn Elefanten aufgereiht sind, Tragetiere des zweiten Furtbereiters Ajitanatha. Prunkstück ist ohne Zweifel die wie ein Lüster geformte Kuppel über der Tanzhalle mit den 16 Göttinnen der Weisheit auf den Konsolenträgern und 360 winzigen, im Kreis angeordneten Figuren von Mönchen und Furtbereitern. Der gegenüberliegende **Pittahar-Tempel** wirkt dagegen ausgesprochen schlicht und ist wahrscheinlich unvollendet geblieben (Zutritt zum Dilwara-Tempelkomplex tgl. 12–18 Uhr, strenges Fotoverbot, Lederartikel sind verboten).

Achaleshvara-Tempel ►C 8

Folgt man vom Dilwara-Komplex der Straße weiter in Richtung Osten, erreicht man nach ca. 5 km das zu Füßen eines steilen Bergs liegende Shivaheiligtum, das im 13. Jh. von den beiden Brüdern Vastupal und Tejapal gestiftet wurde, auf die auch der Luna-Vasahi-Tempel in Dilwara zurückgeht. Zum Anziehungspunkt für hinduistische Pilger ist der Tempel vor allem durch den sogenannten Zeh Shivas im Kultraum geworden, von dem aus eine Öffnung bis in die Unterwelt reichen soll. Vor dem Haupttheiligtum wacht ein mächtiger Nandibulle aus Messing aus dem Jahr 1407, der noch Narben muslimischer Übergriffe zeigt. Interesse verdienen auch die um den Tempelhof angeordneten Tempel.

Im Dwarka Mandir in der linken vorderen Ecke ist im Innern ein besonders schönes Relief des auf der Weltschlange ruhenden Vishnu in Erwartung eines neuen Weltzeitalters zu sehen. An dem Torbogen links neben dem Haupttempel ließ sich früher der Herrscher der Sirohi-Dynastie in Silber und Getreide aufwiegen, das dann an die Bevölkerung verteilt wurde.

Am Ufer des angrenzenden Teichs steht eine bemerkenswerte Skulpturengruppe aus drei Wasserbüffeln und der Statue des Königs Daravarsha als Bogenschütze. Sie illustrieren eine Legende, nach der der König die Tiere, die sich in böse Dämonen verwandelt und den heiligen, mit *ghee* gefüllten Teich leer getrunken hatten, mit einem Pfeil durchbohrte.

Ein von weiteren Tempeln gesäumter Weg führt zur Spitze des angrenzenden Berges empor, der einst von einer Festung Rana Kumbhas gekrönt war. Der steile Aufstieg lohnt allerdings nur wegen der Aussicht.

Städte in der Wüste

Rajasthans Nordwesten trägt bereits wüstenhafte Züge. Um so verlockender erscheinen die Siedlungen, gleichsam Oasen im ›Land des Todes‹. Vom prunkvollen Palast von Jodhpur über die von Staub durchwehten Straßen von Bikaner bis zur kulissenhaften Wüstenmetropole Jaisalmer spannt sich der Bogen.

Westlich der Aravalli-Kette, die sich den Monsunwinden wie ein Riegel in den Weg legt, nimmt die Landschaft recht schnell steppen- und schließlich wüstenhafte Züge an. Größere und kleinere Dünen, durchsetzt mit niedrigen Hügeln, schüttere Grasvegetation, Salzpfannen und Sandflächen verleihen der als Thar bezeichneten, sich tief bis in die pakistanische Provinz Sind hineinziehenden Landschaft ihr karges Gesicht.

Trotz der Lebensfeindlichkeit konnten sich weit verstreut einige größere Ortschaften herausbilden, die fast oasenhafte Züge tragen. Die Besiedlung ist Ergebnis der frühen muslimischen Eroberungszüge, die in Afghanistan ihren Ausgang nahmen. Allein 17 Mal fiel Mahmud von Ghazni (971–1035) mit seinen Söldnerheeren in Nordindien ein und kehrte jedes Mal mit reicher Beute an Tempelschätzen und Sklaven in seine Heimat zurück. Verständlich, dass sich einige Rajputenclans in die Abgeschiedenheit der Wüste zurückzogen, darunter die Bhattis, die 1165 Jaisalmer gründeten, und die Rathors, die sich nach langen Irrfahrten im Jahr 1459 in Jodhpur niederließen. Die Ödnis, auch Marwar, ›Land des Todes‹, genannt, bot zwar einen gewissen Schutz vor islamischen Raubzügen, keineswegs aber vor den Bruderkriegen, die zur Tradition der Rajputen gehörten. So splitterten sich die beiden Clans weiter auf, und die Kämpfe untereinander tobten wie eh und je – im Übrigen eine der Ursachen dafür, dass die Clans den von Norden anbrandenden Usurpatoren unterlegen waren. Auf gemeinsame Aktionen gegen die disziplinierten islamischen Heere konnten sich die Rajputenfürsten niemals einigen. So half ihnen die Abgeschiedenheit wenig, denn unter den Moguln fand auch ihre Unabhängigkeit schließlich ein Ende.

Jodhpur ► C 7

Cityplan: S. 302

Zu begeistern vermag die lärmerfüllte, staubgepuderte Großstadt mit ihren knapp 1 Mio. Einwohnern den Besucher zunächst kaum – eine wie so viele in Indien. Magisch angezogen wird der Blick jedoch von der hoch auf einem Bergsporn ruhenden Palastanlage, die zu den eindrucksvollsten Rajasthans zählt und überdies einen grandiosen Blick über das Häusermeer bietet.

Erst 1459 entschlossen sich die Rathors aus dem nahen Mandore, ihre Residenz auf den strategisch günstigeren Bergrücken zu verlegen. Später erwiesen sich die Herrscher von Jodhpur als getreue Vasallen der Moguln, wofür Rao Udai den Titel Raja erhielt und mit zahlreichen Privilegien belohnt wurde, die den Reichtum des Herrscherhauses mehrten und zum Teil in die Ausgestaltung des Palastes einflossen. Als sich jedoch der fanatische Moguherrscher Aurangzeb das Fürstentum Marwar 1679 einzuverleiben versuchte, nachdem Jaswanth Singh ohne mündige Erben gestorben war, kam es zu einem lang andauernden Krieg. In einer Nacht- und Nebelaktion wurde der am Hof Aurangzebs gefangen gehaltene Säugling Ajit Singh aus dem Palast in Agra geschmuggelt und damit die Nachfolge des Hauses Marwar gesichert. Es sollte aber noch bis 1709 dauern, ehe die Moguln, deren Glanzzeiten längst vorbei waren, zum Abzug gezwungen werden konnten. 1724 fiel der Befreier Ajit Singh einem Mordanschlag seines Sohnes zum Opfer, später musste die Stadt an die kämpferischen Marathen, erbitterte Widersacher der Moguln, Tribut zahlen und wurde 1808 schließlich vom stärkeren Nachbarn Jaipur angegriffen. Ruhe und Frieden kehrten erst wieder ein, als sich das Fürstentum 1818 dem Diktat der Briten unterwarf und für seine Loyalität fürstlich belohnt wurde.

Fort Mehrangarh 1

Dominiert wird das Stadtbild von dem hoch auf einem Felsgrat thronenden Fort Mehrangarh, mit dem Rao Jodha im Jahr 1459 den Grundstein für die neue Hauptstadt des Marwar-Reichs legte. Man erreicht den Hauptzugang, das **Jai Pol,** auf einer Fahrstraße oder auf einem kürzeren Fußweg von der Altstadt aus. Ein von Festungsmauern begleiteter Serpentinenweg führt durch drei weitere Tore zum Palastzugang. Am zweiten Tor, dem **Ded Kangra Pol,** sind noch die Kanoneneinschläge der Belagerung von 1808 zu erkennen, als Jaipur und Bikaner die Festung eroberten und für kurze Zeit besetzt hielten. An der Innenseite des letzten Tors, dem **Loha Pol,** zieren die Handabdrücke der Fürstenwitwen die Wand. Allein sechs waren mit Man Singh (gest. 1843) verheiratet gewesen. Hinduistischer Tradition folgend waren die Witwen mit ihren verstorbenen Männern auf dem Scheiterhaufen verbrannt worden.

Man betritt nun eine schmale Hofanlage, die rechter Hand vom **Palast** gesäumt wird, linker Hand von einer erhöht liegenden Bastion, von der man einen grandiosen Blick über Jodhpur hat. Dabei fallen die vielen blau getünchten Wohnhäuser auf. Früher war die Farbe ein Zeichen dafür, dass hier Brahmanen wohnten, heute ist sie eine Modeerscheinung.

Zudem wird ihr eine Mücken abwehrende Wirkung nachgesagt. Auch an diesem, überwiegend aus Sandstein errichteten Palast, den man durch das **Suraj Pol** betritt, wurde über viele Jahrhunderte gebaut, sodass er sich heute als ein verschachtelter Komplex aus Innenhöfen, Terrassen und Gebäuden zeigt. Zunächst gelangt man in den Hof **Daulat Khana** mit dem gleichnamigen Saal, in dem eine riesige Sänfte aus dem 18. Jh. die Aufmerksamkeit auf sich zieht. Das mit Blattgold überzogene, kunstvoll geschnitzte Prunkstück, das von zwölf Männern getragen werden musste, fiel Abhay Singh als Kriegsbeute während eines Feldzugs nach Gujarat 1730 in die Hände. Nebenan kann man einen Blick in die **Waf-**

Die blau getünchten Häuser sind – neben dem Fort – die Attraktion von Jodhpur

fenkammer werfen, Stolz jeder Rajputenfestung; außer Dolchen, Spießen und Keulen gibt es auch ein Schwert Akbars zu bewundern. Im Stockwerk darüber dokumentieren Miniaturen aus dem 19. Jh. das höfische Leben, das so gar nicht im Einklang mit der Kampfeslust der Rajputen zu stehen scheint. Hier oben liegt auch der **Spiegelsaal** (Sheesh Mahal). Derartige, mit farbigen Glasscherben und Spiegeln ausgestattete Zimmer erfreuten sich in den Palästen Rajasthans größter Beliebtheit und wurden teilweise auch von den Moguln übernommen. Krishna-Darstellungen ergänzen die Dekoration. Der Gott steht auch im Mittelpunkt der Ausgestaltung des darüberliegenden Schlafgemachs des Herrschers Thakat Vilas (1843–1873), ergänzt durch die in Rajasthan beliebten Motive aus der Dhola-Maru-Legende (s. S. 250).

Der dem Hof gegenüberliegende Raum **Phul Mahal** (›Blumenpalast‹), den man über eine Treppe erreicht, besticht durch seine mit Gold verzierte Decke. In 14-jähriger Arbeit sollen die Handwerker hier 80 kg des Edelmetalls verarbeitet haben. In den Medaillons sind die Herrscher des Hauses Marwar verewigt, darunter werden in einem umlaufenden Fries die unterschiedlichen Stimmungen der klassischen indischen Ragas (s. S. 72) thematisiert. Der Prunksaal diente früher als private Empfangs- und Festhalle, in der sich die ganze Pracht höfischen Lebens entfaltete.

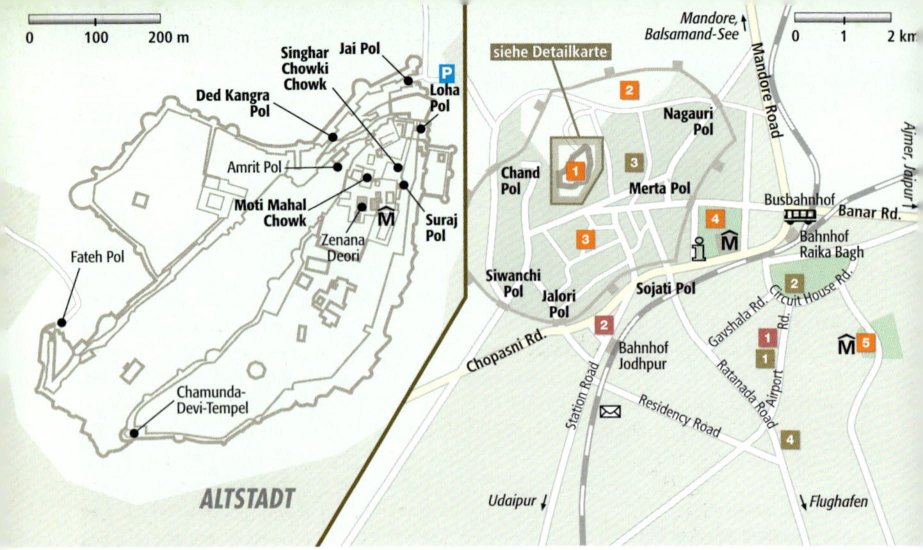

Über eine Treppe gelangt man auf eine Terrasse mit Blick auf die Sandsteinfassade des Palastes und die tief unten liegende Stadt.

Nun geht es hinab zum **Moti Mahal Chowk,** dem größten Hof der Anlage. Begrenzt wird er von der öffentlichen Audienzhalle, in der die Marwarherrscher auf silbernem Thron die Huldigungen ihrer Untertanen entgegennahmen, Recht sprachen und über die Politik des Staates entschieden. Gut lässt sich hier die ungewöhnliche Fassadenkonstruktion mit ihren vorspringenden oberen Stockwerken und Balkons studieren, die sich statisch nur durch schmale, galerieartige Gänge zwischen den Fensterfronten und den dahinterliegenden Räumen verwirklichen ließen. Fast filigran wirken die den benachbarten Hof **Singhar Chowki Chowk** umschließenden, von Fenstern eingerahmten Haremsgemächer. Die durchbrochenen Jaligitter verschaffen jedem Windhauch freien Zutritt und ermöglichten den Frauen, ungesehen am Geschehen in ihrer Umgebung teilzuhaben (tgl. Okt.–März 9–17, Apr.–Sept. 8.30-17.30 Uhr, Eintritt 250 Rs, Foto 50 Rs, Video 200 Rs, Audioführer).

Kenotaphe Jaswant Thada 2

Verlässt man die Festung auf der Straße, stößt man nach wenigen hundert Metern auf die **Kenotaphe Jaswant Thada**, die Begräbnisstätte der Herrscher von Marwar. Sie wurde 1899 an der Stelle der Einäscherung von Maharaja Jaswant Singh II. errichtet. Seither werden hier die Angehörigen der Herrscherfamilie beigesetzt. Zu sehen sind u. a. die Gräber von Sardar Singh, Sumer Singh und Umaid Singh (tgl. 10–17 Uhr, Eintritt 30 Rs, Kamera 25 Rs, Video 50 Rs).

Die Altstadt 3

Das pralle Leben einer indischen Großstadt mit ihren fremdartigen Gerüchen, exotischen Angeboten und farbenprächtigen Saris lässt sich am besten rings um den **Clock Tower** in der von Mauern noch fast vollständig umschlossenen **Altstadt** hautnah erleben. Mittelpunkte des geschäftigen Lebens sind die Basare **Girdikot** und **Sardar.** Über die Grenzen Indiens hinaus bekannt ist das Geschäft von Mahonlal Verhonal (Shop 209-B), der richtige Ort, um einige außergewöhnliche Souvenirs für die heimische Küche zu erwerben – und wer auf den Geschmack gekommen ist, kann sogar über Internet nachbestellen (www.mvspices.com). Man sollte sich von den Jugendlichen nicht zur Besichtigung der blauen Häuser und zum Essen überreden lassen. Hohe Geldforderungen sind oft die Folge solcher ›Einladungen‹.

Jodhpur

Sehenswert
1 Fort Mehrangarh (mit Restaurant Mehran Terrace)
2 Kenotaphe Jaswant Thada
3 Altstadt
4 Umaid Garden
5 Umaid Bhawan (mit Hotel und Restaurant The Pillars)

Übernachten
1 Ajit Bhawan Palace
2 Ranbanka Palace
3 Pal Haveli
4 Devi Bhawan

Essen & Trinken
1 On the Rocks
2 Kalinga

Umaid Garden 4

Bei einem Spaziergang in der weitläufigen, recht gepflegten Parkanlage **Umaid Garden** stößt man auf ein kleines Museum mit einer allerdings nicht sehr attraktiven Darbietung ausgestopfter Tiere, Waffen und Plastiken (Sa–Do 10–16.30 Uhr, Eintritt 5 Rs).

Umaid Bhawan 5

Am Ostrand der Stadt entstand zwischen 1929 und 1943 auf einer Erhebung der massige Palastbau **Umaid Bhawan** mit 347 Zimmern. Europäische Architektur wurde hier mit muslimischen, rajputischen und persischen Stilelementen zu einem vor allem wegen seiner Größe beeindruckenden Bauwerk aus Sandstein und Marmor verschmolzen, das sein Vorbild in den Kolonialgebäuden von New Delhi hat. In einem Teil des Palastes ist heute ein Luxushotel untergebracht. Wer einen Blick in das pompöse Foyer werfen will, muss eine hohe ›Schutzgebühr‹ zahlen, die beim Verzehr im Restaurant angerechnet wird. Ein Seitenflügel beherbergt das geschmackvoll aufgemachte **Palastmuseum** mit einer Ausstellung exquisiter Waffen, vom Maharaja im Polospiel gewonnener Pokale und einer Sammlung kurioser Uhren (tgl. außer Fr 10–16 Uhr, Eintritt 50 Rs, Fotoverbot)

Infos

Tourist Office: High Court Rd., neben dem RTDC-Hotel Ghoomar, Tel. 029 12-54 50 83, www.Jodhpurindia.net, http://jodhpur.nic.in, tgl. außer So 8–20 Uhr, jeden 2. Sa. geschl.

Übernachten

Pompös ▶ **Umaid Bhawan Palace 5**: Tel. 02 91-251 01 01, Fax 02 91-251 01 00, www.tajhotels.com, ubpresv.jodh@tajhotels.com. Eines der Vorzeigehotels in Rajasthan, untergebracht im Palast des Maharajas (s. links), Im Jahr 2006 komplett renoviert, aber durch die schiere Größe des Baus doch etwas unpersönlich. Zimmer und Service sind erwartungsgemäß untadelig. DZ ab 25 000 Rs.

Gut geschützt ▶ **Ajit Bhawan Palace 1**: Airport Rd., Tel. 02 91-251 33 33, Fax 02 91-251 06 74, www.ajitbhawan.com. Palast mit Festungscharakter, der seinem Namen alle Ehre macht und sich noch heute im Besitz der Familie des Maharajas befindet. Man hat die Wahl zwischen ruhig gelegenen Bungalows, Zelten oder exquisiten Zimmern im Hauptgebäude. Ein traumhafter Pool und ein hervorragendes Restaurant mit abendlicher Musikdarbietung runden das Bild ab. DZ ab 9000 Rs.

Vermächtnis des Maharajas ▶ **Ranbanka Palace 2**: Circuit House Rd., Tel. 02 91-251 28 01, Fax 02 91-251 01 62, www.ranbankahotels.com. Gebaut für den jüngsten Bruder des Maharajas Umaid Singh, umweht den in einem parkartigen Garten gelegenen Bau nach wie vor die Atmosphäre der Raj-Epoche. 58 große, geschmackvoll gestaltete Zimmer stehen ebenso zur Verfügung wie ein Pool und ein gutes Restaurant. DZ ab 5000 Rs.

Stilvoll ▶ **Pal Haveli 3**: Gulab Sagar, in der Altstadt, nahe Clock Tower, Tel. 02 91-309 33 28, 02 91-263 83 44, www.palhaveli.com. Sehr urtümliche Unterkunft mit 20 gemütlichen, geschmackvoll eingerichteten Zimmern in einem Haveli aus dem 18. Jh., traumhafter Blick vom Dachterrassenrestaurant, sehr gutes Preis-Leistungs-Verhältnis. DZ ab 2500 Rs.

Urgemütlich ▶ **Devi Bhawan 4**: 1 Ratnanda Aerea, Tel. 02 91-251 10 67, http://devibhawan.com. In wundervollem Garten etwas außerhalb des Zentrums gelegene Privatunterkunft, liebevoll dekorierte Zimmer in Doppelbungalows mit kleiner Veranda, gutes Essen. DZ ab 850 Rs.

Essen & Trinken

Nobel ▶ **The Pillars:** im Umaid Bhawan Palace 5 (s. S. 303). Man sitzt komfortabel mit Blick auf den gepflegten Rasen und die Festung, hervorragende Küche, tadelloser Service. Hauptgerichte ab ca. 700 Rs (das Eintrittsticket zum Hotel wird verrechnet).

Nur für abends ▶ **Mehran Terrace:** im Fort Mehrangarh 1, Tel. 02 91-254 97 90, 7.30–23 Uhr. Der abendliche Blick von der Terrasse über die Stadt ist umwerfend. Essen und Service können aber leider nicht mithalten. Spezialität: *gujarati thali*. Hauptgerichte ca. 300 Rs.

Gartenromantik ▶ **On the Rocks** 1: Neben dem Hotel Ajit Bhawan (s. 303), Tel. 02 91-510 27 01, 12.30–15.30 und 19–23 Uhr. Man speist stilvoll im großen Garten oder drinnen, abends bei Kerzenlicht. Eine Tanzfläche gibt es auch. Hauptgerichte ab ca. 120 Rs.

Altbewährt ▶ **Kalinga** 2: Station Rd., Tel. 02 91-261 58 71, 8–23 Uhr. Typisch indisches Restaurant mit düsterem Ambiente, aber gutem einheimischem Essen, seit vielen Jahren populär. Hauptgerichte ab ca. 60 Rs.

Termine

Marwar Festival (Okt.): Folkloredarbietungen und Umzüge mit Elefanten, Daten unter www.rajasthantravelguide.com.

Verkehr

Flug: Der Flugplatz liegt ca. 5 km vom Zentrum entfernt. Verbindungen mit Indian Airlines und Jet Airways nach Delhi, Jaipur, Udaipur und Mumbai.

Bahn: Buchungsbüro in der Station Rd., zwischen Bahnhof und Sojati Gate (Mo–Sa 8–20, So 8–13.30 Uhr), nach Delhi (über Jaipur und Alwar (Mandor Express, Nr. 2462), nach Jaisalmer (Jodhpur-Jaisalmer Express, Nr. 4810).

Bus: Der staatliche Busbahnhof liegt ein Stück östlich des Zentrums, Privatbusse fahren ca. 2 km südwestlich des Bahnhofs ab. Verbindungen u. a. mit Jaisalmer (ca. 5,5 Std.), Udaipur (5,5 Std.), Jaipur (7,5 Std.), Bikaner (5,5 Std.).

Umgebung von Jodhpur

Mandore ▶ C 7

Ehe die Rathors ihre Residenz nach Jodhpur verlegten, residierten sie für nicht einmal ein Jahrhundert im 9 km nördlich gelegenen Mandore. Schon im 8. Jh. hatten hier die Mandore-Pratihara ihr Zentrum, die nach dem Zerfall des Guptareichs mit vielen anderen Fürstentümern entstanden waren. Als die Rajputen den Platz 1395 wählten, war der Stern der Pratihara schon lange verloschen und Relikte ihrer hohen künstlerischen Leistungen kaum noch vorhanden. Unter strategischen Gesichtspunkten war die Wahl wenig vorteilhaft, fehlten doch die natürlichen Voraussetzungen zur Anlage einer wehrhaften Festung. So hatte der Maharana von Mewar, traditionell Erzfeind des Marwar-Clans, zu Beginn des 15. Jh. keine Mühe, die Stadt einzunehmen. Erst durch Heiratspolitik vermochte Rao Jodha 1453 Mandore für die Marwar zurückzugewinnen, zog aber die Lehre aus der Niederlage und siedelte 1459 nach Jodhpur über.

Von der auf einem kleinen Hügel in einem ausgedehnten Park gelegenen ehemaligen **Festung** sind nur noch einige unbedeutende Grundmauern erhalten. Umso schöner präsentieren sich hingegen die von einem künstlichen Wasserlauf gesäumten und entlang einer Prozessionsstraße aufgereihten Kenotaphe der Herrscher, die bis ins 19. Jh. hier eingeäschert wurden. Wendet man sich am Ende des Weges nach links, gelangt man zur kleinen Gartenanlage **Zenana Bagh,** die vom turmartigen Thamba Mahal bewacht wird. Im angrenzenden Komplex hat ein kleines Museum seinen Platz, das einige schöne Miniaturen zeigt sowie Plastiken des 12. Jh. aus der Stadt Kiradu nordwestlich von Barmer, die im Jahr 1192 den Eroberungszügen von Mohammed von Ghur zum Opfer fiel.

Recht kurios ist die Skulpturengalerie **Hall of Heroes** mit ihren 16 gipsüberzogenen, aus dem Fels geschlagenen Statuen. Einträchtig nebeneinander findet man Gottheiten und Helden aus der Geschichte Marwars, darunter Kali, Krishna, Sita und Hanuman sowie den Helden Ram Deoji.

Osian ►C 7

In der 60 km nördlich von Jodhpur an der Strecke nach Jaisalmer gelegenen Kleinstadt haben die Gurjara-Pratihara eindrucksvolle Zeugnisse ihres künstlerischen Schaffens hinterlassen. Der Stamm war im Gefolge des Hunneneinfalls im 6. Jh. nach Nordindien gelangt und hatte zwischen dem 8. und 9. Jh. von Kanauj aus große Teile Nordrajasthans beherrscht und kulturell geprägt, ehe er nach Gwalior weiterwanderte. Osian wurde für Brahmanen und Jains gleichermaßen eines der wichtigsten religiösen Zentren der Region. Insgesamt haben sich Reste von 18 Heiligtümern erhalten, von denen zwölf aus der Zeit um 800 stammen, die übrigen aus dem 11. und 12. Jh. Stilistisch zeigen sie eine Variante des Post-Gupta-Stils, die den konvex geformten Tempelturm Nordindiens mit der Dekorationsfreude der Post-Gupta-Epoche verbindet. Kennzeichen sind überdies auf Plattformen liegende, von einem Wandelgang umschlossene Kultzellen mit vorgelagerter Säulenhalle (Mandapa) und exquisit gearbeitete Götterbildnisse in den Nischen der Plattformen und Tempelwände.

Eine breite, von Toranabögen überspannte Treppe führt hinauf zum **Sachiya-Mata-Tempel.** Das der Göttin Durga geweihte Heiligtum besteht aus mehreren Schreinen, von denen der südlich an das Hauptheiligtum angebaute Suraya-Tempel am ältesten ist. Gut erhaltene Skulpturen von Ganesh und den Wächterfiguren Ganga und Yamuna zieren die Wände und den Eingang. An der Decke der dunklen Vorhalle illustriert ein Bilderzyklus die Krishna-Legende.

Zu Füssen des Tempelberges liegt im Nordosten des Ortes der **Mahavihara-Tempel,** dessen Anfänge in das 8. Jh. zurückreichen. Ursprünglich bestand der älteste noch erhaltene Jaintempel im westlichen Indien aus einer Kultzelle und einer kleinen Vorhalle, die später erheblich erweitert wurde. Dadurch musste der Toranabogen, der früher den Zugang bildete, an die linke Seitenwand des Hofs versetzt werden. Die wahrscheinlich noch aus der Gründungszeit stammende Kultfigur in der Cella stellt Mahavira dar, den 24. Furtbereiter der Jains. Die an der Außenseite in die Pfeiler zwischen den vorspringenden Balkons eingelassenen Figuren gelten als die ältesten noch erhaltenen Plastiken, die mit einem Bauwerk in Verbindung stehen. Sie zeigen u. a. die vedischen Gottheiten Nirti (Gott des Unglücks), Yama (Totengott), Varuna (Wassergott) und Agni (Feuergott). An der Innenwand des Hofs reihen sich Schreine, die dem Heiligtum im 12. Jh. hinzugefügt wurden. In späteren Zeiten sollte die Umfriedung des Haupttempels mit kleinen Schreinen zum wesentlichen Merkmal der Jainarchitektur werden (s. S. 294 und 297).

Etwas außerhalb der Ortschaft liegen zwischen der nach Jodhpur führenden Straße und der Eisenbahnlinie Jodhpur–Jaisalmer zwei sogenannte Hari-Hara-Tempel, benannt nach einem Relief mit der gemeinsamen Darstellung von Shiva und Vishnu. Sie bestehen aus einem zentralen Hauptschrein und vier an den Ecken der gemeinsamen Plattform platzierten Nebenschreinen.

Am besten erhalten ist der nahe der Bahnlinie liegende **Hari-Hara-Tempel Nr. II.** Zwar sind die vier Eckschreine teilweise verfallen, aber der Figurenschmuck in den Nischen der Außenwände hat die Jahrhunderte in bemerkenswert gutem Zustand überdauert und gilt als schönster in ganz Osian. An den Wänden der Plattform tritt uns Skanda entgegen (Südseite Mitte), und sogar Buddha (Südseite rechts) wurde verewigt, der den Hindus als Inkarnation Vishnus gilt. Der Treppenaufgang an der Westseite wird von Figuren der Gottheiten Ganesh und Shiva eingerahmt. An der Rückwand (Ostseite) des zentralen Heiligtums ist die Hari-Hara-Plastik eingelassen, der dieser Tempeltypus seinen Namen verdankt.

Näher an der Straße liegt der weniger gut erhaltene **Hari-Hara-Tempel Nr. III,** dessen Cella später eine Halle vorgesetzt wurde. Auf

पार्श्वनाथ जैन
श्वेताम्बर ट्रस्ट

schen Plaza. Längst sind die Zeiten vorbei, als der Herrscher hier von seinem – bis heute erhaltenen – Marmorthron Hof hielt. Und auch der Palast selbst fügt sich mit seinen kaum verzierten Sandsteinfassaden bescheiden in das Ensemble. Wer meint, die ehemals höfische Pracht würde sich hinter den unscheinbaren Mauern entfalten, sieht sich beim Besuch enttäuscht. Überdies ist die gesamte Festung durch Sickerwasser extrem gefährdet. Da es bisher keine Abwasserversorgung gibt, haben sich die Festungsfundamente vollgesaugt und es ist zu Setzungen und Rissen in der Festungsmauer gekommen.

Beiderseits der engen Gassen reihen sich schmale Häuser in unterschiedlichem Erhaltungszustand. Einige sind zu kleinen Hotels und Pensionen umgebaut worden und bieten, soweit sie an die äußere Mauerkrone grenzen, eine grandiose Aussicht auf die Wüste. Die hygienischen Verhältnisse lassen jedoch meist zu wünschen übrig.

Versteckt im Gewirr haben sieben reich verzierte, miteinander verbundene **Jaintempel** 2 ihren Platz, von denen drei besondere Beachtung verdienen (Eintritt 20 Rs, Foto 50 Rs, Video 100 Rs).

Zunächst betritt man den aus dem Jahre 1453 stammenden **Chandraprapha-Tempel** (tgl. 7–12 Uhr), der wie eine kleine Kopie des berühmten Tempels von Ranakpur (s. S. 294) erscheint und dem achten Furtbereiter geweiht ist. Die Stützsäulen des Mandapa sind durch Toranabögen miteinander verbunden, die Deckenrosette zieren Ganeshfiguren. Am ältesten ist der 1417 erbaute, nach dem auch in Ranakpur verehrten Furtbereiter benannte **Parshvanatha-Tempel** (11–12 Uhr). Auf engem Raum weist er die typischen Merkmale des damals in dieser Region vorherrschenden Maru-Gujarat-Stils auf. Beherrscht wird der Zugang von einem reich ornamentierten Toranabogen, bevölkert von Musikantinnen und himmlischen Nymphen *(suradasis)*. Im Allerheiligsten findet man das Bildnis des Parshvanatha. Die Kuppel ist üppig mit Tänzerinnen und Musikanten verziert, auch die Säulen sind mit Figurenschmuck und Ornamenten belebt. Umgeben ist der Haupttempel von 52 in einer Galerie angeordneten Schreinen mit Bildnissen der Jinas.

Im angrenzenden **Rishabhdevij-Tempel** (tgl. 7–12 Uhr), den ebenfalls ein üppig dekorierter Toranabogen schmückt, verdient vor allem eine Gruppe unterschiedlich großer, im Kreis angeordneter Jain-Tirthankara-Plastiken in Meditationshaltung Beachtung. Den benachbarten, weniger aufwendig dekorierten Shantinatha-Tempel (tgl. 11–12 Uhr) zeichnet seine komplexe Sikhara-Konstruktion aus. In Gewölben unterhalb des Tempels soll sich auch die Schatzkammer für die Aufbewahrung der heiligen Manuskripte befunden haben.

Eingang zum Jaintempel im Fort von Jaisalmer

Die Altstadt

Die wichtigsten Sehenswürdigkeiten Jaisalmers, die reich geschmückten Häuser ehemals vermögender Kaufleute, liegen in der Altstadt unterhalb des Forts. Statt die Fassaden wie in Shekhavati mit Malereien zu schmücken, haben hier Steinmetze unter Einbeziehung von Licht und Schatten wahre Meisterwerke geschaffen. Fast nahtlos bedecken kleine Balkons mit bengalischen Dächern und durchbrochene Steingitter die Hausfassaden. Anders als im Shekhavati-Gebiet führen keine großen Tore in die dahinter liegenden Höfe und Wohnräume, sondern nur bescheidene Türen. Ihr Vermögen machten die Kaufleute von Jaisalmer nämlich nicht mit Kamelladungen von Wolle, sondern vornehmlich mit kleinen Opiumpäckchen für den chinesischen Markt!

Zu den prachtvollsten Handelshäusern zählt der **Patwon-ki-Haveli** 3, der zu einem Komplex von fünf nebeneinander stehenden Häusern im nördlichen Stadtbereich gehört. Sie wurden zwischen 1800 und 1860 von der einflussreichen Bafna-Familie gebaut. Eines davon ist zum Kothari Patwa Haveli Museum ausgebaut worden, das den Reichtum der Handelsherren des 19. Jh. erahnen lässt (tgl. 9–18 Uhr, Eintritt 100 Rs, Kamera 30 Rs, Video 40 Rs).

Der **Nathmal-ki-Haveli** 4 ist eines der letzten aufwendig gebauten Handelshäuser. Er diente als Residenz von Metha Nathmal, der unter Maharawal Berishal Singh Mitte des 19. Jh. den Posten des Premierministers (Diwan) bekleidete. Der Bau wurde von den beiden Architekten-Brüdern Hathi und Laloo entworfen, die sich die Arbeit aufteilten und versprachen, einander nicht zu kopieren. Den Eingang flankieren zwei Elefanten als Zeichen dafür, dass hier der Diwan residierte (tgl. 8–19 Uhr, Eintritt frei).

Der unterhalb des Forts gelegene **Salim-Singh-Haveli** 5, auch Moti-Mahal genannt, steht in Verbindung mit dem brutalen Metah Salim Singh, der sein Vaterhaus mit einem Pavillon hatte krönen lassen, bestehend aus einer weit auskragenden Galerie zarter, von bengalischen Dächern abgeschlossener Säulen. Verziert wurden sie mit Rankenwerk, Pfauen- und Blumenmotiven (tgl. 8–18 Uhr, Eintritt 15 Rs, Kamera 20 Rs, Video 50 Rs).

Außerhalb der Altstadt

Ungewöhnlich ist auch der **Taziaturm** 6 am westlichen Stadttor (Amar Sagar Gate). Der pagodenartige Bau, ein Geschenk der islamischen Steinmetze an den Herrscher, ist eine Nachbildung muslimischer Totenschreine, wie sie während des Muharramfestes anlässlich der Taziaaufführungen (Leidensgeschichte des islamischen Märtyrers Hussein) verwendet wurden.

Erholsame Stunden kann man am Stausee Garisar südlich der Stadt verbringen. Den Hauptzugang überspannt das **Teliator** 7, das zu Beginn des 19. Jh. von einer stadtbekannten Kurtisane gestiftet wurde. Einigen Bürgern war der Bau deshalb ein Dorn im Auge, und sie baten den Maharaja um die Erlaubnis zum Abriss. Telia ließ jedoch rasch einen Tempel auf das Dach setzen und verwandelte so das Tor in ein Heiligtum, an dem sich niemand vergreifen mochte.

An der Zufahrtsstraße liegt linker Hand ein kleines privates **Folkloremuseum** 8 mit recht hübschen Exponaten zur lokalen Volkskunst (tgl. 8–18 Uhr, Eintritt 20 Rs, Kamera 20 Rs, Video 50 Rs).

Das ebenfalls der reichen Kultur Rajasthans gewidmete und von derselben Familie wie das Folkloremuseum gegründete **Desert Cultural Centre** 9 sollte man vor allem zur abendlichen Puppenaufführung besuchen, wobei danach noch Zeit zum Bummel durch die Räume bleibt (tgl. 10–20 Uhr, Eintritt 50 Rs, Kamera 20 Rs, Video 50 Rs,Ticket gilt auch für das Folkloremuseum; Aufführung 18.30–19 Uhr, Eintritt 50 Rs).

Infos

Tourist Reception Centre: Gadhi Sagar Rd., nahe Gadhisar Pol, Tel. 029 92-25 24 06, www.jaisalmer.org.uk, Mo–Sa 10–17 Uhr, wenig hilfsbereit.

Übernachten

Protzig ► **Rang Mahal** 1: Etwa 2 km westlich des Forts, Tel. 029 92-25 09 07, Fax 029 92-25 13 05, www.hotelrangmahal.com. Von außen eine festungsartig wirkende Anlage im traditionellen Stil, im Innern der Luxus eines 5-Sterne-Hotels mit allen Annehmlichkeiten. DZ ab 3500 Rs.

Boutiquehotel ► **Hotel Killa Bhawan** 2: Im Fort, Auskunft bei der Killa Bhawan Lodge (s. u.). Ohne Zweifel die schönste Unterkunft (8 Zimmer) im Fort, von einem französischen Designer gestaltet und von derselben Gesellschaft betrieben wie die Killa Bhawan Lodge (s. u.). Atemberaubender Blick. DZ ab 60 €.

Der Tradition verpflichtet ► **Narayan Niwas Palace** 3: Im Norden der Altstadt, Tel. 029 92-25 19 01-5, www.narayanniwaspalace.com. Im traditionellen Stil gehaltene moderne Unterkunft mit 43 Zimmern, Innenhof und atemberaubendem Ausblick von der Dachterrasse auf die Festung. DZ ab 70 US$.

Edellodge ► **Killa Bhawan Lodge** 4: Gegenüber dem Patwon-ki-Haveli mitten in der Altstadt, Tel. 029 92-25 38 33, Fax 029 92-25 45 18, www.killabhawan.com. Sechs geschmackvoll dekorierte Zimmer mit Bad. DZ ab ca 30 €.

Urig ► **Paradise** 5: Im Fort, Tel. 029 92-25 26 74, 25 24 17, www.paradiseonfort.com. Seit langem beliebte Unterkunft in einem gro-

aktiv unterwegs

Kamelsafari in der Wüste

Tour-Infos

Ausgangs-/Endpunkte: Jaisalmer, Khuri, Bikaner
Dauer: 1 Tag bis 4 Wochen
Kosten: ab ca. 700 Rs/Tag
Veranstalter in Jaisalmer: Adventure Travel Agency (Fort Gate, www.adventurecamels.com), das preisgünstigere Hotel Renuka (s. S. 312), das umweltbewusste Thar Safari (Gandhi Chowk, www.tharsafari.com) und Sahara Travels (Gupta Chowk, www.mrdesertjaisalmer.com)
Veranstalter in Bikaner: Vijaj Singh Rathore, ›The Camel Man‹ genannt, der auch ein kleines Gästehaus betreibt (www.camelman.com)
Besonderheiten: Die Routen unterliegen Beschränkungen (Sperrgebiete)

Ausflüge mit Kamelen (genauer: einhöckerigen Dromedaren) gehören zu den größten Attraktionen einer Indienreise. Vom 30-Minuten-Ritt zum Sunset Point bis zur vierwöchigen Safari durch die Rann von Kutch bis nach Gujarat oder Bikaner reicht das Spektrum. Am populärsten ist der etwa viertägige Ausflug zu den großen Dünen von Sam (40 km). Die Tour führt durch die Weiler Amar Sagar, Badha Bagh, Lodruva nach Sam und Kuldera. Zahlreiche Anbieter sind in Jaisalmer auf dem Markt, darunter auch manche mit schlechten und überteuerten Touren. Man sollte sich nicht von Schleppern ködern lassen, die billige Hotelzimmer versprechen, sich vorab bei anderen Touristen informieren
und mit dem Veranstalter klären, welche Verpflegung und Unterbringung (Zelt) zu erwarten sind und wie die Route verläuft.

Wer näher an der Wüste starten will, kann auch von einer Nomadenfamilie in Khuri (s. S. 313) Kamele mieten. Die Preise für Kamelsafaris hängen im Wesentlichen von der Verpflegung ab. Da die Kameltreiber, denen die meiste Arbeit aufgebürdet ist, am wenigsten verdienen, sollte man mit dem Trinkgeld nicht geizen. Ins Gepäck gehören: ein warmer Schlafsack (vor allem im Winter), Wasserflasche, Sonnenbrille, Kopfbedeckung und Hautcreme für die aufgescheuerten Schenkel. Ungeübte sollten einige Stunden im Sattel verbringen, ehe sie zu einer großen Tour aufbrechen. Auch Bikaner hat das lukrative Geschäft der Wüstenausflüge mit Kamelen entdeckt. Hier kann der Tourist noch im wahrsten Sinn des Wortes abseits ausgetretener Pfade Einblick in das ländliche Leben in der Halbwüste gewinnen und romantische Nächte am Lagerfeuer verbringen.

Das Spektrum der Angebote für Kamelsafaris ist groß – von einfach bis ›de luxe‹

ßen Haveli; Zimmer unterschiedlicher Ausstattung und Qualität, teils mit, teils ohne Bad, netter Innenhof, toller Blick von der Dachterrasse, abends Musik. DZ ab 300 Rs.
Oldtimer ▶ Fort View 6: Tel. 029 92-25 22 14. Alteingesessene Billigunterkunft gegenüber dem Zugang zum Fort mit teilweise kleinen Zimmern; von den besseren hat man einen schönen Blick auf das Fort, beliebtes Dachrestaurant; empfehlenswerte Kamelsafaris. DZ ab 250 Rs.
Backpackertreff ▶ Renuka 7: Gandhi Chowk, Tel. 029 92-25 27 57, hotelrenuka@rdeiffmail.com. Populärer Treffpunkt der Rucksacktouristen; ordentliche, saubere Zimmer, einige mit Balkon. Schöner Blick von der Dachterrasse mit Restaurant. Empfehlenswerte Kameltouren. DZ ab 150 Rs.

Essen & Trinken

Pizza und Pasta ▶ Little Italy 1: 1st Fort Gate. In einem alten Gebäude am Fortzugang, das wunderschön restauriert und liebevoll ausgestattet wurde; hervorragende italienische Küche. Hauptgerichte ab ca. 80 Rs.
Klein und beliebt ▶ Trio 2: Gandhi Chowk. Beliebtes, alteingesessenes Dachterrassenrestaurant mit indischer und europäischer Küche, schöner Blick und abends Musik. Hauptgerichte ab 80 Rs.
Lecker indisch ▶ Natraj 3: Gegenüber Salim-Singh-Haveli. Sehr angenehmes Ambiente auf der Dachterrasse mit Blick auf den Haveli. Hauptgerichte ab 60 Rs.
Momos und mehr ▶ Little Tibet 4: Im Fort. Sehr sauberes populäres Restaurant unter tibetischer Leitung, umfangreiche Speisekarte, natürlich gibt es auch *momos.* Hauptgerichte ab 50 Rs.

Termine

Desert Festival (Jan./Feb.): Farbenprächtiges Folklorefestival mit Musik, Tanz und Kamelrennen; aktuelle Daten: www.asien-feste.de.

Verkehr

Bahn: Der Bahnhof liegt etwa 2 km nordöstlich. Verbindungen mit Jodhpur, Jaipur und Delhi (Jaisalmer-Delhi Express, Nr. 4060) sowie Bikaner (Jaisalmer-Bikaner Express, Nr. 4701).
Bus: Es gibt zwei Busbahnhöfe, einer liegt nahe dem Bahnhof, der andere unterhalb des Forts. Verbindungen mit allen wichtigen Städten, teilweise mit Deluxe-Bussen: Jodhpur (6 Std.), Bikaner (7 Std.), Jaipur (12 Std.).

Umgebung von Jaisalmer

Wegen der Nähe zur pakistanischen Grenze ist die Bewegungsfreiheit in Richtung Norden eingeschränkt, wobei die meisten Sehenswürdigkeiten jedoch außerhalb der Sperrzone liegen.

Bada Bagh ▶ B 6

Sehr lohnend ist der Ausflug zu den von Touristen kaum beachteten **Chattris** von Bada Bagh, der 6 km nördlich liegenden Grabstätte der Herrscher von Jaisalmer. Einige der Kenotaphe sind noch gut erhalten und beeindrucken überdies durch die im naiven Stil rajputischer Volkskunst ausgeführten Gedenksteine (Sonnenauf- bis Sonnenuntergang, Eintritt 20 Rs, Kamera 10 Rs, Video 20 Rs).

Lodurva ▶ B 6

Etwa 16 km nordwestlich liegen die bescheidenen Überreste der einstigen Hauptstadt Lodurva, die im 12. Jh. von den Muslimen zerstört wurde. Sehenswert ist der aus dem 11. Jh. stammende **Jaintempel,** der seither jedoch vollständig erneuert wurde. Beachtung verdient der aus Holz gefertigte baumartige Turmaufsatz, der einen der zehn Wunschbäume der Jains symbolisiert, die im paradiesischen Zeitalter die Wünsche der Menschen erfüllten (tgl. 6–20 Uhr, Eintritt 20 Rs, Kamera 50 Rs, Video 100 Rs).

Ganz in der Nähe liegen die Ruinen des sogenannten **Palastes der Prinzessin Moomal,** den man mit einer herzzerreißenden Liebesgeschichte verbindet. Die schöne Moomal liebte heimlich den Prinzen Mahendra und empfing ihn nachts in ihrem Palast. Einmal erhielt sie Besuch von ihrer Schwester, die sich als fahrender Sänger verkleidet hatte. Mahendra, der dazukam, hielt die Schwester für einen Konkurrenten und zog sich zurück. Jahrelang versuchte Moomal ihren Geliebten zurückzugewinnen und machte sich schließlich als Armreifenverkäuferin auf die Suche. Als sie Mahendra schließlich fand und beide sich in die Arme sanken, ereilte sie der Tod.

Am meist ausgetrockneten Stausee **Amar Sagar,** wenige Kilometer von Lodurva entfernt, werden derzeit einige Jaintempel restauriert.

Khuri ►B 7

Im 40 km von Jaisalmer entfernten Khuri kommt die richtige Wüstenstimmung auf, grenzt der Ort doch an Sanddünen wie in der Sahara. Khuri, das mit seinen vielen Lehmhäusern einen pittoresken Eindruck macht, ist auch ein guter Ausgangspunkt für Kamelexkursionen (s. S. 311). Die Infrastruktur ist allerdings noch bescheiden. Meist wohnt man in Rundhütten ohne Bad, u. a. im Badal House, Mama's Guest House oder dem Gangaur Guest House. Alle Unterkünfte bieten auch Ausflüge mit Kamelen an.

Verkehr

Bus: Brechend volle Busse von Jaisalmer (2 Std.).

Bikaner ►D 6

Cityplan: S. 314

Die etwa 600 000 Einwohner zählende Stadt bietet sich dem Besucher als sehr weitläufig und an der Peripherie immer wieder von Grünflächen aufgelockert dar. Im Zentrum hingegen unterstreichen die rosa Sandsteinfassaden den wüstenhaften Charakter dieser ehemals bedeutenden Handelsmetropole am Kreuzungspunkt wichtiger Karawanenrouten.

Stadtgeschichte

Die Wurzeln der Stadtgründung reichen zurück bis zu den Eroberungszügen der islamischen Heere, vor denen einige Rajputenclans in die Wüste Thar zurückwichen. 1465, als Streitigkeiten um die Nachfolge des Herrschers von Jodhpur ausbrachen, verließ Rao Bika, einer seiner Söhne, den Hof, um sich ein eigenes Reich zu schaffen. In zahlreichen Kämpfen besiegte er die lokalen Stämme und gründete 1488 eine Lehmfestung, die er Bikaner nannte, zusammengesetzt aus seinem Namen und dem eines verbündeten Oberhaupts der kriegerischen Jats namens Nara. Bei seinem Tod im Jahr 1504 hatte Rao Bika 3000 Dörfer unter seine Herrschaft gebracht und sein Territorium erheblich ausgeweitet. Die fehlende Sicherheit eines Bergrückens hatte er für den Vorteil der wirtschaftlich einträglichen Lage am Kreuzungspunkt wichtiger Handelswege selbstbewusst in Kauf genommen. Zunächst ging seine Rechnung auch auf und die Stadt entwickelte sich zum Drehkreuz des Karawanenhandels. Natürlich hatten die Moguln ein begehrliches Auge auf das reiche Bikaner geworfen, das sich ohne ernsthaften Widerstand im 16. Jh. dem Diktat der Herren aus Agra und Delhi unterwarf und so seine Privilegien wahren konnte. Selbst als Aurangzeb gegen den hinduistischen Glauben ins Feld zog, religiöse Feste verbieten ließ und wieder eine Kopfsteuer für Hindus einführte, stand Bikaner als eines der wenigen rajputischen Fürstentümer treu zu seinem Herren, auch wenn es Dissidenten Schutz vor muslimischer Verfolgung gewährte.

Mit dem Niedergang der Mogulherrschaft versiegten auch die Zuwendungen aus Agra und Delhi, sodass die das luxuriöse Leben gewohnten Herrscher von Bikaner die Steuerschraube für den Warentransit immer mehr anzogen. Die Maßnahme erwies sich als sehr kurzsichtig, suchten sich die Kaufleute doch neue Routen durch das südlich angrenzende Territorium von Shekhavati, wo sie mit offenen Armen empfangen wurden.

In den unruhigen Zeiten des 18. Jh. musste Bikaner die Belagerung durch Jodhpur hinnehmen. 1808 griff es seinerseits zusammen mit Jaipur den Erzrivalen an. Als die Engländer 1818 die Zügel fest in die Hand nahmen, beugte sich Bikaner nicht nur dem Diktat, sondern unterstützte die Briten durch seine

Bikaner

Sehenswert

1 Junagarh-Fort
2 Lallgarh-Palast (mit dem Hotel Lallgarh Palace)
3 Ganga Golden Jubilee Museum
4 Rampuria-Haveli
5 Bhandhasar-Tempel

Übernachten

1 Bhanwar Niwas
2 Bhairon Vilas
3 Vijay Guest House

Essen & Trinken

1 Laxmi Niwas
2 Amber

berühmten Reitkamele, die in Afghanistan zum Einsatz kamen. Im Ersten Weltkrieg befehligte der Maharaja Ganga Singh höchst persönlich das von ihm aufgestellte Kamelkorps Ganga Risala auf Kriegsschauplätzen in China, Somalia und Ägypten.

Noch immer gehen die Uhren in Bikaner langsamer als in anderen Großstädten des Subkontinents. Gemächlich ziehen Kamele gummibereifte Karren durch die teilweise noch mittelalterlich anmutende Altstadt.

Junagarh-Fort 1

Das Zentrum von Bikaner bildet das Junagarh-Fort, mit dessen Bau Raja Rai Singh im 16. Jh. begonnen hatte und das zahlreiche Erweiterungen erfahren hat. Ältester Teil ist das Eingangstor **Suraj Pol,** durch das man noch heute den ausgedehnten Komplex betritt. Abweichend von den übrigen, aus lokalem Sandstein errichteten Gebäuden besteht es aus Marmor. Der Legende nach hatte der Raja seiner Frau zuliebe das Baumaterial aus ihrer Heimatstadt, dem 300 km entfernten Jaisalmer, heranschaffen lassen, wahrscheinlicher jedoch ist, dass der später verwendete rötliche Sandstein der Umgebung noch nicht entdeckt worden war. Zwei Elefanten flankieren den Durchgang zum ersten Hof, Zeichen dafür, dass sich die Festung niemals den Moguln hatte ergeben müssen, wobei verschwiegen wird, dass man ernsthaften Auseinandersetzungen durch ein frühes Bündnis aus dem Weg gegangen war. Auf einer Führung wird man heute durch die einzelnen Räume des verschachtelten Palastes geleitet, dessen einzelne Flügel sich um Innenhöfe gruppieren.

Eines der Glanzstücke des Palastes ist der Saal der Privataudienzen, **Anup Mahal,** der im 17. Jh. unter Anup Singh entstand und seine fantastische, aus Spiegeln, Einlegearbeiten und Malereien in Gold bestehende Dekoration unter Raja Surat Singh (1787–1828) erhielt. Für die Innenausstattung griffen die Herrscher von Bikaner bevorzugt auf fremde Künstler zurück. Für Lackarbeiten auf Holz holte man Spezialisten aus Multan (heute in Pakistan), für Einlegearbeiten Künstler aus Amber. Wie in etlichen rajputischen Palästen trat auch in Bikaner ab dem 18. Jh. der Mogulstil deutlicher in Erscheinung, da mit dem

Niedergang dieser Dynastie viele arbeitslos gewordene Kunsthandwerker an die Fürstenhöfe abwanderten.

Den Luxus auf die Spitze getrieben hat Maharaja Gaj Singh (1745–87) mit dem Bau der aus fünf Räumen bestehenden Privatgemächer des **Gaj Mandir** über dem Karan Mahal. Um das zentrale, etwas erhöht liegende Schlafgemach gruppieren sich vier kleinere Zimmer. Untereinander sind sie durch Türen verbunden, mit dem Zentralraum aber bis auf eines (von diesem führt eine Treppe in den Zentralraum) nur durch Fenster, die von innen mit bemalten Holztüren verschlossen werden konnten. Auch hier darf das in fürstlichen Schlafgemächern beliebte Krishna-Gopi-Motiv nicht fehlen *(krishna lila),* in dem Erotik und Religion verschmolzen sind.

Ein **Spiegelzimmer** (Sheesh Mahal) gehörte ebenfalls zu den Privatgemächern des verwöhnten Herrschers. Der **Blumenpalast** (Phool Mahal) und der **Mondpalast** (Chandra Mahal) sind ähnlich verschwenderisch ausgestattet. Im Phool Mahal kann man ein kleines Bett des Rao Bika (1465–1504) bewundern. Der Herrscher ließ seine Beine immer über den Rand hinausragen, um auch wenn er ans Bett gefesselt werden sollte, aufspringen und sich gegen seine Widersacher verteidigen zu können. Ganz unbegründet war dieser Spleen nicht, hatte doch eine Konkubine seinen Großvater ans Bett gebunden und so den Häschern preisgegeben. Kritischen Betrachtern mag das ganze Interieur der Räume trotz der hervorragenden kunsthandwerklichen Arbeiten und der Lichteffekte aufgrund der Überfrachtung kitschig erscheinen. Auf dem Dach des Gaj Mandir thront der von Maharaja Dungar Singh (1827–87) errichtete, zeltartige **Chatra Niwas,** wegen seiner Kacheldekoration auch Chini Burj (›Chinesenturm‹) genannt.

Die Bautätigkeit in Bikaner fand erst im 20. Jh. mit der Errichtung der riesigen Durbar-Halle **Ganga Niwas** ein Ende, in der sich europäische Bautechniken mit klassischem Stil verbanden und ein völlig neues Raumgefühl vermitteln. Es beherbergt die Waffensammlung mit den üblichen Schwertern, Dolchen, Pistolen und Gewehren, darunter auch eine Kanone, die auf ein Kamel montiert werden konnte, und sogar ein restauriertes Flugzeug aus dem Ersten Weltkrieg, ein Geschenk der Engländer an den treuen Vasallen (Besichtigung des Forts: tgl. 10–16.30 Uhr, nur mit Führung, Eintritt 100 Rs, Kamera 30 Rs, Video 100 Rs).

Innerhalb des Forts befindet sich auch das 2000 eröffnete **Prachina-Museum,** das anhand zahlreiche Exponate einen Einblick in den europäischen Einfluß auf das Leben am Hof im 19. Jh. dokumentiert (www.prachinamuseum.org, tgl. 9–18 Uhr, Eintritt 25 Rs, Kamera 20 Rs, Video 75 Rs).

Die Museen

Der wegen der Farbe des Baumaterials auch ›Rotes Fort‹ genannte, etwas nördlich der Stadt liegende **Lallgarh-Palast** 2 aus Sandstein wurde Ende des 19. Jh. von Maharaja Sir Ganga Singh in Auftrag gegeben und dient in Teilen bis heute als Familienresidenz. Ein Flügel ist zum Luxushotel umgebaut worden. Im angeschlossenen **Maharaja-Sadul-Singh-Museum** vermitteln verblichene Fotos, Gemälde und Jagdtrophäen einen guten Einblick in das Leben an den indischen Fürstenhöfen zur Zeit britischer Oberhoheit. Als Teilnehmer an den Schießwettbewerben mehrerer Olympiaden führte der 1989 verstorbene 23. Maharaja Dr. Karne Singh diese Tradition seiner Vorväter zeitgemäß fort (Mo–Sa 10–17 Uhr, Eintritt 20 Rs, Kamera 20 Rs, Video 50 Rs).

Das **Ganga Golden Jubilee Museum** 4 im Gandhi-Park beherbergt eine Sammlung mit einigen bemerkenswerten Einzelstücken, darunter ein Seidengewand des Mogulherrschers Jahangir (1569–1627), eine Sarasvatifigur aus dem Jaintempel von Palli (11. Jh.), einige Funde aus der Harappa-Periode und zahlreiche Miniaturen der Bikaner-, der Jodhpur- und der Jaipur-Schule (tgl. außer Fr 10–16.30 Uhr, Eintritt 5 Rs).

Die Altstadt

Im Gewirr der Altstadt verstecken sich einige sehenswerte Bauten, darunter das Handelshaus **Rampuria-Haveli** 4 1880 und der **Jain-**

tempel Bhandhasar 5, der im Innern entgegen aller Tradition mit Malereien und in der Cella mit Kacheln, Spiegeln und Goldmalereien geschmückt ist. Besonders eindrucksvoll ist die abendliche Atmosphäre am **Kota Pol** in der Nähe des Bahnhofs, wo sich Alt- und Neustadt berühren.

Infos

Tourist Reception Centre: Im staatlichen Hotel Dhola Maru, Tel. 01 51-222 67 01, www.bikanertourism.com, Mo–Sa 10–17 Uhr.

Übernachten

Repräsentativ ▶ **Bhanwar Niwas** 1: Saduk Ganj, Tel. 01 51-252 93 23, www.bhanwarniwas.com. 24 pompöse Zimmer in einem Haveli von 1927 inmitten der Altstadt versetzen den Gast in die Zeit des Raj. DZ ab 4500 Rs.

Wohnen im Palast ▶ **Lallgarh Palace** 2: Ganganagar Rd., 3 km nördl. des Zentrums, Tel. 01 51-254 02 01 bis 07, Fax 01 51-252 39 63, www.lallgarhpalace.com. 40 elegante Zimmer im Palast des Maharajas von Bikaner. DZ ab 4000 Rs.

Wie im Museum ▶ **Bhairon Vilas** 2: Ganganagar Rd., am Junagarh-Fort, Tel./Fax 01 51-254 47 51, www.rajasthaninfo.org/bikaner-bhaironvilas.htm. In den üppig mit Antiquitäten ausgestatteten 18 Zimmern fühlt man sich in die Vergangenheit versetzt – ein einmaliges, erschwingliches Erlebnis. DZ ab 1000 Rs.

Bevorzugtes Backpackerziel ▶ **Vijay Guest House** 3: Jaipur Rd., gegenüber Sophia School, etwa 5 km vom Zentrum, Tel. 01 51-223 12 44, Fax 01 51-252 51 50, www.camelman.com. Kleine, einfache Unterkunft in großem Garten; geräumige Zimmer, teils mit, teils ohne Bad, bei Rucksacktouristen sehr beliebt, nicht zuletzt wegen der hier angebotenen Kamelsafaris (s. S. 311). DZ ab 300 Rs.

Essen & Trinken

Entspannte Atmosphäre ▶ **Laxmi Niwas** 1: Im Hotel Laxmi Niwas Palace, neben dem Lallgarh Palace, tgl. 12–15 und 19.30–22.30 Uhr. Sehr angenehmes Gartenrestaurant, abends Musikdarbietungen. Hauptgerichte ab etwa 80 Rs.

Fleischlos ▶ **Amber** 2: Station Rd., nahe Bahnhof, tgl. 10–23 Uhr. Etwas düsteres, aber sauberes Ambiente, in dem gute vegetarische Kost serviert wird. Hauptgerichte ab ca. 25 Rs.

Termine

Camel Fair (Jan.): Touristisch aufgemachte Veranstaltung mit Folklore und Kamelpro-

zession; genaue Daten: www.rajasthantravel guide.com.

Verkehr

Bahn: Verbindungen bestehen u. a. mit Jaipur (Bikaner-Jaipur Intercity, Nr. 2467) und Jodhpur (Ranakpur Express, Nr. 4707).
Bus: Der Busbahnhof liegt rund 3 km nördlich des Zentrums von Bikaner in der Nähe des Lalgarh Palace. Verbindungen teilweise mehrmals tgl. u. a. mit Jodhpur (6 Std.), Udaipur (12 Std.), Delhi (11 Std.) und Jaisalmer (8 Std.).

Umgebung von Bikaner

Devi Kund ▶ D 6

Liebhabern indischer Kunst empfiehlt sich ein Besuch des 8 km östlich liegenden Devi Kund (Busverbindung). Der um einen Teich angelegte Begräbnisplatz der Herrscher von

Ausflugsziel südlich von Bikaner: der Karni-Mata-Tempel von Deshnoke

Bikaner zeigt eine interessante Typologie, die von der Backsteingrabstätte Rao Kylan Mals über das barock anmutende Grab von Maharaja Anup Singh bis hin zur klassisch einfachen Ruhestätte Maharaja Sadul Singhs reicht.

Kamelzuchtstation ▶ D 6

Die auf die Tradition des von Maharaja Ganga Singh gegründeten Kamelkorps Ganga Risala zurückgehende, rund 10 km südlich liegende Zuchtstation beschäftigt sich heute in erster Linie mit der Aufzucht von Deckbullen für die Viehhirten der Umgebung und von Tieren für die noch bestehende Einheit der Border Security Force, die an der nördlichen Grenze mit dem pakistanischen Sind patrouilliert, vornehmlich aber repräsentative Aufgaben bei Militärparaden erfüllt (tgl. 14–17 Uhr, Eintritt 10 Rs).

Deshnoke ▶ D 6

Gleich vorab eine Warnung: Wer nur die geringste Scheu vor Ratten und Mäusen hegt, sollte sich den Ausflug verkneifen, bevölkern doch Tausende von Nagern das Innere des **Karni-Mata-Tempels** von Deshnoke, das man nur in Socken oder barfuß betreten darf! Wer versehentlich eine Ratte verletzt oder gar tötet, muss angeblich ein Tier aus Silber oder gar Gold stiften.

Das 30 km südlich von Bikaner gelegene Heiligtum wurde für die Gottheit Karni Mata errichtet, eine Inkarnation von Durga, die im 14. Jh. gelebt haben soll und zur Schutzgottheit der Rajputen aufstieg. Über die Verehrung der Ratten gibt es folgende Geschichte zu berichten: Zu der bereits zu Lebzeiten als Heilige geltenden Karni soll ein Fürst einmal den verstorbenen Sohn mit der Bitte gebracht haben, ihn wieder zum Leben zu erwecken, da die Dynastie sonst ohne Nachfolger bliebe und aussterben würde. In Trance habe Karni den Totengott Yama aufgesucht und ihn um die Seele gebeten. Der Totengott aber verweigerte die Herausgabe mit der Entschuldigung, der Junge sei bereits wiedergeboren und die Seele daher nicht mehr zurückzugewinnen.

Die enttäuschte Karni schwor daraufhin, dass kein Mitglied ihres Stammes mehr das Reich des Totengottes Yama betreten werde, sondern die Seelen der Verstorbenen statt dessen in Ratten wiedergeboren würden. Nach dem Tod der Tiere würden die Seelen dann die Körper von Barden annehmen und somit das Fortbestehen dieser in Rajasthan bis heute gleichermaßen beliebten wie verehrten fahrenden Sänger garantieren. Für die Rajputen, die auf eine Überlieferung ihrer Genealogie und der Heldentaten ihrer Vorfahren so großen Wert legten, war der Fortbestand der Barden als Vermittler der Traditionen von höchster Bedeutung, finden sie doch in den Heldenliedern, den *dingals,* immer wieder die begehrte Selbstbestätigung.

Das genaue Alter des Tempels ist unbekannt, aber bereits sehr früh wurde Karni Mata zur Schutzheiligen des Herrscherhauses *(kuldevi),* das denn auch beträchtliche Mittel für die Ausgestaltung des Heiligtums zur Verfügung stellte. So ist der aus weißem Marmor gefertigte Zugang zum Tempelkomplex mit fein gearbeiteten Figuren hinduistischer Gottheiten versehen, und die silberbeschlagenen Türen, die Maharaja Ganga Singh (1887–1943) stiftete, zeigen vollendete Handwerkskunst. Im Allerheiligsten steht eine aus Jaisalmer-Sandstein geformte Figur von Karni Mata unter einem goldenen Baldachin (tgl. 4–22 Uhr, Eintritt frei, Kamera 20 Rs, Video 50 Rs).

Verkehr

Bus: Etwa alle 30 Min. Busverbindungen mit Bikaner (45 Min.).

Tipp: Kolayat ▶ C 6

Der ca. 50 km südwestlich von Bikaner an einem kleinen See mit Badeghats liegende Tempel ist ein von Sadhus geschätzter heiliger Ort fern jeglichen Großstadttrubels. Passable Unterkünfte gibt es nicht, aber auch ein Tagesausflug lohnt. Im November findet ein großes Fest statt. Mit dem Bus dauert die Fahrt ca. 2 Std.

Die Küste Gujarats

Ungewöhnliche Monumente multikultureller Vergangenheit erwarten den Reisenden am Arabischen Meer: die ›schwankenden Minarette‹ von Ahmedabad, eine frühe erdbebensichere Architektur, die kunstvolle, von der UNESCO zum Welterbe erklärte Moschee von Champaner, Stufenbrunnen, die in kühle Tiefe führen, hinduistische Sonnentempel und martialische Festungen portugiesischer Kolonialherren.

Die exponierte Lage hat Gujarat schon früh mit Einwandererströmen, Eroberern und Vermittlern fremder Kulturen in Berührung gebracht und einen durch unzählige Kasten gekennzeichneten Schmelztiegel entstehen lassen. Zunächst war die Nordwestküste als Provinz den mächtigen Reichen der Maurya (322–185 v. Chr.) und Gupta (320–500) tributpflichtig, dann vermochte sich die Gurjara-Pratihara-Dynastie aus dem Geschlecht der Rajputen durchzusetzen. Bis zu ihrer Vernichtung durch die benachbarten Rastrakuta Ende des 10. Jh. bildeten sie ein Bollwerk gegen die anbrandenden islamischen Heere.

Mit der Niederlage Prithviraj III., des Führers der Chauhan, gegen die Truppen Mohammeds von Ghur wurde dann 1192 nicht nur der Grundstein für die islamische Herrschaft über Nordindien gelegt, mit ihr verlosch auch die Eigenständigkeit Gujarats als hinduistisches Fürstentum. Erst im 15. Jh. gelang es dem Nordwesten, sich vorübergehend von der Vormundschaft Delhis zu befreien und dank des Überseehandels großen Reichtum anzuhäufen. Dann verwies der Mogul Akbar die abtrünnige Provinz nach zwei grausam geführten Feldzügen 1584 wieder in die Schranken tyrannischer Diktatur. Inzwischen hatten sich die Portugiesen mit Diu und Daman zwei strategisch bedeutsame Stützpunkte erobert, gefolgt von den Engländern, die 1612 eine Handelsmanufaktur in Surat eröffneten. Als den Moguln im 18. Jh. die Macht allmählich aus den Händen glitt, verstärkte sich in Gujarat der Einfluss der Marathen, die sich schließlich mit den Engländern anlegten, bis sie 1818 von ihnen geschlagen wurden. Fortan genossen auch die Maharajas von Gujarat als Vasallen der britischen Krone eine nur beschränkte Souveränität, die ihnen durch beträchtlichen Reichtum allerdings versüßt wurde.

Mit der Unabhängigkeit ergaben sich auch im islamisch dominierten Gujarat neue Probleme, hätten sich doch einige islamische Lokalherrscher wie Nawab von Junagadh lieber dem ebenfalls neu entstandenen Pakistan angeschlossen. Mit ihnen machte die indische Regierung kurzen Prozess: Entweder Anerkennung der Souveränität oder Landesverweis (s. S. 333). Etwas schwerer tat man sich mit den Inseln Diu und Daman, Überbleibseln kolonialer Herrschaft der Portugiesen – erst im Jahr 1961 fühlte sich die Armee stark genug für einen erfolgreichen Militärschlag.

Ahmedabad ►C 9

Cityplan: S. 321
Die mit 5 Mio. Einwohnern größte Stadt Gujarats wurde 1411 von Ahmed Shah II., dem Führer der von Delhi unabhängig gewordenen Gujarat-Shah-Dynastie, am Ostufer des Sabarmati gegründet und hat bis heute einen

Ahmedabad

Sehenswert
1 Jama Masjid
2 Badshahno Hajiro
3 Mausoleum der Königinnen
4 Teen Dawarja Pol
5 Zitadelle Bhadra
6 Sidi-Sayyid-Moschee
7 Ahmed-Shah-Moschee
8 Rani-Rupamati-Moschee
9 Sidi-Bashir-Moschee
10 Rani-Sipri-Moschee
11 Calico Museum
12 N. C. Mehta Gallery of Miniature Paintings
13 City Museum
14 Shreyas Folk Museum
15 Gandhi Ashram
16 Dada-Harini-Brunnen

Übernachten
1 Cama-Hotel
2 HMG-Hotel (mit dem Restaurant Agashiye)
3 Hotel Balwas

Essen & Trinken
1 Toran Dining Hall
2 Sankalp

Einkaufen
1 Law Garden Night Market

ausgeprägt islamischen Charakter, obwohl sie auch als Hochburg der Jainreligion auf dem Subkontinent gilt. Unter Mahmud Begara, dem Enkel Ahmed Shah II., entwickelte sich die Stadt zu einer der schönsten und wohlhabendsten im westlichen Indien. Nach dem Niedergang unter Mogulhoheit und Marathenherrschaft und der Annexion durch die Briten 1817 erlebte Ahmedabad als Zentrum der Tuchweberei eine wirtschaftliche Renaissance. Als Hauptquartier Mahatma Gandhis stand es vorübergehend im Mittelpunkt des indischen Freiheitskampfes; unlängst war es Zentrum blutiger Auseinandersetzungen zwischen Hindus und Muslimen.

Die Altstadt

Die Denkmäler einstiger Größe liegen fast ausnahmslos in der von einem teilweise noch erhaltenen Mauerring umschlossenen Altstadt östlich des Sabarmati. Charakteristisch ist die Einteilung in *pol,* geschlossene Wohn- und Arbeitsviertel einzelner Berufsgruppen und Kasten, sowie die Synthese islamisch-sarazenischer und einheimischer Architektur.

Wie in islamischen Städten üblich, bildet die Freitagsmoschee **Jama Masjid** 1 das Zentrum. Man kann den an der Pankornaka Gandhi Road liegenden Zugang leicht verfehlen, da die Minarette, sonst weithin sichtbares Wahrzeichen jeder Moschee, infolge mehrerer Erdbeben eingestürzt sind. Das im Jahr 1432 in Sandstein vollendete Bauwerk besticht vor allem durch seine Ausgewogenheit und die Verschmelzung hinduistischer und islamischer Elemente, wobei, wie andernorts auch, Säulen ehemaliger Hindu- und Jaintempel Verwendung fanden.

Östlich grenzt an die Moschee das **Badshahno Hajiro** 2, das Grab des Stadtgründers Ahmed Shah, dessen Zentralraum mit Marmorkacheln unterschiedlicher Farbe ausgekleidet ist; jenseits der Straße befindet sich das **Mausoleum der Königinnen** 3, auch Ranino Hajiro genannt.

Folgt man der breiten Basarstraße nach Westen, erreicht man zunächst das dreibogige **Teen Dawarja Pol** 4, das von Sultan Ahmed Shah als Hauptzugang zur **Zitadelle Bhadra** 5 errichtet wurde, die ungefähr 200 m weiter westlich neben dem Telegrafenbüro liegt. Heute sind in dem Komplex überwiegend Büros untergebracht. Man kann aber auf das Dach steigen und aus luftiger Höhe die ungewöhnliche Struktur der verwinkelten Gassen bewundern.

Die von hier nach Norden verlaufende Dada Maviankar Road mündet nach ungefähr 300 m in einen großen Platz, dessen Mitte die kleine **Sidi-Sayyid-Moschee** 6 einnimmt. Die Rückseite des Bauwerks zeigt durchbrochene Marmorfenster mit Baum- und Pflanzenmotiven, die zu den schönsten Arbeiten dieser Art in Indien zählen und von der Elfenbeinschnitzerei beeinflusst sein dürften.

Wer über genügend Zeit verfügt, kann noch zahlreiche weitere Moscheen besuchen, etwa die **Ahmed-Shah-Moschee** 7, die älteste Moschee der Stadt (nahe dem Telegrafen-

büro) oder die **Rani-Rupamati-Moschee** 8 an der Dr. Tankaria Road.

Die **Sidi-Bashir-Moschee** 9 am Bahnhof ist berühmt wegen der 22 m hohen, erdbebensicheren *shaking minarets*. Benannt ist der Bau nach dem Lieblingssklaven von Sultan Ahmed II.

Im Süden der Altstadt erhebt sich am Astodia-Tor die außergewöhnlich reich verzierte **Rani-Sipri-Moschee** 10 aus dem Jahr 1514, die den indo-islamischen Stil in höchster Vollendung repräsentiert.

Das im nördlichen Vorort Shahibagh in einem ehemaligen Haveli untergebrachte **Calico Museum** 11 dokumentiert die nach wie vor ungebrochene Tradition Ahmedabads als Textilzentrum. Ausgestellt werden Webstühle, verschiedene Garne sowie alte und neue Stoffe. Auch ein Zelt Shah Jahans gibt es zu bewundern, dazu Handwerkskunst der lokalen Stämme (tgl. 10.30–12.30 und 14.45–16.45 Uhr, Eintritt frei, Führungen).

Die Neustadt

Über die Ellis- oder Nehru-Brücke gelangt man in die westlich des Sabarmati liegende Neustadt. Hier lohnt vor allem der Besuch der **N. C. Mehta Gallery of Miniature Paintings** 12 am Westufer auf dem Universitätsgelände (University Road). Zahlreiche Beispiele unterschiedlicher Schulen vermitteln einen umfassenden Einblick in die Miniaturmalerei, u. a. aus Bundi, Kota und Bikaner (Di–So 11–12 und 14–17 Uhr, Eintritt frei).

Schon seit britischer Zeit auf Erfolgskurs: die Textilproduktion von Ahmedabad

Das **Lalbhai-Dalpatbhai-Museum** in der Nähe zeigt vor allem Plastiken und Bronzen aus ganz Indien, u. a. die aus dem 6. Jh. stammende und damit älteste bekannte Rama-Darstellung (Di–So 11.30–17 Uhr, Eintritt frei).

Sehenswert ist auch das von Le Corbusier entworfene **City Museum** 13 westlich der Sadar-Bridge (Sanskar Kendra), das sich der Stadtgeschichte widmet, und das **Kite Museum** im selben Gebäude, das interessante Exponate zu dem in Ahmedabad populären Sport zeigt (Di–So 10–18 Uhr, Eintritt frei).

Mit der Geschichte und dem Kunsthandwerk der Volksstämme Gujarats beschäftigt sich das **Shreyas Folk Museum** 14 in dem westlichen Vorort Ambhavadi (tgl. außer Mi und Do 10–13.30 und 14–17.30 Uhr, Eintritt 50 Rs).

Im Norden der Neustadt kann man im schön gelegenen **Gandhi Ashram** 15 einen Blick in das spartanische Hauptquartier des großen Freiheitskämpfers werfen. Die kleine Gemeinschaft des 1918 gegründeten Ashrams finanziert die Gedenkstätte durch den Verkauf selbst gefertigter Kunstgewerbeartikel (Ashram Rd., tgl. 8.30–18 Uhr, Eintritt frei).

Der Stufenbrunnen von **Dada Harini** 16, etwas außerhalb der nordöstlichen Altstadtecke, ist zwar halb verfallen, vermittelt aber einen guten Eindruck von dieser für Gujarat typischen Architekturform.

Infos

Gujarat Tourism: H. K. House, Opp: Bata Showroom, Ashram Rd., Tel. 079-26 58 91 72, 26 58 96 83, Fax 079-26 58 21 83, www.gujarattourism.com, ahmedabad@gujarattourism.com, Mo–Sa 10.30–13.30 und 14–18 Uhr, jeden 2. und 4. Sa geschl.

Übernachten

Traditioneller Komfort ▶ **Cama-Hotel** 1: Khanpur Rd., Tel. 079-25 60 12 34 bis 46, Fax 079-25 60 20 00, www.camahotelsindia.com. Luxuriöses Hotel nahe der Nehru-Brücke, sehr große gemütliche Zimmer (Check-out bereits um 9 Uhr!); gutes Restaurant. DZ ab 6500 Rs.

Stilvoll ▶ **HMG-Hotel (House of MG)** 2: Dr. Tankaria Rd., Tel. 079-25 50 69 46, www.houseofmg.com. In ein Boutique-Hotel umgewandelte Residenz eines Industriellen aus den 1920er-Jahren, zwölf unterschiedliche, geschmackvoll ausgestattete Zimmer; mit hervorragendem Restaurant (s. u.). DZ ab 4000 Rs.

Ohne Schnickschnack ▶ Hotel Balwas 3: 6751, Relief Rd., Tel. 079-25 50 71 35. Zentral gelegenes einfaches, jedoch ordentliches Hotel. Die Zimmer zur Straße (ohne AC) sind laut. DZ mit AC ab ca. 500 Rs.

Essen & Trinken

Beste Gujarati-Küche ▶ Agashiye: Im HMG-Hotel 2 (s. links). Das wohl beste Restaurant der Stadt mit typischer Gujarati-Küche und schöner Dachterrasse. Ein mehrgängiges Abendessen kostet ab 375 Rs, mittags ist es etwas preiswerter. Das **Green House** im gleichen Gebäude bietet übrigens leckere Snacks.

XXL Thalis ▶ Toran Dining Hall 1: Ashram Rd. (nahe Gandhi-Denkmal), Berühmt für seine riesigen *thalis* – alle mit Nachschlag. Ca. 140 Rs.

Dosaspezialist ▶ Sankalp 2: Embassy Market (nahe Gandhi-Denkmal), 9–23 Uhr, www.sanklaponline.com. Hier gibt es die größten *dosas* der Welt, am Wochenende lange Warteschlangen. Ca. 100 Rs.

Termine

Kite Festival (14. Jan.): Internationales Drachenfest mit Wettbewerben und Schaufliegen im Sardar-Patel-Stadion oder im Polizeistadion.

Verkehr

Flug: Regelmäßige Verbindungen mit Delhi und Mumbai.

Bahn: Gute Verbindungen mit Mumbai (Shatabdi Express, 7,5 Std.), Delhi (Rajdhani Express, über Ajmer und Jaipur, 13 Std.), Udaipur (Ahmedabad-Udaipur Express, Nr. 9944, 9 Std.).

Bus: Der staatliche Busbahnhof liegt nahe der Rani-Sipri-Moschee (s. S. 321). Verbindungen u. a. mit Bhavanagar und Rajkot. Private Busse, u. a. nach Ajmer, Mumbai und Jaipur, bucht man über eines der vielen Reisebüros.

Tipp: Nächtlicher Markt

Bereits tagsüber kann man an den Ständen rings um die Grünanlage des **Law Garden Night Market** 1 die für Gujarat typische, mit Pailletten und Spiegeln bestickte Kleidung kaufen, nach Einbruch der Dunkelheit öffnen zahlreiche Imbissstände, die vor allem südindische Gerichte anbieten (Law Garden).

Umgebung von Ahmedabad

Sarkhej Rauza ▶ C 9

Rund 8 km südlich liegt im Viertel Sarkhej an einem Wasserspeicher ein interessanter islamischer, etwas vernachlässigter Gebäudekomplex aus dem 15. Jh., bestehend aus Mausoleen, Palast und Moschee im reinen Hindu-Stil. Statt der für die islamische Architektur typischen Bogenkonstruktion herrschen von Säulen gestützte Hallen und Gänge vor. Meisterhaft gearbeitet sind die durchbrochenen Steinfenster *(jali)* vor allem im Mausoleum von Shaikh Ahmed Khattu Baksh, einem Berater des Gründers Sultan Ahmed I.

Adlaj Vav ▶ C 9

Weitaus schöner als der Stufenbrunnen von Dada Harini (s. S. 322) ist jener von Adlaj Vav, 19 km nördlich, der 1499 auf oktogonalem Grundriss entstand und zu den beeindruckendsten Brunnen Gujarats gehört (Busverbindung). Die unterirdischen, zum Teil weiträumigen Anlagen, die in Gujarat und Rajasthan weit verbreitet waren, sollten während der heißen Sommermonate sowohl die Verdunstung des Wassers vermindern, als auch Mensch und Tier schattige Zuflucht gewähren.

Modhera ▶ C 8

Ein herausragendes Beispiel vorislamischer Architektur erwartet den Reisenden im 100 km nördlich liegenden Modhera, wo der neben Konarak in Orissa (s. S. 468) bedeutendste Sonnentempel Indiens steht (Direktbus von Ahmedabad oder Bahn bis Mehsana, von dort weiter mit dem Bus, keine Unterkunft).

Zwar wurde das im Jahr 1026 unter der Herrschaft König Bhimdev I. errichtete Heiligtum kurz nach der Fertigstellung vom afghanischen Eroberer Mahmud von Ghazni zerstört, dennoch ist genug erhalten geblieben, um die Großartigkeit damaliger Architektur zu Ehren des Sonnengottes Surya zu bezeugen. Die Gebäude erheben sich an einem von Stufen gesäumten künstlichen Teich. Reich mit Figuren dekorierte Säulen, geschwungene Bögen und die Rosettendecke in der Vorhalle weisen bereits den Weg zu den etwa 100 Jahre später entstandenen Jaintempeln von Mount Abu in Rajasthan (s. S. 295).

Lothal ►C 9

In Lothal, rund 80 km südwestlich (nahe der Bahnstation Lothal-Bhurkhi an der Strecke Ahmedabad–Bhavanagar), kann sich der archäologisch besonders interessierte und fantasiebegabte Besucher in das 3. Jt. v. Chr. zurückversetzen. Das Ausgrabungsgelände der ehemaligen Hafenstadt ist das bisher wichtigste Zeugnis der Harappa-Kultur auf indischem Boden und Beweis für die weite Ausstrahlung der großen Indusmetropolen Mohenjo Daro und Harappa. Während ihrer Blütezeit um 2200 v. Chr. war Lothal Umschlagplatz für Waren aus Ur und Susa, Muscheln aus Südindien, Feuerstein aus dem Industal, Achate aus Zentralindien und Kupfer von den Inseln des Persischen Golfs.

Vadodara (Baroda) ►C 9

Das frühere Zentrum des kleinen Fürstentums Gaekwar, 112 km südlich von Ahmedabad gelegen, war Sitz exzentrischer Maharajas, die Gold, Juwelen und Elefantenkämpfe über al-

Vorsichtig Abkühlung suchen – im Arabischen Meer vor der Küste Gujarats

les liebten, sich allerdings auch als treue Verbündete der Briten erwiesen. Das hielt den Maharaja Mulhar Rao, der 1870 den Thron bestiegen hatte, freilich nicht von dem Versuch ab, einen unliebsamen britischen Oberst mit einer Mischung aus Diamantenstaub und Arsen zu vergiften. Das Exil war die Strafe. Einer der Nachfolger, Sayaji Rao III., war als Wegbereiter sozialer Reformen aus ganz anderem Holz geschnitzt als seine heißblütigen Vorfahren. Heute ist Baroda eine aufstrebende Industriestadt mit fast 2 Mio. Einwohnern.

Besuchenswert ist vor allem das im Sayaji Bagh liegende **Baroda Museum** mit vielfältigen ethnografischen sowie Skulpturen- und Bronzesammlungen. Die **Picture Gallery** nebenan beherbergt Arbeiten der flämischen und holländischen Schule, aber auch Mogulminiaturen und buddhistische Palmblattmanuskripte (tgl. 10.30–17.30 Uhr, Eintritt 5 Rs).

Das neben dem **Lakshmi-Vilas-Palast** – einem protzigen Bau im indo-sarazenischen Stil aus dem 19. Jh. – liegende **Maharaja-Fateh-Singh-Museum** zeigt außer moderner indischer Kunst Gemälde von Raffael, Tizian und Murillo sowie Exponate aus dem fernöstlichen Raum und Griechenland (Di–Si 10.30–17.30 Uhr, Eintritt 10 Rs).

3 km südlich der Stadt befindet sich neben dem Makarpura-Palast (heute eine Luftwaffenschule) einer jener reich verzierten, für Gujarat typischen **Stufenbrunnen** (Naulakhi Well).

Infos

Gujarat Tourism: C-Block, Narmada Bldg., Jail Rd., Tel. 02 65-242 74 87, www.barodaonline.com, Mo–Sa 10.30–18 Uhr, jeden 2. und 4. Sa geschl.

Übernachten

Businesskette ▶ **Welcomegroup Vadodara:** R. C. Dutt Rd., Tel. 02 65-233 00 33, Fax 02 65-233 00 50, www.itcwelcomgroup.in. Mit offiziell fünf Sternen etwas überbewertet, 134 auf die Bedürfnisse von Geschäftsreisenden abgestimmte moderne Zimmer, zwei gute Restaurants. DZ ab 6000 Rs.

Geschmackvoll ▶ **Gateway Hotel Akota Gardens:** Tel. 02 65-661 76 76, 02 65-235 45 45, www.thegatewayhotels.com. Modernes Luxushotel der bekannten Kette, derzeit beste Unterkunft mit schönen, großen Zimmern, gutes Restaurant. DZ ab 5200 Rs.

Guter Service ▶ **Hotel Surya:** Sayajigunj, Tel. 02 65-236 13 61, 02 65-309 14 73, Fax 02 65-236 15 55, www.hotelsurya.com. Modernes Mittelklassehotel mit hübschen Zimmern, zwei gute Restaurants, Spezialität: *Gujarati thali.* DZ ab 1900 Rs.

Essen & Trinken

Indian style ▶ **Rajputana:** Sayaji Gunj. Für indische Verhältnisse gemütliches Interieur; serviert werden nordindische und chinesische Speisen. Hauptgerichte ab 50 Rs.

Verkehr

Bahn: Vadodara liegt an der Hauptstrecke Ahmedabad–Mumbai (Aravalli Express, Nr. 9708, ca. 8 Std.).

Bus: Verbindungen u. a. mit Ahmedabad.

Umgebung von Vadodara

Champaner ▶ D 9

47 km nordöstlich von Vadodara überblickt vom 762 m hohen Berg Pavagadh die ehemalige Rajputenfestung Champaner das Land. Sultan Mahmud Begarha aus Ahmedabad hatte sie 1484 erobert und unter dem Namen Muhamadabad zur neuen Residenz erhoben, aber schon 1535 wurde sie von Humayun belagert, eingenommen und geplündert. Mit der Rückverlegung der Hauptstadt nach Ahmedabad 1536 setzte der Verfall ein. Wichtigstes architektonisches Zeugnis in der Ruinenstadt zu Füßen des Berges ist die 1523 nach dem Vorbild der Moschee in Ahmedabad in islamisch-hinduistischem Stil entstandene **Jama Masjid** mit ihren elf Kuppeln und die etwas nördlich liegende **Nagina Masjid.** 2004 wurde sie von der UNESCO in die Liste der Welterbestätten aufgenommen. Für den Aufstieg zur Festung benötigt man etwa zwei Stunden. Der Weg führt vorbei an Festungs-

anlagen, Toren und ehemaligen Palästen zum **Bhavani-Devi-Tempel,** dessen Spitze als sichtbares Zeichen des islamischen Sieges ein muslimischer Schrein krönt. Ab 2008 wird die Universität Halle in Champaner umfangreiche Grabungsarbeiten vornehmen (tgl. 10–18 Uhr, Eintritt 100 Rs).

Termine

Pavagadh Fair (März/April): Fest zu Ehren der schreckenerregenden Göttin Mahakali (Durga in Gestalt der alles hervorbringenden und wieder verschlingenden Zeitgöttin).
Navaratri-Fest (Sept./Okt.): Der Muttergottheit Amba gewidmet, mit Tanz und Gesang.

Verkehr

Bus: Regelmäßige Busverbindungen mit Vadodara (1,5 Std.), mehrfach tgl. auch mit Ahmedabad.

Dabhoi ►D 9

30 km südlich von Vadodara lohnt vor allem der Besuch von Dabhoi, einer kleinen, aber lebhaften Stadt, die besonders sehenswerte, aus der Caulukya-Periode (10.–13. Jh.) stammende hinduistische Befestigungstore aufzuweisen hat. Sie bestechen durch ihre überreiche Dekoration, die an Tempel erinnert. Von diesen wurde auch die Thematik übernommen: die Darstellung der indischen Epen. Schönster der vier Stadtzugänge ist das östliche Diamant-Tor.

Daman ►C 10

Die nur 72 km² große ehemalige portugiesische Enklave etwa 400 km südlich von Ahmedabad wurde zwischen 1531 und 1961 zusammen mit Diu von Goa aus verwaltet. Erst 1987 erhielt der Hafenort zusammen mit Diu den Status eines eigenständigen Union Territory. Die Inder fühlen sich heute durch den freien Alkoholausschank angezogen; die zahlreichen Bars bilden einen Kontrast zum ansonsten ›trockenen‹ Gujarat. Die historischen Sehenswürdigkeiten der kleinen, durch den Damao Ganga in die Bezirke Nani Daman und Moti Daman (Klein- und Groß-Daman) getrennten Ortschaft beschränken sich auf zwei Forts und die Kolonialkirchen Bom Jesus und Our Lady of the Rosary.

Einen schönen Blick auf den geschäftigen Fischereihafen hat man von den Befestigungsanlagen des Forts St. Jerome in Nani Daman. Das auf der Insel Moti Daman gelegene Fort ist wesentlich größer und umschließt mit seinen Mauern den schachbrettartig angelegten Siedlungskern der ehemaligen Kolonie. Die nahe gelegenen Strände, u. a. Devka Beach und Jampore Beach, sind recht nett, aber mit Goa nicht vergleichbar.

Infos

Tourist Office: Nahe Busbahnhof, Tel. 036 36-2 25 41 04, Mo–Fr 9.30–13.30 und 14–18 Uhr, www.daman.nic.in.

Übernachten

Zum Ausspannen ► Sandy Resort: Devka Beach, Tel./Fax 026 36-225 47 51, 026 36-225 46 44, www.sandyresort.com. Angenehmes Strandhotel, große, recht luxuriöse Zimmer mit Balkon, Restaurant. DZ ab 3200 Rs.
Futuristisch ► Hotel The Emerald: Sea face Road, Nani Daman, Tel. 02 60-225 50 69, 02 60-645 16 45. Hinter dem auffälligen Äußeren verbergen sich recht komfortable Zimmer im eher klassisch traditionellen Stil. DZ ab 1350 Rs
Kolonialer Charme ► Marina: Estrada 2 Fevereiro, Tel. 02 60-225 44 20, www.hotelmarinadaman.com.. Eine urige Unterkunft in einem alten, etwas bröckeligen Kolonialgebäude. Luxus darf man nicht erwarten, doch dafür viel Atmosphäre und riesige Zimmer. DZ ab 945 Rs.

Essen & Trinken

Hinweise zu Restaurants siehe o. g. Hotels.

Verkehr

Bahn: Der nächste Bahnhof liegt in Vapi an der Hauptstrecke Ahmedabad–Mumbai, ca. 10 km von Daman entfernt. Verbindung vom Bahnhof nach Daman mit Sammeltaxis.

Saurashtra

Nur wenige Touristen verirren sich auf die Halbinsel Kathiawar, obwohl sie manch verlockendes Ziel bietet. Die wichtigsten Heiligtümer der Jains krönen die Berge von Palitana und Girnar. Im Sasan-Gir-Nationalpark kann man den letzten asiatischen Löwen nachspüren, in Dwarka den Spuren des Gottes Krishna folgen und am tropischen Strand der Insel Diu die Seele baumeln lassen.

Die zwischen dem Golf von Khambhat im Süden und dem Golf von Kutch im Norden weit in das Arabische Meer ragende Halbinsel Kathiawar, die heute wieder ihren alten Namen Saurashtra (›Schönes Land‹) trägt, ist ein dicht besiedeltes, überwiegend flaches bis leicht gewelltes Bauernland, aus dem im Süden und Südwesten die Girnar- und Gir-Hügel bis über 1000 m emporragen.

Die ›Geschichte‹ reicht weit in mythische Zeiten zurück, als Krishna in Dwarka Zuflucht fand und Furtbereiter der Jains auf den Berg-

Eines der wichtigsten Jain-Heiligtümer: Shatrunjaya bei Palitana

gipfeln meditierten. Im 10. Jh. erlebte die hinduistische Kultur nochmals eine kurze Blütezeit, dann rollten die Wellen islamischer Eroberer auch über Kathiawar hinweg und zerstörten die Heiligtümer. Nur in einigen Enklaven, wie auf den Bergen Shatrunjaya und Girnar, vermochte sich die Kultur der Jains dank der schützenden Hand vor allem der Mogulherrscher zu behaupten.

Sieht man von der Insel Diu ab, haben die Europäer, zunächst die Portugiesen, dann die Engländer, kaum sichtbare Spuren hinterlassen. So gelang es den unzähligen kleinen Fürstentümern, einen Zustand relativer Autonomie zu bewahren, aus dem sie erst mit der Unabhängigkeit zum Teil recht unsanft erwachten. So etwa der exzentrische Nawab von Junagadh, der seine Hunde über alles liebte. Mit dem Gerücht, beim Anschluss an Indien würden seine Tiere getötet, veranlasste ihn die Muslim-League, für den Anschluss an Pakistan zu stimmen. Die indische Armee machte kurzen Prozess, schickte ihn 1948 mitsamt seinen Hunden mit einem Flugzeug ins Nachbarland und annektierte sein Fürstentum.

Übernachten

Tradition und Luxus ▶ Nilambagh Palace: Station Rd., Tel. 02 78-242 42 41, Fax 02 78-42 80 72. Heritagehotel in einem Palast aus dem 19. Jh, umgeben von einem parkartigen Garten, 26 riesige Zimmer mit alten Möbeln, sehr gepflegt, Pool und gutes Restaurant. DZ ab ca. 120 US$.

Funktional ▶ Blue Hill: Gegenüber Pil Garden, Tel. 02 78-242 69 51, http://www.nivalink.com/bluehill/index.html. Modernes Mittelklassehotel mit ordentlichen Zimmern, aber ohne besonderes Flair, sehr gutes vegetarisches Restaurant. DZ ab 1300 Rs.

Essen & Trinken

In den beiden Hotels stehen Restaurants zur Verfügung.

Verkehr

Bahn: Verbindungen mit Ahmedabad (Bhavanagar-Bandera Terminus-Express, tgl., allerdings nachts).

Bus: Von/nach Ahmedabad (4 Std.), Palitana (1,5 Std.) und Una (für Diu, 6 Std.).

Bhavanagar ▶ C 10

Aufgrund der guten Verkehrsverbindungen ist die ca. 260 km südlich von Ahmedabad liegende lebhafte Kleinstadt ein guter Ausgangspunkt für den Besuch der Halbinsel Kathiawar – auch wenn sie nicht mit Sehenswürdigkeiten im klassischen Sinn aufwarten kann. Der alte Teil um den Bahnhof hat noch viel vom orientalischen Flair bewahrt und verlockt zum abendlichen Bummel. Die Stadt wurde erst im 18. Jh. gegründet, hat aber ihre Bedeutung als Hafen längst verloren. Wichtigste Einnahmequelle ist die Verschrottung von Schiffen im 50 km entfernten Alang, dem größten Schiffsfriedhof Asiens, wo ausgediente Riesentanker von einem Heer emsiger Arbeiter zerlegt werden. Berichte über die katastrophalen Arbeitsbedingungen und Umweltverschmutzungen haben die Regierung veranlasst, Ausländern den Besuch zu verbieten.

Palitana ▶ C 10

Wer über Bhavanagar reist, hat ohne Zweifel das 50 km südlich liegende Jainheiligtum der Kleinstadt Palitana zum Ziel. Der den Ort weit überragende Shatrunjaya (›Stätte des Sieges‹) gehört mit seinen 836 Jaintempeln zu den vier heiligen Bergen dieser Religionsgemeinschaft. Die anderen sind Mount Abu (s. S. 295), Girnar (s. S. 334) und der Sametsikhvara in Bihar.

Auf den beiden Gipfeln des Tempelberges, die zusammen mit dem dazwischen liegenden Tal von einer Mauer umschlossen sind, sollen die 24 Furtbereiter des Jainismus ihre Erleuchtung erlangt haben. Es sind weniger die künstlerischen Details, die den Betrachter fast ›erschlagen‹, als der Gesamteindruck, der den Besuch zum Erlebnis macht. Der Haupttempel ist wie bei vielen Jainheiligtümern dem ersten Furtbereiter Adinatha geweiht und reich mit Tempelschätzen ausgestattet. Auch Shatrunjaya blieb von den islamischen Eroberern nicht verschont, sodass die meisten Heiligtümer kaum älter als 400 Jahre sind, obwohl die ersten Bauwerke bereits im 4. Jh. entstanden sein dürften.

In verschiedenen Höhen führen drei Pilgerpfade um den Berg. Der Aufstieg erfolgt über einen etwa 3,5 km langen, mit über 3000 Stufen versehenen Pilgerweg, der ca. 2 km nordöstlich des Zentrums von Palitana beginnt. Wegen der Hitze ist es ratsam früh aufzubrechen und Wasser mitzunehmen. Für gehmüde oder behinderte Pilger und Besucher stehen Träger mit einem *dooli* zur Verfügung, einer Art Tragestuhl, den vier Männer erstaunlich schnell den Berg hinaufschleppen. Es ist durchaus empfehlenswert, sich von einem der Tempelbediensteten durch das Gewirr der Anlage führen zu lassen, wobei man über Dächer und Terrassen klettert und immer wieder einen überraschenden Blick genießt. Zum Fotografieren ist eine Erlaubnis nötig, die man am Tempeleingang erhält. Nach Sonnenuntergang müssen alle Menschen den heiligen Berg verlassen. Während der großen Feste, insbesondere zum Mahavir Jayanti (März/April), dem Gedenktag für Mahavira, den 24. und bisher letzten Furtbereiter, wallfahren Tausende von Pilgern zum heiligen Berg.

Übernachten

Ruhige Lage ▸ Vijay Vilas Palace Hotel: Etwa 4 km außerhalb, Tel. 028 48-28 23 71, www.nivalink.com. Der Gast wohnt herrschaftlich in einem der nur 6 Zimmer dieses 1929 entstandenen Palastes; auch die Küche ist hervorragend. DZ mit VP ab ca. 4000 Rs.

Notlösung ▸ TCGL-Hotel Sumeru: Station Rd., Tel. 028 48-25 23 27. Ein staatlicher Tourist Bungalow mit 17 recht abgewohnten Zimmern. Da er von indischen Reisegruppen bevorzugt wird, ist eine frühzeitige Buchung ratsam. Gutes Restaurant. DZ mit AC ab 600 Rs.

Nett ▸ Hotel Shravak: Station Rd., gegenüber dem Busbahnhof, Tel. 028 48-25 24 28. Nette Unterkunft mit einfachen Zimmern. DZ mit Bad 500 Rs.

Essen & Trinken

Hinweise zu Restaurants siehe Übernachten.

Verkehr

Bus: Verbindungen mit Bhavanagar (1,5 Std.), Ahmedabad (5 Std.), Junagadh (5 Std.) und Una (für Diu, 6 Std.).

Diu ▸ B 10

Das nur 38 km² große Eiland Diu vor der Südküste der Halbinsel Kathiawar lässt sich am einfachsten von Veraval aus erreichen, aber mit dem Bus auch von Palitana über Una. Heute ist die Insel durch eine Brücke mit der Ortschaft Ghogla verbunden.

Zusammen mit Daman und Goa war Diu seit Beginn des 16. Jh. in portugiesischem Besitz und diente vor allem als Ausfuhrhafen für Opium. Verwaltet wurde die etwa 10 km lange und maximal 3 km breite Insel von Goa, der wichtigsten Besitzung an der Westküste. 1545 konnte sie einem ägyptischen Angriff widerstehen, wurde dann aber 1670 von Arabern aus Maskat geplündert. 1962 machten die Inder den portugiesischen Enklaven ein gewaltsames Ende. Geblieben sind einige Privilegien, u. a. der freie Alkoholausschank, der das

Tipp: Velavadar-Nationalpark

Etwa 70 km nördlich von Bhavanagar liegt bei Vallabhipur dieser wenig besuchte Nationalpark. Das nur 34 km² große Schutzgebiet weist mit über 2000 Exemplaren die höchste Konzentration an Hirschziegenantilopen auf, sodass gute Beobachtungsmöglichkeiten gegeben sind. Die eleganten Antilopen mit ihren langen gedrehten Hörnern erreichen Geschwindigkeiten von mehr als 80 km/h und gehören damit zu den schnellsten Säugetieren der Welt. Auch die Nilgai-Antilope hat hier ihr Revier, und zahlreiche Vögel aus den nördlichen Regionen überwintern im Park (15. Okt.–15. Juni, 7.30–18 Uhr, Eintritt 250 Rs, Auto 250 Rs, Kamera 250 Rs, Führer obligatorisch).

verschlafene Provinznest **Diu Town** zum magischen Anziehungspunkt werden lässt. Seit einigen Jahren fühlen sich auch Rucksacktouristen zunehmend von dem kleinen Tropenparadies verzaubert, das eher an Brasilien als an Indien erinnert. Die Sehenswürdigkeiten stammen vor allem aus der portugiesischen Kolonialzeit, darunter die über 50 000 m^2 messende **Festung** an der Südspitze der Insel, die als eine der bedeutendsten portugiesischen Militäranlagen in Asien gilt. Sie wurde 1535 unter Nuño da Cunha begonnen und ab 1546 unter dem Vizekönig João de Castro erweitert. Den Hauptzugang bildet ein Doppeltor an der ehemaligen Landestelle, das von der restaurierten, kreisrunden Bastion St. George bewacht wurde und zum ältesten Teil der Anlage zählt. An der westlichen Landseite schützte eine mit sechs Bastionen besetzte Doppelmauer die ansonsten vollständig vom Meer umschlossene Festung. 1546 versuchte der Sultan von Gujarat vergeblich dieses Bollwerk zu überwinden und musste die portugiesische Herrschaft über Diu vertraglich anerkennen (tgl. 8–18 Uhr, Eintritt frei).

Über das Eiland verteilen sich mehrere christliche Kirchen, von denen nur noch eine für Gottesdienste genutzt wird. Die hübsch auf dem Hügel gelegene Kirche **São Thomé** beherbergt ein kleines Museum mit Heiligenfiguren (tgl. 8–21 Uhr, Eintritt frei) und eine Billigunterkunft (s. rechts), die 3 km nördlich der Stadt in dem Dorf Fudam gelegene Kirche dient als Krankenhaus. Hauptanziehungspunkt ist der Palmen-strand von **Nagoa** an der Südküste – der richtige Ort, um sich von den Anstrengungen einer Indienreise zu erholen, weibliche Reisende werden allerdings häufig von alkoholisierten Indern belästigt.

Infos

Tourist Office: Am Hafen, Tel. 028 75-25 26 53, Mo–Fr 10–13 und 14–18 Uhr.

Übernachten

... in Diu Town:

Durchschnittlich ► **Hotel Samrat:** Collectors Rd., Tel. 028 75-25 23 54. Modernes, bei Indern sehr populäres Hotel mit geräumigen, gemütlichen Zimmern und sehr gutem Restaurant. DZ mit AC ab 1200 Rs.

Mit Meeresbrise ► **Apana Hotel:** Fort Rd., Tel. 028 75-25 28 50. Beliebtes Hotel an der Küstenstraße, viele der hellen Zimmer haben Meerblick, schönes Gartenrestaurant. DZ mit AC ab 1200 Rs.

Nacht in der Kirche ► **São Thomé Retiro:** In der Kirche São Thomé, Tel. 028 75-25 31

Nicht einmal 40 km² groß und doch eine Welt für sich: das Eiland Diu

37. Räume unterschiedlicher Qualität im Obergeschoss der Kirche, sehr beliebt bei Rucksackreisenden. Abends Partys auf dem Dach mit Grillfleisch und Bier (auch für Nicht-Gäste). DZ ab ca. 400 Rs.

… außerhalb:

Sonne und Sand ▶ **Radhika Beach Resort:** Nagoa Beach, Tel. 028 75-25 25 53, www.radhikaresort.com. Sehr gepflegte Ferienanlage mit doppelstöckigen Bungalows, einem großen Pool und Restaurant. DZ ab 2550 Rs.

Unter Palmen ▶ **Resort Hoka:** Nagoa Beach, Tel. 028 75-25 30 36, www.resorthoka.com. Alteingesessenes Ferienhotel in einem Palmenhain. Recht kleine, saubere Zimmer mit Veranda; kleiner Pool, Restaurant. DZ ab 1950 Rs.

Essen & Trinken

Hinweise zu Restaurants siehe Unterkünfte.

Verkehr

Flug: Tgl. außer Sa mit Jet Airways (www.jetairways.com) nach Mumbai via Porabandar.
Bahn: Der nächste Bahnhof liegt in Delwada, 8 km entfernt. Von dort Verbindung mit Veraval über Gir (3,5 Std.).
Bus: Private Deluxe-Busse nach Mumbai (23 Std.) und Ahmedabad (11 Std.), staatliche Busse nach Veraval (3 Std.) und Bhavanagar (5 Std.). Bessere Verbindungen: von Una (alle 30 Min. ab Diu) u. a. nach Palitana (6 Std.).

Veraval und Umgebung

► B 10

Veraval war bis ins 20. Jh. hinein ein wichtiger Hafen für die Einschiffung der Pilger auf ihrem Weg nach Mekka. Sehenswert ist heute vor allem der Fischereihafen mit den angrenzenden Holzschiffwerften, auf denen die Fischerboote noch von Hand in alter Tradition gebaut werden. Der Geruch von getrocknetem Fisch kann dem Besucher allerdings den Atem verschlagen. Fährt man zum berühmten Tempel von Somnath, liegt der Hafen etwa auf halbem Weg.

Tempel von Somnath

Das malerisch etwas erhöht am Meer liegende Heiligtum gehört zu den zwölf wichtigsten, dem Gott Shiva geweihten Stätten Indiens, wird doch hier das Jyotir-Lingam verehrt, das Brahma und Vishnu veranlasste, Shivas Vorherrschaft anzuerkennen. Seine Gründung reicht weit in die mythische Frühzeit der Kultur zurück und wird dem Soma zugeschrieben, dem bereits in den ältesten Schriften des Rigveda erwähnten ›Weins der Unsterblichkeit‹, der später als Gott der Gestirne personifiziert wurde. Danach bestand das erste Bauwerk aus purem Gold, gefolgt von einem aus Silber und schließlich in historischen Zeiten unter Anhilvadha Patan im 11. Jh. einem aus Stein. Das Heiligtum, in dem Hunderte von Tempeltänzerinnen, Musikanten und Priestern tätig waren, wurde erstmals von Mahmud von Ghazni 1025 zerstört. Mit einer riesigen Karawane hat er die Schätze in seine Heimat Afghanistan abtransportiert. Noch sechs weitere Male sah das Heiligtum am Meer Aufbau und Zerstörung. Gegenwärtig steht der Tempel wieder einmal vor seiner Vollendung.

Leider sind von den ursprünglichen Bauwerken nur noch einige Fragmente im **Prabas Pata Museum** von Somnath zu sehen, aber sie genügen, um den unschätzbaren Verlust zu ermessen, den die hinduistische Kultur durch die Invasionen erlitten hat. Von der alten Stadtbefestigung stehen noch ein dreifaches Tor und einige Mauerreste, hinter denen sich ein lebhafter Basar verbirgt (tgl. 6–21.30 Uhr, Fotoverbot, die Kamera muss am Eingang abgegeben werden; Museum: tgl. außer Mi sowie 2. und 4. Sa 9–12, 15–18 Uhr, Eintritt 50 Rs).

Übernachten

Einfach und sauber ► Hotel Mayuram: Somnath, in Tempelnähe, Tel. 028 76-23 12 86. Recht ordentliches Hotel mit einfachen, sauberen Zimmern. DZ 800 Rs mit Bad und AC.
Meerblick ► Toran Tourist Bungalow: Hospital Rd., in Veraval nahe dem Leuchtturm, Tel. 028 76-24 65 88. Ruhig, außerhalb gelegen, etwas abgewohnt, aber okay, schöner Meerblick, Standardkost *(thali)* im Restaurant. Checkout bereits um 9 Uhr! DZ ohne AC ab 450 Rs, DZ mit AC ab 700 Rs.

Essen & Trinken

Indisch-chinesischer Mix ► Hagar: ST Road, Veraval. Gute Punjabi-Küche und chinesische Gerichte. Hauptgerichte ab 40 Rs.

Verkehr

Bahn: Verbindungen mit Junagadh (1,5 Std.), Rajkot (4 Std.) und Ahmedabad (9 Std.) mit Veraval-Ahmedabad-Express. 1 x tgl. Personenzug nach Delwada (für Diu) über Gir.
Bus: Staatliche Busse von Veraval u. a. nach Ahmedabad (10 Std.), Junagarh (2 Std.), Sasan (für Sasan-Gir-Nationalpark, 1,5 Std.).

Sasan-Gir-Nationalpark

► B 10

Die 1412 km² große, von Flüssen durchzogene, hügelige Wald- und Savannenlandschaft ist heute das letzte Rückzugsgebiet des asiatischen Löwen (www.asiatic-lion.org), der früher einmal von Indien über den Mittleren Osten bis Griechenland verbreitet war. Heute leben noch etwa 300 Tiere im Sasan-Gir-Park. Als zu Beginn des 20. Jh. eine lange Trockenperiode den Löwen die Jagd auf Beutetiere erschwerte, rissen sie zunehmend auch Menschen und besiegelten damit fast ihr Schicksal. 1913 war ihr Bestand bis auf 20 Tiere zurückgegangen, und nur Dank der Initiative des Maharajas entging die Spezies der völligen Ausrottung. Der eigentliche Kernraum, das Lion Sanctuary, ist im Laufe der Zeit durch starken Bevölkerungsdruck auf 259 km² geschrumpft.

Mit den Löwen teilen sich die Maldhari, alteingesessene Büffelzüchter, den Lebensraum. Ähnlich afrikanischen Savannenbewohnern haben sie ihre Behausungen, die nes, mit Dornenwällen umschlossen. Da die Rinder wilde Tiere weitgehend vertrieben haben, sind sie selbst zur wichtigsten Beute der Löwen geworden, wodurch die Gefahr des Übergreifens einer Rinderkrankheit auf die Löwen wie ein Damoklesschwert über dem Schutzgebiet schwebt. Deshalb und weil sich die Population so gut entwickelt hat, sollen einige Löwen in das neue Schutzgebiet von Barda zwischen Porabandar und Jamnagar umgesiedelt werden. Außer Löwen sind im Naturschutzgebiet von Gir noch Leoparden, Sambarhirsche, Indische Gazellen, Schakale und Hyänen beheimatet. Beobachten lassen sich die Tiere vor allem in der Dämmerung vom Wagen aus (Permit für den Zugang zum Park im Park Information Centre, Eintritt 5 US$, Fahrzeug 10 US$, Kamera 5 US$, Video 200 US$!).

Im gegenüberliegenden Gir Orientation Centre kann man sich mit den Verhältnissen im Park vertraut machen, bevor man auf Pirsch geht. Die beste Chance, einen Löwen zu Gesicht zu bekommen, hat man in der sogenannten Gir Interpretation Zone, einer Art umfriedetem Zoo im Park (Eintritt 5 US$).

Übernachten

Inmitten der Natur ► Gir Birding Lodge: Bambaphor Gate am Parkeingang, Tel. 079-26 30 20 19 (Ahedabad Office), www.girbirdinglodge.com. 2 Zimmer und 4 Cottages inmitten eines großen Garten, ordentliches Restaurant, Safaris allerdings überteuert. DZ ab 100 US$

Das Geld wert ► Amidhara Resort: Sasan-Gir, Taluka. Talala, Tel. 028 77-28 59 50, www.amidhara.com. Wohnliche Zimmer, ein Pool und schmackhaftes Essen machen diese Unterkunft zu einer guten Wahl. Checkout aber auch hier 9 Uhr. DZ mit Vollpension ab 3300 Rs.

Persönlich ► Anil Bagh: 4 km außerhalb abseits der Straße nach Junagadh, Tel. 028 77-28 55 90. Privatunterkunft auf einer Mangoplantage; nett eingerichtete Zimmer und gutes Essen. DZ ab 800 Rs.

Essen & Trinken

Hinweise zu Restaurants siehe Unterkünfte.

Verkehr

Bahn: Personenzüge nach Veraval (1,5 Std.) und Delwada (3 Std.).

Bus: Mehrfach tgl. Verbindungen mit Junagadh (2 Std.) und Veraval (1,5 Std.).

Junagadh ► B 10

Die im Innern der Halbinsel Kathiawar liegende, etwa 200 000 Einwohner zählende Stadt breitet sich zu Füßen eines 1100 m hohen, erloschenen Vulkans am Rande des Girnar-Massivs aus und war früher Sitz des exzentrischen Nawab von Junagadh, der 1948 ins Exil nach Pakistan ging (s. S. 328), da er den Anschluss an Indien verweigerte.

Die Stadt wurde bereits im 9. Jh. von Rajputen als Uparcot gegründet, 1472 in Mustafabad umgetauft und zu einer befestigten Anlage ausgebaut. 1748 löste sich der Statthalter Sherkhan Babi von der Vorherrschaft des Sultans von Gujarat und regierte als Nawab Bahadur Khan über sein kleines Reich.

Sehenswert ist das alte, von 20 m hohen Mauern umschlossene Fort Uparcot mit seiner aus den Resten eines Hindutempels errichteten Moschee, zwei schönen Brunnen (Adi Chadi und Nanghan) und einer zweistöckigen buddhistischen Meditationshöhle mit verzierten Säulen (tgl. 6–18 Uhr, Eintritt 5 Rs).

In der Nähe des Bahnhofs liegen die in einem umschlossenen Bezirk zusammengefassten Mausoleen der Nawab (Maqbara) mit überreich verzierten Bauten. Der ehemalige Palast enthält heute das Durbar Hall Museum mit der üblichen Sammlung von Waffen, Porträts und Textilien (tgl. außer Mi 9–12 und 15–18 Uhr, jeden 2. und 4. Sa geschl.).

Eine etwas östlich der Stadt am Wege zum Girnar-Berg in einen Granitblock geschlagene Ashoka-Inschrift aus dem 3. Jh. v. Chr. lässt erkennen, dass die Berglandschaft schon seit frühesten Zeiten als religiöses Zentrum bedeutsam war (tgl. außer Mi 8.30–11 und 15–18 Uhr, Eintritt 100 Rs).

Der Berg Girnar

Wie der Shatrunjaya (s. S. 328) gehört auch der etwa 6 km von der Stadt entfernte Girnar-Berg zu den geheiligten Stätten der Jains (Bus vom Local bus stand bei der Hauptpost bis zum Fuß des Berges). Verehrt wird vor allem der 22. Furtbereiter Neminath, der hier ins Nirvana eingegangen sein soll. Der ihm geweihte Haupttempel mit seinem Bildnis in schwarzem Stein liegt in etwa 600 m Höhe, erreichbar durch einen langen Anstieg über mehr als 3000 Stufen (Fotoverbot). Dahinter steht der Dreifachtempel von Tejapala und Vastupala aus dem 12. Jh., dessen mittlerer Schrein ein Bildnis des 19. Furtbereiters Mallinath zeigt, während die beiden Seitentempel die heiligen Berge Meru und Sametsikhvara symbolisieren.

Weitere 500 m muss man bis zum hinduistischen Gipfelheiligtum für die Weltenmutter

Beschaulich geht es in Junagadh zu, das auf eine lange Geschichte zurückblickt

Amba Mata aufsteigen, eine Erscheinungsform von Parvati. Wie in Palitana kann man sich auch hier in einem Sitz (dooli) von zwei Männern emportragen lassen, und auch um diesen Berg führt ein Pilgerweg. Höhepunkte der Wallfahrten sind das Mahavir Jayanti und das Dev Divali (Oktober/November).

Übernachten

Kühle Eleganz ▶ **The Lotus Hotel:** Station Rd., Tel. 02 85-265 85 00, www.thelotushotel.com, 20 komfortable Zimmer in der Nähe des Bahnhofs, Management teilweise unfreundlich. DZ ab 1150 Rs.

Beliebt ▶ **Relief Hotel:** Dhal Rd., im Zentrum, Tel. 02 85-262 02 80, www.reliefhotel.com. Bei Touristen sehr beliebte Unterkunft, nicht zuletzt wegen des bestens informierten, hilfsbereiten Eigentümers. Gemütliche Zimmer, hervorragendes Restaurant. DZ mit AC ab 800 Rs, DZ ohne AC ab 350 Rs.

Essen & Trinken

Fast vornehm ▶ **Relief:** Im gleichnamigen Hotel (s. o.) 10.30–15.30 und 18.30–23.30 Uhr. Hier gibt es alles, was das Travellerherz begehrt zu moderaten Preisen, europäisches Frühstück, lokale Spezialitäten und chinesische Küche. Hauptgerichte ab 60 Rs.

Vegetarier-Oase ▶ **Santoor:** MG Rd. Gemütliches, etwas düsteres vegetarisches Restaurant mit schmackhaften *thalis,* frischen Säften und südindischen Gerichten. Hauptgerichte ab 30 Rs.

Termine

Mahavir Jayanti (Feb./März): Fest mit Prozessionen der Jainanhänger anlässlich des Geburtstages des 24. Furtbereiters und Gründers der Jainreligion Vardhaman Mahavir im Jahr 599 v. Chr.

Dev Divali (Okt./Nov.): Tausende von Sadhus pilgern anlässlich des Divali-Festes zu dem auch für Hindus heiligen Berg.

Verkehr

Bus: Verbindungen u. a. mit Rajkot (2 Std.), Sasan Gir (2 Std.), Veraval (3 Std.) und Ahmedabad (8 Std.).

Rajkot ▶ B 9

Die ehemalige Metropole des kleinen Fürstentums Saurashtra, heute eine lebhafte Millionenstadt, war während der Kolonialzeit das Hauptquartier der Western India States. Wichtigste Sehenswürdigkeit ist das Watson Museum mit Exponaten aus der Region und der Kolonialzeit (Mo–Sa 9–13 und 14–18 Uhr, 2. und 4. Sa geschl., Eintritt 50 Rs).

In ein Museum, Kaba Gandhi No Delo, wurde auch das Haus verwandelt, in dem Mahatma Gandhi, zu der Zeit, als sein Vater Minister war, einen Teil seiner Kindheit verbrachte (tgl. 9–12 und 15–17.30 Uhr, Eintritt frei).

Übernachten

Nobel ▶ **Hotel Silver Palace:** Dr. Yagnik Road Corner, Tel. 02 81-248 00 08, Fax 02 81-248 00 09, www.hotelsilverpalace.com. Edles Hotel mit geschmackvollen, modern eingerichterten Zimmern und schönen Bädern. DZ ab 2700 Rs.

Tiptop ▶ **Hotel Kavery:** Kanak Road, Tel. 02 81-223 93 31, www.hotelkavery.com, beliebtes Buisinesshotel mit geräumigen funktionalen Zimmern. WiFi, kostenloser Transfer, sehr gutes Restaurant (s. u.). DZ ab 2200 Rs.

Für Preisbewusste ▶ **Hotel Bhabha:** Panchnath Rd., Tel. 02 81-222 08 61 bis 6, Fax 02 81-222 13 84, www.hotelbhabha.com. Hübsches kleines Hotel mit persönlicher Atmosphäre und gemütlichen Zimmern. Check-out 24 Stunden. DZ mit AC ab 800 Rs, DZ ohne AC ab 485 Rs.

Essen & Trinken

Lecker ▶ **Bukhara Woodland:** Kanak Rd., im Hotel Kavery, tgl. 11–23 Uhr. Edles Restaurant mit indischer und europäischer Küche und zuvorkommender Bedienung, leckere *thalis* und Punjabi-Gerichte. Hauptgerichte ab 70 Rs.

Alteingesessen ▶ **Lord's Banquet:** Kasturba Rd., tgl. 12.30–15.30 und 19.30–23.30 Uhr. Beliebtes auf nordindische Küche spezialisiertes AC-Restaurant. Hauptgerichte ab 50 Rs.

Verkehr

Flug: Tgl. Verbindungen mit Indian Airlines nach Mumbai.
Bahn: Verbindungen u. a. mit Veraval (4 Std.) und Ahmedabad (Veraval-Ahmedabad Express, 5 Std.).
Bus: Verbindungen u. a. nach Jamnagar (1,5 Std., alle 30 Min.), Junagadh (2 Std.), Ahmedabad (4 Std.) und Bhuj (7 Std.).

Dwarka ► B 9

Der kleine Wallfahrtsort an der Spitze der Halbinsel Kathiawar gehört zusammen mit Badrinath (s. S. 230), Puri (s. S. 474) und Rameshwaram zu den vier geheiligten geografischen Kardinalpunkten des Landes, die mit dem Heiligen und Lehrer Sankaracarya (8. Jh.) in Verbindung stehen, der hier Religionsschulen gegründet hat. Höchste Verdienste erwirbt sich der Hindu, der alle vier Punkte auf einer viele Jahre dauernden Wallfahrt zu Fuß besucht.

In Dwarka (›Vieltorig‹), soll Krishna nach der Vertreibung aus seinem Geburtsort Mathura eine neue Hauptstadt errichtet haben, die nach seinem Tod überschwemmt wurde. Tatsächlich liegen vor der Küste zahlreiche noch unerforschte Ruinen früherer Siedlungen. Wichtigste Tempel sind der **Dwarkanadish** aus dem 13. Jh. (kein Zugang) und der **Nageswar Mahadev,** der einen der zwölf Jyotir-Lingams enthält. Höhepunkt der Pilgerwallfahrten ist das Janmashtami-Fest zu Ehren Krishnas. Ein weiterer bedeutender Krishnatempel befindet sich auf der vorgelagerten Insel Bet (Fähre von Okha).

Übernachten

Annehmbar ► **Toran Tourist Bungalow:** Ortswesten, Tel. 028 92-23 40 13. Ruhig gelegen, große Zimmer, passables Restaurant. DZ mit AC 800 Rs, DZ ohne AC ab 425 Rs.
Modern ► **Meera:** Highway Rd., Tel. 028 92-23 40 31, meerahotel@yahoo.com. Modernes Hotel am Ortsrand mit ordentlichen Zimmern und großem Restaurant. DZ mit AC ab 800 Rs, DZ ohne AC ab 400 Rs.

Essen & Trinken

Hinweise zu Restaurants siehe Unterkünfte.

Termine

Janmashtami-Fest (Aug./Sept.): s. a. Ortsbeschreibung.

Verkehr

Bahn: Regelmäßige Verbindungen mit Jamnagar (3 Std.) und Ahmedabad über Rajkot (Guwahati-Express, Nr. 5635, ca. 9 Std., mit diesem Zug auch Verbindung nach Agra, Lucknow und Varanasi) sowie Mumbai über Rajkot und Ahmedabad (Saurahstra Mail, Nr. 9006, ca. 18 Std.).
Bus: Verbindungen u. a. mit Jamnagar (4 Std.), Junagadh (6 Std.) und Veraval (6 Std.).

Ausflug in die Rann of Kutch

In die wüstenhafte, lebensfeindliche Grenzregion zu Pakistan verirren sich nur wenige Touristen. Staubstürme erwarten sie hier, hitzeflimmernde Salzseen und die vom Erdbeben hart getroffene, aber dennoch sehenswerte Stadt Bhuj. In der Umgebung liegen etliche für ihr reiches authentisches Kunsthandwerk über die Region hinaus bekannte Dörfer.

Bhuj ► B 9

Nördlich der Halbinsel Kathiawar beginnt die wüstenhafte Rann von Kutch, in die bis zum 26. Januar 2001 wie ein kleines Juwel die ehemalige Festungsstadt Bhuj eingebettet lag. Ein verheerendes Erdbeben – es war das schlimmste seit 50 Jahren – legte in den frühen Morgenstunden des 51. Jahrestags der Indischen Union in weniger als 90 Sekunden die verwinkelten Gassen der Altstadt in Schutt und Asche und forderte in der Region über 10 000 Tote. Nur 70 km nordöstlich der Stadt lag das Epizentrum des Bebens, dessen Schockwellen noch in Delhi und Goa zu spüren waren und das mit einer Stärke von 6,9 auf der Richterskala zu erheblichen Schäden an historischen Gebäuden auch in

Ahmedabad und Jaisalmer führte. Nie mehr wird Bhuj sein altes Gesicht zurückerhalten. Der Glockenturm Prag Mahal ist ebenso eingestürzt wie Teile des Palastes Aina Mahal mit seinem berühmten Spiegelsaal, ausgestattet mit einem Wasserbecken, in dessen Mitte der Thron des Herrschers stand. Unter den Trümmern des Museums liegen unwiederbringliche Schätze begraben, u. a. eine Buddhastatue aus dem 7. Jh. und eine Sammlung wertvoller Münzen. Noch sind nicht alle Trümmer beseitigt und vieles ist für immer verloren, die Stadt aber erholt sich und unternimmt alle Anstrengungen, ihren alten Charme wiederzugewinnen.

Etwas gespenstig wirkt der beschädigte sogenannte Neue Palast **Prag Mahal** mit seiner einst prunkvollen Durbar-Halle, die als Filmkulisse herhalten musste (tgl. 9–12 und 15–18 Uhr, Eintritt 15 Rs). In besserem Zustand ist der benachbarte Alte Palast **Aina Mahal** (Mo–Sa 10.30–18 Uhr, 2. und 4. Sa geschl., Eintritt 10 Rs, Foto 30 Rs, Video 100 Rs) mit einem erstaunlichen Gemälde einer Prozession und seinem einzigartigen Spiegelsaal, in den man derzeit nur von außen einen Blick werfen kann.

Relativ unbeschädigt blieb der jenseits des Teichs liegende, erst Ende des 19. Jh. entstandene **Sharad-Bagh-Palast** mit seinem hübschen Garten (tgl. 9–12 und 15–18 Uhr, Eintritt 10 Rs, Foto 20 Rs, Video 100 Rs).

Einen Besuch wert ist das **Folk Museum** mit einer Sammlung lokalen Kunsthandwerks (Mo–Sa 9–12 und 15–18 Uhr, Eintritt 10 Rs, Kamera 50 Rs).

Infos

Tourist Information: Im Aina Mahal, Mo–Sa 10.30–18 Uhr, 2. und 4. Sa geschl., sehr hilfsbereit.

Übernachten

Freundlich ▶ **Hotel Prince:** Station Rd., Tel. 028 32-22 03 70, www.hotelprinceonline.com. Komfortables Mittelklassehotel, allerdings an lauter Hauptstraße, gute Restaurants (s. rechts). DZ mit AC ab 2500 Rs, DZ ohne AC ab 1100 Rs.

Beliebt ▶ **Gangaram Guest House:** Darbargarh Chowk, Tel. 028 32-22 43 31, hotelgangaram@yahoo.co.in. Einfache Unterkunft mit Innenhof, familiär und sehr bemüht, besonders beliebt ist das Guest House bei Rucksacktouristen. DZ ab 400 Rs.

Essen & Trinken

Immer voll ▶ **Toral:** Im Hotel Prince (s. links) tgl. 11.30–15 und 19.30–22 Uhr. Spezialität sind die berühmten Gujarati-*thalis* mit dem üblichen Nachschlag (ca. 120 Rs). Es gibt auch Alkohol.

Für den großen Hunger ▶ **Green Rock Hotel:** Mandvi Rd., tgl. 11–15 und 19–22.30 Uhr. Gegenüber dem Busbahnhof. Sehr beliebt, mittags gibt es große *thalis*. Hauptgerichte ab 40 Rs.

Verkehr

Flug: Jet Airways fliegt tgl. nach Mumbai.
Bahn: Gute Verbindungen mit Ahmedabad und Mumbai (Kutch Express, Nr. 9132).
Bus: Verbindungen u. a. mit Ahmedabad (8 Std.), Rajkot (6 Std.), Jamnagar (7 Std.).

Umgebung von Bhuj ▶ B 8/9

Rund um die Stadt liegen zahlreiche, mit öffentlichen Verkehrsmitteln allerdings nur sehr schwer zu erreichende Dörfer, die für ihr Kunsthandwerk berühmt sind. Man besucht sie am besten mit einem Taxi. Wertvolle Informationen und eine Karte erhält man vom Leiter des Aina Mahal Museums in Bhuji (s. S. 336). Zu den interessantesten Zielen zählen **Khavda,** berühmt für Stoffdrucke und Keramik, sowie **Bhujodi** und **Sumrasar Sheik,** wo herrliche Stickereien gefertigt werden, für die die Region weit über die Grenzen hinaus bekannt ist. Die Frauen haben sich in mehreren Genossenschaften organisiert, etwa dem Kutch Mahila Vikas Sangatan (www.kmvs.in), Khamir (www.khamir.org) oder dem Kala Raksha Trust (www.kala-raksha.org) und vertreiben ihre Produkte landesweit. Zum Besuch der abgelegenen Dörfer ist eventuell eine Erlaubnis vom Foreigner Registration Office (Jubilee Ground Road) notwendig – Pakistan ist nicht weit.

Die Ghats von Varanasi – Ort religiöser Rituale und profaner Waschplatz gleichermaßen

Kapitel 4

Dekhan-Plateau und Gangesebene

Das Dekhan-Plateau und die Gangesebene grenzen unmittelbar aneinander und doch liegen Welten zwischen diesen beiden Großräumen. Das Dekhan-Plateau, im Regenschatten der westlichen und östlichen Gebirgsländer gelegen, ist nach wie vor Bauernland, weitgehend abgeschnitten von der Infrastruktur und den modernen Errungenschaften unserer Zivilsation In einigen Regionen liegt die Analphabetenrate weit über 50 %. Die Gangesebene wiederum ist seit alters her Durchzugsgebiet von Eroberern, die der Region eine wechselvolle Geschichte bescherten, deshalb aber auch eine extrem dichte Besiedlung. Die alten Metropolen mit ihren großartigen Monumenten, Agra etwa oder Varanasi, sind freilich längst zu modernen Millionenstädten herangewachsen, verbunden allerdings auch mit negativen Begleiterscheinungen wie Luftverschmutzung und einem immer größer werdenden Ring von Slums,

Das Reisen für den Individualtouristen ist hier nicht immer einfach. Überfüllte Verkehrsmittel, verstopfte Straßen und ein permanenter Lärmpegel erfordern ein gutes Nervenkostüm. Darum der Rat, sich nicht abzuhetzen und sich gelegentlich eine Ruhepause abseits des Trubels zu gönnen. Wer nur wenig Zeit mitbringt, kann in etwa 14 Tagen einige der bedeutendsten Sehenswürdigkeiten ganz Indiens besuchen, darunter Agra, Fatehpur Sikri, Khajuraho und Varanasi. Abseits dieser vielbereisten Orte locken Ziele wie Sanchi und Mandu entlang der nach Mumbai führenden Bahnlinie oder Städte in der Gangesebene wie Lucknow, Patna und Bodh Gaya. Mindestens drei weitere Wochen sollte man dafür jedoch einplanen

Als Reisezeit empfehlen sich die Wintermonate zwischen Oktober und März. Während des Monsuns Juni bis September ist mit Überschwemmungen zu rechnen, kurz vor der Regenzeit lassen die hohen Temperaturen das Reisen mitunter zur Qual werden.

Auf einen Blick

Dekhan-Plateau und Gangesebene

Sehenswert

8 Agra: Allein der Besuch des Taj Mahal und des Roten Forts würden eine Reise nach Indien rechtfertigen (s. S. 342).

9 Vogelpark Keoladeo-Ghana: Heimat Tausender Zugvögel, die in der zum UNESCO-Welterbe erklärten amphibischen Landschaft den Winter verbringen (s. S. 357).

10 Fatehpur Sikri: Die Traumstadt eines großen Herrschers fasziniert durch ihre modern anmutende Architektur (s. S. 358).

11 Khajuraho: Die Tempel mit ihren erotischen Reliefdarstellungen sind zugleich architektonische Meisterwerke einer 1000 Jahre zurückliegenden Epoche (s. S. 380).

12 Varanasi: Indiens heiligste Stadt dokumentiert wie keine andere die tiefe Religiosität der Inder (s. S. 396).

Schöne Routen

Agra und Umgebung: Diese Tour verbindet gleich mehrere Highlights Nordindiens – die Stadt des Taj Mahal, das Vogelparadies Keoladeo-Ghana und die alte Königsstadt Fatehpur Sikri (s. S. 342).

Von Agra Richtung Küste: Diese Route in Richtung Arabisches Meer führt u. a. zum prachtvollen Palast von Gwalior, den ältesten noch erhaltenen buddhistischen Stupa in Sanchi und zur bezaubernden Palastanlage von Mandu (s. S. 364).

Den Ganges entlang: Die Fahrt durch die Gangesebene von Lucknow Richtung Osten bis nach Bodh Gaya führt zu den wichtigsten religiösen Kultstätten von Buddhisten und Hindus (s. S. 390).

Meine Tipps

Der Taj Mahal bei Tag und Nacht: Der Blick auf das weltberühmte Mausoleum, schon während des Tages ein Erlebnis, lässt sich im Mondschein steigern. Nicht minder traumhaft kann man es bei Sonnenaufgang vom gegenüberliegenden Ufer genießen (s. S. 350).

Orcha: Die kleine Ortschaft mit ihren halb zerfallenen Palästen ist nach wie vor eine von der Hektik der indischen Städte noch unberührte Oase (s. S. 367).

Sanchi: Der älteste noch erhaltene Stupa mit seinen reich verzierten Toren ist den Umweg allemal wert. Nicht von ungefähr zählt er zu den UNESCO-Welterbestätten (s. S. 369).

Mandu: Abseits hektischen Großstadttrubels legen die Ruinen der einst königlichen Hauptstadt Mandu imposantes Zeugnis einer großen Vergangenheit ab (s. S. 376).

aktiv unterwegs

Erwachen im Vogelparadies: Ein morgendlicher Streifzug durch das Naturparadies Keoladeo-Ghana zählt für Vogelfreunde zu den unvergesslichen Erlebnissen einer Indienreise (s. S. 356).

Mit dem Rad auf Tempeltour: Die weit auseinander liegenden Tempel von Khajuraho lassen sich ganz entspannt mit dem Fahrrad auf einer Rundtour auf wenig befahrenen Straßen und Wegen besuchen (s. S. 387).

Von Ghat zu Ghat: Ein Spaziergang entlang des von Badetreppen und Tempeln gesäumten Ufers des Ganges in Varanasi vermittelt einen nachhaltigen Eindruck von der tiefen Gläubigkeit der Hindus (s. S. 402).

verdeckt durch eine zweite, wesentlich niedriger angesetzte Wölbung, sodass der Innenraum des Mausoleums ein weitaus bescheideneres Ausmaß hat, als das Äußere des Baus vermuten lässt. Diese Art der Doppel- oder Scheinkuppel fand erstmals beim Grabmal Timurs in Sarmakand 1405 Verwendung, später auch beim Mausoleum des Humayun in Delhi. Typisch indisch sind hingegen die links und rechts aufgesetzten Pavillons.

Die prächtigen Einlegearbeiten aus Achat, Karneol und Lapislazuli zeigen überwiegend Pflanzenmotive und stehen somit in Beziehung zum Garten davor, der nach islamischer Tradition ja das Paradies verkörpert.

Das **Innere** besteht aus einer oktogonalen Kammer und vier in den Ecken liegenden kleineren Räumen. Von einem achteckigen Marmorgitter umschlossen, stehen hier die mit Einlegearbeiten und Koransprüchen verzierten **Kenotaphe von Mumtaz Mahal und Shah Jahan,** wobei das der Herrscherin das Zentrum einnimmt. Einige Wissenschaftler schließen daraus, dass Shah Jahan für sich ein eigenes, durch eine Brücke mit der Anlage des Taj Mahal verbundenes Mausoleum am gegenüberliegenden Ufer geplant hatte. Für eine derartige Annahme spricht auch die Positionierung des Taj am Ende des Gartens und nicht wie üblich im Zentrum. Allerdings finden wir im Mausoleum des Itimad-ud-Daula eine ähnliche Anordnung der Kenotaphe.

Die eigentlichen Gräber des Herrscherpaars liegen in einer Gruft unterhalb der Kenotaphe, wobei bis heute nicht geklärt ist, ob es sich nur um Scheingräber handelt. Denn es ist durchaus möglich, dass sich in dem weit verzweigten unterirdischen System aus zugemauerten Stollen und Kammern eine weitere Krypta verbirgt. Mit der damals üblichen Trennung von Grab und Kenotaph wollten die Herrscher einerseits auch nach dem Tod die Distanz zum Volk wahren, andererseits aber nicht in Vergessenheit geraten, waren die Mächtigen doch schon immer eifrig bemüht, ihren Namen möglichst für die Ewigkeit zu bewahren.

Das Mausoleum besteht keineswegs aus solidem Marmor, sondern in seinem Kern aus

gebrannten Ziegeln, die Fundamente aus Bruchsteinen. Mit Eisenstiften wurden die Marmorplatten auf das Mauerwerk geheftet, wodurch es im Laufe der Jahrhunderte leider zu Folgeschäden durch Korrosion und Risse kam.

Flankiert wird das Hauptgebäude von zwei symmetrisch angeordneten Sandsteinbauten, der Grabmoschee an der Westseite und dem Gästehaus an der Ostseite. Letzteres diente dazu, die zahlreichen Gäste zu beher-

In Gedenken für die Lieblingsfrau Shaj Jahans erbaut: das Mausoleum Taj Mahal

bergen, die sich am Taj versammelten, um mit Musik, Koranlesungen und Lobpreisungen das Andenken an die Verstorbene wach zu halten (tgl. außer Fr 6–19 Uhr, Eintritt 500 Rs, Video 25 Rs).

Das Ticket gilt auch für den Besuch des Forts, das Grabmal des Itimad-ud-Daula, Sikander und Fathepur Sikri innerhalb desselben Tages. In den Tagen um Vollmond wird der Taj – abhängig von der Sicherheitslage – auch nachts geöffnet (s. S. 350).

Agra Fort 2

Mit der Errichtung des gewaltigen, am Ufer des Yamuna liegenden **Agra Fort** durch den Mogulherrscher Akbar begann 1565 die Bautätigkeit in Agra. Umschlossen ist die Anlage von einer 2,5 km langen, mit roten Sandsteinplatten verkleideten Doppelmauer. Auf dem vom südlichen Tor Amar Singh bergauf führenden Zugang gelangt man in eine große Gartenanlage, die rechter Hand vom **Palast Jahangirs** (Jahangir Mahal) beherrscht wird.

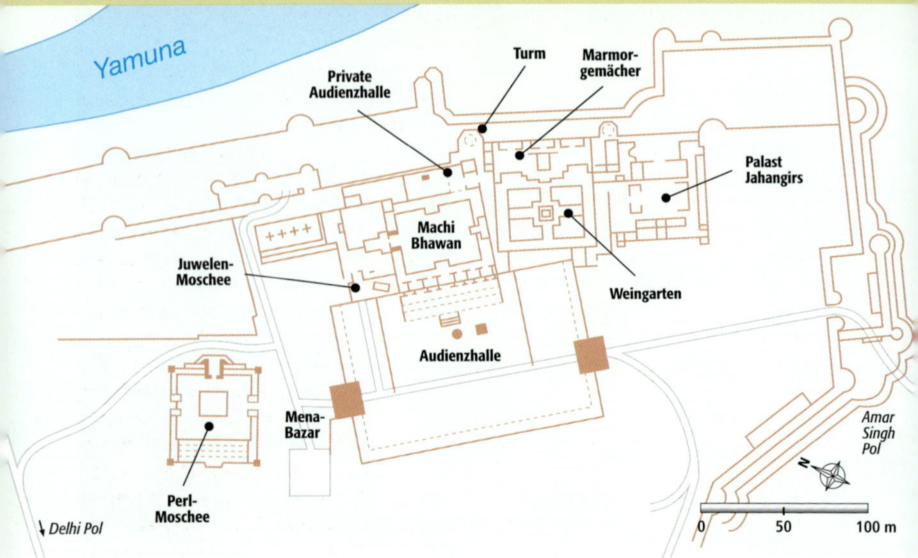

Bleibt man auf dem Hauptweg und durchschreitet das Torgebäude, befindet man sich in einem großen, von Arkaden umschlossenen Hof mit der **Audienzhalle** (Diwan-i-Am) an der Ostseite. Im Grab davor liegen die sterblichen Überreste des britischen Befehlshabers Colvin, der hier während des Sepoy-Aufstandes 1857 fiel. Durch einen weiteren Tordurchgang verlässt man den Hof und gelangt zum **Mena-Bazaar,** einem von Arkaden umschlossenen, heute vernachlässigten Hof, in dem die Hofdamen früher zuweilen das Marktgeschehen der für sie unzugänglichen Welt des Normalbürgers in einem Fest imitierten. Es war für sie die heiß herbeigesehnte Gelegenheit, wenigstens vorübergehend dem strengen Reglement des Harems zu entfliehen.

Wieder in der Audienzhalle – zu der man zurückkehrt, da der Zugang vom Basar zur Perl-Moschee versperrt ist –, gelangt man von dort über eine Treppe in die dahinter liegenden weiteren Hauptgebäude des Palastes. Zunächst erreicht man das erste Stockwerk des **Fischpalastes** (Machi Bhawan) mit Blick auf einen Garten, der früher einen Teich mit Zierfischen enthielt. Der Bau soll Shah Jahan als Schatzkammer gedient haben. An der Nordseite befindet sich der Zugang zur kleinen **Juwelen-Moschee** (Nagina Masjid). An der dem Fluss zugekehrten Seite öffnet sich das Gebäude zu einer Terrasse mit weitem Blick über den Yamuna hinüber zum Taj Mahal. Nach Süden schließt sich die **private Audienzhalle** (Diwan-i-Khas) an, von der aus man zum etwas aus der Mauer vorspringenden achteckigen **Turm** (Saman Burj) hinabsteigt, in dem Shah Jahan von seinem Sohn Aurangzeb von 1658 bis zu seinem Tode 1666 gefangen gehalten wurde.

Es folgen die sehr schönen **Marmorgemächer** (Khas Mahal) Shah Jahans mit vergoldeten bengalischen Dächern und herrlichen Durchblicken auf den Taj Mahal. Sie grenzen an den zum damaligen Harem gehörenden **Weingarten** (Anguri Bagh), durch den man wieder zu Jahangirs Palast gelangt, wo sich auch die winzige Privatmoschee **Mina Masjid** befindet.

Das schönste Bauwerk des Forts, die nördlich des Diwan-i-Am liegende **Perl-Moschee** (Moti Mahal), ist bereits seit einigen Jahren wegen Restaurierungsarbeiten ebenso wenig zugänglich wie der übrige, vom Militär genutzte Teil der alten Mogulfestung (tgl. von Sonnenauf- bis Sonnenuntergang, Eintritt 300 Rs bzw. mit dem Sammelticket, s. S. 345, Video 25 Rs).

Das Mausoleum des Itimad-ud-Daula 3

Verglichen mit dem Taj Mahal und dem Fort besuchen nur wenige Touristen dieses kleine Juwel der Mogularchitektur am gegenüberliegenden Ufer des Yamuna. Das in seinen Ausmaßen bescheidene **Grabmal des Itimad-ud-Daula** ließ Nur Jahan, die Gattin Shah Jahangirs für ihre 1621 verstorbenen Eltern errichten. Benannt ist es nach ihrem Vater Ghyas Begh, einem aus Persien geflohenen Edelmann, der am Hof Jahangirs bis zum Premierminister aufgestiegen war und den Ehrentitel Itimad-ud-Daula (›Stütze des Staates‹) verliehen bekommen hatte. Die Mitglieder seiner Familie, mit der ehrgeizigen Nur Jahan an der Spitze und dem nicht minder einflussreichen Bruder Azaf Khan an ihrer Seite, übten einen erheblichen Einfluss am Hof aus und galten vor allem in den letzten Lebensjahren Jahangirs als die heimlichen Herrscher.

Anders als der Taj Mahal liegt das Mausoleum im Zentrum eines viergeteilten Gartens, der bis zum Ufer des Flusses reicht. Man betritt die Anlage durch einen Torbau von Osten her, dessen Sandsteinfassade geschmackvoll mit Marmoreinlegearbeiten aufgelockert wird. Auffallend sind die stilisierten Darstellungen von Weinkrügen, die in der persischen Dichtung als Symbol des Paradieses und des Göttlichen galten und sich wohl aus der Herkunft des Verstorbenen erklären lassen.

Mit seinen gedrungenen Ecktürmen und dem etwas zu mächtigen Pavillon im Zentrum kann sich der Bau zwar äußerlich nicht mit der Eleganz des Taj Mahal messen, hinsichtlich der an Juwelierarbeiten erinnernden Wanddekoration sucht er jedoch seinesgleichen. Die pietra-dura-Arbeiten aus Halbedelsteinen zeigen neben geometrischen Mustern auch Vasen, Zypressen und immer wieder Weinkrüge. Erstmals wurde diese Technik, von der nicht klar ist, ob sie aus Europa importiert wurde oder eine eigenständige Entwicklung darstellt, hier auf großen Flächen eingesetzt und gilt als Vorbild für die Dekoration des nur wenige Jahre später begonnenen Taj Mahal.

Im Zentrum des quadratischen, von acht Räumen umschlossenen Innenraums stehen die Grabmäler von Itimad-ud-Daula und seiner Gemahlin, wobei das Grab der Frau, wie im Taj Mahal, die zentrale Position einnimmt. Darüber liegt ein leider nicht zugänglicher Pavillon, der für das Gebäude zwar etwas schwer wirkt, aber ein exzellentes Beispiel mogulischer Handwerkskunst bietet. Wie beim Grab des Salim Chishti in Fatehpur (s. S. 358) sind die Seitenwände mit durchbrochenem Steingitterwerk *(jali)* versehen, wodurch sich ein bezauberndes Spiel von Licht und Schatten auf dem Marmorfußboden im Innern ergibt; dieser gleicht in seinem komplizierten Muster aus gelben und braunen Halbedelsteinen einem wertvollen Teppich. Im Innern des lichtdurchfluteten Raums haben die Kenotaphe der Verstorbenen ihren Platz (tgl. 6–17.30 Uhr, Eintritt 120 Rs bzw mit dem Sammelticket, s. S. 345, Video 30 Rs).

Chini Ka Rauza 4

Ein Stück nördlich des Mausoleums trifft man auf das **Chini Ka Rauza**, die in Ruinen liegende Grabstätte des Hofbeamten Azal Khan (gest. 1610). Ihre Kuppel ist mit Fayencen nach dem Vorbild der Mogulbauten von Lahore (im heutigen Pakistan) verziert und hat daher den Namen ›chinesisches Grab‹ bekommen. Es wird momentan restauriert (tgl. von Sonnenauf- bis Sonnenuntergang, Eintritt derzeit frei).

Mehtab Bagh 5

Die auf einen Garten Kaiser Baburs zurückgehende Anlage auf der dem Taj gegenüberliegenden Uferseite wurde unlängst wieder zu neuem Leben erweckt und gewährt vor allem morgens einen unvergleichlichen Blick (s. Bild S. 350). Man erreicht sie entweder mit dem Boot (Monopolpreise) oder mit dem Taxi oder Fahrrad über die Brücke nördlich des Forts (tgl. von Sonnenauf- bis -untergang, 100 Rs).

Agra

Sehenswert

1 Taj Mahal
2 Agra Fort (Grundriss siehe S. 346)
3 Itimad-ud-Daula
4 Chini Ka Rauza
5 Methab Bagh

Übernachten

1 Amar Vilas
2 Jaypee Palace
3 Clarks Shiraz
4 Gateway
5 Hotel Athiti
6 Hotel Sheela
7 Tourist Rest House

Essen & Trinken

1 Dashaprakash
2 Only Restaurant
3 Zorba the Buddha
4 Café Coffee Day

Einkaufen

1 Bansal Carpets
2 Subhash Emporium
3 Shilpgram

Infos

Government of India Tourist Office: 191 The Mall, Tel. 05 62-222 63 78, 05 62-236 23 77, Mo–Fr 9–17.30, Sa 9–14 Uhr, Vermittlung autorisierter Führer.

UP-Tourism: 64 Taj Rd., Tel 05 62-222 68 78, Mo–Sa 10–17 Uhr.

Im Internet: www.agra-india.com sowie http://agra.clickindia.com/.

Sicherheitshinweis: Als eines der wichtigsten Touristenziele ganz Indiens ist die Belästigung durch Schlepper und Gauner in Agra leider besonders groß (s. a. Hinweise S. 343). Vor allem auf dem Bahnhof und in den Zügen muss man mit erhöhter Diebstahlgefahr rechnen. Leider gehört in Agra auch der Kreditkartenbetrug zum Alltag. Um sich später nicht über fehlende Summen auf dem Konto ärgern zu müssen, bezahlt man seine Rechnungen am besten stets in bar.

Übernachten

Verschwenderisch ► **Amar Vilas 1:** Taj Eastgate Rd., Tel. 011-23 89 06 06 (Delhi), 00 800-12 34 01 01 (kostenlos aus Deutschland, Österreich und der Schweiz), www.oberoihotels.com. Der pure Luxus im Mogulstil mit grandioser Poollandschaft, ca. 5 km vom Taj Mahal. DZ ab ca. 580 € (35.000 Rs).

Geschmackvoll ► **Jaypee Palace 2:** Fathehabad Rd., Tel. 05 62-233 08 00, Toll free 18 00-11 99 00, Fax 05 62-233 08 50, www.jaypeehotels.com. Mit 350 Zimmern eines der größten Hotels (5 Sterne), in einem Mix aus traditioneller und moderner Bauweise, parkartige Gartenanlage. DZ ab 10 000 Rs.

Überall Marmor ► **Clarks Shiraz 3:** 54 Taj Rd., Tel. 05 62-222 61 21 bis 27, Fax 05 62-222 61 28, www.hotelclarksshiraz.com. Sehr gepflegtes 5-Sterne-Hotel mit allem Komfort. DZ ab 7000 Rs.

Den Taj im Blick ► **Gateway** (ex. Taj View) **4:** Fathehabad Rd., Tel. 05 62-223 24 00 bis 18, Fax 05 62-223 24 20, www.thegatewayhotels.com. Modernes 5-Sterne-Hotel in großzügigem Garten mit Blick auf den Taj Mahal. DZ ab 6500 Rs.

Ordentlich ► **Hotel Athiti 5:** Fathehabad Rd., Tel. 05 62-233 08 78 bis 82, www.hotelatithiagra.com. 3-Sterne-Hotel mit hübschem Garten, Pool und großzügigen Zimmern, nur 1 km vom Taj Mahal entfernt. DZ ab 2300 Rs.

Wohltuende Ruhe ► **Hotel Sheela 6:** Taj East Gate Rd., Tel. 05 62-233 11 94, www.hotelsheelaagra.com. Wunderschön in einem üppigen Garten gelegenes, sehr ruhiges kleines Hotel, nur 100 m vom Taj entfernt, gemütliches Gartenrestaurant mit ordentlicher Küche. DZ ohne AC ab 600 Rs, DZ mit AC 1000 Rs.

Eine Institution ► **Tourist Rest House 7:** Kucheri Rd., neben Hotel Taj Deluxe, Tel. 05 62-243 39 61, 05 62-246 39 61, www.dontworrychickencurry@hotmail.com. Ein sehr beliebter Oldie unter den preiswerten Unterkünften. Kleine funktionale, saubere Zimmer um einen Innenhof, in dem sich die Globetrotter treffen. Das Hotel zahlt keine Provision und wird deshalb von Rikschafahrern gemieden. DZ ohne AC ab 300 Rs, DZ mit AC 600 Rs.

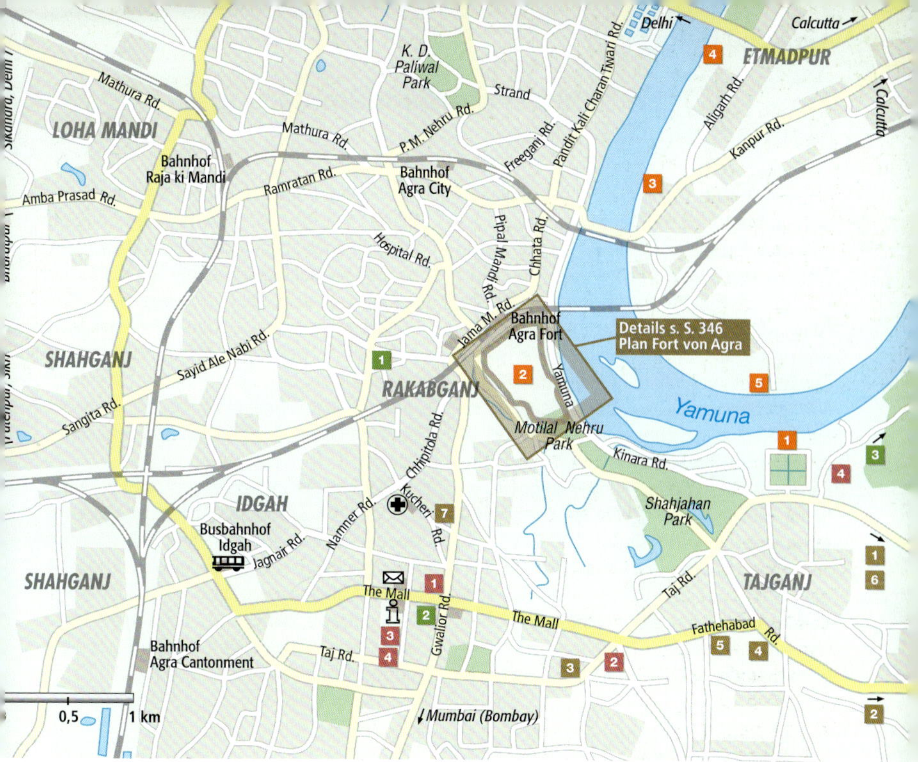

Essen & Trinken

Sehr gute Restaurants der gehobenen Preisklasse findet man in den 5-Sterne-Hotels, u. a. das **Jhankar** im Hotel Taj View, das **Sheesh Mahal** im Hotel Mansingh Palace (Fathehabad Rd.) sowie das Dachrestaurant **Mughal Room** im Clarks Shiraz mit Blick auf den Taj. Für ein Hauptgericht muss man dort mit etwa 300 Rs rechnen.

Etwas versteckt ▶ **Dasaprakash 1**: Gwalior Rd., hinter dem Yamuna View, tgl. 11–23 Uhr. Gemütliche, etwas plüschige Atmosphäre, sehr schmackhaftes südindisches Essen. Hauptgerichte ab ca. 80 Rs.

Familientreff ▶ **Only Restaurant 2**: The Mall. Buffet in exotischem Garten mit viel Bambus und abendlicher Live-Musik, sehr populär. Hauptgerichte ab 70 Rs.

Exotisch vegetarisch ▶ **Zorba the Buddha 3**: Sadar Bazaar, 10–22 Uhr. Extrem sauberes kleines vegetarisches Restaurant der Osho-Gemeinde. Hauptgerichte ab 70 Rs.

Kaffeeoase ▶ **Café Coffe Day 4**: Die mittlerweile zur Institution gewordene Kette hat eine Niederlassung am östlichen Zugang zum Taj Mahal und im Sadar Bazar, tgl. 7–22 Uhr. Cappucino 45 Rs.

Einkaufen

Agra ist die Hochburg der Marmorverarbeitung, aber Vorsicht, viele Fälschungen (aus Pulver gepresste Intarsien). Gut ist auch das Angebot an Teppichen und Webereien. Achtung: Betritt man ein Geschäft in Begleitung eines Rikscha-/Taxifahrers oder Führers, zahlt man deutlich mehr.

Teppiche ▶ **Bansal Carpets 1**: 5, Daya Nagar, Hotel Chanakya, www.bansalcarpet.com. Zuverlässiger Laden mit großem Angebot.

Marmorarbeiten ▶ **Subhash Emporium 2**: 18/1 Gwalior Rd., www.subhashemporium.com.

Geschmackvolle Einlegearbeiten ▶ **Oswal** (Internetshop): www.oswalonline.com.

Tipp: Der Taj Mahal bei Morgendämmerung und Mondschein

Als wohl größte Touristenattraktion ganz Indiens erfreut sich der Taj Mahal das ganze Jahr über unzähliger Besucher aus aller Welt. Wer den Touristenströmen ein wenig aus dem Weg gehen möchte, sollte die stimmungsvollen Morgen- und Abendstunden zum Besuch des Mausoleums wählen. Ein wenig Glück muss man allerdings am Morgen haben, da das am Wasser stehende Gebäude dann oft noch in dichten Nebel eingehüllt ist.

Wer noch vor Morgengrauen aufsteht, kann den einzigartigen Sonnenaufgang vom gegenüberliegenden Ufer im neu errichteten **Park Mehtab Bagh** (Eintritt 100 Rs) genießen, wenn das Mausoleum einer Fata Morgana gleich aus dem Dunst steigt. Anschließend kann man mit einem Boot übersetzen, wobei man sich dem Preisdiktat der Fährleute beugen muss (s. S. 347).

Wer das frühe Aufstehen scheut, für den bietet sich eine Mondschein-Besichtigung an: Lange war der Taj aus Furcht vor terroristischen Anschlägen nachts geschlossen. Neuerdings aber kann eine begrenzte Zahl von Besuchern die wundervolle Atmosphäre bei Vollmond erleben. Allerdings darf man das Bauwerk nur aus der Ferne betrachten und hat für das Erlebnis nur 30 Minuten Zeit, dann wird der nächsten Gruppe Einlass gewährt.

Wem der Eintrittspreis von 750 Rs für das recht kurze Spektakel zu viel ist, kann für etwa den gleichen Betrag einen fast genau so schönen Blick von einer der Restaurantterrassen, etwa des noblen Clarks Shiraz Hotels, oder von der Bar des luxuriösen Hotels Amar Vilas aus genießen – ein üppiges Mahl oder edler Cocktail inklusive!

Das berühmte Mausoleum im Morgendunst

Kunsthandwerk ▶ Eine gute, wenn auch nicht gerade preiswerte Auswahl bietet das Kunsthandwerkerzentrum **Shilpgram** 3, etwa 1 km östlich des Taj Mahal.

Termine

Taj Mahotsav Festival (Feb.): Zehn Tage andauernde Kulturveranstaltung mit Tanz, Musik, Ausstellungen und kulinarischen Spezialitäten.

Verkehr

Flug: Agra wird regelmäßig von Delhi auf der beliebten Touristenstrecke Delhi–Agra–Khajuraho–Varanasi angeflogen.
Von Delhi aus reist man jedoch bequemer und insgesamt schneller mit dem Zug.
Bahn: Agra liegt an der Hauptroute Delhi–Mumbai. Es gibt zwei Bahnhöfe, Agra Cantonment (Cantt.) und Agra Fort. Alle Züge halten in Agra Cantt., dem wichtigeren der beiden Bahnhöfe. Am schnellsten ist der Shatabdi Express (ab New Delhi 6.15 Uhr, in Agra Cantt. 8.12 Uhr). Verbindungen auch mit Jaipur (Gwalior-Udaipur Express, Nr. 2965), Varanasi (Mathura-Patna Express, Nr. 3240, ca. 12 Std. nachts, Vorsicht Diebstahlgefahr) sowie Khajuraho über Mahoba und Jhansi (Di, Fr und So, P SMPRK KRNTI, Nr. 2448).
Bus: Es gibt zwei Busbahnhöfe, Idagh und Agra Fort. Die meisten Busse fahren vom Idagh-Terminal, häufige Verbindungen u. a. mit Delhi (Serai Khale Khan-Busterminal im Süden, 5 Std.), Jaipur, (6 Std.), Fatehpur Sikri (1 Std.), 2 x tgl. auch nach Khajuraho (10 Std.). Vom Busstand Agra Fort fahren Busse u. a. nach Mathura (1,5 Std.) und Lucknow (10 Std.), aber auch nach Delhi.

Sikander ▶ F 6

Karte: S. 355
Etwa 10 km nördlich von Agra führt die Straße nach Delhi unmittelbar an **Sikander** 1, der Grabstätte des Kaisers Akbar, vorbei. Benannt ist der Ort nach Sikander Lodi, der hier 1492 seine neue Residenz errichtet hatte, von der allerdings kaum noch etwas erhalten ist. Den Zugang zur Grabstätte, mit deren Bau Jahangir etwa im Jahre 1608 begonnen hatte, bildet auch hier ein mächtiges, von Minaretten überragtes Tor. Die Sandsteinfassade ist dekorativ mit Marmoreinlegearbeiten und Kufischrift-Bändern gestaltet. Der Künstler Amanat Khan, der auch die Schriftbänder des Taj Mahal entwarf, hat sie persischen Gedichten entnommen, wobei, wie bei den Moguln üblich, ein Bezug zwischen dem Paradies und dem Mausoleum mit seiner Gartenanlage hergestellt werden sollte. »Dies ist der Garten Edens, betrete ihn und lebe ewig«, heißt es dort unter anderem.

Mausoleum

Hinter dem Torbau führt eine breite gepflasterte Allee auf das fünfstöckige Mausoleum zu, das sich als eine eigentümliche indo-islamische Stilmischung präsentiert. So orientiert sich der Grundriss an einer hinduistischen Stufenpyramide, die sich wiederum als die architektonische Umsetzung eines Mandalas interpretieren lässt. Das stark überhöhte Zentralportal und die angrenzenden Bögen sind hingegen rein islamische Elemente.

Das oberste Geschoss mit dem Kenotaph des Herrschers unter freiem Himmel ist leider nicht zugänglich. Früher einmal soll hier auf einer Säule der berühmte Diamant Kohinoor das Licht der Sonne reflektiert haben. Heute kann man nur noch in das dunkle Gewölbe hinabsteigen, in dem sich das Grab Akbars befindet. Bedauerlicherweise wurde es von den Horden marodierender Jats 1691 geschändet und die Gebeine des großen Herrschers verbrannt. Auch die Wandmalereien mit christlichen Motiven, die nach Aussagen europäischer Reisender früher die Gruft schmückten, sind nicht mehr erhalten (tgl. Sonnenauf- bis Sonnenuntergang 120 Rs).

Park

Der weiträumige, mit hohen Bäumen bepflanzte Park ist heute Tummelplatz zahlreicher Hulman-Affen. Um sich ein kleines Zubrot zu verdienen, geben sich die Wächter als Affenwärter aus und verlangen vom Touristen für das Fotografieren der Tiere einen Obolus.

Mathura und Vrindavan

►F 6

Karte: S. 355

Mathura 2

Die enge Verbindung mit dem Gott Krishna, der achten Inkarnation Vishnus, ließen Mathura ebenso wie das angrenzende Vrindavan (ca. 400 000 Einw.) schon früh zum viel besuchten Pilgerziel werden und weist dem Ort auch heute noch als eine der sieben heiligen Stätten des Hinduismus eine überragende Bedeutung zu. In einer Gefängniszelle soll Krishna geboren worden sein, in der Stadt und ihrer Umgebung seine Jugend verbracht haben. Seinen Namen ›der Schwarze‹ erhielt Krishna dank seiner dunklen Hautfarbe, die auf Bildern in Blau dargestellt wird.

Historisch nachweisbar ist das frühere, bereits von Ptolemäus (100–ca. 160) erwähnte ›Muttra‹ bis ins 6. Jh. v. Chr. Unter Kaiser Ashoka (272–233 v. Chr.) entfaltete sich die Ortschaft am Fluss Yamuna zum Zentrum buddhistischer Kultur, von dem wesentliche Impulse ausgingen. Die aus dieser Epoche noch erhaltenen Buddha-Bildnisse und Skulpturen zählen zu den großen Kostbarkeiten frühindischer Kunst. Noch im 5. Jh. n. Chr. fand der chinesische Reisende Fa Hsien mehr als 3000 Mönche und 20 Klöster vor. Aber auch Hindus und Jains errichteten in dem Klima religiöser Toleranz ihre Tempel und statteten sie mit goldenen und silbernen Idolen aus, von denen manche gut eine Tonne wogen.

Ihrer unermesslichen Reichtümer wurde die Handelsmetropole erstmals durch den Überfall Mahmuds von Ghazni 1017 beraubt; 500 Jahre später fügte Sikander den Tempeln erneut großen Schaden zu. Nach einer Periode der Erholung unter den ersten Mogulherrschern zerstörte der intolerante Aurangzeb abermals die großen Heiligtümer, und auch später tobten hier Schlachten zwischen Jats, Marathen und Moguln um den strategisch wichtigen Platz am Schnittpunkt der Handelsrouten, die den Indus, das Gangestal, das Hochland von Dekhan und die Westküste verbanden.

Für den Hindu ist nicht nur die Stadt selbst, sondern die ganze Umgebung, Braja Mandal genannt, heilig. Auf einem Pilgerzug kann er den Stationen aus Krishnas Jugend folgen. Höchste Verehrung genießt der **Sri-Krishna-Janmboomi-Tempel,** der über der Gefängniszelle errichtet wurde, in der der Gott als achtes Kind der Prinzessin Devaki menschliche Gestalt annahm. Da dem damaligen tyrannischen Herrscher König Kamsa der gewaltsame Tod durch einen Sohn Devakis weisgesagt worden war, versuchte er, alle männlichen Nachfahren der Prinzessin aus dem Wege zu räumen. Die Mutter vertauschte jedoch Krishna mit der Tochter ei-

In Mathura säumen Badeghats den Yamuna

nes Hirten, sodass der Junge zunächst in Obhut seiner Gasteltern aufwuchs. Später tötete er den Tyrannen, musste aber vor dem mächtigen Schwiegervater Jarasandha nach Dwarka (Gujarat) fliehen.

Bevorzugter Wallfahrtsplatz ist das **Vishram Ghat,** wo Krishna nach dem Kampf mit König Kamsa eine Rast eingelegt haben soll. Leider sind die insgesamt 24 Ghats und die dazugehörigen Bauten am Ufer des Yamuna heute sehr verwahrlost und nicht vergleichbar mit denen von Varanasi, aber das angrenzende Gewirr der Basargassen mit ihren Tempeln und kleinen Geschäften vermag durchaus zu verzaubern.

Das Stadtzentrum wird von der **Freitagsmoschee** (Jama Masjid) beherrscht, die Aurangzebs Statthalter Abd un Nabir Khan 1661 auf den Mauern des zerstörten Hindutempels Keshav Deo errichten ließ.

Nicht versäumen sollte man den Besuch des **Archäologischen Museums,** das anhand wertvoller Funde vor allem die buddhistische Kushan-Epoche des 2. Jh. erhellt (Di–Sa 10.30–16.30 Uhr, Eintritt 5 Rs, Kamera 25 Rs).

Vrindavan 3

Nur 10 km nördlich liegt die mit Tempeln übersäte Stadt (es soll 4000 geben!) Vrindavan, das eigentliche Zentrum der Krishna-Verehrung. Für viele Hindus gilt die einzig vollständige Inkarnation Vishnus als eigenständige Gottheit, so auch für die Hare-Krishna-Anhänger, die hier ihr Hauptquartier haben. In der Umgebung soll der Gott als Flöte spielender Kuhhirte seine Liebesabenteuer mit den Hirtenmädchen erlebt haben, insbesondere mit seiner Favoritin Radha. Wen wundert es, dass der ›göttliche‹ Frauenheld bis heute als unerschöpfliche Quelle der Unterhaltung bis hin zum Fernsehen herhalten muss. Am Fluss beobachtete er die Hirtenmädchen beim Bad und stahl ihnen die Kleider.

Da der Yamuna seinen Lauf seither verlegt hat, liegen die Ghats, die einst den Platz markierten, heute trocken. Und wie in Mathura sind die alten Tempel größtenteils den islamischen Eroberern zum Opfer gefallen. Wichtigstes Heiligtum ist der **Govind-Dev-Tempel**, der 1590 von Raja Man Singh, dem Herrscher von Jaipur, zu Ehren Krishnas in Gestalt des göttlichen Kuhhirten errichtet wurde. Von den ursprünglich sieben Stockwerken des kreuzförmig angelegten Baus sind allerdings nur noch vier erhalten. Der 1851 erbaute, nicht zugängliche **Bengaji-Tempel** verkörpert mit seinen vier Tempeltürmen den sonst im Norden selten anzutreffenden südindischen Stil.

Infos

Tourist Information: Im Krishna-Balaram-Tempel, tgl. 10–13 und 17–20 Uhr.
Im Internet: www.mathura-vrindavan.com.

Übernachten

Etwas außerhalb ▶ Best Western Radha Ashok: Masani Bypass Rd., Tel. 05 65-329 84 27, Fax 05 65-253 03 96, www.bestwestern.com. Modernes Hotel der bekannten Kette. 26 funktionale saubere Zimmer, internationales Restaurant. DZ ab 63 US$.
Recht gediegen ▶ Brijwasi Royal: State Bank Crossing, Station Rd., Tel. 05 65-240 12 24 bis 26, Fax 05 65-240 12 27, www.brijwasiroyal.com. Modernes 3-Sterne-Hotel nahe Busbahnhof. 40 funktionale klimatisierte Zimmer, sehr gutes Restaurant. DZ ab 2350 Rs.
Freundlich ▶ Agra: Bengali Ghat, Tel. 05 65-240 33 18. Kleines alteingesessenes Hotel in der Altstadt am Fluss mit sauberen hellen, wenn auch kleinen Zimmern mit Bad. DZ ohne AC ab 300 Rs, DZ mit AC 600 Rs.

Essen & Trinken

Empfehlenswerte Restaurants bieten die oben genannten Hotels.

Verkehr

Bahn: Mathura liegt an der Bahnstrecke Delhi–Agra, zahlreiche Verbindungen, meist

Tipp: Der Palast von Deeg ▶ F 6

Die 12 km westlich von Mathura gelegene, von Touristen kaum besuchte, verschlafene Ortschaft **Deeg** 4 ist durchaus einen Abstecher wert. Einzige, aber überaus lohnende Sehenswürdigkeit ist die von Badam Singh 1722 begonnene und von seinem Sohn Suraj Mal erweiterte **Sommerresidenz,** ein wahres Juwel rajputischer Architektur! In einen Mogulgarten eingebettet, gruppieren sich die Gebäude um ein großes Wasserreservoir, den Gopal Sagar.

Die Palastanlage verkörpert den Rajputen-stil in seiner letzten, bereits vom Manierismus gekennzeichneten Phase. Zentrales Bauwerk ist der marmorne **Gopal Bhawan,** der den Garten vom Wasserbecken trennt. Den vollendet geformten, isoliert auf einer Terrasse auf der Gartenseite stehenden Torbogen soll Suraj Mal von einem Überfall auf Delhi 1761 mitgebracht haben. Nicht weniger beeindruckt der angrenzende, ebenfalls in Marmor ausgeführte **Suraj Bhawan** sowie der südlich liegende alte Palast **Purana Mahal** mit schönen Malereien der Rajputen- und Mogul-schule. Deeg kann man mit den Bus von Mathura, Alwar und Bharatpur aus erreichen (außer Fr. 9.30–17.30 Uhr, Eintritt 100 Rs).

Agra und Umgebung

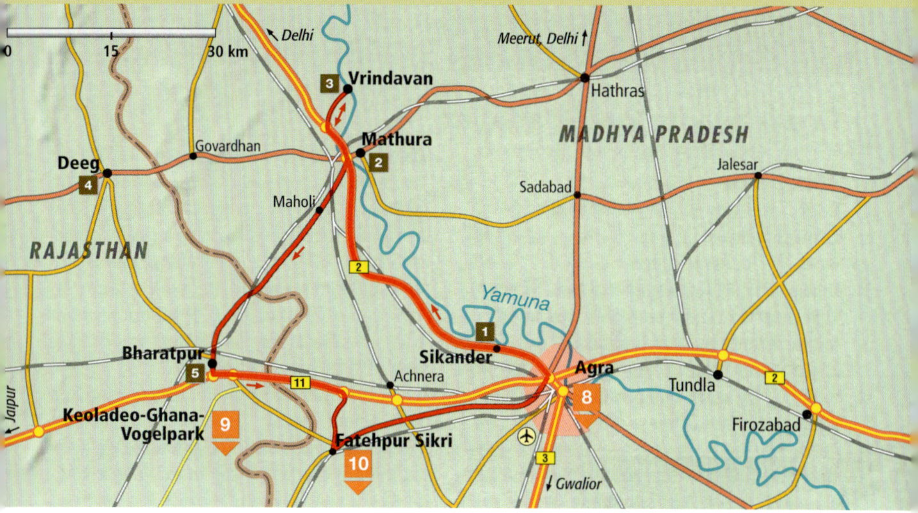

von/bis Delhi-Nizzamuddin, u. a. mit Taj Express (2 Std.)

Bus: Regelmäßige Verbindungen mit Delhi (Busbahnhof Sarai Khale Khan im Süden, 4 Std.) und Agra (1,5 Std.).

Bharatpur und Keoladeo-Ghana Vogelpark ▸ F 6

Karte: s. oben

Bharatpur

Die kleine Ortschaft **Bharatpur** 5 liegt auf der Grenze zwischen den indischen Bundesstaaten Uttar Pradesh und Rajasthan. Zum Touristenmagnet ist sie allein wegen des 5 km vor den Toren der Stadt gelegenen Vogelparks Keoladeo Ghana (s. S. 356, 357) geworden; die Ortschaft selbst wird nur selten besucht, da spektakuläre Bauten fehlen. Dennoch sollte man sich einen kurzen Rundgang gönnen, allein schon, um die mächtige Stadtmauer mit dem nach wie vor mit Wasser gefüllten Graben bewundern zu können.

Wie bei vielen Ortschaften Rajasthans wurde auch die Geschichte Bharatpurs mit Blut geschrieben. Das Fürstentum entstand erst Ende des 17. Jh., als die Moguldynastie längst ihren Zenit überschritten hatte und Lokalpotentaten sich ungestraft eigene Herrschaftsgebiete aus dem Reich herausschneiden konnten. Einer von ihnen war der zum Klan der Jats gehörende Badam Singh, der vom nahe gelegenen Deeg (s. S. 354) aus regierte. Sein Sohn eroberte von einem anderen Jatherrscher Bharatpur und verlegte zunächst seine Residenz hierher. Nach seinem Sieg über die Marathen stand ihm der Sinn nach Höherem und er zog ins ehrwürdige Agra um, das in jenen Tagen allerdings seinen Glanz längst eingebüßt hatte.

Lange konnten sich die Jats dort jedoch nicht halten. Im Jahre 1788 kehrten sie wieder nach Bharatpur zurück, von wo aus sie nunmehr gegen den stärker werdenden Einfluss der britischen Ostindienkompanie opponierten, die das Machtvakuum nutzte, um ihre kolonialen Interessen durchzusetzen. Im Jahre 1805 wollten die Engländer dem aufmüpfigen Raja eine Lehre erteilen und erstürmten die stark befestigte Stadt. Ergebnis dieses voreiligen Beschlusses waren 3000 tote Engländer und ein für den Raja vorteilhafter Friedensvertrag. Etwa 20 Jahre später legte sich der Herrscher erneut mit den Kolonialherren an, die diesmal kurzen Prozess machten, die Festung zerstörten und dem

aktiv unterwegs

Erwachen im Vogelparadies

Tour-Infos

Lage: ca. 5 km von Bharatpur entfernt
Öffnungszeiten: tgl. 6–18 Uhr (April–Sept.), 6.30–17 Uhr (Okt.–März)
Infos: www.keoladeonationalpark.itgo.com
Übernachten: zahlreiche Lodges in unmittelbarer Umgebung des Parks
Besonderheiten: Wegen anhaltender Trockenheit ist die Vogelpopulation seit 2008 stark zurückgegangen

Ausschlafen ist in Bharatpur nicht angesagt. Bereits in der Morgendämmerung sollte man sich mit einem Mietfahrrad auf den Weg zum

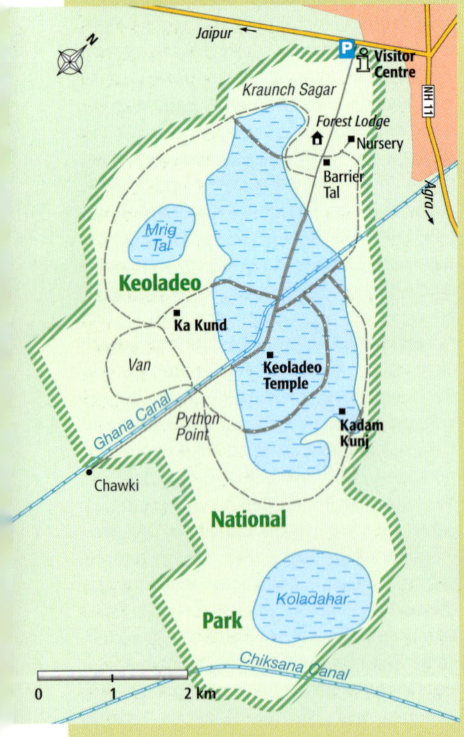

Keoladeo-Ghana-Nationalpark machen. Die Luft ist noch erfrischend, über der Sumpflandschaft wabern Dunstfetzen. Mit dem ersten fahlen Licht am östlichen Horizont ist dort die Natur erwacht und empfängt den Besucher mit einem ohrenbetäubenden Konzert Tausender von Vogelstimmen, noch ungetrübt vom Geplapper der später eintreffenden Besuchergruppen.

In geradezu hektischer Betriebsamkeit sind die gefiederten Bewohner mit der Suche nach ihrem Frühstück beschäftigt. Der Tisch ist reich gedeckt. Im seichten Wasser wimmelt es von Fischen, Fröschen, Lurchen, Schnecken und anderen Delikatessen; zwischen den Bäumen und Büschen am Rande der Wasserflächen schwirren Insekten, aber auch die Vegetarier unter den Vögeln müssen nicht darben. Früchte und Samen gibt es im Überfluss.

Unter den hier ständig lebenden Arten fallen Reiher, Kormorane und Nimmersattstörche sofort ins Auge, die hier zu Tausenden leben. Allein die Kolonie der Störche vertilgt während der Brutzeit 5 t Fisch pro Tag. Besonders interessant ist der Besuch des Parks im Winter, wenn seltene, in Zentralasien beheimatete Spezies hier die kalte Jahreszeit verbringen. Jedermann ist dann mit dem Fernglas auf der Suche nach den vom Aussterben bedrohten sibirischen Schneekranichen, die eine 6400 km lange Anreise haben. Majestätische Graugänse durchpflügen das Wasser, schillernde Eisvögel stürzen sich pfeilschnell auf einen ahnungslosen Fisch, bunt schillernde Enten gründeln mit unermüdlicher Ausdauer, die Saruskraniche gehen gemeinsam auf Jagd, und laut zeternde Sittiche beschimpfen den Besucher aus dem Geäst. Ein Morgen reicht bei weitem nicht aus, all die Wunder des Vogelparks zu erleben, sodass sich der frühe Abend zu einem weiteren Besuch empfiehlt.

Fürstentum jegliche Bewegungsfreiheit nahmen. So sind denn auch von dem ehemals ›eisernen Fort‹ nur noch der Wassergraben und der innere Mauerring erhalten, durch den im Norden und Süden je ein Tor ins Stadtinnere führen. Das nördliche Assaldati-Tor soll eine Kriegsbeute aus Delhi sein, das die Jats 1864 erobert hatten. An dieses Ereignis und den Sieg über die Engländer im Jahre 1805 erinnern zwei in die Befestigung eingelassene **Siegestürme, Jawahar Bhuj** und **Fathe Bhuj.** Die **Palastanlage** auf einem Hügel im Zentrum ist nur noch in Fragmenten erhalten. In einem der recht bescheidenen Bauten, dem Kamra-Palast, ist ein kleines **Museum** mit hübschen Plastiken untergebracht (tgl. außer Fr 10.30–17 Uhr, Eintritt 5 Rs).

Infos

Tourist Reception Centre: Im Saras Tourist Bungalow, Tel. 056 44-22 25 42, Mo–Sa 10–17 Uhr, am 2. Sa im Monat geschl.

Übernachten

Herrschaftlich ► Laxmi Vilas Palace: Tel. 056 44-23 11 99 u. 056 44-22 35 23, www.laxmivilas.com. Traumhafter Palast vom Ende des 19. Jh. Die herrschaftlichen, großen Zimmer sind hell und mit alten Möbeln ausgestattet, Pool und Restaurant. DZ ab 4350 Rs.

Im Park ► Bharatpur Forest Lodge: Tel. 056 44-22 27 22, Fax 056 44-22 28 64. Einzige im Park gelegene Unterkunft (staatlich), sehr ruhig und gemütlich, allerdings etwas in die Jahre gekommen, gutes Restaurant. DZ ab 3500 Rs.

Gartenparadies ► Junglo Lodge: hinter Saras Tourist Bungalow, Tel. 056 44-22 56 22. 8 einfache, saubere Zimmer in einem üppigen Garten. Gutes Essen, von der Inhaberin zubereitet. DZ 300 Rs.

Essen & Trinken

Empfehlenswerte Restaurants siehe unter Hotels.

Verkehr

Bahn: Der Bahnhof von Bharatpur liegt ca. 5 km von der Hotelzone entfernt in der Stadt. Verbindungen mit Delhi und Kota über Sawai Madhopur (Mewar Express, Nr. 2963; in entgegengesetzte Richtung fährt der Zug über Kota, Bundi und Chittaurgarh nach Udapur, Nr 2964) sowie mit Agra, Jaipur und Ajmer (Gwalior-Udaipur Express, Nr. 2965).

Bus: Häufige Verbindungen mit Agra (1,5 Std.) und Fatehpur Sikri (45 Min.). Die Busse halten vor der Touristeninformation. Vom Busbahnhof im Zentrum auch Verbindungen mit Deeg (1 Std.) und Jaipur (5 Std.).

9 Keoladeo-Ghana-Vogelpark

Das durch Dammwege erschlossene Schutzgebiet, das seinen Namen einem alten im Zentrum des Parks befindlichen Shiva-Tempel verdankt, hat mit knapp 30 km² zwar nur bescheidene Ausmaße, zählt aufgrund seines Artenreichtums unter den Ornithologen aber zu den schönsten der Welt und wurde zu Recht von der UNESCO zum Welterbe erklärt. Angelegt wurde der Park im 19. Jh. eigens für die Jagdgesellschaften des Maharajas von Bharatpur, unter ihnen viele englische Gäste. Die künstliche Sumpflandschaft lockte zahlreiche ahnungslose Wasservögel an, von denen nicht wenige ihre Wahl mit dem vorzeitigen Tod im Namen des ›Sports‹ bezahlen mussten. Auf einer Sandsteintafel im Park sind die Abschüsse verewigt, bis zu 5000 Enten an einem Tag! Im Jahre 1956 wurde der Park unter Naturschutz gestellt, aber erst 1972 durfte selbst der Maharaja hier seine Flinte nicht mehr benutzen.

Die Sumpf- und Wasserflächen, die während der Regenzeit bis zu 10 % des Areals bedecken, werden durch einen Kanal versorgt, der das benötigte Wasser vom Fluss Gambhir heranleitet und so auch während der winterlichen Trockenzeit die Niederungen vor Austrocknung bewahrt. Während der letzten regenarmen Jahre allerdings haben sich die Bauern der Umgebung vehement gegen die Ableitung des auch für sie so wichtigen Wassers zur Wehr gesetzt, sodass eine geregelte Wasserversorgung zur wichtigsten Aufgabe der Parkverwaltung geworden ist.

Umgeben sind die Gewässer von einer artenreichen Flora, in der neben großen Bäumen, etwa dem Babul, dichtes Buschwerk vorherrscht, das den Vögeln ausgezeichnete Brutplätze und Verstecke bietet. Am eindrucksvollsten bietet sich die Vogelwelt während der frühen Morgen- und Abendstunden an (Sonnenauf- bis Sonnenuntergang, Eintritt 200 Rs, Kamera 25 Rs, Video 200 Rs, Fahrräder kann man in den Gästehäusern mieten; s. a. S. 357).

10 Fatehpur Sikri ►F 7

Übersichtsplan und Grundriss: S. 358; **Karte:** S. 355

Im Jahre 1568 prophezeite der 40 km südwestlich von Agra lebende Mystiker Salim Chishti dem Moguln Akbar die Geburt eines lang ersehnten Thronerben. Als sich die Voraussage 1569 erfüllte, nannte Akbar aus Dankbarkeit seinen Erstgeborenen nicht nur Salim, sondern beschloss, seine Residenz nach Sikri in die Nähe der Einsiedelei des spirituellen Führers zu verlegen. Überdies war Sikri ein bevorzugter Steinbruch für den Bau des Forts in Agra, sodass sich hier bereits zahlreiche Steinmetze niedergelassen hatten.

Da das nahe gelegene Agra im Fall eines Angriffs genügend Schutz bot, konnte Akbar Fatehpur Sikri als reine Residenz ohne Befestigungen planen. Nur eine 11 km lange einfache Mauer schirmte den Hofstaat vom Umland ab. Den Beinamen Fatehpur, ›Stadt des Sieges‹, wählte der Herrscher in Erinnerung an seinen Sieg über das Sultanat von Gujarat im Jahre 1573, bei dem er Tausende unschuldiger Zivilisten hatte hinrichten und ihre Köpfe als Abschreckung zu einer Schädelpyramide hatte auftürmen lassen.

Die sich über einen kleinen Hügelrücken erstreckende Stadt besteht aus zwei deutlich voneinander getrennten Teilen: der Moschee und dem nordöstlich davon errichteten Palast. Früher grenzte im Nordwesten ein großer See an den Komplex, der der Trinkwasserversorgung diente, seit langem aber ausgetrocknet ist. Die Wasserversorgung sollte sich auch als zentrales Problem der neuen Metropole erweisen und trug dazu bei, dass Fatehpur nach nur 15 Jahren wieder aufgegeben wurde. Sicherlich verlegte Akbar seine Residenz 1585 aber auch aus strategischen Gründen nach Lahore, der nördlichen, seit jeher unruhigen Grenze seines Großreichs. Der Entschluss dürfte ihm umso leichter gefallen sein, als er sich schon Jahre zuvor vom Chishti-Orden gelöste hatte. Auf seine alten Tage bevorzugte Akbar dann das Hochtal von Kaschmir, das er 1586 erobert hatte.

Nur einmal noch, 1599, verbrachte er einige Tage in seiner verlassenen Residenz. Sein in Agra lebender Sohn Jahangir flüchtete 1619 vor der Pest drei Monate nach Fatehpur, und Shah Jahan feierte hier seinen 28. Geburtstag. Dann wurde es still um die außergewöhnliche Stadt, die dadurch allerdings auch weitgehend vor der Zerstörung bewahrt blieb.

Moschee

Zum Komplex der Moschee führt eine breite Freitreppe, an deren oberen Ende das mächtige **Siegestor Buland Dawarza** den Zugang zur Hofanlage bewacht. Der 54 m hohe Bau, der wahrscheinlich ebenfalls in Gedenken an den Sieg über Gujarat 1573 entstand, gilt als Vorbild für spätere Torbauten, etwa in Sikander und am Taj Mahal in Agra. Um dem Gebäude seine Schwere zu nehmen, wählten die Architekten einen oktogonalen Grundriss, wodurch die Seitenflügel schräg nach hinten weisen. Ähnlich ist man später auch beim Taj Mahal verfahren. Die Dominanz des hohen zentralen Bogens wird durch die aufgelockerte Gestaltung des tief zurückgesetzten Eingangs mit mehreren Bögen und einer darüber verlaufenden Galerie gemildert. Zur Geschlossenheit trägt auch die Fortführung der Galerien an den dreistöckigen Seitenflügeln bei.

Die Verwendung von Marmor ist hier noch recht sparsam und beschränkt sich auf Einfassungen und zwei Rosetten oberhalb des zentralen Bogens. In den drei Schriftfeldern darüber befinden sich in kunstvoller Naskhi-Schrift Verse aus dem Koran. Die Hufeisen am Eingangstor haben wahrscheinlich erst Bauern im 18. Jh. als Dank für die Heilung ih-

Fatehpur Sikri / Palastanlage

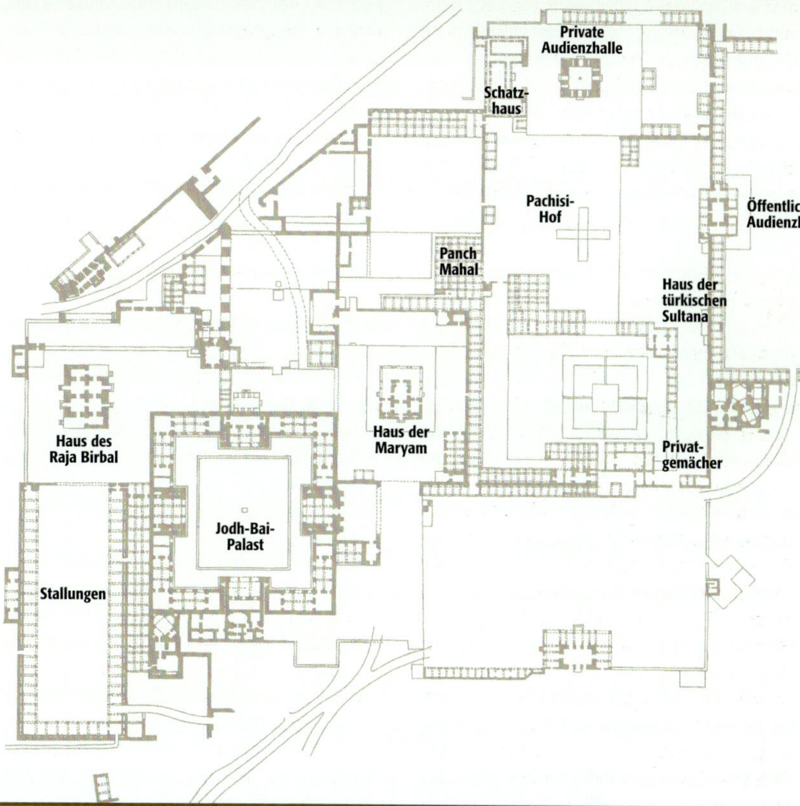

rer Tiere hier angebracht, denn die Sufis sind, nicht anders als die Heiligen der katholischen Kirche, bis heute Ansprechpartner für Hilfe suchende Gläubige.

Durch das Tor betritt man den von einem Säulengang umschlossenen **Innenhof** der Moschee. Linkerhand wird er von der Freitagsmoschee begrenzt, die mit 90 m Länge und 20 m Breite damals als die größte des Subkontinents galt. Ein hoher zentraler Bogen *(liwan)* beherrscht die sich über die gesamte Breites des Hofs erstreckende Front. Er ist aus der Architektur der Timuriden, den Vorfahren der Moguln übernommen, und wurde zum Merkmal mogulischer Baukunst. Die Seitenflügel, nach Hindumanier flach gedeckt, ruhen auf zarten Säulen. Ebenfalls der Hinduarchitektur entnommen ist auch die Art und Weise der Kuppelkonstruktion, als in Stein umgesetzte Imitation hölzerner Vorbilder. Die kleinen, entlang der Dachkante aufgereihten Pavillons *(chattris)* nehmen den mächtigen Kuppeln ihre ›erdrückende‹ Wirkung und verleihen dem Bau trotz seiner Größe eine ungeahnte Leichtigkeit.

In die Rückwand sind in jedem der insgesamt sieben Schiffe jeweils drei nach Mekka ausgerichtete Gebetsnischen *(mihrab)* eingelassen. Mit einer Einfassung aus Koranversen, Zierbögen und Einlegearbeiten besonders prachtvoll ist der zentrale Mihrab ausgestaltet, der 1,3 m zurückspringt und von einer kleinen Halbkuppel gekrönt ist. Hier wird besonders deutlich, dass die islamische Gebetsnische ihr Vorbild in der Apsis frühchristlicher Kirchen hat. Von der rechts daneben stehenden, dreistufigen, aus Marmor gefertigten Gebetskanzel *(minbar)* wurde das Freitagsgebet, die *khutba,* verlesen.

Auffälligstes Bauwerk innerhalb der Hofanlage ist das kleine, vollständig aus Marmor gefertigte **Mausoleum** des Salim Chishti, das an jener Stelle errichtet wurde, an der er zuvor seine Wirkungsstätte hatte. Ein an der Nordostseite auf der Plattform eingelassenes Mosaik bezeichnet den Platz, an dem der Mystiker früher zu predigen pflegte.

Die nur 15 x 15 m messende, auf einer niedrigen Plattform ruhende Grabstätte, die erst 1581, fast zehn Jahre nach dem Tod des Heiligen, fertiggestellt wurde, gilt als ein Meisterwerk der Mogularchitektur. Um die innere Kammer verläuft ein Gang, der nach außen durch Steingitterwerk *(jali)* abgegrenzt wird und zu den schönsten Arbeiten in ganz Indien zählt. Vorbild dazu lieferte die Grabstätte von Sheik Ahmad Khattu, eines Sufi-Heiligen, der im Sultanat von Gujarat großen Einfluss hatte und in Sarkej unweit von Ahmedabad begraben liegt. Auch die ins Auge fallenden mit Voluten und Blattwerk verzierten Konsolen, die das weit überragende Dach tragen, haben ihre Ursprünge in Gujarat, wo die Durchmischung islamischer und hinduistischer Stilelemente besonders ausgeprägt war und zu einem eigenständigen Regionalstil geführt hat.

Die zentrale Kammer, die mit ihrem Blumenschmuck und den Räucherstäbchen fast der Cella eines Hindutempels ähnelt, beherbergt das Kenotaph des Verstorbenen. Das eigentliche Grab liegt in einer zugemauerten Gruft darunter. Über dem Kenotaph spannt sich ein mit Perlmuttplättchen verzierter Katafalk aus Ebenholz, über dessen künstlerischen Wert sich streiten lässt. Nach wie vor ist die Grabstätte Ziel zahlreicher Pilger, die hier auf die Erfüllung ihrer Wünsche hoffen.

Rechts neben dem Mausoleum ragt das **Jamaat Khana** in den Hof, ein Sandsteinbau mit Jaligittern und kleinen Pavillons als Abschluss. Zu Lebzeiten des Sheiks war es Teil der Klosteranlage, gedacht für Versammlungen und Unterkunft, ehe es zur Grabstätte der Nachfolger Salim Chishtis umfunktioniert wurde. Am Ende des schmalen Gangs zwischen dem Mausoleum und dem Jamaat Khana führt ein Tor zur **Zanana Rauza** (›Grab der Frauen‹), in dem Salim Chishti seine letzten Lebensjahre verbrachte und Kaiser Akbar empfing. Hier fanden auch die für den Chishti-Orden typischen heiligen Gesänge und Musikdarbietungen *(sama)* statt, an denen nur Eingeweihte teilnehmen durften und von denen Frauen natürlich ausgeschlossen waren. Als die Tradition aufgegeben wurde, fanden hier die Frauen der Sufis ihre letzte Ruhe.

Palastanlage

Wir verlassen das Geviert der Moschee durch das östliche Tor und gelangen auf einem kurzen Fußweg zum Eingang der großzügigen Palastanlage. Nach Betreten rückt zunächst rechter Hand der kompakte Bau des **Jodh-Bai-Palastes** ins Blickfeld, der möglicherweise in der Frühphase als Harem angelegt wurde. Die fensterlosen Fassaden umschließen einen großen Innenhof, um den sich symmetrisch die Räume gruppieren. Ein gedeckter Gang führte früher vom ersten Stock hinüber in die Privatgemächer des Herrschers. Auch bei diesem Bau sind etliche Elmente der Gujarat-Architektur übernommen worden, darunter das bei Hindutempeln beliebte Motiv der ›hängenden Glocken‹ als Säulendekor.

Als nächstes Gebäude liegt das **Haus der Maryam** am Weg, in dem einst die Mutter Akbars lebte. Heute macht das Gebäude einen strengen, abweisenden Eindruck, war früher aber mit großartigen Fresken verziert, die im 18. Jh. dem Wüten der Jats zum Opfer gefallen sind. Man sollte sein Augenmerk auf die Konsolen der Dachtraufe richten. An einigen finden sich Hindumotive, etwa Rama mit dem Affengott Hanuman, aber auch Gänse und Elefanten.

Biegt man nun links ab, gelangt man, an der Nordseite des Jodh-Bai-Palastes entlanggehend, zum **Haus des Raja Birbal**. Auch an diesem zweistöckigen Bau mit seiner hervorragenden Reliefkunst sind hinduistische Einflüsse unverkennbar, etwa der Lotos und die Säulendekorationen. Ungewöhnlich ist auch der Versuch, die traditionelle Holzbauweise mit Balken und ornamentierten Füllungen in Stein zu imitieren.

Das Gebäude wird zwar dem Vertrauten Akbars zugeschrieben, es ist aber kaum anzunehmen, dass in unmittelbarer Nähe des Harems ein Mann residierte. Sehr wahrscheinlich lebten hier zwei von Akbars Frauen, Ruqaya Begum und Salima Sultan Begum.

Auch der linker Hand sich öffnende rechteckige Hof trägt eine falsche Bezeichnung: Aufgrund der in die Wand eingelassenen Ringe, die als Befestigungspunkte für Tiere interpretiert wurden, hielt man das Geviert für **Stallungen.** Die unmittelbare Nähe zum Harem schließt diese Funktion jedoch aus; sehr wahrscheinlich lebten hier die weiblichen Bediensteten der Haremsdamen. Etwa 5000 Frauen soll es am Hof gegeben haben, die meisten von ihnen Sklavinnen.

Wir kehren nun wieder zurück, passieren Maryams Haus und betreten durch eine Galerie den großen **Palasthof,** der uns mit einer aufgelockerten, modern wirkenden Anordnung unterschiedlicher Bauwerke empfängt. Überwiegend bestimmen luftige, auf Säulen ruhende Hallenbauten nach hinduistischem Muster das Ensemble, aufgelockert durch zurückspringende Geschosse und baukastenartig aneinandergefügte Elemente, alles in den warmen Ton des rötlichen Sandsteins getaucht, der in Fatehpur schon für das Fort von Agra gebrochen wurde. Akbar und seinen Baumeistern ist hier ein wahrhaft großartiger Wurf gelungen, der in der Abkehr von den strengen Regeln traditioneller Architektur auch als ein Beweis der Weltoffenheit des Herrschers gelten kann.

Die Südseite der 175 m langen Hofanlage wird von den **Privatgemächern Akbars** eingenommen, die früher, wie viele andere Bauten auch, mit Steingittern gegen fremde Blicke abgeschirmt waren. Im Erdgeschoss befand sich u. a. die Bibliothek mit in die Wände eingelassenen Nischen für die Bücher. Im Nebenraum pflegte der Kaiser, auf einer etwas erhöhten Plattform sitzend, seine Gäste zu empfangen, darunter auch drei portugiesische Jesuiten, die Akbar 1580 von Goa aus an den Hof geholt hatte, um mehr über das Christentum in Erfahrung zu bringen. Im Obergeschoss hatte der Herrscher seine prachtvoll ausgemalten Schlafgemächer, die früher durch einen gedeckten Gang und eine Brücke mit dem Harem verbunden waren.

Davor liegt das 30 m² große Wasserbecken **Anup Talao** mit einer kleinen, durch Stege verbundenen Plattform im Zentrum. Hier soll der Kaiser mit islamischen Intellektuellen religiöse Fragen diskutiert haben, wobei es oftmals zu heftigen Auseinandersetzungen zwischen den einzelnen Fraktionen kam. Zeitgenössischen Quellen zufolge soll Akbar zuweilen sogar das Becken mit Goldmünzen gefüllt haben, die er an die Geistlichen verteilte, sicherlich nicht zuletzt, um sich das Wohlwollen der Ulema zu erkaufen, die ihm seine religiöse Toleranz als ein Abweichen vom traditionellen Islam vorwarf.

Hinter der nordöstlichen Kante des Wasserbeckens ragt das **Haus der türkischen Sultana** in den Hof, das Akbar seiner Lieblingsfrau, der aus der Türkei stammenden Ruqaya Begum errichten ließ. Sehenswert sind hier vor allem die hervorragend gefertigten Reliefs mit Pflanzen- und Vogelmotiven.

Hinter dem Haus öffnet sich der weiträumige **Pachisi-Hof**, benannt nach den in den Boden eingelassenen Begrenzungslinien für das damals beliebte Spiel, bei dem zuweilen kostümierte Sklavinnen als Figuren agierten.

Rechter Hand liegt die **öffentliche Audienzhalle** (Diwan-i-Am). Von der überdachten Plattform konnte sich der Herrscher dem jenseits der angrenzenden Mauer in einem Hof versammelten Untertanen zuwenden, um Recht zu sprechen und Petitionen entgegenzunehmen.

Auf der gegenüberliegenden Hofseite ragt der **Panch Mahal** in den Himmel, ein sich stufenförmig an einer Seite verjüngender, aus Plattformen bestehender Turm, der sein Vorbild in Samarkand hat. Früher bestanden die Seitenwände aus Steingitterwerk, das den Blick ins Innere verwehrte. Möglicherweise war der Panch Mahal ein beliebter, von kühler Brise umfächelter Aufenthaltsplatz für die Haremsdamen.

Ein Stück nördlich schließt sich ein kleiner Kiosk an, der fälschlicherweise als Sitz des Astrologen bezeichnet wird. Sehr wahrscheinlich wachte von hier aus der Eunuch Phul Malik über die Schätze des Kaisers. Ein Meisterwerk der Steinmetzarbeit ist der ganz in Hindumanier ausgeführte Torana-Bogen mit seinen schlangenförmigen Stützstreben, eine Konstruktion, die vor allem für die Jain-Tempel, etwa in Mount Abu, charakteristisch ist und einmal mehr die Toleranz Akbars unter Beweis stellt.

Das angrenzende Gebäude diente möglicherweise als **Schatzhaus,** vielleicht aber auch als eine Art Büro. Obwohl wir über das Leben Akbars durch seinen Hofchronisten Abu Fasl bestens unterrichtet sind, fehlen Hinweise auf die tatsächliche Funktion der Gebäude in Fatehpur Sikri, sodass viel Raum für Spekulationen bleibt.

Über das dominierend im Zentrum des nördlichen Hofabschnitts aufragende Gebäude besteht hingegen keine Unklarheit. Es handelt sich um die **private Audienzhalle** (Diwan-i-Khas), in der sich der Kaiser mit seinen engsten Vertrauten zu versammeln pflegte. Vor allem die Ausgestaltung des Inneren wirft ein bezeichnendes Licht auf das Selbstverständnis Akbars. Im Zentrum des über zwei Stockwerke reichenden Raums wächst wie ein Baum eine reich verzierte Säule empor, die sich am oberen Ende mit schlangenförmigen Stützen wie eine Blüte entfaltet. Die dadurch geschaffene Plattform in Höhe des ersten Stockwerks wird durch vier Stege mit einer umlaufenden Galerie verbunden. Hier oben im Zentrum residierte Akbar, ein symbolträchtiger Platz, verkörpert doch der Baum in der hinduistischen Mythologie die Achse des Universums, von deren Spitze der Weltenherrscher Chakravartin regiert. Bereits der altindische Kaiser Ashoka (272–233 v. Chr.) hatte diesen Vergleich nicht gescheut (tgl. von Sonnenauf- bis Sonnenuntergang, Eintritt 250 Rs inkl. Foto).

Auch außerhalb des Moschee- und Palastkomplexes gibt es noch zahlreiche Gebäude mit interessantem historischem Hintergrund, die meisten aber in schlechtem Erhaltungszustand. Erwähnt sei der mit elefantenrüsselartigen ›Stacheln‹ besetzte **Hirschturm** (Hiran Minar), der möglicherweise den Nullpunkt des Straßensystems in Akbars Reich markierte und sein Vorbild in Persien hat.

Übernachten

Alt, aber nett ▶ Goverdhan Tourist Complex: Buland Gate Rd., Tel. 056 19-88 26 43, www.hotelfatehpursikriviews.com. Saubere Unterkunft mit etwas düsteren Zimmern in großem Garten, freundliches Management, ordentliches Restaurant. Nur Zimmer ohne AC, DZ ab 875 Rs.

Staatlich ▶ Gulistan Tourist Complex: Agra Rd., am Ortseingang, Tel. 056 19-28 24 90, moderat. Staatliche Unterkunft des UP Tourism in weiträumiger Parkanlage, recht ordentliche, etwas abgewohnte Zimmer, Restaurant. DZ ohne AC ab 600 Rs, DZ mit AC ab 950 Rs.

Verkehr

Bus: Gute Verbindung mit Agra (1 Std.) und Bharatpur (45 Min.). Taxis halten ca. 1 km vor dem Zugang. Umsteigen in teure Rikscha oder weiter zu Fuß.

Fein ziselierte Marmorgitter am Mausoleum des Salim Chishti

Riesenhafte Jain-Skulpturen säumen den Aufstieg zum Palast

ter natürlich auch die in Gwalior erfundene Sarod. Im kleinen Laden gibt es Musik-CDs, und hin und wieder werden Konzerte gegeben (Di–So 10–13 Uhr, Eintritt frei, www.sarod.com).

Infos

MPSTDC Tourist Office: Im Hotel Tansen, Gandhi Rd., Tel. 07 51-234 03 70, Mo–Sa 10–13 und 16–19 Uhr, 2. und 3. Sa im Monat geschl.

Übernachten

Noch ein Palast ▶ Usha Kiran Palace: Jayendraganj, Laskkar, Tel. 07 51-24 44 40 00 bis 05, Fax 07 51-24 44 40 18, www.tajhotels.com. Edles Palasthotel mit 38 Zimmern und Suiten sowie allen Annehmlichkeiten eines 5-Sterne-Hotels. DZ ab 7100 Rs.

Indische Mittelklasse ▶ Gwalior Regency: Link Rd., Tel. 07 51-234 06 70 bis 74. Modernes, komfortables Hotel mit 51 klimatisierten Zimmern, Pool und Restaurant. DZ ab 3700 Rs.

Beliebt ▶ MPSTDC Hotel Tansen: Gandhi Rd., nahe Bahnhof, Tel. 07 51-234 03 70, mptgwalior@sancharnet.in. Staatliche Unterkunft, hübsch im Grünen gelegen, mit etwas abgewohnten Zimmern und deshalb etwas überteuert. DZ mit AC ab 1100 Rs.

Essen & Trinken

Bewährt ▶ Kwality: MLB Rd., tgl. 8–22 Uhr. Empfehlenswertes, bei Indern sehr beliebtes Restaurant der bekannten Kette. Hauptgerichte ab 60 Rs.

Morgentreff ▶ Banjara: High Court Lane, tgl. 7.30–22 Uhr. Gute nord- wie auch südindische Küche, empfehlenswert auch zum Frühstücken. Hauptgerichte ab 40 Rs.

Pausenplatz ▶ Indian Coffee House: Station Rd. Guter Kaffee und Snacks wie *dosas* und Pancakes. Hauptgerichte ab 20 Rs. Gute Restaurants gibt es auch in den oben aufgeführten Hotels.

Termine

Tansen Music Festival (Nov./Dez.): Fünftägiges Fest klassischer Musik zu Ehren von Tansen, dem bedeutenden Musiker und Sänger am Hofe Kaiser Akbars im 16. Jh.

Verkehr

Bahn: Gwalior liegt an der Hauptstrecke Delhi–Mumbai. Schnelle Verbindung mit Delhi und Agra in Richtung Norden (Bhopal-Delhi Shatabdi, Nr. 2001/2001A) sowie Jhansi und Bhopal in Richtung Süden (Delhi–Bhopal, Shatabdi Express, Nr 2002/2001).

Bus: Zahlreiche Verbindungen mit Agra (3 Std.), Jhansi (3 Std.) und Shivpuri (2,5 Std.).

Orcha ▶ F 8

Karte: S. 368

Die heute unbedeutende Ortschaft **Orcha** 2 am Fluss Betwa wurde im 16. Jh. vom Clan der Bundela-Rajputen gegründet und vereint eine große Zahl unterschiedlicher Bauwerke und Stilrichtungen.

Palast Jahangir Mahal

Wichtigstes Zeugnis ist der im 17. Jh. von Bir Singh Deo zu Ehren des Mogulherrschers Jahangir errichtete **Palast Jahangir Mahal** innerhalb der Festung, die man über eine Brücke erreicht. Bir Singh, ein enger Verbündeter Jahangirs aus dessen Jugendzeiten, war nach der Thronbesteigung des Moguln als Belohnung für den Mord an Akbars Hofhistoriker mit der Stadt Orcha belehnt worden und lebte fortan in Saus und Braus. Seinem Sohn und Erben Dschudschar Singh genügte dies nicht, er wollte die Vorherrschaft der Moguln gänzlich abschütteln, wurde dafür aber von Shah Jahan hart bestraft. Dessen erst 16-jähriger Sohn, kein anderer als der später so berüchtigte Aurangzeb, zog 1635 mit seinem Heer gegen Orcha, vertrieb den Hausherrn und ließ den Flüchtenden gegen Belohnung ermorden.

Raj Mandir

Neben dem Palast, getrennt durch das zum Hotel umgebaute Sheesh Mahal (s. S. 369), liegt der von zahlreichen Korridoren durchzogene **Raj Mandir,** die Residenz der Rajas von Orcha. Im Gemach des Herrschers haben sich schöne Malereien erhalten. Im kleinen Rai Paveen Mahal residierte die Lieblingskurtisane König Indramis, eine gefeierte Dichterin und Sängerin, die sogar König Akbar begeisterte, sich ihm aber geschickt zu verweigern wusste.

Die Tempel

Orcha beherbergt auch zwei sehenswerte Tempel: den befestigten **Lakshmi-Narayan-Tempel,** dessen Hallen mit leider sehr beschädigten Malereien im lokalen Bundelkhand-Stil ausgeschmückt sind, und den auf

Von Agra Richtung Küste

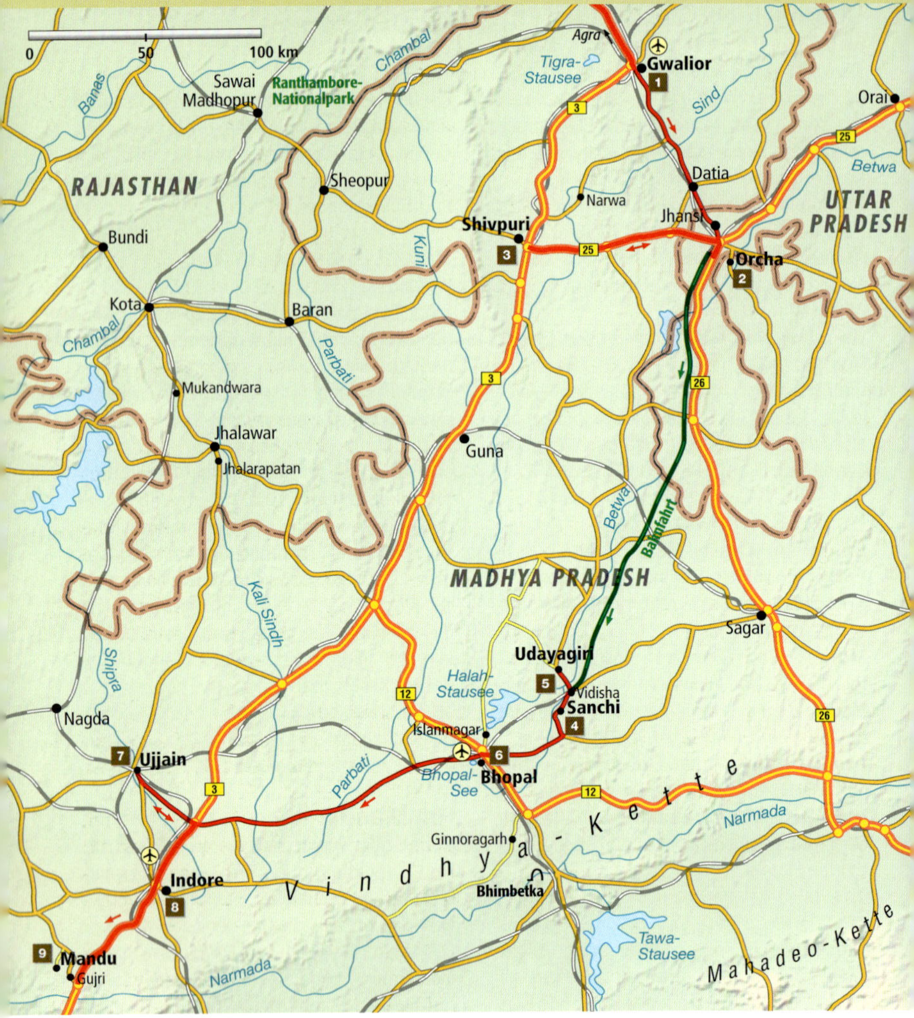

einer hohen Plattform errichteten **Chaturbhuj-Tempel,** zu erreichen über eine steile, dunkle Treppe. Letzerer war von Bir Singh Deo für das Bildnis Ramas errichtet worden, das bis dahin lediglich in einem Palast stand. Die Bemühungen waren allerdings vergeblich. Wieder liefert eine Legende die Erklärung: Die tiefgläubige Maharani Ganesh Kuma, Gattin des Königs Madhukar Shah (1554–1592), brachte einst ein Bildnis Ramas von einer Wallfahrt aus Ayodhya mit. Im Traum hatte der Gott bestimmt, dass sein Bildnis dort verbleiben solle, wo es zuerst aufgestellt würde. Da kein Tempel existierte, musste es mit dem Palast vorliebnehmen und konnte auch später nicht mehr bewegt werden. Langsam wandelte sich das profane Gebäude in ein Heiligtum, den **Rama-Raja-Tempel,** einer bis heute vielbesuchten Wallfahrtsstätte. Unmittelbar am Ufer des Flusses

Betwa erheben sich die **Begräbnisstätten der Herrscher von Orcha** inmitten verwilderter Gärten.

Übernachten

Verblichener Charme ▸ Sheesh Mahal: Ehemaliger Sommerpalast neben dem Jahangir Mahal, Tel. 076 80-25 26 24, www.mptoursim.com. Zwei traumhafte Suiten, ausgestattet mit alten Möbeln, teilweise ausgemalt und mit eigener Terrasse, sehr gutes Restaurant. In dem Palast gibt es außerdem noch fünf einfache DZ. Die Maharaja- und Maharani-Suiten kosten jeweils 4990 Rs, DZ ohne AC gibt es ab 1690 Rs.

Gut geführt ▸ Amar Mahal: Tel. 076 80-25 21 02, 076 80-25 22 02, Fax 076 80-25 22 03, www.alsisar.com/amarmahal.htm. Neueres Hotel in traditioneller Bauweise mit sehr geschmackvollen Zimmern und gutem Restaurant. DZ ab 3400 Rs.

Basic ▸ Fort View Guest House: Neben dem Palasteingang, Tel. 076 80-25 27 01. Einfache Unterkunft mit sauberen, um einen Garten gruppierten Zimmern, schöner Blick auf den Palast. DZ ohne AC ab 500 Rs, mit AC ab 1200 Rs.

Familiär ▸ Hotel Ganpati: Main Bazaar, Tel. 076 80-25 27 65. Geräumige saubere Zimmer, sehr zuvorkommendes Management, toller Blick von der Dachterrasse, kurzum eine gute Wahl im Budgetbereich. DZ ab 600 Rs.

Essen & Trinken

Empfehlenswerte Restaurants bieten die o. g. Hotels, außerdem:

Backpackers Liebling ▸ Bhola Restaurant: Abzweigung von der Hauptstraße zum Palast, tgl 7-23.30 Uhr. Kleines indisches Restaurant mit Tischen auf der Straße. Es füllt sich bereits zur Frühstückszeit. Hit sind Bananapancakes. Hauptgerichte ab 50 Rs.

Verkehr

Bus/Taxi: Ausgangspunkt für den Besuch von Orcha wie auch von Shivpuri (s. rechts) ist das 15 km entfernte, verkehrsgünstig gelegene Jhansi. Von dort fahren Busse und Taxis nach Orcha.

Shivpuri ▸ F 8

Karte: S. links

Der 100 km westlich von Orcha an der Hauptstraße Agra–Mumbay liegende Ort **Shivpuri** 3 verbindet Kultur und Natur in beschaulicher Weise. Inmitten eines gepflegten Mogulgartens liegen die marmornen Grabstätten des Maharajas von Gwalior, Madho Rao Scindia, und seiner Mutter, Maharani Sakhya Raje Scindia. Etwas verspielt mischen sich hier Sikhara-Türme der Hinduarchitektur mit Mogulpavillons und viktorianischen Lampen zu einem Bild, das ganz dem romantischen Klischee Indiens entspricht und – vor allem bei nächtlicher Illumination – fast kulissenhaften Charakter annimmt.

Auch im naheliegenden **Madhav-Nationalpark** ist die Welt noch in Ordnung. Sambarhirsche, Gazellen und Rehe haben auf 156 km² ihr ungestörtes Refugium. Gelegentlich soll man sogar Tiger und Leoparden zu Gesicht bekommen (Sonnenaufgang bis 11 Uhr sowie 15 Uhr bis Sonnenuntergang, Eintritt 150 R, Video 200 Rs, Fahrzeug 50 Rs).

Übernachten

Mediterraner Touch ▸ MPSTDC Tourist Village: Nahe Eingang zum Nationalpark, Tel. 074 92-22 37 60, 074 92-22 12 97, http://mptourism.com/dest/shiv_accomm.html. Staatliche Unterkunft mit rustikalen Zimmern in Cottages, in hübschem Garten an einem See gelegen, Restaurant. DZ mit AC 1690 Rs.

Verkehr

Bus: Gute Verbindungen mit Jhansi (95 km) und Gwalior (120 km).

Sanchi ▸ F 9

Karte: s. links

Die buddhistische Anlage **Sanchi** 4 auf dem Hügel am Rande des gleichnamigen Dorfes stellt nicht nur das eindrucksvollste Zeugnis dieser Weltreligion dar; mit einem Alter von 2300 Jahren gelten die Bauten auch als das früheste Beispiel noch erhaltener indischer

Architektur überhaupt. Bisher gibt es keine einleuchtende Erklärung dafür, warum gerade hier, an einem Platz, der weder in Legende noch Geschichte mit dem Leben Buddhas oder der Verbreitung der Lehre in Verbindung zu bringen ist, eine derartig weiträumige Anlage sakraler Bauwerke entstand. Sehr wahrscheinlich hat Kaiser Ashoka, unermüdlicher Patron buddhistischen Glaubens, im dritten vorchristlichen Jahrhundert den Grundstein zum ersten Stupa gelegt und den noch heute erhaltenen Gedenkstein errichten lassen.

Den Aufschwung verdankt die heilige Stätte nicht zuletzt den reichlich fließenden Mitteln aus dem nahe gelegenen Ort Vidisha, einem damals wichtigen Handelszentrum dieser Region. Auch unter der Sunga-Dynastie, die den Maurya folgte, setzte sich die Bautätigkeit auf dem 90 m hohen Hügel fort, erfuhr dann einen Einbruch während der kriegerischen Zeiten unter den Kahatrapa, um schließlich im Schutz der friedlichen Gupta-Epoche im 5. Jh. erneut aufzublühen. Selbst die unruhigen Zeiten der folgenden, sich heftig befehdenden Kleinkönigtümer schienen spurlos am klösterlichen Leben Sanchis vorbeigegangen zu sein.

Als die buddhistische Lehre auf dem Subkontinent langsam verlosch, leerten sich die Zellen der Mönche, und die Vegetation deckte ihren schützenden Mantel über die Gebäude. Erst 1818 richtete sich wieder das Interesse auf die Ruinenstätte, wobei Amateurarchäologen und Schatzsucher erheblichen Schaden anrichteten. Ihr heutiges Aussehen verdankt Sanchi den Bemühungen des ›Archaeological Survey‹ zu Beginn des 20. Jh. Letztmalig wurden 1936 Grabungen durchgeführt und die Reste eines Klosterkomplexes freigelegt. Die Ruinen liegen etwa 1 km vom Bahnhof des Ortes entfernt. Wer die einzigartige Atmosphäre dieses Platzes ungestört genießen will, sollte den Rundgang am frühen Morgen beginnen.

Stupa I

Das die Hochfläche beherrschende Monument ist der Stupa I. Sein Durchmesser beträgt 36,6 m, seine Höhe ohne Spitze 16,5 m. Wie bei vielen Bauwerken dieser Art umschließt er einen älteren Kern, der wohl mit dem von Ashoka errichteten Stupa identisch ist. Die heutige Form geht auf die Sunga-Epoche zurück (2. Jh. v. Chr.). Um den Stupa führt ein **Prozessionsgang,** den ein steinerner Zaun begrenzt, sowie, etwas erhöht, eine **Balustrade,** zu der man auf einer Treppe an der Südseite emporsteigt. Der Zugang zu beiden erfolgt durch vier Tore (1. Jh. v. Chr.), die zu den größten Kostbarkeiten früher Kunst in Indien zählen. Pfeiler wie Architrave sind vollständig mit Flachreliefs bedeckt, die in seltener Lebendigkeit Szenen aus den früheren Leben Buddhas *(jataka)*, aber auch aus dem des historischen Shakyamuni zeigen. Überdies erläutern sie die Geschichte der Lehre und weisen auf die sechs Vorgänger des historischen Buddha hin (eine genauere Erläuterung findet man in dem kleinen, im Museum erhältlichen Heftchen »Sanchi«, Debala Mitra, Archaeological Survey).

Am Osttor stützt die berühmte Baumgöttin graziös den Architrav, ein Meisterwerk erotischer Skulptur, das im strengen Hinayana-Buddhismus vielleicht auf die Vergänglichkeit der Sinnenfreuden hinweisen sollte. Ein paar Schritte entfernt liegt die zerbrochene, polierte Ashoka-Säule mit einer Inschrift, die den Mönchen und Nonnen den Ausschluss aus der Gemeinschaft androht, falls sie es wagen, die Lehre in Frage zu stellen. Das Fragment wurde im 19. Jh. von einem ignoranten Großgrundbesitzer vorübergehend als Zuckerrohrpresse zweckentfremdet.

Gegenüber dem Südzugang erheben sich die Reste zweier Tempel aus der Gupta-Zeit, links ein bescheidenes, aus einfacher Cella mit einem auf vier Pfeilern ruhendem Portikus bestehendes Heiligtum, das die Urform indischer Tempelarchitektur repräsentiert, daneben Relikte eines großen, klassisch anmutenden, rechteckigen Hallenbaus, von dem noch neun Säulen stehen.

Stupa II und Stupa III

Steigt man von der Terrasse nach Westen hinab ins Tal, kommt man am Stupa II vorbei, einem einfachen Bau, bei dem allerdings die

Medaillon-Reliefs des Zauns Aufmerksamkeit verdienen. Die überwiegend dekorativen Ornamente aus Flora und Fauna sind zwar recht einfach ausgeführt, verkörpern jedoch ein seltenes Stück archaischer Volkskunst. Zwischen Haupteingang und Stupa I hat der kleine Stupa III als Kopie des großen Nachbarn seinen Platz gefunden. Allerdings fehlt ihm die Balustrade, und er muss sich mit nur einem Zugang begnügen, dessen Steinmetzarbeiten überdies einem Vergleich mit dem Vorbild nicht standhalten. Im Innern jedoch stießen die Archäologen auf die Reliquien der beiden Buddha-Schüler Sari Puttha und Maha Moggallana. Trotz mehrfacher Sondierungen traten in Stupa I bisher keine Funde zutage.

Klöster

Auf der höher gelegenen östlichen Terrasse reihen sich die überwiegend nur noch als Grundmauern erhaltenen Klöster aneinander. (tgl. von Sonnenauf- bis Sonnenuntergang, Eintritt 250 Rs, Video 25 Rs).

Museum

Keineswegs versäumen sollte man das Archäologische Museum am Fuße des Berges, das ausgesuchte Stücke buddhistischer Kunst zeigt, darunter das Löwenkapitell einer Ashoka-Säule, das dem berühmten von Sarnath kaum nachsteht. Zu den weiteren bedeutenden Objekten zählen eine große Nagaraja-Plastik (Schlange) und einige frühe Buddhabildnisse der Mathura-Epoche (tgl. außer Fr 10–17 Uhr, Eintritt 5 Rs).

Übernachten

Oft ausgebucht ▶ **MPSTDC Gateway Retreat** (die frühere Travellers Lodge): Bhopal-Vidisha Rd., Tel. 074 82-26 67 23. Derzeit beste Unterkunft, funktionale Zimmer, Restaurant. DZ mit AC 1690 Rs.

Familiär ▶ **Krishna:** Bhopal-Vidisha Rd., Tel. 074 82-26 66 10. Saubere einfache Zimmer. Hübsche Dachterrasse mit Stupa-Blick. DZ ab 300 Rs.

Termine

Chethiyagiri Vihara (Nov.): Buddhistisches Fest, zu dem sich zahlreiche Pilger versammeln, um die Reliquien von Sari Puttha und Maha Moggallana, zweier Schüler des Buddha, zu ehren, die in Sanchi ihre letzte Ruhe gefunden haben (s. o.).

Elegant stützt eine Baumgöttin am Stupa von Sanchi den Architrav

Verkehr

Flug: Bhopal wird regelmäßig von Mumbai und Delhi mit Indian Airlines und Jet Airways angeflogen.

Bahn: Gute Verbindungen mit Delhi über Gwalior und Agra (Shatabdi Express, Nr. 2002/2002A) sowie Mumbai (Punjab Mail, Nr. 2138).

Ujjain ►E 9

Karte: S. 368

Die am Shipra-Fluss, 150 km westlich von Bhopal und 53 km nördlich von Indore gelegene Großstadt **Ujjain** 7 ist eine der bedeutendsten und ältesten Wallfahrtsstätten des Hinduismus. Mit Haridwar, Allahabad und Nasik gehört sie zu den vier heiligen Orten, an denen Indiens größte Wallfahrt, die Kumbh Mela, alle zwölf Jahre stattfindet (die nächste in Ujjain wird 2016 gefeiert).

Die Geschichte der Stadt reicht zurück in die Zeit Ashokas, der hier im 3. Jh. v. Chr. als Statthalter residierte. Das damalige Zentrum lag nördlich der heutigen Stadt auf einer Anhöhe. Ein Besuch Ujjains lohnt vor allem wegen der **Bade-Ghats** mit ihrem unablässigen Strom von Betenden und Wallfahrern, aber auch wegen der vielen Tempel. Der dem Gott Shiva geweihte, in seinen Ursprüngen auf das 13. Jh. zurückgehende **Mahakaleshwar Mandir** gilt als bedeutendstes Heiligtum, wird doch hier einer der zwölf *jyotir lingams* (›Lingam des Lichts‹) verehrt, mit dem Shiva gegenüber Brahma und Vishnu seine Vormachtstellung als oberster der drei Götter unter Beweis stellte. Andere Tempel sind der Göttin Annapurna **(Harsiddhi Mandir)**, dem Affengott Hanuman **(Hanuman Mandir)** und dem Elefantengott Ganesh **(Gopal Mandir)** geweiht. Letzterer Tempel hat bemerkenswerte, mit Silber beschlagene Türen, die einst das berühmte Heiligtum von Somnath schmückten, von dort jedoch von islamischen Eroberern nach Ghazni und später nach Lahore verschleppt wurden. Maharaja Mahaji Scindia brachte sie Mitte des 18. Jh. wieder nach Indien zurück.

Südlich des Zentrums liegen die Reste eines von Jai Singh II. im Jahre 1733 errichteten **Observatoriums Vedha Shala,** das allerdings weniger gut erhalten ist als die Anlagen von Jaipur und Delhi (tgl. von Sonnenauf- bis Sonnenuntergang, Eintritt 5 Rs).

Infos

MP-Tourist Office: Im Touristhotel Shipra Residency (s. u.), Mo–Sa 10–17 Uhr, jeden 2. Sa im Monat geschl. Einen weiteren Touristenschalter mit denselben Öffnungszeiten gibt es auf dem Bahnhof.

Übernachten

Im Grünen ► **Shipra Residency:** University Rd., Tel. 07 34-255 14 95 bis 96, mptujjshipra@sancharnet.in. Hübsches staatliches Hotel im Grünen mit netten, sauberen Zimmern. DZ ab 1590 Rs.

Zentral gelegen ► **Hotel Khana:** Mahakal Marg, Te. l0734- 404 15 02. Ordentliches Mittelklassehotel mit recht einfachen Zimmern in der Nähe der Ghats. DZ mit AC ab 1500 Rs.

Termine

Mahashivaratri (Feb.): Da Ujjain einen der zwölf heiligen Jyotirlingams (s. links) beherbergt, wird dieses Fest zu Ehren Shivas hier besonders intensiv begangen; im Mittelpunkt der Feierlichkeiten steht der Mahakaleshwar-Tempel.

Verkehr

Bahn: Verbindungen u. a. mit Mumbai (Avantika Express, Nr. 2962), Delhi (Nizamuddin Express, Nr. 2147), Ahmedabad (Indore-GNC Express, Nr. 9310).

Bus: Häufige Verbindungen mit Indore, von dort bessere Fernverbindungen (s. S. 376).

Indore ►E 9

Karte: S. 368

Die etwa 1,8 Mio. Einwohner zählende Großstadt **Indore** 8 bietet kaum Sehenswertes, ist jedoch ein guter Ausgangspunkt für die Besichtigung von Mandu (s. S. 376). Das an den Flüssen Sarasvati und Khan liegende Textilzentrum wurde erst im 18. Jh. durch Rani Ahalya Bai, den Herrscher der Holkar-Dynastie gegründet.

Berühmt ist der **Jain-Tempel Kanch Mandir** mit seinen riesigen Marmoridolen und den eindrucksvollen Wandmalereien, die dem Sünder die im Jenseits zu erwartenden Strafen drastisch vor Augen führen. Am Ufer liegen die halbverfallenen **Begräbnisstätten der Holkar-Dynastie**.

Infos

MP-Tourist Office: RN Tagore Rd. im Tourist Bungalow, Tel. 07 31-252 86 53, tgl. 10–17 Uhr, 2. und 3. Sa im Monat geschl., auch Vermittlung von Mietwagen zum Besuch von Mandu.

Übernachten

Wohlfühloase ▶ Fortune Landmark: Meghdoot Garden, Tel. 07 31-423 84 44 u. 07 31-398 84 44, www.fortuneindore.com. Modernes Business-Hotel in geschmackvollem Stil. 79 elegante Zimmer und Suiten, hervorragendes Restaurant, Pool, Fitness Centre. Derzeit beste Unterkunft in Indore. DZ ab 7000 Rs.

Moderner Touch ▶ Lemon Tree: 3, R.N.T. Road. Tel. 07 31-44 32 32. Großes Hotel der Kette Lemon Tree mit 100 sehr geschmackvollen Zimmern und Suiten. DZ ab 3500 Rs.

Gut aufgehoben ▶ Surya: 5/5 Nath Mandir Rd, Tel. 07 31-251 77-01 bis -05, www.suryaindore.com, gepflegtes 3-Sterne Hotel in Bahnhofsnähe mit gutem Service und wohnlichen Zimmern. Gutes Preis-Leistungsverhältnis. DZ ab 1750 Rs.

Essen & Trinken

Der Name ist Programm ▶ Ambrosia: Im Hotel Fortune Landmark, tgl. 07.10–10.30, 12.30–15.30, 19.00–23.30 Uhr. Hervorragende internationale Küche, indische, europäische, chinesische Gerichte in angenehmer eleganter Atmosphäre. Hauptgerichte ca. 130 Rs.

Die Qual der Wahl ▶ Treasure Island Shopping Mall: MG Rd., tgl. 11–23 Uhr. Einkaufszentrum mit etlichen Fast-Food-Loka-

Ein umweltfreundliches Tonga-Taxi in Ujjain

len unterschiedlicher Provenienz von Südindisch über McDonalds bis zum gemütlichen Café. Hauptgerichte ab ca. 50 Rs.

Einkaufen

Alles unter einem Dach ► **Treasure Island Shopping Mall:** MG Rd., tgl. 11–23 Uhr. Einkaufszentrum nach westl. Vorbild mit zahlreichen Geschäften des gehobenen Bedarfs.

Termine

Rang Panchami (Ende Feb./Anfang März): Wie beim Holifest fünf Tage zuvor bespritzt man sich mit gefärbtem Wasser, im Mittelpunkt stehen jedoch Musikaufführungen.
Anant Chaudas (Sept.): Fest zu Ehren des Gottes Ganesh, dessen Figuren in einer großen Prozession durch die Stadt getragen und dann im Fluss versenkt werden.

Verkehr

Flug: Indian Airlines und Jet Airways fliegen u. a. nach Delhi, Bhopal und Mumbai.
Bahn: Verbindungen u. a. mit Mumbai (Avantika Express, Nr. 2962), Delhi (Malwa-Express, Nr. 2919, Nizamuddin Express, Nr. 2415), Ahmedabad (Indore-GNC Express, Nr. 9310).
Bus: Es gibt zwei Busbahnhöfe, Sarawate am Bahnhof und Gangawal, ca. 3 km entfernt. Verbindungen u. a. mit Ujjain (2 Std.) und Bhopal (5 Std.). Die Busse nach Mandu (4 Std.) fahren vom Busbahnhof Gangawal. Private Busse fahren von der MG Rd. auch nach Udaipur (11 Std.).

Mandu ► E 9

Geländeplan: S. rechts; **Karte:** S. 368
Das fast 700 m hohe, nach drei Seiten steil abfallende Felsplateau 100 km südwestlich von Indore wurde erstmals im 6. Jh. für Verteidigungszwecke genutzt und mit einem kleinen Fort namens Mandapa-Durga versehen. Bedeutung erlangte der Platz aber erst im 14. Jh., als sich Dilwar Khan, der Gouverneur von Malwa, von Delhi löste und ein eigenes Reich gründete. Sein ehrgeiziger Sohn Hoshangh Shah, der 1405 die Regierung übernahm und 27 Jahre die Führung innehatte, weitete das Territorium erheblich aus und erhob **Mandu** 9 zu seiner Residenz.

Sein Nachfolger Mahmud Khalji sicherte dem Reich von Malwa durch ständige militärische Aktionen derartigen Einfluss, dass sogar Gesandte aus Zentralasien und Bagdad am Hof verkehrten. Als sein Sohn Ghiyath-ud-Din 1469 die Nachfolge antrat, verlagerten sich die Interessen des Herrschers in den riesigen Harem, der 15 000 Frauen umfasst haben soll. Die aus jungen Türkinnen und Abessinierinnen bestehende, in Männeruniformen gekleidete Leibgarde dürfte wohl die hübscheste aller Zeiten gewesen sein.

Nach dem Tode des Frauenliebhabers – im Alter von 80 Jahren wurde er von seinem Sohn vergiftet – begann um 1500 der Niedergang Malwas als unabhängiges Königreich. Unruhen brachen aus, und schließlich eignete sich der Herrscher von Gujarat 1526 das Gebiet an, konnte sich der Beute aber nicht lange erfreuen. Zwischen 1534 und 1561 war das Territorium Spielball verfeindeter Rajputen, dann verleibte es Akbar nach seinem großen Feldzug dem Mogulreich ein. Gegen Ende der Mogulepoche geriet das Fort allmählich in Vergessenheit und verfiel.

Die meisten der Gebäude wurden im Zeitraum zwischen 1401 und 1526 errichtet, als Mandu Zentrum eines unabhängigen islamischen Reiches war. Die Gebäude innerhalb der weiträumigen Anlage lassen sich in drei Gruppen zusammenfassen: die königliche Enklave, das Dorf und den Rewa-Kund-Komplex. Da sie weit auseinander liegen, empfiehlt sich für denjenigen ohne Fahrzeug ein Leihfahrrad von einem der Shops oder der Hotels.

Königliche Enklave

Die Königliche Enklave, ehemals Residenz der Herrscher von Mandu, liegt unmittelbar hinter den Zugangstoren **Alamgir Pol** und **Bhangi Pol** am Nordende der Festung (Sa–Do Sonnenauf- bis Sonnenuntergang, Eintritt 100 Rs., Video 25 RS). Wichtigstes Bauwerk ist der **Jahaz Mahal** (›Schiffspa-

Mandu

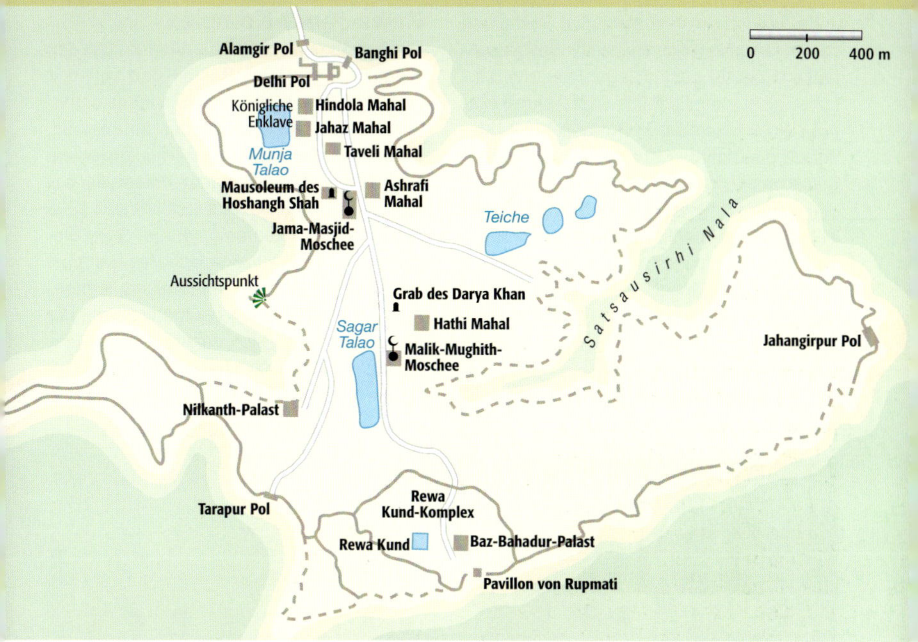

last‹), der, auf einer Insel zwischen zwei Wasserspeichern gelegen, mit seiner 122 m breiten Fassade in der Tat einem mächtigen steinernen Schiff ähnelt, sofern ergiebige Monsunregen die Senken unter Wasser gesetzt haben. Der Bau, errichtet von Ghiyath-ud-din, war das repräsentative Zentrum der Residenz, in dem die großen Feste der Herrscher stattfanden, aber auch illustre Besucher untergebracht waren. Kanäle und Wasserhebevorrichtungen versorgten die offenen Pools, um die sich die ausgelassene Hofgesellschaft scharte.

Das einen T-förmigen Grundriss aufweisende Gebäude ein Stück weiter nördlich trägt den Namen **Hindola Mahal** (›Schwingender Palast‹), weil die geneigte Konstruktion der Wände einen derartigen Eindruck vermitteln soll. Die Haupthalle konnte man über eine Rampe erreichen, die es dem König ermöglichte, auf einem Elefanten einzureiten. Aber auch das Defilee der Haremsdamen konnte man hier sehr wirkungsvoll in Szene setzen. Die ihm gegenüberliegenden ehemaligen Stallungen **Taveli Mahal** sind zu Touristenbungalows umgebaut worden.

Das Dorf

Etwas westlich des Hauptweges, im sogenannten Dorf (tgl. von Sonnenauf- bis Sonnenuntergang, Eintritt 100 Rs)), trifft man auf das **Mausoleum von Hoshangh Shah,** das man durch einen quadratischen, kuppelüberwölbten Bau mit schön verzierten Eingängen betritt. Das eigentliche Mausoleum des 1435 verstorbenen Herrschers steht auf einer Plattform inmitten des Hofs. Die Eingangstüren zeigen schöne Lotosdarstellungen, Teile der Wände sind durchbrochen. Die Kuppel erscheint zwar etwas zu schwer für den Bau, aber Shah Jahan schickte in der Planungsphase des Taj Mahal seine Architekten nach Mandu, um das Mausoleum vermessen zu lassen. Möglicherweise fanden sie hier die Inspiration für die Eckpavillons des Taj.

Unmittelbar an das Mausoleum grenzt die **Jama Masjid,** die Freitagsmoschee aus dem

Jahre 1454, die in ihrer einfachen Gestaltung zu den schönsten islamischen Gotteshäusern dieser Epoche zählt. Gegenüber der Moschee sieht man die Ruinen der **Ashrafi Mahal,** einer ehemaligen Koranschule (Medersa), die Mahmud Khalji zur Basis für sein Mausoleum umbauen ließ. An der Nordostecke wurde die einst prachtvolle, vorwiegend in Marmor ausgeführte Grabanlage von einem siebenstöckigen Siegesturm überragt. Konstruktionsmängel ließen aber bereits nach kurzer Zeit sowohl den Turm als auch die mächtige, den Sarkophag überwölbende Kuppel einstürzen.

Rewa-Kund-Komplex

Die Gebäude an dem seit alten Zeiten den Hindus heiligen Teich **Rewa Kund** befinden sich etwa 2 km südlich des Eingangs unmittelbar an der Abschlussmauer der Festung. Dominierendes Bauwerk ist der an einem Hang liegende **Baz-Bahadur-Palast,** der bereits gegen Ende der Blütezeit Malwas 1508 von Nasir-ud-din errichtet wurde. Seine Bezeichnung verdankt er jedoch Baz Bahadur, der 1554 von seinem Vater, einem weitgehend unabhängigen Mogulgouverneur, die Macht übernahm, sich dann aber vornehmlich den schönen Künsten widmete.

Mandu: Die frühere Metropole eines Königreiches ist heute eine Geisterstadt

Der Name der unmittelbar vom Steilabfall weit in die Ebene blickenden **Pavillons von Rupmati** erinnert an seine schöne Geliebte, die als romantische Heldin in die Folklore eingegangen ist. Als sie von Akbars Truppen 1561 gefangen genommen wurde – während Baz Bahadur zu fliehen vermochte –, wählte sie den Freitod anstelle einer Favoritenrolle im Harem des Mogulfürsten und gewann damit Unsterblichkeit. Als sie noch im Palast wohnte, soll sie jeden Morgen von den Pavillons über das Land von Malwa geblickt haben. Der Bau stammt in seinen Ursprüngen allerdings aus der Frühzeit der Festung und wurde im Laufe der Zeit mehrfach erweitert; auch die Pavillons sind nicht erst für die schöne Hofsängerin gebaut worden, wie es die Legende will.

Zu den weniger bedeutsamen Monumenten in Mandu zählen der **Nilkanth-Palast,** benannt nach einem bereits unter Akbar abgerissenen Shiva-Tempel. Vor allem der Mogulherrscher Jahangir liebte diesen kleinen Wasserpalast, der heute wieder als Heiligtum dient. Bemerkenswert wegen seiner vier, die Hauptkuppel begrenzenden Eckpavillons ist überdies das **Grab von Darya Khan** und der **Hathi Mahal,** der seinen Namen ›Elefantenpalast‹ den massiven Säulen verdankt. Zunächst war er Vergnügungspavillon, später wurde er zum Mausoleum. Die am Ufer des Sees Sagar Talao gelegene, vierschiffige **Malik-Mughith-Moschee** wurde 1432 erbaut, wobei einige Säulen aus Hindu-Tempeln Verwendung fanden. Davor befindet sich ein Warenlager mit zahlreichen, um einen Hof gruppierten Wohn- und Lagerhallen.

Übernachten

Relaxed mit tollem Blick ▶ Hotel Rupamati: Tel. 072 92-26 32 70. Am Rande einer Schlucht, etwa 1 km von den Ruinen inmitten eines schönen Gartens gelegen. Die Zimmer mit AC haben eine Terrasse, hübsches Gartenrestaurant. DZ ohne AC 650 Rs, DZ mit AC ab 1200 Rs.

Staatlich ▶ Malwa Resort: ca. 2 km südl. des Dorfes, malwaresort@nivalink.co.in. Man wohnt in gemütlichen kleinen Bungalows mit recht einfachen, aber wohnlichen Zimmern. Reservierung dringend angeraten. DZ ohne AC 1190 Rs, mit AC 1890 Rs.

Termine

Mandu-Festival (2. Hälfte Okt.): Viertägige Veranstaltung mit klassischem Tanz und klassischer Musik vor der historischen Kulisse.

Verkehr

Bus: Verbindungen mit Indore, eventuell umsteigen in Dhar. Empfehlenswerter ist das Anmieten eines Taxis in Indore (preiswerter über ein Hotel als über das Touristenbüro).

Tempel und Naturparks im Hinterland

Sex sells. Dies gilt selbst für die 1000 Jahre alten Tempel von Khajuraho, die allerdings weit mehr zu bieten haben als erotische Darstellungen – sie zählen zu den bedeutendsten Kunstwerken ganz Indiens! Ins tiefste ländliche Indien führt hingegen eine Fahrt nach Jabalpur und zu den Naturparks von Kanha und Bandhavgarh, wo man hoffen darf, einen der selten gewordenen Tiger aufzuspüren.

11 Khajuraho ►G 8

Geländeplan: S. 383

Die Tempelanlage von Khajuraho zählt zu den wichtigsten Kulturdenkmälern Indiens und verdankt ihren Ruhm keineswegs nur den erotischen Darstellungen. Entstanden sind die Bauwerke unter den Chandella-Rajputen im Wesentlichen während der kurzen Zeitspanne zwischen 950 und 1020, als dieser Clan auf dem Höhepunkt seiner Macht stand und von Khajuraho aus unangefochten weite Teile des Nordens regierte.

Von den 85 in historischen Quellen erwähnten Tempeln haben nur 25 die Jahrhunderte in unterschiedlichem Erhaltungszustand überdauert. Zu Beginn des 12. Jh. mussten sich auch die Chandella der islamischen Übermacht, die im Begriff war, Nordindien in Besitz zu nehmen, beugen. Khajuraho wurde aufgegeben und die Verteidigung von den strategisch günstigeren Bergfestungen von Mahoba, Ajaygarh und Kalingar fortgesetzt. Dennoch entstanden weiterhin Tempel, und der Ort behielt seine religiöse Bedeutung bis ins 14. Jh.

Obwohl die Heiligtümer Khajurahos den Religionsgemeinschaften der Shivaiten, Jain und Vishnuiten dienten, weisen sie in ihrer Konstruktion und Ausgestaltung eine ungewöhnliche Einheitlichkeit auf, die unter dem Begriff Nagara-Stil auch in den Tempeln von Bhubaneswar anzutreffen ist. Kennzeichen dieser Architektur sind auf Plattformen errichtete Anlagen ohne Umzäunung. Das Heiligtum erreicht man nach Durchschreiten einer Vorhalle, die sich zur Haupthalle erweitert, in der gebetet und getanzt wurde. Ihr schließt sich ein schmaler Übergangsraum an, der ins eigentliche Heiligtum führt, das wiederum von einem Wandelgang umschlossen ist. Jede der Hallen ist durch eine turmartige Kuppel abgeschlossen, die vom Eingang zum Heiligtum hin immer höher werden, um schließlich im steil aufragenden Si-

khara-Turm zu gipfeln. Bis auf wenige Ausnahmen sind die Tempel Khajurahos aus gelbem Sandstein gefertigt, einem weichen, feinporigen Material, das den Steinmetzen ideale Voraussetzungen für ihr Kunstschaffen bot.

Die Heiligtümer lassen sich in drei Anlagen zusammenfassen: der westlichen, östlichen und südlichen Gruppe (die gesamte Anlage ist tgl. von Sonnenauf- bis Sonnenuntergang geöffnet).

Die westliche Gruppe

Die westliche Gruppe liegt dem Touristenzentrum Khajurahos am nächsten und hat einige der wichtigsten Tempel aufzuweisen (Eintritt 250 Rs, Audioguide gegen Gebühr und Kaution, auf korrekte Rückzahlung achten!).

Nach Betreten des eingezäunten Parks stößt man zunächst auf die kleinen, nicht so bedeutsamen Tempel **Varah und Lakshmi.** Im Varah-Tempel, geweiht dem Eber Varahavatara, der dritten Inkarnation des Gottes Vishnu, steht eine große Skulptur des Ebers. Besondere Aufmerksamkeit lenkt der angrenzende, ebenfalls dem Gott Vishnu geweihte **Lakshmana-Tempel** auf sich, der nicht nur zu den frühesten seiner Art zählt (ca. 930–950), sondern als einziger fast vollständig erhalten ist. Als Typ verkörpert er den ›Fünfertempel‹ mit vier das Hauptheiligtum begrenzenden Eckschreinen, die alle noch vorhanden sind. Sehr eindrucksvolle Friese mit Jagd- und Kriegsszenen befinden sich am Sockel, am Eingang zum Hauptschrein hingegen finden sich verschiedene Inkarnationen Vishnus (u. a. als Fisch und Schildkröte) sowie Lakshmi und Brahma; im Heiligtum steht eine Vishnu-Figur mit Löwen- und Eberkopf.

Der Weg führt weiter zu den auf einer gemeinsamen Plattform errichteten Heiligtümern Kandariya Mahadeva, Mahadeva und Devi Jagadamba. Der **Kandariya Mahadeva** – er gilt als der größte und schönste Tempel Khajurahos – entstand etwa um 1025. Zwar sind die vier Eckschreine verschwunden, der Turm aber, der in sich wiederum aus 84 kleinen Türmen besteht, dominiert weithin sichtbar die Parklandschaft Khajurahos. Er besticht sowohl aufgrund seiner Proportionen als auch durch die perfekte Gestaltung von himmlischen Nymphen, Liebespaaren, Gottheiten und erotischen Szenen. Das Heiligtum des Shiva-Tempels ziert ein großer Lingam.

Khajuraho gehört zu den schönsten Tempelanlagen ganz Indiens

In der Mitte der Plattform befinden sich die Ruinen des ehemaligen **Shiva-Tempels Mahadeva,** am nördlichen Ende steht der **Devi Jagadambi,** der eine Statue der Göttin Parvati enthält, ursprünglich aber Vishnu geweiht war. Auch hier gibt es hervorragende Steinmetzarbeiten von erotischen Szenen und Götterfiguren.

Auf dem Weg zum Ausgang erreicht man als nächstes den **Chitragupta-Schrein,** der Ähnlichkeit mit dem vorhergehenden Tempel hat. Als einziger ist er dem Sonnengott Surya geweiht, dessen Abbild, gezogen von einem mit sieben Pferden bespannten Wagen, im Heiligtum zu sehen ist. Wieder sieht man erotische Darstellungen und Götterskulpturen, allerdings nicht in der Vollendung des Kandariya-Tempels.

Ein Stück weiter liegt rechter Hand der kleine, stark restaurierte **Parvati-Schrein,** ihm gegenüber der noch gut erhaltene **Shiva-Tempel Vishvanatha.** Auch er gehört zum ›Fünfertypus‹, kann aber im Gegensatz zum Kandariya Mahadeva noch zwei der ursprünglich vier Eckschreine vorweisen. Im Sanktum ein Lingam, auf der Plattform ein großer **Nandi-Bulle,** beides Zeichen für die hier verehrte Gottheit.

Der unmittelbar außerhalb der Umzäunung liegende **Matangeswara-Tempel** ist eine der ältesten und bis heute heiligsten Gebetsstätten Khajurahos. Wie vor 1000 Jahren ist er Ziel der Pilger und Wallfahrer, die hier Shiva verehren, repräsentiert durch einen 2,5 m hohen Lingam. Auf der anderen Straßenseite liegt das **Archäologische Museum** mit Skulpturen aus zerstörten Tempeln, darunter ein großer Buddha und ein tanzender Ganesha (tgl. außer Fr 10–19 Uhr, 5 Rs).

Der ein gutes Stück südwestlich liegende **Chausath-Yogini-Tempel** unterscheidet sich sowohl hinsichtlich seines Materials – Granit statt Sandstein – als auch in der Darstellung der verehrten 64 Yoginis als Zeichen der Göttin Kali (Durga) von den übrigen Bauwerken Khajurahos. Es handelt sich um eine rechteckige Anlage mit 64 Schreinen für die Yogini-Figuren – 35 sind noch erhalten – und einen Zentralschrein für Kali. Die Figuren stehen in winzigen, mit Kuppeln überdachten Heiligtümern. Der Tempel bar jeglicher Verzierung gilt als einfachster Yogini-Schrein Indiens und ältester Tempel Khajurahos (ca. 900).

Die östliche Gruppe

Die östliche Gruppe besteht aus den innerhalb einer Umfriedung zusammengefassten Jain-Heiligtümern Adinatha, Shantinatha und Parshvanatha sowie einigen verstreut um das Dorf Khajuraho Village liegenden Baudenkmälern. Von der Neustadt kommend, stößt man zunächst auf den **Brahma-Tempel,** eine einfache Anlage mit Granitmauer und Sandsteinturm, die ursprünglich wohl für Vishnu gedacht war, dessen Bildnis über dem Eingang zum Heiligtum zu sehen ist. Der um das Jahr 1050 entstandene **Vamana-Tempel,** ein Stück nordöstlich davon, ist Vishnus fünfter Inkarnation als Zwerg Vamana geweiht. Der Skulpturenschmuck ist sparsam, erotische Darstellungen fehlen fast völlig. Ganz anders der sich ca. 200 m südlich erhebende **Javari-Tempel** mit seinem fein modellierten Turm und den prachtvollen Friesen, die den großen Anlagen nicht nachstehen. Die Götterfiguren sitzen in kleinen überdachten Nischen, ein Merkmal für die Tempel des westlichen Indien.

Jenseits des kleinen Ortes befinden sich die Überreste des **Ghantai-Tempels,** der seinen Namen der Verzierung der Säulen mit dem Motiv von Kette und Glocke *(ghanta)* verdankt. Nicht weit ist es von hier aus zu der von einer Mauer umgebenen Gruppe der Jain-Tempel. Sie sind zwar neueren Datums, beherbergen jedoch zum Teil alte Figuren, so etwa die 4,5 m hohe Adinatha-Statue (ca. 1027) im **Adinatha-Tempel.** Größtes und schönstes Heiligtum dieser Religionsgemeinschaft ist der benachbarte, dem ersten Wegbereiter geweihte **Parshvanatha-Tempel,** der jedoch auch zahlreiche Darstellungen der Vishnu-Verehrung zeigt (Hanuman, Sita, Rama etc.). Überdies findet man hier einige der gelungensten Skulpturen himmlischer Nymphen ganz Khajurahos. Etwas kleiner ist der angrenzende **Shantinatha,** der in seiner Konstruktionsweise große Ähnlichkeit

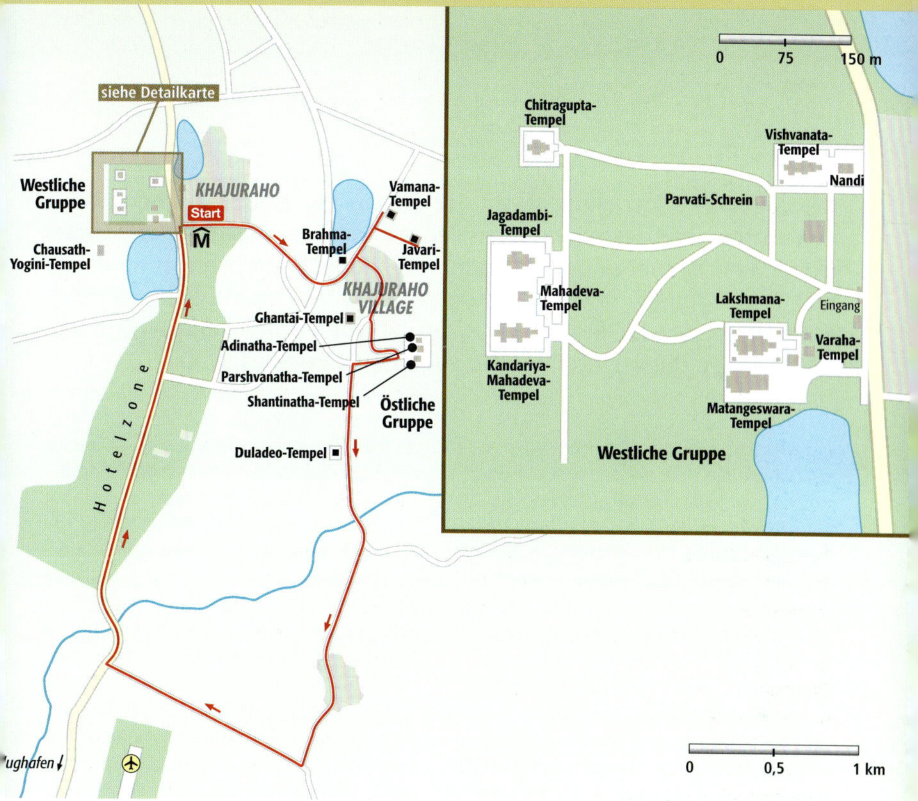

mit dem Vamana-Tempel erkennen lässt; auch hier Figuren verführerischer himmlischer Wesen.

Die südliche Gruppe

Zur südlichen Gruppe gehört der ungefähr 1 km entfernte Tempel **Duladeo,** jüngstes Bauwerk Khajurahos (ca. 1150), das durch die stereotype Wiederholung der Skulpturen und flache Plastik bereits den Niedergang der Kunst widerspiegelt, andererseits aber ikonografisch recht interessante Darstellungen aufzuweisen hat. Ein gutes Stück südlich liegen jenseits des Khodar-Flusses nahe dem Weiler Jatkari die Ruinen des **Chaturbuja-Tempels,** des einzigen Heiligtums ohne erotische Darstellungen (ca. 1100). Auch hier ist anhand der Skulpturen bereits der Verfall erkennbar. Eine erfreuliche Ausnahme bildet die 2,7 m hohe Figur des vierarmigen Shiva.

Volkskundemuseum

Das **Adivart Tribal and Folkart Museum** im Chandela Cultural Centre vermittelt einen guten Eindruck von den hiesigen Traditionen (Di–So, 10–17 Uhr, Eintritt 50 Rs).

Infos

Government of India Tourist Office: Main Rd., Tel 076 86-27 23 47, Mo–Fr 9.30–18 Uhr. Gute Informationen.

MP Tourist Office: Am Flughafen, geöffnet bei Fluganktunft, und im Chandela Cultural Centre, Tel. 076 86-27 40 51, Mo–Sa 9–18 Uhr, jeden 2. Sa im Monat geschl.

Im Internet: www.khajuraho.org.uk

Erotik in Stein

Die besondere Anziehungskraft der Tempel von Khajuraho beruht auf den erotischen Darstellungen an den Wänden der Heiligtümer. Für den westlichen Besucher unserer Tage, durch die Medien längst an sexuelle Freizügigkeit gewöhnt, mögen sie alles andere als anstößig erscheinen, für viele Inder jedoch, die in Filmen nicht einmal eine Kussszene sehen dürfen, brechen sie auch heute noch alle Tabus.

Das Moment der Erotik zieht sich seit frühester Zeit wie ein roter Faden nicht nur durch die Kunst Indiens, sondern durchdringt auch die Religion, der die Kunst ja lange Zeit ausschließlich diente. Die Ansätze sind wohl in den altorientalischen Fruchtbarkeitskulten vorarischer Zeit zu suchen. Bemerkenswert ist, dass diese nicht nur in der Hochreligion des Hinduismus Eingang fanden, sondern dort sogar zum dominierenden Bestandteil vor allem des Shivaismus wurden.

In dem Maße, in dem die Götterwelt Menschengestalt annahm, wurde sie mit deren Eigenschaften ausgestattet, ähnlich wie bei den Griechen. Sehnsüchte und Wünsche wurden auf sie ebenso projiziert wie übernatürliche Fähigkeiten und Schwächen. Und so erscheint es ganz selbstverständlich, dass die alten Riten in der Verehrung göttlicher Lingams und Yonis, den Symbolen der männlichen und weiblichen Geschlechtsteile, ihre Fortführung fanden. Der Lingam wurde schon sehr früh zum Attribut Shivas und tritt überwiegend in Verbindung mit der Yoni, dem weiblichen Gegenstück, als Ausdruck göttlicher Schaffenskraft auf, der alles Leben seinen Ursprung verdankt. Die Paarung von Shiva und Parvati ist Metapher auch für die Verschmelzung von Erde und Himmel und Vorbild für die Liebespaare auf den Tempelwänden.

Im Laufe der Zeit gewann dieses Ritual aber viel tiefsinnigere und auch vielschichtigere Bedeutungen. Die erotischen Darstellungen sind nämlich nicht ohne den anderen, wichtigen Aspekt indischer Glaubensvorstellung zu verstehen: die Askese. Im Spannungsfeld zwischen Begehren und Enthaltsamkeit spielt sich die Suche nach der endgültigen Erlösung ab, dem Verschmelzen der individuellen Seele *(atman)* mit dem Universum *(brahman)*, entsprechend dem Eingehen ins Nirvana bei den Buddhisten. Die Wege dorthin sind je nach Glaubensauffassung ganz unterschiedlich und häufig völlig entgegengesetzt. Im strengen Hinayana-Buddhismus ist Weltentsagung und damit verbunden Keuschheit Voraussetzung. Im Tantrismus wiederum führt die körperliche Vereinigung während des Kults als Nachahmung der Weltschöpfung durch Shiva und Parvati zur Erlösung. Das alte Indien sah in diesen beiden Extremen jedoch nie unüberbrückbare Gegensätze. In den frühen epischen Werken der indischen Literatur, die vor allem auf die Schöpfungsgeschichte eingehen, vereinigt Shiva beides und ist damit selbst in diesem Spannungsfeld gefangen.

Die plastische Kunst schöpft ihre Themen aus der reichhaltigen Literatur, in der die Erotik einen bedeutsamen Platz hat. Eine spezifische Rolle spielen die weiblichen Gestalten, die als Shakti, als ›schöpferische Energie‹ der männlichen Gottheit auftreten, als sexuelle Begierde erzeugende Kamini, als Tempeltän-

Thema

zerin Devadasi, als himmlische Nymphe Apsara, aber auch als asketische Yogini. Durch ihre Schönheit und ihre herausfordernden Bewegungen halten sie die Welt der Männer in Atem, spielen eine aktive Rolle im Versuch, Asketen zu verführen, die Götter zum Schöpfungsakt anzuregen oder die Standhaftigkeit keuscher Mönche auf die Probe zu stellen.

Schwerer nachvollziehbar ist hingegen die Darstellung sexueller Kontakte mit Tieren, die wohl nur im Rahmen geheimer Riten praktiziert wurden. Sie finden ihre Erklärung in der traditionellen Auffassung, dass der Mensch der Tierwelt entstamme und nach wie vor deren Bestandteil ist, vor allem aber im Glauben an die Existenz des Göttlichen auch im Tier. Wie die Ikonographie zeigt, erscheinen die Götter zuweilen in Gestalt von Tieren und weisen damit dem Tier einen ganz anderen Stellenwert zu als unsere Kultur.

Die Darstellung erotischer Szenen an den Tempeln hatte vielfältige Funktionen, je nach dem, aus welcher Perspektive man sie wertet und an welchem Tempel sie zu finden sind. Sie erläutern tantrische Riten, gemahnen den einfachen Besucher an seine Pflicht zur Zeugung von Nachkommen, dienen dem Asketen als Prüfstein oder führen dem Suchenden die Vergänglichkeit des Irdischen vor Augen.

Mit der beginnenden Islamisierung Nordindiens im 12. Jh. verbreitete sich eine völlig andere Kultur, die sogar die Darstellung des Menschen verbot. Gleichwohl verschwand das erotische Moment nicht aus der Kunst des Subkontinents; es verlagerte sich auf die profane Ebene der Paläste und nahm subtilere Formen an. Wichtigstes Medium wurde nunmehr die Miniaturmalerei, die sowohl altindische Themen aufgriff als auch vorwiegend persische Dichtung in Bilder umsetzte.

Die Erotik trat jetzt nicht mehr so unverblümt in Erscheinung wie an den Friesen mittelalterlicher Tempel, sondern sprach versteckt und vieldeutig aus Gesten und Objekten. So galt das Schminkdöschen als Symbol des Weiblichen, seine männliche Ergänzung fand es im Schminkstift. Aber auch die auf vielen Bildern sichtbaren Langhalsflaschen oder Wasserpfeifen lassen sich als Lingam interpretieren. Die Rolle der Frau im erotischen Bereich hatte sich allerdings grundlegend gewandelt. War sie von den hinduistischen Künstlern zum Idol erhoben worden, musste sie sich nunmehr in der Rolle des Objektes in die patriarchalische Ordnung einfügen.

Mithuna, ein göttliches Liebespaar

Übernachten

Man gönnt sich ja sonst nichts ▶ Grand Temple View: Main Rd., Tel. 011 44-44 74 74 (Delhi), www.thelalit.com. Traumhafte Anlage mit umfangreichem Wellnessangebot, eine wahre Wohlfühloase zu angemessenen Preisen. DZ bei Onlinebuchung ab 9000 Rs.

Gediegen traditionell ▶ Radisson Hotel Khajuraho: By Pass Rd., 1 km von den Tempeln, Tel. 076 86-27 27 77, Fax 076 86-27 23 45, www.radisson.com. Älteres Luxushotel, 2005 renoviert, mit 86 Zimmern und vier Suiten, Pool und sogar Tennisplatz. DZ ab 6400 Rs.

Komfortable Gruppenbleibe ▶ Usha Bundela: Temple Rd., Tel. 076 86-27 23 86/87, Fax 076 86-27 23 85, www.ushalexushotels.com/hotel-usha-bundela-khajuraho.html. Moderne, zentral gelegene Hotelanlage mit 66 komfortablen Zimmern auf 4 ha Land, von französischen Touristen bevorzugt. DZ ab 5600 Rs.

Luxus mit Abstrichen ▶ Hotel Chandela: Jhansi Rd., Tel. 076 86-27 23 55 bis 64, Fax 076 86-27 23 65, www.tajhotels.com. Große 5-Sterne-Anlage mit allen Annehmlichkeiten, zuweilen hapert es an Details. Das Restaurant ist eher durchschnittlich, dafür der Pool einzigartig, sofern man die Augen vor den Wasserproblemen in Khajuraho verschließt. Gutes Preis-Leistungsverhältnis. DZ ab 4300 Rs.

Tiptop ▶ Hotel Harmony: Jain Temple Rd., Tel. 076 86-27 41 35, www.hotelharmonyonline.com. Um einen schmalen Innenhof angeordnete helle freundliche und funktionale Zimmer. Bei Individualtouristen sehr beliebt. DZ ohne AC ab 350 Rs, mit AC ab 1200 Rs.

Sehr beliebt ▶ Hotel Surya: Jain Temple Rd., Tel. 076 86-27 41 45, www.hotelsuryakhajuraho.com. Sehr populäre preiswerte Unterkunft mit unterschiedlichen sauberen hellen Zimmern auf drei Etagen, großer Garten, gemütlicher Innenhof, Internetzugang, Yoga-Kurse. DZ ohne AC ab 350 Rs, DZ mit AC ab 1200 Rs.

Oldtimer ▶ Yogi Lodge: Nahe Basar, Tel. 076 86-27 41 58, yogi-sharma@yohoo.com. Seit langem beliebte Billigunterkunft. Die einfachen, etwas abgewohnten Zimmer liegen um einen Innenhof, abendlicher Treffpunkt ist die Dachterrasse, mit Internetzugang. DZ ab 200 Rs.

Tipp: Zum Sundowner ins Baum-Restaurant

Ungewöhnlich, aber reizvoll: Im Blue Sky Restaurant von Khajuraho sitzt man auf einer Plattform inmitten eines großen Baumes. Von dort oben lässt sich der Sundowner mit Blick auf die Tempel ganz besonders genießen. Außer indischen Speisen auch Traveller-Kost (Musli, Pancakes usw.). **Blue Sky Restaurant:** Main Rd. tgl. 7–22 Uhr. Hauptgerichte ab 60 Rs.

Essen & Trinken

Authentisch ▶ Mediterraneo: Jain temple Rd, tgl. 7.30–22 Uhr. Der Name verspricht nicht zu viel. Es gibt sogar einen Steinofen für echte Pizza. Auch die Pastagerichte sind tadellos. Hauptgerichte ab ca. 150 Rs.

Unterm Blätterdach ▶ Rajas Café: Main Rd. tgl. 8–22.30 Uhr. Seit Jahren eine Institution, auch hier sind ein großer Baum und Tempelblick die Attraktion. Und auch hier gibt es neben indischer Kost auch Rösti und Schokoladenkuchen. Treffpunkt der Backpacker. Hauptgerichte ab 60 Rs.

Termine

Khajuraho Dance Festival (25. Feb.–3. März): Klassischer indischer Tanz und neuerdings auch moderner vor der Kulisse der Tempel.

Sound and Light Show: Jeden Abend von 19.30–20.30 Uhr in Englisch, 300 Rs. Die Geschichte Khajurahos in Licht und Ton dramatisch präsentiert.

Verkehr

Flug: Der Flughafen liegt 5 km außerhalb von Khajuraho. Mehrfach wöchentlich mit Indian Airlines Verbindungen, Jet Airways und Kingfisher nach Agra und Varanasi. Eine frühzeitige Buchung ist ratsam!

aktiv unterwegs

Mit dem Rad auf Tempeltour

Tour-Infos

Ausgangs-/Endpunkt: Khajuraho, Hotelzone um die Western Group
Länge: ca. 15 km
Dauer: halber Tag
Fahrradausleihe: Fahrräder lassen sich in der Hotelzone rings um die Western Group problemlos ausleihen, wobei man sich zunächst auf einer kurzen Probefahrt von der Verkehrssicherheit des Vehikels überzeugen sollte.

Zwar liegen die wichtigsten Heiligtümer Khajurahos im Geviert der Western Group, es lohnt sich aber durchaus, auch den weiter entfernten Tempeln und der traditionellen Ortschaft Khajuraho Village einen Besuch abzustatten

Das Fahrrad erweist sich hier als das geeignete Transportmittel, da man auf der etwa 15 km langen Rundfahrt durch die ländliche Idylle kaum mit Autoverkehr konfrontiert wird. Wir verlassen den Ort auf der Jain-Tempel Road, an der viele kleine Hotels und Restaurants liegen und fahren nach etwa 1 km, dort wo die Hauptstraße einen Bogen nach rechts (Süden) macht, geradeaus in eine schmalere Straße.

Wir erreichen kurz darauf einen größeren Platz, den wir geradeaus überqueren. Auf einem Feldweg geht es weiter an der westlichen Peripherie der Siedlung **Khajuraho Village** entlang. Am Ende der Bebauung führt ein Pfad von einem Brunnen nach rechts zum isoliert liegenden, dem Gott Vishnu geweihten **Javari-Tempel,** der mit seinen vielgestaltigen Turmformen ein wenig an die südindische Tempeltürme erinnert.

Ein kleines Stück weiter erhebt sich der gut erhaltene, schon von weitem sichtbare **Vamana-Tempel** aus dem Jahre 1080. Auch er ist Vishnu geweiht, allerdings in seiner Inkarnation als Zwerg. An den Außenwänden finden sich zahlreiche Gottheiten aus seinem Umfeld, dazu Nymphen und andere Wesen des hinduistischen Pantheons.

Wir nehmen den Weg zurück und biegen am Ortsanfang, kurz hinter dem Brunnen nach links in eine der Hauptgassen, wo uns das unverfälschte Leben eines indischen Dorfes umfängt. Man sollte sich jedoch nicht von Jugendlichen in eine Schule oder ein Haus führen lassen. Beachtliche Spenden werden erwartet.

Wir schlagen eine südliche Richtung ein, halten uns an der großen Gabelung am Ortsausgang nach links und gelangen durch Felder fahrend zur **östlichen Gruppe** mit den beiden von einer Mauer umschlossenen Jain-Heiligtümern, die zwischen 950 und 1080 entstanden sind. Der linke, im Norden liegen Tempel ist dem Furtbereiter Adinatha geweiht, der rechte, der Parshvanata-Tempel, gehört zu den schönsten Bauwerken Khajurahos. Die Ausführung der Gestalten, Nymphen, Paare und nackte Asketen, ist von virtuoser Perfektion und wohl der selben Schule zuzuschreiben wie der Lakhsmana-Tempel in der Westgruppe (s. links)

Auf Asphaltstrasse geht es nun etwa 400 m nach Osten bis zu einer großen Kreuzung. Biegt man nach links ab, erreicht man den am Ufer des jenseits des Khudar-Flusses liegenden, dem Gott Shiva geweihten **Duladeva-Tempel** aus der Spätphase der Bautätigkeit in Khajuraho.

Wir überqueren die Brücke, halten uns an der folgenden Gabelung rechts, durchqueren ein kleines Dorf und radeln weiter, bis wir auf eine Asphaltstraße stoßen, in die wir nach rechts abbiegen. Sie führt am Nordende der Landebahn des Flughafens vorbei zur Hauptrasse. Wir biegen nach rechts ab und erreichen nach etwa 3 km wieder unseren Ausgangspunkt.

Bahn: Khajuraho hat mittlerweile einen Bahnhof, ca. 3 km außerhalb. Derzeit (Stand Sommer 2010) besteht 3 x pro Woche eine Verbindung von Delhi (Nizamuddin) am Di, Fr und So (P SMPRK KRNTI, Nr. 2448) über Mahoba, Jhansi und Agra. Von Kahjuraho verkehrt der KURJ NZM EXP, Nr. 2447A, Mo, Mi und Sa nach Delhi. Bald soll es mehr Züge geben. Von Mahoba besteht zu nachtschlafender Zeit Verbindung auch mit Varanasi (Bundlekhand Express, Nr. 1107).
Bus: Mehrfach tgl. Verbindungen mit Jhansi und Satna, 1 x tgl. nachts mit Varanasi.

Jabalpur ► G 9

Die ehemalige Marathenhauptstadt (etwa 1,2 Mio. Einw.) mit sehenswertem **Fort Madan Mahal** ist vor allem Ausgangspunkt für den Besuch der 23 km entfernten, 1,5 km langen **Marmorschlucht Bheraghat,** die zu den bevorzugten Reisezielen indischer Touristen gehört. Einen besonders schönen Blick auf die weißen Felsen hat man von einem der Ruderboote aus, die in großer Zahl auf die Besucher warten. In der Nähe liegt der **Yogini-Tempel Chausath.** In der Stadt selbst lohnt sich der Blick in das **Rani-Durgavati-Museum** mit Funden aus dem 10. und 11. Jh. (tgl. außer Mo 10–17 Uhr, Eintritt 50 Rs).

Infos

MP Tourist Office: Im Bahnhof, Tel. 07 61-267 76 90, Mo–Sa 7–20, So 9–15 Uhr. Buchung von staatlichen Unterkünften in den Nationalparks Kanha und Bandhavgarh. Direktbus zum Kanha-Park.

Übernachten

Tradition in modernem Gewand ► **Narmada Jacksons:** South Civil Lines, Tel. 07 61-400 11 22 , 267 76 63, www.narmadajacksons-hotel.net. Sehr geschmackvolle große Zimmer mit kolonialem Touch, Pool und Spa, gutes Restaurant. DZ ab 3200 Rs.
Recht ordentlich ► **Samdariya:** Russel Chowk, Tel. 07 61-241 34-00 u. -01, www.samdariyahotel.com. 62 etwas plüschige Zimmer in modernem Hotel, Restaurant, Pool. DZ ab 1700 Rs.

Verkehr

Bahn: Verbindungen u. a. mit Varanasi über Allahabad (Mahanagari Express,Nr. 1093, 12 Std.) Delhi (Jabalpur-Delhi Superexpress, Nr 2192, 18 Std.).
Bus: Verbindungen u. a. mit Satna (8 Std.) und Kanha-Nationalpark (ca. 6 Std., Bus des Touristenbüros, s. links).

Nationalparks von Kanha und Bandhavgarh ► G/H 8/9

Der 450 km² große Bandhavgarh-Nationalpark, 210 km östlich von Khajuraho (www.bandhavgarhnationalpark.com), und der 940 km² große Kanha-Nationalpark, 173 km südöstlich von Jabalpur (www.kanhanationalpark.com), gehörten lange zu den beliebtesten Naturschutzgebieten Indiens, da hier die beste Möglichkeit bestand, die seltenen Tiger zu Gesicht zu bekommen. Höchst fragwürdiges Eingreifen sichert, dass man die Tiger gut beobachten kann: Mit Hilfe von Elefanten spüren Wildhüter die Großkatzen auf und hindern sie am Entkommen. In ›Eilmärschen‹ werden dann die Touristen ebenfalls per Elefant zur Besichtigung herangebracht.

Die besten Chancen der Tigersichtung hat man in den trockenen, heißen Monaten vor dem Monsun (April–Juni), wenn sich die Tiere bevorzugt an den Wasserlöchern aufhalten und viele Bäume des Trockenwaldes ihre Blätter abgeworfen haben. Aber auch ohne eine der Raubkatzen zu Gesicht zu bekommen, ist der Besuch der Naturschutzgebiete in ihrer natürlichen Schönheit ein großartiges Erlebnis. Zu sehen gibt es u. a. Leoparden, Sambarhirsch, Dschungelrind (Gaur) und als Seltenheit den Zackenhirsch Barasinga.

Beide Parks sind Anfang Nov.–Ende Juni geöffnet, Man darf die Parks nur mit einem Fahrzeug besuchen. Pro Safari zahlt man für das ganze Fahrzeug (6–8 Personen) 2030 Rs Eintritt. Hinzu kommt die Miete für den Wagen (ab ca. 1000 Rs) und die Gebühr für den obligatorischen Führer (ab 150 Rs).

Infos

Visitor Centres in Kanha (im Park), Mukki und Khatia, tgl. 8–11 und 15.30–17 Uhr, sehr informativ. In Bandhavgarh fehlen sie bisher, Infos erhält man nur beim Divisional Tourist Office in Umaria.

Übernachten

Leider sind etliche Unterkünfte, insbesondere sogenannte Resorts, dazu übergegangen, von ausländischen Touristen stark überhöhte Preise zu verlangen. Aus diesem Grund werden sie hier nicht aufgeführt.

... in Kanha:

Naturnaher Luxus ▶ **Kipling Camp:** Morcha Village, Tel./Fax 076 49-27 72 19, www.kiplingcamp.com. In der Wildnis gelegenes traumhaftes Camp mit 18 Hütten unter britischer Leitung. DZ ab 15 000 Rs mit Vollpension und Führungen.

Mittendrin ▶ **MPSTDC Baghira Log Huts und Tourist Hostel:** www.mptourism.com., blh@mptourism.com (Baghira Log Huts), thk@mptourism.com (Tourist Hostel). Die einzigen im Park gelegenen Unterkünfte mit großen sauberen Zimmern (ab 3890 Rs). Im Tourist Hostel nur *dormitories* (690 Rs). Beide mit Vollpension (vegetarisch). Die Log Huts haben auch eine gemütliche Bar.

... in Bandhavgarh:

Begehrt ▶ **MPSTDC White Tiger Lodge:** Am Parkeingang, www.mptourism.com., wtfl@mptourism.com. Das Pendant zur staatlichen Unterkunft im Kanha-Park, 38 gemütliche Zimmer. DZ ohne AC 2890 Rs mit AC 3890 Rs, jeweils mit Vollpension.

Schlicht und nett ▶ **Kum Kum:** Neben der White Tiger Lodge, Tel. 076 53-26 53 24. Zehn einfache, aber geschmackvolle Zimmer um einen Garten, kleines Restaurant mit schmackhaften *thalis,* sehr gutes Preis-Leistungs-Verhältnis. DZ ab 400 Rs.

Aktiv

Elefantenritte ▶ Ein etwa einstündiger Ausflug mit jeweils vier bis sechs Personen kostet pro Person ca. 600 Rs.

Verkehr

... in Kanha:

Bus: Verbindung mit Jabalpur (ca. 6 Std.).

... in Bandhavgarh:

Bahn: Verbindung bis Umaria (ca. 30 km) an der Nebenlinie Katni–Bilaspur, von dort mit **Bus** oder **Taxi.** Die Bahnstation Satna an der Hauptlinie Mumbai–Kolkata liegt 120 km entfernt, auch von dort gibt es Busverbindungen.

Wer großes Glück hat, kann die Wildkatzen an einem der Wasserlöcher aufspüren

Den Ganges entlang

Mother Ganga – seit alters her die Lebensader des Subkontinents, geschaffen von Gott Shiva und somit Ort tiefster religiöser Verehrung – ist nach wie vor ein magischer Strom. Die dichte Besiedlung hat jedoch zu erheblichen Umweltbelastungen geführt und lässt das reinigende Bad an den heiligen Ghats von Varanasi zu einem risikoreichen Ritual werden.

Die Ufer des Ganges und seiner Nebenflüsse säumen seit Jahrtausenden Orte tiefster religiöser Bedeutung. Der Strom, in unzähligen Mythen besungen, durchzieht nicht nur als Lebensader das Tiefland, er verkörpert für den Hindu auch das göttliche Prinzip in Gestalt von Ganga, Vishnu und Shiva, die eng mit der mythischen Entstehungsgeschichte des Flusses verbunden sind.

Lucknow ►H 7

Cityplan: S. 392; **Karte:** S. 394

Die am Gomati, einem Nebenfluss des Ganges liegende weiträumige Metropole **Lucknow** 1 des Bundesstaates Uttar Pradesh (2,5 Mio. Einw.) soll der Legende zufolge in grauer Vorzeit von Lakshmana, einem Bruder Ramas und König von Ayodhya, gegründet worden sein. Ausgrabungen haben in der Tat den Nachweis einer bis ins 8. Jh. v. Chr. zurückreichenden Besiedlung erbracht. Ihr heutiges Gesicht aber gewann die Stadt erst durch die Herrschaft der Nawab von Lucknow, die mit dem Niedergang des Mogulreichs 1739 einsetzte und bis 1856 andauerte, als die Briten den letzten, dem Wahn verfallenen Herrscher Wajid Ali Shah absetzten und selbst die Regierung übernahmen.

Bereits ein Jahr später stand Lucknow im Brennpunkt des Sepoy-Aufstandes: Meuternde indische Soldaten der britischen Truppen belagerten 89 Tage lang die britische Residenz, in der sich 3000 Menschen verschanzt hatten, darunter 237 Frauen und 260 Kinder. Dann konnten die herangeführten Hilfskräfte zwar bis zu ihren Landsleuten vordringen, wurden nunmehr aber selbst weitere 53 Tage zusammen mit ihnen eingeschlossen.

Lucknow besteht aus zwei für den Touristen wichtigen Stadtteilen, dem historischen Kern **Husainabad** im Nordwesten und dem modernen Zentrum **Hazratganj** etwa 3 km südöstlich davon.

Husainabad

Durch das ungewöhnliche, der Hohen Pforte in Istanbul nachempfundene **Rumi Dwarza Pol** 1, auch Türkentor genannt, gelangt man zum großen Mausoleum **Bara Imambara** 2, in dem der lokale Herrscher Asaf-ud-Daula seine letzte Ruhe gefunden hat. Das dreistöckige Hauptgebäude ist über 100 m lang; der zentrale, durch eine Gewölbedecke abgeschlossene Raum misst gut 50 m und gilt damit als einer der größten seiner Art auf der ganzen Welt. Besonders beliebt ist der Besuch des im ersten Stock liegenden ›Labyrinths‹, ein Gewirr verwinkelter, stockdunkler Gänge, in denen man sich nur mit einem Führer zurechtfindet. Vom Dach hat man einen schönen Blick über die gesamte Anlage. Die den Hof begrenzende, von zwei Minaretten flankierte **Asafi-Moschee** darf von Ungläubigen nicht betreten werden (tgl. 8–18.30 Uhr, Eintritt 300 Rs, Kamera 25 Rs, Ticket gilt auch für die Husainabad Imambara).

Nordwestlich der Great Imambara hat die 1841 von Mohammed Ali Shah begonnene, für Nicht-Muslime ebenfalls unzugängliche **Freitagsmoschee** 3 ihren Platz, eines der letzten Bauwerke mit Moguleinfluss, ein Stück weiter die Grabanlage des Herrschers, die etwas verspielt wirkende **Husainabad Imambara** 4 mit sarazenischen Elementen und dem vergeblichen Versuch, den westlichen Flügel als kleine Kopie des Taj Mahal zu gestalten. Man wird den Eindruck nicht los, Walt Disney hätte Hand angelegt, obwohl der Bau bereits 1839 entstanden ist.

In der Nähe erhebt sich der **Clock Tower** über die Häuser, mit 67 m angeblich der höchste in Indien. Errichtet wurde er 1880 in Gedenken an den Gouverneur George Coo-

Die Asafi-Moschee zeigt unverkennbar den Einfluss der Mogularchitektur

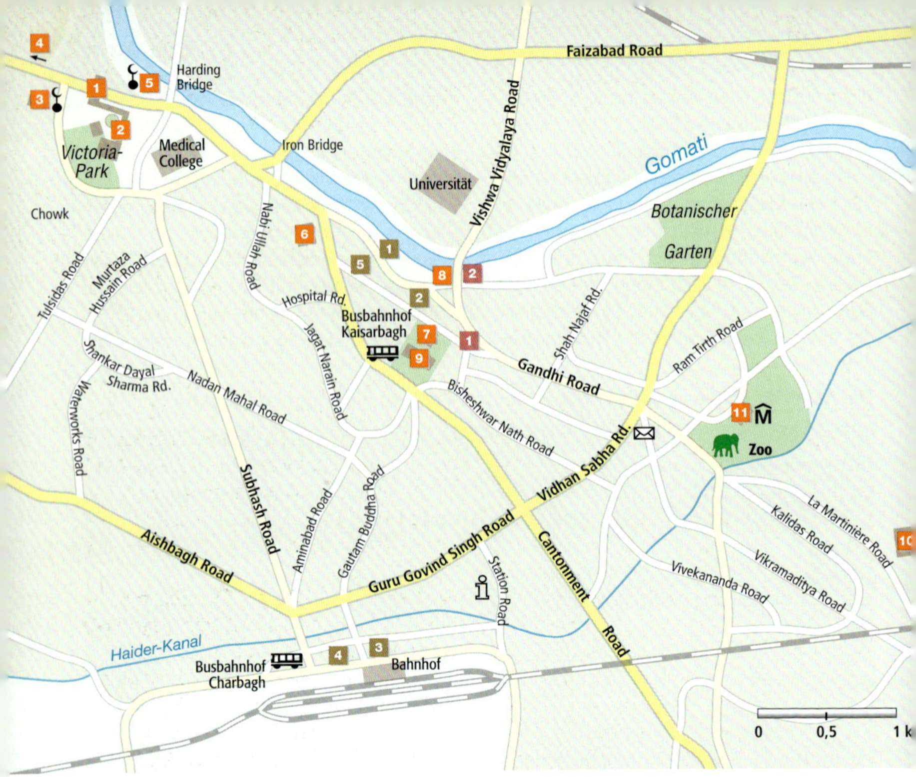

per. Das Innere beherbergt eine Bildergalerie mit Porträts der lokalen Herrscher.

Eine weitere, dem Mogulherrscher Aurangzeb zugeschriebene **Moschee** 5 liegt östlich der Great Imambara nahe der Harding-Brücke.

Die Residenz

Folgt man dem Flusslauf nach Südosten, stößt man nach etwa 2 km auf die ehemals heiß umkämpfte **britische Residenz** 6, die heute noch in Ruinen liegt, ganz so, wie sie damals verlassen wurde. Auf dem Friedhof kann man die Gräber der 2000 bei der Belagerung Verstorbenen, darunter auch das des Befehlshabers Henry Lawrence, der am 4. Juli 1857 tödlich verwundet wurde, besichtigen. Bis zur indischen Unabhängigkeit wehte über der Residenz Tag und Nacht die britische Flagge in Erinnerung an die Gefallenen (tgl. 7–19 Uhr, Eintritt 100 Rs, Video 25 Rs).

Besucher mit ausreichend Zeit können noch das schöne Grab **Nadan Mahal** 7 und den daneben liegenden **Pavillon Sola Khama** besuchen, zwei Beispiele der frühen Mogularchitektur.

Hazaratganj

Auch das moderne Stadtzentrum Hazaratganj hat einige historische Sehenswürdigkeiten aufzuweisen, so etwa den **Schirmpalast Chattar Manzil** 8, ein exotisch anmutendes, von Kupferschirmen gekröntes Gebäude am Ufer des Gomti. Es gehörte zum nahen, allerdings weitgehend dem Aufstand von 1857 zum Opfer gefallenen **Kaisar-Bagh-Palast** 9, in dem der letzte König Wajid Ali Shah residierte. Unter dem Bauwerk liegen ausgedehnte Zimmerfluchten, in die man sich während der heißen Jahreszeit zurückzog. Heute ist in dem historischen Komplex ein medizinisches Forschungsinstitut untergebracht.

Lucknow

Sehenswert
1 Türkentor (Rumi Dwarza Pol)
2 Bara Imambara
3 Freitagsmoschee
4 Husainabad Imambara
5 Aurangzeb-Moschee
6 Britische Residenz
7 Nadan-Mahal-Grabmal
8 Schirmpalast Chattar Manzil
9 Kaisar-Bagh-Palast
10 La-Martinière-College
11 State Museum

Übernachten
1 Hotel Clarks Avadh (mit Restaurant Falaknuma)
2 Gemini Continental
3 Hotel Mohan
4 Hotel Mayur
5 Hotel Elora

Essen & Trinken
1 Chowdray
2 Muman's Royal Café

Das am östlichen Stadtrand das Ufer säumende **La-Martinière-College** 10, heute eine angesehenes Internat, ist erstaunliches Ergebnis der architektonischen Phantasien von General Claude Martin, der sich hier 1793 seine Traumvilla errichten ließ, deren Fertigstellung er allerdings nicht mehr erlebte.

Ein Stück nördlich davon liegt in Banarasi Bagh hinter dem Zoo das **State Museum** 11 mit einer sehenswerten Sammlung hinduistischer und buddhistischer Skulpturen aus dem 1. bis 11. Jh., insbesondere der Mathura-Schule, dazu Münzen, Musikinstrumente und sogar eine ägyptische Mumie (tgl. außer Mo 10.30–16.30 Uhr, 100 Rs, Kamera 20 Rs).

Infos

UP Tourist Office: Gomti Nagar, Sapru Marg im Hotel Gomti, Tel. 05 22-230 80 17, Mo–Sa 9.30–19 Uhr.
Einen weiteren **Infostand** gibt es auf dem Bahnhof (Mo–Sa 8–20 Uhr).

Übernachten

Für gehobenen Anspruch ▶ **Hotel Clarks Avadh** 1: 8 Gandhi Rd., Tel. 05 22-261 65 00-09, Fax 05 22-261 65 07. www.clarksavadh.com. Luxuriöses Hotel im Zentrum mit 98 geschmackvollen Zimmern, Pool, Fitnesscenter, gutes Restaurant. DZ ab 8000 Rs.
Hightech inklusive ▶ **Gemini Continental** 2: 10 Rani Laxmi Bai Marg, Tel. 05 22-401 11 11, Fax 05 22-220 06 90, www.geminicontinental.com. Modernes, zentral gelegenes Business-Hotel mit großen funktionalen und komfortablen Zimmern, ausgestattet mit modernster Unterhaltungstechnik, WiFi; aus den oberen Stockwerken schöner Panoramablick, gutes Restaurant. DZ ab 6500 Rs.
Gute Mittelklasse ▶ **Hotel Mohan** 3: Buddha Rd., in Bahnhofsnähe, Tel. 05 22-403 55-55 bis -85, www.hotelmohan.com. Ordentliches Mittelklassehotel mit qualitativ unterschiedlichen Zimmern, Restaurant und Bar. DZ ab 2800 Rs.
Geht so ▶ **Hotel Mayur** 4: Subash Marg, Tel. 05 22-245 18 24. Günstig gegenüber dem Bahnhof gelegen, deshalb beliebt, aber auch recht laut. Die billigen Zimmer taugen nicht viel, die teureren mit AC sind o. k. DZ ohne AC ab 350 Rs, DZ mit AC 700 Rs.
Für Sparfüchse ▶ **Hotel Elora** 5: 3 Lalbagh, Tel. 05 22-221 13 07. Zentral gelegenes, beliebtes Hotel mit gutem Preis-Leistungs-Verhältnis, preiswertes Restaurant. DZ ab 350 Rs.

Essen & Trinken

Vornehm ▶ **Falaknuma:** Edles Dachrestaurant im Hotel Clarks Avadh 1. Panoramablick und erlesene lokale Avadhi-Küche, z. B. *kakori* (Lamm in Minzsauce). Dazu gibt es live Ghazal-Musik. Hauptgerichte ab ca. 200 Rs
Lokale Kost ▶ **Chowdray** 1: Gandhi Rd., Hazaratganj, tgl. 10–22.30 Uhr. Populäres Restaurant, spezialisiert auf die lokale Lucknow-Küche. Hauptgerichte ab 50 Rs.
Familienfreundlich ▶ **Muman's Royal Café** 2: Gandhi Rd., Hazaratganj, tgl. 10–23 Uhr. Bei Einheimischen sehr beliebt. Indische und chinesische Küche. Hauptgerichte ab 50 Rs.

Termine

Lucknow Festival (Nov.): Umzüge und Folkloredarbietungen.

Verkehr

Flug: Der Flughafen liegt 15 km südlich der Stadt, Verbindungen u. a. mit Delhi, Kolkata und Varanasi.

Bahn: Gute Verbindungen u. a. mit Delhi (Kaifiyat Express, Nr. 2245, und Gorakdam Express, Nr. 2555), Varanasi und Klokata (Amritsar-Howrah Mail, Nr. 3006).

Bus: Es gibt zwei Busbahnhöfe: Charbagh in der Nähe des Bahnhofs, von dem die meisten Busse abfahren, z. B. nach Varanasi (8 Std.) und Agra (10 Std.), sowie Kaisarbagh (Narain Rd.), von dem Busse nach Delhi (13 Std.) und nach Sonauli zur Grenze Nepals (3 Std.) starten.

Allahabad ▸ H 7/8

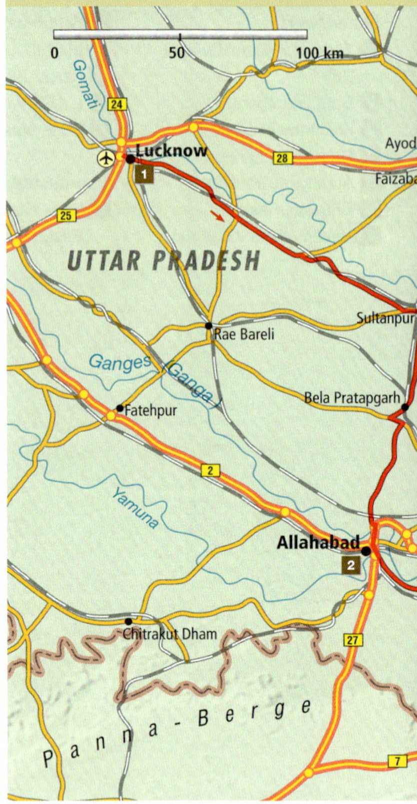

Karte: s. rechts

Die 237 km südöstlich von Lucknow liegende Stadt **Allahabad** **2** (1,3 Mio. Einw.), hinter der sich das historische Prayaga verbirgt, gewinnt ihre besondere religiöse Bedeutung durch die Lage am Zusammenfluss von Ganges und Yamuna. Schon Rama, Sita und Laxmana, die Helden des Epos »Mahabharata«, sollen hier den Fluss überquert haben, um in den Tempeln ihre Gebete zu verrichten. Die Einmündung trägt auch den Namen Triveni, ›dreifacher Zusammenfluss‹, da dem wahrhaft Gläubigen hier auch die Quelle des legendären Flusses Sarasvati sichtbar wird. Der chinesische Pilger und Reisende Hsüan Tsang (600–664) hob hingegen die Bedeutung der Stadt als Zentrum des Buddhismus hervor. Im 12. Jh. fiel auch dieser Ort in islamische Hand, wurde aber erst von Akbar 1583 zur befestigten Stadt ausgebaut und in Ilahabas umbenannt, woraus sich schließlich Allahabad entwickelte. 1801 übernahmen die Briten die Stadt, 1858 wurde sie Hauptstadt des Bundesstaates Uttar Pradesh und spielte später eine wichtige Rolle im indischen Freiheitskampf.

Rund um das Fort

Die Sehenswürdigkeiten der Stadt werden von ausländischen Touristen nur selten besucht. Da das Fort (ca. 8 km vom Bahnhof) noch heute vom Militär belegt ist, kann die berühmte Ashoka-Säule aus dem Jahre 232 v. Chr. nicht besichtigt werden. Besuchen kann man nur den **Patalpuri-Tempel** im östlichen Bereich des Forts, der zu den ältesten Indiens zählt.

Nicht weit davon entfernt soll der von Hsüan Tsang erwähnte unvergängliche Banyan-Baum **Akshai Vata** am Ufer gestanden haben, umgeben von den Gräbern der Pilger, die sich hier auf oftmals grausame Weise selbst geopfert hatten, um damit den Kreislauf der Wiedergeburten zu durchbrechen. Der populärste war König Cumaragupta III., der sich im 6. Jh. in einem Feuer aus Kuhdung verbrannte. Gut 500 Jahre später wählte König Gangeyadeva zusammen mit

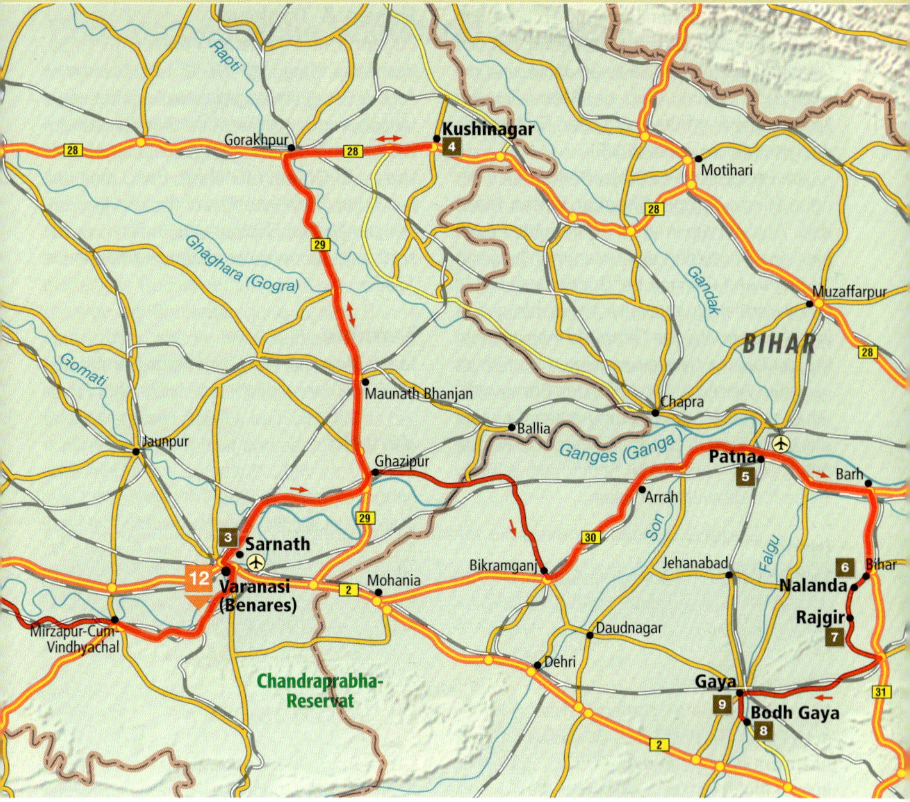

seinen 100 Frauen den Freitod durch Fasten.

Im Stadtgebiet

Das viktorianische Gebäude **Anand Bhavan** (ca. 4 km vom Bahnhof), ehemaliger Besitz Jawaharlal Nehrus, in dem zahlreiche Treffen des Working Committee of Congress zur Vorbereitung der Unabhängigkeit stattgefunden haben, wurde in ein Museum verwandelt (tgl. außer Mo 9.30–17 Uhr, Eintritt 5 Rs).

Das **Allahabad-Museum** lockt mit seiner umfangreichen Kunstsammlung von Figuren, Siegeln und Terrakotten. Auch Bilder des Künstlers Nicholas Roerich, der zeitweise im Kullu-Tal lebte (s. S. 181), gibt es zu bewundern (tgl. außer Mo 10–17 Uhr, 2. Sa im Monat geschl., Eintritt 100 Rs), und auch die englische Kolonialzeit ist durch etliche Gebäude vertreten, u. a. das **bischöfliche Palais** und die **All Saints Cathedral**.

Sangam

Einer der wichtigsten hinduistischen Wallfahrtsorte Indiens ist der **Sangam,** die Einmündung des Yamuna in den Ganges. Die Ufer sind von Ghats (Badetreppen) und Plattformen gesäumt, auf denen Priester warten, um mit den Pilgern das Puja-Ritual zu zelebrieren. Erreichbar ist der Sangam mit dem Boot vom Saraswati-Ghat (s. S. 396) nahe dem Fort.

Im Mittelpunkt religiöser Feierlichkeiten steht Allahabad während der alljährlich im Januar/Februar stattfindenden **Magh Mela,** die Tausende von Pilgern zum Zusammenfluss

Bedeutung hängt möglicherweise mit der geografischen Lage des Flusses zusammen, der hier von seiner west-östlichen Richtung nach Norden abknickt und es dadurch dem Gläubigen ermöglicht, die rituelle Reinigung im Angesicht der aufgehenden Sonne vorzunehmen. Als Buddha im 6. Jh. v. Chr. begann, seine Lehre zu verbreiten, wählte er mit Sarnath (s. S. 405) bewusst die Nähe der damaligen Hochburg des Hinduismus, um das ›Rad der Lehre‹ in Bewegung zu setzen. Mit der Eroberung durch Mohammed von Ghur wurde 1196 die über 600 Jahre währende Epoche islamischer Vorherrschaft eingeleitet – verbunden mit der mehrfachen Zerstörung der hinduistischen Heiligtümer, zuletzt unter Aurangzeb im 17. Jh. Das Wiedererstarken des Hinduismus setzte mit der Herrschaft der Marathen ein, die 1775 die Moguln ablösten. Unter den Briten erlebte die Stadt aufgrund der Verbesserung der Infrastruktur (Eisenbahnanschluss) einen weiteren Aufschwung. Von überall her konnten die Pilger nun das ersehnte Ziel leicht erreichen.

Varanasi: Die Stadt am Ganges gilt Hindus als einer der heiligsten Plätze Indiens

Die Ghats

Heute ist ein großer Teil der etwa 70 Bade-Ghats, die sich von der Mündung des Varuna bis zur Mündung des Assi über eine Entfernung von etwa 6 km den Ganges entlangziehen, dem Verfall preisgegeben. Es fehlen die Mittel, um die Bauwerke vor dem jedes Jahr bis zu 15 m ansteigenden Monsunhochwasser nachhaltig zu schützen; aber auch die Unterspülung der Uferböschung durch die ungeklärt eingeleiteten Abwässer trägt zur Zerstörung bei.

Das religiöse Leben konzentriert sich heute zunehmend auf die Ghats von **Dasaswamedh** und **Manikarnika.** Zwischen die Bade-Ghats eingebettet sind auch zwei Verbrennungsplätze, auf denen täglich bis zu 60 Tote eingeäschert werden. Beginnend am Manikarnika Ghat verläuft ein etwa 65 km langer Pilgerpfad *(panch-kosi-tirth)* in einem großen Bogen um das Zentrum zum Assi Ghat. Er trennt gleichzeitig die Welt des Profanen von der des Heiligen; wer innerhalb dieser Grenzen stirbt, dem wird höchstes Glück im Jenseits zuteil. In enger Verbindung zu den Pilgerzielen am Strom stehen die unzähligen Tempel – 1500 sollen es sein –, denen allerdings die Großartigkeit etwa der südindischen Anlagen fehlt.

Nicht verschwiegen werden darf, dass der Ganges extrem mit Schadstoffen belastet ist. So übersteigt allein der Anteil an Kolibakterien den Grenzwert um 3000 %, denn noch immer werden die Abwässer größtenteils ungeklärt in den heiligen Strom geleitet. Auch die Lederindustrie von Kanpur entlässt ihre chemischen Rückstände ungefiltert in den Ganges. Zwar wurde 1985 der Ganges Action Plan ins Leben gerufen, die ersten Folgen – etwa das Aufstellen von elektrischen Kremationsöfen und der Bau einiger Kläranlagen – sind jedoch nur ein Tropfen auf den heißen Stein, leben doch über 400 Mio. Menschen im Einzugsgebiet, viele von ihnen in den immer weiter wachsenden Großstädten unmittelbar am Strom. Besonderes Engagement auf privater Ebene zeigt der Sankat Mochan Trust, der die Aufklärung der Bevölkerung in den Mittelpunkt seiner Bemühungen stellt (http://members.tripod.com/sankatmochan).

Das **Dasaswamedh Ghat** 1 ist heute das meistbesuchte der Ganges-Wallfahrt. Es bezeichnet die Stelle, an der Brahma, der Weltschöpfer, ein wichtiges Opfer vollzogen haben soll. Schon vor Sonnenaufgang herrscht hier reges Treiben, drängen sich Pilger, Sadhus und Bettler die Treppen zum Fluss hinunter. Der Blick vom Boot aus auf das Geschehen gehört zu den unvergesslichen Eindrücken einer Indien-Reise (s. S. 397). An der

Varuna
Sarnath Marg
The Mall
Raja Bazaar Marg
Rajghat Marg
City Bahnhof
JAITPURA
Grand Trunk Road
CANTONMENT
Busbahnhof Cantonment
Alipur Marg
Bahnhof Varanasi
Bahnhof Kashi
Cantonment Road
ADAMPURA
Kabir Chadra Marg
Darahagar
Kashi Station Road
Grand Trunk Road
LAHURABIR
Vidhya Peeth Marg
Chait Gang Marg
KOTWALI
CHETGANJ
Panchagang
Siddha Kshetra
Ganges
CHOWK
Aurangbad Road
Chauk
Sankara-Ghat
Luxa Marg
siehe Detailkarte
Raja Motichad Marg
Madan Pura Marg
Chauki-Ghat
Harishchendra-Ghat
Hanuman-Ghat
BHELUPURA
Durg Kund Road
Assi Rd.
Tulsi-Ghat
Asi-Ghat
Start
Lunka Road
Asi
Ganges
Panch Koshi Road
Benares Hindu University
Pontonbrücke (nur während der Trockenzeit)
0
0,5
1 km
Chauk
Manikarni Ghat
Lalita-Ghat
Mir-Ghat
Dashashvamedha-Ghat
Ganges
0
200
400 m

Varanasi

Sehenswert

1 Dasaswamedh Ghat
2 Lalita Ghat / Jalasai Ghat
3 Manikarnika Ghat
4 Alter Vishvanath-Tempel
5 Gyanvapi-Moschee
6 Annapurna-Tempel
7 Bhaironath-Tempel
8 Alamgir-Moschee
9 Durga-Tempel
10 Neuer Vishvanath-Tempel
11 Museum Bharat Kala Bhawan

Übernachten

1 The Gateway Varanasi (ex. Taj Ganges)
2 Hotel Ganges View
3 A Palace on River (Rashmi Guesthouse)
4 Hotel Surya
5 Scindhia Guest House
6 Shivam

Essen & Trinken

1 Dolphin
2 Ganga Fuji
3 German Bakery Restaurant

Einkaufen

1 Upica
2 Mehrotra Silk Factory

Südseite liegt der weiße Tempel der Pockengöttin Sitala. Ein Stück flussabwärts trifft man auf das **Lalita Ghat** 2, das ein nepalesischer Tempel mit erotischen Darstellungen überragt, daneben das **Jalasai Ghat**, einer der beiden Hauptverbrennungsplätze am Ganges. Das absolute Fotoverbot ist strengstens zu beachten, will man nicht mehr als nur den Verlust seiner Kamera riskieren.

Daneben befindet sich das ebenfalls seit altersher als Verbrennungsplatz bedeutsame **Manikarnika Ghat** 3, an dem das Wasser der Schöpfung auf das Feuer der Zerstörung trifft. Hauptanziehungspunkt ist der oberhalb liegende kleine Teich gleichen Namens, den Shiva auf der Suche nach Parvatis Ohrring gegraben und mit seinem Schweiß gefüllt hatte. Wie das Schmuckstück wieder ans Tageslicht kam, berichtet die Legende über die Entstehung der heißen Quellen von Manikaran im Kullu-Tal (s. S. 184).

Die Altstadt

Hinter den Uferbauten schließt sich die enge, malerische Altstadt mit ihren verwinkelten Gassen an, in der sich zwei der wichtigsten Tempel verbergen. Im **Alten Vishvanath-Tempel** 4, der wegen seines vergoldeten Kupferdachs auch als ›Goldener Tempel‹ bekannt ist, opfern die Pilger nach dem reinigenden Bad im Ganges. Das für Touristen nicht zugängliche Heiligtum wurde erst 1777 als Stiftung der Maharani von Indore errichtet, während Maharaja Rajit Singh von Lahore 1835 das Gold beisteuerte; einen schönen Blick hat man vom Gebäude nebenan. Der ursprüngliche, dahinter liegende Tempel wurde Ende des 17. Jh. von Aurangzeb zerstört und anschließend mit der **Gyanvapi-Moschee** 5 überbaut. Nur einige Schritte sind es von hier zum **Annapurna-Tempel** 6, in dem Shivas Gemahlin Parvati als Ernährerin verehrt wird. Im benachbarten, zum Dandapani-Tempel gehörenden **Schicksalsbrunnen** (Kala Kupa) kann man einen Blick in die Zukunft werfen. Wer sein Spiegelbild im Brunnen nicht zu erkennen vermag, der kann mit seinem Leben abschließen.

Fremdartiger wirkt der nahe der Hauptpost liegende **Bhaironath-Tempel** 7, der dem ›schrecklichen‹ Gott Bhairava, einer Inkarnation Shivas, geweiht ist. In der Nähe erhebt sich am Flussufer die **Alamgir-Moschee** 8, ebenfalls von Aurangzeb an der Stelle eines alten Tempels errichtet, wobei die Einfriedung und der untere Teil hinduistische Elemente zeigen, während die eigentliche Moschee im späten Mogulstil gestaltet ist.

Als weiteres, für den Ritus wichtiges Heiligtum zieht der im Süden liegende **Durga-Tempel** 9 große Pilgerscharen an. Wegen der hier lebenden, sehr aufdringlichen und aggressiven Affen hat er auch den Beinamen Affentempel.

Universitätsgelände

Nicht weit entfernt davon erstreckt sich der Komplex der Benares-Hindu-Universität mit

aktiv unterwegs

Von Ghat zu Ghat

Tour-Infos

Ausgangs-/Endpunkt: Asi Ghat/Adi Keshava bzw. Dashashwamedha Ghat
Länge: 6 km (hin und zurück 12 km)
Dauer: ein Tag
Hinweis: Die Tour kann in Abschnitten auch mit dem Boot durchgeführt werden (s. Tipp S. 397)

Über sechs Kilometer erstrecken sich die Ghats entlang des Ufers vom Asi-Ghat im Süden bis zum Raja-Ghat an der Eisenbahnbrücke. Ein Spaziergang am Ufer entlang gehört zu den nachhaltigsten Erlebnissen eines Besuchs in Varanasi, gewährt er doch einen tiefen Einblick in das in das religiöse aber auch weltliche Leben am großen Strom. In den letzten Jahren wurde die ›Uferpromenade‹ saniert, und auch von der nervigen Aufdringlichkeit der Bootsleute, Bettler und so genannter Priester ist kaum noch etwas zu spüren.

Der Spaziergang beginnt im Süden am **Asi-Ghat,** wo früher der gleichnamige Fluss einmündete. Entstanden sein soll er der Legende nach, als die Göttin Durga hier ihr Schwert fortwarf, mit dem sie den Dämon Shumbha-Nishumbha getötetet hatte. Das Ghat gehört mit vier weiteren zu den 99 heiligen Punkten auf dem großen Pilgerweg um das historische Varanasi, die Pancakrosiyatra. Hier nehmen die Gläubigen ihr erstes Bad ehe sie den Weg am Ufer entlang fortsetzen.

Vorbei an den mehr oder weniger verfallenen Palästen lokaler Herrscher erreicht man als nächsten wichtigen Badeplatz das **Tulsi-Ghat,** benannt nach dem bedeutenden Dichter Tulsi Das (1532–1623), Verfasser der Ramcharitmanas, einer Nachschöpfung der des berühmten Ramayana-Epos. Er hatte hier sein Wohnhaus, das heute als Museum dient. Die kulturelle Bedeutung des Ghats wird durch Aufführungen der Krishna-Legenden (Krishna-Lila) bis heute wach gehalten. Ein Stück weiter setzt das Pumpwerk für die Wasserversorgung einen modernen Akzent.

Ganz anders das **Hanuman-Ghat,** ein bedeutsamer Punkt, benannt nach dem Affengott Hanuman, der hier einen Schrein besitzt. Aber auch Ruru, einer der acht Bhairavas, die Furcht erregende Inkarnation Shivas, wird hier verehrt.

Das folgende **Harishchandra-Ghat,** verdankt seinen Namen dem legendären Herrscher, der hier von den Göttern einer Prüfung unterzogen wurde ganz ähnlich wie Hiob im Alten Testament. Traditionell dient das Ghat auch der Verbrennung, für die hier jedoch elektrische Öfen Verwendung finden, die aufgrund der häufigen Stromsperren aber nur selten ihren Dienst versehen.

Am **Chauki-Ghat** beschützt ein gewaltiger Baum eine Ansammlung steinerner Nagas, Herrscher der Gewässer. Während des Festes Naga Panchami, das verständlicherweise in der Regenzeit stattfindet, wird den Schlangengottheiten mit Opfergaben Reverenz erwiesen.

Weiter geht es entlang des Ganges, dessen Ufer nunmehr auch den Wäschern dient, die hier ihre Bettlaken und Saris zu einem bunten Patchwork ausbreiten. Bald ist das **Dashashvamedha Ghat** 1 erreicht, der zentrale und größte Badeplatz in Varansi. Hier soll das im Mahabharata-Epos beschriebene Pferdeopfer von König Yudhishthira (ashvamedha) vollzogen worden sein. Von der Stadt her erreicht man das Ghat über eine breite Straße, die nunmehr jedoch ab der Godaulia-Kreuzung für Motorfahrzeuge gesperrt ist, so dass man auf eine Rikscha angewiesen ist oder etwa 1 km zu Fuß gehen muss. Mehrere Tempel haben am Ghat ihren Platz, und auf den heiligen Plattformen am Ufer werden regelmäßig Pujas abgehalten.

Das benachbarte **Mir (Manmandir Ghat)** wird vom Palace on River Rashmi Guest House überragt, einem gepflegten Hotel mit einem einzigartigen Blick von der Terrasse des **Dolphin Restaurants** 1 (auch für Nichtgäste offen). Erst von hier aus sieht man das Observatorium auf dem Dach des Nachbarbauwerks, eine Gründung des Herrschers Jai Singh II. von Jaipur aus dem 18. Jh., der ja auch in Delhi (Jantar Mantar, s. S. 124) und vor allem in Jaipur (s. S. 241) Observatorien hatte errichten lassen. In das Innere gelangt man (sofern das Tor offen ist) über die schmale links am Hotel vorbeiführende Gasse, die weiter in das Gewirr der Altstadt führt.

Folgt man weiter dem Ufer berührt man das **Lalita-Ghat** 2**,** benannt nach einer populären weiblichen Gottheit, mit einen viel besuchten Vishnu-Tempel. Bald schon sieht man die Rauchwolken der Scheiterhaufen des **Manikarnika-Ghats** 3**.** Nach wie vor werden hier die Toten in traditioneller Weise verbrannt. Die Zeremonie ist überaus kostspielig. Zum einen werden bis zu 400 kg Holz pro Verbrennung benötigt, zum andern verlangen die zur Paria-Kaste zählenden Doms, in deren Händen die Durchführung seit Urzeiten liegt, eine erhebliche Summe. Touristen können zwar aus gebührendem Abstand den Verbrennungen beiwohnen, Fotografieren und Filmen sind jedoch tabu.

Die Scheiterhaufen versperren den direkten Weg am Ufer entlang. Auf links vom Ghat empor führenden Treppen kann man das Verbrennungsghat jedoch umgehen.

Man gelangt nun in den als **Siddha Kshetra** (Region der Erfüllung) bekannten Abschnitt mit zahlreichen bedeutsamen, hoch über dem Fluss gelegenen Tempeln, der sich bis zum Panchaganga-Ghat erstreckt. In den Heiligtümern werden machtvolle Gottheiten verehrt, so etwa Vireshvara (über dem Sindhia Ghat), daneben sein Sohn, der Feuergott Agni, oder Sankata Devi (über dem Sankata Ghat), Schutzgottheit für alle fern der Heimat weilenden Ehemänner.

Panchagang, das nächste größere Ghat gehört zu den eindrucksvollsten entlang des Flusses. Das hier steil aufragende Ufer wurde früher von einem großen Vishnutempel gekrönt, der Richtung Süden bis zum Rama Ghat reichte. Im 17. Jh. ließ der Mogulherrscher Aurangzeb das Heiligtum niederreißen und durch eine Moschee ersetzen, die bis heute den Abschnitt dominiert.

Auf dem weiteren Weg bestimmt nunmehr eher das profane Leben das Gesicht der Ghats. Wasserbüffel werden zum Baden geführt, überall flattert Wäsche von langen Leinen oder liegt auf den Steinplatten. Vom Ufer her erklingt das Klatscher der Wäsche gegen die Stufen, und man hört das Rattern der Züge über die lange, nicht ferne Malaviya-Brücke.

Das letzte Ghat, **Adi Keshava,** liegt jenseits der Brücke an der Einmündung des Varuna in den Ganges. Vishnu soll hier erstmals den Fuß auf den Boden von Benares, das damals den Namen Kashi trug, gesetzt haben. Auf dem Plateau lag für lange Zeit das Zentrum des historischen Varanasi. Ein Vishnu-Tempel markiert heute die Stelle und das bad an der Mündung verheißt dem Gläubigen die Befreiung von allen Sünden.

Statt denn gesamten Weg von Süd nach Nord in einem Zug abzugehen, könnte man die Tour auch in zwei Abschnitte aufteilen, wobei sich das im Zentrum gelegene **Dashashwamedha Ghat** als Ausgangs- und Endpunkt anbietet. Das betriebsame Ghat ist von der zentralen Godaulia-Kreuzung entlang einer für Fahrzeuge gesperrten Straße leicht erreichbar und lädt überdies zum längeren Verweilen ein. Im benachbarten Restaurant Dolphin (s. S. 404) könnte man zudem eine wohl verdiente Pause einlegen.

dem von dem Industriellen Birla gestifteten **Neuen Vishvanath-Tempel** 10 und dem **Museum Bharat Kala Bhawan** 11 mit einer sehenswerten Miniaturensammlung (Mo–Sa 11–16.30 Uhr, Eintritt 40 Rs, Kamera 20 Rs).

Infos

UP-Tourist Information: Im Tourist Bungalow gegenüber dem Bahnhof, Tel. 05 42-220 66 38, Mo–Sa 10–17 Uhr.

Übernachten

Wie in Agra werden die Touristen hier bereits am Bahnhof von aufdringlichen Rikschafahrern abgefangen und in Hotels geleitet, die Provision zahlen. Man sollte sich nicht beirren lassen und am besten das gewählte Hotel anrufen (evtl. vom Touristenbüro aus) und sich abholen lassen. Dies gilt vor allem für die kleinen Hotels in der Altstadt Godaulia. Wer in einem der großen Hotels der Neustadt absteigt, ist vor den Rikscha-Wallas einigermaßen sicher.

Altbewährter Luxus ▶ **The Gateway Varanasi** (ex. Taj Ganges) 1: Nadesar Palace Grounds, Cantonment, Tel. 05 42-250 30 01 bis 19, Fax 05 42-250 13 43, 05 42-25 02 24, www.tajhotels.com, www.thegatewayhotels.com. Zur Taj-Gruppe gehörendes, sehr gepflegtes Hotel in parkartigem Garten mit allen Annehmlichkeiten. 130 geräumige Zimmer und Suiten, Pool, Bar, Restaurant. DZ ab 5775 Rs inkl. Frühstück.

Der Tradition verpflichtet ▶ **Hotel Ganges View** 2: Assi Ghat, Tel. 05 42-231 32 18 und 309 02 89, www.hotelgangesview.com. Ein traumhaft gelegenes Hotel in einem renovierten, 100 Jahre alten Gebäude direkt am Ganges. Zwölf ausgesprochen geschmackvolle, mit Kunstwerken dekorierte Zimmer, Dachterrasse mit Blick über den Fluss. Treffpunkt der Künstlerszene mit regelmäßigen Konzerten und Lesungen. Personal könnte freundlicher sein. DZ ab 4500 Rs.

Beste Lage ▶ **A Palace on River (Rashmi Guesthouse)** 2: 16/28-A, Manmandir Ghat, Tel. 05 42-240 27 78, 05 42-240 28 56, www.palaceonriver.com. Unmittelbar neben dem Hauptghat direkt am Ganges gelegen. Dafür nimmt man die recht kleinen Zimmer gern in Kauf. Wer mehr auszugeben bereit ist, kann aber auch eines mit Panoramablick buchen. Vom Dachrestaurant (s. u.) hat man diesen Blick ohnehin. DZ mit Frühstück ab 2500 Rs.

Gartenidyll ▶ **Hotel Surya** 4: The Mall, hinter dem Bahnhof, unweit dem Clarks Hotel, Tel. 05 42-250 84 66, 05 42-250 84 65, www.hotelsuryavns.com. Gutes Mittelklassehotel, ruhig in einem Garten gelegen mit ordentlichen Zimmern, Pool, Restaurant. DZ ab 1800 Rs inkl. Frühstück.

Traumblick für wenig Geld ▶ **Scindhia Guest House** 5: Scindhia Ghat, Tel. 05 42-242 03 19, 05 42-239 34 46, www.scindhiaguesthouse.com. Unmittelbar am Ghat gelegen mit grandiosem Blick. Saubere, geflieste Zimmer, teilweise mit Balkon, einfaches Restaurant. DZ ohne AC ab 450 Rs, DZ AC-Deluxe mit Balkon bis 1200 Rs.

Bahnhofsnah ▶ **Shivam** 6: Parade Khoti, Tel. 05 42-220 10 55, Fax 05 42-220 83 63. Neueres Mittelklassehotel neben dem Tourist Bungalow, gegenüber dem Bahnhof. Funktionale, helle, saubere Zimmer. DZ ohne AC ab 450 Rs, DZ mit AC 650 Rs.

Essen & Trinken

Aufgrund der schlechten Wasserqualität ist vor allem bei einfachen Restaurants Vorsicht geboten. Hervorragend isst man in den Restaurants der internationalen Hotels.

Hoch über dem Fluss ▶ **Dolphin** 1: Im Hotel Rashmi Guesthouse. tgl. 7–23.30 Uhr. Vor allem abends ist das Ambiente umwerfend. Sehr schmackhafte indische Küche,

Tipp: Etwas Vorsicht walten lassen

Wie auch in anderen Touristenzentren wird man in Varanasi von Schleppern bedrängt, und auch die Gefahr des Taschendiebstahls ist im Gewühl der engen Gassen besonders hoch. Überdies sollte man bei Dunkelheit nicht mehr an den Ghats oder in der Altstadt umherstreifen, da es immer wieder zu Überfällen kommt.

Bier nur aus Dosen und recht teuer. Hauptgericht ab 150 Rs.
Für Musikliebhaber ▶ Ganga Fuji 2: Kalika Gali, Altstadt,tgl. 7.30–23 Uhr. Vor allem wegen der abendlichen klassischen Musik sehr beliebt, indische, chinesische und europäische Küche. Hauptgerichte ab 70 Rs.
Kaffee und Kuchen ▶ German Bakery Restaurant 3: D.5/17, Tripuara Bhairavi (nahe Dasaswamedh Ghat), tgl. 7–22.30 Uhr. Die Schuhe deponiert man am Eingang und sitzt im Schneidersitz auf Teppichen im 1. Stock. Zimtschnecken und Cappuccino sind die Renner. Ab 30 Rs.

Einkaufen

Seide ▶ Varanasi ist berühmt für seine Seide, wobei der Tourist allerdings nicht selten übervorteilt wird. Zu empfehlen sind die staatlichen Geschäfte wie das **Upica** 1 gegenüber dem Taj-Hotel, die **Mehrotra Silk Factory** 2, K 4-8A, Lal Ghat, Raj Mandir, oder U. P. Handlooms in Lahurabir und Nichibagh, wo man einwandfreie Ware zu festen Preisen bekommt.
Früchte ▶ Wer im Sommer hier ist, sollte die **Mangosorte** *langda aam* probieren, eine Spezialität der Region.

Verkehr

Flug: Der Flughafen liegt 23 km nördlich der Stadt. Verbindungen u. a. mit Delhi, Khajuraho und Agra sowie mit Kathmandu (Nepal).
Bahn: Der Bahnhof Varanasi Junction liegt an einer Nebenstrecke; die Hauptroute zwischen Delhi und Kolkata verläuft über Mughal Serai (12 km), wo auch der Rajdhani Express zu nachtschlafener Zeit hält. Verbindungen mit Kolkata über Patna (New Delhi Rajgir Shramjeevi Experess, Nr. 2392), Kolkata via Gaya (New Delhi Howrah Poorva Express, Nr. 2382, 3 x wöchentl.) und mit Dehra Dun über Lucknow und Haridwar (Varanasi-Dheradun-Express, Nr. 4265). Für Ausländer gibt es einen speziellen Reservierungsschalter im Bahnhof (Foreign Tourist Assistance Bureau, Mo–Sa 8–20 Uhr, So bis 14 Uhr).
Bus: Der Busbahnhof liegt in der Nähe des Bahnhofs. Häufige Verbindungen u. a. mit Allahabad (3 Std.) und Lucknow (8 Std.). Busse und Sammeltaxis ins nahe Sarnath fahren vor dem Bahnhof ab.

Sarnath ▶ J 8

Karte: S. 394
Der kleine, 8 km nördlich von Varanasi liegende Ort **Sarnath** 3 ist einer der wichtigsten mit dem Leben Buddhas verbundenen Plätze, wurde doch hier das ›Rad der Lehre‹ in Bewegung gesetzt. Im Gazellenpark von Sarnath predigte der Religionsstifter erstmals die Grundlagen seiner durch die Erleuchtung in Bodh Gaya (s. S. 411) gewonnenen Erkenntnis. Zuhörer waren fünf seiner ehemaligen Weggenossen, die ihn zuvor enttäuscht verlassen hatten, nun aber die Keimzelle der Gemeinde, der Sanga, bildeten.

Kaiser Ashoka (272–233 v. Chr.), der große Herrscher und Missionar der buddhistischen Lehre, hob denn auch die Bedeutung der heiligen Stätte durch die Errichtung von Klöstern und Stupas besonders hervor. Als die chinesischen Reisenden Fa Hsien (337–422) und Hsüan Tsang (600–664) den Ort besuchten, lebten noch über 1500 Mönche in mehreren Klosteranlagen. Mit Niedergang des Buddhismus verlor Sarnath an Bedeutung und wurde schließlich 1194 durch die Truppen des Mohammed von Ghur dem Erdboden gleichgemacht. Die Ausgrabungen begannen 1835 und zogen sich bis 1928 hin.

Der Gazellenhain

Die **Stupas von Dhamekh** und **Dharmarajika** sowie die berühmte **Ashoka-Säule** sind die wesentlichen Sehenswürdigkeiten im weiträumigen, in einem Park liegenden Ruinenfeld. Der noch immer 34 m hohe Dhamekh-Stupa soll die Stelle markieren, an der Buddha seine erste Predigt hielt. Seine Ursprünge gehen auf das 2. vorchristliche Jahrhundert zurück, die floralen Muster auf der nur teilweise noch erhaltenen Ummantelung stammen aus dem 5. Jh. n. Chr.

In der Nähe ließ Kaiser Ashoka eine Säule in Gedenken an seine Bekehrung zum

Das Leben Buddhas

Thema

Lange vor Christus und Mohammed begründete der Religionsstifter Gautama Buddha die erste Weltreligion. Nicht aus göttlichen Verkündigungen abgeleitete Glaubensgrundsätze bilden die Quellen seiner Lehre, sondern die Erkenntnis, dass das irdische Leben ein Weg des Leidens darstellt. Anzustrebendes Ziel ist nicht ein verlockendes Paradies im Jenseits, sondern das *nirvana,* das Verlöschen.

Gautama Buddha wurde um das Jahr 560 v. Chr. in Lumbini als Sohn des Präsidenten von Shakya geboren. Obwohl kein Zweifel an der historischen Existenz besteht, ist sein Lebensweg derart mit Mythen und Legenden durchwoben, dass sich die einzelnen Stationen nicht mehr zweifelsfrei nachvollziehen lassen. Der Erleuchtete ist unter zahlreichen Namen bekannt geworden. Ursprünglich hieß er wohl Siddhartha (›der, der das Ziel erreicht hat‹), aber auch die Bezeichnungen Gautama (nach einem vedischen Ahnen namens Gotama) und Shakyamuni (›der Weise aus dem Geschlecht der Shakyas‹) sind gebräuchlich. Er selbst gab sich den Namen Tathagata (›der ebenso Gegangene‹), wobei er Bezug auf seine Vorgänger nimmt. Der Lehre gemäß ist Buddha nämlich nur einer von vielen in einer aus bisher 24 Vorzeit-Buddhas bestehenden Reihe, die durch die Zukunft-Buddhas ihre Fortsetzung findet.

Im Alter von 16 Jahren wurde Gautama mit Yasodhara verheiratet, die ihm den Sohn Rahula gebar. Die Begegnung mit einem Kranken, einem Alten und einem Toten führten dem Prinzen die Fragwürdigkeit diesseitiger Freuden vor Augen und veranlassten ihn, dem luxuriösen Leben am Hof seines Vaters zu entsagen, um als Asket die Erlösung zu suchen. Durch Kasteiungen dem Tode nahe, erkannte er die Sinnlosigkeit dieser selbstquälerischen Übungen und entschloss sich zum ›Weg der rechten Mitte‹, zur Versenkung als einziger Möglichkeit zur Lösung von der Welt. Sieben Jahre dauerte das Ringen, ehe er im Alter von 35 Jahren in Bodh Gaya die Erleuchtung durch die Erkenntnis der vier heiligen Wahrheiten erfuhr. Damit hatte er sich aus dem ewigen Kreislauf der Wiedergeburten gelöst und war zum ›Buddha‹ geworden, zu einem, dem die Erlösung zuteil geworden ist. Er entschloss sich, noch auf der Erde zu verweilen, um der Menschheit diese Erkenntnisse zu vermitteln. Mit seiner berühmten ersten Predigt im Gazellenhain von Sarnath (s. S. 405) setzte er das ›Rad der Lehre‹ in Bewegung, indem er erstmals die Kerninhalte seiner Lehre verkündete: Menschliche Gier nach Macht, Genuss und Geld führt zu Leid, Einsicht in die Vergänglichkeit führt zur Überwindung des Leidens und geistige Klarheit zu einem nicht mehr von Verlangen getriebenen und damit freudvollem Dasein.

Etwa 40 Jahre zog Buddha als Prediger durchs Land, eine immer größer werdende Anhängerschaft um sich scharend, bis er um 480 v. Chr. bei Kushinagar verstarb und, vom Kreislauf der Wiedergeburten befreit, die Erlösung erfuhr. Seine Asche und die bei der Verbrennung noch verbliebenen sterblichen Überreste wurden bald schon als Reliquien über das ganze Land verbreitet und begründeten so manches bis heute bedeutende Heiligtum.

Buddhismus errichten. Von dem nicht weit entfernten Dharmarajika-Stupa, einer Stiftung Kaiser Ashokas, sind nur noch bescheidene Reste erhalten, da er 1794 vom Gouverneur Jagat Singh als Steinbruch missbraucht wurde. Gefunden haben Archäologen einige hervorragend gearbeitete Statuen, die man im Museum (s. u.) bewundern kann (tgl. von Sonnenauf- bis Sonnenuntergang, Eintritt 100 Rs, Kamera 25 Rs, Video 50 Rs).

Ein Stück südlich des Parks liegen die Ruinen des ebenfalls aus dem 5. Jh. stammenden **Chaukhandi Stupa,** auf dessen Fundamenten ein achteckiger Turm ruht, den der lokale Raja zu Ehren des Besuchs des Mogulherrschers Humayun errichten ließ.

Archäologisches Museum

Den Besuch des **Archäologischen Museums** sollte man keinesfalls versäumen. Die besten Stücke der buddhistischen Epoche werden hier gezeigt, darunter das berühmte Löwenkapitell der Ashoka-Säule, das als Vorbild für Indiens Staatswappen diente, aber auch herrliche Buddhafiguren aus der Gupta-Zeit (tgl. außer Fr 10–17 Uhr, Eintritt 2 Rs, Foto- und Handyverbot. Geräte müssen deponiert werden.).

Moderne Klöster

Wie in Bodh Gaya haben etliche buddhistische Länder in Sarnath ihre Klöster und Tempel errichtet, darunter Thailand, Burma, Japan und Tibet. Zentrum buddhistischer Präsenz ist das 1931 gegründete **Kloster Mulagandha Kuti Vihara** der internationalen Mahabodi Society.

Ganz in der Nähe steht der **Bodhi-Baum,** der aus einem Ableger des Baums von Anuradhapura (Sri Lanka) gezogen wurde. Dieser wiederum stammt von einem Setzling des Baums von Bodh Gaya, unter dem Buddha die Erleuchtung zuteil wurde. Im 3. Jh. v. Chr. hatte Ashokas Tochter Sanghamitta den Ableger persönlich auf die Insel gebracht und mit großem Zeremoniell eingepflanzt; der daraus gewachsene mächtige Baum existiert noch heute und ist einer der wichtigsten Wallfahrtsplätze Sri Lankas.

Übernachten

Viel Marmor ▶ **Aashirwad Paying Guest House:** S-14/137-A. Tel. 05 42 259 54 75, apg.sarnath@gmail.com. 5 blitzsaubere, gekachelte Zimmer an gefliestem Innenhof. DZ ab 500 Rs.

Kleines Paradies ▶ **Agrawal Paying Guest House:** SA 14/94 (gegenüber dem tibetischen Tempel), Tel. 05 42-259 53 16, agrawal pg@gmail.com, anurage@yahoo.com. In großem Garten gelegene Privatunterkunft mit 6 hellen, extrem sauberen Zimmern. Der Eigentümer ist sehr um seine Gäste bemüht, auf Wunsch gibt es Frühstück und vegetarische Hausmannskost mit Produkten aus dem eigenen Garten. DZ ab 600 Rs.

Essen & Trinken

Gut und preiswert ▶ **Vaishali:** SA 14/48 (am Kreisverkehr in Tempelnähe), tgl. 10–22 Uhr. Kleines sauberes Restaurant im 1. Stock. Außer den üblichen indischen Gerichten gibt es bemerkenswert gute Pizza. Hauptgerichte ab 60 Rs.

Luftig und geräumig ▶ **Rangoli Garden:** SA 14/97-1 (am Kreisel am Ortseingang), tgl. 10–22 Uhr. Großes Restaurant mit umfangreichem Angebot indischer und chinesischer Küche. Hauptgerichte ab 60 Rs.

Termine

Buddha Jayanti (Vollmond April/Mai): Buddhas Geburtstag wird hier besonders intensiv begangen.

Verkehr

Busse und **Sammeltaxis** verkehren zwischen Sarnath und Bahnhof Varanasi.

Abstecher nach Kushinagar

▶ **J 8**

Karte: S. 394

Als Platz des ›Großen körperlichen Todes‹ *(mahaparinirvana)* ist die nahe der Grenze zu Nepal gelegene Ortschaft **Kushinagar** 4 – neben Lumbini in Nepal (Geburtsort), Bodh Gaya (Ort der Erleuchtung) und Sarnath (Bewegung des Rads der Lehre) – wichtiger Kardinalpunkt in der Biografie Buddhas. Im Jahre

543 v. Chr. soll der Erleuchtete hier verstorben und in das Nirvana eingegangen sein.

Wie Lumbini war auch Kushinagar lange in Vergessenheit geraten. Erst im 19. Jh. begannen die Grabungen und förderten zahlreiche Bauten zutage. Fa Hsien, der chinesische Mönch, der den Ort zu Beginn des 5. Jh. n. Chr. besucht hatte, berichtete von unzähligen Klöstern und Tempeln, von denen heute jedoch nur noch die Grundmauern erhalten sind.

Die Sehenswürdigkeiten reihen sich entlang der etwa 3 km langen Buddha Marg. Zahlreiche moderne Tempel und Ruinen alter Klöster säumen den Weg. Besonders sehenswert ist der aus einem Sandsteinmonolith gefertigte, 6,10 m lange liegende Buddha aus dem 5. Jh. im modernen **Mahaparanirvana-Tempel**. Wie der Name des Tempels bereits andeutet, wird Buddha hier im Moment des Eingehens in das Nirvana *(paranirvana)* dargestellt. Die Statue wurde, in viele Teile zersplittert, 1862 gefunden und restauriert.

Einen Blick verdient auch das **Buddha-Museum** mit etlichen schönen Statuen (tgl. außer Mo 10.30–16.30 Uhr, Eintritt 5 Rs), die allerdings eine bessere Präsentation verdient hätten. Der etwas abseits gelegene **Ramabhar-Stupa** soll den Ort markieren, an dem Buddha eingeäschert worden ist.

Infos

UP-Tourist Office: Im Tourist Bungalow, Mo–Sa 10–17.30 Uhr.

Im Internet: Unter www.kushinagar.com findet man einige weitere Informationen.

Übernachten

Für moderne Pilger ▶ **Lotus Nikko:** Tel. 055 64-27 44 03, www.lotusnikkohotels.com. Von Pilgergruppen bevorzugtes 3-Sterne-Hotel in Tempelnähe. Ordentliche Zimmer, gutes Restaurant. DZ ab 2950 Rs, keine Kreditkarten.

Angenehm ruhig ▶ **UP Tourist Bungalow Pathik Niwas:** Tel. 055 64-27 30-45 u. -46, rahipathikniwas@up-tourism.com. 33 Zimmer und acht schöne Cottages, Restaurant. DZ ab 800 Rs, Cottages ab 1800 Rs.

Verkehr

Bus: Verbindungen mit Gorakhpur (2 Std.) und Varanasi (8 Std.).

Patna ▶ K 7

Karte: S. 394

Patna 5 ist die Hauptstadt des Bundesstaates Bihar, der flächenmäßig mit 174 000 km² zwar nur den neunten Platz unter den Staaten der Indischen Union einnimmt, mit mehr als 400 Einwohner pro km² jedoch zu den am dichtesten besiedelten Regionen des Subkontinents zählt. Unter dem Namen Magadha war das Gebiet schon zu Ashokas Zeiten Mittelpunkt des Maurya-Reichs. Als im 17. Jh. der Einfluss der Mogulherrscher schwand, fiel Bihar an die Nawab von Bengalen, die es wiederum nach der Schlacht von Buxar 1764 an die siegreichen Engländer abtreten mussten. Zunächst wurde es Teil der ›Presidency of Bengal‹, bildete von 1911 bis 1936 zusammen mit Orissa eine eigene Verwaltungseinheit, ehe beide Teile selbstständige Provinzen und später eigene Bundesstaaten wurden.

Gegründet wurde die an der Einmündung des Son in den Ganges liegende Stadt (ca. 2 Mio. Einw.) bereits im 6. Jh. v. Chr. unter dem Namen Pataliputra vom Magadha-König Ajatasatra, einem Zeitgenossen Buddhas. Sein Nachfolger Udayin erhob sie zur Metropole eines Regionalreiches, aus dem später das mächtige Maurya-Reich unter Chandragupta (4. Jh. v. Chr.) hervorging, der Pataliputra als Regierungssitz beibehielt. Megasthenes, der berühmte griechische Ethnograf und Gesandte am Hofe des Kaisers, beschreibt sie in seinem Werk »Indika« als blühende Siedlung, geschützt von einem mit 570 Türmen und 64 Toren bestückten Palisadenzaun. Der größte Teil der historischen Stadt wurde 750 n. Chr. durch eine Überschwemmung völlig vernichtet, sodass archäologische Grabungen nur spärliche Überreste zutage brachten.

Trotz ihres ehrwürdigen Alters von mehr als 2000 Jahren bietet Patna dem Besucher somit recht wenig, hat jedoch als Ausgangspunkt für die umliegenden Sehenswürdigkeiten und als Durchgangsstation auf dem Weg nach Kathmandu eine gewisse touristische Bedeutung. Die Stadt erstreckt sich über eine Länge von mehr als 10 km, wobei die Altstadt im Osten, die Neustadt im Westen liegt.

Altstadt

Als Geburtsort des 10. und letzten Sikh-Guru Govind Singh (1660–1708) beherbergt Patna mit dem **Harmandirji-Tempel** das nach Amritsar wichtigste Heiligtum dieser Religionsgemeinschaft. Es liegt nicht weit entfernt von der Bahnstation Patna City im alten Teil der Stadt. Besucher sind willkommen und erhalten bereitwillig Auskunft über den Sikhismus. Etwa 1 km östlich steht nahe der Bahnstation Gulzarbagh die von Sher Khan im 16. Jh. errichtete älteste Moschee der Stadt. Etwa 2 km westlich der Bahnstation trifft man im Bereich zwischen Alt- und Neustadt auf das Ausgrabungsgelände **Kumrahar,** das alte **Pataliputra,** mit Spuren der Audienzhalle Kaiser Chandraguptas, die von 80 Holzsäulen getragen war. Südlich schlossen sich sieben hölzerne Plattformen an, die ihr Vorbild in Persepolis (Iran) haben, über deren Bedeutung jedoch Unklarheit besteht. Infolge des hohen Grundwasserspiegels liegen die Ruinen heute meist unter Wasser, sind jedoch von einem schönen Park umgeben (tgl. 9–17.30 Uhr, Eintritt 100 Rs).

Neustadt

Die Sehenswürdigkeiten in der Neustadt (Bankipur) liegen nahe dem Ganges, etwa 2 km nördlich der Eisenbahnstation Patna Junction. Auffallendstes Bauwerk ist der an einen Stupa erinnernde **Golghar** nahe dem Hauptplatz Maidan, ein halbkugelförmiger Kornspeicher, der 1786 von dem Engländer John Garstin errichtet wurde, um Hungersnöten wie der von 1770 wirkungsvoll begegnen zu können. Der 30 m hohe, aus Ziegel gebaute Silo hat ein Fassungsvermögen von etwa 137 000 Tonnen, wurde aber nur zeitweise als solcher genutzt. Zwei Treppen führen zur Spitze (freier Zutritt).

2 km weiter östlich erhebt sich jenseits des Maidan die **Oriental Library** (Khuda Baksh) mit einer hervorragenden Sammlung arabischer und persischer Manuskripte, darunter die einzigen noch erhaltenen Exemplare aus der 1236 geplünderten Universität von Córdoba. Zu sehen sind überdies illustrierte Schriften der Mogulzeit und zahlreiche Miniaturmalereien (Sa–Do 9–17 Uhr, http://kblibrary.bih.nic.in/).

Etwa auf halbem Weg zwischen Golghar und der Bahnstation Patna Junction hat das **Patna Museum** seinen Platz an der Budh Marg. Gezeigt werden vor allem Exponate aus der buddhistischen Epoche, darunter auch Asche, die von der Verbrennung des Erleuchteten stammen soll (tgl. außer Mo 10.30–16.30 Uhr, Eintritt 250 Rs).

Infos

Bihar State Government Tourist Office: Fraser Rd., im Tourist Bungalow Tel. 06 12-222 54 11, bstdc@sancharnet.in, www.bihar.ws, Mo–Sa 10–17 Uhr. Veranstaltet auch Ausflüge nach Nalanda und Rajgir.

Übernachten

Effizient ▶ **Maurya Patna:** Gandhi Maidan, Tel. 06 12-220 30-40 bis -57, Fax 06 12-220 30 60, www.maurya.com. Modernes Business-Hotel mit geräumigen, gepflegten Zimmern; großer Garten mit Pool, Restaurant. DZ ab 6000 Rs.

Old fashioned, aber gemütlich ▶ **Paliputra Ashok:** Beerchand Patel Path, Patna, Tel. 06 12-250 52 70-76, www.ashokpatna.com. Geräumige, etwas altmodische allerdings mit Flachbildschirmen und WiFi ausgestattete Zimmer, Restaurant und Bar. DZ ab 4000 Rs.

Zuvorkommend ▶ **Hotel Windsor:** Exhibition Rd., Tel. 06 12-220 32-50 bis -58, Fax 06 12-221 24 28, www.hotelwindsorpatna.com. Gemütliches Mittelklassehotel mit 50 klimatisierten Zimmern, Restaurant. 24-Std.-Checkout. DZ ab 1400 Rs.

Essen & Trinken

Familientreff ▶ **Bellpepper:** Im Hotel Windsor (s. o.), tgl. 12–15.30, 19–23 Uhr. Großes

Angebot indischer Kochkunst, insbesondere Tandoori-Gerichte, aber auch Biryanis. Kein Alkoholausschank. Hauptgerichte ab ca. 120 Rs.

Speisen auf dem Dach-Garden ▶ **Garden Court Club:** Fraser Rd. tgl. 10-22.30 Uhr. Populäres Terrassenrestaurant über einem Supermarkt. Dort gibt es auch Zimmer. Hauptspeisen ab ca. 80 Rs.

Dosaspezialist ▶ **Bansi Vihar**: Fraser Rd. Klimatisiertes Restaurant, spezialisiert auf südindische Küche, große Auswahl an *dosas.* Hauptgerichte ab ca. 45 Rs.

Kalte Verlockung ▶ **Mayfair Ice Cream Parlour**: Fraser Rd. Sehr beliebt, es gibt nicht nur Eiscreme, sondern auch Snacks und *dosas.* Ab ca. 20 Rs.

Verkehr

Bahn: Patna besitzt drei Bahnhöfe: Patna City und Gulzar Bagh für die Altstadt sowie Patna Junction für die Neustadt. Von Patna Junction bestehen Verbindungen u. a. mit Delhi über Varanasi und Lucknow (Shramjevee Express, Nr. 2391), Kolkata (Patna-Howrah-Shatabdi Express, Nr. 2024, außer So), New Jalpaiguri (Brahmaputra Mail, Nr. 4056).

Bus: Verbindungen vom New Bus Stand südlich des Zentrums u. a. mit Gaya (3 Std.), Rajgir (4 Std.) und Raxaul an der Grenze zu Nepal (8 Std.). Staatliche Busse, u. a. nach Raxaul, verkehren vom Gandhi Maidan Bus Stand.

Nalanda und Rajgir ▶ K 8

Karte: S. 394

Nalanda 6

90 km südöstlich von Patna liegen die Ruinen von Nalanda ehemals das geistige Zentrum der von Buddhismus und Jainismus geprägten Kultur des 5. Jh. v. Chr. Keimzelle soll ein von Kaiser Ashoka gegründetes Kloster gewesen sein, das später zu einer Universität heranreifte, die wesentlich zur Verbreitung des Buddhismus außerhalb Indiens beitrug. Es ist aber gut möglich, dass Nalanda seine Bedeutung erst unter den Gupta im 5. und 6. Jh. erhielt. Denn während der chinesische Mönch Fa Hsien, der Nalanda zu Beginn des 5. Jh. besuchte, nur einen Stupa erwähnte, konnte der Missionar Hsüan Tsang etwa 200 Jahre später hier seine grundlegenden Studien betreiben, die entscheidend zur Verbreitung der buddhistischen Lehre in China beitrugen. Enge Beziehungen bestanden auch zu Tibet, wo 1351 eine Universität gleichen Namens errichtet wurde. Zu dieser Zeit aber hatte Nalanda infolge des langsam verlöschenden Buddhismus seine Vorrangstellung bereits verloren. Den endgültigen Todesstoß versetzten ihm die islamischen Invasoren. Erst im 19. Jh. wurde die Stadt wieder entdeckt und dann zwischen 1915 und 1935 ausgegraben.

Herausragendes Monument ist der an der Südseite des Grabungsgeländes liegende **Haupttempel,** der aus der siebenfachen Überbauung eines ursprünglichen Heiligtums hervorgegangen ist. Am besten erhalten ist die fünfte Schicht, die noch die Nischen für die Buddhas und drei der ehemals vier Ecktürme erkennen lässt. Inschriften erlauben die Datierung auf das 6. Jh. Bei den sich um den Haupttempel gruppierenden Gebäuderesten handelt es sich überwiegend um die Grundmauern von Klöstern. Den Berichten der chinesischen Pilger zufolge sollen während der Blütezeit im 6. Jh. mehr als 10 000 Mönche in Nalanda gelebt und studiert haben (tgl. 9–17.15 Uhr, Eintritt 100 Rs).

Einige Fundstücke, insbesondere buddhistische und hinduistische Skulpuren aus Nalanda und Rajgir (s. rechts), werden im **Nalanda Museum** gezeigt (tgl. außer Fr 10–17 Uhr, Eintritt 5 Rs). Die schönsten allerdings befinden sich in den Archäologischen Museen von Kolkata und Delhi.

Verkehr

Bahn: Mehrmals tgl. fahren Züge der 2. Klasse nach Patna und Rajgir.

Bus: Verbindungen mit Patna und Gaya, wobei man meist im 35 km entfernten Bihar Sharif umsteigen muss. Nach Rajgir verkehren überfüllte Sammeltaxis.

Rajgir 7

Auch das 12 km von Nalanda entfernte Rajgir, ehemals Hauptstadt des Königreichs Magadha, ist eng verknüpft mit dem Leben Buddhas, aber auch mit dem des Gründers der Jain-Religion, Mahavira. Während Buddha hier einige Regenzeiten verbrachte und bald nach seinem Tod das erste buddhistische Konzil in den Mauern Rajgirs tagte, lebte Mahavira 14 Jahre in der Stadt, die von den Jain als Geburtsort des 20. Furtbereiters Muni Suvrata angesehen wird. Erhalten sind einige Reste aus buddhistischer Zeit und der Gupta-Epoche, u. a. das Gefängnis, in dem Bimbisara, König von Magadha, von seinem Sohn festgesetzt wurde, das Fort, Teile der Stadtmauer und die Höhlen von Saptaparni, wo das erste buddhistische Konzil stattfand.

Buddhas Lieblingsaufenthaltsort, den **Geierhügel** (Griddhaguta), ziert heute ein moderner, von den japanischen Buddhisten errichteter Stupa. Der Weg dorthin berührt die von Indern gern aufgesuchten heißen **Quellen von Saptdhara** am Fuße des Vaibhara-Hügels. Wer fußmüde ist, kann auch mit dem Sessellift fahren.

Übernachten

Entspannt ▶ **Hotel Siddhartha:** Kund Market, nahe der heißen Quelle, Tel. 061 12-25 56 16. Gemütliche, freundliche Unterkunft mit Zimmern um einen Hof angeordnet, gutes Restaurant (Hauptgerichte ab 30 Rs). DZ ab 600 Rs.

Verkehr

Bahn: Verbindungen mehrfach tgl. mit Zügen der 2. Klasse nach Patna über Nalanda.
Bus: Regelmäßige Verbindungen nach Gaya (2,5 Std.) und Patna mit Umsteigen in Bihar Sharif, 35 km entfernt.

Bodh Gaya ▶ K 8

Karte: S. 394
Die kleine Ortschaft **Bodh Gaya** 8 am Ufer des Falgu gilt als der wohl heiligste Ort des Buddhismus, erfuhr Shakyamuni doch hier unter dem Bodhi-Baum die Erleuchtung und wurde so zum Buddha. Im Gegensatz zu den anderen historischen Plätzen des Buddhismus ist diese Religion in Bodh Gaya noch höchst lebendig, vertreten durch zahlreiche Klöster unterschiedlicher, nach wie vor eng mit dem Buddhismus verbundener Länder. Mönchsgemeinden aus Myanmar, China, Tibet, Sri Lanka, Japan, Thailand, Sikkim und Bhutan haben hier am Ursprungsort ihres Glaubens Klöster im Stil der Heimat errichtet. In einigen von ihnen sind auch Fremde willkommen, sofern sie sich an die strengen Klosterregeln halten. Besonders beliebt sind die Klöster von Bhutan und Thailand, in dem auch Meditationskurse abgehalten werden.

Im Mittelpunkt steht der **Mahabodhi-Tempel** mit seinem 55 m hohen, in sieben Stufen pyramidenförmig aufragenden Tempelturm. Er wurde bereits im 2. Jh. v. Chr. errichtet, hat aber im Laufe der Zeit zahlreiche Veränderungen erfahren. An der westlichen Außenseite des Tempels erhebt sich eine kleine Plattform an der Stelle, wo der berühmte Baum der Erleuchtung stand. Die zur südlichen und westlichen Einfriedung des heiligen Bezirks gehörenden, mit Reliefs verzierten Sandsteinpfeiler sind die ältesten noch sichtbaren Relikte (2. Jh. v. Chr.) der heiligen Stätte (tgl. 5–21 Uhr, Eintritt frei, Kamera 20 Rs, Video 300 Rs.).

Seinen Höhepunkt erfährt das religiöse Leben in Bodh Gaya während des alljährlichen Besuchs des Dalai Lama. Wegen der Pilgerscharen ist es dann allerdings problematisch, Unterkunft zu finden. Neben dem Tourist Lodge liegt ein kleines **Archäologisches Museum** mit Stücken aus der Frühzeit (tgl. außer Fr 10–17 Uhr, Eintritt 5 Rs).

Infos

Tourist Complex: Bodhgaya Rd., Tel. 06 31-220 06 72, Di–Sa 10.30–17 Uhr, wenig ergiebig.

Übernachten

Fernöstlich ▶ **Royal Residency:** Domuhan Rd., Tel. 06 31-220 11 56,57, Fax 06 31-220 01 81, www.theroyalresidency.net. Sachlich kühles Ambiente mit 62 für diese Klasse etwas spartanischen Zimmern, abgestimmt vor allem auf japanische Reisegruppen, sehr gutes Restaurant. DZ 6500 Rs.

Etwas schlicht ▶ Tathagat International: Tel. 06 31-220 01 06/220 19 91, Fax 06 31-220 01 07, www.hoteltathagatbodhgaya.net. Moderner, großer Hotelbau nahe dem Mahabodhi-Tempel. 64 einfache, aber funktionale saubere Zimmer mit Balkon, Restaurant. DZ ohne AC ab 2500 Rs, DZ mit AC ab 3500 Rs.

Klosterherberge ▶ Hotel Mahayana: Tel. 0631-22007 56, mahayanagt@yahoo.com. weiträumiges tibetisches Hotel mit funktionalen normalen Zimmern und riesigen Suiten. Viele Pilger. DZ 1600 Rs, Suiten 2500 Rs.

Backpackerziel ▶ Rahuls Guest House: Kalchakra Maidan (kein Tel.). Bei Travellern sehr beliebte Unterkunft mit spartanischen, aber sauberen Zimmern und einer gemütlichen Dachterrasse. DZ ab 400 Rs.

Essen & Trinken

Siamesisch angehaucht ▶ Siam Thai-Restaurant: Main Rd. 12–15.30 und 19–23 Uhr. Thailändisches Ambiente und gute Thai-Gerichte. Hauptgerichte ab ca. 150 Rs.

Einfach und lecker ▶ Tibetan OM-Café: im Hof des Namgyal Klosters. Treffpunkt der Backpacker, gutes Müsli, *pancakes* und Momos, sehr freundlich. Kleiner Souvenirladen. Hauptgerichte ab 30 Rs.

Aktiv

Yoga ▶ Bodh Gaya ist bekannt für seine Yoga-Kurse, die von mehreren Institutionen angeboten werden, u. a. von **Insight Meditation Retreats** (1 x jährl. im Thai-Kloster, www.insightmeditation.org) oder dem **Root Institute** (mehrere Kurse im Winter, www.rootinstitute.com).

Verkehr

Bahn: Der nächste Bahnhof liegt in Gaya (s. rechts) 12 km entfernt. Nach Gaya verkehren Sammeltaxis und Busse (45 Min.).
Bus: Vom Tourist Complex 2 x tgl. nach Patna (5 Std.) und 1 x tgl. nach Varanasi (7 Std.).

Gaya ▶ K 8

Karte: S. 394

Der Weg nach Bodh Gaya führt durch das 12 km nördlich liegende **Gaya** **9**. Obwohl die 150 000 Einwohner zählende Stadt für den Hindu als einer der sieben heiligsten Orte des Landes ein bedeutsames Pilgerziel darstellt, macht sie auf den westlichen Touristen eher den Eindruck einer charakterlosen, staubigen und verarmten Kleinstadt und hat für ihn allenfalls als Verkehrsknotenpunkt Bedeutung (Haupteisenbahnstrecke). Der Legende nach soll hier einmal der dämonische Riese Gayasura gelebt haben, der mehr reinigende Kraft in sich barg als alle Opferplätze des Landes. Unablässig strömten die Gläubigen herbei, berührten ihn und gingen sofort ins Nirvana

ein. Dies erzürnte den Todesgott Yama, der die anderen Götter zu Hilfe rief. Gemeinsam gelang es ihnen, den Dämonen zu bändigen, indem sie einen Stein auf seinen Kopf legten, sich alle darauf setzten und ihm einige Wünsche erfüllten. So sollten sie alle auf dem Stein verbleiben, das Land ringsum den Namen Gayakshetra tragen und die Heiligkeit aller Orte Indiens in sich vereinen. Wichtigstes Zugeständnis aber war, dass die hier abgehaltenen Totenfeiern den Verstorbenen den direkten Eintritt in den Himmel ermöglichten.

Zentrum der Wallfahrt ist der für Touristen nicht zugängliche **Vishnupad-Tempel** am Ufer des Falgu mit einem 40 cm langen ›Fußabdruck‹ Vishnus. Die gesamte Wallfahrt berührt jedoch 45 Heiligtümer, die in einer ganz bestimmten Abfolge besucht werden müssen. Ein Treppenweg führt südwestlich des Tempels zum Bhramajuni Hill, wo Buddha gepredigt haben soll.

Verkehr

Bahn: Gaya liegt an der Hauptstrecke Delhi–Kolkata. Gute Verbindungen u. a. mit Delhi über Mughalserai (Varanasi) und Allahabad (Gaya-New Delhi-Mahabodhi-Express, Nr. 2397) und Kolkata (Kalka-Howrah-Mail, Nr. 2312). **Bus:** Stdl. Busse nach Patna (3 Std.) vom Gandhi-Maidan-Busterminal, Busse nach Rajgir alle 30 Min vom Gaurakshini-Busterminal auf der anderen Seite des Flusses (2,5 Std.).

Bodh Gaya, die Urzelle des Buddhismus, bewahrt die Lehre bis heute

Gebetsfahnen weisen den Weg
zum Kloster Rumtek in Gangtok

Kapitel 5

Der östliche Himalaya

Bevor der gewaltigste Gebirgszug der Welt am nicht mehr fernen Berg Namcha Barwa in Tibet sein Ende findet, entfaltet er im Osten des indischen Subkontinents noch einmal seine ganze Majestät. Zwischen Nepal und Bhutan zwängen sich Darjeeling und das kleine einstige Königreich Sikkim, das das im 20. Jh. seine Eigenständigkeit an Indien verlor. Vom nur 280 m hoch gelegenen Testa-Tal in Sikkim falten sich die Gebirgsketten in weniger als 100 km bis zum dritthöchsten Berg der Welt auf, dem eisgepanzerten Massiv der bis über 8500 m hohen Kanchenjunga-Kette. Es verwundert nicht, dass die Gebirgsregion erst sehr spät erschlossen wurde – der Weg in die Bergwelt ist nach wie vor beschwerlich, die Straßen sind schlecht und immer wieder von Erdrutschen bedroht, ausgelöst durch die hohen Regenfälle, von denen vor allem die berühmtenTeeplantagen Darjeelings profitieren. Wie in Ladakh in der westlichen Himalayaregion bewegt man sich auch hier im tibetischen Kulturkreis. Nach wie vor halten die Klöster in dem Distrikt Darjeeling, vor allem aber in Sikkim den Buddhismus lebendig.

Wer die Landschaft im östlichen Himalaya hautnah erleben möchte, muss seine Füße bemühen. Die Touren sind einfacher als in Ladakh und Zanskar, der Blick auf die Berge jedoch noch spektakulärer und vergleichbar mit den Routen zum Everest und Makalu im benachbarten Nepal.

Wegen der klaren Sicht eignen sich für den Besuch der Gebirgsregion vor allem die Monate Oktober bis Dezember unmittelbar nach dem Monsun. Klare Sicht, allerdings auch niedrige Temperaturen herrschen im Winter vor. In den Monaten vor dem Monsun, der im Juni einsetzt, kann man die Rhododendron-Blüte erleben und von den längeren Tagen profitieren; die Sicht ist allerdings nicht mehr so ungetrübt. Die optimale Saison für Trekkingtouren in hoch gelegene Regionen ist der Herbst.

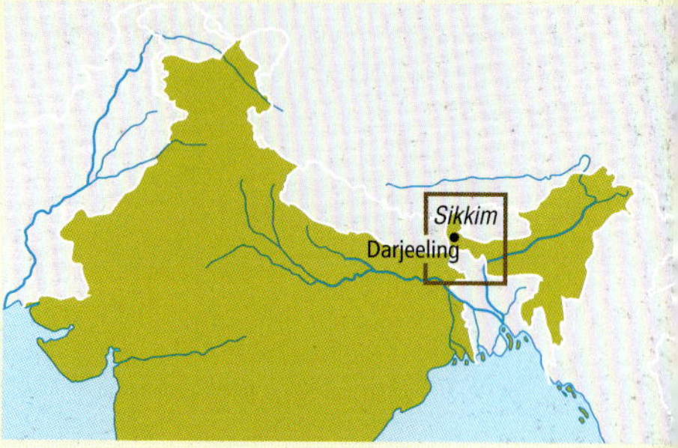

Auf einen Blick

Der östliche Himalaya

Sehenswert

Ausblicke auf den dritthöchsten Berg der Welt: Auch wer nicht wandert, kann vom Tiger Hill einen großartigen Blick auf das Kanchenjunga-Massiv genießen (s. S. 424).

13 **Sikkim:** Der kleine Staat, eingepfercht zwischen Nepal und Bhutan, bezaubert durch seine lebendige buddhistische Kultur, die in den vielen Klöstern zu erleben ist, das geruhsame Leben im Städtchen Gangtok und natürlich durch die Nähe der schneebedeckten Himalayaberge (s. S. 428).

Schöne Route

Auf Schleichwegen durch die Berge: Mitten durch die Teeberge führt eine schmale Straße von Darjeeling nach Kalimpong, die nur mit kleinen Fahrzeugen befahren werden kann und so einen intimen Einblick in die großartige Landschaft gewährt (s. S. 425).

Meine Tipps

Klosterfeste: Nach Möglichkeit sollte man seine Reise nach Sikkim so legen, dass sich die Gelegenheit zum Besuch eines der zahlreichen farbenprächtigen Klosterfeste ergibt. Die aktuellen Daten der verschiedenen Feste findet man im Internet unter www.asien-feste.de.

Unter Dampf: Nicht nur für Eisenbahnliebhaber ist eine Fahrt mit der Schmalspurbahn, die zum UNESCO-Welterbe zählt, ein großartiges Erlebnis (s. S. 423).

Zum *high tea* ins Kolonialhotel: Beim Nachmittagstee in den traditionellen Hotels von Darjeeling versinkt man für eine Weile in der Zeit britischer Kolonialherrschaft (s. S. 425).

aktiv unterwegs

Singalila-Ridge-Trek: Obwohl diese Wanderung recht einfach ist, bieten sich auch hier großartige Fernblicke auf die Berge und Täler des Himalaya (s. S. 427).

Durch den Kanchenjunga-Nationalpark: Bis auf nahezu 5000 m führt diese anstrengende Wanderung. Belohnt wird man mit großartigen Ausblicken auf das nahe Kanchenjunga-Massiv (s. S. 432).

Darjeeling

Einiges erscheint noch *very british* rings um Darjeeling. Die grünen gepflegten Teeplantagen, die museale Dampfeisenbahn, die mit grünem Wellblech gedeckten Kolonialhäuser und nicht zuletzt der Nebel, der häufig durch die Täler zieht. Den Blick auf den mehr als 8500 m hohen Kanchenjunga allerdings, den sucht man in Europa vergeblich.

Der etwa 3000 km2 große, in den Bergen des Vorhimalaya liegende Distrikt Darjeeling gehört zwar als einer von insgesamt 16 zum indischen Bundesstaat Westbengalen, nimmt jedoch in mehrerlei Hinsicht eine Sonderstellung ein. Als ein unregelmäßiges Dreieck schiebt er sich vom Tiefland zwischen die Staaten Nepal im Westen und Bhutan im Osten, während sich im Norden Sikkim anschließt. Ursprünglich war die Bergregion bis hinab in die Ebenen Teil der Königreiche Sikkim und Bhutan. Als die Briten nach den Gurkha-Kriegen mit Nepal 1828 die strategische Lage der Stadt Dorje Ling (›Platz der Donner‹) – später zu ›Darjeeling‹ verballhornt – erkannten, bedurfte es nur geringer Anstrengungen, den König zum Abdanken zu bewegen. 1839 zog der erste Superintendent in Darjeeling ein, zehn Jahre später lebten in der neuen Hill Station bereits etwa 10 000 Menschen.

Geschickt nutzten die Engländer 1849 die Gefangennahme zweier Landsleute durch den selbstherrlichen Premierminister, der Politik und Wirtschaft in Sikkim kontrollierte, um auch die tiefer liegenden Regionen zu annektieren und damit direkten Zugang nach Westbengalen zu gewinnen. Ein kurzes Scharmützel mit dem König von Bhutan brachte ihnen 1864 die Stadt Kalimpong, und 1907 verleibten sie als letztes Glied Siliguri ihrem Kolonialreich ein.

Die dünn besiedelte Berglandschaft erfuhr nun durch Anlage von Plantagen – zunächst Kaffee, später Tee – einen wirtschaftlichen Aufschwung. Unter großem Aufwand wurde eine Straße in die Berge gebaut, und 1881 nahm die berühmte Schmalspurbahn der

Darjeeling Himalayan Railway ihren Dienst zwischen Siliguri und Darjeeling auf (s. S. 423).

Die von den Engländern ins Land geholten Arbeitskräfte aus dem benachbarten Nepal bestimmen bis heute das Bild der Bevölkerung und sind Ursache für die auch hier aufflammenden Unruhen. Seit 1986 kämpft die militante Gorkha National Liberation Front für den autonomen Staat ›Gorkhaland‹, der durch die Abspaltung Darjeelings von Westbengalen entstehen soll.

Im August 1988 fanden Regierung und Aufständische zu einem Kompromiss, indem dem neu geformten Darjeeling Gorkha Autonomous Hill Council (DGAHC) weitreichende Autonomie eingeräumt wurde. Dennoch ist keine Ruhe eingekehrt. Durch Absplitterung der Gorkhaland Liberation Organisation (GLO) und ihres militanten Flügels Gorkha Volunteers Cell (GVC) kam es zu zahlreichen Konfrontationen und Attentaten. Derzeit hat sich die Lage wieder beruhigt.

New Jaipalguri und Siliguri ► G/H 8/9

Karte: S. 420

Die beiden aneinander grenzenden Orte **New Jaipalguri** 1 und **Siliguri** 2 sind Ausgangspunkt für den Besuch der Bergregionen von Darjeeling und Sikkim (s. S. 428). Sehenswürdigkeiten bieten sie nicht. Aber die meisten Reisenden sind wohl gezwungen, hier eine Nacht zu verbringen, es sei denn, sie nutzen den Helikopter-Service nach Gangtok der Tourist Service Agency (s. S. 421).

Nur die beiden jüngsten Blätter und die Blattknospen wandern in den Korb der Teepflückerin

Naturnah ▶ **Hollong Tourist Lodge:** Im Park gelegen, Tel. 035 63-622 28. Sieben Doppelzimmer, je 1000 Rs, Halbpension zusätzlich 175 Rs.

Verkehr

Bus/Taxi: Regelmäßige Busverbindung zwischen Siliguri und Madarihat (3 Std.), von dort mit dem Taxi in den Park nach Hollong (7 km).

Darjeeling (Town) ▶ L 6

Karte: S. 420

Als typisch britische Hill Station (s. auch S. 168) zieht sich der 80 km nördlich von Siliguri in 2100 m Höhe gelegene Ort **Darjeeling** 4 (ca. 60 000 Einw.) viele Kilometer einen Gebirgskamm entlang. Unten drängen sich die Geschäftsviertel um den alten Bahnhof, oben thronen die Villen der ehemaligen Kolonialherren. Wie in Shimla hat man auch hier die Bergkuppe eingeebnet, um einen Paradeplatz (Mall) zu schaffen, der heute **Chowrastra** heißt. Ein fast unüberschaubares Netz von Gassen und Treppen überzieht den steilen, dicht bebauten Westhang. Hauptverbindungsstraße ist die zwischen Chowrastra und Bahnhof verlaufende Laden La, die im oberen Abschnitt Nehru Road heißt. Hier liegen für Reisende wichtige Institutionen wie die Post, das Foreigner's Registration Office, Banken und ganz oben das Tourist Office.

Die größte Attraktion Darjeelings ist das Panorama der zum Greifen nahen Bergriesen des Kanchenjunga-Massivs, das seine Pracht allerdings vornehmlich am frühen Morgen offenbart, um sich dann für den Rest des Tages in dichte Wolken zu hüllen.

Rundgang

Vom Chowrastra lassen sich schöne Spaziergänge mit herrlichen Ausblicken über die Berglandschaft unternehmen. Ein etwa 10 km langer Rundweg führt am **Observatory Hill** vorbei zum innerhalb des Zoos liegenden **Himalayan Mountaineering Institute (HMI),** dessen Museum in geschmackvoller Aufmachung Exponate zur Geschichte des Bergsteigens im Himalaya zeigt. Ein Reliefmodell vermittelt einen guten Eindruck von den höchsten Bergen der Welt, ein gesonderter Raum ist der Eroberung des Mount Everest gewidmet. Als Schmuckstück gilt ein gewaltiges lichtstarkes Zeiss-Fernrohr, das Hitler einst dem Oberbefehlshaber der nepalesischen Armee geschenkt hatte und das nun in einem kleinen Pavillon seinen Platz gefunden hat (www.himalayanmountaineering institute.com, tgl. außer Do 10–16.30 Uhr, Eintritt 100 Rs, gilt auch für den Zoo).

Oberhalb des Museums liegt das Grab des 1986 verstorbenen Sherpa Tensing Norgay, der 1953 zusammen mit dem Neuseeländer Sir Edmund Hillary als erster auf dem höchsten Berg der Welt stand und später das Institut leitete. Der **Zoo** weist zahlreiche Freigehege auf, in denen Tiger, Bären und Rotwild gehalten werden, aber auch unzumutbar enge Käfige für die weniger bekannten Arten.

Ein Stück weiter ist der Scheitelpunkt des Rundweges erreicht. Er führt nun entlang der östlichen Hangkante zurück zum Chowrastra. Unterwegs bietet sich die Möglichkeit zum Besuch des unterhalb liegenden **Tibetan Refugee Self Help Centre,** in dem tibetische Flüchtlinge Werkstätten betreiben und Kunstgewerbeartikel verkaufen (Mo–Sa Sonnenauf- bis Sonnenuntergang).

Ein weiterer schöner Ausflug führt vom Chowrastra die CR Das Road hinab zum malerisch gelegenen Kloster Bhutia Busty.

Ausflüge in die nähere Umgebung

Von Darjeelings Bahnhof aus empfiehlt sich ein Ausflug mit der Schmalspurbahn zur 8 km entfernten, an der Straße nach Siliguri liegenden Ortschaft **Ghoom** 5. Etwas abseits wurde 1875 das Gelbmützenkloster **Yiga-Choling** errichtet, dessen Gebetsraum eine 5 m hohe Statue des zukünftigen Buddha Maitreya beherrscht (pro Foto 10 Rs). An der Hauptstraße zwischen Darjeeling und Ghoom befinden sich zwei weitere, allerdings neue buddhistische Klosteranlagen, darunter das erst 1993 eingeweihte **Druk Sangak Choling** mit farbenfrohen Fresken.

Tipp: Mit dem Toy Train durch die Teeberge ► L 6/7

Unter den vielen exotischen Eisenbahnstrecken Indiens gilt die 2005 von der UNESCO zum Welterbe erklärte Schmalspurverbindung (610 mm) zwischen Siliguri und Darjeeling als Krönung und Pilgerziel unzähliger Bahnenthusiasten aus aller Welt. Auf nur 87 km winden sich die Züge – liebevoll ›toy train‹ genannt – aus dem Tiefland bis auf über 2000 m. Am 4. Juli 1881 nahm die unter großem Aufwand für die aufkeimende Teeindustrie gebaute Darjeeling Steam Tramway, bald darauf in Darjeeling Himalayan Railway umbenannt, ihren Dienst auf. Um rasch Höhe zu gewinnen, ohne die Steigung zu vergrößern, wurden an besonders steilen Stücken sogenannte Z-Kehren angelegt, die der Zug im Zickzack überwindet. Aber auch in 360°-Spiralschleifen windet sich die Bahn in die Höhe. Viele Jahre lag die Bahn nach Erdrutschen still, nun aber fährt sie wieder, wobei immer noch die alten Dampfloks und Waggons zum Einsatz kommen.

Anfangs zuckelt der Zug noch gemütlich durchs Tiefland, aber bereits nach 16 km beginnt der erste steile Anstieg. Ächzend und stampfend und eine dicke schwarze Rußwolke ausstoßend nimmt die Lok die Himalayaausläufer unter lautem Hämmern der Kolben in Angriff. Mit bis zu 4 % Steigung windet sich der Schienenstrang durch die Berge. Mehrfach durchfährt die Bahn kleinere und größere Siedlungen. Gemüsestände gleiten zum Greifen nahe an den Fenstern vorbei, Fahrgäste springen auf und ab, Hunde und Kühe räumen widerwillig die Strecke. Heute werden die Bewohner nur ein-, zweimal pro Tag von einem Zug gestört, in den 1930er-Jahren hingegen herrschte Hochbetrieb.

Man muss aber nicht die Unbequemlichkeit der insgesamt 8-stündigen Fahrt auf sich nehmen. Einen nachhaltigen Eindruck vermittelt bereits die 45-minütige Fahrt von Darjeeling in das nur 8 km entfernte Ghoom (s. S. 422), dem mit 2258 m höchsten Punkt der Strecke, von wo aus man mit dem Gegenzug, dem Bus oder Taxi in die Stadt zurückkehren kann.

Gemächlich dampft der Toy Train am neuen Druk-Sangak-Choling-Kloster vorbei

Im Hotel Elgin darf man sich fühlen wie einst die britischen Kolonialherren

Folgt man vom Bahnhof aus der Hill Cart Road in die entgegengesetzte Richtung, kann man nach ca. 3 km zur **Teeplantage ›Happy Valley‹** hinabsteigen. Gegen ein kleines Entgelt führt ein Angestellter die Besucher durch die einfache Fabrik und erklärt den Herstellungsprozess. Es ist zu beachten, dass die Produktion zwischen Dezember und März ruht (Mo–Sa 8–16 Uhr). Wer Interesse an der Flora des Himalaya hat, wird im **Botanischen Garten,** auf halbem Wege zwischen Bahnhof und Plantage, auf seine Kosten kommen (tgl. Sonnenauf- bis Sonnenuntergang).

Beliebtestes Ausflugsziel von Darjeeling aus ist jedoch der 2590 m hohe Aussichtsberg **Tiger Hill** 6, lässt sich doch von hier vor allem im Herbst und Winter der Sonnenaufgang über dem Kanchenjunga, dem dritthöchsten Berg der Erde, besonders eindrucksvoll beobachten. Der Ausflug lässt sich problemlos durch das Tourist Office (s. u.) arrangieren, da sich allmorgendlich gegen 4.30 Uhr eine ganze Karawane von Jeeps in Bewegung setzt. Auf dem Berg gibt es einen Aussichtsturm (Eintritt 5 Rs draußen, 20 Rs in der kleinen Cafeteria). Vom Tiger Hill kann man sehr schön zu Fuß über Ghoom zurück nach Darjeeling wandern.

Infos

Tourist Bureau des DGAHC (Darjeeling Gorkha Autonomous Hill Council): Silver Fir Building, Bhanu Sarani, Tel. 03 54-225 48 79/2 25 53 51, Fax 03 54-225 42 14, während

der Hochsaison (Okt./Nov. und März–Mai) tgl. 9–19 Uhr, sonst Mo–Sa 10–16.30 Uhr, So bis 13 Uhr. Sehr hilfsbereit. Man kann hier auch Ausflüge und Trekking-Touren buchen.
Im Internet: www.darjeelingnews.net.
Sikkim Permits (ILP): Wer beabsichtigt, von Darjeeling weiter nach Sikkim zu reisen, sollte sich spätestens hier das notwendige Permit (s. S. 429) besorgen: Zunächst muss man zum Office of the District Magistrate, Laden La Rd. (Mo–Fr 11–13 und 14.30–16 Uhr), dann zum Foreigners Regional Registration Office, Hill Cart Rd. (Mo–Fr 9.30–17 Uhr).

Übernachten

In Darjeeling herrscht Wassermangel, und Strom gibt es auch nicht immer. Größere Hotels haben jedoch Generatoren.
Koloniale Eleganz ▶ **Hotel Elgin:** HD Lama Rd., Tel. 03 54-225 40 82, 03 54-225 72-26 u. -27, Fax 03 54-225 42 67, www.elginhotels.com. Luxus im Kolonialstil seit 1897, elegante Zimmer mit Kamin, hervorragendes Restaurant (s. rechts), großer Garten, der *high tea* wird standesgemäß zelebriert. DZ ab 6300 Rs.
Klein und fein ▶ **Shangri La Regency:** 21 Gandhi Rd., gegenüber Bethany school, Tel. 03 54-225 58 39, www.shangri-la-regency.com. Kleines Boutique-Hotel eines tibetisch-englischen Ehepaars. Zwölf geschmackvoll gestaltete Zimmer, verglaste Rooftop-Bar mit toller Aussicht. DZ mit Frühstück ab 2200 Rs, außerhalb der Saison (Juli–Sept) nur 1000 Rs.
Globitreff ▶ **Dekeling:** Gandhi Rd., am Taxistand, Tel. 03 54-225 41 59, www.dekeling.com. Alteingesessenes, bei Globetrottern sehr beliebtes Hotel unter tibetischer Leitung, zentral gelegen mit unterschiedlichen Zimmern, teilweise mit schöner Aussicht. DZ ab 1100 Rs. Derselben Familie gehört auch das kleine, hoch am Hang gelegene neue Heritage-Hotel **Dekeling Resort** mit vier gemütlichen Zimmern. DZ 3100 Rs.
Familiär ▶ **Bellevue Hotel:** The Mall, über dem Büro von Indian Airlines, Tel. 03 54-225 40 75, 03 54-225 41 30, Fax 03 54-225 43 30, www.darjeeling-bellevuehotel.com. Hotel in tibetischem Besitz mit entsprechend gestalteten, anheimelnden Zimmern. Auch hier gibt es eine Dachterrasse mit Blick auf die Berge. DZ ab 1200 Rs.

Essen & Trinken

Feine Küche ▶ **Glenary's:** Nehru Rd., tgl. 11.30– 21 Uhr. Edelrestaurant mit schönem Blick über die Stadt. Spezialität sind auf heißer Platte servierte Gerichte und *tandoori chicken.* Im Haus gibt es auch eine gute Bäckerei. Hauptgerichte ab 50 Rs.
Kuschelig ▶ **Devekas:** Im Hotel Dekeling. Sehr beliebtes tibetisches Restaurant mit *tibetan bread, momos* und Nudelsuppen. Hauptgerichte ab 40 Rs.
Nicht nur Momos ▶ **Kunga Restaurant:** Nehru Rd., 9–21 Uhr. Gilt als bestes tibetisches Restaurant mit großer Auswahl an *momos* und Suppen. Beliebt auch zum Frühstücken. Hauptgerichte ab 40 Rs.

Einkaufen

Tee ▶ Tee ist in Darjeeling natürlich der Renner. Man sollte aber die kleinen Stände an der Mall meiden, die nicht selten verdorbene und ›gepantschte‹ Ware verkaufen. Erste Adresse ist **Nathmull's Tea Rooms,** Laden La Rd., www.nathmulltea.com, tgl. 9–19 Uhr. Hier gibt es nicht nur eine große Auswahl an Tee von 20 Plantagen, man kann auch ein oder zwei Nächte auf einer Tea-Estate buchen.
Teppiche und tibetische Produkte ▶ Sehr schöne Teppiche, aber auch Souvenirs findet man im **Tibetan Refugee Self Help Centre,**

Tipp: Auf Schleichwegen von Darjeeling nach Kalimpong ▶ L 6

Landschaftlich noch beeindruckender als die Busroute nach Kalimpong (s. S. 426) ist die Fahrt mit dem Taxi von Darjeeling über Pachok und Tista. Von Ghoom windet sich die schmale, von normalen Bussen nicht zu bewältigende Straße durch Bergwälder und Teeplantagen hinab zum nur 500 m hoch gelegenen Fluss Testa, ehe sie auf den letzten 16 km wieder 800 m an Höhe gewinnt.

Mo–Sa von Sonnenauf- bis Sonnenuntergang (s. S. 422).

Aktiv

Trekking ▶ **Himalaya Voyages:** 13 Robertson Rd., Tel. 03 54-225 60 45, Fax 03 54-225 69 10, www.exploredarjeeling.com; **Tenzing Norgay Adventures** (ex. Tenzing Kanchenjunga Tours): 1 D. B. Giri Rd., www.tenzing-norgay.com. Eine Agentur, die vom Sohn des legendären Erstbesteigers des Mount Everest geleitet wird.
Bergsteigen ▶ Das **Himalayan Mountaineering Institute** (s. S. 422) bietet diverse Bergsteigerkurse an; nähere Infos unter www.darjeelingnews.net/mountaineering.html.

Verkehr

Flug: Der nächste Flughafen liegt in Bagdogra im Tiefland nahe Siliguri (s. S. 419).
Bahn: 1 x tgl. Verbindung mit dem Toy Train (s. S. 423) nach New Jalpaiguri, Fahrzeit mindestens 8 Std. Von New Jalpaiguri gute Verbindungen mit Kolkata (z. B. Saraighat Express, Nr. 2346, ca. 10 Std.) und Delhi (DBRT Rajdhani Express, Nr. 2423, ca. 21 Std.).
Bus: Busse fahren nach Kalimpong (3,5 Std.) und Siliguri (3 Std.).
Sammeltaxis: Sie verkehren nach Siliguri, Kalimpong und Gangtok (4 Std.).

Kalimpong ▶ L 6

Karte: S. 420
Das 52 km östlich von Darjeeling in 1250 m Höhe gelegene **Kalimpong** 7 (ca. 45 000 Einw.) steht etwas im Schatten seiner großen Schwester Darjeeling und wird deshalb von Touristen nur als Zwischenstation auf dem Weg nach Sikkim kurz berührt, obwohl das gemächliche Leben und die schöne Umgebung durchaus zum Entspannen einladen. Sehenswert sind die etwas außerhalb liegenden neuen Klöster **Tharpa Choling** und **Zang-Dog.** Einen sehr schönen Fernblick auf den Kanchenjunga hat man vom 1700 m hohen **Deolo Hill** etwas außerhalb im Nordosten (tgl. 9–18 Uhr, Eintritt 5 Rs).

Tipp: Project awake and shine

Der Betreiber einer Trekkingagentur und des Guesthouses **Gurudongma** (s. rechts) hat ein Projekt ins Leben gerufen, das Touristen auf Touren durch die umliegenden Dörfer mit den Einheimischen in engen Kontakt bringt. Nähere Infos unter: www.awakeandshine.org.

Übernachten

Stilvoll ▶ **Silver Oaks:** Rinkingpong Rd., Tel. 035 52-25 52 96/25 57 66, Fax 035 52-25 53 68, www.elginhotels.com. Heritagehotel der bekannten Gruppe, ehemaliges Wohnhaus des Architekten Frederick Desraj von 1930; wie für diese Hotels üblich gepflegt und mit Stilmöbeln ausgestattet. Das Management könnte freundlicher sein. DZ ab 5500 Rs.
Historisches Monument ▶ **Himalayan:** Upper Cart Rd., Tel. 035 52-25 52 48, Fax 035 52-25 51 22, www.himalayanhotel.biz. Ein Heritage-Hotel mit großer Vergangenheit, ehemals Residenz von David Mac Donald, der 1904 die Younghusband Expedition nach Tibet begleitete und 1910 dem 13. Dalai Lama zur Flucht verhalf. Später nächtigten hier die Himalaya-Bergsteiger Mallory und Irvine und auch die Everest-Bezwinger Hillary und Tensing; noch immer in Familienbesitz. Großer Garten, schöne Zimmer mit Veranda, Restaurant. DZ 2700 Rs, DZ mit Vollpension 4500 Rs.
Trekking-Agentur inklusive ▶ **Gurudongma House:** Hill Top, Tel. 035 52-25 52 04, www.gurudongma.com. Kleine Unterkunft einer Sikh-Familie, die auch eine sehr empfehlenswerte Trekking-Agentur betreibt und Touren in die umliegenden Dörfer mit Übernachtung anbietet (s. Tipp links) DZ mit Vollpension ab 4000 Rs.
Für Orchideenfreunde ▶ **Holumba:** 1 km außerhalb, Tel. 035 52-25 69 36, www.holumba.com. Ausgesprochen gemütliche Cottages auf dem Gelände einer Orchideenzucht. Persönliche Atmosphäre. DZ ab ca. 1200 Rs.

aktiv unterwegs

Singalila-Ridge-Trek

Tour-Infos

Ausgangs-/Endpunkt: Rimbek, erreichbar mit Bus oder Taxi von Darjeeling (2–3 Std.)
Länge/Dauer: ca. 80 km, 6–7 Tage
Profil: einfacher Rund-Trek im Singalila-Nationalpark mit herrlichen Ausblicken, Höhe bis zu 3500 m
Übernachten: Zahlreiche Unterkünfte entlang der Route (u. a. Trekkers Huts des DGHC), Buchung ratsam über Darjeeling Gorkha Hill Council, Silver Fir, Bhanu Sarani, Darjeeling, Tel. 03 54-225 48 79/225 53 51, Schlafsack erforderlich und Zelt für die erste Nacht
Besonderheit: Trekking Permit und Guide erforderlich; Permits gibt es an den Parkeingängen in Rimbek und Mana Banjang. Wegen Straßenbaus ist die vom alten Startpunkt Mana Bhanjang ausgehende Route aber nicht mehr attraktiv.

1. Tag (10 km, ca. 4 Std.): Von **Rimbek** (2275 m) führt der Pfad hoch über dem Raman River durch kleine Dörfer zum Eingang des Nationalparks. An einer Quelle findet man Möglichkeit zum **Campieren** (ca. 2800 m).
2. Tag (15 km, ca. 5 Std.): Steiler Aufstieg durch Wald zu einem Grat (ca. 3000 m) mit Blick auf den Kanchenjunga, dann bergab zur Einmündung in den alten, von Mana Bhanjang kommenden Pfad. Der Tag endet dort in **Bikhay Bhanyang** (3200 m), wo es einige Privatunterkünfte gibt.
3. Tag (9 km, ca. 2 Std.): Entlang eines Grats mit schöner Sicht führt der Weg bergauf durch Wald nach **Sandakphu** (3600 m). Von hier hat man einen herrlichen Blick auf das Kanchenjunga-Massiv. Unterkunft in Trekker huts (DGHC) oder Privatunterkünften.
4. Tag (16 km, ca. 7 Std.): Entlang eines Grats mit schöner Sicht tief nach Nepal und Sikkim führt der Weg nach **Phalut** (3600 m) im Grenzdreieck Darjeeling-Nepal-Sikkim. Auch hier gibt es etliche Unterkünfte.
5. Tag (12 km, ca. 4 Std.): Der Weg knickt nun nach Südost und folgt der Grenze von Sikkim. Durch Wald, oder was davon noch übrig ist, geht es steil bergab nach **Gorkhey** (2400 m). Unterkunft findet man in einer Trekkers Hut. Unterkunft auch ca. 2 Std. weiter in **Raman** (ca. 6 km hinter **Samandar**).
6. Tag (18 km, ca. 7 Std.): Meist in Sichtweite des Raman River erreicht man durch die Dörfer Raman und Sri Khola den Endpunkt **Rimbek.**

Mehr als ein Stall ▶ **Bethlehem:** Rishi Rd., Tel. 035 52-25 51 85. Einfache Unterkunft, saubere Zimmer mit Bad und fließend Wasser, schöner Blick. DZ mit Bad ab ca. 400 Rs.

Verkehr

Bus und Sammeltaxi: Verbindungen nach Darjeeling (3–4 Std.), Siliguri (3 Std.) und Gangtok (3 Std., nur mit Sikkim-Permit).

13 Sikkim

Grünes, nur dünn besiedeltes Land, durchsetzt mit buddhistischen Klöstern, erwartet den Reisenden in diesem ehemaligen Königreich, wenngleich der Aktionsradius für Urlauber aufgrund der Nähe zu Tibet doch noch immer sehr eingeschränkt ist. Dafür führen die angeboteten Trekkingtouren bis dicht an den Kanchenjunga heran.

Kennzeichen dieses 7000 km^2 großen, zwischen Nepal im Westen und Bhutan und Tibet im Osten am Rande des Himalaya gelegenen ehemaligen Königreichs sind die enormen Höhenunterschiede auf kürzester Entfernung. Von 280 m im Testa-Tal steigt das Gelände bis auf über 8000 m an und formt dabei von Süd nach Nord die drei Großlandschaften Unter-, Ober- und Hochsikkim. Im Norden schließt das mächtige Massiv des bis zu 8598 m hohen Kanchenjunga, nach Mount Everest und K2 (Godwin Austen) dritthöchster Berg der Welt, das Land gegen die trockenen Hochebenen Tibets ab. Die immer dichter werdende Besiedlung fordert auch hier ihren Tribut. Die einst dichten Wälder, durch die der rote Panda und Schwarzbären streiften, lichten sich in erschreckendem Ausmaß. Die verheerenden Überschwemmungskatastrophen, die Bangladesh und das indische Tiefland vermehrt heimsuchen, haben in der Entwaldung der Himalayaregion eine ihrer wesentlichen Ursachen.

Als Urbevölkerung besiedelten die Lepcha, die sich selbst Rongpa (›Schluchtenbewohner‹) nannten und von Brandrodung und Jagd lebten, die feuchten Täler Süd- und Zentralsikkims. Im 19. Jh. wurden sie jedoch durch nepalesische Volksgruppen nach Südwesten abgedrängt. Die Nepali stellen heute mit etwa 75 % den Hauptanteil der 360 000 Einwohner; sie haben durch Einführung des Terrassenanbaus dem Land wesentliche wirtschaftliche Impulse verliehen, dadurch aber auch den Keim für die Vernichtung der Bergwälder und die damit verbundenen Probleme gelegt.

Mit den Bhotia und Tsongpa, die bereits seit dem 15. Jh. aus dem nördlich angrenzenden Tibet einwanderten, fand auch der Buddhismus Zugang nach Sikkim und hat noch heute hier eine seiner Hochburgen.

Als Staatsgebilde gewann Sikkim erst 1641 mit Gründung einer Königsdynastie durch Phun-tscho Gestalt, musste sich aber bereits ein Jahrhundert später gegen Angriffe aus Bhutan und Nepal zur Wehr setzen und dabei territoriale Verluste hinnehmen. 1817 schloss das Königreich einen Schutzvertrag mit der englischen Ostindienkompanie und wurde 1861 britisches Protektorat. Mit Hilfe der Engländer konnte 1886 eine Invasion aus Tibet zurückgeschlagen werden.

Die 1918 gewährte Unabhängigkeit dauerte nur bis 1950, als Indien das britische Erbe fortsetzte. Nach einem vom nepalesischen Bevölkerungsteil ausgehenden Putschversuch gegen den König verstärkte Indien ab 1973 seinen Einfluss und integrierte Sikkim schließlich 1975 in seinen Staatenverband. Erst im Jahre 2003 hat China Sikkim als Teil Indiens anerkannt. Als Gegenleistung betrachtet Indien Tibet fortan als chinesisches Staatsgebiet. Als Zeichen zunehmender politischer Annäherung wurde 2006 der Nathula-Pass, ein historischer Grenzübergang zwischen China und Sikkim, 54 km östlich von Gangtok gelegen, für den kleinen Grenzverkehr wieder eröffnet.

Infos

Sikkim Tourist Office: Bedauerlicherweise sind einige interessante Gebiete Sikkims nach wie vor Sperrgebiet, und auch die übrigen Regionen können derzeit nur mit einer Sondergenehmigung, der sogenannten **Inner Line Permit (ILP),** besucht werden. Diese ist jedoch problemlos in allen Botschaften, den Touristenbüros von Sikkim in Delhi und Kolkata, in Siliguri sowie den Foreign Registration Offices in Delhi, Mumbai, Kolkata und Darjeeling zu erhalten. Am besten aber besorgt man sie sich schon zu Hause zusammen mit der Ausstellung des Visums. Das Permit gilt 15 Tage ab Einreise und kann beim Registration Office in Gangtok (Tibet Rd.) um weitere 15 Tage verlängert werden. Wer eine Trekkingtour in abgelegene Regionen plant, benötigt darüber hinaus weitere kostenpflichtige Permits (s. rechts).

Gangtok ▶ L/M 6

Karte: S. 420

Die 1547 m hoch gelegene bescheidene Hauptstadt **Gangtok** 7 (ca. 50 000 Einw.) erstreckt sich wie viele der ehemaligen britischen Hill Stations entlang einem Grat mit schönen Blicken auf das Massiv des Kanchenjunga. Sehenswürdiges in der recht modernen Ortschaft gibt es nur weniges. Wer sich für den Buddhismus interessiert, findet im **Research Institute of Tibetology** eine hervorragende Informationsquelle. Aufbewahrt werden hier alte Thangkas, Ikonen, Statuen, seltene Manuskripte und Kultgegenstände (Mo–Sa 10–16 Uhr, jeden 2. Sa geschl., Eintritt 5 Rs). Etwas unterhalb liegt das **Orchid Sanctuary** (Blüte ab April/Mai) mit über 200 Arten dieser für Sikkim typischen Pflanze (tgl. 8.30–17.30, Eintritt frei).

Das etwas außerhalb im Nordosten auf einem Berg liegende **Enchey-Kloster** ist ein wichtiger Sitz des Nyngma-Ordens (›Schule der Alten‹), der ältesten der vier Hauptrichtungen des Tibetischen Buddhismus. Das 200 Jahre alte Kloster ist am 18./19. des 12. tibetischen Monats (Jan.) Schauplatz farbenprächtiger Maskentänze anlässlich der Tsam-Zeremonien (Mo–Sa 6–16 Uhr).

Auch der **Do-drul-Chörten** am südlichen Ende der Stadt steht in Verbindung mit der Nyngma-Schule, wurde aber erst 1945 durch Trulsi Rinpoche errichtet. Um den Stupa sind 108 Gebetsmühlen angeordnet, in zwei Seitenheiligtümern die Statuen Padmasambhavas, des großen Verkünders buddhistischer Lehre im Himalaya.

Den besten Blick auf die Berge hat man vom 8 km entfernten **Tashi Viewpoint.** Einen weiteren Aussichtspunkt, **Damovar** genannt, kann man mit der Seilbahn erreichen, die nahe dem Institute of Tibetology abfährt (9.30–17.30 Uhr, Ticket 50 Rs).

Infos

Sikkim Tourist Office: MG Marg, Tel. 035 92-22 20 64, Fax 035 92-22 56 47, Juni–Mitte Sept. tgl. 10–19, sonst 10–16 Uhr; hilft auch bei der Organisation von Trekkingtouren.

Im Internet: www.sikkim.nic.in, www.sikkiminfo.net, www.sikkim-tourism.co.in

Übernachten

Kolonialer Charme mit Abstrichen ▶ **Nor-Khill:** Paljor Stadium Rd., Oberhalb des Sta-

Tipp: Trekking nur mit speziellem Permit

Für nahezu alle Trekkingtouren Sikkims ist ein zusätzliches **Restricted Area Permit (RAP)** oder **Protected Area Permit (PAP)** erforderlich, das in Gangtok von der Polizei oder vom Tourist Office ausgestellt wird; es gilt nur für Gruppen ab vier Personen, die mit einem anerkannten Trekking-Veranstalter unterwegs sind (dieser besorgt bei Buchung der Tour das kostenpflichtige Permit). Da die Wanderungen innerhalb der Geltungsdauer des Sikkim-Permits abgeschlossen sein müssen, unterliegt man einem erheblichen Zeitdruck und sollte vor Antritt auch der organisierten Wanderungen den Zeitplan genau überprüfen. Nähere Infos gibt es unter http://sikkim.nic.in/sws/tour_off.htm.

dions, Tel. 035 92-20 56 37, 035 92-20 01 70, Fax 035 92-20 56 39, www.elginhotels.com. Edles Heritage-Hotel im ehemaligen Gästehaus des Königs von Sikkim. Luxuriöse, geräumige Zimmer, Restaurant, großer Garten, allerdings kein so schöner Blick wie bei vielen der kleineren Hotels. Die Zimmer im historischen Flügel könnten sauberer sein und das Personal etwas freundlicher. DZ ab 120 US$.

Elegant ▶ **Chumbi Residency:** Tibet Rd. Tel. 035 92-20 66 18, 035 92-20 66 19. www.thechumbiresidency.com. 26 sehr gepflegte Zimmer, teilweise mit grandiosem Blick auf den Kanchenjunga. Sehr gutes Restaurant (s. rechts). DZ ab ca. 3400 Rs.

Guter Service, toller Blick ▶ **Sonam Delek:** Tibet Road, Tel. 035 92-20 25 66, 035 92-22 89 06, www.sonamdelek.com. Sehr gemütliche Zimmer im tibetischen Stil. Gutes Restaurant. DZ ab 1200 Rs.

Zum Ausspannen ▶ **The Hidden Forest:** Middle Siche, Tel. 035 92-20 51 97, www.hiddenforestretreat.org. 12 gemütliche Zimmer in einem fast bayerisch anmutenden Haus 2 km außerhalb in einem kommerziell genutzten Garten voller Orchideen. Auf Wunsch gibt es Mahlzeiten aus ökolgisch gezogenen Produkten. DZ ab 1700 Rs.

Tibetisch ▶ **Tashi Tagey:** C-33, Tadong, Tel. 035 92-23 16 31, www.tashitagey.com. Freundliches, etwas außerhalb des Zentrums gelegenes familiäres Hotel mit Restaurant und Bar. DZ ab 850 Rs.

Lokalkolorit ▶ **Mintokling Guest House:** Secretariat Road, Bhanu Path. 035 92-2042 26, 035 92-20 85 53. www.mintokling.com. Privates Gästehaus in weiträumigem Garten mit 12 traditionell eingerichteten Zimmern, sehr persönliche Atmosphäre, eigenes Restaurant und großartiger Bergblick. DZ ab 1450 Rs, mit Vollpension ab 2730 Rs.

Essen & Trinken

Gute Restaurants gibt es vor allem in den Hotels.

Traditionelles Dekor ▶ **Snowlion:** Stadium Rd., im Hotel Tibet. Exzellente indische und einheimische Küche, eine Mischung aus indischer, tibetischer und nepalesischer Kochkunst, in etwas überladenem Ambiente. Hauptgerichte ab 120 Rs.

Nobel ▶ **Tangerine:** Im Chumbi Residency Hotel, Tibet Rd. (s. links). Weit gefächertes Angebot lokarer, chinesischer und europäischer Küche, gemütliche Bar. Hauptgerichte ab ca. 150 Rs.

Für Nachtschwärmer ▶ **Little Italy:** 31 A National Hwy, im Viertel Deorali nahe dem Institute of Tibetology. Derzeit der angesagte Treffpunkt für den Abend mit heißer Musik von Rock über Reggae bis Techno. Sehr authentische italienische Küche, beliebte Bar. Der rechte Ort, wenn man etwas ›asienmüde‹ geworden ist. Hauptgerichte ab 60 Rs.

Einkaufen

Kunsthandwerk ▶ Einen hervorragenden Überblick über das lokale Kunsthandwerk, darunter handgewebte Teppiche und Thangkas (buddhistische Meditationsbilder), vermittelt die Verkaufsausstellung im **Government Institute of Cottage Industries (GICI),** 31A National Hwy, Zero Point, ca. 500 m oberhalb des Marktes, Juli–März außer So und 2. Sa. im Monat 10–16 Uhr.

Aktiv

Trekking ▶ Es gibt zahlreiche Agenturen, die Touren durch Sikkim anbieten. Einen guten Ruf genießen: **Marco Polo World Travels,** Palzor Stadium Rd., gegenüber SNT Bus Terminal, Tel. 035 92-20 41 16, 035 92-22 94 07, Fax 035 92-20 50 78, www.worldmarcopolo.com; **Khangri Tours & Treks,** Tibet Rd., Tel./Fax 035 92-22 60 50, www.khangri.com.

Termine

Lhabab Dhuechen (Nov./Dez.): Dieses Fest am 22. Tag des 9. buddhistischen Mondmonats wird in allen Klöstern Sikkims in Erinnerung an die Herabkunft des Buddhas gefeiert.

Teesta-Tea-Tourism Festival (Dez.): Folkloredarbietungen, Blumenschau und Musikveranstaltungen – eher eine Promotion-Veranstaltung der Tourismusbehörde.

Schmale Täler und dicht bewaldete Hänge im Herzen Sikkims

aktiv unterwegs

Durch den Kanchenjunga-Nationalpark

Tour-Infos

Ausgangs-/Endpunkt: Yuksom, erreichbar mit Bus und Sammeltaxi (etwa 130 km von Gangtok)
Länge/Dauer: ca. 95 km, 8–9 Tage
Profil: mittelschwer, aber durch lange Etappen anstrengend, maximale Höhe 4 950 m.
Saison: März–Mai/Okt.–Nov.
Übernachten: Zelt, einfache Hotels in Yuksom und Tsokha
Besonderheit: Trekking Permit erforderlich (s. S. 429)

Die beliebteste Tour in Sikkim ist die mehrtägige Wanderung durch den **Kanchenjunga-**

Nationalpark von Yuksom (1700 m), dem nördlichsten mit dem Auto erreichbaren Punkt in Sikkim, nach Dzongri (4000 m) und hinauf zum Pass Guicha La (4950 m).

1. Tag (ca. 17 km, 5–6 Std.): Von **Yuksom** folgt der Weg zunächst dem Rathong-Fluss, um dann steil in die Berge zum Weiler **Bakkhim** zu führen (2700 m), ein anstrengender Tag mit 1000 Höhenmetern.

2. Tag (ca. 12 km, 5 Std.): Weiter geht es bergauf nach **Tsokha** (3000 m), wo die Regierung tibetische Flüchtlinge angesiedelt hat, und weiter durch Rhododendronwälder entlang eines Grats bis zur Lichtung von Phitang (3600 m).

3. Tag (ca. 7 km, 4 Std.): Die Baumgrenze von über 4000 m wird auf einem Grat erreicht, von wo aus man herrliche Ausblicke u. a. auf die Südwand des Kanchenjunga genießen kann. Tagesziel ist **Dzongri** (4000 m).

4. Tag: In Dzongri sollte man einen Tag zur Akklimatisation einlegen; wer möchte, kann von hier aus den 300 m höher liegenden Dzongri-Peak besteigen, von dem sich ebenfalls ein grandioser Blick auf den Kanchenjunga bietet.

5. Tag (ca. 14 km, 6–7 Std.): Zunächst geht es bergab bis **Thanshing** (3800 m), dann aber stetig bergauf bis zum **Samiti Lake** (4500 m), der Quelle des Prek-Flusses.

6. Tag (18 km, ca. 8 Std.): Nach etwa drei ermüdenden Stunden ist der höchste Punkt des Treks, der knapp 5000 m hohe, von Gebetsfahnen umwehte und mit Mani-Steinen markierte **Pass Guicha La** erreicht. Weiter dürfen Ausländer derzeit nicht, sodass man zunächst bis Chemathang, zum **Samiti Lake** oder Thanshing zurückkehrt.

7. Tag (ca. 18 km, 7 Std. von Thansingh): Rückmarsch auf dem selben Weg bis **Tsokha.**

8. Tag (ca. 20 km, 6 Std.): Rückkehr zum Ausgangspunkt **Yuksom.**

Verkehr

Flug: 1x tgl. Helikopterverbindung zwischen Flughafen Bagdogra nahe Siliguri und Gangtok (Flugzeit: 30 Min.), Sikkim Tourism Development Corporation, Tel. 035 92-22 26 34.
Bus: Etwa stdl. Verbindungen mit Siliguri (Bahnstation: New Jalpaiguri, 5 Std.), gelegentlich auch mit Kalimpong (4 Std.) und den Dörfern der Umgebung. Der staatliche Busbahnhof liegt etwas nördlich des Zentrums nahe dem Stadion.
Sammeltaxis: Regelmäßige Verbindungen mit Siliguri (4 Std.), Kalimpong (3 Std.), Darjeeling (5 Std.) und Kakarbhitta (Grenze mit Nepal, 5 Std.). Sie fahren, wie auch die privaten Busse, von der Hauptstraße (NH 31) im Zentrum ab.

Die Klöster Sikkims

Karte: S. 420
Neben Ladakh und Spiti bildet das frühere Königreich Sikkim die dritte Hochburg des tibetischen Buddhismus in Indien. Auch hier manifestiert sich die Religion in zahlreichen Klöstern und den traditionellen farbenprächtigen Festen mit ihren Maskentänzen; sie stellen den Höhepunkt des religiösen, vom Mondzyklus bestimmten Jahres dar.

Rumtek ► L 6

Etwas umständlich mit öffentlichen Verkehrsmitteln zu erreichen ist das 24 km südwestlich gelegene **Kloster Rumtek** 9. Das Zentrum des Kagyü-Ordens, einer der vier Hauptschulen des Tibetischen Buddhismus, wurde erst nach der Besetzung Tibets in den 1960er-Jahren als getreue Kopie des tibetischen Heimatklosters Tsurphu errichtet. Bis zu seinem Tode wirkte hier der Karmapa Rinpoche (1924–1982), die 16. Inkarnation des Karmapa, der wiederum den Bodhisattva Avalokiteshvara verkörpert. Im Jahre 2000 gelang seinem Nachfolger, dem heute 20-jährigen Ogyen Trinley Dorje, die dramatische Flucht aus dem Stammkloster in Tibet, wo er nur unter streng chinesischer Aufsicht wirken durfte. Die schöne Anlage beherbergt heute ein großes buddhistisches Institut mit einer wertvollen Sammlung ritueller Gegenstände. Sehenswert ist der vergoldete, mit Türkisen und Korallen verzierte Stupa.

Zweimal im Jahr ist das Kloster Schauplatz der berühmten **Tsam-Tänze der Lamas.** Das Winterfest (Dezember/Januar, am 28. und 29. Tag des 10. tibetischen Monats, zwei Tage vor dem tibetanischen Neujahr) zeigt den Kampf des Guten gegen das Böse, das Sommerfest (Mai/Juni, am 10. Tag des 5. tibetischen Monats) erzählt Episoden aus dem Leben Padmasambhavas, der im 8. Jh. den Buddhismus von Indien nach Tibet brachte und von den Mönchen in Sikkim als Guru Rinpoche verehrt wird. Ob dieser Missionar auf seinen Reisen durch den Himalaya auch in Sikkim Station gemacht hat, ist allerdings nicht erwiesen (tgl. 6–17 Uhr, Fotoverbot in den Gebäuden, www.rumtek.org).

Übernachten

Spartanisch ► **Sungay Guest House:** Unterhalb des Tempels gelegen, Tel. 035 92-25 22 21. Einfache Zimmer, teilweise mit Balkon. DZ mit Bad ab 300 Rs.

Termine

Guru Rinpoche Trunkar Tsechu (Aug.): Größtes Klosterfest Sikkims.
Lhabab Dhuechen (Nov./Dez.): Jeweils mit Masken-Tänzen.
Tsam-Tänze: s. o.

Verkehr

Rumtok ist am besten mit dem **Sammeltaxi** ab Gangtok zu erreichen.

Phodang ► L/M 6

Auch das knapp 40 km nördlich von Gangtok an einem Hang liegende **Kloster Phodang** 10 ist schon allein wegen der großartigen Aussicht einen Besuch wert. Die Fahrt dorthin geht entlang des kurvenreichen North Sikkim Highway vorbei an großen, wassergetriebenen Gebetsmühlen und dem Tashi Viewpoint durch einige Täler. Der zu den sechs wichtigsten Klöstern des Landes zählende Komplex ist ebenfalls neueren Ursprungs, leider zuweilen geschlossen; auf Bitten öffnen die Mönche das Hauptgebäude. Sehenswert sind die Malereien. Etwa 30 Fußminuten oberhalb liegt das ältere **Labrang-Kloster**.

Übernachten

Schlicht ▶ **Yak und Yeti:** Tel. 035 92-26 28 44. Einfache Unterkunft, mit Restaurant. DZ ohne Bad 150 Rs, DZ mit Bad 250 Rs.

Termine

Kagyed Chaam (Dez./Jan.): Maskentänze.

Verkehr

Busse und **Sammeltaxis** bis zum Dorf Phodang nahe der Abzweigung der zum Kloster führenden Stichstraße.

Pemayangtse ▶ L 6

Das 130 km westlich bei der Ortschaft Pelling, 9 km oberhalb des Verkehrsknotenpunktes Geyzing liegende **Kloster Pemayangtse** 11 kann nur in einer mehrtägigen Exkursion besucht werden. Der über 2000 m hoch gelegene Sitz des Nyngma-Ordens wurde bereits 1705 gegründet und gehört damit zu den ältesten buddhistischen Zentren Sikkims. Gewidmet ist es Padmasambhava (8. Jh.), dem Begründer des Buddhismus im Himalaya. Mehrfach wurde das Kloster allerdings durch Erdbeben beschädigt und wieder aufgebaut (tgl. 6–17 Uhr). Auch hier finden im Februar berühmte Maskentänze statt (28. und 29. Tag des 12. tibetischen Monats).

Übernachten

Traumblick ▶ **Elgin:** Mount Pandim, Tel. 035 95-25 07 56, 035 95-25 02 73, 035 95-25 03 53, Fax 035 95-25 02 73, www.elginhotels.com. Aus einem historischen Gebäude hervorgegangenes Luxushotel mit klassisch kolonialem Touch. Ungetrübter Blick auf die Berge. DZ ab ca. 170 US$.

Travellertreff ▶ **Garuda:** In Pelling, Tel. 035 95-25 83 19. Gut geführtes Familienhotel, populär. Unterschiedliche Zimmer, auch Dormitory. Restaurant mit einheimischer Küche. DZ mit Bad ab 450 Rs.

Termine

Losar (Feb./März.): Chaam-Maskentänze.
Pang Lhabsol (Aug.): Fest zu Ehren des Kanchenjunga.

Verkehr

Bus: Verbindung mit Gangtok und Siliguri (jeweils ca. 5 Std.), bessere Verbindungen gibt es von Geyzing (15 Min. mit Sammeltaxi).

Tashiding ▶ L 6

Sehr abgelegen, hoch auf einem Grat zwischen den Flüssen Rathong und Ranjeet, gehört das dem Padmasambhava geweihte **Kloster Tashiding** 12 zu den ältesten des Landes. Man erreicht es auf einer 16 km langen Straße, die bei der Ortschaft Legship von der Route Gangtok–Geyzing abzweigt. Er-

Junge Novizen im Kloster von Phodang

baut wurde das Kloster im Jahr 1717, nachdem man am Himmel einen Regenbogen entdeckt hatte, der den Platz mit dem Kanchenjunga-Massiv verband. Das Heiligtum besteht aus mehreren Gebäuden, Chörten und einem kleinen Haupttempel. Im Mittelpunkt der Verehrung steht *bumchu,* ein mit heiligem Wasser gefülltes magisches Gefäß. Durch Meditation und millionenfache Rezitation des Mantras »Om mani padme hum« durch Padma Jullgne soll das Gefäß entstanden und mit göttlicher Energie beseelt worden sein. Während des jährlichen Festes im Januar/Februar wird das versiegelte Behältnis geöffnet und das Wasser in 21 Schalen, die *tings,* verteilt. Aus der Menge der vollen und leer gebliebenen Schalen lesen die Mönche die Zukunft des Landes.

Übernachten

Für Anspruchslose ▶ **Siniolchu Guest House:** Ca. 2 km unterhalb der Klosteranlage, Tel. 035 95-24 32 11. Beste der einfachen Unterkünfte mit Zimmern ohne Bad. DZ ab 100 Rs.

Termine

Bumchu-Festival (Jan./Feb.): Mehrtägiges Fest zu Ehren des heiligen Gefäßes, das dann geöffnet wird (Vollmond im 1. Monat des tibetischen Kalenders).

Verkehr

Bus- und Sammeltaxi: 1 x tgl. verbinden Busse und Jeeps (2–3 x tgl.) Tashiding mit Geyzing (5 Std.). Früh morgens direkte Jeep-Verbindungen mit Gangtok über Legship.

Orissa ist berühmt für seine
außergewöhnlichen Kunsthandwerksarbeiten

Kapitel 6

Kolkata, die Nordostprovinzen und Orissa

Eine selbst für indische Verhältnisse seltene Vielfalt von Natur- und Kulturlandschaften vereint diese Region im Nordosten des Subkontinents. Sie lässt sich in drei deutlich voneinander getrennte Teile gliedern: Westbengalen mit der Millionenstadt Kolkata, den südlich angrenzenden Bundesstaat Orissa sowie die abgelegenen Nordostprovinzen, die sich wie ein Keil zwischen Tibet im Norden und Bangladesh und Myanmar im Süden schieben. Bereits Kolkata, Herzstück Westbengalens, ist eine Welt für sich: Zentrum indischen Kulturschaffens einerseits, Armenhaus der Nation andererseits. Ihrer geografischen Randlage verdanken die Ostprovinzen ihre Ursprünglichkeit aber auch die nur lockere Bindung an das ›Mutterland‹. Für den Touristen sind aufgrund der politischen Instabilität nur Teile zugänglich, etliche von ihnen sogar ausschließlich mit einer organisierten Tour. Die Tempel von Bhubaneswar und Konarak bilden die kulturellen Höhepunkte des Bundesstaates Orissa, die nahen Strände von Puri eine wohltuende Oasen der Entspannung.

Auch diese Region Nordindiens lässt sich am besten in den Wintermonaten zwischen Oktober und März bereisen. Während des ab Juli vorherrschenden Monsuns muss man mit großen Überschwemmungen rechnen, zwischen April und Mai sowie September und November auch mit verheerenden Wirbelstürmen.

Für den Besuch Kolkatas sollte man sich etwas Zeit lassen,. ebenso für eine ›Kreuzfahrt‹durch die Sundarbans. Schnell ist man von Kolkata aus mit der Bahn in Bhubaneswar, von wo man nach zwei Tagen Kulturerlebnis ins nahe Puri reisen kann, um sich eine erholsame Pause am Strand zu gönnen. Da ein intensives Bereisen der Ostprovinzen nur organisiert möglich ist, bestimmt hier das Angebot der Agenturen die Dauer des Aufenthalts. Es reicht von einer Stippvisite der Nationalparks bis zu mehrwöchigen Touren zu abgelegenen Bergstämmen.

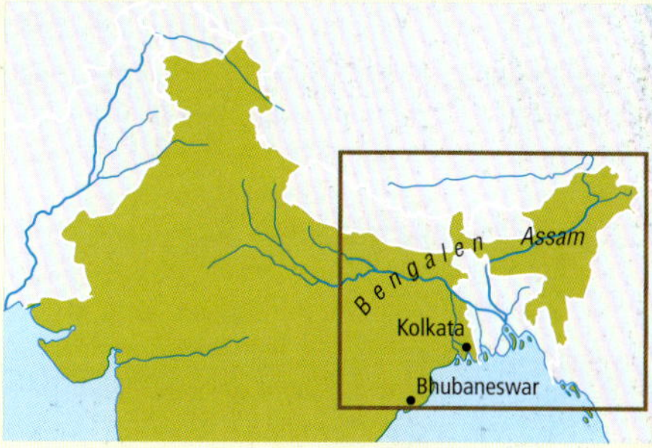

Auf einen Blick

Kolkata, die Nordostprovinzen und Orissa

Sehenswert

14 **Kolkata:** Man muss die Hauptstadt Westbengalens nicht mögen, aber man muss sie gesehen haben, um Indien zu verstehen – wahrhaft ein west-östlicher Schmelztiegel. Am Kali-Tempel opfern die Gläubigen in blutrünstigen Zeremonien Tiere, ein Stück weiter spielen junge Inder in schneeweißer Uniform Kricket (s. S. 440).

Kaziranga-Nationalpark: Auf einem morgendlichen Elefantenritt durch den nebeligen Dschungel kann man sich im Park von Kaziranga auf die Suche nach dem seltenen indischen Nashorn machen (s. S. 461).

15 **Bhubaneswar:** Dicht gedrängt liegen die steinernen Tempel im Herzen der Stadt, über 1000 Jahre alte Zeugnisse einer eigenständigen kulturellen Entwicklung, die ihren Niederschlag auch in einer ungewöhnlichen Architektur gefunden hat (s. S. 469).

Meine Tipps

Zurück ins britische Empire: Im kleinen Kolonialhotel Fairlawn, eingezwängt zwischen den wuchernden Bauten Kolkatas, sind die Uhren vor gut 100 Jahren stehen geblieben. Zwei ältere Ladys leiten es wie ihre Vorfahren und im üppigen Garten erwartet man jeden Moment Joseph Conrad oder Sommerset Maugham – Nostalgie pur (s. S. 450).

Auf dem Brahmaputra: Mit luxuriösen Schiffen können Wohlbetuchte eine Kreuzfahrt auf dem Brahmaputra unternehmen, unterbrochen von zahlreichen Ausflügen in Nationalparks und kleine Dörfer (s. S. 460).

Der ›geräderte‹ Tempel: Konarak, einer der wenigen dem Sonnengott Surya geweihten Tempel, gehört zu den faszinierendsten Attraktionen Orissas – er hat die ungewöhnliche Gestalt eines kosmischen Wagens, gezogen von sieben himmlischen Pferden (s. S. 476).

aktiv unterwegs

Fahrt durch die Sundarbans: Die Fahrt mit dem Boot durch das Labyrinth der Sundarbans ist ein Erlebnis der besonderen Art. Mit etwas Glück bekommt man sogar einen Tiger zu Gesicht, und wenn nicht, kann man die Ruhe der weiten Landschaft genießen, in der kleine Segelboote gemächlich ihre Bahn ziehen (s. S. 456).

die Stadtgrenzen zu überschreiten: Eine Reise ins knapp 700 km entfernte Varanasi dauerte immerhin 75 Tage.

Den Sepoy-Aufstand von 1857 überstand Kolkata ohne Blutvergießen. Im Gegensatz zu Meerut, Lucknow und Delhi, wo Hunderte von Engländern starben, blieb es in Bengalen beim Gerücht eines Angriffs meuternder Truppen und einer dadurch ausgelösten Panik.

Die rasch wachsende Handelsstadt zog auch zahlreiche Inder an, die zunächst als Hausgehilfen Beschäftigung fanden, bald aber auch ihren eigenen, zum Teil sehr lukrativen Handel aufzogen. Der wirtschaftliche Aufschwung setzte sich ungehindert fort, als die East India Company 1858 mit Ernennung Indiens zum Vizekönigtum ihre politischen Privilegien verlor. Viel schwerer war für die Kaufleute Kolkatas die Rede König Georg V. vom 12. Dezember 1911 zu verkraften, in der er die Verlegung der Hauptstadt nach Delhi ankündigte. Die geografische Randlage, aber auch die zunehmende Unruhe der Bengalen machten diesen Schritt erforderlich. Dennoch blieb Kolkata eines der Widerstandszentren der Unabhängigkeitsbewegung, wobei sich die Separatisten keineswegs der Gewaltfreiheit verpflichtet fühlten.

Die Stunde schwerster Prüfung hatte die Millionenstadt im August 1946 zu bestehen, als die einen separaten Muslim-Staat fordernde Awami Liga in Kolkata den Direct Action Day ausrief. Mit Knüppeln, Steinen und Eisenstangen bewaffnete Muslime machten Jagd auf Hindus und lösten ein gegenseitiges Massaker aus, das innerhalb von 24 Stunden über 6000 Tote forderte. Unter dem Namen ›The Great Calcutta Killings‹ ging das Pogrom nicht nur als traurigstes Kapitel in die jüngere Geschichte des Subkontinents ein, es besiegelte auch seine Aufteilung und zerschlug damit den Traum Gandhis von einem Indien, in dem die beiden großen Religionsgemeinschaften friedlich zusammenleben.

Mag Kolkata bis heute eines der wichtigsten industriellen Zentren Indiens und Hochburg anspruchsvoller Kunst sein, der Besucher wird überall mit der Hilflosigkeit und Überforderung der Stadtverwaltung konfrontiert. Über die Müllberge auf den Straßen, den regelmäßigen Stromausfall und die verwahrlosten Häuserfassaden können auch Prestigeobjekte wie U-Bahn und Eisstadion nicht hinwegtäuschen.

B. B. D. Bagh 1

Als eigentliches koloniales Herz kann der Platz **B. B. D. Bagh** angesehen werden, den Verwaltungsgebäude in viktorianischem Stil säumen. Hinter der Abkürzung B. B. D. verbergen sich die Namen Banoy, Badal und Dinesh, die einst einen Attentatsversuch auf

den Generalgouverneur Lord Dalhousie unternommen hatten; unter den Engländern trug das Zentrum der Kolonialstadt den Namen Dalhousie Square. Beeindruckend ist das die Westseite des B. B. D. Bagh flankierende kuppelgekrönte, weißgetünchte **Hauptpostamt,** das die Stelle des ersten Forts einnimmt. Die ehemals bis an den Fluss reichende Verteidigungsanlage fiel 1756 der Eroberung durch Suraj-ud-daula zum Opfer. Eine Messingtafel an der Hauptpost weist auf die Tragödie des ›Schwarzen Lochs‹ hin, bei der die eingepferchten Gefangenen eines grausamen Erstickungstodes starben.

Über die gesamte Nordseite erstreckt sich das **Writers Building** mit seiner strengen Fassade aus rotem Backstein. Früher wohnten hier einmal die Angestellten der East India Company, heute sind in dem ausgedehnten, labyrinthisch verschlungenen Komplex die Büros der Landesregierung von Westbengalen untergebracht. Die östliche Gebäudezeile beherbergt u. a. das Tourist Office of West Bengal. Im Zentrum des Platzes, um den museale Straßenbahnen rattern, liegt ein großer künstlicher See, an dem die Angestellten der umliegenden Büros gern ihre Mittagspause verbringen.

Kolkatas Hauptbahnhof liegt nahe der berühmten Howrah-Brücke

Kolkata

Sehenswert
- 1 B. B. D. Bagh
- 2 Fairly Ghat
- 3 Howrah-Brücke
- 4 Babu Ghat
- 5 Millenium Park
- 6 Armenian Ghat
- 7 Botanischer Garten
- 8 Nakhoda-Moschee
- 9 Universität und Ashutosh Museum
- 10 Marble Palace
- 11 Rabindra Bharati Museum
- 12 St. John's Church
- 13 High Court
- 14 Fort William
- 15 Victoria Memorial
- 16 St. Paul's Cathedral
- 17 Khaligath-Tempel
- 18 Indian Museum
- 19 Ochterlony Monument

Übernachten
- 1 The Oberoi Grand
- 2 The Kenilworth Hotel
- 3 Park Hotel
- 4 Housez43
- 5 Fairlawn Hotel
- 6 YWCA
- 7 Capital Guest House

Essen & Trinken
- 1 Mainland China
- 2 Aneli
- 3 Suruchi
- 4 Mocambo
- 5 Amber

Einkaufen
- 1 Central Cottage Industries Emporium
- 2 Dakshinapan Shopping Centre

Abends & Nachts
- 1 Dublin
- 2 Shisha
- 3 Nandan

Kolkata Stadtrundfahrt

An den Ufern des Hooghly

Wendet man sich von der Nordwestecke des Platzes nach Westen, gelangt man zum Fairlie Ghat 2 am Ufer des Hooghly. [illegible] Ghats und Anlegestellen der [illegible] sich die imposante **Howrah-Brücke** 3 [illegible] Gespinst aus Stahlträgern, das zum Wahrzeichen Kolkatas geworden ist. [illegible] und 82 m hohe freitragende Auslegerbrücke entstand zwischen den Jahren 19[illegible] und 1943 und wird nach wie vor vom Verkehr überflutet, auch wenn sie durch den Neubau der Vidyasagar-Setu-Brücke einige Kilometer stromaufwärts entlastet worden ist. Dass die historische Brücke offiziell noch immer nicht fotografiert werden darf, liegt wohl daran, dass die alte Gesetzesvorlage in irgendeiner Schublade unauffindbar ist und somit nicht geändert werden kann.

Südlich des Fairlie Ghats liegt das **Babu Ghat** 4, an dem Priester allmorgendlich ihre Puja durchführen, gefolgt vom **Millenium Park** 5, in dem sich die Bewohner der Stadt gern erholen (tgl. 10–20.30 Uhr, Eintritt 5 Rs). Nördlich vom Fairlie Ghat liegt fast unter der Brücke das **Armenian Ghat** 6, das männliche Inder als Arena für Turnübungen, Ringkämpfe und narzisstische Selbstdarstellung nutzen. Auch Masseure bieten hier ihre Dienste an.

Vom Fairlie Ghat verkehren alle paar Minuten Fähren hinüber nach Howrah. Wenn man nicht gerade zur Rush Hour unterwegs ist, [illegible] Abstecher zum Howrah-Bahnhof [illegible] man einem der größten [illegible] Noch empfehlenswerter ist die [illegible] Boot vom Fairlie oder [illegible] zum Botanischen Garten 7 [illegible] Kilometer stromabwärts am [illegible] Ufer. Der große botanische Garten wurde [illegible] 1787 auf einer Fläche von mehr als 100 ha und beherbergt über 12 000 Pflanzenarten und eines der größten Herbarien der Welt. Besonders sehenswert sind auch das Palmen- und das Orchideenhaus. Prunkstück aber ist ein mächtiger, etwa 200 Jahre alter Banyan-Baum, der eine Fläche von 14 000 m² bedeckt und nur noch durch 1400 Luftwurzeln gestützt wird, seit der ursprüngliche Stamm abgestorben ist (tgl. 7–17 Uhr, Eintritt 50 Rs).

Nördlich des B. B. D. Bagh

Nördlich des B. B. D. Bagh schließt sich das Handels- und Finanzzentrum Kolkatas an, das in den lebhaften **Bara-Basar** übergeht. An seiner Ostseite ragen die 47 m hohen Minarette und die farbige Kuppel der 1926 errichteten **Nakhoda-Moschee** 8 aus dem Häusermeer hervor, des größten islamischen

Beadon Street
Rabindra Sarani
Girish Park
Taxi
Bahnhof Howrah
Cotton Street
Mahatma Gandhi Road
Madan Mohan Street
Mahatma Gandhi Road
Bidhan Sarani
Grand Trunk Road South
Canning Street
Keshab Sen Street
Central
Colootola Street
Chittaranjan Av.
Railway Reservation Office
Hauptpost
Strand Road
Surya Sen Street
West Bengal Tourist Bureau
Chand Pol
Lal Bazaar Street
Bentinck Street
Bahnhof Sealdah
Government Place
Chandni Chawk
Taxi
Hoogly
Esplanade
Esplanade Row East
Surendra Nath
Outram Ghat
Red Road
Acharya Jagadish Bose Road
Mirza Ghalib St.
Sudder St.
Park Street
Outram Road
Maidan
Park Street
Casuarina Avenue
(Nehru Road)
Maidan
St. George's Gate Road
Kedderpore Road
Hospital Road
Queen's Way
Chowringhee
Dr. Sundari Durga Road
Rennbahn
Acharya Jagadish Bose Road
Circus Avenue
Rabindra Sadan
Zoologischer Garten
Elgin Road
Gurusaday Rd.
S. Amir Ali Avenue
Belvedere Road
Ashutosh Mukherjee Road
Harish Mukherjee Road
Reformation Street
Sarat Bose Road
Old B. Road
Rifle Road
Broad Street
Alipore Road
Belvedere Road
Bhawanip
Blondel Road
Ballygunjee Circular Road
Kalighat Road
Jatindas Park
Hazra Road
Judge's Court Road
Gariahat Road
0 250 500 m

Gotteshauses der Stadt, das sich das Mausoleum Akbars in Sikander (s. S. 351) zum Vorbild genommen hat und 10 000 Gläubigen Platz bietet.

Östlich davon hat die **Universität** ihren Platz. Zu ihr gehört das 1937 eröffnete **Ashutosh Museum** 9 mit Fundstücken der bengalischen Ausgrabungsstätten von Baigram, Bangar und Chandrtaketugarh sowie Terrakotten, Bronzen, Palmblattmanuskripten und Miniaturen (Mo–Fr 10.30–17.30 Uhr, Sa bis 13.30 Uhr, Eintritt 10 Rs).

Etwas weiter nördlich liegt inmitten eines gepflegten Gartens der **Marble Palace** 10, die herrschaftliche Residenz des reichen Kaufmanns Maharaja Rajendra Mullik Bahadur, der sein Anwesen im 19. Jh. mit Kostbarkeiten, aber auch Kitsch aus aller Welt anfüllte, von chinesischem Porzellan bis zu Gemälden von Rubens (Di, Mi und Fr–So 10–16 Uhr, Eintritt frei, jedoch Voranmeldung im Tourist Office nötig).

Welch ein Kontrast dazu bildet das **Rabindra Bharati Museum** 11 ein Stück weiter nördlich. Es ist das Wohnhaus des berühmten Dichters und Philosophen Rabindranath Tagore (1861–1941), der, aus einer reichen Brahmanenfamilie stammend, den Ausgleich zwischen Orient und Okzident suchte und für sein literararisches Werk 1913 den Nobelpreis erhielt (tgl. außer Mo 10.30–16.30 Uhr, Eintritt 50 Rs).

Victoria Memorial: monumentales Zeugnis britischer Kolonialherrschaft

Südlich des B. B. D. Bagh

Von der Südwestecke des B. B. D. Bagh gelangt man auf der nach Süden führenden Netaji Subash Road zur **St. John's Church** 12, dem ältesten christlichen Gotteshaus der Stadt mit einem Altarbild von John Zoffany (1733–1810). Auf dem angrenzenden Friedhof hat unter anderem der Stadtgründer Job Charnock seine letzte Ruhe gefunden. Eine Straße weiter trifft man auf das Rathaus und den sich westlich anschließenden, 1872 im neogotischen Stil entstandenen **High Court** 13. Im Rathaus ist heute das im Jahre 2002 eröffnete **Audiovisuelle Museum Kolkata-Panorama** untergebracht, das dem Besucher die wechselvolle Geschichte der Stadt vermittelt (Di–So 11–18 Uhr, Eintritt 100 Rs). Östlich verbirgt sich jenseits der Netaji Subash Road hinter Mauern und Hecken der **Raj Bhavan,** der Sitz des Gouverneurs von Bengalen. Das mit Kunstschätzen angefüllte Haus, das dem Sitz von Lord Curzon im englischen Derbyshire nachempfunden wurde, ist leider nicht zugänglich.

Quer durch den Maidan

Südlich dieses kolonialen Ensembles schließt sich der 4 km lange und 2,5 km breite **Maidan** an, die riesige Grünfläche rings um das 1757 begonnene neue **Fort William** 14. Die Nordwestecke wird vom **Eden-Park** eingenommen, einer kleinen Oase der Ruhe mit einer etwas deplaziert anmutenden Pagode, die 1856 ihren Weg aus Myanmar (Burma) hierher gefunden hat.

Am südlichen Ende des Maidan erstreckt sich das imposante **Victoria Memorial** 15 – errichtet in einer Mischung aus klassischer und Mogularchitektur, mit dem die Engländer auf dem Höhepunkt des Empires ihren Machtanspruch weithin sichtbar dokumentieren wollten. Der Grundstein zu dem von Lord Curzon angeregten Monumentalbau wurde 1906 gelegt, die Einweihung durch den Herzog von Windsor erfolgte aber erst 1921, als sich der Niedergang der Kolonialherrschaft bereits abzuzeichnen begann. Der Rundgang durch das Gebäude, dessen Eingang eine Statue Königin Victorias bewacht, gleicht denn auch einem Gang durch die britische Kolonialgeschichte Indiens, dokumentiert durch Gemälde, verblichene Fotografien, Erinnerungsgegenstände und Büsten. Abends gibt es eine Licht-und-Ton-Schau (Okt.–Feb. 19.15–20 Uhr, März–Sept. 19.45–20.30 Uhr, Eintritt 20 Rs). Vom Balkon hat man einen weiten Blick über den Maidan und das angrenzende Häusermeer (Garten tgl. 5.30–19 Uhr, Eintritt 4 Rs; Museum tgl. außer Mo 10–17, Eintritt 150 Rs, www.victoriamemorialcal.org).

Östlich des Victoria Memorials erhebt sich die **St. Paul's Cathedral** 16, die zwischen 1839 und 1847 im neogotischen Stil entstand und zu den wichtigsten Kirchen des Landes zählt. Der Turm wurde nach zwei Erdbeben 1934 neu errichtet.

Kaligath-Tempel 17

Gut 2 km südlich des Maidan trifft man auf das religiöse Zentrum Kolkatas, den weithin berühmten **Kalighat-Tempel.** Er ist der Göttin Kali geweiht, der grausamen Erscheinungsform der Durga, hinter der sich wiederum Parvati, die Begleiterin Shivas, verbirgt. Seine Bedeutung verdankt das Heiligtum der Erzählung von Satis Freitod. Als ihr Gemahl Shiva mit seiner toten Frau auf dem Arm vom Schmerz gebeugt durch die Welt zog und sie zu vernichten drohte, trat Vishnu auf den Plan und zerstückelte Satis Leichnam mit seinem Rad in 51 Teile, die zur Erde fielen, eines davon auf die Stelle von Kalighat. Das heutige Bauwerk stammt aus dem Jahre 1809 und ersetzt ein auf das 16. Jh. zurückgehendes Heiligtum der hier bereits bestehenden Ortschaft Kalikata, dem Kolkata seinen Namen verdankt. Das Tempelinnere, Schauplatz blutiger Tieropfer, darf nur von Hindus betreten werden. Höhepunkt der Wallfahrten ist der zweite Tag des Durga-Puja-Festes im Oktober (tgl. 5–14 und 16–22 Uhr).

In unmittelbarer Nähe hat die Friedensnobelpreisträgerin Mutter Teresa 1952 ihr Sterbehaus mit dem blumigen Namen **Nirmal Hriday** (›Haus der schönen Seelen‹) eröffnet, um mit zahlreichen Freiwilligen aus aller Welt den Armen in ihren letzten Stunden beizustehen. Wer seine Arbeitskraft in den Dienst der guten Sache stellen will, sei darauf vorbereitet, dass ihm verständlicherweise nur untergeordnete Tätigkeiten anvertraut werden und er keine Bezahlung erwarten darf.

Indian Museum 18

Eine der größten Sehenswürdigkeiten Kolkatas liegt an der Jawaharlal Nehru Road, die immer noch unter dem Namen Chowringhee bekannt ist und den östlichen Abschluss des Maidan bildet. Dort hat an der Einmündung der Sudder Street das **Indian Museum** seinen Platz, das 1875 für die von der Asiatic Society of Bengal gestiftete Sammlung errichtet wurde und nach wie vor als Indiens größtes und wohl auch bestes Museum gilt. Anhand ausgezeichneter Exponate wird der Besucher von den frühen Stadtzivilisationen der Indus-Kulturen durch alle Epochen der indischen Kunstgeschichte geleitet. Zu den Kostbarkeiten gehören Edikt-Säulen des Kaisers Ashoka, der steinerne, reich verzierte ›Zaun‹ des Stupa von Bharut, frühe Buddha-Figuren aus Gandhara und ausdrucksstarke Figuren von Göttinnen. Ergänzt wird die Kunstsammlung durch eine naturwissenschaftliche Abteilung, in der Meteoriten, Tierskelette und Fossilien zu sehen sind. Die Präsentation lässt allerdings zu wünschen übrig (tgl. außer Mo 10–16.30 Uhr, im Sommer bis 17 Uhr, Eintritt 150 Rs, Kamera 50 Rs, www.indianmuseumkolkata.org).

Zum Ochterlony Monument

Am Museum zweigt die Sudder Street ab, der wichtigste Hotelstandort Kolkatas. Wer sich in Zeiten zurückversetzen will, als Chowringhee noch den Beinamen ›Dorf der Paläste‹ trug, besuche dort das kleine **Fairlawn Hotel 5,** in dem die Uhren wohl zu Beginn des 20. Jh. angehalten worden sind (s. S. 450). Umso bedrückender erscheint danach allerdings die Realität mit ihren schräg gegenüber an der Mauer des Museums dahinvegetierenden Obdachlosen.

Zur Nehru Road zurückgekehrt, rückt am Nordende des Maidan das **Ochterlony Monument 19** ins Blickfeld, das seit 1969 den Namen Shahid Minar trägt. Der minarettartige, 48 m hohe Turm wurde 1828 zu Ehren von Sir David Ochterlony als Denkmal für den englischen Sieg über Nepal aufgestellt und präsentiert sich in einer eigenartigen Stilmischung aus ägyptischer Basis, syrischem Turm und türkischer Kuppel. Mit Genehmigung des Deputy Commissioner, die man im Polizeipräsidium erhält, kann man den Bau auch besteigen. Eine chaotische Straßenkreuzung, überragt von den Minaretten der **Tipu-Sultan-Moschee,** markiert die Nordostecke des Maidan und leitet über in das Geschäftszentrum. In zehn Minuten kann man von hier aus wieder zum B. B. D. Bagh gelangen.

Mutter Teresa – ein Leben für die Sterbenden

Thema

Die kleine zarte Nonne mit dem von tiefen Falten durchzogenen Gesicht, aus dem helle wache Augen leuchten, ist weltweit zu einem Symbol tätiger Nächstenliebe geworden, für viele auch zum Vorbild einer sich nicht dem Materialismus unterordnenden Lebensweise.

Die Begründerin der Kongregation ›Missionaries of Charity‹ wurde 1910 als Agnes Gonxha Bojaxhio in Skopje geboren. Ihre wohlhabende Familie gehörte zur kleinen Gemeinde katholischer Bürger in der damals überwiegend islamischen Kleinstadt. Mit 18 Jahren verließ Agnes Gonxha ihre Heimat, um Nonne im Loreto-Orden in Bengalen zu werden, der sich zu Armut, Keuschheit und Gehorsam als höchste Tugenden bekannte.

Die ersten Jahre als Novizin verbrachte sie in Darjeeling, wo sie auch ihren Namen Teresa erhielt – in Erinnerung an die französische Nonne Thérèse von Lisieux, die 1927 vom Vatikan heilig gesprochen worden war. Nach ihrem ersten Gelübde unterrichtete Schwester Teresa an der St. Mary's School in Kolkata, zu deren Leiterin die spätere Oberin bald aufstieg. Der vorgezeichnete Lebensweg erhielt eine neue Richtung, als sie nach eigener Aussage 1946 während einer Zugfahrt nach Darjeeling von Gott zu neuen Aufgaben berufen wurde. »Er wollte, dass ich arm sei und ihn in der traurigen Gestalt der Ärmsten der Armen lieben sollte«. Sie legte die Ordenstracht ab, kleidete sich in den typischen weißen, blau abgesetzten Sari und begann mit ungeheurer Energie ihre Arbeit in den Slums von Motijhil, wo sie in kürzester Zeit eine Schule und Krankenstation einrichtete und ihr ungewöhnliches Organisationstalent erstmals unter Beweis stellte.

Allmählich traten auch andere junge Frauen dem Orden bei, meist ehemalige Schülerinnen aus St. Mary's. 1953 fand der Orden in der Lower Circular Road eine neue Bleibe. Noch heute liegt hier die Zentrale der mittlerweile weltweit tätigen Kongregation.

Die ständige Konfrontation mit dem Tod erweckte schon früh den Wunsch, eine geeignete Stätte für die Sterbenden Kolkatas zu schaffen. Im August 1952 wurde das Sterbehaus Nirmal Hriday im Vorort Kalighat eröffnet, durch das Mutter Teresa und ihr Orden weltweite Beachtung und auch Unterstützung fanden. Einen weiteren Schwerpunkt bildete die Betreuung von Leprakranken in der außerhalb Kolkatas liegenden Ortschaft Titagarh. Das 1958 gegründete Gandhiji Prem Niwas wurde die Keimzelle für heute über 100 Zentren in Asien und Afrika. Nicht unumstritten sind hingegen die Kinderheime Shishu Bhawan, in denen Waisen und von ihren Eltern verstoßene Kinder Aufnahme finden und teilweise zur Adoption freigegeben werden. Neben unzähligen Ehrungen erhielt Mutter Teresa, die 1997 verstarb, 1979 den Friedensnobelpreis. Im Oktober 2003 wurde sie selig gesprochen. Bei aller Bewunderung für den Dienst an den Armen blieben kritische Stimmen nicht aus. Ganz im Einklang mit dem Papst lehnte sie jegliche Geburtenkontrolle oder Abtreibung strikt ab. Nach ihrer Auffassung lag in der Sanktionierung der Abtreibung sogar die größte Gefahr für den Weltfrieden. Möglicherweise, so einige Kritiker, war der alten Dame im Sari nicht bewusst, dass sie mit ihrer aufopferungsvollen Arbeit nur die Symptome kurierte, nicht aber die Ursachen bekämpfte.

Tipp: Zurück ins britische Empire

In dem mehrfach ausgezeichneten Fairlawn-Hotel nahe der weitläufigen Parkanlage Maidan scheint die Zeit stehen geblieben zu sein: Das ehemalige Privathaus aus dem Jahre 1783 hat mit seinen vielen Erinnerungsstücken aus der Zeit der britischen Kolonialherrschaft einen fast musealen Charakter und wird als Hotel noch immer von derselben britischen Familie geleitet, derzeit von den beiden alten Damen Violet Smith und Jenifer Fowler. Die Zimmer sind auf eine nette Art altmodisch, immerhin aber klimatisiert.Im Sommer 2010 wurden umfangreiche Renovierungsrabeiten vorgenommen.

Das kleine Gartenrestaurant trägt mit seiner üppigen Bepflanzung oasenhafte Züge. Zu den Gästen gehörten übrigens schon Günter Grass, Dominique Lapierre und Julie Christi. **Fairlawn-Hotel 5**: 13/A Sudder St., Tel. 033-22 52 15 10, 033-22 52 87 66, www.fairlawnhotel.com, DZ mit Frühstück ab 2600 Rs inkl. Frühstück.

Infos

Government of West Bengal Tourist Centre: 3/2 B. B. D. Bagh, Tel. 033-22 48 82 71, Mo–Sa 7–18 Uhr, So bis 14 Uhr.

Government of India Tourist Office: 4 Shakespeare Sarani, Tel. 033-22 82 58 13, Mo–Fr 9–18 Uhr, Sa bis 13 Uhr.

Im Internet: www.kolkatahub.com, www.kolkatabest.com.

Übernachten

Ultimativer Luxus ▶ **The Oberoi Grand 1**: 15, Jawaharlal Nehru Rd (Chowringhee Rd.), Tel. 011-23 89 05 05 (Delhi), www.oberoihotels.com. Unlängst als bestes Luxushotels Indiens ausgezeichnet, bleiben hier keine Wünsche offen. In den Zimmern fehlt es an nichts, und auch sonst wird der Gast verwöhnt, sei es in der Bar oder im Wellnessbereich – bei den Preisen darf man das aber auch erwarten. DZ ab 23 000 Rs (über 400 €).

Dezent ▶ **Kenilworth 2**: 1–2, Little Russel Street, Tel. 033-22 82 39-39, -40 u. 033-66 21 41 00, www.kenilworthhotels.com. Gepflegte Anlage in altehrwürdigem Bau mit 102 geschmackvollen, modernen Zimmern rings um einen Garten. DZ ab 10 000 Rs.

Erlesen ▶ **Park Hotel 3**: 17 Park St., Tel. 033-249 73 36, Fax 033-249 73 43, www.theparkhotels.com. Luxushotel mit allen Annehmlichkeiten dieser Klasse. 89 Zimmer und 17 Suiten. Die neu gestaltete Lobby nach dem altindischen Charkra-Prinzip in Verbindung mit modernesten Materialien ist einfach umwerfend. DZ ab 8000 Rs.

Cool ▶ **Housez43 4**: 43, Mirza Galib Street, Tel. 033-22 27 60 -20, -21, www.housez43.com. Zentral gelegenes kleines Boutiquehotel mit 28 modernen, hellen, teilweise auch grellen Zimmern. DZ ab 4500 Rs.

Nicht nur für Frauen ▶ **YWCA 6**: 1 Middleton Row, Tel. 033-22 29 70 33, www.ywcaindia.org. Man sollte sich vom etwas schäbigen Äußeren nicht täuschen lassen. Die alteingesessene christliche Herberge hat recht hübsche Zimmer zu vernünftigen Preisen. Auch Männer dürfen hier wohnen. Sehr gutes Preis-Leistungs-Verhältnis. DZ mit Frühstück 1250 Rs.

Ruhig gelegen ▶ **Capital Guest House 7**: 118 Chowringhee Lane, Tel. 033-22 52 05 98. Nettes privates Gästehaus, ruhig gelegen in der Hotelzone Sudder St. DZ ab 350 Rs.

Essen & Trinken

Sehr gut isst man in den internationalen Hotels, wo man meist die Wahl zwischen Buffet und à la Carte hat.

Feiner Chinese ▶ **Mainland China 1**: 3A Gurusaday Rd., Tel. 033-22 83 79 64. www.mainlandchinaindia.com, tgl. 12.30–15.30 und 19–23.30 Uhr. Das beste China-Restaurant der Stadt, immer voll, Treffpunkt der Schickeria, gediegenes Ambiente. Hauptgerichte ab 250 Rs.

Lokalkolorit ▶ **Aheli 2**: 12 J. L. Nehru Rd. (im Hotel Peerless Inn), Tel. 033-22 28 03 01, tgl. 11–15.30 und 19–23 Uhr. Bengalische Spezialitäten vom Feinsten, z. B. *machhi* *sorse paturi* (Fisch mit Senfsauce). Sehr gepflegt. Hauptgerichte ab ca. 250 Rs.

Alles frisch ▶ **Suruchi** 3: 89 Elliot Rd., tgl. 11–22, Uhr Sa- und So-abend geschl., nahe Mallik Bazaar. Authentische frische Bengali-Küche zu annehmbaren Preisen. Hauptgerichte ab ca. 160 Rs.

Multicuisine ▶ **Mocambo** 4: 25B Park St./ Mizra Ghalib St., tgl. 11–23 Uhr. Traditionsreiches, sehr beliebtes Restaurant der gehobenen Klasse mit angenehmer Atmosphäre. Neben indischer Kost gibt es auch Pasta und Pizza. Hauptgerichte ab ca. 150 Rs.

Alteingesessen ▶ **Amber** 5: Waterloo St., tgl. 12–16 und 19–23 Uhr. Populäres Traditionsrestaurant mit breit gefächertem Angebot indischer Küche. Spezialität: *tandoori*. Hauptgerichte ab 120 Rs.

Einkaufen

Große Auswahl, feste Preise ▶ **Central Cottage Industries Emporium** 1: 7 Chowringhee Rd., Mo–Fr 10–19 Uhr, Sa bis 14 Uhr. Staatliches Kaufhaus für Kunsthandwerk, feste Preise. Wer schon mal das Angebot studieren will, wird im virtuellen Cottage fündig: www.cottageemporiumindia.com.

Aus ganz Indien ▶ Wie in New Delhi auch haben die einzelnen Bundesstaaten ihr jeweils eigenes Emporium, zu finden im **Dakshinapan Shopping Centre** 2 im Süden (Gariahat Rd.), Mo–Fr 11–19 Uhr, Sa bis 14 Uhr.

Abends & Nachts

In Kolkata gibt es etliche Nachtclubs. Die besten gehören zu den internationalen Hotels. Eingelassen werden nur Paare und der Eintritt ist mit 500 Rs bis 1500 Rs pro Person heftig. Mi, Fr und Sa sind die Discos bis früh morgens geöffnet, sonst nur bis gegen Mitternacht.

Wilde Party ▶ **Tantra:** im Park-Hotel 3 (s. S. 450). Di–Fr ab 21 Uhr, Sa und So ab 18 Uhr, Mo. geschl. Treffpunkt der jungen Schönen und Reichen. Eine große Tanzfläche, modernste Technik, ein DJ und GoGo-Girls lassen keine Langweile aufkommen.

English Style ▶ **Someplace else:** im Park Hotel 3 (s. S. 450). Unterhaltung für das gesetztere Alter in gemütlichem Pub mit live-Musik.

Kolonialer Touch ▶ **Dublin** 1: im Hotel ITC Sonar Bangla Sheraton & Towers, 1 JBS Halden Ave. Hier verbringt man den Abend eher beschaulich bei guten und teuren Drinks. Beliebt bei hier lebenden Ausländern. Auch für Kleinigkeiten gegen den Hunger ist gesorgt.

Intim ▶ **Shisha** 2: 5th Floor, 22 Camac Street, www.shishareincarnated.com. tgl. ab 18 Uhr. Zu Hip Hop und Bollywood-Klängen geht die Wasserpfeife herum. Man versinkt in tiefen Sofas oder schwingt das Tanzbein. Mi, Fr und Sa werden nur Paare eingelassen, dann ist offiziell auch erst um 2 Uhr Schluss.

Kino ▶ Das beste Lichtspielhaus ist das **Nandan** 3 (1/1 A.J.C. Bose Rd.), die aktuellen Programme findet man im Heft »Kolkata this Fortnight«, erhältlich beim Tourist Office.

Termine

Durga Puja (Sept./Okt.): Farbenfrohes viertägiges Fest mit Umzügen riesiger Figuren von Durga, Lakshmi, Saraswati und Ganesh, die am Schlusstag in einer heiligen Zeremonie im Hoogly gebadet werden.

Verkehr

Flug: Der Flughafen Dum Dum, offiziell Netaji Subhas Chandra Bose Airport, liegt ca. 18 km nordöstlich der Stadt und ist ein wichtiges Drehkreuz im internationalen und nationalen Flugverkehr. Verbindungen bestehen u. a. nach Bangkok (Thailand), Kathmandu (Nepal), Yangon (Myanmar) und Dhaka (Bangladesh). Inlandflüge gibt es u. a. nach Delhi, Mumbai, Bangalore, Chennai (Madras) und Jaipur. Die einfachste Art, in die Stadt zu gelangen, ist per prepaid-Taxi.

Bahn: Der Hauptbahnhof **Howrah** liegt auf der anderen Seite des Hoogly unmittelbar an der Howrah-Brücke, der Bahnhof **Sealdah** im Zentrum an der AJC Bose Rd. Die meisten Züge fahren von Howrah. Am Fairlie Place unweit des B. B. D. Bagh unterhält die Bahn ein Foreign Tourist Bureau, in dem Ausländer Tickets kaufen und Reservierungen vornehmen können (Mo–Sa 10–17 Uhr, So bis 14 Uhr).

Wichtige Verbindungen: Die schnellste Verbindung Richtung Delhi führt über Gaya, Mughalserai (Varanasi) und Allahabad (Howrah-New Delhi Rajdhani Express, Nr. 2301, 17 Std.; So fährt der Zug statt über Gaya über Patna Nr. 2306, 19 Std.). Richtung Süden gibt es gute Verbindungen nach Bhubaneswar (Falaknuma Express, Nr. 2703, 6,5 Std.), nach Puri (Dhauli Express, Nr. 2821, 8 Std.) und nach Chennai (Coromandel Express Nr. 2841, 27 Std.).

Bus: Der Busbahnhof liegt am Nordrand der Grünanlage Maidan, Verbindungen u. a. nach Malda (9 Std.) und Siliguri (12 Std.). Angesichts der guten Bahnverbindungen und chaotischen Verkehrsverhältnisse im Großraum Kolkata sind Busse für Langstreckenreisen allerdings weniger zu empfehlen.

Innerstädtischer Verkehr

U-Bahn: Die Metro ist sicherlich die angenehmste Art, sich in der Stadt fortzubewegen. Die einzige bisher bestehende Linie verbindet Dum Dum im Norden, ca. 5 km von Flughafen entfernt, mit Tollygunge im Süden, eine Strecke von knapp 17 km. An der Verbindung Dum Dum–Flughafen wird gebaut. Man beachte, dass Männer und Frauen getrennt sitzen.

Rikscha: Die von spindeldürren Männern gezogenen Rikschas verschwinden allmählich aus dem Stadtbild Kolkatas und sind nur noch in bestimmten Vierteln, etwa in Howrah, zugelassen.

Straßenbahn: Die musealen Klapperkisten sollen demnächst aus dem Verkehr gezogen werden. Die Endhaltestelle liegt am Nordende des Maidan, von wo aus man nach Süden Richtung Tolleygunge und nach Norden ins Zentrum fahren kann (www.calcuttatramways.com).

Taxi: Die gelben Taxis dürfen auch außerhalb der Stadt verkehren, die schwarz-gelben nur innerhalb. Den Fahrpreis muss man vorher aushandeln bzw. sollte darauf bestehen, dass der Fahrer das Taxameter einschaltet. Der dort angezeigte Preis wird dann mittels einer Korrekturtabelle dem aktuellen Stand angepasst.

Ausflüge in den Norden und Süden Kolkatas

Die Insel Sagar ► L 10

Die etwa 70 km Luftlinie südlich von Kolkata im Gangesdelta liegende Insel befindet sich im Mündungsgebiet des heiligen Stroms und der dortige Tempel **Kapil Muni** gilt damit als besonders geheiligt. Er ist Station der großen ›Rundreise‹, die den Pilger in sechsjähriger Wallfahrt von der Quelle des Flusses zu seiner Mündung und wieder zurück zur Quelle

Am Ende der Durga Puja werden die Götterbildnisse im Hoogly gebadet

führt. Das somit von vielen Sadhus besuchte Heiligtum steht in Verbindung mit der Legende der 60 000 getöteten Söhne König Sagaras, deren Asche durch die Heiligkeit des Ganges gereinigt wurde (s. S. 221). Geweiht ist es dem feueräugigen Heiligen Kapil Muni, der die Söhne des Königs hatte verbrennen lassen, weil sie ihn bei der Meditation gestört hatten. Mitte Januar steht der Tempel, in dessen Zentrum ein Stein ruht, der den Heiligen verkörpern soll, im Mittelpunkt eines großen religiösen Festes, der **Gangasager Mela.** Während des Festes strömen etwa eine Millionen Menschen auf die Insel.

Die flache Insel ist in besonderem Maße den Taifunen ausgesetzt. So verloren 1864 zwei Drittel der Bevölkerung durch eine gewaltige Flutwelle ihr Leben.

Übernachten

Pilgerziel ► **Larkar Sagar Vihar (Tourist Lodge):** Am Tempel, Tel. 032 10-24 02 26/27. Ordentliche Unterkunft mit Restaurant. DZ ab 550 Rs.

Für jung Gebliebene ▶ Staatliche Jugendherberge: Dormitories und Doppelzimmer, zu buchen über Directorate of Youth Services, 32/1, B. B. D. Bagh, Kolkata, Tel. 033-22 48 06 26. DZ ab 100 Rs.

Verkehr

Fähre: Sagar ist nur mit Booten zu erreichen, die von Hardwood Point (80 km von Kolkata) und Namkhana (93 km von Kolkata) zur Nordspitze der Insel nach Kachuberia übersetzen (ca. 20 Min.). Der Tempel liegt 32 km entfernt an der Südspitze, erreichbar mit Bussen oder Sammeltaxis.
Bahn: Von Kolkata-Sealdah zunächst bis Kakdwip, von dort Anschlusszüge oder Taxi nach Namkhana (13 km).
Bus: Es gibt Direktbusse der staatlichen Gesellschaft (CSTC) nach Hardwood Point und Namkhana.

Malda ▶ L 8

Malda sowie die beiden Königsstädte Gour und Pandua (s. rechts) liegen etwa auf halbem Weg zwischen Kolkata und der nordbengalischen Hill Station Darjeeling an der Haupteisenbahnstrecke und bieten sich somit als Etappenziel auf dem Weg in die Ausläufer des Himalaya an. Die 338 km nördlich von Kolkata am Zusammenfluss von Kalindri und Mahananda gelegene Großstadt Malda war einst ein wichtiger Hafen des islamischen Reichs von Pandua. Nach dem Sieg der Engländer über die muslimische Herrschaft in der Schlacht von Plassey 1757 errichteten die Kolonialherren hier die Niederlassung English Bazar und entwickelten sie zum Zentrum der bengalischen Textilindustrie. Malda selbst bietet keine Sehenswürdigkeiten, ist allerdings ein guter Ausgangspunkt für den Besuch der einstigen Städte Gour und Pandua.

Das Lukochuri Gate aus dem 17. Jh. in Gour ist im Mogulstil ausgeführt

Übernachten

Etwas spartanisch ▸ Hotel Kalinga: NH-34, Ram Krishna Pally, Tel. 035 12-28 45 03, 035 12-283 35 58, 035 12-28 31 99, www.hotelkalingamalda.com. Einfaches 2-Sterne-Hotel mit 48 Zimmern, Bar und Restaurant. DZ ab ca. 500 Rs.

Verkehr

Bahn: Schnelle Verbindung mit Kolkata und New Jaipalguri (Kanchenjanga Express, Nr. 5657, 8 Std.).

Bus: Regelmäßige Verbindungen u. a. mit Kolkata (10 Std.) und Siliguri (6 Std.).

Gour ▸ L 8

Unter dem Namen Lakshmanavati hat die heute verlassene, 16 km südöstlich von Malda liegende Stadt Gour eine weit zurückreichende Geschichte. Lange Zeit war sie die Hauptstadt des von den Pala- und Sena-Dynastien regierten hinduistischen Königreichs Gour, dessen Name schließlich auf die Stadt überging. Unter den Nachfolgern des islamischen Eroberers Bakhtiyar Khilji konnte die Stadt vom Jahre 1200 an ihre Bedeutung noch ausweiten und stand mit Unterbrechung für drei Jahrhunderte im Mittelpunkt Westbengalens. 1338 musste sie vorübergehend ihre Führung an das benachbarte Pandua abtreten, das der von Delhi abgefallene Fakhr-ud-din zur Metropole seines unabhängigen Reiches gemacht hatte. Zu Beginn des 15. Jh. übernahm Gour wieder die führende Rolle und war bald unter dem Namen Jannatabad (›Irdisches Paradies‹) weithin bekannt. 1576 wurden Reich und Stadt durch Akbar unter Mogulherrschaft gestellt. Aber bereits im Jahr zuvor war Gour durch eine Pestepidemie nahezu entvölkert worden und erholte sich nie mehr.

Wichtigste Sehenswürdigkeit des sehr ausgedehnten Ruinenfeldes ist die **Bara-Sona-Moschee,** die 1526 unter Sultan Nasrath Shah aus Ziegeln erbaut wurde und den Beinamen ›Goldene Moschee‹ erhalten hat. Etwas südlich steht der 26 m hohe, fünfstöckige **Firuz Minar,** den wahrscheinlich Husain Shah zu Beginn des 16. Jh. zum Gedenken an seine Siege in Assam errichten ließ. Das Zentrum der Stadt bildete ein von Ziegelmauern umschlossenes, etwa 1,5 km langes und zwischen 200 und 800 m breites **Fort**.

Hauptzugang ist das von Türmen flankierte **Dakhil Darwajah,** etwa 1 km südwestlich der Moschee. Das nur 3 m breite, im Mogulstil ausgeführte östliche Tor **(Lukochuri Gate)** diente wahrscheinlich als Privatzugang des Herrschers. Es entstand im frühen 17. Jh., als die Stadt schon lange ihren Glanz eingebüßt hatte. Im Fort liegen die dürftigen Reste des Palastes und östlich davon die kleine **Qadam-Raisul-Moschee**, die über einem Fußabdruck des Propheten Mohammed errichtet worden sein soll. Etwas südwestlich finden sich die Reste der **Chika-Moschee** mit Relikten hinduistischer Motive an den Türstürzen. Unweit des Lukochuri-Tors trifft man auf die stark zerstörte **Chamkatti-Moschee**, ein Bau aus dem Jahre 1475, der im Innern noch einige Einlegearbeiten erkennen lässt. Aus etwa der gleichen Zeit stammen die beiden eleganten und reich verzierten Moscheen **Tantipara** und **Lattan**.

Der kleine Ort **Ramkeli**, nahe der Goldenen Moschee, ist berühmt für den Besuch des hinduistischen Heiligen Chaitanaya (1485–1534), der von seinen Anhängern für eine Teilinkarnation Krishnas gehalten wird. Im Juni findet ihm zu Ehren hier eine Mela statt.

Pandua ▸ L 8

Das ebenfalls in Ruinen liegende Pandua (18 km nördlich von Malda), das früher auch den Namen Firozabad trug, gilt als einer der wichtigsten Plätze islamischer Architektur in Bengalen. Der Ort entstand unter dem afghanischen Eroberer Fakhr-ud-din, der 1338 ein unabhängiges bengalisches Königtum ausrief und Pandua zur Hauptstadt erhob. Er eroberte auch Gour und benutzte viele der hinduistischen Bauwerke als Steinbruch für seine neue Metropole. Um 1420 wurde die Stadt aufgegeben und Gour übernahm erneut die Führungsrolle.

Alle wichtigen Monumente liegen beiderseits der ehemaligen, ziegelgepflasterten,

aktiv unterwegs

Fahrt durch die Sundarbans

Tour-Infos

Anreise: Individuell, sehr umständlich; Ausgangspunkte sind Canning (54 km von Kolkata) und Sonakhali (100 km südöstlich)
Dauer: Organisiert 2–4 Tage
Saison: Wintermonate bis März
Veranstalter: www.indianwildlifeportal.com/national-parks/sundarbans-national-park.html (staatlich), www.sunderbantigercamp.com (kommerziell), www.tourdesundarbans.com (einfach), www.helptourism.com (ökologisch)
Übernachten: Sundar Chital Tourist Lodge, Sajnekhali (zu buchen über www.indianwildlifeportal.com)
Besonderheit: Ausländer dürfen die Sundarbans nur mit einer offiziellen Erlaubnis besuchen, die von den Veranstaltern besorgt wird

Das Delta des Ganges ist eine wenige Meter über dem Wasserspiegel liegende Welt aus Kanälen, Inseln und Dörfern, die nur mit dem Boot bereist werden kann. Die Mangroven bilden einen wichtigen Schutzwall gegen die zahlreichen, durch Taifune ausgelösten Flutwellen.

Abgeleitet ist der Name von dem hier vorherrschenden Baum Sundari (Heritiera fomes). Der überwiegende Teil dieser großen, 16 000 km² messenden Deltalandschaft, der größten geschlossenen Mangrovenlandschaft der Welt, gehört zu Bangladesh und kann auch von dort bereist werden.

Schon aufgrund dieser Exponiertheit – dem Delta ist durch die weltweite Klimaerwärmung und das damit verbundene Ansteigen der Meeresspiegel ohnehin nur noch eine beschränkte Lebenszeit vergönnt – ist die Region nur dünn besiedelt, meist von Honigsammlern und Fischern. Von der UNESCO wurde die einzigartige Wasserwelt 1987 zum Welterbe erklärt. Ein Teil ist heute Nationalpark.

Die beste Zeit für den Besuch sind die Wintermonate bis März. Da kein regelmäßiger Schiffsverkehr besteht, muss man sich die Zeit nehmen, ein Boot zu mieten oder eine Mitfahrgelegenheit zu einem der Dörfer zu suchen.

Berühmt, ja berüchtigt, sind die Sundarbans durch die hier noch zahlreich vorkommenden Tiger. Nach vorsichtiger Schätzung leben auf indischem Territorium noch etwa 200, in den gesamten Sundarbans etwa 700. Da Menschen für die Raubkatzen eine leichte Beute sind, kommt es immer wieder zu tödlichen Überfällen. Kaum verwunderlich, dass die lokale Bevölkerung einen eigenen Tigergott kennt und fürchtet, Dakshin Roy, den ›Herrn des Südens‹ – aber auch die Göttin Bonabibi anbetet, ›Herrin des Waldes‹, die sie vor den Angriffen der Raubkatzen schützen soll. Überdies ergreifen die Honigsammler ganz praktische Abwehrmaßnahmen. Sie tragen eine bunte Holzmaske, nach hinten gerichtet. Da Tiger aus dem Hinterhalt anzugreifen pflegen, soll dies die Tiere irritieren.

Am einfachsten ist der Besuch der Delta-Landschaft mit einer organisierten Tour. Tiger wird man wegen der Unruhe der Gruppe tagsüber aber kaum zu Gesicht bekommen. Die beste Gelegenheit bietet sich im Morgengrauen, wenn alle anderen noch schlafen.

quer durch das Ruinenfeld verlaufenden Hauptstraße. Wichtigstes Relikt ist die über 150 m lange und mehr als 80 m breite **Adina-Moschee**, die bereits 1374 fertig gestellt war und besonders schöne Steinmetzarbeiten an der Westmauer (kibla) zeigt. Innerhalb der Moschee liegt das Grab von Sultan Sikander Shah, der in der zweiten Hälfte des 14. Jh. herrschte. Interesse verdient auch das **Eklakhi-Mausoleum**, in dem Ghyas-ud-din, ein

Da Köder ausgelegt werden, sind Tiger an der mit vergitterten Gängen geschützten Lodge zu dieser Tageszeit durchaus anzutreffen.

Mit kleinen Booten gelangt man auch in schmale Kanäle. Auch wenn man keinen Tiger zu Gesicht bekommt, ist das Reisen in der fast menschenleeren Wasserwelt, die nur hin und wieder von pittoresken Segelbooten belebt wird, übrigens ein großartiges Erlebnis.

In der Wasserwelt der Sundarbans fischt man noch in traditioneller Weise

Herrscher Delhis aus dem 14. Jh. und Begründer der dortigen Metropole Tughluqabad, bestattet ist. Wie ein Hindu-Idol am Türsturz zeigt, wurde auch hier recht freizügig Baumaterial zerstörter Tempel verwendet.

Verkehr

Taxi: Für die Ausflüge nach Gour und Pandua empfiehlt sich in Malda ein Taxi zu mieten, da die Sehenswürdigkeiten weit auseinander liegen.

Die Nordostprovinzen

Namen wie Meghalaya, Tripura, Manipur und Nagaland lassen die Herzen eines jeden Globetrotters höher schlagen, versprechen sie doch Einblicke in ein fast unbekanntes Indien fernab der Touristenströme. Nahezu unberührte Volksstämme, abgelegene buddhistische Klöster und dichte Dschungelwälder lohnen den Besuch – auch wenn diesen die teilweise strengen Einreisebestimmungen noch recht erschweren.

Nur durch einen schmalen Landkorridor mit dem Rest Indiens verbunden, schieben sich die nordöstlichen Provinzen wie ein Keil zwischen Tibet im Norden und Myanmar im Süden, während sie im Westen fast vollständig von Bangladesh umschlossen sind. Es ist eines von Indiens politischen Problemgebieten und daher für Touristen nur teilweise zugänglich (s. Hinweise S. 459, 465). Nur Assam, Meghalaya und Tripura können derzeit ohne Permit besucht werden, obwohl auch hier nach wie vor Unruhen herrschen.

Die 254 000 km² des kolonialen Assam teilen sich heute die Bundesstaaten Arunachal Pradesh, Assam, Nagaland, Manipur, Meghalaya, Mizoram und Tripura. Außer Assam sind alle außerordentlich dünn besiedelt. In Meghalaya leben 60 Menschen pro km², in

In den Restaurants kann man überall den berühmten Assam-Tee kosten

Mizoram 23, in Arunachal Pradesh gar nur acht. Der weitaus überwiegende Teil der Bevölkerung gehört den zahlreichen noch intakten ethnischen Gruppen an, die seit Jahrhunderten vor allem im Gebiet der Chittagong Hills ihre Heimat haben. Ihr Prozentsatz in Arunachal Pradesh beträgt 70 %, in Meghalaya 81 %, in Mizoram sogar 94 %.

Daraus resultieren Spannungen zur Zentralregierung, die auch hier die politischen Fäden in der Hand hält und mit allen Mitteln versucht, die Region fester an das Zentrum zu binden. Geschürt werden die Autonomiebestrebungen durch die starke Zuwanderung aus dem verarmten Bangladesh und aus Nepal, die zu weiteren kulturellen und ökonomischen Konfrontationen führt.

Assam

Der bekannteste Bundesstaat im Nordosten Indiens bedeckt eine Fläche von etwas mehr als 78 000 km^2 und wird von den übrigen Bundesstaaten der Nordostprovinzen gleichsam umrahmt. Drei Landschaften kann man unterscheiden: Das von den Assam Hills geformte Shillong Plateau, die davon durch schmale Täler getrennte Barail-Kette und das vom Brahmaputra durchflossene Tiefland.

Unter dem Namen Kamarupa wird die Region schon in den frühen Epen erwähnt, trat aber erst ab dem 4. Jh. n. Chr. mit Beginn der Varman-Dynastie ins Licht der Geschichte. Im 15. Jh. folgten die Königreiche von Ahom und Koch, ehe im 18. Jh. Burma das Land besetzte, was wiederum die Engländer auf den Plan rief, die fortan die Verwaltung übernahmen. Assam umfasste damals noch die gesamten heutigen Ostprovinzen. Erst später wurden Arunachal, Nagaland, Megalaya und Mizoram abgetrennt.

Seit der Unabhängigkeit Indiens wird Assam immer wieder von Unruhen heimgesucht, verursacht vor allem durch die ULFA (United Liberation Front of Assam), die den Staat vorübergehend in ein Chaos stürzte und die wichtige Teeindustrie zum Erliegen brachte; 1990 musste der Ausnahmezustand verhängt werden und Regierungstruppen marschierten in die Region. Mittlerweile ist es friedlicher geworden, ganz entspannt hat sich die Situation aber noch nicht.

Guwahati ► N 7

Die am Ufer des Brahmaputra gelegene Stadt (900 000 Einw.) ist Ausgangspunkt für den Besuch nicht nur Assams, sondern aller Nordoststaaten, sofern man auf dem Landweg durch den schmalen Korridor anreist, der die Region mit dem restlichen Indien verbindet.

Sehenswürdigkeiten gibt es nur wenige. Vor allem wegen seiner Lage interessant ist der **Umananda Mandir,** ein Shiva-Tempel auf einer Insel im Brahmaputra (tgl. 7–16 Uhr). Der **Kamakhya Mandir,** ein wichtiges Heiligtum für die Anhänger des Shakti-Kults, der die weiblichen Gottheiten in den Mittelpunkt der Verehrung stellt, liegt auf dem Nilachal-Hügel etwa 8 km westlich der Stadt. Das der lokalen Gottheit Kamakhya, einer blutrünstigen Erscheinungsform der Durga, geweihte Heiligtum stammt bereits aus dem 10. Jh., wurde aber von muslimischen Invasoren zerstört und im 17. Jh. im assamesischen Stil wieder aufgebaut. Zum Tempelinneren haben Nicht-Hindus keinen Zutritt. Bis 1832 wurden

Tipp: Sicherheitshinweis

Die Ostprovinzen gehören seit der Unabhängigkeit Indiens zu den politisch instabilen Regionen des Subkontinents. Zahlreiche Rebellengruppen kämpfen um mehr Autonomie, und auch ethnische Konflikte zwischen einzelnen Bevölkerungsgruppen flammen immer wieder auf. Es ist daher dringend erforderlich, sich vor Reiseantritt über die aktuelle Situation zu informieren. Hinweise bietet z. B. die Website des Auswärtigen Amtes (www.auswaertiges-amt.de). Besonders aktuelle Informationen über die Lage in den Ostprovinzen finden sich in den indischen Zeitungen bzw. deren Internetseiten, etwa in der Times of India (www.timesofindia.com) oder der Assam Tribune (www.assamtribune.com).

der Göttin anlässlich des jährlichen Ambubachi-Festes (Juli) Menschenopfer dargebracht. Die Gläubigen stellten sich freiwillig zur Verfügung und wurden nach dem Opfertod als Heilige verehrt. Noch heute sind Tieropfer üblich.

Das **Assam State Museum** an der GNB Road in der Nähe des Bahnhofs beherbergt eine ausgezeichnete ethnografische und archäologische Sammlung mit Skulpturen, Kostümen und traditionellen Hütten (Di–Sa 10–16.30, So 8–12 Uhr, 2. Sa im Monat geschl., Eintritt 5 Rs, Kamera 20 Rs, Video 100 Rs).

Infos

Assam Directorate of Tourism: Station Rd. in der Tourist Lodge, Tel. 03 61-2 54 71 02, Fax 03 61-2 54 71 02, info@assamtourism.org, Mo–Sa 10–16 Uhr, jeden 2. und 4. Sa im Monat geschl.

Im Internet: www.assamtourism.org, www.guwahati.com.

Übernachten

Assams Topadresse ▶ **Dynasty Hotel:** SS Rd., Fancy Bazaar, Tel. 03 61-251 60 21, www.hoteldynastyindia.com. Modernes 4-Sterne-Hotel, derzeit die beste Unterkunft vor Ort, luxuriöse Zimmer, gutes Restaurant (Spezialität: Tandoori). DZ ab ca. 3700 Rs.

Etabliert ▶ **Hotel Brahmaputra Ashok:** M. G. Rd., Tel. 03 61-254 10-64, -65, Fax 03 61-254 08 70, www.theashokgroup.com. Hotel der bekannten Kette. 49 Zimmer ohne besonderes Flair, Restaurant. DZ ab 4200 Rs.

Für Geschäftsleute ▶ **Hotel Nandan:** G. S. Rd., Tel. 03 61-254 08 55, Fax 03 61-254 26 34, www.hotelnandan.com. Von Geschäftsreisenden bevorzugtes 3-Sterne-Hotel im Zentrum mit beeindruckender Lobby und recht ordentlichen Zimmern, Restaurant. DZ mit AC ab 2300 Rs.

Essen & Trinken

Empfehlenswerte Restaurants bieten oben genannte Hotels.

Termine

Brahmaputra Beach Festival (Jan.): Vom Tourist Office veranstaltet, mit viel Folklore und Elefantenrennen.

Verkehr

Flug: Der Flughafen Lok-Priya Gopinath Bordoloi liegt ca. 18 km westlich. Verbindungen mit Indian Airlines und Jet Airways u. a. nach Delhi, Kolkata und Agartala (Tripura).

Bahn: Gute Verbindungen mit Kolkata (Kanchanjunga Express, Nr 5658) und New Delhi über New Jalpaiguri, Patna und Lucknow (Rajdhani Express, Nr. 2235, nur Fr; North East Express, Nr. 2505).

Bus: Der Busbahnhof Paltan Bazaar liegt im Zentrum in der Nähe des Bahnhofs. Verbindungen u. a. nach Siliguri (Westbengalen,

Tipp: Kreuzfahrt auf dem Brahmaputra

Ein Erlebnis der ganz besonderen Art bietet eine 4–10-tägige Flusskreuzfahrt auf dem Brahmaputra. Die Gäste wohnen in zwölf klimatisierten Doppelkabinen, werden von einer aufmerksamen Besatzung umsorgt sowie fürstlich verpflegt. Bei der 10-tägigen Reise, die teils auf dem Landweg, teils mit dem luxuriösen Schiff erfolgt, stehen die Nationalparks von Manas und Kaziranga (s. S. 461) sowie wenig besuchte Tempel und kleine Dörfer auf dem Programm. Mit etwas Glück bekommt man außerdem Flussdelphine und mit Sicherheit eine vielfältige Vogelwelt zu sehen. Eine geruhsamere Art, Assam zu entdecken, gibt es wohl kaum. Einziger Wermutstropfen ist der stolze Preis von ca. 350 US$ pro Person und Tag. Die Touren starten und enden meist in Guwahati, Neamati oder Silghat. Seit 2007 befahren die beiden Schiffe auch den Hoogly von Kolkata bis zur Mündung des Ganges. Nähere Infos und Buchung bei **Assam Bengal Navigation Company:** 10, Barley Mow Passage, London W4 4PH, Tel. +44-20-89 95 36 42, Fax +44-20-87 42 10 66, www.assambengalnavigation.com.

13 Std.), Shillong (Meghalaya, 4 Std.), Agartala (Tripura, 25 Std.).

Kaziranga-Nationalpark ►O 6

Der 430 km² große Park ist 1974 aus einem Schutzgebiet hervorgegangen, das bereits 1926 ins Leben gerufen wurde, um das bedrohte Indische Nashorn vor dem Aussterben zu bewahren. Heute ist der Bestand dieser archaischen Dickhäuter wieder auf über 1000 angewachsen. In den feuchten, mit hohem Elefantengras bedeckten Niederungen am Ufer des Brahmaputra, die den größten Teil Kazirangas ausmachen, finden sie ideale Lebensbedingungen. Es ist hier ein durchaus gewohnter Anblick, die Tiere vereinzelt oder in Gruppen im sumpfigen Gewässer grasen zu sehen. Da das Rhinozeros-Horn bei den Asiaten als hochwirksames Aphrodisiakum gilt, erzielt es schwindelerregende Preise auf den Schwarzmärkten von Singapur und Hongkong. Mit modernen Waffen ausgerüstete Wilddiebe scheuen sich nicht, auch in den Park einzudringen und den Tieren nachzustellen.

Dagegen ist der einzige natürliche Feind, der Tiger, ein eher harmloser Zeitgenosse. Eine beträchtliche Zahl dieser großen Raubkatzen bevölkert den Park, sind aber aufgrund der guten Deckungsmöglichkeiten nur selten zu beobachten. Ganz anders die Elefanten, die in Herden gemächlich die Ebenen durchwandern. Wie in anderen Parks auch stehen für die Tierbeobachtungen Reitelefanten zur Verfügung. Die beste Besuchszeit in diesem regenreichsten Gebiet Indiens liegt zwischen Januar und Mai (www.kaziranga nationalpark.com, Nov.–Mai tgl. 5.30–10 Uhr und 14–15.30 Uhr, Eintritt 250 Rs, Jeep 150 Rs, Kamera 500 Rs, Video 1000 Rs, Elefantenritte 750 Rs).

Übernachten

Große Auswahl ► **Staatliche Unterkünfte:** Die meisten staatlichen Unterkünfte liegen im Kaziranga Tourist Complex. Zu buchen sind sie beim Tourist Office in Guwahati (s. links), teilweise auch über www.kaziranganational park.com. Man hat die Wahl zwischen der **Bonani Lodge**, Tel. 037 76-26 24 23, fünf Doppelzimmer mit kleinem Balkon ab 450 Rs, und der komfortableren **Aranya Lodge**, Tel. 037 76-26 24 29, mit 21 Zimmern und Cottages, DZ ab 550 Rs, Cottage ab 650 Rs. Im angeschlossenen **Rhino-Restaurant** kann man gut essen (Hauptgerichte ab 50 Rs). Zwei weitere staatliche Lodges einfacher Art, **Kunjaban** (nur Dormitory) und **Bonoshree**, DZ 260 Rs, kann man über die Bonani-Lodge buchen.

Charaktervoll ► **Wildgrass Resort:** 4 km östlich, Tel. 03 61-254 68 27, Fax 03 61-263 04 65, maan_barua@satyam.net.in. Die schönste und daher auch populärste Unterkunft auf großem Gelände in einem Haus mit kolonialem Ambiente. Der Inhaber Manju Barua ist ein in ganz Indien bekannter Naturschützer. 22 Zimmer, gutes Restaurant. DZ ab 2000 Rs.

Verkehr

Bus: Regelmäßige Verbindung mit Guwahati (6 Std.).

Manas-Nationalpark ►N 6/7

Manas, der zweite bedeutende Nationalpark in Assam, steht seit 1992 auf der roten Liste der gefährdeten UNESCO-Welterbestätten und war lange Rückzugsgebiet der Bodo-Rebellen, die dem Park erhebliche Schäden zufügten. Überdies nutzten Wilderer die Situation, um die hier noch lebenden Tiger und Nashörner auszurotten. Die Situation hat sich inzwischen etwas gebessert. Im Januar 2007 wurde ein junges Nashornpärchen aus dem Kaziranga-Park hierher umgesiedelt, aber es wird wohl noch eine Weile dauern, bis sich der Ausflug wieder lohnt, wenngleich einige Reiseveranstalter den Park bereits erneut auf dem Programm haben.

Meghalaya

Das Landschaftsbild des 22 429 km² großen Bundesstaates wird durch ein Plateau bestimmt, das bis zum 1960 m hohen Shillong Peak aufsteigt und von zahlreichen Flüssen

Die Wasserbüffel in Kaziranga lassen sich von den Touristen kaum beeindrucken

durchzogen wird, die von extrem hohen Niederschlägen gespeist werden. Bewohnt wird der Staat von interessanten Stämmen, die einst aus Tibet und Südostasien zugewandert sind. Die Khasi, Garo und Jainta leben nach wie vor im Matriarchat. Kein Wunder, dass sie im Gegensatz zum übrigen Indien wenig Interesse an männlichen Nachkommen haben.

Shillong ► N 7

Die kleine Hauptstadt mit etwa 150 000 Einwohnern war früher eine britische Hill Station, von der aus Ost-Assam regiert wurde. Noch immer strahlt sie etwas von dem kolonialen Charme aus, der sich vor allem in den Parks, etwa dem Lady Hydari Park und dem Ward's Lake, zeigt. Für den Touristen am interessantesten dürfte aber der Markt **Iewdu** sein, zu dem sich am alle acht Tage stattfindenden Hauptmarkttag die Stammesbewohner der Umgebung einfinden, um ihre Produkte zu verkaufen. Dominiert wird das Geschehen von den Frauen des Khasi-Stamms – immer ein Lächeln auf den Lippen, aber knallhart beim Handeln.

Infos

Meghalaya Tourist Office: Jail Rd., gegenüber Busbahnhof, Tel. 03 64-222 60 54, Mo–Sa 9.30–17.30 Uhr. Buchung von Touren in die Umgebung.

Im Internet: www.meghalaya.nic.in.

Übernachten

Guter Durchschnitt ► Hotel Polo Towers: Polo Grounds, Tel. 03 64-222 23-41, -42, Fax

03 64-222 00 90, www.hotelpolotowers.com. Modernes, aber bereits etwas abgenutztes Hotel mit 50 ordentlichen Zimmern, Restaurant. DZ ab 3400 Rs.

Unter Indianern ▶ **Lakkhotaa Lodge:** Mawpun, nahe Golf Club Polo Hills,Tel. 03 64-259 05 23, www.lakkhotaalodge.com. Die wohnlichen, sauberen Zimmer sind nach nordamerikanischen Indianerstämmen benannt – der Himmel weiß warum. Der Service wird sehr gelobt. DZ ab 2300 Rs inkl. Frühstücksbuffet.

Verkehr

Flug: Der Flugplatz liegt 35 km entfernt in Umroi. Verbindungen mit Kolkata.

Bus: Häufige Verbindungen mit staatlichen Bussen nach Guwahati (4 Std.).

Cherrapunjee ▶ N 7

Es ist angeraten, den Regenschirm nicht zu vergessen, denn dieser 60 km von Shillong entfernt liegende Ort, auch als Sohra bekannt, rühmt sich der weltweit höchsten Niederschläge, durchschnittlich 11 430 mm pro Jahr. Im benachbarten Mawsynram sollen es noch mehr sein, dies ist aber statistisch nicht belegt. Zum Vergleich: Deutschland empfängt durchschnittlich 1100 mm. Zahlreiche spektakuläre Wasserfälle sind die Folge, darunter besonders eindrucksvoll, allerdings nur in der Monsun-Zeit, der **Nohkalikai-Fall** und der **Kynrem-Fall,** der in drei Kaskaden 300 m in die Tiefe rauscht. Ring um den Ort lassen sich zahlreiche schöne Spaziergänge in unberührte Natur und Dörfer der Khasi-Bevölkerung unternehmen.

Übernachten

Ökologisch ausgerichtet ▶ **Cherrapunjee Holiday Resort:** Laitkynsev, Tel. 036 37-24 42 18, www.cherrapunjee.com. ›Resort‹ ist zwar etwas übertrieben, die sechs Zimmer sind recht einfach, aber gemütlich, die Belegschaft aus Mitgliedern des Khasi-Stammes sehr bemüht, Restaurant. DZ ab 1400 Rs.

Verkehr

Bus- und **Taxi**-Verbindung mit Shillong (1–1,5 Std.).

Tripura

Mit etwa 10 000 km² Größe und einer Ausdehnung von 113 x 184 km gehört das fast allseitig von Bangladesh umschlossene Tripura zu den kleineren der Ostprovinzen. Das sehr abwechslungsreiche, überwiegend gebirgige Land erstreckt sich von etwa 20 bis 1000 m Höhe und zeichnet sich durch eine besonders artenreiche Flora aus. Die Landwirtschaft bildet die Haupteinnahmequelle der etwa 3 Mio. Bewohner, von denen viele aus dem benachbarten Bangladesh zugewandert sind. Nach wie vor aber ist der Anteil der Urbevölkerung mit über 20 % recht hoch. Berühmt ist Tripura für sein reiches kulturelles Erbe, insbesondere seine Stammestänze und Musik. Leider kommt es immer wieder zu ethnischen Konflikten, die das Bereisen vor allem des Nordens erschweren können (siehe Hinweise S. 459).

Agartala ▶ N 8

Die etwa 400 000 Einwohner zählende Metropole wird vom **Ujjaiyanta-Palast** beherrscht, der mit seiner ausgedehnten Parkanlage das Zentrum bildet. Der vom Maharaja Radahkishore Manikya 1901 errichtete Prachtbau ist heute Sitz der Landesregierung und daher für Besucher bis auf den Ostflügel nicht zugänglich. 1926 hat der Dichter Rabindranath Tagore eine Zeit lang hier gewohnt. Zu sehen gibt es noch einige Hindutempel, von denen der **Jagannath-Tempel** der interessanteste ist. Geweiht ist er der vor allem in Orissa hochverehrten Gottheit aus dem Vishnu-Pantheon, einer Erscheinungsform des Gottes Krishna, die mit ihren Geschwistern Balabhadra und Subhadra eine Art Dreifaltigkeit (Trimurti) bildet.

Einen kurzen Besuch verdienen auch das recht informative **Government Museum**, das sich vor allem den archäologischen Ausgrabungen von Unakoti widmet, wo zahlreiche Felsreliefs aus dem 8. und 9. Jh. entdeckt wurden (Mo–Sa 10–17 Uhr, Eintritt 5 Rs). Im kleinen Museum des **Tribal Cultural Research Institutes** kann man sich über die vielfältige Stammeskultur Tripuras informieren (Mo–Sa 11–13 Uhr, Eintritt frei).

Infos

Tripura Tourism: Ostflügel des Palastes, Tel. 03 81-222 59 30, Mo–Sa 10–16 Uhr, So bis 14 Uhr.

Übernachten

Nüchtern ▶ **Ginger:** Airportroad, Tel. 18 00-209 33 33 (gebührenfrei innerhalb Indiens), www.gingerhotels.com. Neues, eher auf Geschäftsleute abgestelltes, etwas außerhalb des Zentrums liegendes Hotel des Tata-Imperiums. Funktionale, sehr saubere Zimmer. DZ ab 3000 Rs.

Nicht schlecht ▶ **Hotel Rajdhani:** B. K. Rd., in der Nähe des Palastes, ca. 10 Min. vom Zentrum, Tel. 03 81-222 33 87, 03 81-222 63 12, www.hotelrajdhani.co.in. Angenehmes Hotel mit neuem Anbau, gutes Restaurant mit bengalischen Spezialitäten. DZ ohne AC ab 550 Rs, DZ mit AC ca. 1000–2000 Rs.

Sehr bemüht ▶ **Welcome Palace:** H. G. Basak Rd., Tel. 03 81-238 49 40, abanik@sancahrnet.in. Beliebtes neueres Stadthotel im Zentrum, kann etwas laut werden. Geräumige Zimmer, gutes Restaurant mit indischer, chinesischer und thailändischer Küche. DZ ohne AC ab 500 Rs, DZ mit AC ab 1400 Rs.

Sauber ▶ **Executive Inn:** 9 Mantri Bari Rd., Tel. 03 81-232 50 47. Ordentliches, zentral gelegenes Hotel mit sauberen Zimmern, gutes Preis-Leistungs-Verhältnis. DZ ab 250 Rs.

Verkehr

Flug: Der Flughafen liegt etwa 12 km nördlich der Stadt. Verbindungen mit Kolkata und Guwahati mit Indian Airlines und Jet Airways.

Bus: Es gibt drei Busbahnhöfe. Vom TRTC-Terminal an der Thakur Palli Rd./Ecke Hospital Rd., verkehren staatliche Busse u. a. nach Shillong (21 Std.) und Guwahati (25 Std.). Die Privatgesellschaft Sagar Travels, auf der Thakur Palli Rd. gegenüber dem Laxminarayan-Tempel, bietet ebenfalls Fahrten nach Guwahati. Vom daneben liegenden Batala-Bus-Stand gelangt man mit Bus oder Sammeltaxi nach Udaipur.

Udaipur ▶ N 8

Die 55 km südöstlich von Agartala gelegene Kleinstadt beherbergte früher die berühmte Jagannath-Statue, die heute das Heiligtum von Puri in Orissa ziert (s. S. 474). Der Tempel in Udaipur ist zerstört, nur noch das riesige Wasserreservoir ist erhalten. Neben dem ebenfalls zerstörten Palast aus dem 17. Jh. liegt der **Bhuvaneshvari-Tempel**, der in den Dichtungen von Rabindranath Tagore eine Rolle spielt.

Eines der heute wichtigsten Heiligtümer der Shakti-Verehrung liegt 4 km außerhalb des Ortes. Der **Tripura Sundari Mandir,** in der die Gottheit in Gestalt der Kali verehrt wird, gilt als eines der 51 Shakti Pithas, jener Stellen, an denen die Körperteile der vom Gott Vishnu mit seinem Diskus in 51 Teile zerstückelte Sita auf die Erde fielen (s. S. 448); An diesem Ort soll das rechte Bein Sitas hinabgefallen sein. Die Ursprünge der Shakti-Pithas-Legende sind wahrscheinlich in vorvedischen, eng mit der Verehrung bestimmter Orte verbundenen Fruchtbarkeitsriten zu suchen. Interessant ist auch die Bauweise des Tempels, die von den traditionellen Hütten abgeleitet ist und mit den sogenannten bengalischen Dächern eine regionale Besonderheit der Nordostprovinzen darstellt.

Neermahal ▸ N 8

Der etwa 55 km südlich von Agartala und ca. 15 km westlich von Udaipur bei der Ortschaft Melaghar gelegene Wasserpalast entstand 1930 im rajputischen Stil als Sommerresidenz des Maharajas Bir Bikram Kishore Manikya. Aufgrund seiner Lage in einem See hinterlässt der Bau einen ausgesprochen romantischen Eindruck, so wie man sich Indien in seinen Kindheitsträumen vorgestellt hat. Der Besuch des Inneren lohnt hingegen kaum (tgl. 9–16 Uhr, Eintritt 5 Rs).

Übernachten

Sehr einfach ▸ **Sargarmahal Tourist Lodge:** Tel. 03 81-254 41 18, zu buchen im Tourist Office in Agartala. DZ ohne AC ab 250 Rs, DZ mit AC 500 Rs.

Verkehr

Busse und **Sammeltaxis** nach Agartala (ca. 2 Std.) und Udaipur (ca. 30 Min.). Die Straßen sind ausgesprochen schlecht.

Jampui-Hills ▸ O 8

Die 250 km nördlich der Hauptstadt gelegene Berglandschaft gewährt nicht nur großartige Fernblicke bis weit hinein nach Mizoram und ein ausgeglichenes Klima, sie ist auch die Heimat der Lushai und Reang, die sich vor allem dem Anbau von Orangen widmen. Berühmt sind die Reang für ihre Tänze, sodass man zum Besuch der Region das alljährlich im November stattfindende **Orangen-Festival** wählen sollte.

Übernachten

Für Genügsame ▸ **Eden Tourist Lodge:** Vanghmun village. Moderne Unterkunft mit 20 einfachen Zimmern. Zu buchen über das Tourist Office in Agartala. DZ 200 Rs.

Übernachten kann man auch in etlichen Privatunterkünften (paying guest accomodation).

Verkehr

Da die Anreise über Kailashahar etwas mühsam und zeitaufwendig ist, sollte man die Pauschalangebote des Tourist Office in Agartala in Erwägung ziehen.

Arunachal Pradesh, Nagaland, Manipur und Mizoram

Da diese Bundesstaaten von ausländischen Touristen bisher nur in Form einer organisierten Pauschalreise besucht werden können, sollen hier nur einige kurze Hinweise auf die wichtigsten Sehenswürdigkeiten folgen.

Infos

Einreisebestimmungen: Für alle vier Bundesstaaten ist eine Besuchserlaubnis notwendig, die zehn Tage gilt und nur selten an Individualtouristen ausgestellt wird. Zuständig ist das Ministry of Home Affairs, South Block, Delhi. Man kann das Permit aber auch bei den indischen Botschaften beantragen, muss dann aber mit langen Wartezeiten rechnen. Wer mit einer Reisegruppe unterwegs ist, muss sich nicht selbst um das Protected Aerea Permit (PAP) oder Restricted Area Permit (RAP) kümmern, sollte die Reise aber mindestens zwei Monate im Voraus nach Ausstellung des Indien-Visums buchen. Da sich die Vorschriften immer wieder ändern, ist es ratsam, sich zuvor zu informieren.

Im Internet: http://arunachalpradesh.nic.in/tourism.htm; offizielle Seite von Arunachal Pradesh; http://nagaland.nic.in, offizielle Seite von Nagaland; http://mizoram.nic.in, offizielle Seite von Mizoram; www.manipuronline.com, sehr informativ und relativ aktuell; www.kanglaonline.com, sehr aktuell in Bezug auf Manipur.

Arunachal Pradesh ► N–Q 5/6

Der Staat an der nordöstlichsten Ecke Indiens hat mit mehreren über 6000 m hohen Bergen Anteil an der Himalayakette. Aufgrund des zeitlich beschränkten Zugangs für Ausländer lassen sich leider die hier bestehenden Trekkingmöglichkeiten bisher nicht nutzen.

Größte touristische Attraktion des Bundesstaates ist der in 3500 m Höhe auf einem Grat nahe der Grenze zu Tibet liegende buddhistische Tempelkomplex **Tawang,** die größte Klosteranlage des Subkontinents. Sie soll bereits aus dem 17. Jh. stammen, gegründet im Auftrag des fünften Dalai Lama. Größte Kostbarkeit ist eine 10 m hohe Buddha-Figur, die in Einzelteilen aus Tibet über den Himalaya transportiert wurde.

Infos

Unter www.arunachaltourism.com und www.arunachalpradesh.nic.in sind Anschriften von staatlich anerkannten lokalen Reiseunternehmen gelistet. In Deutschland veranstalten u. a. Taj-Reisen (www.tajreisen.de), terralaya travels (terralaya.com) und Brahmaputra-Tours (www.brahmaputra-tours.com) Reisen nach Arunachal Pradesh.

Nagaland ► Q/P 6/7

Der 21 000 km² große Bundesstaat besticht durch seine vielgestaltige Natur, die ausgesprochen tropische Züge trägt. Der größte Teil der Bevölkerung gehört zu einer Vielzahl von Stämmen, die, wie auch in Mizoram, überwiegend christianisiert sind, nach wie vor aber ihre Traditionen pflegen. Bereits seit 1918 sind Unabhängigkeitsbestrebungen im Gang, die bis heute anhalten. Wichtigste Sehenswürdigkeit ist der große Nashornvogel, dem sogar ein eigenes Fest, das **Hornbill Festival,** gewidmet ist. Es findet in der ersten Dezemberwoche im Naga Heritage Village Kisama statt, 12 km von der Hauptstadt Kohima entfernt. Es gibt aber noch viele weitere Feste mit traditionellen Tänzen und Musikdarbietungen, denn die Stämme des einst als Kannibalen gefürchteten Naga-Volkes sind sehr tanz- und sangesfreudig.

Infos

Deutsche Veranstalter, die Reisen in diese Region anbieten, sind u. a. Urlaub und Natur (www.urlaubundnatur.de) und Pineapple Tours (www.pineapple-tours.de).

Auf der Website www.hilltribal.com werden 10-tägige Fahrradtouren durch Nagaland angeboten, eine wirklich ausgefallene Art, in den Ostprovinzen Indiens unterwegs zu sein!

Manipur ► O/P 7/8

Obwohl dieser 22 000 km² große Staat ein wahres Naturparadies ist – allein über 400 Orchideenarten sind hier heimisch – und zudem ein reiches kulturelles Erbe, getragen von zahlreichen Ethnien, vorweisen kann, muss derzeit von einer Reise abgeraten werden. Beiderseits der Grenze zu Myanmar sind Rebellengruppen aktiv, die mit Bombenanschlägen und Überfällen die Unabhängigkeit erzwingen wollen.

Mizoram ► O 8/9

Der landschaftlich ebenfalls sehr abwechslungsreiche Bundesstaat der Indischen Union wird fast vollständig von Bangladesh und Myanmar umschlossen. Fast 40 % des Territoriums sind mit Bambuswäldern bedeckt. Sanfte Hügelketten, zwischen denen sich Flüsse ihren Weg suchen, prägen das Landschaftsbild. Der überwiegende Teil der Bevölkerung gehört unterschiedlichen Stämmen an, die wie in Nagaland fast alle christianisiert wurden und dadurch einen Teil ihrer Traditionen aufgegeben haben.

Verlockend ist Mizoram vor allem für Naturliebhaber, denen etliche Naturparks einen tiefen Einblick in die Artenvielfalt gewähren. Nähere Angaben dazu findet man im Internet unter www.mizoram.nic.in.

Kloster Tawang: Junge Mönche treffen sich zum Gebet

Orissa

Orissa ist der geeignete Ort, um Kultur- und Badeurlaub trefflich zu verbinden. Voller Ehrfurcht steht man vor den Tempeln von Bhubaneswar und Konarak, um dann, nur wenige Kilometer entfernt, an den langen Sandstränden von Puri die Seele baumeln zu lassen – Erholung pur bei kühlem Drink und warmem Tropenwind.

Der Bundesstaat Orissa wird im Osten vom Golf von Bengalen begrenzt, während ihn auf der Landseite die Staaten Westbengalen im Nordosten, Jharkhand im Norden, Chhattisgarh im Westen und Andhra Pradesh im Südwesten umschließen. Die insgesamt 155 000 km^2 des Staatsgebietes sind durch einen dicht besiedelten Küstenstreifen wechselnder Breite und die angrenzenden, noch immer schwer zugänglichen Bergländer der Ost-Ghats und des Dekhan-Plateaus gekennzeichnet. Nur der Fluss Mahanadi ermöglicht seit alters her eine natürliche Verbindung zwischen den Großräumen. Die dicht bewaldeten Steilabfälle der Ghats sind bis heute das Rückzugsgebiet zahlreicher ethnischer Minderheiten. Stämme wie die Paudi Bhuiyan, Juang, Dongria Kondh, Kutia Kondh und Bonda leben noch auf eine traditionelle, von westlicher Zivilisation wenig berührte, doch mittlerweile auch bedrängte Weise. Dem Kontakt mit Fremden stehen sie eher ablehnend gegenüber, sodass ein Besuch, wenn überhaupt, sich nur mit einer Reiseagentur empfiehlt. Die übrigen etwa 60 Ethnien haben sich mehr oder weniger der hinduistischen Lebensweise angepasst und sind teilweise bereits in das Kastenwesen integriert. Die touristischen Sehenswürdigkeiten liegen vornehmlich in und am Rande der Küstenebene, die seit alters her den Schwerpunkt der Besiedlung bildet.

Ins Licht der Geschichte trat Orissa, das damalige Kalinga, erst mit der Eroberung durch den Maurya-Kaiser Ashoka im Jahre 261 v. Chr., obwohl hier sicherlich schon vorher gut entwickelte Regionalstaaten existiert haben dürften. Mit dem Niedergang der Maurya im 2. Jh. v. Chr. erlangte auch Orissa seine Selbstständigkeit wieder und entwickelte sich unter der festen Hand König Kharavelas (2. Jh. v. Chr.) zur führenden Macht im Osten, bis eine erneute Zersplitterung in kleine Fürstentümer den Gupta-Herrscher Samudragupta im 4. Jh. zur Eroberung des geschwächten Landes veranlasste.

Erst vom 8. Jh. an vermochten sich wiederum eigenständige Dynastien erfolgreich gegen fremde Bevormundung zu behaupten. Aus ihnen ging 1112 ein Großreich hervor, das bis ins 16. Jh. Bestand hatte. Dann geriet auch diese Region unter den Einfluss des Islam. Von Norden her fielen die Truppen des Sultans von Bengalen ein, von Süden die des ebenfalls islamischen Herrschers von Golkonda. Die Moguln ließen die Provinz durch die Khurda-Dynastie regieren, die sich im Laufe der Zeit immer mehr von ihrem Gebieter im fernen Delhi zu lösen verstand. Der Zerfall der Mogulherrschaft berührte im 18. Jh. auch Orissa. Die Marathen, die in Nordindien die Macht an sich rissen, gewannen 1751 auch an der Ostküste die Oberhand, konnten sich aber nur bis 1803 ihres neuen Besitzes erfreuen.

Von nun an hatten die Briten das Sagen. Die lukrative Küstenprovinz unterstellten sie ihrer direkten Herrschaft, das Hinterland ließen sie von ergebenen Rajas regieren. Mit der sogenannten Orya-Bewegung, die für sich in Anspruch nahm, durch die Erhebung von 1817 den Keim für den indischen Freiheitskampf gelegt zu haben, formierte sich schon sehr früh der Widerstand gegen die Kolonialmacht. Zunächst gehörte Orissa zur ›Presidency of Bengal‹, wurde dann 1911 mit Bihar zusammengefasst, um schließlich 1936 den Status einer eigenständigen Provinz zu erhalten, aus der nach der Unabhängigkeit der heutige Bundesstaat hervorging.

15 Bhubaneswar ► K 10/11

Cityplan: S. 472

Die etwa 700 000 Einwohner zählende Hauptstadt Orissas bildet ein einzigartiges Museum der unter den Kalinga-Herrschern entstandenen Tempelarchitektur, die unter dem Begriff Nagara-Baustil zusammengefasst ist und vom 8. bis 12. Jh. in Nordindien vorherrschte. Auch die berühmten Tempel von Khajuraho (s. S. 380) folgen diesem Muster. Merkmal sind der steil über dem Heiligtum aufragende, parabelförmige Turm *(sikhara)* und die ihm vorgelagerten, aneinandergereihten Tempelhallen. In der Stadt gibt es über zwei Dutzend kunsthistorisch erwähnenswerte Heiligtümer, von denen für den Touristen allerdings nur die nicht aktiv im Dienst der Religion stehenden zugänglich sind. Dem interessierten Laien vermittelt aber schon der Besuch weniger Anlagen einen nachhaltigen Einblick in die besondere Tempelarchitektur Orissas.

Rund um den Heiligen See

Die meisten Heiligtümer liegen etwa 2 km südlich des Bahnhofs relativ dicht beieinander rings um den ›tank‹ **Bindu Sarovara** 1, der Wasser aus allen heiligen Flüssen und Seen des Landes enthalten soll und somit besondere Reinigungskraft entfaltet. Als ältester Tempel gilt der **Parasuramesvara** 2, ein kleines, reich verziertes Heiligtum aus dem 7. Jh., das die frühe Epoche am besten verkörpert. Der 13 m hohe Turm erhebt sich unmittelbar vom Boden ohne Plattform. Auf sorgfältig gearbeiteten Friesen werden Szenen aus dem Leben Shivas, Tiere, Liebespaare und Musikanten dargestellt.

Noch schöner ausgeprägt findet sich der Figurenschmuck am westlich des Sees liegenden, aus dem 9. Jh. stammenden **Vaital-Deul-Tempel** 3 mit seinem halbtonnenförmigen Turmabschluss. Eine ähnliche Konstruktion sieht man auch am Tempel von Teli-ka-Mandir in Gwalior (s. S. 364). Die Nischen sind mit Skulpturen von Paaren ausgefüllt.

Schönstes Heiligtum der Frühzeit ist sicherlich der inmitten einer Gruppe von 20 Bauten gegen Ende jener Epoche (9. Jh.) errichtete **Muktesvara-Tempel** 4, verbinden sich doch hier Formgebung, Skulptur und Verarbeitung zu höchster Vollendung. Eine Besonderheit bildet der mit Frauengestalten verzierte Torbogen. Aber auch Friese und Säulen sind belebt mit Tänzerinnen, Göttern, Schlangen, heiligen Gänsen und Schildkröten – ein vor 1000 Jahren in Sandstein gemeißelter Querschnitt durch die hinduistische Mythologie, der nichts von seiner magischen Kraft verloren hat, auch wenn die Köpfe einiger Figuren verunstaltet wurden. Durch die rings um den Hauptturm angeordneten Seitentürme erhält der Grundriss einen sternförmigen Charakter.

Weitere Tempelanlagen

Ein Stück südlich des heiligen Sees überragt der berühmte, für Nicht-Hindus allerdings unzugängliche **Lingaraja-Tempel** 5 weithin sichtbar die Dächer. Gegen eine geringe Spende kann man von der Plattform an der Nordseite einen flüchtigen Blick über die Mauer auf das Tempelgelände werfen. Das aus der Spätphase (11. Jh.) stammende Heiligtum verkörpert den Höhepunkt nordindischer Tempelarchitektur in Bhubaneswar. Dies gilt sowohl für die Linienführung des 45 m hohen Turms, als auch für die architektonische Untergliederung und den für Fremde aus der Entfernung leider nicht zu bewundernden Figurenschmuck.

Ein weiterer Tempelkomplex liegt östlich der nach Puri führenden Hauptstraße. Der von Rasenflächen und Blumenhecken umschlossene **Rajarani-Tempel** 6 fällt durch seine ungewöhnliche Konstruktion auf, die der von Khajuraho ähnelt. Ein Stück weiter trifft man auf den **Brahmesvara-Tempel** 7 mit fein gearbeiteten Reliefs, die teilweise erotischen Charakters sind.

Museen

Der Einblick in die Architektur und Kunst lässt sich durch den Besuch des **Orissa State Museum** 8 vertiefen. Zu den Kostbarkeiten gehören frühe Buddhaplastiken (tgl. außer Mo 10–16 Uhr, 1 Rs). Eine sehr interessante Dokumentation über die ethnische Vielfalt Orissas bietet das angrenzende **Tribal Museum of Man** 9 (tgl. 10–17 Uhr, 2. Sa im Monat geschl., Eintritt frei).

Infos

Orissa Tourism: Lewis Rd., Tel. 06 74-243 12 99, www.orissatourism.gov.in, www.orissatourism.org, www.orissatourismindia.com, hinter dem Tourist Bungalow, Mo–Sa 10–17 Uhr, 2. Sa im Monat geschl.

Department of Tourism: Paryatan Bhawan, Museum Campus, Tel. 06 74-243 21 77, Mo–Fr 10–17 Uhr.

Übernachten

Paradiesisch ▶ **May Fair Lagoon** 1: 8-B Jayadev Vihar, Tel. 06 74-236 01 01 bis 20, Fax 06 74-236 02 36, www.mayfairhotels.com. Ein traumhaftes Resort vor den Toren der Stadt im Grünen mit rings um einen kleinen See angeordneten Cottages und Bungalows sowie allem Komfort der Luxusklasse; Ayurveda und Fitnesscenter, hervorragendes Restaurant. DZ im Cottage ab 9000 Rs einschl. Frühstück, im Bungalow 30 000 Rs.

Klassisch ▶ **Hotel Swosti** 2: 103 Janpath, Tel. 06 74-253 57 78, Fax 06 74-253 47 94, www.swosti.com. In Bahnhofsnähe gelegenes, älteres Hotel mit funktionalen, etwas plüschigen Zimmern, Restaurant. DZ ab 6600 Rs. Dieselbe Hotelkette betreibt auch das 3 km außerhalb liegende, pompöse Luxushotel **Swosti Premium** mit sehr komfortablen Zimmer und Suiten. DZ ab 8000 Rs.

In die Jahre gekommen ▶ **Hotel Sishmo** 3: 86/A-1 Gautam Nagar, Tel. 06 74-243 36 00 bis 05, Fax 06 74-243 33 51, www.hotelsishmo.com. Nach wie vor recht angenehmes, zentral gelegenes Hotel mit geräumigen, gemütlichen Zimmern, Pool, gutem Restaurant. DZ ab 4500 Rs.

Gute Lage ▶ **Hotel Grand Central** 4: Old Station Bazaar, Tel. 06 74-231 34 11 bis 13, Fax 06 74-231 34 54, www.hotelgrandcentral.com. Neueres Mittelklassehotel an Bahnhof mit 32 ordentlichen Zimmern. DZ ab 1950 Rs.

In weiträumigem Garten ▶ **Panthanivas Tourist Bungalow** 5: Lewis Rd., Tel. 06 74-243 23 14. www.panthanivas. com. Nahe der Tempel, ruhig gelegene staatliche Unterkunft, etwas abgewohnt, Restaurant, Checkout bereits um 8 Uhr. DZ mit AC 1500 Rs.

Essen & Trinken

Gute Restaurants bieten die oben genannten Hotels.

Kaffeeoase ▶ **Café Coffee Day** 1: 6, Janpath, Nes Marrion Hotel. Auch hier gibt es eine Niederlassung dieser für seine ausgezeichneten Kaffees berühmten Kette. Ab 45 Rs.

Asiatische Leckereien ▶ **Tangerine 9** 2: Station Square. Frische vegetarische und nicht-vergetarische Gerichte aus Indien, China und Thailand, Hauptgerichte ab ca. 100 Rs.

Tipp: Öffnungszeiten der Tempelanlagen

Alle hier vorgestellten Tempel sind täglich von Sonnenauf- bis Sonnenuntergang geöffnet, der Eintritt ist bis auf den Rajarani-Tempel (100 Rs, Kamera/Video 25 Rs) frei; ausländische Besucher werden jedoch von den Tempelwächtern um eine Spende gebeten.

Der Teich des Muktesvara-Tempels dient durchaus auch profanem Vergnügen

Bhubaneswar

Sehenswert
- 1 Heiliger See (Bindu Sarovara)
- 2 Parasuramesvara-Tempel
- 3 Vaital-Deul-Tempel
- 4 Muktesvara-Tempel
- 5 Lingaraja-Tempel
- 6 Rajarani-Tempel
- 7 Brahmesvara-Tempel
- 8 Orissa State Museum
- 8 Tribal Museum of Man

Übernachten
- 1 May Fair Lagoon
- 2 Hotel Swosti
- 3 Hotel Sishmo
- 4 Hotel Grand Central
- 5 Panthanivas Tourist Bungalow

Essen & Trinken
- 1 Tangerine
- 2 Café Coffee Day

Einkaufen
- 1 Ekamra Haat

Einkaufen

Handwerkszentrum ▶ Ekamra Haat 1: Madhusudan Marg, 10–21 Uhr. Handicraft Emporium mit zahlreichen Geschäften. Hier findet man einige der für Orissa typischen Arbeiten wie Ikat-Stickereien, Pata-Malereien (Patachitras), die überwiegend Motive aus dem Leben des Hindugottes Krishna zeigen, aber auch die 10 Inkarnationen Vishnus und Palmblattgravierungen (Talapatrachitras), eine Tradition, die aus Zeiten vor der Papierherstellung stammt.

Termine

Ekamra Utsav (Jan.): Festival mit Tanz- und Musikdarbietungen, Handicraftausstellung und Umzügen.

Rajarani Music Festival (Feb., nicht jedes Jahr): Im Tempel Rajarani Mandir, klassische indische und lokale Musik vor einzigartiger Kulisse.

Kalinga Mahotsav (Feb.): Traditionelle Stammestänze in Dhauli (s. rechts), veranstaltet von der Orissa Dance Academy.

Verkehr

Flug: Der Flughafen liegt ca. 3 km südwestlich des Zentrums. Verbindungen u. a. mit Delhi, Chennai und Mumbai.

Bahn: Bhubaneswar liegt an der Hauptbahnlinie Kolkaka–Chennai. Gute Verbindung mit Kolkata (Puri-Howrah Express, Nr. 2838, 7 Std.) und Chennai (Coromandel Express, Nr 2841).

Bus: Der Hauptbusbahnhnof Baramunda liegt etwa 3 km westlich des Zentrums. Verbindungen u. a. nach Kolkata (12 Std.), Cuttak (1 Std.), Puri (1,5 Std.) und Konarak (2 Std.). Wer nach Puri oder Konarak will, kann aber auch bequemer von der Bushaltestelle schräg gegenüber vom Bahnhof abfahren.

Umgebung von Bhubaneswar ►K 10/11

Dhauli

In Dhauli, 8 km südlich von Bhubaneswar, hat am Fuße eines Berges eine Gruppe der berühmten Felsedikte, die Kaiser Ashoka im 3. Jh. v. Chr. an den Grenzen seines Reiches anzubringen pflegte, die Jahrtausende unbeschadet überdauert. Von den üblicherweise 14 Inschriften finden sich hier nur elf, da der Herrscher bewusst auf die Beschreibung der blutigen Eroberung Kalingas verzichtet hat. Stattdessen ließ er zwei versöhnliche Botschaften einmeißeln, in denen es unter anderem heißt: »Alle Menschen sind meine Kinder«. Besonderes Interesse verdient auch das aus dem Felsen herausgeschlagene, 1,20 m hohe Vorderteil eines Elefanten, der als Verkörperung der Unerschütterlichkeit, Treue und Weisheit in enge Beziehung zu Buddha gebracht wurde. Den Berg krönt die große, weiß leuchtende ›Friedenspagode‹, die 1972 vom japanischen Buddha-Sangha-Orden errichtet wurde.

Verkehr

Bus: Mit dem Bus Richtung Puri bis zur Abzweigung bei Daya Bridge fahren, dann 2 km zu Fuß.

Hirapur

15 km östlich von Bhubaneswar befindet sich in Hirapur ein in seinem Grundriss dem Mandala entlehnter und einen Durchmesser von nur 9 m aufweisender Hypathralbau (Heiligtum unter freiem Himmel) aus dem 10. Jh. Das Heiligtum wurde erst 1953 entdeckt und gehört zu den seltenen Yogini-Tempeln, von denen in Indien nur vier bekannt sind. Er diente der Verehrung der 64 Yoginis, jener mit übernatürlichen Kräften ausgestatteten weiblichen Dämonen, die vor allem als Begleiterinnen ihrer Schöpferin Durga gesehen werden und überdies im tantrischen Ritual die zentrale Rolle der ›weiblichen Energie‹ (Shakti) spielen. Die nur 60 cm hohen Figuren haben auch nach so langer Zeit nichts von ihrer Sinnlichkeit verloren und lassen vergessen, dass sie auch mit den grausamen Praktiken des Menschenopfers in Verbindung zu bringen sind.

Verkehr

Bus und Taxi: Die Busverbindungen sind schlecht, es empfiehlt sich daher die Fahrt mit dem Taxi.

Die Hügel Udayagiri und Khandagiri

Im Gegensatz zu Dhauli und Hirapur, die vor allem den kunsthistorisch orientierten Reisenden anziehen, werden die 10 km von Bhubaneswar entfernt liegenden Höhlen von Udayagiri und Khandagiri auch den weniger an indischer Kunst interessierten Besucher nicht enttäuschen. Man sollte den Ausflug jedoch nicht im Rahmen organisierter Rundfahrten unternehmen, da dabei vor Ort zu wenig Zeit zur Besichtigung zur Verfügung steht.

Orissas großer König Kharavela (reg. 168–153 v. Chr.), ein Anhänger der Jain-Religion, hat hier auf zwei Hügeln ein Kloster anlegen lassen, das zu den bemerkenswertesten Zeugnissen früher Kunst in Indien zählt. Am Parkplatz bieten sich Führer an, aber man kann die 16 Höhlen am Udayagiri und die eine am Khandagiri auch auf eigene Faust aufsuchen. Sie liegen alle unmittelbar neben- bzw. übereinander.

Am Fuß des Berges Udayagiri trifft man zunächst auf die zweistöckige **Jaya-Vijaya-Höhle** mit einem Bodhi-Baum-Relief über dem Eingang. Geht man weiter um den Fuß des Hügels herum, gelangt man zum zweistöckigen Komplex **Rani Gumpha** (Königinnenpalast) mit einer Veranda und jeweils acht Zellen. Sie blicken auf einen rechteckigen Platz und werden von zwei Torwächtern bewacht. Reliefs erzählen zum Teil noch nicht identifizierte Legenden aus der Jain-Religion oder lassen uns einen Blick in das tägliche Leben damaliger Zeit werfen.

Zurückgekehrt zum Hauptzugang an der Straße, erreicht man über eine breite Treppe die natürliche Höhle **Hathi Gumpha** (›Elefantenhöhle‹), in deren glatter Deckenfläche sich eine 117-zeilige Inschrift zum Ruhme König

Kharavelas befindet. Hält man sich rechts, stößt man nach einigen Metern auf die Höhle **Ganesha Gumpha** mit Elefantendarstellungen und reichem Reliefschmuck, der Szenen aus dem höfischen Leben wiedergibt.

Die Gebäude auf dem Khandagiri sind meist neueren Ursprungs. Nur die mit einem schönen Eingangsbogen verzierte **Ananta-Höhle,** die man erreicht, wenn man sich beim Aufstieg an der Gabelung rechts hält, gehört noch der Jain-Epoche an. Vom **Parsvanatha-Tempel** (18. Jh.) auf der Spitze des Berges hat man einen weiten Blick hinüber nach Bhubaneswar.

Puri ►K 11

Der Fischerort am Golf von Bengalen ist ein bei Pilgern und Urlaubern gleichermaßen beliebtes Ziel. Wie Goa, Pushkar und Manali ist Puri überdies eine ersehnte Oase der Rucksacktouristen, die sich hier von den Strapazen einer Indienfahrt erholen. Bemerkenswert ist die fast ›kastenmäßige‹ Trennung der lang gestreckten Siedlung in den östlichen ›freak‹-Abschnitt entlang der sogenannten C. T. Road (Chakra Tirath) und den westlichen, von Einheimischen bevorzugten Teil.

Sri-Jagannath-Tempel

Die Hauptsehenswürdigkeit ist der für Nicht-Hindus verbotene **Sri-Jagannath-Tempel,** aber selbst das Treiben in den umliegenden Gassen hinterlässt einen nachhaltigen Eindruck von dem für indische Städte so typischen Nebeneinander von Religion und Kommerz. Von den oberen Stockwerken der gegenüberliegenden Häuser, insbesondere der **Raghunandan Library** (tgl. 9–13 und 16–19 Uhr, Spende wird erwartet), kann man einen Blick in den Hof werfen.

Das weithin dominierende, 65 m hohe Heiligtum wurde in seiner heutigen Form im 12. Jh. im traditionellen Stil Orissas für Jagannath (Herr des Universums) errichtet, hinter dem sich Krishna verbirgt, der wiederum eine Erscheinungsform von Vishnu darstellt. Einiges deutet darauf hin, dass es sich bei dem Kult um eine Übernahme aus dem Buddhismus handelt, der während seiner Blütezeit in Puri eine wichtige Wallfahrtsstätte hatte.

Ausgedehnte Ländereien und Millioneneinnahmen von Pilgerspenden machen den Tempel nach wie vor zu einem der wohlhabendsten Heiligtümer Indiens. Um die Zukunft braucht der Tempel nicht besorgt zu sein, wurde Puri doch vom verheerenden Taifun des Jahres 1999 wie durch ein Wunder verschont – wer mag da nicht an göttliche Allmacht denken? Innerhalb des etwa 200 x 200 m messenden Gevierts Nilgiri (›blauer Berg‹) gruppieren sich um den Hauptschrein unzählige kleine, den unterschiedlichen Gottheiten geweihte Tempel. Vor dem Osttor steht ein aus Konarak stammender Pfeiler mit einem Garuda, dem Reittier Vishnus.

Sommerhaus Gandicha Mandir

Durch eine breite, etwa 2 km lange Straße ist der Tempel mit dem **Gandicha Mandir** verbunden, dem ›Sommerhaus‹, in dem die Götterbilder während des großen Wagenfestes **Ratha Yatra** (Juni/Juli) für eine Woche Unterkunft finden (ebenfalls kein Zutritt für Nicht-Hindus). In einer beeindruckenden Prozession geleiten dann Tausende von Pilgern die Trinität Jagannath, Balbhadra und Subhadra vom Jagannath-Tempel zu ihrem vorübergehenden Domizil. Die Götterbilder stehen auf haushohen Tempelwagen, die von Menschenkraft bewegt, ächzend und schwankend, aber unaufhaltsam ihrem Ziel zustreben. Trotz strenger Vorsichtsmaßnahmen kommt es noch heute vor, dass sich in Ekstase geratene Gläubige vor die mächtigen Holzräder werfen.

Am Strand

Reges Fischerleben lässt sich am Strand des Touristenabschnitts studieren, wo noch nach traditionellen Methoden mit einfachen, aus zusammengesetzten Baumstämmen gefertigten Booten gefischt wird. Die unsinkbaren Segelfahrzeuge haben Ähnlichkeit sowohl mit den in Brasilien gebräuchlichen ›Jangadas‹

Nur auf den ersten Blick erscheint das Leben der Fischer von Puri unbeschwert

als auch mit den ›Balsas‹ von Ecuador und den ›Katamaranen‹ von Jaffna auf Sri Lanka. Schöne Badestrände liegen einige Kilometer entfernt im Osten; aber Vorsicht, die Strömungen sind gefährlich!

Wer auf seine Sandburgen am Nordseestrand stolz ist, der kann hier in Puri, der Hochburg dieser vergänglichen Kunst, im **Golden Sand Art Institute** nochmals in die Lehre gehen und es zu wahrer Meisterschaft bringen (nähere Infos unter sudarsansand@hotmail.com).

Infos

Orissa Tourism: C. T. Rd., Tol. 067 52 22 36 36, Mo–Sa 10–17 Uhr. Einen Informationsschalter gibt es auch am Bahnhof.
Im Internet: www.puri.nic.in.

Übernachten

Da Puri ein beliebtes Ziel für indische Pilger ist und sich die großen Hotels keine Sorgen um die Belegung der Räume machen müssen, lassen das Preis-Leistungsverhältnis, das Essen, Freundlichkeit und Service oft zu wünschen übrig. Zu den unliebsamen Besonderheiten gehört auch die Checkout-Zeit von 8 Uhr morgens, damit man schnell wieder die Zimmer füllen kann.

Kleine Zimmer am Meer ▶ **Coco Palms Puri:** Swargdwa, Tel. 067 52-23 00 38, 067 52-23 09-51 u. -52, www.hanshotels.com. Resort-Hotel mit 36 recht kleinen Räumen auf einem riesigen Gelände direkt am Meer, eigener Strandabschnitt. Wie bei anderen Resort in Puri auch ist Checkout bereits um 8 Uhr! DZ ab 6000 Rs.

Retrolook ▶ **Shakti:** VIP Rd. Tel. 067 52-22 23 88, www.shaktiinternational.in. Modernes Buisiness-Hotel mit einfallsreichem Dekor im Stil der 70er-Jahre. 36 funktionale helle Zimmer mit moderner Technik. Gutes Restaurant. DZ ab 4500 Rs.

Preisgünstig ▶ **Panthanivas Tourist Bungalow:** C. T. Rd., Tel. 067 52-22 25 62, www.panthanivas.com/puri.html. Schön am Meer gelegen mit Zimmern unterschiedlicher Qualität im Alt- und Neubau. Wie bei staatlichen Unterkünften so oft, etwas abgewohnt. Restaurant. DZ ohne AC ab 690 Rs, DZ mit AC ab 1500 Rs.

Magnetisch ▶ **Z-Hotel:** C. T. Rd., nahe Fischerdorf, Tel. 067 52-22 25 54, www.zhotelindia.com. Die seit Jahren wohl beliebteste

Unterkunft der Backpacker. Uriges Haus aus dem Beginn des 20. Jh. mit großem Garten in Strandnähe, zwölf Zimmer unterschiedlicher Größe und Qualität, ein Dormitory nur für Frauen. DZ ohne Bad ab 400 Rs, mit Bad 800 Rs.

Essen & Trinken

Unterm Blätterdach ▶ Wildgrass Restaurant: VIP Rd. Gepflegtes, kleines Restaurant in üppigem Garten im Zentrum. Gute Fischrichte. Haupgerichte ab 60 Rs.

Für Insider ▶ Peace Restaurant: C. T. Rd., Treffpunkt der Traveller-Szene. Man hat die Wahl zwischen indischer und europäischer Globetrotter-Kost (Spaghetti, Pizza, Pancake). Wie überall in Puri kann man die Fischgerichte empfehlen. Hauptgerichte ab 40 Rs.

Termine

Raj Yatra (Juni/Juli): Spektakuläre Wagenprozession zu Ehren Sri Jagannaths, eines der größten Tempelfeste Indiens, die aktuellen Termine findet man unter www.asienfeste.de.

Darüber hinaus gibt es noch mehrere kleinere, zeitlich in Verbindung mit der Raj Yatra stehende Yatras, die **Snana Yatra** (ca. elf Tage vor der Raj Yatra), die **Bahuda Yatra** (ca. acht Tage nach der Raj Yatra) sowie die **Jhulana Yatra** (Juli/Aug.).

Puri Beach Festival (Dez.): Folklore und High Life am Strand.

Verkehr

Bahn: Der Bahnhof liegt etwa 2 km von der Strandstraße C. T. Rd. entfernt. Verbindungen u. a. mit Kolkata (Puri-Howrah Express, Nr. 2838) und Delhi über Gaya, Mughal Serai (Varanasi) und Patna (Purushottam Express, Nr 2801).

Bus: Der Busbahnhof liegt etwa 1 km nördlich des Bahnhofs. Häufige Verbindungen u. a. nach Konarak (45 Min.) und Bhubaneswar (2 Std.).

Raghurajpur

Die kleine, 12 km von Puri entfernte, etwas abseits der Straße nach Bhubaneswar gelegene Ortschaft **Raghurajpur** ist für ihre Handwerkskunst berühmt, gefördert durch die Tourismusbehörde von Orissa. Spezialisiert haben sich die Künstler auf die Pata-Malereien (s. Thema rechts). Aber auch Steinmetze und Holzschnitzer haben hier ihre Werkstätten. Überdies hat sich der Ort in fast musealer Form seine alte Bauweise konserviert, wozu auch die traditionelle Bemalung der Wände mit geometrischen Mustern beiträgt.

Konarak ▶ K 11

Bereits der Name, abgeleitet aus *kona* (›Ecke‹) und *arka* (›Sonne‹), spiegelt die religiöse Bedeutung des etwa 3 km vom Meer und 32 km nördlich von Puri entfernt liegenden Platzes als geheiligter, mit der Anbetung des Sonnengottes Surya in Verbindung stehender Ort. Die Legende reicht wieder einmal viel weiter zurück als die Existenz der berühmten Tempelanlage selbst, die 1984 in die UNESCO-Welterbeliste aufgenommen wurde.

Als Samba, der schöne Sohn Krishnas, heimlich seine Stiefmutter beim Bade beobachtete, wurde er von seinem Vater mit der Leprakrankheit bestraft. Zu spät kam die Reue, als sich herausstellte, dass der Sohn der Verführung der bösen Schlange Naga erlegen war, die sich an Krishna rächen wollte. Nur noch der Sonnengott Surya, dem die Heilung der Hautkrankheiten oblag, konnte helfen. Nach zwölf Jahren erhörte er die Bitten Sambas, der als Dank an der Stelle der Heilung einen Tempel errichten ließ. Dieser Ort allerdings, der unter dem Namen Sambapura bekannt wurde, lag ursprünglich weit im Norden, nahe der heutigen Stadt Multan in Pakistan. Als sich der Surya-Kult nach Osten verlagerte, wurde die Entstehungsgeschichte verlegt, warum gerade hierher, ist nach wie vor ungeklärt. Das heute nur noch in Ruinen existierende Heiligtum wurde im 13. Jh. von König Narasimha Deva möglicherweise an der Stelle eines bereits bestehenden kleinen Tempels errichtet und dessen Götterfigur übernommen.

Patachitra und Talapatrachitra – Kunst aus Orissa

Thema

Das Kunsthandwerk in Orissa ist nicht nur außergewöhnlich vielgestaltig, es hat nicht zuletzt durch die Abgeschiedenheit der Stämme auch eine ganz eigene Formensprache und eigene Techniken entwickelt.

Am bekanntesten ist die sogenannte **Pata-Malerei** (Patachitra). Als Malgrund dienen teilweise mehrere miteinander verleimte Stoffstücke, die nach dem Trocknen mit einer Mischung aus Tamarindenpaste, Kalk und Wasser vorbereitet werden, ehe der Maler die Motive aufträgt, zunächst die Umrisse in kräftigem Gelb und Rot. Danach folgt die Ausmalung. Den Abschluss bildet ein Firnis zum Schutz der Farben. Genutzt wurde die Pata-Malerei lange Zeit vor allem für Spielkarten, die die Form von Bierdeckeln haben, wobei für unterschiedliche Spiele, *sara* genannt, verschiedene Kartensets benutzt werden. Die Thematik ist dem religiösen Bereich entlehnt. So besteht das 144 Karten zählende Ramayana-Spiel zur einen Hälfte aus Figuren der Armee Ramas, zur anderen aus der des Dämonen Ravana. Es gibt aber auch großflächige Stoff-Malerei, wobei ebenfalls religiöse Motive im Vordergrund stehen, insbesondere natürlich der hier verehrte Gott Jagannath, oft in Verbindung mit Durga *(durga mahadeva pata)*. Den Malstil kennzeichnet eine kraftvolle Naivität mit leuchtenden Farben. Merkmal vieler Götterdarstellungen sind übergroße kreisrunde weiße Augen mit kleinen dunklen Pupillen.

Wesentlich feiner gearbeitet sind die **Palmblattgravierungen** (Talapatrachitras), ebenfalls eine Besonderheit Orissas. Die Palmblätter, die vornehmlich von der Tala-Palme stammen, dienten jedoch in erster Linie als Grundlage für schriftliche Aufzeichnungen und wurden als Beweis einer gewissen Gelehrsamkeit von den Familien als wertvolles Erbstück in Ehren gehalten und immer wieder kopiert, da die Blätter im feucht-heißen Klima nur eine begrenzte Lebensdauer haben. Die Illustrationen dienen als erläuterndes und schmückendes Beiwerk des Textes. Noch heute werden Palmblattschriften für die wichtigen Jataka-Horoskope verwendet, ohne die eine Hochzeit undenkbar ist. Die Motive werden vorgezeichnet, dann eingeritzt und schließlich schwarz eingefärbt.

Weit über die Grenzen hinaus ist Orissa auch für seine **Bandha-Textilien** berühmt, geschmackvoll mit Mustern versehene Ikat-Webereien aus Baumwolle oder Seide. Merkmal dieser Technik, die sich auch in Gujarat, Japan, Südostasien, Mittel- und Südamerika findet, ist das Einfärben des Garns vor dem Weben. Dazu werden Garnbündel vor dem Färben stellenweise mit Reservematerial umwickelt, sodass nur die frei liegenden Fadenteile Farbe annehmen. Erneut werden die Fäden an anderen Stellen umwickelt und wieder gefärbt, bis das gewünschte Muster erzielt ist. In Orissa wird meist nur der Kett oder Eintrag gefärbt. Aus diesen gemusterten Fäden werden dann die sehr geschmackvollen Gewebe hergestellt, die traditionellen Vorbildern folgen. Üblicherweise bleibt die Mitte hellgrundig einfarbig, während die beiden Enden reich mit geometrischen Mustern, Blumendarstellungen und Borten verziert sind. Genutzt werden die Stoffe vor allem für Saris, die mit 350 cm Länge allerdings wesentlich kürzer sind als die sonst in Indien üblichen.

Offensichtlich wurde der Tempel aber nie eingeweiht oder nur kurz genutzt, denn das Götterbild fand schon sehr bald einen neuen Platz im Jagannath-Tempel von Puri (s. S. 474). Ursache mag die Entweihung des Heiligtums durch einen islamischen Angriff gewesen sein. Unaufhaltsam setzte nun der Zerfall ein. Als erstes traf es den hohen Tempelturm, der lange Jahre für die Seefahrer unter der Bezeichnung ›schwarze Pagode‹ eine wichtige Navigationshilfe gewesen war. Sand wehte allmählich die Plattform zu und konservierte damit die einzigartigen Reliefs für die Nachwelt. Denn auch als Steinbruch musste der Tempel herhalten. Überdies fand der Raja von Khurda besonderen Gefallen an den erotischen Skulpturen und dekorierte damit seinen Palast. Die britische Marine schob der Ausplünderung 1806 schließlich einen Riegel vor, da ihr der noch stehende Teil des Turms weiterhin als Peilobjekt gute Dienste leistete. Die Ausgrabungen begannen erst 100 Jahre später und brachten nach und nach die Einzigartigkeit dieses Heiligtums zum Vorschein.

Tempelanlage

Konzipiert wurde ein 24-rädriger, von sieben himmlischen Pferden gezogener Sonnenwagen. Einige der als Relief gearbeiteten, reich mit Ornamenten und Figuren geschmückten Räder sind bis heute erhalten, davon am besten das Rad an der Südseite der Plattform, beliebtester Hintergrund für ein Erinnerungsfoto.

Seine kunsthistorische Bedeutung verdankt der Tempel dem exquisiten Figurenschmuck, der von der ornamentalen Ranke über Vögel, Fische und mythologische Tiere bis zu Tänzern, Göttern und Nymphen reicht, vor allem aber auch den zahlreichen erotischen Darstellungen, die denen von Khajuraho ähnlich sind. Wer den vielen Details seine Aufmerksamkeit schenkt, wird etliche Kleinodien der Steinmetzkunst entdecken, etwa den ›seligen Mönch‹, ebenfalls an der Südseite, links vom Sonnenrad jenseits der Treppe.

Die Künstler haben hier die Doppelmoral so mancher Kleriker entlarvt und zeigen den Gottesmann mit prall gefülltem Geldbeutel, den er lachend drei Mädchen entgegenhält, die ihn verführen. Die beiden Pferde, die den Haupttempel im Süden flankieren, dienten als Wächter wie die Elefanten auf der gegenüberliegenden Seite, symbolisieren aber auch den Sieg König Narasimhas über die Moslems.

Ansonsten orientiert sich die Architektur am Nagara-Baustil von Bhubaneswar und Puri, als dessen krönender Abschluss er gesehen wird. Der Turm ist mittlerweile völlig abgetragen, das Zugangsgebäude hingegen

noch gut erhalten; es wurde allerdings innen aufgefüllt, um drohendem Einsturz vorzubeugen.

Ein ganz besonderes Erlebnis ist das alljährlich Mitte Februar vor dem Tempel stattfindende **Konarak Dance and Music Festival** – eine schönere Bühne für die klassischen Odissi-Tänze ist kaum denkbar. Karten erhält man in den Orissa Tourist Offices.

Übernachten

Zur Wahl ▶ **Panthanivas Konarak:** Tel. 067 58-23 68 31, www.panthanivas.com/konarak.htm. Hübscher, in einem Garten gelegener Touristbungalow mit zwölf recht abgewohnten, einfachen Zimmern, Restaurant. DZ ohne AC ab 450 Rs. Deutlich besser ist das benachbarte, auf dem gleichen Grundstück liegende, ebenfalls staatliche **Yatri Nivas.** Der Neubau verfügt über moderne Zimmer mit AC ohne besonderes Flair. DZ ab 1600 Rs. Bei beiden ist das Frühstück eingeschlossen.

Verkehr

Bus: Regelmäßige Verbindungen mit Puri (45 Min.) und Bhubaneswar (2 Std.).

Ein beliebtes Motiv für das Erinnerungsfoto: das Rad an der Südseite des Tempels

Register

Der Haupteintrag ist **fett** hervorgehoben.

Register

Der Haupteintrag ist **fett** hervorgehoben.

Register

Der Haupteintrag ist **fett** hervorgehoben.

Register

Der Haupteintrag ist **fett** hervorgehoben.

Abbildungsnachweis/Impressum

Abbildungsnachweis
Bilderberg, Hamburg: S. 148/149 (Boisvieux); 352/353 (Dinodia); 7 u., 458 (Ernsting)
Getty Images, München: S. 203 (Abercromby); 8 u., 389 (Breeden/Wright); 2 u., 39 (Clare); 141 (DeVore); 252/ 253, 380/381 (Panoramic Images); 363 (Gritz); 219 (Stevenson); 3 o., 124/125 (Sund)
laif, Köln: S. 180 (Aurora); 340 r., 398/399 (Celentano); 236 r., 322 (Harscher); 82/83, 101, 160 l., 166, 208/209, 334, 378/379, 436, 438 l., 442/443 (hemis.fr); 292/293 (Heuer); 438 r., 452/453 (Hoa-Qui); 95 (Jonkmanns); 7 o., 434/435 (Kohlbecher); 5 M., 311, 416 r., 423, 430/431 (Le Figaro Magazine); 424 (Le Figaro Magazine/ Goisque); 144/145, 248, 277 (Modrow); 466/477 (OnAsia); 268, 330/331 (Roemers); 161 l., 174 (Tatlow)
Look, München: S. 412/413 (Maeritz)
Mauritius Images, Mittenwald: S. S. 2 o., 17, 454 (age); 7 M., 462/463 (Oxford Scientific)
Picture-Alliance, Frankfurt: S. 40 (dpa/ dpaweb); 71 (Photoshot)
Schapowalow, Hamburg: Titelbild (Harding)
Karen Schreitmüller, Stuttgart: S. 121 l., 134
StockFoods, München: S. 77 (StockFoods/ FoodPhotography)

Alle übrigen Bilder stammen von Hans-Joachim Aubert, Bonn

Kartografie
DuMont Reisekartografie, Fürstenfeldbruck

Umschlagfoto
Titelbild: Goldener Tempel in Amritsar

Über den Autor: Hans-Joachim Aubert promovierte mit einer wirtschaftsgeografischen Arbeit über Sri Lanka. Er ist seit vielen Jahren als Sachbuchautor, Reisejournalist und Fotograf tätig und hat mehr als zwei Dutzend Reiseführer und Bildbände verfasst. Zahlreiche ausgedehnte Reisen haben ihn nach Asien, Nordafrika, Latein- und Südamerika sowie Australien geführt, vor allem aber nach Indien, das er seit 1970 regelmäßig bereist. Im DuMont Reiseverlag sind von ihm außerdem erschienen: Kunst-Reiseführer »Rajasthan und Gujarat«, Richtig Reisen »Tunesien« sowie die Reise-Taschenbücher »Mallorca‹ und ›Mexiko: Yucatán und Chiapas«.

Lektorat: Susanne Pütz, Erika E. Schmitz, Winfried Stürzl

Hinweis: Autor und Verlag haben alle Informationen mit größtmöglicher Sorgfalt geprüft. Gleichwohl sind Fehler nicht vollständig auszuschließen. Alle Angaben erfolgen ohne Gewähr. Bitte schreiben Sie uns! Über Ihre Rückmeldung zum Buch und über Verbesserungsvorschläge freuen sich Autor und Verlag:
DuMont Reiseverlag, Postfach 3151, 73751 Ostfildern, E-Mail: info@dumontreise.de

1. Auflage 2011

Grafisches Konzept: Groschwitz, Hamburg
Printed in Hungary